DÄNEMARK

W0189882

VERLAG MARTIN VELBINGER

Bahnhofstr. 1o6   82166 Gräfelfing/München

Dieses vorliegende Buch erscheint als BAND 5o einer Reihe unkonventioneller Reiseführer im VERLAG MARTIN VELBINGER:

Weitere Titel in Vorbereitung. Bitte Anfrage an den Verlag.

Buchkonzept: Martin Velbinger
Lektorat und zusätzliche Texte: Martin Velbinger
Karten: Pedro Zegarra
Layout: Sabine Wildenblanck
Cover: Martin Velbinger

ISBN: 3-88316-055-5

ALLE ANGEGEBENEN PREISE sind Ca.-Preise, auch wenn sie nicht als solche bezeichnet sind. Für die Richtigkeit und Vollständigkeit aller Angaben, insbesondere der Abfahrtszeiten und Preise kann keine Gewähr übernommen werden.

DRUCK und BINDUNG: Ebner Ulm
SATZ: Verlag Martin Velbinger, Gräfelfing/München
PRINTED IN GERMANY

Aktualisiert
3. AUFLAGE 1998

Dirk Schröder, Ursel Pagenstecher

DÄNEMARK

VERLAG
MARTIN
VELBINGER

Erhältlich im Buchhandel oder gegen Voreinsendung von DM 44,- auf das Konto Postbank München, Nr. 2o 65 6o-8o8, BLZ 7oo 1oo 8o oder gegen Verrechnungsscheck im Brief.

VERLAG MARTIN VELBINGER, Bahnhofstr. 1o6, 82166 Gräfelfing/München

INHALT:

Anreise

Transporte in Dänemark

Allgemeine Tips

Unterkunft.

Essen und Trinken 43

Sport

Geschichte

Natur/Kultur/Umwelt

JÜTLAND

Limfjord

Nordwest-Jütland

Ost-Jütland

Das Silkeborger Seen-Hochland

INSEL FÜNEN

Handwerkszeug

✦ KARTEN

Eine gute Straßenkarte erspart sowohl bei der Routenplanung als auch dann vor Ort langwieriges Suchen kleiner Straßen und Dörfer.

Für die **Anreise** durch Deutschland empfehlen wir die Mair Deutschland. Sehr übersichtlich kartographiert.

Für **Dänemark** ist ebenfalls der Mair Verlag mit Dänemark (1: 3oo.ooo) als generelle Straßen- und Übersichtskarte unser Tip. Die Karte geht erstaunlich in die Tiefe und zeigt wesentlich mehr Nebenstraßen und kleinste Dörfer als die Dänemark-Übersichtskarte (1: 5oo.ooo) des führenden dänischen Verlages "Kort og Matrikelstyrelsen". Die Mair-Karte hat gegenüber der dänischen Übersichtskarte zudem den Vorteil, daß sie weitgehend auch Kilometerangaben zwischen den Dörfern enthält.

Wer's noch detaillierter will: Tip sind die sogenannten "Faerdselkort" im Maßstab 1: 2oo.ooo des o.g. dänischen Verlages Kort og Matrikelstyrelsen. Es gibt in diesem Maßstab insgesamt vier Karten, die auch die kleinsten Dörfer enthalten, Campingplätze sind mit Symbolen ebenso markiert wie Sehenswürdigkeiten. Diese Karten sind exzellent, leider fehlen ihnen aber die km-Angaben. Diese wiederum sind in den Mair-Generalkarten 1: 2oo.ooo enthalten.

Für **Fahrradfahrer** sind u.U. noch detailliertere Karten sinnvoll, - muß jeder selber entscheiden. Gesamt-Dänemark ist mit 11o(!) Karten im Maßstab 1: 5o.ooo abgedeckt. Kartograph ist wieder der dänische Verlag Kort og Matrikelstyrelsen. Diese Karten können in Deutschland übers Geo Center Stuttgart bezogen werden und somit in jeder Buchhandlung, die dann beim Geo Center bestellt.

 Dänisches Fremdenverkehrsamt,
Postfach 1o 13 29, 2ooo8 Hamburg,
Tel. o4o/ 32 o2 1o, Fax: o4o/32 o211 11.

Das Büro gilt für den Raum Deutschland, Schweiz und Österreich. Neben generellem Prospektmaterial zu den einzelnen Regionen gibt's eine Reihe spezieller Broschüren auf Anfrage:

* Camping und Caravaning: Liste mit Preisen aller offiziell anerkannter Campingplätze

* Hotelverzeichnis: Liste mit Preisen von Hotels, Motels, Landgasthöfen, Appartements und Pensionen

* Jugend- und Familienherbergen: Liste mit Adressen und Preisen

* <u>Veranstaltungskalender</u>: erscheint zweimal jährlich
* Viele <u>weitere Informationen</u> zu Sport, Angeln, Radfahren, Einkaufen, Rezepten etc. findet man in dem jährlich neu erscheinenden Dänemark Magazin. Erhältlich beim Dänischen Fremdenverkehrsbüro in Hamburg oder im Zeitschriftenhandel.

Bei Anfragen bitte gleich exakte Wünsche durchgeben, d.h. welche dieser Prospekte man wünscht, kann auch ans Fremdenverkehrsamt gefaxt werden (Absender nicht vergessen).

ANREISE
DÄNEMARK

① Per Auto/Motorrad

Bringt die größtmögliche Flexibilität für Stops bei der Anreise und Unabhängigkeit am Urlaubsort. Zudem läßt sich auf einen PKW oder Wohnmobil so manches Urlaubsspielzeug einladen. Surfbrett, Fahrrad und Dreirad dekorieren fast jeden zweiten Dachgepäckträger. An vielen Stellen Jütlands kann man das Auto sogar bis an den Strand vorfahren.

Für Norddeutsche ist es zudem vielfach nur ein Katzensprung eben über die Grenze auf die Nordseeinsel Rømø oder Fanø, zu den langen Dünenstränden Jütlands oder per Fähre ab Kiel in gerade 2 1/2 Std. auf die Insel Langeland. Das lohnt sich schon für ein Wochenende zum Angeln, Surfen oder für eine Radtour. Details .... Seite 1o

② Mit der Bahn

Bringt als Anreise den großen Vorteil, daß man durchrauscht, statt im Stau auf den sommerlich überfüllten Autobahnen zu stehen. Zudem ist Deutschland wegen der beiden neuen Hochgeschwindigkeitsstrecken München-> Würzburg->Kassel->Hannover bzw. Frankfurt->Hamburg schnell durchquert.

Wer den Liege- bzw. Schlafwagen nimmt, spart sich zudem auf Langstreckenanreise pro Richtung einen Urlaubstag. Die Bus- und Zugverbindungen in Dänemark sind zudem sehr gut ausgebaut. Details......Seite 13

Wer's Auto bei der Anreise im Zug mitnehmen will, Details.......Seite 12

Flüge

Spart insbesondere für Süddeutsche, Österreicher und Schweizer erheblich an Anreisezeit, ist zugleich aber auch die teuerste Anreise. Details .... Seite 14

ANREISE-ROUTEN

① **Auto / Per Motorrad**

Abhängig vom eigenen Wohnort, insbesondere aber auch vom gewünschten Teil in Dänemark. Es gibt 3 Haupt-Einstiegspunkte für Dänemark:

> * Die Autobahn A 7 / E 45 von Hamburg via Flensburg nach JÜTLAND, welche z.B. bei Kolding per Brücke die Insel FÜNEN erreicht.
>
> * Die Autobahn A 1 / E 47 von Hamburg via Lübeck und Fehmarn + Fähre zur Insel LOLLAND, die per Brücke u.a. Verbindung zu den Inseln MØN, FALSTER UND SEELAND besitzt.
>
> * Die Autobahn Berlin-> Rostock A 19 / E 55 + Fähre nach FALSTER, weiter nach Seeland.

Die dänischen Hauptinseln sind untereinander mit Brücken verbunden, z.B. Lolland -> Langeland, so daß sich ohne Probleme auch Rundtouren realisieren lassen. Die Verbindung Fünen-> Seeland kostet Brückenmaut.

ANREISEROUTE durch Deutschland: sehr individuell abhängig vom Wohnort. Südwestdeutsche und Schweizer benutzen in der Regel die Rheinautobahn-> Frankfurt und weiter die Autobahn via Kassel nach Hamburg (Alternative: Autobahn via Ruhrgebiet).

Für Bayern gibt es zwei Strecken: via Nürnberg entweder weiter via Kassel zum Ausgangspunkt Hamburg (+ Autobahn->Jütland bzw. Fähre ab Fehmarn-> Lolland, Seeland etc.). Oder ab Nürnberg via Autobahn nach Berlin und weiter zum Fährhafen Rostock. Diese Strecke ist mit Ziel Falster, Seeland kürzer und die Autobahn durch Ostdeutschland zwischenzeitlich sehr gut asphaltiert, aber ab nördlich Hof sehr stark belastet.

Für Österreicher je nach Wohnort die eben beschriebene Route bzw. ab

Ost-Österreich (Wien, Graz) die kürzere Route über die Autobahn Wien->
Bratislava-> Prag + Landstraße-> Dresden + Autobahn-> Berlin-> Rostock.

Fährverbindung Rostock-> Gedser auf Fünen: Sehr bequem gleich von
der Autobahn runter und rauf auf das Fährschiff der DFO/Euroline. Mit
dem "Berlin-Express" reduziert sich die normale Fahrzeit von 2 Std. auf
1 Std. 1o Min., dafür kann man während der rasanten Fahrt nicht mehr an
Deck gehen. Zur Saison bis zu 11 x tägl. Preise pro Person: ca. 1o DM
einfach, Pkw bis 6 m Länge und 1,95 m Höhe inkl. 5 Personen ca. 1oo
DM einfach. Reduzierte Fahrpreise von Montag bis Donnerstag.

Vogelfluglinie: Auf der Strecke von Puttgarden-> Rødby auf der Insel
Lolland pendeln die Fähren der Dänischen Bahn (DSB) und deutschen
Fährgesellschaft DFO im 3o-Minuten-Takt. Mit einer Stunde Fahrzeit die
kürzeste Verbindung. Preis Erwachsene ca. 1o DM einfach, Pkw bis 6 m
Länge und 1,95 m Höhe inkl. 5 Personen ca. 1oo DM einfach. Reduzierte
Fahrpreise von Montag bis Donnerstag.

ANREISE-> INSEL FÜNEN: konkurrenzlos billige Fährverbindung auf
der Strecke Kiel-> Insel Langeland: pro Person ca. 1o DM, der Pkw inkl.
Fahrer nur ca. 2o-3o DM , Wohnmobil inkl. Fahrer ab ca. 5o DM jeweils
einfach. Die Fährüberfahrt dauert 2 1/2 Std., und Langeland ist über eine
kostenlose Brücke mit der Südspitze der Insel Fünen verbunden.

Dies spart in Anreise mit Ziel Fünen einiges an km gegenüber der Autobahnverbindung Hamburg-> Kolding/Jütland-> Fünen. Die Fähre benötigt
allerdings im Sommer für den Transport von Pkw bzw. Wohnmobil langfristige Vorreservierung.

✦Autoreisezüge

Autoreisezüge direkt nach Dänemark gibt es zur Zeit noch nicht, doch die
lange Strecke durch Deutschland läßt sich damit bequem zurücklegen. Man
spart ab Süddeutschland, Österreich und Schweiz runde 8oo Anreisekilo-
meter auf sommerlich verstopften Autobahnen. Zudem springt jeweils ein
Urlaubstag dabei raus, da die Strecke im Nachtzug, d.h. Liege- oder
Schlafwagen, zurückgelegt wird.

Die Bequemlichkeit hat ihren Preis und kommt als Anreisevariante nur für
Leute in Betracht, die über entsprechendes Geld, aber wenig Urlaubszeit
verfügen.

AUTOREISEZÜGE in den hohen Norden gibt es ab München-> Hamburg,
Köln-> Niebüll (Nähe deutsch-dänischer Grenze), Lörrach/Basel-> Ham-
burg, Neu-Isenburg-> Niebüll, Kornwestheim/Stuttgart-> Niebüll sowie
Villach/Österreich-> Hamburg und Neu-Isenburg.

PREISBEISPIELE: München-> Hamburg je nach Abfahrtstag ca. 27o-6oo DM für Pkw und Fahrer einfach inkl. Bett im Liegewagen. Jeder weitere Erwachsene zahlt ca. 12o DM jeweils im Liegewagen. Stuttgart/Kornwestheim-> Niebüll (Nähe dänischer Grenze) 27o-61o DM einfach.

Unterm Strich dann gar nicht mal so teuer, berücksichtigt man eingesparte Spritkosten für 8oo km, Autoabnutzung und zweimal Hotelübernachtung.

Kann man die Vor- oder Nachsaison wählen, so lassen sich gut 4o % einsparen (im Beispiel untere Preisangaben).

INFOS: Broschüre "Autoreisezüge" der DB, in jedem Bahnhof und größeren Reisebüros zu bekommen. Enthält nicht nur Häufigkeit und Preis, sondern auch Termine, an denen die Fahrten im Autoreisezug billiger sind. Unbedingt rechtzeitig vorher buchen!

② Mit der Bahn

Schnelle und häufige Verbindung ab allen Regionen Deutschlands, der Schweiz und Österreichs nach Dänemark.

Innerhalb Dänemarks gibt es 3 Hauptachsen:
    * Die Ostachse von Lolland via Kopenhagen nach Helsingør und * quer rüber von Kopenhagen nach Korsør-> Nyborg/Fünen-> Odense-> Fredericia/Jütland.

Die * Westachse: von Hamburg kommend über die Grenze bei Flensburg, weiter durch Jütland via Kolding, Fredericia, Århus rauf bis Frederikshavn. Weitere Details siehe "Transport in Dänemark".

FAHRZEITEN: ab Ausgangspunkt Hamburg bis Kopenhagen ca. 4 Std. (Vorteil: keine Warterei am Fährhafen, der Zug fährt direkt auf die Fähre) bzw. in etwa ähnliche Fahrzeit Hamburg-> Århus/Jütland. Mehrmals täglich Zugverbindungen.

Quer durch Deutschland geht's fix, z.B. München-> Hamburg ca. 6-7 Std. mit dem ICE, 13 Std. im IC. - Für Ostdeutsche besteht die Möglichkeit täglich via Berlin zu fahren. Die Hauptstrecke der Bahn verläuft über Hamburg, Flensburg (mit Umsteigen in Hamburg 11 Std. 4 x tägl.). Seit der neuen Fähre Rostock-> Gedser ist die Bahnverbindung über die Insel Falster nach Kopenhagen sehr umständlich geworden: Regionalzug im Zweistundentakt nach Rostock, S-Bahn zum Seehafen (schlechtes Timing), dann gut 15 Min. zum Hafen laufen. Ab Gedser 1 x tägl. Regionalzug nach Kopenhagen mit Umsteigen in Nyköbing auf Falster.
Genauen Fahrplan für individuelle Planung ab Heimatort am Bahnhof besorgen.

Der Zug bringt den Vorteil einer bequemen Anreise nach Dänemark, ohne daß man (Auto) auf sommerlich überfüllten Autobahnen feststeht. Und auf Langstrecken den Schlaf- bzw. Liegewagen, der pro Richtung einen Urlaubstag einspart.

PREISE: sorry, das reguläre Ticket ist nicht gerade billig. Z.B. München-> Kopenhagen retour ca. 63o DM. Für wenige Mark mehr fliegt man per Super Flieg&Spar, und dies in nur ca. 2 Std. (gegenüber ca. 12 Std. per Zug). Durch die entsprechenden Ermäßigungen der Bahn läßt sich der Preis auf knapp die Hälfte reduzieren.

Fahrräder können mit der Bahn vorausgeschickt werden, vorausgesetzt man hat eine Fahrkarte und den Gepäckschein für das Rad (46 DM) am Schalter gekauft. Anders als früher, wo das Rad bei der Bahn abgegeben werden mußte, holt nun ein Privatunternehmen das Fahrrad zuhause ab. In Dänemark wartet es am Zielbahnhof am Gepäckschalter. Umgekehrt wird das Rad bei der Rückreise bis vor die Haustür gebracht. Das Rad muß für den Transport solide verpackt sein (Einwegverpackung kostet ca. 1o DM).

Rechtzeitige Info über den Fahrradtransport per Bahn am jeweiligen Bahnhof. In Dänemark werden Fahrräder in den meisten Zügen mitgenommen, sofern Platz vorhanden. Siehe auch Fahrradfahren im Sportteil.

Flüge

Fast alle Verbindungen nach Dänemark werden über die internationale Drehscheibe Kopenhagen (Kastrup) abgewickelt. Einige wenige Maschinen fliegen den kleinen Flughafen in Billund (Legoland) an und direkt zur Insel Bornholm. Sie sind hier (Flieg &Spar bzw. Super Flieg & Spar) kaum teurer als der Zug, ersparen aber bei 1 - 2 Std. Flugzeit erheblich die Anreise.

Durch die Allianz der beiden großen Gesellschaften Lufthansa und SAS steht unter dem Begriff "Code-Share" ein breites Angebot zur Wahl. Die Lufthansa übernimmt die Abfertigung in Deutschland, die SAS in Kopenhagen. Direktverbindungen ab vielen deutschen Großstädten.

Alle Details zu aktuellen Preisen und Bedingungen der Spar-Tarife im Reisebüro erfragen. Ab Kopenhagen dann weiter per Zubringerflügen oder Bahn/Buskombi an den jeweiligen Urlaubsort.

Tip, wer einen Städteflug plant: vergünstigte Angebote Flug&Hotel diverser Reiseveranstalter. Auf eigene Faust kann man dann Ausflüge innerhalb Seelands und zu Nachbarinseln einbauen.

Trampen / Mitfahrzentralen

Überlegenswerte Alternative für Leute mit wenig Geld. Gute Chancen auf den Autobahnen durch Deutschland, zur Hauptreisezeit allerdings auch viel Konkurrenz, was die Hoffnung auf einen Lift reduziert. Ab süddeutschem Raum ist die Strecke kaum in einem Tag zu schaffen.

Mitfahrzentralen als preiswerte Alternative, um nicht kostbare Urlaubszeit an/auf der Autobahn zu verbringen. Große Städte wie Hamburg, Kiel, Lübeck sind häufig angelaufene Ziele, u.U. geht's auch gleich bis Dänemark.

Mitfahrzentralen inzwischen in jeder größeren Stadt. Gezahlt wird an den Fahrer und für die Vermittlung. Für die Strecke München-> Hamburg ca.

7o DM; sind mehrere zahlende Leute im Auto wird's in der Regel etwas billiger.

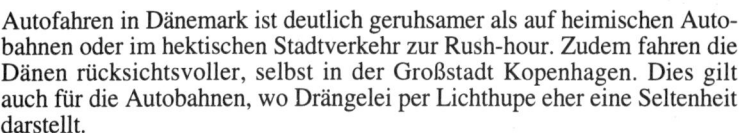

Autofahren in Dänemark ist deutlich geruhsamer als auf heimischen Autobahnen oder im hektischen Stadtverkehr zur Rush-hour. Zudem fahren die Dänen rücksichtsvoller, selbst in der Großstadt Kopenhagen. Dies gilt auch für die Autobahnen, wo Drängelei per Lichthupe eher eine Seltenheit darstellt.

Sehr guter Straßenzustand, die Benutzung von Autobahnen ist ebenso gratis wie die Benutzung der meisten Brücken.

AUTOBAHNEN sind mit grünen Hinweisschildern ausgewiesen. Abfahrten zusätzlich numeriert.

LANDSTRASSEN auf Bundesstraßen-Niveau werden mit schwarzen Nummern auf gelbem Grund beschildert, Zubringer entsprechend gestrichelt. Die Straßen ziehen sich oft schnurgerade durch die Landschaft, gut ausgebaut und breit, so daß man flott und ohne Ermüdung vorankommt.

Untergeordnete Landstraßen meist kurvig und schmal, der welligen Landschaft angepaßt, dadurch zeitaufwendiger und besonders im Wohnmobil anstrengende Kurbelei. Grundsätzlich sind die Straßen asphaltiert, Schotterpisten gehören der Vergangenheit an.

Achtung auf RADFAHRER, besonders beim Abbiegen und Kreuzen von Radwegen. Im Sommer sind ganze Kolonnen unterwegs, zu denen auch unerfahrene Kinder gehören! Deswegen größte Vorsicht.

TANKSTELLEN: dichtes Netz auf gewohntem Niveau, d.h. in der Regel mit kleinem Laden, manchmal auch Werkstatt.

Weit verbreitet und praktisch sind die Tankautomaten: Sprit rund um die Uhr gegen kleine Scheine. Die Spritpreise variieren geringfügig, Tankautomaten sind oft am billigsten.

SPRIT (blyfri): An jeder Tankstelle wahlweise mit 92 und 95 Oktan sowie bleifreies "Super plus" mit 98 Oktan erhältlich. Bleihaltiges Super (Premium) mit 89 Oktan und bleiarmes (Medium) mit 96 Oktan.

PANNENHILFE kein Problem. Alle Automarken sind mit General-vertretern und gutem Werkstattnetz vertreten. Stundenlöhne und Ersatz-teilpreise allerdings auf skandinavischem Niveau, d.h. um einiges höher als gewohnt. Oft auch private Werkstätten, die sich auf verschiedene Typen verstehen und in der Regel preislich günstiger liegen.

Pannenhilfe durch FALCK. Ähnlich dem deutschen Service werden kleine Schäden sofort repariert oder das Fahrzeug wird zur nächsten Werkstatt abgeschleppt. Beide Organisationen sind rund um die Uhr im Einsatz. NOTRUFSÄULEN auf Autobahnen (deutsch oder englisch wird verstan-den), sonst über die Telefonauskunft oder nächste Tankstelle anrufen. Der dänische Automobilclub FDM (28oo Lyngby, Friskovvej 32, Tel. 45 93 17 o8) vermittelt ebenfalls. Internationaler Schutzbrief nützlich.

Bei einem Unfall erhalten Sie Auskunft bei der dänischen Vereinigung für internationale Motorfahrzeugversicherungen: Dansk Forening for Interna-tional Motorkøretøjsforsikring, Amaliegade 1o, DK-1256 Kopenhagen, Tel. 33 13 75 55, Fax: 33 11 23 53.

PARKEN: Vielerorts ist Parken zeitlich begrenzt und erfordert eine Park-scheibe. Die Begrenzung für Mo.-Fr. geben die schwarzen Zahlen an, die Zahl in Klammern gilt samstags, rot für sonn- und feiertags.

Abweichende Verkehrsbestimmungen

Tempolimit: Innerhalb der Ortschaften 5o km/h, oft Zone 3o
Landstraße 8o km/h, Autobahn 11o km/h
Pkw mit Anhänger und Fahrzeuge über 3,5 Tonnen max. 7o km/h

Geschwindigkeitsüberschreitung kann ganz schön teuer werden, trotzdem wird man nicht selten auf Landstraßen auch von Dänen überholt.

Weißes Dreieck auf der Fahrbahn an Straßenkreuzungen bedeutet Vorfahrt achten.

Promillegrenze: bei o,8.

Abblendlicht auch tagsüber nicht nur bei Motorrädern - eine Sicherheitsmaßnahme, die seit Oktober 199o gilt und sich bereits in den anderen skandinavischen Ländern bewährt hat. Doch Achtung: Nicht bei jedem Fahrzeug schaltet sich das Licht mit der Zündung aus, unbedingt darauf achten oder einen Zettel ans Zündschloß kleben, sonst ist irgend-wann die Batterie leer.

Das Auto darf nicht in Dänemark wohnende Personen ausgeliehen werden.

 **FÄHREN**

Spielen nach wie vor eine entscheidende Rolle zwischen den einzelnen Inseln Dänemarks und rüber nach Deutschland, - auch wenn die langfristige Planung vorsieht, möglichst viele

Inseln mit Brücken zu verbinden.

VOGELFLUGLINIE: der wichtigste skandinavische Verkehrsweg. Alljährlich reisen hier zig Millionen. Zwei große Brücken fehlen: die über den Fehmarnbelt (ca. 2o km) und die über den Øresund (ca. 7 km), ansonsten durchgehende Autobahn.

Strecke: Autobahn ab Hamburg via Lübeck und Brücke zur Insel Fehmarn/ Puttgarden. Ab dort rund um die Uhr Fährbetrieb über den Fehmarnbelt nach Rødby/Insel Lolland Dänemark.

PREISE: Puttgarden-> Rødby als Autopaket Pkw (bis 1,95 m Höhe und bis 6 m Länge) plus max. 5 Personen ca. 8o-1oo DM je nach Saison und Wochentag.

Die Fähren werden in Zusammenarbeit mit der DSB (Dänischen Staatsbahn) und der deutschen Fährgesellschaft DFO betrieben. Weitere Infos im Prospekt "Vogelfluglinie", der in allen größeren Bahnhöfen und Reisebüros aufliegt.

FAHRZEIT: rund 1 Std., Abfahrten ca. alle 3o Min. Bereitstellungszeit für Pkws: 3o Min. vor Abfahrt. Vorbuchen ist nicht unbedingt erforderlich, zur Hochsaison muß man aber u.U. eine oder mehrere Fähren abwarten, bis man selber aufs Schiff kommt.

Ab Rødby/Insel Lolland dann Autobahn via Insel Falster und per riesiger Brücke rüber nach Seeland, durchgehend ausgebaut via Kopenhagen rauf nach Helsingør. Dort dann per Fähre in 25 Min. über den Øresund nach Helsingborg, wer weiter nach Schweden, Norwegen oder Finnland will (Details in den entsprechenden VELBINGER-Bänden 18, 19 und 29).

★**Rostock-> Gedser/Insel Falster**: betrieben von der DFO (Deutsche Fährgesellschaft Ostsee). Die Überfahrt dauert 2 Std., zur Saison insgesamt ca. 13 mal täglich.

PREISE: Autopaket Pkw (bis 1,95 m Höhe und bis 6 m Länge) plus max. 5 Personen ca. 8o-1oo DM je nach Saison und Wochentag. Zur Hauptsaison sollte man jedoch rechtzeitig vorbuchen.

Die Fähren ab Rostock haben zudem den Vorteil einer durchgehenden Autobahnverbindung ab z.B. * Dresden-> Berlin-> Rostock und ab z.B. * Nürnberg-> Leipzig-> Berlin-> Rostock. Sie ist für Bayern, Österreicher und Ostdeutsche die an Kilometern kürzeste Verbindung nach Lolland/ Falster/Seeland.

★**Verbindungen ab Lolland, Seeland**: Die INSEL FÜNEN wird ab Halsskov/Seeland über eine gigantische Brücke erreicht. Details siehe Seite 18). Alternativ die Fähre von Tårs/West-Lolland nach Spodsbjerg/Insel Langeland: stündl. Verbindung, Überfahrt 45 Min. und weiter per Brücke nach Fünen. Erwachsene 15 DM, Pkw bis 6 m 55 DM.

FÜNEN kann auch per Fähre ab Kiel-> Bagenkop/Langeland und weiter per Brücke erreicht werden. Preis Fähre: Pkw inkl. Fahrer 2o-3o DM einfach, Überfahrt 2 1/2 Std., 2-3 mal tägl.

JÜTLAND wird ab Kalundborg/Seeland erreicht, Fähre rund 2-3 mal/Tag, Überfahrt ca. 3 Std. und wichtige Querverbindung, wer Seeland auf dem Dänemark Rundtrip mit Jütland verbinden will. - Alternativ ab Odde/ Nordwest-Seeland nach Ebeltoft/Ostspitze Jütlands: 6 mal/Tag, Überfahrt knapp 2 Std.

✴Insel Bornholm: gewaltige Preisunterschiede je nach Fähre und Strecke.

* Saßnitz-> Rønne: billigste und kürzeste Fährverbindung. Betrieben von der DR, Abfahrten im Sommer 1 x tägl., Überfahrt 3 1/2 Std. Preise: Autopaket (Pkw bis 6 m inkl. 5 Personen retour) ca. 3oo DM.

* Rønne-> Neu Mukran auf Rügen 1 x tägl. mit Bornholms Trafikken. Erwachsene 7o DM, Pkw bis 6 m inkl. 5 Personen 32o DM. Preise hin und retour.

* Travemünde-> Trelleborg/Schweden + Ystad-> Rønne: mit TT-Line + Bornholmstrafikken. Vorteil: Die TT-Line sehr komfortabel, sowohl Tages- wie Nachtüberfahrten. Als Verbindung interessant, wer noch Südschweden einbauen will. Allerdings als Fährverbindung teuer: Autopaket (Pkw inkl. 5 Pers.) je nach Abfahrtszeit und Saison 45o-1.ooo DM retour zuzüglich Kabine. Abfahrten 1-3 mal täglich, die erste Etappe bis Trelleborg 7-9 Std, ab Ystad 2-5 mal täglich, 2 1/2 Std.

* Puttgarden-> Rødby + Kopenhagen-> Rønne mit DFO/DSB und Bornholmstrafikken. Für Leute, die Seeland und Hauptstadt mit Bornholm verbinden wollen. Insofern komfortabel, als die Strecke ab Kopenhagen nachts nach Bornholm zurückgelegt wird. Preise: Pkw bis 6 m Länge und 1,95 m Höhe inkl. Fahrer ca. 5oo DM zuzügl. Kabine. Alle Preise retour.

* Puttgarden-> Rødby + Dragør-> Limhamn/Schweden + Ystad-> Rønne mit DFO/ DSB und Bornholmstrafikken. Billiger als die Verbindung oben beim Vorteil, daß man noch Südschweden einbauen kann. Autopaket (Pkw bis 6 m Länge und 1,95 m Höhe) inkl. Fahrer 39o DM. Alle Preise retour.

✴Oldtimer Fähren: in touristischem Einsatz, z.B. die "Helge" ab Svendborg/Südfünen und der Schaufelraddampfer auf dem Silkeborgsee/Mittel-Jütland.

✴Brückenverbindungen: gemäß dänischer Planung wurden alle größeren Inseln per Brücken verbunden. Ein ehrgeiziges, aber auch teures Vorhaben.

> BRÜCKE über den Kleinen Belt: verbindet Fünen mit Jütland bei Fredericia. Weitere Brücken enstanden zwischen den Inseln Lolland und Falster sowie das riesige Brückenbauwerk von Falster nach Seeland, aber auch rüber zur Insel Møn.
>
> STOREBAELT-BRÜCKE: zwischen Halsskov/Insel Seeland und Knudshoved/Insel Fünen, deren Bau 1988 begonnen wurde. Mammutprojekt der dänischen Regierung. Die Eisenbahn unterquert den Belt teils per Tunnel. Auch die Baukosten sind gigantisch.
>
> ØRESUND-BRÜCKE: die Brücke zwischen Nordost-Seeland und Schweden ist in Bau. Streckenführung Amager/Kopenhagen-> Limhamn/Malmö 4-spurige Straßenbrücke plus Eisenbahn.

Die Brücke wird rund 17 km lang sein, wobei nicht die kürzeste Strecke Helsingør->
Helsingborg (7 km) gewählt wurde. Finanzierung durch eine Maut.

Die Betreiber der Anfang des kommenden Jahrtausends eröffneten Brücke nach Schweden
versprechen sich ein um das 4o-fache erhöhtes Verkehrsaufkommen und entsprechende
Gewinne.

FEHMARNBELT-BRÜCKE: die Planung sieht hier den Bau eines Tunnels unter dem
Belt vor, - der die bisherigen Pendelfähren ablösen soll. Beim bisherigen Verkehrsaufkommen auf dieser skandinavischen Hauptverkehrsroute sicher ein lukratives Projekt,
welches jedoch wegen gigantischer Baukosten sicher erst im nächsten Jahrtausend reali-
siert wird.

★**RUNDTRIPS Dänemark plus Nachbarländer**: Hier läßt sich mit
Fähr Kombitickets einiges Geld sparen. Beispiel: Wer in Dänemark auf
einem Rundtrip komplett Jütland plus Seeland besuchen will, müßte ab
Nordspitze Jütlands wieder retour nach Grenå bzw. Århus/beide Ostjütland, um dort per (teurer) Fähre nach Seeland überzusetzen.

Ebenso ist ein Rundtrip via Schweden möglich: zunächst ab der deutsch-
dänischen Grenze entlang der landschaftlich lohnenden Westküste Jütlands
und Limfjord rauf zur Nordspitze/Frederikshavn. Dort mit der Stena Line
in 3 1/4 Std. rüber nach Göteborg/Westschweden. Weiter via landschaftlich großartiger Schärenküste und idyllischer Küstenstädtchen runter nach
Helsingborg und 25 Min. Überfahrt mit der Fähre nach Helsingør/Nord-
Seeland/Dänemark.

Fährpreise: Die Strecke Frederikshavn -> Göteborg mit der Color Line als Autopaket
(Pkw max. 6 m lang, 2,2o m hoch inkl. 5 Personen) 115 DM einfach.

Plus Strecke Helsingborg/Schweden-> Helsingør + Rødby-> Puttgarden als sogenanntes
"Schweden 1-Ticket" der DFO/DSB als Autopaket (Pkw bis 1,95 m Höhe und max.
6 m Länge inkl. 5 Pers.) je nach Saison und Wochentag 13o-18o DM einfach.

Wer hier an den jeweils preisgünstigen Wochentagen die Fährüberfahrt einschaltet, reist
kaum teurer als per Querverbindung Grenå, Århus/Jütland nach Seeland - und kann
zudem noch die Westküste Schwedens oder gar Darlarna und Stockholm mit einbauen.

Andere Varianten verbinden ab Hirtshals/Nordjütland per Fähre zur Südküste Norwegens. Weiter via Westküste Schwedens nach Helsingborg
und dort nach Helsingør, siehe oben. Auch hier gibt es preiswerte Fähr-
Kombitickets, Details siehe VELBINGER Band 19 Norwegen/Süd-Mitte.

AUTOMIETEN

Nicht gerade billig, bringt aber bei der Anreise per Bahn
oder Flug die Möglichkeit, dann vor Ort flexibel die
Umgebung zu erkunden.

Internationale Vermieter sind in Dänemark ebenso in den Großstädten wie auch in Fe-
rienorten vertreten sowie regionale dänische Vermieter. Auch an wichtige Bahnhöfe kann
man einen Mietwagen ordern.

Preise: Kleinwagen (z.B. Ford Fiesta) ca. 8o DM/Tag plus ca. 1 DM pro gefahrenem

Kilometer. Die Anmiete auf unbegrenzter km-Basis kostet bei Kleinwagen ca. 11o DM/Tag. Bei längerer Mietdauer ab 4 Tage wird's deutlich billiger.

Bei manchen internationalen Vermietern gibt es sogenannte "Holiday Tarife", d.h. man reserviert zu Hause in Deutschland bereits den Mietwagen für Dänemark, der dort dann bereitsteht. Dafür gibt's das Fahrzeug je nach Anbieter billiger.

Das Mietalter variiert bei den Gesellschaften und liegt bei mindestens 2o, oft auch 25 Jahren. Die übliche Kaution ist nicht nötig, wenn man eine Creditcard (z.B. Diners, Visa etc.) vorlegt.

Angesicht des guten öffentlichen Verkehrsnetzes in Dänemark spricht für den Mietwagen nur das Argument der Flexibilität und Bequemlichkeit bei einer Rundfahrt von Haustür zu Haustür.

 **BAHN**

Die dänischen Eisenbahnen (DSB) und einige Privatbahnen erschließen die Hauptinseln und dort die größeren Städte sowie teils auch kleinere Orte. Zudem um Kopenhagen ein dichtes S-Bahn-Netz in die nähere Umgebung.

Die Insel FÜNEN wird von der Bahn in Ost- Westrichtung via Odense durchquert und in Nord-Südrichtung von Odense bis Svendborg. Der Rest der Insel besitzt Anbindung per Bus.

JÜTLAND besitzt durchgehendes Zuggleis von Hamburg via Grenze und entlang Ostjütland (Århus-> Randers-> Ålborg) nach Frederikshavn/Skagen im äußersten Norden. Querverbindungen bestehen zu Küstenorten wie Grenå, Esbjerg, Hirtshals und an den Limfjord. Ferner eine Westachse durch Jütand via Esbjerg (dem Fährhafen für die dänischen Färöer Inseln) und weiter Nordwest nach Thisted am Limfjord.

SEELAND: sehr gutes Streckennetz: einmal von Rødby bzw. Gedser via Kopenhagen nach Helsingør. Weiterhin: Kopenhagen-> Korsør bzw. Kalundborg.

Mit dem Zug allein läßt sich Dänemark auf einer Urlaubsreise nicht erschließen. Pluspunkte sind jedoch die gute Anbindung zwischen Zug und Bus sowie die Abfahrten im Zeittakt der IC-Zugverbindungen.

FAHRPLAN: Auf den Hauptstrecken fahren die Züge meist im Stunden- oder Zweistundentakt. Der KØREPLAN, das dänische Kursbuch mit deutscher Erläuterung listet alle Verbindungen auf, inkl. der Busanschlüsse und der Fährverbindungen. Der Køreplan ist in den dänischen Bahnhöfen für wenig Geld erhältlich, gilt für die gesamte Sommersaison und enthält zudem sämtliche Telefonnummern für Auskünfte bei den jeweiligen Bahnhöfen und Platzreservierungen, Preistabelle der jeweiligen Zonen und Anschlußbusse.

Auf den HAUPTSTRECKEN zwischen Jütland und Kopenhagen werden die großen Städte durch IC- und EC-Züge verbunden. Sie kosten den üblichen Zuschlag, sind dafür aber schneller am Ziel.

Frederikshavn-> Kopenhagen z.B. runde 7 Std. direkt. Achtung, einige Züge sind reservierungspflichtig. IC-Züge mit Speisewagen, Ruhe- und Familienabteilen. Für Kinderwagen und Rollstühle kann reserviert werden. Auf langen Distanzen (Frederikshavn-> Kopenhagen) verkehren Nachtzüge (Nattog) mit Schlaf- und Liegewagen.

REGIONALZÜGE sind oft gut auf die Fernzüge abgestimmt, dichtes Netz in Jütland und Seeland.

Achtung Hundebesitzer: In Intercityzügen und S-Bahnen gibt es Bereiche, in denen Tiere nicht erlaubt sind (Dyrefri arealer). Im übrigen müssen Hunde an die Leine.

Der Fahrradtransport per Bahn ist ein zusätzliches Plus. Warum nicht mal anders reisen, den Wagen zuhause lassen, Langstrecken über die Schiene, vor Ort unabhängig per Rad über ein gut ausgebautes Netz z.T. beschilderter und präparierter Fahrradwege (siehe eigenes Kapitel).

PREISE: Die Preise der DSB sind entspechend der Distanz gestaffelt. Einmal quer rüber von Fredericia/Jütland via Odense/Fünen nach Kopenhagen/Seeland ca. 6o DM. Ab der Grenze (Padborg) nach Norden ca. 55 DM einfach.

RABATTE: Unter der Woche Ermäßigung ("Billigdag"), wenn man weiter als 1oo km fährt, spart etwa 2o %. - Kinder zwischen 4 und 11 Jahren (inkl.) fahren für die Hälfte, unter 4 Jahren gratis. - Erwachsene plus ein Kind brauchen nur ein Erwachsenenbillet. - Jugendliche bekommen bis einschließlich 17 Jahren Rabatt. - Für Senioren das "65-billet", das auch Ausländer bekommen.

"Klippekort": hiermit werden mehrere Fahrten gekauft, übertragbar auf andere Personen.

★**NOSTALGIEBAHNEN**: Rund ein Dutzend Veteranenstrecken werden im Sommer meist von lokalen Clubs betrieben. In schicken Salonwagen oder 3. Klasse auf Holzbänken kann man einige Kilometer lang im Dampf der alten Loks das Gefühl der "guten alten Zeit" nachempfinden. Wer in den Genuß einer Oldtimerfahrt kommen will, muß die Zeiten allerdings genau timen. Die meisten Züge werden nur am Wochenende zur Hauptsaison aus dem Lokschuppen geholt.

* Limfjordsbanen in 953o Støvring (Nord Jütland)
* Djursland (Ost Jütland) in Allingåbro
* DSB Jernbanemuseum in Odense (Fünen) mit kurzer Gleisstrecke
* Dansk Jernbane-Klub, auf der Strecke Fredericia-Odense
* Veteranenban Bryrup-Vrads mit Zügen auf der gleichnamigen Strecke
* Syd Fyenske Veteranjernbane auf der Strecke Faaborg-Korinth (Fünen)
* Lokomotivklubben KLK, Kolding (Mittel Jütland) ab Vejle nach Jellinge
* Helsingør Jernbaneklub, Dampflok zwischen Kopenhagen und Helsingør
* Skælskørbanen (Südseeland) ab Hafen bis Dalmose
* Museumsbanen zwischen Maribo und Bandholm (Lolland)
* Hedelands Veterane, eine der wenigen Schmalspurbahnen
* Østsjællandske Jernbaneklub nahe Roskilde (Seeland)

Zudem fahren noch alte <u>STRASSENBAHNEN</u> in Brønshøj und nahe Roskilde. Details an der jeweiligen Textstelle.

BUS

Das lokale dänische Busnetz ist vorbildlich: Bis in den letzten Winkel der Inseln und an fast jeden Küstenort fährt ein Bus. Auf der Insel Rømø sogar mit einer Haltestelle direkt auf dem Sandstrand - bequemer geht es nicht. Außerhalb der "rush hour" sind die Busse fast leer und klappern unermüdlich die Dörfer ab. Fahrradtransport nur bedingt, denn der Stauraum im Gepäckabteil ist begrenzt. Optimal sind die Linienbusse auf der Insel Bornholm, die auf die dortige Radler-Invasion eingerichtet sind.

<u>Haltestellen</u> gut gekennzeichnet. <u>Fahrpläne</u> im örtlichen Touristenbüro. Der <u>Køreplan</u> der DSB (siehe oben) enthält auch sämtliche Busverbindungen.

Bei Ankunft mit der Fähre oder per Bahn wartet meist schon der lokale Bus am Terminal. Häufige Fahrzeiten unter der Woche, an Wochenenden wird es etwas dünner.

Überregionale Busse ab Kopenhagen z.B. nach Nord-Jütland über Randers zum Hafenstädtchen Hanstholm oder über Ebeltoft nach Frederikshavn.

FLUG

Lokale Flugverbindungen spielen im kleinen Dänemark für den Urlauber kaum eine Rolle. Der wichtigste Airport: <u>Kopenhagen Kastrup</u> ist zugleich internationale

Drehscheibe von Skandinavien in den Rest der Welt, mit regelmäßigen Linienflügen der SAS und Lufthansa nach Deutschland, Österreich und der Schweiz.

Die <u>DANAIR</u> bedient die innerdänischen Strecken mit insgesamt 12 Airports. Der Check-in und Check-out dauert in Dänemark oft länger als der eigentliche Flug von einer halben Stunde bis höchstens 55 Min. Die Gesellschaft <u>MIDTFLY</u> unterhält den Linienverkehr zwischen Kopenhagen und Ringkøbingfjord. Airtaxis ab Kopenhagen sowie regelmäßige Flüge zu den kleinen Inseln Anholt und Læsø.

Airports auf <u>Jütland</u>: Aalborg, Karup, Esbjerg, Billund/Legoland, Sønderborg, Thisted, Vojens, Århus. <u>Weitere</u>: Odense/Fünen und Rønne/Bornholm.

MARGERITENWEG

In ganz Dänemark findet man den sog. Margeritenweg, eine 3.54o km lange und beschilderte Route, die durch landschaftlich interessante Gebiete verläuft und Schlösser, Herrensitze oder hübsche Orte berührt. Meist führt sie über Nebenstraßen und bietet sich deshalb auch für Radfahrer an. Der Weg ist nach der Lieblingsblume der Königin benannt und mit einer Margerite auf braunem Grund einheitlich beschildert. Auf den Generalkarten entsprechend grün eingetragen. Zur leichteren Wegbeschreibung in unseren Texten haben wir öfters den Margeritenweg angeführt. Ein kleines Handbuch zur Margeriten-Route erhält man beim Dänischen Fremdenverkehrsamt, in deutscher Sprache versteht sich.

Allgemeine Tips

EINREISE

Papiere: Personalausweis oder Reisepaß (muß noch mindestens 3 Monate gültig sein). Kinder müssen im Elternpaß eingetragen sein, ansonsten brauchen sie einen Kinderausweis, ab 1o Jahren mit Lichtbild.

Einreise mit dem Auto: gültiger Führerschein, Kfz-Schein und Nationalitätszeichen. Grüne Versicherungskarte nicht nötig, kann aber bei Unfällen umständliche Ermittlungen sparen.

Tiere mitnehmen

Hunde und Katzen müssen gegen Tollwut geimpft sein (mindestens 3o Tage vorher und höchstens 12 Monate vor Einreise). Internationaler Impfausweis nötig. Wer Wellensittiche, Papageien, Kaninchen oder Pferde mitnehmen will, muß die Einfuhr rechtzeitig genehmigen lassen bei: Veterinærdirektoratet, Rolighedsvej 25, DK-1958 Frederiksberg C.

Tax Free Einkaufen

Seit Inkrafttreten des EU-Binnenmarktes besteht keine Möglichkeit für EU-Bürger, die höhere Mehrwertsteuer zurückzubekommen.

 ## GELD

Zahlungsmittel ist die dänische Krone (Dkr.). 1 Krone = 1oo Øre.

GELDWECHSELN üblicherweise in Banken und auf der Post. Darüberhinaus auch in manchen Touristenbüros außerhalb der Banköffnungszeiten.

BARGELD: eine gewisse Bargeldreserve ist immer sinnvoll. Allerdings wird Bargeld zum ungünstigsten Kurs getauscht. Es empfiehlt sich, bei der Einreise eine kleine Menge dänisches Geld in Scheinen dabei zu haben, um z.B. nachts an den Automaten tanken zu können. Bargeld wechseln kostet satte Gebühr.

POSTSPARBUCH: sehr zu empfehlen! Problemloses und gebührenfreies Abheben bei den meisten Postämtern möglich: "jeg vil gerne hæve penge". Den "Udbetalingskupon" verlangen; Erläuterung zweisprachig. Auszahlung erfolgt zum jeweiligen Tageskurs in Kronen. Maximal kann man innerhalb von 3o Tagen den Gegenwert von 2.ooo DM pro Postsparbuch abheben. Wer mehr braucht, nimmt einfach mehrere Postsparbücher mit. Abheben nur in runden DM-Hunderterbeträgen! Täglich höchstens 1.ooo DM. Personalausweis und Ausweiskarte nicht vergessen und getrennt vom Postsparbuch aufbewahren! Weiterer Vorteil: viele Postämter haben auch samstags geöffnet. Funktioniert allerdings nicht in touristenverschonten kleinen Nestern.

EUROSCHECKS: gelten in ganz Skandinavien. Einlösen bei Banken überall möglich, allerdings wird eine Vermittlungsgebühr fällig.

CREDITKARTEN: praktisch, da man nicht viel Bargeld mit sich rumträgt. Wird von größeren Hotels, Restaurants und vielfach auch von Shops akzeptiert. VISA, Eurocard, Master und AMEX sind recht verbreitet.

REISE/TRAVELLERSCHECKS: sichere Angelegenheit, da man bei Verlust Ersatz bekommt. Allerdings fällt eine Gebühr von 1 % des Betrags an. Im Land manchmal noch einige Mark Wechselgebühren pro Scheck, von daher lohnen sich nur hohe Beträge pro Scheck. Etwas günstigerer Kurs als mit dem Postsparbuch, aber die Gebühr macht das wieder wett.

KONTANTEN - GELDAUTOMATEN: Mit Euroscheck-Karte, Visa, Master, Eurocard u.a. kann man wie zu Hause rund um die Uhr, also auch außerhalb der Banköffnungszeiten Geld abheben, max. 2ooo Dkr. Voraussetzung: Der Automat kennt die Karte und man hat seine Geheimzahl parat. Besonders in größeren Städten findet man viele Automaten.

GELD PER AUSLANDSPOSTANWEISUNG: falls doch unerwartet das Geld ausgeht, läßt sich der Nachschub problemlos, aber nicht billig ordern: auf einem der deutschen Postämter muß das Formular "Auslandspostanweisung" ausgefüllt werden (Höchstbeträge beachten). Die Zahlungsanweisung wird an die dänische Adresse geschickt, dort erhält man gegen Vorlage der Anweisung am Postschalter den Gegenwert in Kronen ausbezahlt. Gebühr nur in Deutschland nach Betrag gestaffelt. 1.ooo DM kosten ca. 4o DM!

POST

Fast in jedem Dorf vorhanden. Erkennbar am roten Schild mit Posthorn und Krone, ein Zeichen für das königliche Privileg. Blies früher der Postbote ins Horn, mußte ihm Vorfahrt gewährt werden. Die Postboten tragen heute noch freundlich rote Jacken und sind beliebte Postkartenmotive. Die Öffnungszeiten variieren geringfügig, siehe Text. Als Anhaltspunkt: Mo.-Fr. 9/1o-16/17 Uhr, Sa. 9/1o-12 Uhr.

POSTE RESTANTE: bei jedem Postamt möglich. Klappt ausgezeichnet. Die Briefe gehen automatisch zur Hauptpost, dort werden sie bis zu einem Monat aufbewahrt. Auf Antrag wird die Post auch nachgeschickt, so daß man nicht tagelang die Zeit totschlagen muß, bloß weil ein Brief vom Liebsten unterwegs ist. Ausweis nicht vergessen.

BRIEFKÄSTEN sind rot.

PORTO: Einheitliches Porto für Postkarten und Briefe bis 2o Gramm. Ins Ausland muß die Post mit dem blauen Aufkleber A-Prioritaire oder einem großen A versehen werden. In der Regel ist die Post nicht länger als 2-3 Tage unterwegs.

TELEFON

Telefonieren ist in Dänemark problemlos von einer der vielen Zellen möglich. Günstiger telefoniert man jedoch vom Telegebäude; gibt es in jedem größeren Ort. Man wählt selber von der Kabine durch und rechnet hinterher an der Kasse ab. Adressen und Öffnungszeiten siehe Text.

Von Telefonzellen gibt es keinen Mondscheintarif ins Ausland. Innerhalb Dänemarks telefoniert man ab 2o Uhr billiger. Auch innerorts sind in Dänemark achtstellige Nummern zu wählen.

KARTENTELEFONE sind im ganzen Land zu finden. Karten zu unterschiedlichen Werten bekommt man bei der Post, am Zeitungskiosk oder bei Tankstellen.

Bei MÜNZAPPARATEN unbedingt vorher die Gebrauchsanweisung studieren! Es gibt verschiedene Systeme: Möglichst immer erst einzelne Kronenstücke einwerfen und erst wenn die Verbindung hergestellt ist, größere, z.B. 2o Kronenstücke, nachwerfen, denn viele Apparate kassieren tatsächlich auch für Besetztzeichen ein paar øre. Wenn man als erstes Geldstück ein 2o Kronenstück nimmt, ist es weg, selbst wenn kein einziges Wort gesprochen wurde; rausgeben tun die Apparate leider noch nicht.

TELEFONBÜCHER findet man fast nie in den Zellen, dafür in jeder Post oder im Tele. Die Buchstaben Æ, Ø und Å stehen ganz am Ende des Alphabets.

Auskunft: in Dänemark oo33. Auskunft fürs Ausland oo39.

Vorwahl: in die BRD oo49, Schweiz oo41, Österreich oo43

Landesvorwahl für Dänemark: oo45. Dann die Ortskennzahl ohne die "o", gefolgt von der Rufnummer des Teilnehmers.

Zurückrufen lassen: In fast allen Zellen kann man sich auch rückrufen lassen. Die Nummer ist am Apparat angeschrieben.

Mobiltelefone des D-Netzes können überall in Dänemark benutzt werden. Das Telefonieren im B- oder C-Netz ist dagegen nicht erlaubt.

STROM: 22o Volt Wechselstrom.

ZEIT: Auch Dänemark stellt die Uhren auf Sommerzeit (analog zu unserer) um, von Ende März bis September/Oktober.

ÖFFNUNGSZEITEN

In der Regel sind Geschäfte wochentags von 9/1o-17 Uhr geöffnet, das bedeutet: nach 17 Uhr werden in den meisten dänischen Städten die Bürgersteige hochgeklappt. Samstags erstirbt das Leben gegen 12/13 Uhr.

In Kopenhagen schaut die Sache etwas anders aus. In Touristengebieten öffnen zur Hochsaison manche Geschäfte auch sonntags.

MUSEEN: In der Saison haben alle bedeutenden Museesn täglich offen, sonst oft montags geschlossen. Freilichtmuseen und Vergnügnungsparks haben meistens nur in der Saison geöffnet.

BANKEN: Die Öffnungszeiten variieren. Als Anhaltspunkt Mo.-Fr. 9.3o-16 Uhr, donnerstags bis 18 Uhr.

EINKAUFEN

Ist Dänemark teuer? Ja und nein. Importwaren wie Autos sind verdammt teuer. Hotelübernachtungen haben es auch in sich, die Restaurantpreise liegen auf norddeutschem Niveau. Billiger ist auf jeden Fall der Kaffee, nicht umsonst sind die Dänen große Kaffetrinker.

Eine schöne Sache ist das Einkaufen auf dem Land. Improvisierte Verkaufsstände, mal einfach ein Stuhl an die Straße gestellt oder ein kleiner Tisch gebastelt. Angeboten wird von Eiern über Gemüse aus dem Gärtchen bis zu Sandwürmern, Obst, Honig, Blumen, selbstgemachte Marmelade und Kaninchen alles, was man sich so vorstellen kann. Zu fairen Preisen direkt ab Privat-Produzent. Manchmal sitzt die Oma am Straßenrand vor dem Haus und kassiert, meist steht dort nur eine Blechbüchse oder Marmeladendose. Selbstbedienung auf Vertrauensbasis. Die Preise sind angeschrieben und man vertraut auf die Ehrlichkeit der Kunden. Viele der improvisierten Stände findet man an kleinen Seitenstraßen, wo viele Radler vorbeikommen.

* Døgnkiosk-Tageskiosk bis spät abends offen.
* Bäckereien haben sehr lange offen, manche auch sonntags.
* Langer Samstag: wie bei uns am ersten Samstag im Monat.

TRINKGELD: Selten, nur für Extraleistungen. Etwas aufrunden, wie bei uns üblich.

RADIO

Englische Nachrichten Mo.-Fr. um 8.1o Uhr auf Programm 1 UKW 9o,8 MHz.

Lokale Touristensender bringen u.a. deutschsprachige Sendungen zur Region und touristischen Infrastruktur.

FERNSEHEN

Seit 1988 gibt es neben dem staatlichen Fernsehen Danmarks Radio DR ein privates TV 2, das sich stark durch Werbung finanziert. Deutsches Fernsehen und Rundfunk können in vielen Teilen Dänemarks empfangen werden. Überall sieht man die Satellitenschüsseln.

ZEITUNGEN (Aviser)

Die beiden renommierten Zeitungen sind die "Berlingske Tidene", ein konservatives Blatt, und die liberale "Politiken", beide mit Sitz in Kopenhagen. "Jyllands Posten" kommt aus der "Provinz", ist aber mehr als ein Provinzblatt, nämlich die drittgrößte überregionale Zeitung. Die Zeitung "Information" hat ihr Publikum unter Linken und Intellektuellen; das Blatt ging aus der Widerstandsbewegung des 2. Weltkriegs hervor. "Extra Bladet" und "B.T." sind die Massenblätter der beiden großen Pressehäuser.

Speziell für Urlauber geben die örtlichen Touristenbüros im Sommer kostenlose Touristenzeitungen in englischer und deutscher Sprache heraus, neben viel Werbung auch nette Geschichten zu Land, Leuten und Sehenswürdigkeiten.

Deutsche Tages- oder Wochenzeitungen und viele Fachzeitschriften erhält man überall, oft sogar vom gleichen Tag.

DUZEN

Im Dänischen gibt es durchaus das "De" entspricht unserem "Sie", weit verbreitet ist jedoch das Du und nicht nur unter jungen Leuten. Also nicht perplex sein, wenn ein Herr im grauen Anzug auch im Deutschen das "Du" benützt.

WICHTIGE ADRESSEN

Dänisches Fremdenverkehrsamt: Postfach 1o1329, 2ooo8 Hamburg. Tel. o4o/ 32o 21o, Fax: o4o/ 32o 21111.

Prospektservice: Unter der Rufnummer o19o/19o o33 können rund um die Uhr Prospekte bestellt werden.

Botschaften

Botschaft der Bundesrepublik Deutschland: Stockholmsgade 57, 21oo Kopenhagen. Tel. 35 26 16 22

Österreichische Botschaft: Sølundsvej 1, 21oo Kopenhagen, Tel. 39 29 41 41

Schweizer Botschaft: Amaliegade 14, 1256 Kopenhagen. Tel. 33 14 17 96

KLIMA Reisezeiten

"Bratgarantie" bietet Dänemark nicht. Ein typisch dänischer Sommer hat so seine 3o-4o Regentage, allerdings so gut wie nie am Stück. Dafür sorgt der Wind, der die Wolken meist schnell wieder fortbläst. Trotzdem fährt man zum Baden und Braunwerden durchaus nach Dänemark. Unangenehme, knallheiße Tage sind selten, fast immer weht ein leichtes Lüftchen. Auch im Hochsommer gehören ein warmer Pulli und eine Wind-/Regenjacke ebenso ins Reisegepäck wie Shorts und Bikini.

Während in <u>Jütland</u> ein recht wechselhaftes Meerklima herrscht, wird es nach Osten etwas stabiler. Auf der <u>Insel Bornholm</u> wirkt sich die geografische Lage so aus, daß die Saison hier gut 14 Tage länger dauert, denn die Ostsee wirkt als Wärmespeicher.

<u>Beste Reisezeit für Bade- und Radelurlaub</u> ist Juni bis August. Während früher Dänemark nur ein Sommerreiseland war, dehnt sich die Touristensaison immer länger aus. Ferienhausurlaub im Frühjahr, Herbst oder im Winter ist längst nicht mehr "exotisch", sondern eine prima Variante für den Zweiturlaub mit dem Vorteil niedriger Preise.

Die jährliche Niederschlagsmenge beträgt im Schnitt 6o cm, im Westen naturgemäß etwas mehr als im Osten.

Die Wassertemperaturen erreichen nach wochenlanger Hitzeperiode in manchen Buchten immerhin ihre 2o Grad, im Juli 16-18 Grad.

Unter der Nummer o4o/ 322 789 kann man Tag und Nacht die Wettervorhersage abhören.

Gesundheit

Die ärztliche Versorgung ist in Dänemark sehr gut. In der Regel sprechen die Ärzte deutsch oder englisch. Bürger aus EU-Ländern werden kostenlos behandelt, wenn sie den Auslandskrankenschein E 111 vorlegen, - vor der Abreise bei der Krankenkasse besorgen. Mitunter kassieren die Ärzte bar, dann muß man sich als EU-Bürger die Kosten vor der Abreise aus Dänemark vom Krankenversicherungs- oder Gemeindebüro erstatten lassen (Adresse im örtlichen Touristenbüro erfragen). Medikamente meist mit hohem Eigenanteil. Privat Versicherte zahlen die Kosten unterwegs selber, reichen die Rechnung danach bei ihrer Krankenkasse ein. Unter der Telefonnr. 32 84 oo 41 kann man den nächsten ärztlichen Notdienst erfahren.

Læge = Arzt
Tandlæge = Zahnarzt
sygehus = Krankenhaus
Notruf = 112 (der Arzt muß bar bezahlt werden)

FESTE/FEIERTAGE/FESTIVALS

Die großen Feiertage Weihnachten, Neujahr, Ostern gleichbedeutend wie bei uns. Zusätzlich haben die Dänen Gründonnerstag frei und im Mai den Bettag.

1. Mai ist ein (halber) Arbeitstag.

Christi Himmelfahrt.

5. Juni ist "grundlovsdag", erinnert an die Unterzeichnung der Verfassung durch König Frederik VII. 1849. Nachmittag ist frei.

St. Hansaften am 23. Juni: der längste Tag des Jahres (Mittsommer) wird überall im Freien gefeiert, schon Tage vorher werden große Holzstöße aufgeschichtet und eine Hexe gebastelt, die dann unter großem Gejohle verbrannt wird, dazu wird gesungen, getrunken und gefuttert. Das eigentlich heidnische Fest wurde später "christianisiert" und zu dem Fest Johannis des Täufers umfunktioniert.

Enorm viele Festivals stehen den ganzen Sommer über auf dem Programm, Jazz, Rock, Pop, Klassik... Jede Insel hat ihr Festival, ja es gehört fast schon zum guten Ton für jede Stadt ihr Sommerfest zu haben.

Das Dänische Fremdenverkehrsamt gibt jedes Jahr einen Veranstaltungskalender heraus, rechtzeitig besorgen, damit man u.U. seine Reisetermine darauf abstimmen kann.

Weltbekannt ist das Roskilde Festival auf der Insel Seeland Ende Juni/Anfang Juli, siehe Seite 469.

Parallel läuft auf der Insel Fünen das Midtfyns Festival bei Ringe, siehe Seite 312 .

Wikingerfestspiele in Frederikssund Ende Juni/Anfang Juli.

Im Juli ist in Kopenhagen das große Jazz Festival.

Die Aarhus Festwoche steht Anfang September auf dem Programm, Klassik überwiegt.

Tønder Jazz Festival siehe Tønder.

Segel- und Oldtimerregatten gehören im Sommer zum Programm.

VERGNÜGUNGS- UND FREIZEITPARKS

Hier sind die Dänen ganz groß. Am bekanntesten und am meisten Atmosphäre bietet sicher das Tivoli in Kopenhagen. Mittlerweile hat fast jede größere Stadt ihr Tivoli. Auf dem Land entstanden viele Vergnügungs-, Wasser-, Freizeitparks und sogenannte Sommerlands. Teilweise als Ketten über ganz Dänemark verteilt. Als Familie mit Kindern führt fast kein Weg an den Vergnügungsparks vorbei, ganz speziell Legoland in Billund/Jütland. Andere Urlaubergruppen wenden sich entsetzt ab, ob des Konsumrausches. Die meisten Vergnügungsparks haben nur zur Saison offen und nehmen satte Eintrittspreise.

HOTELS

Hotels gibt es reichlich im Lande. Über 1.ooo an der Zahl unterschiedlichster Größe, Ausstattung und Komforts. Ein klassisches Hotelreiseland ist Dänemark trotzdem sicher nicht. Das liegt an der verbreiteten Alternative "Ferienhaus" und nicht zuletzt an den hohen Preisen. Häßliche Betonriesen wie im Mittelmeerraum findet man dagegen kaum.

<u>KRO</u> (zu deutsch Krug) - gilt als Inbegriff der dänischen Gemütlichkeit. Auf die alten "Kongelige Kroer" an historischen Wegen mit fast musealer Innenausstattung und raffinierter oder dänischer Spezialitätenküche trifft das tatsächlich zu. Fast jeder Kro liegt allerdings an einer wichtigen Straße, denn....

1283 beschloß König Erik Klipping, daß im Lande Gasthäuser eingerichtet werden sollten, damit der König überall in seinem Reich bewirtet werden könne. Margrethe I. (1375-1412) gilt als die Begründerin des Kro: sie bestimmte, daß an wichtigen Straßen im Lande alle 4 Meilen (entsprach einer Tagesreise) eine königlich privilegierte Gastwirtschaft die Reisenden bewirten solle. Damit verloren auch die Klöster ihre Funktion als Herbergen.

Christian V. erließ sogar 1695 eine Verordnung (Gjestgiveriets Grundlov), aus der hervorging, wie das auszusehen habe: "Zimmer und Verpflegung sollten einen Standard wie in einem besseren Haus haben. Das Wirtshaus sollte an einem gut erreichbaren Platz in der Stadt liegen; es sollte mindestens 4 Zimmer mit guten sauberen Betten besitzen, zufriedenstellende Feuerstellen und dichte Fenster und Türen, ferner Platz für 6 Pferde, 3 Wagen oder Karrossen. An der Tür sollte ein Schild mit Stadtwappen angebracht sein und der Aufschrift, daß es sich um ein öffentliches Wirtshaus handele."

Als Bonbon bekam der Gastwirt das Privileg Roggenbrot zu backen, Bier zu brauen und Schnaps zu brennen, den er in kleinen Mengen verkaufen durfte. Die Kroer an den Landstraßen waren nur für Reisende gedacht, bis 1912 war es den Dorfbewohnern verboten, die Gastwirtschaft zu besuchen! Das Kneipenleben spielte sich separat beim Kaufmann ab, der allerdings oft auch Krowirt war.

Mit dem Bau der Bahnlinie verlagerte sich der Verkehr von der Landstraße auf die Schiene und viele der Kroer mußten schließen. Stattdessen schossen die Bahnhofsgaststätten wie Pilze aus dem Boden. Erst mit der Verbreitung des Autos erlebten die Kroer eine Renaissance.

Aber Vorsicht, nicht jeder Kro ist eine Perle der Gastronomie. Oft verbergen sich hinter dem Namen Kro auch einfache Gasthöfe an einer Hauptverkehrsstraße, innen oft bierkneipenähnlich und mit einfachen Zimmern.

Unbedingt vorab die <u>BROSCHÜRE DANMARK, Hotels, Hoteller</u> über das Dänische Fremdenverkehrsamt besorgen. Enthält die meisten Hotels nach Orten aufgelistet mit Adresse, Telefonnummer und meistens Preisen.

Kategorieeinteilung bei Hotels (wie in vielen Ländern) gibt es in Dänemark nicht.

PREISE: Doppelzimmer unter 1oo DM sind sehr dünn gesät. In der Regel beginnt es ab 12o DM, eher 15o DM, nach oben sind keine Grenzen. Nicht immer ist das Frühstück inbegriffen, vorher abklären.

PREISNACHLASS: In Skandinavien ist das Hotelschecksystem verbreitet: d.h. verschiedene Hotels haben sich zu Ketten zusammengeschlossen und gewähren beim Kauf der Schecks deutlich günstigere Preise, binden aber an die Kette:

Rund 9o bessere Gasthöfe und Hotels in den Städten haben sich zur Vereinigung DANSK KROFERIE zusammengeschlossen und bieten ein Kro-Schecksystem an, das die Übernachtung um 1o-2o % verbilligt. Mit einem Kro-Scheck berappt man ca. 14o DM für 2 Personen im Doppelzimmer. Jeder Gasthof bietet außerdem ein günstiges Kroferienmenü an für gut 3o DM.

Schecks und Broschüre "Dänische Kroferien" erhält man über das Dänische Fremdenverkehrsamt (siehe Handwerkszeug vorne) oder direkt bei: Dansk Kroferie, Vejlevej 16. DK-87oo Horsens. Fax: 75 64 87 2o.

BEST WESTERN HOTELS gewähren in der Zeit von Mitte Mai bis Mitte September Rabatt. Die Schecks kauft man in den Hotels, bei Reisebüros oder direkt bei: Best Western, Vodroffsvej 59. DK-19oo Frederiksberg C, Fax: 31 39 51 o8.

SCANDIC HOTELS HOLIDAY CARD - gilt bei den Scandic Hotels, erhältlich bei den Hotels oder übers Reisebüro. 15o DM/Zimmer.

MISSIONSHOTELS sind in Skandinavien ziemlich verbreitet. In Dänemark eröffnete der Hofbesitzer und Fabrikant A.C. Nissen aus Westjütland 1888 das erste Missionshotel in Kopenhagen. Konzipiert als billige Unterkunft mit der Möglichkeit, auch unterwegs bei den täglichen Andachten Gottes Wort zu hören.

Die Missionshotels hatten in der ersten Hälfte des 2o. Jh. einen starken Zulauf, auch weil sie sich für Alkoholfreiheit stark machten. 1943 waren 25 % aller dänischen Hotels Missionshotels. Inzwischen spielt der christliche Hintergrund und das alkoholfreie Milieu nicht mehr die entscheidende Rolle, Missionshotels gibt es aber nach wie vor.

SCHLOSSHOTELS UND HERRENHÄUSER: Fürstlicher kann man in Dänemark kaum logieren. Über ein Dutzend der Prachthäuser halten die Türen für Urlaubsgäste offen, um sie in ihrem Haus zu verwöhnen. Sie sind in der Kette "Danske Slots & Herregårds Hoteller" zusammengefaßt. Wenn schon viel Geld für eine Hotelübernachtung, warum soll man sich dann nicht den Luxus der auserwählten Häuser gönnen, wo der Speiseräumen mit Stilmöbel vergangener Jahrhunderte eingerichtet ist, Stuck die Decken ziert und prachtvolle Kamine den Aufenthaltsraum. Die Zimmer bieten modernsten Standard. Die Hotelschecks verstehen sich für eine Übernachtung mit Begrüßungstrunk, Dreigangmenü und Frühstück. Pro Person im DZ mit 18o DM rechnen. Farbbroschüre mit allen Häusern und

Buchung: Danske Slots- og Herregårdshoteller, Annasvej 9, DK-29oo
Hellerup, Fax: oo45/ 39 4o 11 77.

PRIVATZIMMER

Nicht so verbreitet wie in Österreich oder England, doch zunehmend grö-
ßeres Angebot. Werden oft an der Straße als "Værelser" oder "B&B" angeboten, sonst vermitteln auch Touristenbüros. Preislich um einiges günstiger als Hotels. Siehe auch Hauptteil des Bandes.

FERIENHAUS

Urlaub im Ferienhaus ist in Dänemark Trumpf. Zweistellige Zuwachsraten
verzeichnete die Branche in den letzen Jahren. Rund eine Million Urlauber
wählen das Ferienhaus. Warum?

Urlaub im Ferienhaus bedeutet Unabhängigkeit, den Tag selbst gestalten,
eine ideale Urlaubsform für Familien mit Kindern oder für Urlaub mit
Freunden. Der Trend der Urlauber geht in Richtung Komfort, besonders
Luxushäuser mit Sauna, Solarium, Pool und schicker Einrichtung sind
gefragt. Wenn man den Mietpreis dann auf ein halbes Dutzend zahlende
Personen umlegen kann, wird der Luxus nicht einmal so teuer. Für Papi-
Alleinverdiener schaut die Sache natürlich anders aus. Dann wählt man
vielleicht ein bescheideneres Häuschen.

Der enorm großen Nachfrage steht ein großes Angebot gegenüber.
Engpässe treten zur Hochsaison allerdings in den gefragtesten Touristengebieten West-Jütlands und auf Bornholm auf. Generell kann man sagen:
Westjütland ist etwas teurer als Ostjütland. Renner unter den Ferienhäusern sind die riedgedeckten Traumvillen, die alle Kataloge zieren.

Gerade wer seinen Urlaub oder Zweiturlaub zur Vor-/Nachsaison plant, ist
im Ferienhaus gut aufgehoben. Dänemark im Herbst oder Winter ist eine
feine Sache, wenn draußen der Sturm pfeift, die Brandung schäumt und
man sitzt nach einem Strandspaziergang gemütlich mit einer Tasse Tee vor
dem prasselnden Kamin....

BUCHEN NACH FOTOS: Nur die wenigsten können sich "ihr" Häuschen vorher anschauen, in der Regel bucht man per Katalog. Eine möglichst genaue Lagebeschreibung erbitten, sonst erlebt man böse Überra-
schungen, denn das Prospektfoto lichtet die nahe Hauptverkehrsstraße natürlich nicht mit ab. Die Kurzbeschreibungen der Häuser in den Katalogen
sind jedoch in der Regel sehr ehrlich; altes Mobiliar wird auch so genannt,
die Kaltwasser-open-air-Dusche wird nicht zum naturverbundenen Bade-
zimmer umgetauft.

Vorsicht ist bei der Entfernung zum Strand angesagt; das sind nur Schätzungen und Strand bedeutet keinesfalls automatisch Sandstrand und bequemen Badeeinstieg.

Von den wunderschönen, kuscheligen Ferienhäusern in den Dünen mit

Sonnenuntergangsblick, Rieddach und Kamin gibt es nur eine begrenzte Anzahl und die werden oft Jahr für Jahr im voraus bestellt. Kleine Ferienhäuser für 2 Personen sind eher selten und besonders zur Vor-/Nachsaison schnell ausgebucht. Gilt besonders für die Insel Bornholm.

Zur Hochsaison muß man fast immer mindestens eine, manchmal auch zwei Wochen buchen.

Achtung: Der Wochenwechsel, meist samstags, ist zur Hochsaison heilig. In der Vor-/Nachsaison ist man flexibler.

Die Angebotspalette reicht vom kleinen 2-Mann-Spitzdachhäuschen mit Gemeinschaftssanitäranlagen (eher selten) bis zur 18o-qm-Villa mit Tausenden Quadratmeter Grund, Rieddach und Inneneinrichtung feiner als zu Hause. Dann darf man mit Mikrowelle, Geschirrspülmaschine, Waschmaschine etc. rechnen.

Sehr gefragt sind die schönen Inseln Ærø, Fanø und besonders Bornholm. Rechtzeitiges Buchen ist für die Hochsaison dann unerläßlich. Beliebt ist auch der Dünengürtel auf der Westseite Jütlands. Tausende von Ferienhäusern verstecken sich in den Dünen meist mit viel Platz zum Nachbarn.

SAISON: Die Saisoneinteilungen variieren von Anbieter zu Anbieter. Spitzensaison ist fast überall Anfang/Mitte Juli bis Anfang/Mitte August. Hochsaison auch über Ostern, weitere Saisonspitze die Weihnachtsferien. Es lohnt also, bei den verschiedenen Anbietern die Saisoneinteilungen zu vergleichen. Achtung, die Saisoneinteilung auf Bornholm weicht etwas ab, denn dort ist die Nachsaison (September) besonders gefragt und deshalb etwas teurer als im übrigen Dänemark.

Zur Vor-/Nachsaison spart man einen dicken Batzen Geld. Die Preisdifferenzen machen oft 5o % zum HS-Preis aus! Außerdem auf Sonderangebote achten, wie z.B. 3 Wochen buchen, 2 Wochen bezahlen.

LAGE: bei der Auswahl auch die Lage berücksichtigen. Liegt mein Ferienhäuschen im Wald, mag das zwar an heißen Sommertagen sehr angenehm sein - doch da in Dänemark sehr häufig ein Lüftchen weht und Mittelmeerhitze eher selten ist, freut man sich auch im Sommer oft über jeden Sonnenstrahl. Die Entfernung zum Meer spielt eine wichtige Rolle. Muß man jedesmal das Auto anspannen oder reicht das Fahrrad? Was für ein Strand findet sich in der Nähe. Gibt es Einkaufsmöglichkeiten in der Umgebung? Wer gerne im Urlaub etwas unternimmt, sollte das bei der Wahl seines Standortes berücksichtigen. Dann eignet sich eine Insel natürlich weniger, denn da wird jeder Festlandsausflug zu einem teuren Vergnügen.

PREIS: stark von Lage, Baujahr und Möblierung abhängig. Enorme Preisschwankungen je nach Saison. Wer im Juli reisen muß zahlt kräftig mehr. Ferienhäuser im Inland sind oft billiger als an der Küste. Ferienhäuser am Limfjord in der Regel preiswerter als am Ringkøbingfjord. Mit Rieddach wird es gleich doppelt so teuer. Appartements in einem Wohnhaus bzw.

als Einliegerferienwohnung oder Ferienhäuser auf dem Grund des Besitzers sind auch eine Ecke günstiger. Soll Waschmaschine und Sauna dabei sein, schnellt der Preis natürlich in die Höhe.

Auf den Inseln werden die Preise oft so gestrickt, daß die Fährkosten gleich inbegriffen sind (z.b. Langeland, Bornholm).

Zur Spitzensaison muß man für ein (normales) 6-Personen-Haus mit 7oo-1.ooo DM rechnen, bei Luxushäusern bis 1.6oo DM/Woche. Im Winter purzeln die Preise auf 3oo-6oo DM für das "normale" Ferienhaus.

Zum Mietpreis kommen Nebenkosten für Strom hinzu. Ferner die Endreinigung, wenn man sie nicht selber macht. Bettwäsche, Geschirrtücher und Handtücher mitbringen. Bettwäsche kann oft geliehen werden ebenso wie Kinderstühle, -bettchen o.ä. In der Regel wird eine Kaution verlangt.

HAUSTIERE sind meistens, aber nicht überall willkommen, u.U. mit Aufschlag rechnen. Dafür zahlt man in Dänemark keine Kurtaxe.

GRÖSSE DES FERIENHAUSES: Bei der Wahl der Quadratmeter nicht zu knapp kalkulieren. In Dänemark ist nicht immer Strandwetter und gerade an Regentagen kann es in einem winzigen Ferienhaus schnell knistern. Getrennte Schlafzimmer sind vielen wichtig. Wenn im Katalog von 6 Schlafplätzen die Rede ist, wird meist auch die Couch im Wohnzimmer mitgezählt. Die Schlafzimmer sind oft winzig und wirklich nur zum Schlafen gedacht, häufig mit (schmalen) Etagenbetten - nicht nur im Kinderzimmer. Stau-Schrankraum ist auch nicht selten knapp bemessen.

BEHINDERTE: Bei dem großen Angebot findet sich auch eine ganze Reihe rollstuhlgerechter Ferienhäuser.

Europas erstes Feriendorf für Behinderte hat der dänische Skleroseverein bei Grenå (Ostjütland) errichtet. Info und Buchen: Scleroseforeningen, Mosedalvej 15, DK-25oo Valby.

INFOS UND BUCHEN, die Fülle an Hochglanzbroschüren ist enorm:

Urlaubsring Dänemark, ein Zusammenschluß der örtlichen Touristen- oder Vermietbüros aus rund einem Dutzend Gebieten. Basselweg 82 a, 22527 Hamburg, Fax: o4o/ 54o 3o 92.

DanCenter, größter Anbieter mit ca. 7.ooo Ferienhäusern in ganz Dänemark. Spitalerstraße 16, 2oo59 Hamburg, Fax: o4o/ 32 75 91.

Weitere Anbieter: Novasol Ferienhausvermittlung GmbH, Steindamm 39, 2oo99 Hamburg, Fax: o4o/ 28 82 1o 24, ADAC und die örtlichen Touristenbüros bzw. lokalen Vermieter. Weitere Details an der jeweiligen Textstelle im Hauptteil des Bandes.

FERIENHAUS IN EINER FERIENANLAGE: meist nicht so idyllisch, da ein Haus wie das andere ausschaut, oft eng aneinandergereiht. Vorteil: Selbst zu Spitzenzeiten ist hier eher etwas frei. Meist wird ein Grundriß mitgeliefert. Fahrradvermietung oder andere Sportangebote und Läden sind gleich dabei, dafür macht man meistens hautnah mit seinen Landsleuten Urlaub.

Jugendherbergen - VANDRERHJEM

Wie in ganz Skandinavien sind die Jugendherbergen auch in Dänemark für jedermann/-frau benutzbar ohne Altersbegrenzung. Egal ob man zu Fuß, Rad, Auto oder Jet ankommt. Die rund 1oo dänischen Jugendherbergen sind recht modern, fast alle verfügen über sogenannte Familienzimmer für 2-6 Personen, einige sehr komfortabel mit Dusche und WC auf dem Zimmer, viele auch behindertengerecht. Kissen und Decken sind vorhanden, Bettwäsche und Leinenschlafsack bringt man besser selber mit. Leiht man ihn sich an Ort und Stelle aus, wird es für einen Urlaub auf Dauer teuer. Fast überall gibt es eine Gästeküche, oft bekommt man auch preiswerte Mahlzeiten.

Jugendherbergsausweis notwendig oder man kauft in Dänemark für 35 DM einen Gastausweis. Preis pro Nacht ca. 25 DM, im Familienzimmer 4o-9o DM/Zimmer.

Die meisten Jugendherbegen sind über Mittag geschlossen. Ein Verzeichnis der Jugendherbergen gibt es beim Dänischen Fremdenverkehrsamt Hamburg.

Anschrift des dänischen Dachverbands: Landsforeningen Danmarks Vandrerhjem, Vesterbrogade 39, 162o Kopenhagen V, Fax: 31 31 36 26.

ÜBERNACHTUNG FÜR JUGENDLICHE

Jugendliche bis 25 Jahre können in den ersten beiden Wochen der dänischen Schulferien (Ende Juni bis Anfang/Mitte Juli) in vielen Gemeinden Dänemarks kostenlos übernachten. Schlafsack mitbringen, Dusche vorhanden, oft auch Teeküche. Liste der Übernachtungsstellen anfordern über: Ungdomssekretariat, Hadbjergvej 123. DK-837o Hadsten.

In Kopenhagen und Århus gibt es preiswerte Übernachtungen wie Sleep In (siehe dort).

CAMPING

Dänemark ist sehr gut auf Camper eingestellt. Über 5oo Plätze in ganz Dänemark verteilt, etwa 1oo Plätze haben ganzjährig geöffnet. Durchwegs gutes bis sehr gutes Niveau, besonders erfreulich sieht die Lage bei den Sanitäranlagen aus. Ein Großteil der Plätze verfügt über rollstuhlgerechte Einrichtungen. Eine skandinavische Spezialität sind die Campinghütten unterschiedlichen Standards, siehe unten.

Die KATEGORIENEINTEILUNG erfolgt nach Sternen, ab 2 Sternen kann man mit Duschkabinen und Einkaufsmöglichkeit rechnen, ab 3 Sternen mit Aufenthaltsraum, Waschmaschinen, Wickeltischen, Kinderspielplätzen etc. Oft auch Freizeitangebot, vom Fahrradverleih, Ponyreiten, Angeln oder Wasserland bis zu organisierten Veranstaltungen. Kochplatten für Zeltler oder Radler gehören zum Standard.

Der ÜBERNACHTUNGSPREIS richtet sich nach der Anzahl an Sternen. Bezahlt wird pro Person, egal ob man mit einer kleinen "Hundehütte" und Rucksack reist oder mit einem Wohnmobilflaggschiff. Pro Person ca. 15 DM kalkulieren, Kinder die Hälfte, alles weitere meist extra: heiße Duschen mit Münzen oder Poletten, auch Warmwasser zum Geschirrspülen oder Wäschewaschen oft extra, Strom 4 bis 6 DM je nach Amper. Auf manchen Campingplätzen wird zudem in der Hochsaison eine Platzgebühr erhoben.

Aufenthaltsräume sind naturgemäß sehr unterschiedlich, von der dunklen Hütte mit Fernseher bis zu großen und hellen Aufenthaltsräumen mit Fensterfront.

Hunde werden oft, aber nicht immer toleriert.

Wichtig: In Dänemark ist ein CAMPINGPASS nötig. Man kauft ihn z.B. auf dem ersten Campingplatz in Dänemark (oder in Touristenbüros) für knapp 12 DM für die ganze Familie. Er gilt ein Kalenderjahr, wenn die vier Jahresmarken aufgeklebt sind. Jugendliche über 18 Jahren brauchen einen eigenen Paß. Mit dem Campingpaß entfallen dann alle Formalitäten (Paß abgeben etc.). Inbegriffen ist eine Zusatzhaftpflichtversicherung. Ein Carnet Camping International (z.B. beim ADAC erhältlich) gilt auch.

Reservieren auf vielen Plätzen möglich und zur Spitzensaison durchaus sinnvoll.

CAMPINGHÜTTEN oder MIETCARAVANS: Sehr praktisch sind die Hütten auf den Campingplätzen. Die Ausstattung variiert von der einfachen Holzhütte, also vier regensichere Schlafplätze, Bank und Tisch, bis zu schönen, geräumigen Blockhütten mit elektrischer Heizung und kompletter Küchenausstattung samt Kaffeemaschine. Die Sanitäreinrichtungen des Campingplatzes werden in der Regel mitbenutzt, eigenes WC selten. Die Hütten sind meist für 4-6 Personen geplant; getrennte Zimmer die Ausnahme.

Campinghütten und Mietcaravane sind eine gute Alternative zum Zelt oder Wohnwagen: beispielsweise zum Anschnuppern des Campingurlaubs, ehe man sich eine teure Ausrüstung zulegt. Ideal auch für Radler, die nicht viel Gepäck mitschleppen wollen oder für Leute, die die Zeltrödelei bei Regen satt haben.

Als Alternative zum Ferienhaus bedenken, daß selbst Luxuscampinghütten selten 2o qm haben, daß meistens zu dem Hüttenmietpreis auch die Campingplatzgebühr kommt und daß man eben auf einem Campingplatz

Urlaub macht - das ist nicht jedermanns Geschmack.

Wer Urlaub auf Hüttenbasis plant, fordert am besten folgende <u>Broschüre</u> an: Camping, Hytter i Danmark bei DK Camp, Vestergade 37 c, DK-71oo Vejle, Fax: 75 82 45 77.

Reservieren nur zur Spitzensaison in gefragten Touristengebieten nötig. Beim Buchen nach der Ausstattung (Küchenutensilien) fragen. Bettzeug (Schlafsack) muß fast immer mitgebracht werden.

Preislich ab 5o DM/Nacht für eine einfache Hütte rechnen, ab 11o DM für eine komfortablere. Außerhalb der Saison Ermäßigung.

Mitunter werden auch Wohnwagen vermietet, ca. 4o-5o DM/Nacht rechnen, auch hier Campingplatzgebühr extra.

<u>INFOS</u>: Allgemeine Broschüre über Camping in Dänemark übers Dänische Fremdenverkehrsamt, siehe Handwerkszeug.

Campingbroschüren der verschiedenen Regionen bekommt man bei DK Camp, Sekretariat, Vestergade 37 c, DK-71oo Vejle.

<u>WOHNMOBILFAHRER</u> sollten sich für ihren Urlaub die mehrsprachige Liste (auch in Deutsch) mit Angaben über die Serviceleistungen dänischer Campingplätze beim Dänischen Fremdenverkehrsamt besorgen. Informiert u.a. wo man Abwasser und Toilettentanks generell leeren kann und wo dies nur in Verbindung mit Übernachtung möglich ist.

<u>CAMPINGFÜHRER</u>: siehe Kapitel Literatur. Seite 11o.

<u>CAMPINGVERBÄNDE</u>:
- DK Camp-Landesvereinigung der privaten Campingplätze, ca. 27o private Plätze gehören dazu.
- FDM (Forenede Danske Motorejere), dem dänischen Automobilklub gehören ca. 3o Plätze an.
- Top Camping ein Zusammenschluß von ca. ein Dutzend privaten Campingplatzbesitzern in Jütland: Hoher Standard von guten Servicegebäuden, übers Bügeleisen bis zur Animation. Allerdings meist Riesenanlagen.
- Dansk Camping Union.
- Camping Club Danmark. 2o Plätze haben sich zusammengeschlossen und bieten Campingschecks an, die die Übernachtung verbilligen. Infos bei: CC Danmark, Vonsild Camping & Feriencenter. Vonsildvej 19. DK-6ooo Kolding.

<u>WILDCAMPEN</u> ist in Dänemark verboten. Auch wenn sie noch so locken, die vielen großen, schönen und abends freien Parkplätze hinter den Dünen. Überall stehen die Verbotsschilder und erfreulicherweise halten sich auch die meisten Urlauber daran.

<u>WOHNWAGENVERMIETUNG</u>: Bequem im Pkw die Anreise durch

Deutschland, in Dänemark einen Wohnwagen mieten und damit durch die Lande ziehen. Camping Nørre Hostrup in 623o Rødekro nahe Aabenraa, also kurz nach der Grenze, vermietet verschiedene Wohnwagentypen. Pro Woche kostet ein Bürstner Club 38o N für 4 Personen ca. 5oo DM, Reserverad und Spiegel können ebenso gemietet werden, inbegriffen ist Kaskoversicherung. Wenn es ganz gut gefallen hat, kann man den Wagen anschließend auch kaufen...

CAMPINGGAS: Die deutschen Campinggasflaschen werden an manchen Tankstellen oder Campingplätzen getauscht. Füllstationen sind schwieriger zu finden, z.B. am Limfjord in Løgstør.

FERIEN AUF DEM BAUERNHOF

In Dänemark relativ verbreitet und gut organisiert. Ferien auf dem Bauernhof bedeutet: man wohnt in Gastzimmern auf einem Hof, bekommt Frühstück, Halb- oder Vollpension und hat u.U. Familienanschluß beispielsweise beim Essen. Die Halbpension kostet um die 6o DM pro Tag und Nase.

Ferien auf dem Lande bieten sich an, wenn man lieber etwas unabhängiger ist, aber die besondere Atmosphäre eines Hofes schätzt. Besonders für Familien mit Kindern eine feine Sache. In der Regel mietet man eine Ferienwohnung oder ein Häuschen auf dem Hof, versorgt sich selber und kann oft beim Bauern einkaufen. Preislich in der Hochsaison ca. 5oo DM/ Woche.

INFOBROSCHÜRE beim Dänischen Fremdenverkehrsamt, siehe Handwerkszeug. Oder direkt in Dänemark: Ferien auf dem Bauernhof (Ferie på Landet), Søndergade 26, DK-87oo Horsens.

WOHNUNGSTAUSCH FÜR DIE FERIEN

Warum nicht mal mit einer dänischen Familie die Wohnung tauschen? Das funktioniert recht einfach. Gegen eine geringe Aufnahmegebühr wird man in die Liste der Tauschwilligen aufgenommen, kommt die Vermittlung zustande, ist nochmals eine Gebühr von gut 1oo DM fällig. Das war es schon.

Vermittlung übernimmt Aarhus Turistforening, Raadhuset. DK-8ooo Aarhus C.

Wohnungstausch (nicht nur für Dänemark) wird auch privat organisiert über das Vermittlungsbüro Holiday Service, Ringstraße 26, D-96117 Memmelsdorf.

INTERVAC nennt sich eine Organisation, die weltweit Wohnungstausch anbietet, darunter auch Dänemark. Hier kann man Mitglied werden und in dem dicken Katalog seine Wohnung mit oder ohne Bild anbieten. Dazu kommt ebenso das gewünschte Land, in das man reisen möchte und einen

Tauschpartner sucht, in dem Fall Dänemark und der bevorzugte Zeitraum. Manchmal wird der Wagen gleich mitgetauscht. Als Kosten fallen nur die Gebühren für den Eintrag im Katalog an. Information: INTERVAC GERMANY, Helge und Dieter Günzler,Verdiweg 2, D-7o771 Leinfelden-Echterdingen. Tel. o711/ 754 6o 69, Fax: o711/ 754 28 31.

BEHINDERTE

Eine Reihe Hotels und Campingplätze ist auf Behinderte bzw. Rollstuhl-fahrer (Handicapt) bestens eingerichtet. In den offiziellen Verzeichnissen sind diese mit entsprechenden Piktogrammen versehen. Auch die Campinghütten und Ferienwohnungen, die in der Regel ebenerdig sind, kommen teilweise für Behinderte in Betracht.

Die Broschüre "Reisen in Dänemark für Körperbehinderte" enthält wertvolle Hinweise zu Übernachtungen, aber auch zur Anreise, behindertengerechten Ausstattung der innerdänischen Transportmittel, Sehenswürdigkeiten und Tips für Aktivurlaub. Erhältlich beim Dänischen Fremdenverkehrsamt in Hamburg. Weitere Auskünfte erteilt der Dänische Verband der Behinderten (Dansk Handicap Forbund), Hans Knudsens Plads 1 A, DK-21oo Kopenhagen.

Essen und Trinken

Dänemark ist sicher kein Ziel spezieller Gourmetreisen, die dänische Küche hat aber durchaus ihre Feinheiten und Spezialitäten. Über die Landesgrenzen hinaus sind Smørrebrød und das Skandinavische Buffet bekannt. Eines ist die dänische Küche sicher: üppig und kalorienreich.

In Dänemark beginnt der Tag mit dem <u>MORGENMAD</u>, dem opulenten Frühstück mit Kaffee, Tee, Milch, Cornflakes, Havregryn (Haferflocken), Ei, Marmelade, Wurst, Käse (Ost). Die Auswahl an Brot- oder Brötchensorten ist groß: rundstykker, gifler, theboller, thebirke, horn, zum Abschluß vielleicht einen "håndværkere" oder ein "wienerbrød" - ein Plundergebäck, das übrigens bei uns Kopenhagener heißt. Ganz köstlich schmecken auch die "kransekage" - ein Marzipangebäck.

Mittags ist <u>FROKOST</u> angesagt, das bedeutet eigentlich zweites Frühstück oder "gut deutsch" Lunch. Das Mittagessen rangiert bei vielen Dänen eher in der Kategorie Imbiß, denn anders als z.B. im Mittelmeerraum arbeitet man in Dänemark ohne große Pause, gönnt sich höchstens eine halbe Stunde gegen Mittag für einen kurzen Happen und hat dafür früher Feierabend.

In den Restaurants fällt das Frokost üppiger aus, ja es beschert einem oft kulinarische Höhepunkte und schont das Portemonnaie. Die Frokostangebote sind meist günstiger als die Abendmenüs, denn die Wirte versuchen dadurch die Auslastung von Küche und Lokal zu steuern. Deswegen besser mittags essen gehen und abends selbst den Herd anwerfen.

Das "3 Retters Frokost" als 3-Gang-Menü zu deuten, führt allerdings zu Enttäuschungen. Eine dänische Frokost-Platte bedeutet z.B. ein großer Teller mit verschiedenen kalten oder auch warmen Happen wie ein paar Krabben, ein Scheibchen Lachs, etwas Salat, eine dünne Scheibe Fleisch. Saucen und Mayonnaisen sind immer wichtig, vielleicht eine Folienkartoffel und zum Abschluß ein Eckchen Käse.

<u>Etwas deftiger wird folgende Frokost-Platten Variante</u>:

Rød eller hvid sild (Hering verschiedener Zubereitung)

Varm flæskesteg med rødkål eller varm fiskefilet med remoulade og rejer (warmer Schweinebraten mit Rotkohl oder Fischfilet mit Remoulade und Krabben)

Brie eller stærk ost med druer (Käse mit Trauben).

Appetitliche Dekoration gehört ebenso dazu wie ein Bier und ein Aquavit.

MIDDAG heißt bei den Dänen die warme Hauptmahlzeit am Abend, die zwischen 18 und 2o Uhr auf dem Programm steht. Die Alltagsküche unterscheidet sich nur wenig von unserer, auf jeden Fall müssen Kartoffeln und viel braune Sauce auf den Teller. Das Restaurantangebot orientiert sich stark an internationalen Geschmackswünschen.

FISCH findet man in allen Varianten. Stegt rødspætte, gebratene Scholle oft so groß, daß der Schwanz über den Tellerrand hängt. Meistens ist sie auch ganz frisch und schmeckt ausgezeichnet. Sehr lecker auch eine gefüllte Scholle z.B. mit Garnelen und Spargel.

Ferner stehen Seezungen, Lachs, Forellen, Kabeljau und Aal auf den Speisekarten. STEGT ÅL, gebratenen Aal mit Kartoffeln und heller Sauce muß man unbedingt probieren. Torsk, Dorsch mit Senfsauce und Kartoffelsalat gehört zu den Klassikern.

Absolut köstlich schmeckt der Ostseelachs, etwas zarter in Farbe und Geschmack als der atlantische Lachs, eine Spezialität auf der Insel Bornholm. LACHS wird vielfach auch geräuchert oder mariniert (gravad) serviert.

Ganz wichtig ist in der dänischen Küche der HERING (sild). In verschiedenen Zubereitungsarten steht er immer und überall auf der Speisekarte, mariniert, in Currysauce, berühmt ist der Kräuterhering von Christiansø, einer Inselgruppe nordöstlich von Bornholm. Heiß geräucherter Hering frisch aus dem Kamin gehört auf Bornholm zu den "Nationalgerichten". Gebratener Hering wird in Restaurants allerdings selten serviert - ein zu alltägliches Essen?

Häufig wird das "Dagens Ret" relativ preiswert angeboten, ein oft typisch dänisches Tagesgericht, deftig und kalorienreich.

Eine Art NATIONALGERICHT sind Frikadellen mit Rotkohl, Kartoffeln und Sauce und Hakkebøf (Hacksteak) mit gerösteten Zwiebeln und Beilagen.

- Hamburgerryg med grøntsager - eine leckere Sache, eine Art Kassler mit Gemüse.

- Flæskesteg med rødkål og brunede kartofler ist ein Schweinebraten mit Rotkohl und Zuckerkartoffeln.

- Stegt flæsk med persillesauce og kartofler eine andere Variante mit Petersiliensauce und Kartoffeln.

- Hvid labskovs - ein Eintopf aus Rindfleisch und Kartoffeln mit Pfefferkörnern und Lorbeerblättern.

- Unter Medisterpølse muß man sich eine Bratwurstart vorstellen.

- Gule Ærter entpuppen sich als Erbsensuppe mit Fleisch-Ingredienzen.

Etwas gewöhnungsbedürftig ist der süßsaure Gurkensalat und die süße rote Bete.

Als NACHSPEISE gibt es Eis, Käse, Obst oder den Zungenbrecher "rødgrød med fløde", eine Beerengrütze mit Joghurtsahne.

KÄSE: Mit Dänemark assoziieren die wenigsten ein Käseland, obwohl Dänemark einer der größten Käseexporteure der Welt ist. Rund 2/3 der dänischen Produktion werden exportiert. Danbo, Esrom, Havarti, Danablu sind bekannte Namen. Uns hat es besonders der Grubeost (Höhlenkäse) aus Jütland angetan, ein würziger Käse, der in den Kalkgruben von Daugbjerg nahe Viborg reift (siehe dort).

DET STORE KOLDE BORD eine skandinavische Spezialität. Koldt Bord bedeutet eine enorme Auswahl an kalten und warmen Speisen; wenn es Spaß machen soll, kommt man unter zwei Stunden nicht weg. Man beginnt mit Fisch, z.b. verschiedenen Heringsorten oder geräucherten Makrelen, Lachs, Aal, Bückling, ein bißchen Dorschleber oder - rogen, vielleicht ein paar Mandørejer (Krabben). Die nächste Runde wird "Fleischiger" mit Schinken, Leberpastete, immer natürlich Brot dazu. Schließlich etwas Warmes wie z.B Frikadellen. Käse und Obst runden die Schlemmerei ab. Zwischendurch ist bestimmt ein Gläschen Aquavit fällig. Jede neue Runde beginnt mit einem neuen Teller versteht sich.

SMØRREBRØD: das Highlight der dänischen Küche. Heute ist die Smørrebrødkultur nicht mehr so weit verbreitet wie einst, Schuld sind wohl die Pølser- und Hamburgerbuden und das hohe Lohnniveau.

Smørrebrød bedeutet eine appetitanregende Komposition verschiedenster Köstlichkeiten: ein kleines Fischfilet, eine Minischolle, ein bißchen Roastbeef, ein Häppchen Huhn, Leber etc. jeweils auf einer kleinen Scheibe Brot und phantasievoll mit Mayonnaise, Zitronenscheiben, Salatblättern, Gürkchen, Aspik verziert.

Im Klartext: als "Handschnittchen" ist ein Smørrebrød nicht zu managen, nur mit Teller, Messer und Gabel ist es einigermaßen zivilisiert zu genießen. Nicht verschätzen, Smørrebrøder haben es in sich; mit 2-3 Stück ist man gut bedient und der Geldbeutel auch gut geplündert.

Während die Smørrebrødkarte in Hotels und Restaurants zum guten Ton gehört, sind die Smørrebrødläden besonders in der Provinz nur sehr dünn gesät, am ehesten wird man in Großstädten fündig. Im Restaurant wird zuerst die Smørrebrødseddel gereicht, eine Bestelliste, auf der man sein Wunschbutterbrot nebst Unterlage ankreuzt (Franskbrød=Weißbrot, Rugbrød=Roggenbrot, Surbrød=Graubrot).

Die bekannteste Smørrebrødvariante heißt Dyrlegens Natmad (Abendessen des Tierarztes), eine deftige Angelegenheit: Ein dunkles Brot als Unterlage sorgt für Stabilität, gut Butter drauf, dann eine dicke Scheibe Leberpastete, darauf eine Scheibe Aspik und als Krönung eine dünne, große Scheibe

Salzfleisch, garniert mit rohen Zwiebeln und frischer grüner Kresse.

Røget Ål - ist eine Köstlichkeit: als Unterlage wieder dunkles Brot mit Butter, darauf verzehrfreundlich zubereitete Aalstücke und ein Rührei mit Schnittlauch garniert.

Smørrebrød mit Leberpastete garniert mit Pilzen, Bacon und Gürkchen.

Uspecifiseert Smørrebrød ist ein "Überraschungsbrot" oder ein "Kühlschrankräumer".

PØLSE: Dänemarks Nationalgericht, könnte man meinen. Der Pølsemann bietet eine reichhaltige Auswahl dieses zähneschonenden Imbisses. Ein Risted Hot Dog mit "Zubehör" entpuppt sich als abenteuerliche Geschmacksmischung aus gegrilltem Bockwürstchen im Milchbrötchen garniert mit Ketchup, Senf, Remoulade, rohen oder gerösteten Zwiebeln und süß-sauer eingelegten Gurken. Das wäre "med det hele". Auf Wunsch bekommt man auch nur Ketchup, ohne Zwiebeln etc. Hat man nun die Auswahl gemeistert, bleibt die Frage, wie verspeise ich dieses bunte Potpourrie ohne zu kleckern. Nur Mut, nach der 5. Pølse klappt es bestimmt.

Aufschnittwurst ist meistens gefärbt und gesalzen. Spezialität die rullepølse, eine Art Rollbratenaufschnitt und die lauwarmen Leberpasteten, die man frisch bei Metzgern bekommt oder in Supermärkten. Dunkel gebacken mit einer Kruste oder im Wasserbad gegart, verziert mit süßer roter Bete.

Velbekomme!

Trinken :

Anders als in Norwegen oder Schweden bekommt man Bier, Wein oder Schnaps problemlos in Geschäften zu kaufen, - Bier auch an Kiosken und Tankstellen.

Ähnlich astronomisch wie bei den Nachbarn sind allerdings die Preise für Hochprozentiges, da hochbesteuert. Die Weine werden weitgehend aus Deutschland, Frankreich oder Italien importiert. Im Zuge der EU-Harmonisierung hat Dänemark die Steuern auf Bier und Wein gesenkt; das bedeutet, daß dänisches Bier um ca. 1o % billiger geworden ist und Wein bis zu 3o %. Kistenweise Bier über die Grenze zu schleppen, wie viele Ferienhausurlauber in der Vergangenheit taten, lohnt also nicht mehr.

BIER (ØL): In Dänemark wird enorm viel Bier getrunken, in kleinen Flaschen, überwiegend das "Hof" von Carlsberg oder das "Grøn" von Tuborg. Durch Fusion wurden Tuborg und Carlsberg weltweit zu einem der größten Getränkehersteller. War die Wahl "Tuborg oder Carlsberg Bier" früher eine Glaubens- bzw. Gesellschaftsfrage, wird das heute von Marketingstrategen ausgeschlachtet. Auch der Mineralwasser-, Limomarkt wird von dem Getränkeriesen beherrscht.

Die anderen Brauereien führen dagegen nur ein Schattendasein. Auf Fünen kann sich das Albani Bier aus Odense behaupten, in Aarhus in Jütland das Thor und in Südseeland das Faxe Bier aus der Stadt Fakse, das durch Werbegags für Schlagzeilen sorgte: Während andere dänische Firmen nach dem Prädikat "Hoflieferant" lechzten, wählte Faxe den Slogan "Lieferant für das dänische Volk", das kam an.

Beim dänischen Bier unterscheidet man verschiedene Alkoholklassen: zu den Starkbieren zählt das 7,2 % Elephant der "SkatteklasseB", auch Luxusøl genannt; geschmacklich kann es mit einem guten bayerischen Bier durchaus mithalten.

Dünner schaut es in der "Skatteklasse A" bei ca. 4,5 % aus. Schließlich gibt es noch alkoholarmes Bier (lett øl).

Bestellt man ein "Hof", kommt selbstverständlich ein Pils von Carlsberg auf den Tisch, die 1924 als erste dänische Brauerei zum Hoflieferant des Königshauses wurde.

Bier vom Faß heißt fadøl. - Alm (= almindelig) gewöhnliches Bier.

HOCHPROZENTIGES: Die meisten Schnäpse sind Importe aus den europäischen Nachbarländern.

Aus eigener Herstellung stammt der Akvavit, ein klarer Kümmelschnaps. Bekannt ist der Aalborg Tafelakvavit mit 45 % Alkohol oder Aalborg Jubilaeums Akvavit.

Gammel Dansk: ein bekannter, bitterer Kräuterlikör.

Skål!

SPORT

BADEN

5.ooo km Badestrände locken entlang der dänischen Küste. Soll es die Brandung der Nordsee sein oder lieber die zahme Ostsee mit ihrer seichten Küste? Haushohe Dünen auf der Nordseeseite, scheinbar endlos, und der Sand an manchen Stellen so fest, daß man mit dem Auto bis ans Wasser fahren kann.

Die OSTSEESTRÄNDE sind weniger spektakulär und nicht so lang wie an der Nordsee, doch für Kinder gefahrloser zum Spielen und Baden. Oft geht's super flach ins Wasser, stellenweise auch warme Priele ohne tückische Gezeitenunterschiede. Ferienanlagen und Campingplätze liegen fast überall dicht am Meer. In den Sommermonaten Juli/August strömen die Urlauber zu Tausenden an die Badestrände, dann flitzen die Surfer übers Wasser und knattern die Lenkdrachen in der Luft. In den Nordseedünen lassen sich abseits der Zentren trotzdem überall noch kuschelige Stellen finden.

Die NORDSEESTRÄNDE haben ihren besonderen Reiz, bergen aber auch Gefahren. In der Brandung auf keinen Fall mit Gummitieren, Plastik-Palmeninseln oder Luftmatratzen raustreiben lassen. Die Strömungen sind oft tückisch und Gezeiten von 1-3 Meter unberechenbar. Nie soweit rausschwimmen, daß man keinen Grund mehr unter den Füßen spürt, lieber sich von den Brandungswellen massieren lassen. Zum reinen Sonnenbaden eine freie Düne suchen, denn an der Westküste weht fast immer ein frisches Lüftchen.

Doch es muß nicht immer die Sonne knallen, damit Strandleben Spaß macht. Im "Ostfriesennerz" wind- und wasserdicht eingepackt, kann im Frühjahr oder Herbst ein Spaziergang am Strand zu einem fantastischen Naturschauspiel werden. Emil Nolde hat die Stimmungen am Meer in seinen Aquarellbildern besonders packend wiedergeben. Wenn anschließend dann der knisternde Kamin und heiße Grog im Ferienhaus warten, kann Urlaub kaum schöner sein. Dies ist auch die beste Jahreszeit, um am Strand Bernstein zu finden (siehe eigenes Kapitel).

Die WASSERQUALITÄT: Durch Verunreinigungen machen Nord- und Ostsee in den letzten Jahren immer wieder Schlagzeilen (siehe auch eigenes Kapitel). Die dänischen Behörden sind deshalb besonders bemüht, die Wasserqualität entlang ihrer Küste in ein besseres Licht zu rücken. Die blaue Flagge der EU weht sozusagen als Markenzeichen für "sauberes" Badewasser entlang der Küste, manchmal sogar schon in Jachthäfen.

Die Bereiche mit Badeverboten werden von Jahr zu Jahr weniger und beschränken sich auf wenige Kilometer. Zusätzlich zeichnet ein dänisches Preiskomitee jedes Jahr den saubersten Strand des Landes aus. Die blaue

Flagge wird Jahr für Jahr neu den europäischen Stränden vergeben, die den Richtlinien des Umweltschutzes entsprechen. Dazu gehören regelmäßige Strandreinigung, angemessene Toiletteneinrichtungen, Erste Hilfe und Lebensrettungsausrüstung, Abwässer und Kanalisation dürfen nicht eingeleitet werden.

Wichtigste Grundlage für die Wasserqualität sind Proben, die zur Badesaison von Mai bis September wöchentlich in ca. 1/2 m Tiefe entnommen werden (insgesamt 15.ooo in Dänemark). Die Proben werden auf Colibakterien untersucht, die im Darm von Mensch und Tier vorkommen und Indikator für Verunreinigung sind. Dadurch, daß man beim Baden unvermeidlich Wasser schluckt, können Krankheitserreger wie Cholera, Gelbsucht, Salmonellen etc. übertragen werden. Ein Badeverbot sollte deshalb ernst genommen werden, besonders für Kinder. Als Grenze der gesundheitlichen Gefährdung werden in Dänemark 1.ooo Colibakterien pro 1oo ml Wasser angenommen.

Die dänischen Grenzwerte liegen damit unter den vorgegebenen EU-Richtlinien und berücksichtigen auch Geruchsbelästigung, Schaumbildung, Färbung und trübes Wasser (mindestens 1 m Sicht). ÜBERSICHTS-KARTE zu den Stränden mit blauer Flagge gratis beim Fremdenverkehrsbüro Hamburg, jedes Jahr neu, oder in den örtlichen Touristenbüros.

Für die Strandreinigung sind die Gemeinden zuständig. Eine aufwendige und kostspielige Angelegenheit, die auf ein Minimum reduziert werden könnte, wenn die See nicht als großer Mülleimer benutzt würde. Oft klauben freiwillige Trupps das Strandgut ein.

Hunde müssen überall am Strand angeleint werden oder dürfen erst gar nicht mit.

ALGENBLÜTE: Im Prinzip ein natürlicher Vorgang, doch nicht in so starkem Maße wie in den letzten Jahren. In der Regel sind Algenteppiche für den Menschen nicht gefährlich, sie sehen nur unschön aus. Trotzdem ist Vorsicht geboten, weil man nicht weiß, ob es sich dabei ausschließlich um harmlose Vertreter handelt. Kinder nicht in Algen spielen lassen, Baden sollte man sich in dicken Algenschichten möglichst verkneifen, weil die abgestorbenen Bakterien zu Hautreizungen führen können. In der Regel warnen die Behörden vor gefährlichen Algenarten. Angeschwemmte Algen gehören fast an jeden Strand (wenn nicht gerade gereinigt wurde) und fangen an zu riechen, sind aber ungefährlich.

Kritischer sieht die Lage für das Meer aus. Zur vermehrten Algenblüte kommt es durch zu viel Nährsalz (Stickstoff und Phosphor), das in Abwässern über die Flüsse eingeleitet wird (siehe eigenes Kapitel). Der dichte Algenteppich entzieht dem Wasser Sauerstoff und läßt kaum noch Sonnenlicht bis zum Meeresboden durch. Abgestorbene Algen bilden eine dicke Schlammschicht auf dem Meeresboden, die kein Leben mehr zuläßt.

Auch der Schaum kann ein Zeichen für verschmutztes Wasser sein.

Das dänische Umweltministerium setzt sich sehr für die Reinhaltung der Gewässer ein, doch es bleibt eine Sisyphosarbeit, wenn die Anrainerstaaten über Flüsse und Luft neue Schadstoffe hinzuführen.

DIE SCHÖNSTEN STRÄNDE: Die Nordseeküste beginnt ab der deutsch-dänischen Grenze mit einem Wattenmeer bis Esbjerg, prima Badestrände auf den beiden Inseln RØMØ und FANØ. Ab der Hafenstadt Esbjerg bis rauf zur Nordspitze bei Skagen fast durchgehend super Badegebiete. Empfehlenswert der Bereich ab Blåvandhuk, Hennestrand, um den Ringkøbingfjord bis Nissumfjord. Der Limfjord ist an vielen Stellen sehr seicht, Sandstrand auf der Ostseite bei Trend. Nördlich der Mündung des Limfjordes werden die Boote heute noch auf den kilometerlangen Nordseestrand gezogen.

An der riesigen JAMMERBUCHT ist Überfüllung ein Fremdwort. Der feine Sandstrand ist hier rund 1oo m breit, stellenweise mit dem Auto zugänglich, anschließend schöner Dünengürtel, z.T. Naturschutz. Schön ist der 21 km lange Bereich um BLOKHUS und SEEBAD LØKKEN.

Erstklassige OSTSEESTRÄNDE sind dünner gesät. Oft sind sie nur ein paar Kilometer lang in schönen Buchten, Dünenstrände gehören zu den Ausnahmen. Überwiegend Sandstrand, der auch mit Steinen und Muscheln durchmischt sein kann.

Empfehlenswert in JÜTLAND: Um Skagen feine Sandstrände, Baden direkt an der Nordspitze wegen gefährlicher Strömungen verboten. Langer feiner Sandstrand südlich Grenå, mit kleinen Dünen. Die Bucht von Ebeltoft und Juelsminde. Auf FÜNEN sehr schön die kurzen Strände im Osten der Insel, kilometerlanger Sand-Kiesstrand entlang der Nordküste.

Auf LANGELAND top Badestrand bei Ristinge mit Dünenstreifen. Auf LOLLAND entlang der Südküste vor dem Deich, auf der Insel FALSTER im Osten bei Marielyst, einige Kilometer nördlich des Fährortes Gedser. MØN hat im Norden und Süden kleine sandige Badebuchten. SEELAND: im Südosten auf der Landzunge Feddet (Faksebucht) sehr schöner Sandstrand. Beliebte Badeecken im Westen ab Kalundborg nordwärts bis Sjællandsodde und entlang der gesamten Nordküste. BORNHOLM bietet alles auf engstem Raum: super Sandstrände im Süden, glasklare Klippenküste im Norden.

AUSRÜSTUNG: Strandmatten oder Liegen, Sonnenschirm kann man gegebenenfalls auch als Windschutz umfunktionieren. Eimer, Schaufel und Förmchen sollten für Kinder zur Standardausrüstung gehören. Strandspiele nicht vergessen, Strandbälle etc. Drachensteigenlassen ist in den Westwinden der Nordsee auch im Sommer kinderleicht. Sehr verbreitet, besonders bei den Vätern sind die Lenkdrachen (in jedem Strandort erhältlich).

Übrigens: Strandgut darf nicht gesammelt werden, denn es gehört dem Staat. Dazu gehört auch Altholz, das wegen des Salzgehaltes sich auch nicht zum Verschüren eignet. Der Strandvogt entfernt das Strandgut und verkauft es auf einer Strandgutversteigerung.

SURFEN

Für Surfer ist Dänemark spitze, ob Anfänger oder Cracks in der Brandung. Bei 7.5oo km Küste gibt es unzählige Surfspots rund um Dänemarks Inseln, besonders vielseitig die Halbinsel Jütland mit ihren Nord- und Ostseestränden. Daß 1994 am Limfjord, dem windigsten Eck Dänemarks, die Windsurf-Weltmeisterschaften ausgetragen wurden, unterstreicht die guten Bedingungen. Surfen und Familienurlaub läßt sich in Dänemark optimal kombinieren, egal ob auf Ferienhaus- oder Campingbasis (eigener Wohnwagen oder Campinghütte), die guten Surfreviere liegen fast immer vor der Haustür.

Während die Kinder ihre Sandburgen bauen oder Drachen steigen lassen, können die Eltern abwechselnd aufs Brett steigen: Ideal z.B. am RING-KØBINGFJORD: Campingplätze (auch Hüttenvermietung) direkt am warmen Fjordwasser mit seichtem Ufer zum Plantschen, luxuriöse Ferienhäuser auf der Nehrung in den Dünen. Der feine Nordseestrand mit seiner Brandung liegt gerade 1 km entfernt und ist schnell per Rad zu erreichen. Außerdem sind die Windverhältnisse optimal. An den besten Surfspots kann es zur Hauptsaison schon mal eng werden, dann sind wieder Vorfahrtsregeln und Rücksichtnahme gefragt.

Wer sich noch nicht zu den Surfern zählt, aber auf den Geschmack gekommen ist, kann in den verschiedenen Surfschulen Unterricht nehmen. Keine Sprachprobleme, denn oft unterrichten deutsche Surflehrer, die auch das deutsche Zertifikat (VDWS) vergeben dürfen. Wer noch unentschlossen ist, kann im Schnupperkurs die erste Bekanntschaft mit dem Brett machen. SURFSCHULEN z.B. Westwind in 67oo Esbjerg, Skolegade 69, (mit deutschem Unterricht), Filialen am Ringkøbingfjord bei 6893 Bork, 696o Hvide Sande und Ærgab. Am Limfjord, dem zweiten super Surfrevier in Jütland bei: Surf og Ski, 76oo Struer, Søndergade 4. Lynæs bei Hundested an der Nordspitze Seelands. Spezialprospekt mit den Adressen der großen Surfschulen beim Fremdenverkehrsamt in Hamburg erhältlich.

SURFSHOPS in Dänemark weit verbreitet, fast immer ein Laden oder Verkaufswagen an den guten Surfstellen. Ähnliche Ausstattung wie zu Hause, oft auch Board- und Ausrüstungsverleih.

AUSRÜSTUNG: Neoprenanzug versteht sich in den frischen Gewässern um Dänemark von selbst. Auch im Hochsommer nicht mit Mittelmeer Temperaturen vergleichbar. Trockenanzüge im Frühjahr und Herbst ratsam.

Schwimmweste unbedingt zu empfehlen, bringt sicheres Gefühl gerade am

Meer. Verschleißteile in Reserve mitnehmen, denn der Surfshop ist meist dann nicht in der Nähe, wenn man etwas braucht. Autozufahrten reichen oft bis dicht an den Strand, Surfwagen manchmal bei Stützpunkt auf einem Campingplatz oder Ferienhaus nützlich.

Nie bei ablandigem Wind surfen! Draußen sind die Wellen höher und der Wind noch kräftiger, dagegen anzukreuzen ist hoffnungslos und eine Rettungsaktion kann teuer werden.

GUTE SURFREVIERE: Nicht jedes Surfrevier ist für jeden Surfer ideal. Der eine möchte in der Brandung springen, andere haben noch nie im Meer bei entsprechendem Wellengang eine Halse probiert. Als grobe Einteilung der Leistung bedeutet im folgenden Text: **A** = Anfänger, d.h. Grundkenntnisse der Steuerung, Surfen bei schwachem Wind und wenig Wellen. **M** = mittleres Können, d.h. Beherrschung des Bretts mit Standardmanövern wie Halse, Wende; Beach Start klappt nicht immer, Wasserstart manchmal im Stehrevier. Welliges Wasser O.K., doch keine Brandung. Surfen bis etwa Windstärke 4. **K** wie Könner freuen sich auf hohe Brandungswellen, weite Sprünge. Wasserstart und neuere Manöver sind kein Problem. Steigen am liebsten ab Windstärke 4 aufs Board.

JÜTLAND: Die Nordseeküste mit vorherrschenden Westwinden bleibt vorwiegend Könnern auf kleinen wendigen Funboards vorbehalten. Gute Stützpunkte auf den Inseln Fanø und Rømø, Blåvand auch bei Südwinden. Von Henne Strand bis Torsminde immer wieder eigene Surfbereiche ausgewiesen, um den anderen Wasserratten nicht in die Quere zu kommen. Klitmøller wird jedes Jahr zum Treffpunkt der Brandungsfreaks, hier brechen sich die Wellen besonders stark. Gute Zugänge auch in den südlich angrenzenden Badeorten. Die ewig lange Jammerbucht ist traumhaft für Experten, außer Ost bei allen Windrichtungen gute Surfspots.

Ringkøbingfjord (A/M): ideales Surfrevier für die ganze Familie. Zwar trübes Brackwasser, doch weitgehend Stehrevier, seichtes Ufer und daher ideal zum Üben, sei es die ersten "Gehversuche" oder mal ein neues Manöver, Wasserstart etc. Auch Kinder können hier gefahrlos surfen. Weiterer Vorteil: das Wasser ist relativ warm und gleiche Windverhältnisse wie am Meer, doch ist es selbst bei 4 Beaufort nicht so aufgewühlt, Düseneffekt im Süden. Einstiege bei Ringkøbing, Hvide Sande, Fiskerøgeriet Camping oder Bork im Süden (Details siehe Text)

Nissum Fjord (A/M): ähnliche Verhältnisse wie oben, leider sehr langer knöcheltiefer Einstieg. Idealer Stützpunkt beim Campingplatz in Torsminde. Zur Brutzeit sind bestimmte Bereiche aus Rücksicht auf die Vögel gesperrt.

Limfjord (A/M/K): ebenfalls ein Gebiet, bei dem abhängig von der Windstärke jeder auf seine Kosten kommt. Bei Lemvig Stehrevier (A-M je nach Windstärke). Um Struer hat man die Wahl zwischen verschiedenen guten

Surfspots bei kurzen Entfernungen: An der Landenge Oddesund Syd weht
fast immer ein Lüftchen. Bei West bauen sich auf der Südwestseite durch
den Trichtereffekt 1-3 m hohe Wellen auf (K). Auf der Ostseite ruhigeres
Wasser ideal zum Speedfahren (M). Oddesund Nord (A): Auf der Ostseite
eine sichelförmige, überschaubare Bucht. Ejsing (A-M) bietet für alle
etwas. Durch die vorgelagerte Sandbank breites Stehrevier, hier werden
auch Meisterschaften ausgetragen. Speedfahrer kommen bei Starkwind auf
ihre Kosten. Trend (A-M) weiter im Osten, langes Stehrevier am Sandstrand, direkter Zugang (siehe Text).

Skagen (K), gut bei Nord- und Südwinden, trotz Ostsee noch Brandungs-
effekt.

OSTSEE: im Norden der Halbinsel Djursland (A-M), relativ offen, deshalb besser bei Ostwinden, langer Strand. Grenå (M): im Süden feiner
Sandstrand, gute Zugänge, Stehrevier. Außer Ost bei allen Winden, durch
die Lage mit höheren Wellen rechnen. Ebeltoft (A-M) eine prima geschützte Bucht, die auch bei Starkwinden die Speedfahrer begeistert. Breites
Stehrevier, guter Zugang.

INSEL SAMSØ (A-M): für die vorherrschenden Windrichtungen je eine
Bucht.

JUELSMINDE (A) bei östlichen Winden, sonst in der Vejlebucht.

FÜNEN (A/M) hat insgesamt wenig gute Surfspots: An der Nordküste bei
Bogense und nahe Bårdesø relativ offene Strände nur bei NO bis NW.

Am Lillebælt auf der Westseite der Halbinsel Helnæs (M). Bei kräftigem
Wind mit ordentlichen Wellen rechnen, dann nichts für Anfänger.

LANGELAND (M): Am beliebten Badestrand von Ristinge eigener Surf-
bereich, langes Stehrevier, direkte Autozufahrt.

LOLLAND kaum Surfspots: bei Kramnitse (M) im Süden vor dem Deich.
An der Westküste kleiner Spot bei Langø (A), eine sehr gut wellenge-
schützte Bucht. Bei Nysted nahe Campingplatz (A-M).

FALSTER: Im Süden um Fährort Gedser (K) bei Südwinden Brandungs-
surfen möglich, im Feriengebiet Marielyst (M).

MØN (M): an der Südküste bei Klitholmhavn, langer Sandstrand, guter
Einstieg.

SEELAND bietet insgesamt viele Möglichkeiten:
Einige kleinere Surfspots in der Südhälfte: Køgebucht (A-K) sowie an den
Badestränden der Faksebucht (M), Karrebæksminde (M) und nördlich
Korsør (A-M). Idealer Stützpunkt nördlich Kalundborg, für jede Windrichtung eine passende Bucht: im Bereich der Sejerøbucht (A-M) gut
wellengeschützt. Seelandsodde (M-K) und Strand von Nykøbing (M-K),
beides für NO-NW, ziemlich offen, mit reichlich Wellen rechnen. Beim

Fährhafen Rørvig (A) geschützt am Eingang des Isefjords, weiter draußen Schiffsverkehr beachten.

Entlang der Nordküste (M-K) mehrere gute Surfspots: Liseleje, Tisvildeleje und Rågeleje. Durch die offene Lage bei wenig Wind ganz schön unruhiges Wasser. Am Eingang des Øresund tummeln sich ab 4er Winden die Brandungsfreaks.

BORNHOLM (A/M/K): An den Sandstränden im Südosten mehrere gute Möglichkeiten. Abhängig von der Windstärke (W-O) kommt jeder auf seine Kosten. Durch die Klippenküste im Norden nur bei Sandvik (A-M) und Gudhjem (M) kleine Sandpartien und gute Einstiege.

SEGELN

Die Ostsee ist wie eine große Badewanne. Für norddeutsche Segler gehört diese Region quasi zum Heimatgewässer für Wochenendtörns und Kurzurlaub. Doch auch für Gelegenheitsskipper ohne eigenes Boot ist die dänische Ostsee spitze. Ein dichtes Netz gut ausgestatteter Häfen entlang der Küste, oft sehr familienfreundlich mit Spielplatz neben dem Kai - da saust der Nachwuchs mit Schwimmweste über die Rutsche oder paddelt im Beiboot durch das Hafenbecken.

Das SÜDFÜNISCHE INSELMEER wird von vielen Seglern für das beste Tourengebiet der Welt gehalten. Schöne Inseln und Miniinseln, gemütliche Hafenorte wie Ærøskøbing, Troense oder Marstal, gute Ankerplätze und kurze Entfernungen zwischen den Häfen.

Super geschützt und abwechslungsreich auch der LIMFJORD in Jütland - aber auch wie ein riesiger See, manchmal schmale Passagen.

Obwohl die OSTSEE als äußerst angenehmes Gewässer gilt und sich sehr gut für die ersten Erfahrungen eignet, sind die Tücken bei aufkommenden Stürmen, besonders im Herbst und Frühjahr, nicht zu unterschätzen.

Jedes Jahr finden in Dänemark mehrere Segelregatten statt, beispielsweise "Rund um Fünen", eine 125 sm lange Tour, die mit weit über 1.ooo Booten zur größten Regatta der Welt gehört. Die "Oldtimerrallye" wird auch für Landratten zur Fotosafari. Dazu gehört abends im Hafen ein kleines Fest mit Tanz und Musik, geräuchertem Fisch und viel Bier, bei dem die halbe Stadt vertreten ist.

Zur Hauptsaison im Juli/August, wenn alles im Norden Ferien hat, sind die Jachthäfen ganz schön dicht, die Preise der Charterboote am höchsten, dafür spielt das Wetter auch am besten mit.

CHARTER wird in Dänemark ganz groß geschrieben, liberale Bedingungen und zivile Preise. So besteht in Dänemark z.B. keine Bootsführerschein-Pflicht, trotzdem verchartern die Gesellschaften ihre teuren Jachten nicht an "Greenhörner". Sie wollen zumindest sehen, daß man mit dem

Schiff klarkommt, am bequemsten natürlich durch ein Zertifikat.

Die Charterboote unterliegen einer strengen Genehmigungspflicht der staatlichen Aufsichtsbehörde, die wie ein "TÜV" das O.K. für die zugelassenen Boote erteilt. Für den Kunden gewährt das eine hohe Sicherheit.

Großes Angebot an Chartergesellschaften, die überall in der Ostsee ihre Stützpunkte haben. Die Größe der Segelboote beginnt meist bei 9 m, d.h. Schlafplätze für max. 6 Personen. Nicht den Fehler machen und zu klein mieten. Wenn es an Bord zu eng wird, kann man sich sehr schnell auf die Nerven gehen.

Die Preise hängen von Saison und Größe ab. Für ein 6-Personen-Boot ab 1.2oo-1.6oo DM pro Woche inkl. Versicherung rechnen. Nach oben sind kaum Grenzen gesetzt. Um von der idyllischen Ankerbucht mal auf Entdeckungsfahrt gehen zu können, sollte man gleich ein Beiboot mitchartern.

Fast alle ADRESSEN der Chartergesellschaften mit Telefon im Heft "Segeln in Dänemark", gratis beim Dänischen Fremdenverkehrsverein Hamburg.

Spannend sind KREUZFAHRTEN auf historischen Segelbooten, bei denen die Oldtimer unter voller Besegelung fahren und die Mannschaft beim Aufriggen oft mit zupacken muß. Mehrtägige Segeltörns werden z.B. von der Universität Aalborg organisiert, entweder auf einem Wikingernachbau oder flotten Zweimaster.

PAPIERE: Außer dem gültigen Reisepaß und den Bootspapieren keine weiteren Ausweise. Versicherung und Führerschein nicht erforderlich, aber ratsam.

SEGELWETTERBERICHT in ganz Dänemark telefonisch unter oo54 bzw. lokal oo53 zu erfragen. Auf Mittelwelle 1o62 KHz und Langwelle 245 KHz mehrmals täglich Durchsagen, sonst natürlich an jedem Hafeninfo angeschlagen.

LITERATUR siehe Seite 11o.

Kanupaddeln bedeutet in Dänemark nicht totale Outdoor-Einsamkeit und Lagerfeuerromantik à la Schweden, es bedeutet auch nicht, in schäumendem Wildwasser Kilometer zu klotzen. Kanupaddeln in Dänemark ist eine ausgesprochen gemütliche Angelegenheit, ein Garant für beschaulichen und ruhigen Paddelurlaub. Durch die Kleinräumigkeit jede Menge Abwechslung rechts und links der Strecke.

Die GUDENÅ (Jütland) ist der beste und längste Kanuwanderfluß Dänemarks. Auch für blutige Anfänger oder Familien mit Kindern kein Problem. Die Gudenå kann von Tørring bis Randers ohne technische Schwierigkeiten befahren werden. Wenn möglich nicht an Wochenenden in Tørring beginnen, sondern etwas zeitversetzt zum Strom der Urlauber. Im Juli/August sind Jugendgruppen und Schulklassen unterwegs. Überwiegend trifft man Kanus an, wir haben beispielsweise sehr gute Erfahrungen mit einem Faltkanu gemacht.

LÄNGE UND ZEITPLANUNG: Insgesamt 153 km, für die Strecke Tørring-Silkeborg ca. 7 Tage rechnen, bis Randers ca. 13 Tage. Minimale Paddelzeit für die gesamte Strecke 8 Tage ohne Stops. Gemütlich wird's bei 1o-14 Tagen für die komplette Tour. Lohnende Etappenstops gibt es genügend. Das Paddeltempo hängt wie so vieles in Dänemark vom Wind ab. Mit Rückenwind und Strömung geht es im "Sauseschritt" mit ca. 1o km/h, gegen den Wind wird es durchaus anstrengend. 3 km/Stunde sind als Schnitt realistisch. Tagespensum ohne Gegenwind ca. 15-2o km.

Besondere Vorsicht ist bei der Querung der Seen geboten. Der Mossø ist mit 1.655 ha immerhin Jütlands größter See (1o km * 2 km) und erreicht im Osten eine Tiefe von 22 m. Bei Wind oder schlechtem Wetter bauen sich da ganz ordentliche Wellen auf und man freut sich über einen dichten Spritzschutz. Rettungswesten werden bei Mietkanus gleich mitgeliefert.

An Übertragestellen (Staustufen) stehen Handwagen bereit. Bequemer geht es fast nicht mehr.

VERPFLEGUNG UND ÜBERNACHTUNG: Immer wieder Rast-/Anlege- und Campingplätze am Fluß. In der Regel liegen 2-3 Campingplätze auf einer Tagesetappe, so kann man nach Lust und Laune seine Tour einteilen. An den vielen traumhaft schön gelegenen, privaten Ufergrundstücken ist Campen natürlich verboten.

Verpflegung kein Problem, man passiert jede Menge Ortschaften, die Campingplätze sind meist gut sortiert. Wer unterwegs fischen möchte, braucht eine Angelkarte.

Durch die guten Straßenverbindungen kann man sich Teilstrecken rauspicken und per Bus wieder zum Ausgangsort zurückfahren.

SÜDETAPPE: Am schönsten ist der Oberlauf der Gudenå mit glasklarem Wasser und noch schmalem Flußbett. Die erste Etappe Tørring-Åstedbru ist recht flach, ideal zum Anpaddeln. Zwischen Voervadsbro und Klostermølle wird es waldig und durch die überhängenden Bäume richtig romantisch. Eine feine Teilstrecke beginnt beim GUDENÅMUSEUM, in 3-4 Tagen nach Silkeborg, sehr schöne Landschaft, reizvolle Stops.

Für die Südetappe TØRRING-MOSSØ ist eine Fahrterlaubnis notwendig. Bei Mietkanus gleich inbegriffen, mit eigenem Boot wendet man sich Monate vorher (!) ans Vejle Amt, Damhaven 12, 71oo Vejle und beantragt ein "Sejladgangstegn". Die Gebühr ist unerheblich, aber die Anzahl der Genehmigungen sehr begrenzt. Der Unterlauf darf nur vom 16. Juni bis 31. Dezember zwischen 8 und 18 Uhr befahren werden. Motorboote verboten. Anlegen an den Ufern des Klosterkanals und zwischen Kloster-mølle und Mossee ist nicht erlaubt.

Ab dem Mossee darf die Gudenå auch ohne Genehmigung befahren werden. Siehe unten.

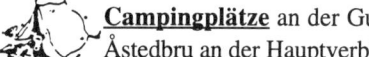 **Campingplätze** an der Gudenå:

Åstedbru an der Hauptverbindung 185, ziemlicher Lärm.

Bredstedbru trotz Straßennähe nicht so laut.

Vestbrik sehr schön nahe dem Fluß auf einer Halbinsel.

Klostermølle ganz einfach und beschaulich.

Voervadsbru direkt am Flußufer, allerdings an der Straße.

NÖRDLICHE ETAPPE: Nicht ganz so idyllisch und etwas weniger Vogelleben im Vergleich zum Oberlauf, lohnt aber auf jeden Fall. Ab dem Mossee genehmigungsfrei. Der Fluß führt immer wieder an Straßen vorbei, so bieten sich gute Ein/Ausstiegsmöglichkeiten.

Vorsicht bei der Passage des Mossees: bei Wind können sich hohe Wellen aufbauen (Rettungsweste). Unbedingt den Hügel Sukkertoppen 1o8 m, das Gudenåmuseum und das Øm Kloster einbauen. Der Klosterkanal wurde um 12oo von den Mönchen gegraben (siehe Seite 275). Schiffsverkehr auf dem großen Julsee, Vorsicht. Unbedingt beim Himmelberg stoppen und zu Fuß zum Aussichtsberg hochgehen. Besonders schöne Stelle auf der Südwestseite des Sees: eine Ausbuchtung, die als Brille bezeichnet wird. Man passiert phantastische Ufergrundstücke der jütländischen Geldaristokratie.

Bis zum Tangesee noch mannshohes Schilfufer, ab dem Kraftwerk (unbedingt dort das EL Museum besichtigen, - siehe Seite 276) flache Weidelandschaft. Pferde, Kühe, Schafe bis dicht ans Wasser. Wenn man Glück hat, taucht auch ein Eisvogel auf.

AUSSTIEG: Man kann die Tour direkt in Randers vor der Brücke beenden, steht dann allerdings mit Sack und Pack mitten in der wenig schönen Stadt. Die meisten brechen bei Fladbro ab, einige Kilometer vor Randers. Vorsicht: dann nicht die Flußkreuzung/Einmündung des Nørreå verpassen, denn die Ausbootstelle liegt 2oo m den Nørreå aufwärts bei der Brücke, links. Von hier 8oo m zum Campingplatz Fladbro bzw. den Campingwart anrufen (Tel. 86 42 93 61), er holt einen gegen Gebühr mit Sack und Pack ab. Busverbindung in die Stadt (Bahn/Bus). Diese Variante ist eindeutig der gemütlichere Ausklang.

KANUVERMIETER: ca. ein Dutzend. Pro Tag und Kanu ca. 5o DM, Kanutransport extra. Ein paar Beispiele:

Tørring Kanofart Aagade 33, 716o Tørring
Tørring Kanoudlejning, Torvegade 47, 716o Tørring

Silkeborg Kanocenter, Åhave Allé 7, 86oo Silkeborg
Silkeborg Kanofart, Remstrupvej 41, 86oo Silkeborg
Ry Kanofart "Søhuset", Kyhnsvej 2o, 868o Ry

KANUPADDELN AUF DER NØRREÅ: Ein Seitenfluß zur Gudenå. 1-bis 2-Tagestour, landschaftlich bei weitem nicht so abwechslungsreich wie die Gudenå. Ein ruhiges, zahmes Flüßchen, überwiegend durch Weidelandschaft. Einstieg z.b. in Bruunshåb bei Viborg ca. 1o Std. bis Fladbro Camping bei Randers, siehe oben. Weitere Einstiege: Vejrumbro, bei Thorsager, bei Skjern Kirche und Ålum. Mit eigenem Boot problemlos, Busverbindung vorher abchecken. Oder per Mietkanu.

Schöne Kombination: Per Fahrrad von Fladbro Camping nach Viborg, Übernachtung (Jugendherberge), dann zwei Kanutage auf dem Nørreå zurück. In eigener Regie gut realisierbar oder als Paket übers Randers Turistbureau oder Viborg Turistbureau buchen bzw. über Randers Camping oder Viborg Vandrerhjem.

SKJERN Å: abwechslungsreiche 3- bis 4-Tagestour. Der Fluß mäandert durch Heide- und Waldlandschaft. Start in Mitteljütland/Bereich Brande ca. 4 km südwestlich von Nørre Snede beim Campingplatz zwischen Rørbæk Sø und Nedersø. Fahrterlaubnis nötig. Ab Borris wird der Fluß zum Kanal, der in den Ringkøbingfjord mündet und damit etwas reizlos wird.

VARDE Å (JÜTLAND): ist z.B. ab Grindsted zu befahren; anfangs heißt der Fluß Grindsted Å, erst nach dem Zusammenfluß mit dem Ansager Å nennt man ihn Varde Å. Schöne Tour durch Weidelandschaft und Heide. Mehrfach muß umtragen werden. Wegen überhängender Bäume und Untiefen ist der Fluß für tiefliegende Kanus nicht so geeignet. Er mündet nordwestlich von Esbjerg in die Ho Bucht.

Weitere Touren sind auf dem UGGERBY Å in Nordjütland möglich. Der Uggerby Å mündet in die Tannis Bucht. Details und Kanuvermietung siehe Seite 195.

WEITERE KANUFLÜSSE: Omme Å, Skive Å/Karup Å, Konge Å, Vejle Å und Alling Å. Oder in Südjütland: Holme Å, Gram Å, Hvirla Å und Sønder Å.

Auf Seeland ist der SUSÅ ein beliebter Mehrtages-Wanderfluß, - siehe Seite 391.

FAHRRADFAHREN

Fahrradfahren ist in Dänemark Mega-IN. Landschaftlich nicht so flach wie Norddeutschland oder Holland, trotzdem nur leicht wellig und enorm abwechlungsreich. Hier läßt sich immer eine Insel finden, die gerade groß genug ist, um sie in der geplanten Zeit gemütlich zu erkunden. Mit der ganzen Familie wird ein Fahrradurlaub in Dänemark zu einem schönen Erlebnis. So richtig romantisch auf Zeltbasis, von Ort zu Ort und Insel zu Insel, mit Picknick am Fischerhafen oder im Park eines Herrensitzes. Zum Meer und nächsten Badestrand ist es in Dänemark nie weit.

Viele Regionen haben eigene Fahrradtouren ausgearbeitet, auf Radwegen, über abgelegene Straßen oder auch mal über Feldwege. Die <u>ROUTEN</u> sind numeriert oder beschildert und auf eigenen Fahrradkarten eingetragen, die es meist gratis im Touristenbüro gibt. Kreuzt ein Fahrradweg die Straße, werden Autofahrer durch Straßenschilder darauf aufmerksam gemacht. In Bornholm ist man um seine zig-tausend Fahrradurlauber besonders besorgt und warnt Radler vor Seitenwinden oder verbietet vorsichtshalber die Ortseinfahrt bei zu gefährlichem Gefälle.

Neben den regionalen Routen, die mit blauem Schild und weißer Zahl versehen sind, überziehen zehn nationale Routen wie ein Spinnennetz das ganze Land - insgesamt 3.3oo km. Sie sind mit roten Ziffern und einem Fahrradsymbol gut markiert:

Route Nr. 1: Westküstenroute (Vestkystruten)
Führt an den schönsten Stränden der Nordsee vorbei. Nirgendwo anders wird der Kontrast zwischen Wattenmeer und Dünengras deutlicher. Vom Grenzort Rudbøl bis Skagen 5oo km.

Route Nr. 2: Dänemark quer
Von Kopenhagen nach Hanstholm durch abwechslungsreiche Landschaft. In Seeland liegt Königsschloß Frederiksborg an der Strecke und weiter durch das dichte Waldgebiet bei Schloß Jægerspris, herrliche Aussichten von den sanften Hügeln im Osten Jütlands. Kopenhagen bis Hanstholm 35o km.

Route Nr. 3: Durch Jütland über den alten Heerweg (Hær-vejsruten)
Führt teilweise über historische Wege, die bereits die Wikinger mit Pferd und Wagen benutzt haben, oft abseits der Hauptstraßen durchs Inland. Padborg an der südlichen Grenze bis Skagen im Norden 44o km.

Route Nr. 4: Mitten durch Dänemark - von Kopenhagen zum Ringkøbingfjord
Diese Route führt durch die sehenswerten Orte Roskilde, Kalundborg, Århus und in Jütland auch durch das großartige Seenhochland. Kopenhagen zum Ringkøbingfjord 3oo km.

Route Nr. 5: Jütland entlang der Ostseeküste (Østkystruten)
Der Radweg verläuft immer dicht am Meer und somit werden jeden Tag herrliche Badeplätze geboten. Skagen bis Sønderborg 6oo km.

Route Nr. 6: Seeland, Fünen und Südjütland auf einen Streich
Viele Schlösser, Museen und schöne Orte versüßen die Fahrt, zudem ist die Strecke weitgehend flach. Von Kopenhagen nach Esbjerg 3oo km.

Route Nr. 7: Über Falster, Langeland nach Westseeland

Diese Fahrradtour kann man direkt im Fährort Gedser beginnen und die landschaftlichen Eindrücke steigern sich mit jedem Tag, das alles ohne Steigungen. Von Gedser nach Sjælandsodde 2oo km.

Route Nr. 8: Über die "Südseeinseln" (Sydhavsrute)

Die schönste Fahrradtour, weil jede Insel ihren eigenen Charakter hat und es hier noch die gemütlichen Fährüberfahrten, teilweise auf Oldtimern, gibt. Aber auch weil die Strecke bei den grandiosen Kreidefelsen auf der Insel Møn beginnt und Schloß Egeskov am Wege liegt. Møn bis Rudbøl 3oo km.

Route Nr. 9: Auf der Vogelfluglinie nach Norden

Hier kann man direkt nach der Fährüberfahrt einsteigen. Die Tour beginnt in Rødby unspektakulär und steigert sich bis Schloß Helsingør am Øresund gewaltig. Das Flair der Hauptstadt, das größte Kunstmuseum Louisiana bei Humlebæck, die typischen riedgedeckten Fachwerkhäuser und Königsschlösser, alles liegt direkt am Weg. Rødby bis Helsingør 2oo km.

Route Nr. 1o: Rund um Bornholm

Die Fahrradtour führt über die schönste Insel Dänemarks und verspricht einen gemütlichen Urlaub für die ganze Familie, - goldgelbe Heringe frisch aus dem Rauchfang, lange Sandstrände und Felsenbuchten, beschauliche Orte und wenig Hektik. 1oo km.

Die Fahrradrouten führen sowohl über abgelegene Landstraßen, als auch über Sandwege oder Schotterstrecken. Der genaue Routenverlauf ist in einzelnen Broschüren beschrieben (Cykel Guide), die beim dänischen Fremdenverkehrsbüro erhältlich sind. Karten sind im Buchhandel vor Ort erhältlich. In Deutschland ist der Allgemeine Deutsche Fahrrad-Club bestens bestückt. ADFC Buchhandel, Postfach 1o 77 47, 28o77 Bremen, Fax: o421/ 346 39 6o.

Das Fahrrad als Zweitfahrzeug ist in Dänemark geradezu ideal, sei es bei einem Urlaub auf Ferienhaus-Basis oder per Wohnmobil. Vom Standquartier aus läßt sich bequem die nähere Umgebung erkunden, ein Tagesausflug zum Nachbarstrand, dem nächsten Museum oder Vergnügungspark unternehmen. Auf die vielen vorgelagerten Miniinseln nimmt man am besten ein Rad mit, was auf den Fähren problemlos transportiert wird und kaum etwas kostet. Sehr lohnend z.B. die Inseln Ærø vor Fünen, Fanø in der Nordsee, Samsø und Anholt im Kattegat.

WELCHES FAHRRAD? Wer nicht nur zur nächsten Frittenbude fahren will, sondern etwas längere Tagesausflüge plant, sollte auf eine Gangschaltung nicht verzichten. Dänemark ist zwar flach, doch der kleinste Berg macht sich in den Oberschenkeln deutlich bemerkbar und sollten mal keine Steigungen die Freude trüben, bläst sicher der Wind von der falschen Seite. Klappfahrräder deshalb nur zum Brötchenholen, solide

"Hollandräder" Trekking- oder "Leichtlaufräder" ideal; die Vorteile des Mountain-Bikes kommen abseits der Teerstraßen und auf Strandwegen voll zum Tragen.

FAHRRADMIETEN: fast in jedem Ferienort möglich, oft gleich mit Kindersitz. Kostenpunkt in einfacher Ausführung knapp 15 DM/Tag, wochenweise billiger. Bremsen, Gangschaltung und Tretlager begutachten, sonst hat man bei der Tour wenig Freude. Vermietung bei Fahrradhändlern, Touristenbüros, Bahnhöfen oder bei der Ferienhausvermietung.

FAHRRADURLAUB: Gesamt-Dänemark per Rad im 3-Wochen-Urlaub gleicht einer Tour de France und bringt wenig Erholung. Besser nach eigener Kondition und Zeit die richtige Insel herauspicken oder den Vorteil des preiswerten Inselspringens nutzen. Für solche Unternehmungen bringt man besser sein eigenes Rad mit, nur mit dem nötigsten bepackt. Anreise per Bahn und den Drahtesel im Gepäckabteil oder vorausgeschickt. Verschleißteile wie ein Satz Brems- und Gangschaltungszüge, Flickzeug oder Reserveschlauch helfen schnell bei kleineren Pannen, ansonsten hat jedes Dorf ein Fahrradgeschäft oder zumindest Verschleißteile im Superladen parat.

TIPS FÜR DIE ROUTENPLANUNG: Für Kurzurlaub bieten sich die Inseln Lolland, Falster und Møn, gleich hinter der Grenze an. Kaum Steigung, doch auch nicht sonderlich spektakulär. Der Reiz liegt hier mehr im Detail, gemütlichen Orten, prima Sandstränden und kurzen Entfernungen, Höhepunkt die Kreideklippe von Møn. Nach Lust und Laune läßt sich der Urlaub weiter nach Süd-Seeland ausdehnen.

BORNHOLM, eine ideale Fahrradinsel, für die man mindesten 14 Tage einplanen sollte. Das Fahrrad spart die teuren Fährkosten für den Pkw ein und ermöglicht, die "Perle Dänemarks" von ihrer schönsten Seite auf abgelegenen Wegen zu entdecken. Hier ist man perfekt auf Radfahrer eingestellt, in eigenen Karten werden die besten Routen vorgeschlagen, Schilder weisen an Kreuzungen den Weg. Schon an der Fähre werden Fahrräder inkl. Kinderwagen-Anhänger vermietet. Achtung: im Bereich der Granitküste geht es ganz ordentlich rauf und runter, doch gerade die abwechslungsreiche Landschaft des Nordens macht den Reiz einer Inselrundfahrt aus - Stops bei markanten Rundkirchen und hübschen Fischerorten. Details im eigenen Kapitel.

FÜNEN besticht durch seine überaus hübschen Örtchen und vielen Herrensitze, nicht zuletzt Wasserschloß Egeskov. Selbst im Fahrradtempo eine enorm abwechslungreiche Insel für einen 2- bis 3-Wochen-Trip. Teilweise auf ausgewiesenen Radwegen oder wenig befahrenen Nebenstraßen. Im Norden flacher als nach Süden zu. Wer mal so richtig in die Pedalen treten will, legt die Route durch die "Füner Alpen", hier haben die Hügel fast "Mittelgebirgsformat". Bleibt noch etwas Zeit, liegen in der "Südsee Fünens" verlockende Inseln wie Ærø mit dem malerischen

Hauptort oder Troense auf der gleichnamigen Insel mit seinen prächtigen "Kapitänshäusern" und dem sehenswerten Valdemar Schloß.

LANGELAND fanden wir zum Radfahren von der Geografie und den minimalen Alternativen zur befahrenen Hauptverbindungsstraße nicht so verlockend.

SEELAND: Im Norden ab Höhe Kopenhagen-Roskilde folgen hochkarätigen Sights auf kurzen Entfernungen: Königsschlösser, Wikingerschiffe, viele kleine Freskenkirchen etwas abseits der Hauptrouten und herrliche Küstenpartien. Trotz der dichten Besiedelung ein sehr lohnendes Eck und selbst nach Kopenhagen ist es per Rad kein Problem.

JÜTLAND wirkt aus der Radlerperspektive riesig: 38o km ab Grenze bis zur Nordspitze, max. 18o km zwischen den Dünenstränden der Nordsee und flachen Ostseebereichen. Hier lohnt es Teilstrecken herauszupicken und langweilige Partien schnell im Zug oder Bus zu überbrücken. Viel Abwechslung bringt die Nordseeküste, interessant ab Esbjerg und Insel Fanø.

Im Bereich des bekannten Badeecks Blåvand/Hennestrand werden Fahrradfahrer z.t. auf abgelegenen Waldwegen "umgeleitet". Viel Abwechslung um den Limfjord und im Bereich Nordjütland entlang der Jammerbucht. Auf keinen Fall sollte man die sandige, aber sehenswerte Nordspitze um Skagen verpassen. 24o km Fahrradweg führen von Aggertange an der Limfjordöffnung über Hanstholm, Løkken, Hirtshals bis an die Nordspitze. Als "Vestkyststi" Nr. 1 beschrieben und teilweise beschildert.

Im INLAND wirds um Silkeborg enorm waldig und hügelig, hier liegt mit 173 m der höchste Berg Dänemarks. Im südlichen Inland mehrtägige Tour über den ehemaligen Heerweg (Hærvejen), den schon die Wikinger benutzten - heute als Fahrradweg präpariert und ausgeschildert.

Viele Tips zu Fahrradrouten und Vermietern im Text.

FAHRRADTRANSPORT:

Busse: Stadtbusse befördern keine Fahrräder, Linienbusse zwischen den Ortschaften nehmen aus Platzmangel im Gepäckabteil nur wenig Fahrräder mit. Anders auf Bornholm: auf speziellen Gestellen können viele Fahrräder gestapelt werden. Der Transport kostet ein paar Mark extra.

Größere Flexibilität bietet die Bahn: Als separates Gepäck können Fahrräder vorausgeschickt werden, dauert dann aber 2-3 Tage. Mit einigen Ausnahmen können Fahrräder in Regionalzügen direkt mitgenommen werden. Infos und Preise in der DSB-Broschüre "Cykler i tog". Sehr praktisch auch der Fahrrad-Mietservice der Bahn an verschiedenen Bahnhöfen.

Per S-Bahn in und um Kopenhagen ist Fahrrad-Mitnahme außerhalb der rush-hour möglich, eigene Fahrkarte muß gelöst werden.

Fähren: Hier ist für Fahrräder immer Platz, selbst bei Personenfähren,

Gebühr etwa in Höhe des Personentickets.

LITERATUR: Gute Kontaktadresse für Radfahrer: Dansk Cyklist Forbund, Kjeld Langes Gade 14, DK-1367 Kopenhagen K. Gibt auch ein Verzeichnis über preiswerte Übernachtungsmöglichkeiten heraus, d.h. Landwirte, die einen Naturlagerplatz zur Verfügung stellen. Oder ADFC, Postfach 1o7 747, 28o77 Bremen.

Es lohnt sich, vorab die Touristenbüros der jeweiligen Region anzuschreiben und sich spezielle Fahrradinfos schicken zu lassen.

WANDERN

Wandern ist in Dänemark weniger ein Thema. Wo eben möglich nehmen die Dänen das Fahrrad. Dennoch findet man in vielen Touristengebieten angelegte Spazier- oder Wandermöglichkeiten oft in den aufgeforsteten Wäldern, in Heidegebieten oder natürlich am Strand.

Technisch bedeutet Wandern in Dänemark keinerlei Schwierigkeiten; die Wege sind problemlos mit Kindern, sofern sie auch Lust haben, machbar.

Zünftiger wird es im SILKEBORGER SEENHOCHLAND im Inneren Jütlands. Hier findet man die vielleicht besten und längsten Wandermöglichkeiten Dänemarks. Im Bereich des Himmelberges und Julsees kann man sich stundenlang auslaufen. Sehr schön ist auch die Tour entlang der Gudenå auf dem ehemaligen Treidelweg. Eine andere Route wurde über eine ehemalige Bahntrasse gelegt. Alle Details im Kapitel Silkeborger Seenhochland.

Im Naturgebiet Rebild Bakker zwischen Ålborg und Hobro existieren ebenfalls gute Wandermöglichkeiten. Siehe auch Seite 251.

Die sehr schöne INSEL FANØ vor Esbjerg in Westjütland bietet schöne markierte Wege im Wald oder durch die Heide des Inselinneren.

In NORDSEELAND bei Tisvildeleje - Tibirke Bakker teilweise durch Wald, schöne Tour auch auf den Spuren der Vorzeitmenschen durchs Ellemose siehe Seite 464.

INSEL MØN - herrliche Wege oben auf der Kreideklippe kilometerlang im Wald und unten am Strand zurück.

Am besten haben uns die Wandermöglichkeiten auf der Insel BORNHOLM gefallen, besonders die Wege an der Küste entlang auf den ehemaligen Rettungswegen. Die bizarren Felsformationen der Granitküste verändern je nach Sonneneinstrahlung ihre Farbe, Meer und Strandpartien - einfach einmalig. Im Inselinneren auch sehr gut beschilderte Wanderrouten unterschiedlicher Länge. Details siehe Insel Bornholm.

GOLF

Golfplätze gibt es in Dänemark wie Sand am Meer, 121 Anlagen über die sechs größten Inseln verteilt. Ein Green fee liegt oft näher am Urlaubsstützpunkt als das Meer, besonders massiv im Norden Seelands, dem Einzugsgebiet Kopenhagens. Fast 1 % der Dänen hat sich dem Spiel mit den kleinen schweren Bällen verschrieben, in Deutschland sind es wesentlich weniger. Wer zu Hause einem Club angehört, kann überall in Dänemark spielen. In vielen Clubs kann man kurze Gastmitgliedschaften abschließen und Unterricht nehmen.

PREISE: Für Mitglieder kostet der ganze Tag auf einem 18 Loch Green fee runde 4o DM, am Wochenende etwas teurer. Umkleidekabinen, Duschen und Kafeteria gehören zum Standard der Clubhäuser, auch die Zubehörshops sind gut sortiert.

Nützliches Infoheft "Golf in Dänemark" mit einer Liste aller Golfplätze, Adressen und Telefonnummern, zudem viele informative Einzelwerbungen. Gratis beim dänischen Fremdenverkehrsamt in Hamburg.

TENNIS

Tennisspielen ist recht verbreitet. Courts werden stundenweise vermietet, bei Hotels, Sportplätzen oder Freizeitanlagen. Oft auch Racketverleih. Pro Stunde kostet der Platz knapp 2o DM.

REITEN

Ausritte am Strand und im weichen Sandboden der Dünenlandschaft machen enorm viel Spaß. Im ganzen Land, bevorzugt an der Westdüste Jütlands, bieten die Gestüte für Urlauber die Möglichkeit, an Ausritten teilzunehmen oder Reitunterricht zu erhalten. Beispielsweise bei der Stutteri Vestkysten, 3 km von Henne Strand (Jütland) entfernt oder bei der Rømø-Ranch bei Lakolk auf der Insel Rømø.

Reiterferien: Welches Mädchen oder Junge träumt nicht davon, einmal über den Strand zu reiten, durch die Dünen zu galoppieren oder im Wasser mit dem Pferd zu baden? In Jütland auf dem Reiterhof "Vinterlejegaard" bei Hvide Sande kann dieser Wunsch sehr schnell wahr werden. Es ist ein Ferienhof für Kinder und Jugendliche von 8-16 Jahren, der von deutschen Familien geführt wird, die alle ausgesprochene Pferdenarren sind. Ihre Devise heißt "viel Spaß, viel Reiten und wenig Streß" - für die Tiere und für die jungen Gäste. Der über einhundert Jahre alte Hof liegt mitten in den Dünen, nur 15o m vom Strand der Nordsee entfernt und bietet massig Platz zum Toben ohne Schranken. Das Tolle daran ist, daß die Eltern ihre "Reiterkinder" hier unterbringen können und selber für ein oder zwei Wochen weiter durch Dänemark reisen. So kommt jeder entspannt aus dem Urlaub zurück. Die Kinder werden in Vierbettzimmern untergebracht, gut verpflegt und durch die Familien Bittl und Eder liebevoll betreut. Eine Woche kostet 56o DM, unabhängig von der Jahreszeit, bei zwei Ausritten pro Tag. Anmeldung 3 bis 4 Monate vorher ratsam: Reiterhof "Vinterleje-gaard", Vestervej 9, DK 696o Hvide-Sande, Fax: oo45/ 97 31 54 2o.

ANGELN (LYSTFISKERI)

Hochseeangeltouren auf kleinen Fischkuttern sind in Dänemark besonders gefragt. Doch auch ohne viel Geld für eine Angeltour zu zahlen, kommen Petri-Freunde in Dänemark voll auf ihre Kosten. Nicht nur vom Ufer aus im Meer, sondern auch in den kleinen Flüssen und Seen. Regenbogenforellen, Aale, Hechte, aber auch Meerforellen und Lachse kann man an den Haken bekommen. Die besten Stützpunkte liegen in der Westhälfte Dänemarks, als Spitzenrevier gilt Jütland und der Limfjord mit seinen Zuflüssen.

Die Reglementierungen in Dänemark sind im Vergleich zu Deutschland noch gering und die Fangerfolge beachtlich. Ab 1993 muß auch derjenige, der im Meer und in den Fjorden Dänemarks angelt, eine Angelkarte haben. Man erhält sie in Postämtern gegen vergleichsweise geringe Gebühr als Tages-, Wochen- oder Jahreskarte. Wer in privaten Seen und Flußläufen angeln möchte, muß zusätzlich die lokale Angellizenz erstehen. Viele lokale Angelvereine kümmern sich um den Bestand. Auch in Dänemark gehört es zu den Spielregeln, daß zu kleine Exemplare wieder zurück ins Wasser müssen.

Manche Campingplätze sind auf Hobbyangler bestens eingestellt und verfügen über separate Becken, um den Fisch auszunehmen, Nachschub an Blinkern und Zubehör im Campingkiosk. Meist sind die Campingwarte sogar selbst leidenschaftliche Angler und geben Neuankömmlingen gerne nützliche Tips.

HOCHSEEANGELN: Hier geht es um Größe und Gewicht. Dorsche, Makrelen, manchmal sind auch Meerforellen oder als Überraschung ein Kornhai am Haken. Der DORSCHREKORD in der Ostsee liegt bei 61 Pfund, gefangen im Øresund. In der Jammerbucht (Nordsee) wog das 1,7o m lange Spitzenexemplar noch 1o kg mehr! Vor der Nordseeküste kommen auch Köhler, Pollacks, Seeteufel oder andere schmackhafte Arten vor.

Bei dem Wort "Gelbes Riff" bekommen die Angler leuchtende Augen. Es liegt nur wenige Seemeilen vor der Küste bei Hanstholm und gehört zu den besten Fanggründen Europas. Von Hanstholm und anderen Küstenorten aus laufen die Kutter das Angelrevier bei entsprechenden Wetterbedingungen täglich an. Sie sind mit entsprechenden Ortungsgeräten ausgestattet und das Angeln wird mit Sicherheit zu einem unvergleichbaren Erlebnis (siehe auch Hanstholm).

An knapp 3o Stellen entlang der gesamten dänischen Küste werden für Angler Hochseetouren angeboten, vorwiegend von den Häfen Jütlands, Ost-Fünens und Langelands aus. Die Preise variieren mit Länge der Tour und Größe des Kutters. Als Vormittags- oder Nachmittagstour mit 3o-5o DM rechnen. Ganztagesfahrten in Nordjütland 1oo-14o DM.

Eigene Ausrüstung nötig, nur selten wird auf Kuttern auch Material vermietet. Nachschub an Blinkern und Schnüren gibt es dagegen an Bord zu kaufen. Kräftige Wurfrute reicht in der Regel aus, Schnur ab o,45 mm auf stationärer Rolle. Pilker zwischen 5o und 2oo Gramm, Kunststoffwürmer und Paternoster. Möglichst bunt und glitzernd, denn auch die Fische stehen auf Farbe. Für die Heringsfischerei gibt's spezielle Vorfächer.

Wer nicht seefest ist, sollte sich eine Hochseetour sehr gut überlegen. Ein halber Tag kann bei Seegang, und den kennt auch die Ostsee, zur Qual werden. Dann doch lieber bis zum Bauchnabel ins Küstengewässer waten, aber festen Boden unter den Füßen haben.

Wo liegen die besten Fanggründe der Hochseetouren?

ØRESUND - der heiße Favorit in der Ostsee wird von Hochseetouren wegen seiner großen Dorsche bevorzugt angelaufen. Im Herbst sind Heringe angesagt.

Im GROSSEN BELT gelten die tiefen Löcher als besonders erfolgreich. Was der Brückenbau verändert, wird die Zukunft zeigen.

Der LANGELANDSBELT wird im Süden als fischreichstes Revier gelobt. Viele Hochsee-Angelfahrten, auch ab der deutschen Küste, laufen diesen Bereich an. Die Dorsche sind hier nicht so riesig, dafür verirren sich öfter mal schmackhafte Meerforellen an den Pilker.

An der NORDSPITZE JÜTLANDS gibt es nicht nur Dorsch, Makrele und Hering, sondern auch die breite Palette des Atlantiks, wenn der Skipper die richtige Stelle findet. Vor der Jammerbucht gilt das "Gelbe Riff" zwischen Hanstholm und Hirtshals als unangefochtenes Revier mit den größten Exemplaren und vielseitigstem Bestand. Tagestörns sind allerdings nicht ganz billig.

Wer dem Gedrängel an der Reling entfliehen möchte, mietet sich ein Boot mit Außenborder und versucht es auf eigene Kosten. Doch nur in der Ostsee, - die Nordsee hat ihre eigenen Tücken und das Wetter kann blitzschnell in einen ausgewachsenen Sturm umschlagen.

ANGELN ENTLANG DER KÜSTE: Bei 7.5oo km Küste bietet Dänemark ein breites Betätigungsfeld. An den wenigen Steilklippen, Molen und Wellenbrechern drängeln sich die Angelrouten. Dorsche (das ganze Jahr über) und Makrelen (beste Zeit im Juli) zählen hier zu den Standardfischen. Doch entlang der gesamten Küste kommen Meerforellen auf dem Weg zu ihren Laichgewässern immer häufiger vor.

Wenn mal eine Delikatesse an der Route zappelt, braucht man viel Geduld und einen großen Kescher. Sehr guter Standplatz an der Südspitze Langelands, wenige Kilometer südlich des Fähranlegers. Dänen versuchen die Meerforelle mit der knapp 3 m langen Spinrute und kleinem Pilker aus dem Meer zu locken. Da die Meerforelle in flachem Wasser jagt, sind Morgen- und Abendstunden bei trübem Wetter die beste Zeit. Die einzige Granitküste Dänemarks liegt im Norden Bornholms. Von hier aus ist Angeln im Meer vergleichsweise ein Kinderspiel.

An den vorwiegend flachen Sandstränden wird mit Wattwürmern auf Scholle geangelt, im Sommer beißen auch Aale darauf an. Wattwürmer werden oft an der Straße als "Sandorm" angeboten. Brusthohe Watstiefel gehören für den Küstenfischer zur Standardausrüstung.

SÜSSWASSERANGELN: Dänemark bietet Möglichkeiten ohne Ende, besonders vielseitig in Jütland. Einerseits durch den Limfjord mit seinen Zuflüssen (Forellen, Meerforellen, Lachse etc.), aber auch im Nissum- und Ringkøbingfjord wimmelt es förmlich vor Fisch. Hier haben die einheimischen Netzfischer allerdings Vorrang. Camping "Fiskerøgeriet" bietet nicht nur Mietboote an, sondern auch den seltenen Vorzug seinen eigenen Fang gleich mit in den Rauch hängen zu dürfen. Lohnend auch die Zuflüsse. Die GUDENÅ, der längste Fluß Dänemarks gilt im Oberlauf als Angeleldorado - bei Engländern hoch im Kurs. Brassen, Rotfedern, Rotauge von ungewöhnlicher Größe. Die Kanufahrer sind den Petrifreunden oft ein Dorn im Auge. Im Silkeborgsee tummeln sich zudem noch kapitale Hechte. Campingplätze verkaufen z.B. Angelkarten und vermieten gleich das Boot.

In Fünen gute Fangerfolge auf dem Odense Å und der Suså im Süden.

Über Angelmöglichkeiten auf Lolland, Falster, Møn und Südseeland informiert ein deutschsprachiges Faltblatt, das der Fremdenverkehrsverband Kreis Storstrøm zusammengestellt hat. Anfordern bei: Turistkreds Storstrøms Amt , Østergågade 9, 1., DK-4800 Nykøbing F.

ANGELSCHEIN in Dänemark obligatorisch für Personen zwischen 18 und 67 Jahren. Erhältlich auf dem Postamt, in rötlichen Touristenbüros und Angelzentren. Kosten pro Tag zwischen 10 und 30 DM, in privaten Angelteichen put & take wesentlich mehr. Fischen mit Netz nur mit Genehmigung. Eine Liste der verschiedenen Sportanglervereine kann beim dänischen Sportanglerverband angefordert werden: Danmarks Sportfiskerforbund, Worsåesgade 1, DK-7100 Vejle.

Die ANGELGEBÜHREN werden zur Pflege der Fischbestände in den Gewässern genutzt. Einer großen Aktion ist der enorme Zuwachs an Meerforellen zu verdanken, auch der Staat hat einige Millionen beigesteuert. Inzwischen ist das Angeln nach Meerforellen zu einem Volkssport geworden. Anfang Juni wandern die ersten, meist kleinen Exemplare zum Laichen die Flüsse hinauf, ihnen folgen die größeren. Es wird auch viel getan, um den Bestand an Wildlachs zu erhöhen. Forellen kommen fast überall vor.

<u>SCHONZEIT</u>: Beginn und Dauer je nach Art sehr unterschiedlich (Details im Infoheft "Angeln in Dänemark").

<u>LITERATUR</u>: siehe Seite 1o9.

Bernstein - das "Gold des Nordens"

Bernstein war seit Menschengedenken ein beliebter Schmuck. Die Steinzeitdamen trugen Halsketten aus Bernstein und ließen sie sich mit ins Grab geben. Zur Bronzezeit wurde Bernstein zu einem Exportschlager und so wertvoll, daß die Däninnen ihn sich kaum noch leisten konnten. In dänischen Gräbern wird Bernstein in der Zeit zwischen 1.8oo und 6oo vor Chr. ziemlich rar, dafür findet man ihn in reichen Fürstengräbern in England, Griechenland oder Italien. Bernstein war zu einer Art Währung geworden.

Die Griechen nannten den Bernstein Elektron, die Römerinnen der Antike favorisierten den rotgoldenen Bernstein, und die Dänen nennen ihn Rav. Im 18. Jahrhundert erlebte die Bernsteinmode ein Tief, als sich in Adelskreisen herumgesprochen hatte, daß Bernstein gar kein Edelstein war. Da verloren die adeligen Damen schlagartig das Interesse, stattdessen stürzten sich die Bürgersfrauen darauf. Im letzten Jahrhundert war dann wieder der weiße Bernstein in.

Bernstein ist nichts anderes als erhärtetes, VERSTEINERTES HARZ uralter Nadelbäume, die im Tertiär vor 2o-3o Millionen Jahren ein Waldgebiet im Bereich der heutigen Ostsee bis Ostpreußen bedeckten. Damals herrschte ein subtropisches Klima. Wenn ein Baum eine Verletzung erleidet, z.B. Pilzbefall oder eine äußere Verletzung, scheidet er Harz aus. Das herunterfließende Harz umschloss alle möglichen Insekten, die sich gerade auf dem Baum tummelten. Was im Schmuckstück eine Kostbarkeit darstellt, bringt der Wissenschaft interessante Aufschlüsse über die verschiedenen Insektenarten des Tertiärs. Man versuchte immer wieder mal die Insekten aus dem Harz herauszulösen - dann aber zerfielen sie wie Staub.

Eigentlich bezeichnet Bernstein eine ganze Reihe von Mineralien unterschiedlicher Farbe; im Alltagssprachgebrauch ist mit Bernstein gemeint, was ein Wissenschaftler succinit nennt.

Bernstein kommt in unregelmäßigen Brocken oder Klumpen vor, in unterschiedlicher Größe, Farbe oder Form. Die Färbung variiert von weiß, gold, rotgold bis zu braun oder schwarz. Ebenso unterschiedlich ist die Durchsichtigkeit und der Glanz des Bernsteins. Bernstein aus Tannenharz ist beispielsweise richtig gelblich. Bernstein findet man auch in anderen Teilen der Welt. In Fachkreisen gilt dänischer Bernstein als qualitativ besser als Bernstein aus Sibirien oder Südamerika. Vorsicht vor Fälschungen, da wird gerne Gießharz als Bernstein ausgegeben. Eine einfache Testmethode entlarvt die Fälschungen: man legt das Objekt in eine stark konzentrierte Salzlösung, der falsche Bernstein schwimmt oben, der echte sinkt zu Boden.

Ehe man Bernstein bearbeiten kann, muß er richtig ausgehärtet sein. Der älteste Bernstein wurde auf Bornholm gefunden und wird auf 175 Mio. Jahre geschätzt. Der größte Bernsteinfund wiegt 18,66 kg und wurde 199o aus dem Meer gefischt, man kann ihn in der Bernsteinschleiferei in Skagen in Nordjütland bewundern. Übrigens: nur etwa jeder 1.ooo Bernsteinfund enthält Pflanzenreste, Insekten oder ähnliche Einschlüsse.

Wie findet man Bernstein?

Während der Schmuckbernstein geschliffen und poliert wird, ist der rohe Bernstein matt, stumpf und kantig. Er ist deshalb leicht mit einem gewöhnlichen Stein zu verwechseln. Bernstein ist jedoch deutlich leichter, weicher und klingt dumpfer als ein Stein. Es wird empfohlen, beim Suchen am Strand gegen das Licht zu gehen, denn es bricht sich am Bernstein. Beste Chance im Winter nach Sturm und kurz nach Ebbe; dann wird Bernstein mit dem Tang, dem verrotteten Holz und Pflanzen angespült. Kenner sollen an guten Tagen in 2 Stunden eine Hand voll sammeln können. Na ja! In Dänemark gibt es enorm viele Bernsteinschleifereien, die auch gerne die Fundobjekte bearbeiten.

Watt, Marsch, Kog

Dem Wattenmeer droht das Aus. Die lange Schwemmlandküste wird von Biologen als Kinderstube des Meeres, - von den Anrainerstaaten allerdings als kostenlose Müllkippe gesehen.

Das **WATTENMEER** reicht von Esbjerg/Dänemark entlang der Westküste Dänemarks und der deutschen Nordseeküste bis runter nach Den Helder/ Niederlande: insgesamt 45o km bei nur max. 2o km Breite.

Für mehrere Millionen Zugvögel ist diese 45o-km-Zone eine "Dreisterne Raststätte" auf ihrem Flug zwischen ihren Brutstätten im äußersten Norden und ihren Winterquartiere im warmen Afrika. Hier im Wattenmeer mit (bisher) äußerst reicher Nahrung fressen sie sich ordentliche Fettreserven an, um die gewaltigen Distanzen von oft mehr als 1o.ooo Flugkilometern zu bewältigen. Dito auf ihrem Rückflug im Frühjahr in nördliche Gefilde.

Andere Vogelarten suchen sich in den angrenzenden Salzwiesen ihre Brutgebiete, doch die werden leider immer geringer wegen landwirtschaftlicher Mastwirtschaft (z.B. Schafzucht, siehe unten). Durch die unterschiedlichen Lebensbedingung fanden viele Vogelarten hier eine Nische.

Der normale GEZEITENUNTERSCHIED beträgt in Dänemark 1-2 m je nach Region. Es ist ein Glucksen und Pfeifen zu hören, ein Saugen und Knistern, wenn sich alle 12,5 Std. das Wasser zurückzieht und der Tisch für die Vögel reich gedeckt ist. Die Flut überspült dann wieder den Modder und bringt mit den verwirbelten Sandmassen neue Nahrung, - aber auch die Gifte der Nordsee und deren Zuflüsse. Der Salzgehalt im Watt schwankt durch die Zuflüsse ständig, die Temperatur kann im Winter bis unter den Gefrierpunkt absinken, im Sommer dafür über 3o Grad betragen.

Bei einem Spaziergang scheint das Watt auf den ersten Blick leer. Doch schon dicht unter der Oberfläche leben Wattwürmer, Muscheln, Krebse, Schnecken zu Hunderttausenden pro Quadratmeter. Von den Wattwürmern sieht man nur die aufgetürmten Erdhaufen, sozusagen die unverdauten Reste, die durch ihre Schwanzenden nach oben geschossen werden. Für Schollen sind diese eine Delikatesse, doch die Schwanzspitzen wachsen wie beim Regenwurm wieder nach. Die Garnelen fressen sogar ihre eigene Brut, bevorzugt aber die der Fische, jagen nach Schnecken und Würmern.

Auch die verschiedenen Vogelarten haben ihre speziellen Techniken entwickelt und können so zu Millionen im Watt nebeneinander leben. Form und Länge des Schnabels lassen erkennen, auf welche Nahrung sie spezialisiert sind. Der Brachvogel sticht mit seinem langen Werkzeug tief in den Sand. Der Austernfischer knackt mit dem roten Schnabel die Schließmuskeln der Muscheln und kommt so an die Delikatesse. Mit gebogenem Schnabel wie bei der Brandente oder dem Säbelschnäbler wird der Grund nach Leckereien abgesucht. Andere Vögel jagen sogar unter Wasser.

Das Watt ist einer der sensibelsten Lebensräume und deshalb als erstes bedroht, wenn Schadstoffe ins Meer geleitet werden: Über die Flüsse kommen kommen Stickstoffe, Phosphate und Schwermetalle unserer Industrie, - Pestizide aus der Landwirtschaft sowie Dünnsäure, die bis vor kurzem noch auf See verklappt wurde. Insbesondere die engagierten Aktionen der Umweltschützer Greenpeace konnten hier ein Verbot bisheriger Praktiken erreichen. - Öl von Schiffen fließt in mehr oder weniger großen Mengen direkt in die Nordsee und mit den Gezeiten regelmäßig ins Wattenmeer. Als Schlußlicht der Nahrungskette kommen die Gifte dann auch bei uns auf den Teller.

Die ans Wattenmeer grenzenden Wiesenflächen, die sogenannten **SALZWIESEN** werden von Zeit zu Zeit überflutet und gelten bei den Marschbauern als sehr fruchtbare Mastweiden insbes. für Schafe. Daher wird schon seit Jahrhunderten dem Meer das begehrte Neuland durch Deiche und Dämme abgerungen.

Heute ist die Nutzung der Salzwiesen als Mastweiden sehr umstritten: Biologen und Naturschützer weisen zurecht darauf hin, daß es sich hier um wichtige und auf der Welt seltene Biotope handelt, die unbedingten Schutz benötigen! Sie fordern, daß die Salzwiesen unter Naturschutz gestellt werden, sowie Mensch und Tierzucht aus dieser Zone verbannt werden. Unzählige Pflanzenarten haben sich an das salzige Leben angepaßt, manche schwitzen das Salz sozusagen aus (Strandfieder). Für Vögel sind die Bereiche unentbehrliche Brut- und Mauserplätze, so leben z.B. Ringelgänse hauptsächlich von den Pflanzen der Salzwiesen. Daher stören weidende Schafe die Vögel in ihren Nistplätzen bzw. zertrampeln seltene Pflanzen.

Die Marschbauern dagegen befürchten wirtschaftliche Einbußen, sollte ihnen die Nutzung dieses Weidelandes verboten werden. Sie verweisen auf den Nutzwert der Schafe, die z.B. das Erdreich der Dämme festtrampeln (wichtiger Schutz gegen Sturmfluten) und zudem als umweltfreundlicher "Rasenmäher" fungieren etc. Ein Interessenskonflikt der leider meist zu Ungunsten der Naturschützer ausgeht.

Vorbildlich ist das Projekt <u>MARGRETHE KOG</u> zwischen der deutsch-dänischen Grenze bei Højer in der Tøndermarsch. 1988 wurde per Gesetz das Gebiet hinter dem neuen Deich mit seinen angrenzenden Marschflächen (Kog) zum <u>Naturschutzgebiet</u> erklärt.

Im <u>Margrethe Kog</u> wurde durch Regulierung ein <u>künstliches Watt</u> als kleiner Ersatz für die eingedeichten Gebiete geschaffen. In den drei Außenkögen (Ny, Gammel Frederikskog und Rudbøl Kog) dürfen die Marschbauern weiter wirtschaften, aber (als Kompromiß an die Brutplätze) kaum noch Kunstdünger verwenden. Außerdem ist der Zutritt nur für Biologen gestattet.

In den Außenkögen brüten heute etwa 25 % der dänischen Vögel. Im Margrethe Kog leben wieder Wattvögel, die in anderen Gebieten schon längst ausgestorben sind. Gleiches gilt für Pflanzen (etwa 5o verschiedene u. einmalige Arten) und Fische (selten der Schlammpeitger und Schnäpel).

<u>Empfehlenswerte Informationsstelle</u> bei der neuen Schleuse, siehe Højer. Weitere naturbelassene Marschgebiete bei den Inseln Mandø, Fanø und Rømø.

Bei der Fahrt über den <u>Deich nach Rømø</u> ist besonders gut zu erkennen, wie das Wattenmeer durch Menschenhand schneller zur Marsch wird: Um die Ablagerung von Sand und Lehm zu beschleunigen, wurden systematisch Rückhaltebecken durch Pflöcke und Weidengeflecht angelegt. Bei Ebbe lagern sich hier die Rückstände an, die Becken wachsen mit jedem Gezeitenwechsel, bis sie nur noch bei starker Flut überspült werden.

Während der längeren Trockenzeiten wurzeln sich dann die ersten Pflanzenarten fest. Schlickgras und Queller, der mindestens drei trockene Tage zum Keimen der Samen braucht, sind die ersten Pionierpflanzen, die dem Salzwasser trotzen. Mit neuen Ablagerungen kommen neue Pflanzen und schließlich bildet sich der fruchtbare Marschboden (Weideland). Ein Prozeß, der Generationen dauern kann. Die Salzwiesen werden dann nur noch bei Hochflut überspült.

Zum Schutz der Bevölkerung entstanden kilometerlange <u>Deiche,</u> - in der Tøndermarsch z.B. seit dem Mittelalter. Das angrenzende Ackerland wird auch als **KOOG** bezeichnet. Auf kleinen Landerhöhungen im Kog bauten die Marschbauern ihre Häuser und waren dort vor kleineren Sturmfluten geschützt. Was heute der Pkw ist, war damals das Boot: ein unverzichtbares Transportmittel auf den <u>KANÄLEN</u>, die das Gebiet zur Entwässerung wie ein dichtes Netz durchziehen. Kleinere Kanäle wurden mit dem sogenannten "<u>Sprungstab</u>" im Stil des Stabhochsprungs überwunden.

Nicht, daß sich die Deichbauern an dem neuen Land bereicherten, sie hatten nur die Arbeit. Das neu gewonnene Marschgebiet gehörte dem König und nur er konnte bestimmen, wann eingedeicht wurde, er vergab die Gebiete an reiche Unternehmer. Die neuen Besitzer waren in Verbänden organisiert, vom Kog-Vorstand bis zum Deichgrafen.

Robbensterben

Bereits <u>Greenpeace</u> hatte mit engagierten Aktionen ab Anfang der 8oer Jahre gegen das Auskippen von Chemie (u.a. Schwefelsäure und Schwermetalle) in die Nordsee protestiert und die Öffentlichkeit auf die schwere Schädigung des Meeres aufmerksam gemacht.

Als es dann ab <u>April 1988</u> zu einem <u>Massensterben der Robben</u> kam, war die Öffentlichkeit schockiert: Innerhalb nur weniger Monate starben rund 2/3 der gesamten Robbenbestände der Nordsee. Das Fernsehen zeigte tote Robben am Strand, die weggekarrt wurden und vermutete als Grund einen hohen Grad chemischer Verseuchung der Nordsee. Und die Seebäder befürchteten einen Rückgang ihrer Urlauberzahlen; zur "Abhilfe" gaben sie PR-Mitteilungen heraus, wie "sauber" ihr Badewasser sei...

Als Ursache des Robbensterbens wurde inzwischen eine Viruserkrankung festgestellt, die sehr schnell um sich griff, weil das Immunsystem der Säugetiere durch die zunehmende Vergiftung ihres Lebensraumes stark geschwächt war.

1968 noch war das Meer vor der Küste Dänemarks und der Ostsee klar und fischreich. 2o Jahre später brachten Taucher eines Fernsehteams an gleicher Stelle erschreckende Bilder aus der Tiefe: algenüberzogener Meeresboden, verendete Fische, ein Dahinsiechen von Flora und Fauna. Vor 4o Jahren konnte man in der Ostsee noch 2o m tief auf den Grund sehen, inzwischen wurden die beiden Meere vor unserer Haustür als kostenlose Chemie-Müllkippe mißbraucht, - das Gleichgewicht ist gestört.

Die Ostsee steht mit ihrem geringen Salzgehalt (Brackwasser) und extrem langsamen Wasseraustausch kurz vor dem Erstickungstod. Selbst auf Helgoland haben Messungen seit den 6oer Jahren eine Verdreifachung der Schadstoffwerte ergeben - meist chemische Substanzen, die das Meer nicht wieder umwandeln kann.

Die <u>geschwächten Robben</u> stehen als erschreckendes Beispiel am Ende der Nahrungskette: Durch die <u>Überdüngung</u> des Meeres mit mehr als 1oo.ooo Tonnen Phosphat und über 1,5 Mio. Tonnen Nitrat pro Jahr werden die lebenswichtigen Kieselalgen zunehmend von anderen wuchernden Algenarten verdrängt, die den Sauerstoff des Wassers binden und auf dem Meeresboden jegliches Leben ersticken. Vom Plankton leben Larven, Würmer, Krebse, Jungfische etc. Diese sind wiederum Nahrung für größere Raubfische. Angereichert mit Schadstoffen werden sie schließlich von Robben, Delfinen und dem Menschen verzehrt.

Die <u>Nordsee</u> ist ein relativ junges Meer, das sich erst nach der letzten Eiszeit durch Abschmelzen der Eismassen gebildet hat und das Land überflutete. Vor rund 8.ooo Jahren waren England und Skandinavien noch trockenen Fußes zu erreichen. Auch die beiden <u>Belte</u> entstanden durch die

Bewegung des Gletschereises und haben erst später die direkte Verbindung zur Ostsee geschaffen. Als Folge der beweglichen Erdschollen (Landhebung und -senkung) entstand erst vor rund 3oo-5oo Jahren die Nordseeküste in ihrer heutigen Form mit den vielen Inseln und dem Wattenmeer vor unserer Haustür (siehe auch eigenes Kapitel). Durch die geringe Tiefe von nur 8o-1oo m dauert der Wasseraustausch mit dem Atlantik je nach Lage bis zu 3 Jahre, - von der Ostsee aus noch länger. So reagieren Nord- und Ostsee auf Verunreinigungen besonders sensibel.

Für die <u>Fischarten der Weltmeere</u> ist die Nordsee die Kinderstube (siehe auch Kapitel Watt). Seit den letzten Jahrzehnten hat die <u>Überfischung</u> durch immer größere Boote und bessere Technik (weniger Arbeitsplätze) zu einem erheblichen Eingriff in das Gleichgewicht geführt. Mit jährlich 3 Milliarden Kilogramm Fisch stammen über 4 % des weltweiten Fangs aus der Nordsee, die aber nur einen Anteil von o,15 % der Meere ausmacht. Viel zu spät wurde diese <u>Gefahr</u> für die Nord- und Ostsee erkannt und Fangquoten eingeführt. Wie groß diese Gefahr ist, darüber sind die Lobby der Fischer und Umweltschützer/Biologen sehr unterschiedlicher Meinung.

Die Nord- und Ostee als Müllkippe

An einem gemütlichen Plätzchen entlang der Küste schaut man begeistert dem regen Schiffsverkehr zu: Fischkutter, Tanker, Kriegsschiffe, dicke Frachter und Fährschiffe im Sonnenuntergang. Langeweile kommt da nicht auf, denn die Nordsee und als Endpunkt auch die Ostsee ist die meistbefahrene Schiffahrtsstraße der Welt: 8.ooo Schiffe passieren täglich die Einfahrt durch den Kanal.

Der <u>Müll</u>, den die Seeleute über Bord werfen, findet sich dann angespült am Strand wieder, u.a. Plastikflaschen, -tüten und die Plastikringe um den 6er Bierpack. Letztere Ringe sind übrigens tödliche Schlingen für die Seevögel und wurden auf Druck der Umweltorganisationen in den USA bereits verboten.

Die <u>Ölrückstände</u> der Schiffe (egal, ob hier verbotenerweise auf offener See die Tanks gereinigt und ausgespült werden, oder gar komplette Schiffe havarieren) kommen zumindest als schwarze Teerbällchen an den Strand, die sich dann an den Füßen und der Badekleidung festkleben.

Die <u>Ölplattformen</u> der Nordsee aber auch Ostsee tragen nicht nur zum Wohle der Bevölkerung bei: Überall treten kleine Mengen Öl ins Meer aus. Bei Unfällen kippten sogar ganze Plattformen ins Meer, wie z.B 198o vor der norwegischen Küste und 1988 brannte die Bohrplattform Piper Alpha. Das Öl fließt dann in gewaltigen Mengen direkt ins Meer.

Nach dem 2. Weltkrieg wurden komplette Schiffsladungen mit Fässern <u>chemischer Kampfstoffe</u> in die Ostsee gekippt. Die DDR setzte diese Praxis noch bis in die 6oer Jahren fort. Die Zeitbombe tickt besonders im

Bereich der Ostseeinsel Bornholm: Wiederholt verfingen sich die Fässer in den Netzen der Fischfangboote, doch im Kompetenzgerangel der Verantwortung verschwanden die Fässer oft schnell wieder im Meer. Dort liegen sie im Salzwasser, rosten vor sich hin und brechen irgendwann auf.

Ein anderes Thema sind die hochgiftigen Rückstände chemischer Fabriken, die in großen Mengen jahrzehntelang in die Nordsee gekippt bzw. dort auf Schiffen verbrannt wurden. Grund: die Beseitigung dieser chemischen Substanzen war an Land durch zunehmend schärfere Umweltgesetze teuer, - also ab damit ins Meer. Eine gängige Praxis, die insbesondere Greenpeace anprangerte und ins Licht der Öffentlichkeit rückte.

Große Mengen chemischer Rückstände (besonders gefährlich Blei, Kupfer, Chrom, Cadmium etc.) gelangten von den Fabriken über die Flüsse ins Meer. Einer der schlimmsten Flüsse war die Elbe, aus der damaligen DDR kommend, wo Umweltschutz klein geschrieben wurde. Aber auch der Rhein mit einer Vielzahl an chemischen Fabriken. Zwischenzeitlich sehr scharfe Gesetze und Kontrollen haben die Wasserqualität dieser Flüsse jedoch soweit verbessert, daß man im Rhein angeblich wieder Lachse gesehen zu haben behauptet. Naja.

Überdüngung des Meeres durch Phosphat und Nitrat siehe Vorkapitel Robben. Gewaltige Mengen an Phosphat (ca. 3o % davon aus Waschmaschinen) gelangen von den Anrainerstaaten in die Nord- und Ostsee. Abhilfe in Haushalten: die Verwendung phosphatfreier Waschmittel, bitte beim Kauf darauf achten! - Nitrate (jährl. rund 1,5 Mio. Tonnen) kommen vorwiegend in landwirtschaftlicher Düngung auf die Felder und gelangen im Wasserkreislauf dann über die Flüsse ins Meer.

Hinzu kommen Pestizide, die ebenfalls in landwirtschaftlicher Nutzung ihren Weg über die Flüsse ins Meer finden, - Schadstoff-Ausstoß aus Fabrikschloten sowie Fahrzeugen, die mit z.B. bleihaltigem Benzin betrieben werden etc. Die Wissenschaftler analysierten mehr als 1oo.ooo verschiedene Substanzen, die ihren Weg von den Anrainerstaaten ins Meer finden, in die Nahrungskette gelangen und letztendlich wieder im Fisch, in Shrimps etc. auf den Teller des Menschen gelangen.

Bezüglich chemischer Verschmutzung dürfte es 5 Minuten nach 12 sein! Auch wenn zwischenzeitlich einiges unternommen wurde, wie z.B. Katalysator-Autos, die bleifrei fahren, - beginnender Verzicht auf Cadmium in Batterien, beginnender Verzicht auf Phosphate in Waschmitteln etc. Trotzdem bleibt noch vieles anzupacken.

Wer sich engagieren will (dringend nötig!), sollte sich Infomaterial u.a. von GREENPEACE besorgen, die auch in diesem Bereich sehr engagiert sind: 22745 Hamburg, Große Elbstr. 39. Bitte Rückporto beilegen, - besser aber gleich eine Spende zur Unterstützung der Greenpeace-Arbeit!

Erfreulicherweise gibt es in Dänemark kaum noch einen Ort, der nicht an die Kläranlage angeschlossen ist (inzwischen Umstellung auf biologische Kläranlagen). Auch die sensiblen Lachse kehren wieder in die Flüsse zurück, was Anlaß zur Hoffnung gibt. Überall entlang der Küste weht die BLAUE UMWELTFLAGGE als Zeichen für sauberes Badewasser (siehe auch Baden). Doch die Flagge zeigt nur an, daß der Grenzwert an Colibakterien nicht überschritten ist. Sie sagt nichts darüber aus, wie es mit Stickstoff, Nitrat, Schwermetallen und der Radioaktivität aus den Aufbereitungsanlagen La Hague (West-Frankreich) und Sellafield (England) aussieht.

Die Liste der Schreckensmeldungen ließe sich noch endlos fortsetzen. Das Problem ist längst erkannt und auf diversen Nord- und Ostseekonferenzen viel diskutiert, - nur die gesetzlichen Maßnahmen hinken sehr stark hinterher. Es stellt sich für die Nord- und Ostsee deshalb die Frage, ob es nicht erheblich später als 5 nach 12 ist!

Als in den 8oer Jahren der Algenwuchs bedrohlich zunahm, die Fische und andere Meerestiere massenweise starben und Teile des Kattegat durch Sauerstoffmangel zu Leichenfeldern wurden, hat man in Dänemark gehandelt und beim Umweltministerium einen Plan zur Reinigung des Meeres ausgearbeitet. Seitdem sind spezielle Schiffe im Einsatz, die regelmäßig Proben dem Wasser entnehmen und die Berichte veröffentlichen. 1989 wurden Flugzeuge eingesetzt, um Ölaustritte zu registrieren. Durch den Bau zahlreicher Kläranlagen und verschärfte Vorschriften für das Einleiten der Abwässer konnte eine Erholung der Flora festgestellt werden. Die Proben haben aber auch ergeben, daß die Vorschriften für die Landwirtschaft, was das Düngen mit Gülle und den Einsatz von Stickstoff auf den Feldern angeht, Hauptursache für den hohen Stickstoffanteil im Meer, bisher nicht eingehalten wurden.

Von der Getreidemühle zum Windkraftwerk

Die Ausnutzung der günstigen Windverhältnisse wurde in Dänemark immer groß geschrieben. Einige WINDMÜHLEN haben die Zeiten überdauert und drehen sich noch in Freilichtmuseen oder wurden von Privatleuten liebevoll restauriert und mahlen als Touristenattraktion im Sommer wieder Korn.

Aber auch WASSERMÜHLEN waren im Mittelalter z.Z. von König Valdemar Atterdag (134o-75) weit verbreitet, meist auf Seeland. Die Ausnutzung der Wasserenergie war in Dänemark sehr begrenzt, oft mangelte es am nötigen Gefälle. Standen die Mühlen zu nah am Staubach, entstanden leicht Streitigkeiten zwischen rivalisierenden Müllern.

Restaurierte Beispiele in Hobro (Fyrkat/Nordjütland), Fåborg/Kaleko (Südfünen), Stubbekøbing (Falster). Bei Frederiksværk drehen sich heute noch die Pulvermühlen.

Die Ausnutzung des WINDES begann mit der Bockmühle - heute eine

Rarität, zum ersten Mal 1259 bei Roskilde erwähnt. Das rechteckige Mühlhaus steht auf einem soliden "Drehkreuz" aus Eiche, dem Bock, und mußte als ganzes in den Wind gedreht werden. Deshalb durfte das Mühlhaus nicht viel Gewicht haben und konnte nur 1-2 Mahlwerke aufnehmen. Zur gleichen Zeit arbeitete man im Mittelmeerraum bei den Turmmühlen schon mit drehbarem Oberteil. Bockmühlen stehen heute noch in Svaneke/Bornholm, Århus/Jütland und Haderslev/Jütland.

DREHMÜHLEN wurden von Pferden betrieben, waren von Wind und Wasser unabhängig, aber auch uneffektiv. Vereinzelt findet man sie heute noch bei älteren Bauernhöfen als separate Gebäude, z.B. auf Fünen.

Ab dem 16. Jh. wurden die Bockmühlen mehr und mehr durch die moderneren Windmühlen holländischen Typs aus Friesland und Norddeutschland verdrängt. Der große Vorteil lag in der drehbaren Kappe. So konnten im unteren Mühlhaus mehrere Mahlwerke gleichzeitig arbeiten, auch der Sackaufzug wurde vom zentralen Windrad angetrieben. Da sie wesentlich wirtschaftlicher arbeiteten und leichter zu bedienen waren, hatten sie bis Ende des 19. Jh. praktisch alle Bockmühlen verdrängt.

Ein großer Mühlstein konnte ca. 1.ooo kg Korn pro Stunde mahlen, der Flügeldurchmesser betrug rund 2o m bei mittelgroßen Mühlen. Anfangs wurden die Kopfmühlen von der Galerie per Winde in den Wind gedreht, später besorgte dies die Windrose automatisch. Stoffflügel wurden durch Jalousien ersetzt, die mit einem Handgriff die Windgeschwindigkeit am Flügel regulieren konnten. Trotz der ganzen Verbesserungen ist es heute immer noch eine Prozedur, wenn eine Windmühle in Betrieb genommen wird.

Dampfmaschinen, Gas-, Benzin- und Elektomotoren übernahmen Anfang 2o. Jh. die Aufgaben der Windmühlen, die auch zur Entwässerung bei Eindeichungen gebraucht wurden. Die schönsten Exemplare stehen auf Fünen. Besichtigung in Viby/Nordfünen, Tranekær/Langeland, Egeskov/ Fünen, Insel Als/Osten Jütlands. Details und Öffnungszeiten siehe Text.

In Punkto **WINDENERGIE** ist Dänemark auf der Welt führend. Anlaß zur Entwicklung eigener Windkraftwerke war die Ölkrise in den 7oer Jahren, aus der Dänemark konsequent einen eigenen Weg zur Unabhängigkeit von den Ölscheichen suchte (7 Mio. Tonnen Erdgas und Öl fördert Dänemark in der Nordsee selbst). Anders als in Deutschland, wo die Experimente mit dem "Riesenrad" Growian zum 1oo Mio. Mark teuren Reinfall wurden, fing man in Dänemark klein an. Vom Staat subventioniert (bis 1989), versuchten kleine Firmen eigene Erfahrungen zu sammeln. 1976, nach dreijähriger Anlaufzeit speiste bereits das erste Windkraftwerk einige kW ins Netz. 1988 waren bereits 2.224 Windräder in Betrieb, auch die elektrische Leistung hatte sich enorm gesteigert; immerhin 1,2 % des nationalen Strombedarfs. Mit ca. 1o-15 % der Forschungsgelder des Energieministeriums wurden die ersten Gehversuche der Unternehmen unterstützt, rund 1o.ooo Menschen fanden in dem neuen Industriezweig einen Job; dänische Windgeneratoren werden heute zu Tausenden in die ganze Welt exportiert.

Zu den Gründern gehört neben <u>Vestas</u> auch die Fa. <u>Bonus</u>, eine 1oo % dänische Aktiengesellschaft (A/S), die als Kleinunternehmen begannen und heute zu den führenden Produzenten für Windräder zählen. 198o wurde das erste Kraftwerk mit 22 kW verkauft, bereits 2 Jahre später interessierten sich die Amerikaner für die neue Entwicklung, versuchsweise wurden in Kalifornien die ersten Windräder installiert. 1984 begann der große Boom, in diesem Jahr verließen knapp 3oo Windgeneratoren mit je 55 kW die Firma. 1986 leisteten die Generatoren bereits 95 kW, dann 15o kW. 1o Jahre nach dem ersten Windrad konnte die Leistung um das 2ofache auf 45o kW gesteigert werden. Neuere Entwicklungen gehen in den Megawatt-Bereich.

Jeder einzelne Windgenerator wird vollautomatisch durch Mikroprozessoren gesteuert und wie von magischer Hand in den Wind gedreht. Die Turmhöhe liegt inzwischen bei 25-3o m, die propellerartigen Flügel drehen sich gemütlich, fast lautlos im Wind. Die gelieferte Strommenge hängt von der Drehzahl ab und erreicht ihr Maximum bereits bei 15 m/s (= 55 km/h). Aus Sicherheitsgründen schalten sich die Rotorblätter bei Sturm (ca. 28 m/s = 1oo km/h) ab.

Eine geänderte <u>Energiepolitik</u>, bei der jedermann Strom erzeugen darf und ins öffentliche Netz einspeisen kann, hat dazu geführt, daß sich viele Windkraftwerke in Dänemark drehen.

Aus wirtschaftlichen Gründen werden Windgeneratoren zu großen <u>Windenergieparks</u> an günstigen Standorten im/am Meer konzentriert. Für 21 Mio. Kronen ging die erste Versuchsanlage 1985 in Ebeltoft ans Netz. Sie besteht aus 16 Windrädern des ersten Typs mit 55 kW und einem 1oo-kW-Generator, die sich heute noch im Westwind drehen. Zusammen decken sie den Verbrauch von 6oo Einfamilienhäusern, - nach dem heutigen Leistungsstand könnten zehnmal so viele Haushalte damit versorgt werden. Inzwischen gibt es viele Energieparks dieser Art entlang der Küste.

Von allen Formen der Energiegewinnung sollte die Menschheit dringend auf <u>natürliche Energien</u> setzen, wie sie aus <u>Wind</u> und <u>Sonne</u> gewonnen wird. Denn dies ist eine Energiegewinnung, die die Umwelt (im Gegensatz zu Kohle und Atom) nicht belastet. Daß in windreichen Küstengegenden die <u>Windenergie</u> nach heutigem Entwicklungsstand bereits sehr effizient ist, hat Dänemark bewiesen. Zwischenzeitlich setzten sich Windräder auch an der norddeutschen Küste und in Holland zunehmend durch.

Kirchen

In Dänemark sind heute noch fast 1.8oo Kirchen aus dem Mittelalter erhalten.

Außergewöhnlich im Baustil sind Dänemarks 7 Rundkirchen (aus dem 12./13. Jh.). Vier davon stehen auf Bornholm und sind dort nach anderem Bauprinzip errichtet als die übrigen drei in Dänemark: Auf Bornholm plazierte man eine tragende Säule genau in der Mitte der Kirche, während die Rundkirchen Horne (Fünen), Thorsager (Jütland) und Bjernede (Seeland) vier dicke Säulen besitzen, die den Turm tragen. Alle Rundkirchen haben deutlichen Verteidigungscharakter und entstanden in einer Zeit, als der Ostseeraum immer wieder durch die Wenden bedroht wurde, deren Zentrum in Rügen lag. Details siehe jeweilige Textstelle.

Auch die übrigen dänischen Dorfkirchen haben ihren Reiz. Die überwiegende Zahl wurde auf ehemaligen Thing- und Opferplätzen im romanischen Stil errichtet. Allein im 12. Jh. baute man mehr als 1.2oo Kirchen vielfach aus Granit von eiszeitlichen Findlingen, denn Granitgestein gibt es in Dänemark nur auf Bornholm. Fast alle Kirchen wurden mehrfach verändert, erweitert und umgebaut. Wie eine Kirche original aussah, ist im Freilichtmuseum Hjerl Hede (Jütland) zu sehen: sehr schlicht und funktional mit Strohdach, weißgekalkten Wänden, grob gepflastertem Boden; eine flache, grobe Holzdecke schloß das rechteckige Kirchenschiff ab. Entlang der Wände zog sich eine gemauerte Sitzbank.

Einzigen Schmuck bildeten die Kalkmalereien meist in knallig bunten Farben, eine Bilderbibel fürs einfache Volk, das die Bibel nicht lesen konnte. In gut 1/4 der Kirchen haben sich Kalkmalereien erhalten; allerdings nur solche, die auf feuchten Putz (al fresco) aufgetragen wurden, die Malereien auf trockenen Putz wurden im Laufe der Jahrhunderte zerstört. Die meisten Fresken stammen aus der späten Gotik. Meist wurde das Gewölbe komplett ausgemalt, zur Freude der Kunsthistoriker mit teilweise fehlerhaften lateinischen Inschriften.

Heute unterscheidet man verschiedene Malerwerkstätten. Am bekanntesten dürfte der Elmelundemeister sein, der auf Møn und Falster arbeitete. Sehr schön sind auch die Fresken des Isefjordmeisters, der in Nordwestseeland tätig war. Die Maler fertigten ihre Skizzen mit Holzkohle an und verwendeten Erdfarben, die sie selber herstellten. Die Farbe braun entstand aus Ton, weiß aus Kalk, schwarz aus Ruß von Buchenbrennholz, rotbraun aus gebranntem Ton, rot aus Mennige, grün als eine Mischung aus Kupfer und Essigsäure. Blau mußte importiert werden und ist entsprechend selten zu finden. Zum Binden wurde Kalk verwendet.

Die Reformation beendete weitgehend die Freskenmalerei. Danach wurden die meisten Klöster enteignet, der Besitz fiel an die Krone, die meisten Kirchen wurden umgebaut, erhielten Kanzel, Altar und Gestühl für die langen protestantischen Predigten. Viele Fresken wurden im 17./18. Jh.

überkälkt, weil die vielen Heiligen und Madonnen den Prostestanten einfach zu katholisch wirkten. Gerade deswegen sind viele Fresken sehr gut erhalten.

Herrensitze

Ihre große Anzahl machen den besonderen Reiz Dänemarks aus; auf der Insel Fünen gibts die meisten Gutshöfe, oft schön gelegen mit großen Waldgebieten und riesigen Ländereien. Einige waren ursprünglich Königsschlösser oder Klöster, einige entstanden schon zur Wikingerzeit.

Im 13. Jh. setzte sich in Dänemark eine neue Kriegstechnologie durch, die bewaffnete und gepanzerte Reiterei. Das erforderte Ausbildung und vor allem viel Geld für die Ausrüstung. Der einfache Bauer konnte so etwas nicht mehr leisten. Deswegen wandte sich der König an die reichen Gutsherren, die ihm Kriegsdienst leisten sollten und dafür Steuerfreiheit erhielten. Daraus entstanden schließlich der Adel und Feudalismus.

Vielfach gehörten riesige Ländereien, Wälder, ganze Dörfer mit Kirchen und Mühlen zum Herrenhof. An Selbstbewußtsein mangelte es den wenigsten Gutbesitzern; schon von außen sollte man sehen, wer der Herr im Lande war. Sie bauten prächtig, teilweise protzig und vor allem sicher. Mancher Gutshof ähnelt mit Wassergräben und Zugbrücke einer kleinen Festung. Zwischen 1536 und 16oo wurden rund 1.5oo Herrensitze errichtet, einen weiteren Bauboom gab es Mitte des 18. Jh. Das dänische Grundgesetz von 1849 räumte mit den Privilegien der Gutsbesitzer auf. Um 19oo gab es noch ca. 1.ooo Herrensitze im Lande, 4o Jahre später nur noch 7oo.

Ein Großteil der Herrensitze öffnet die Parkanlagen für Touristen. Ein kleinerer Teil ist auch innen zugänglich. Besonders schöne Exemplare: Schloß Egeskov/Fünen, - Gammel Estrup/Jütland, Djursland, - Bangsbo/Frederikshavn, Gavnø/Seeland, - Ålholm /Lolland, - Voergård/Jütland, - Selsø/Seeland, - Clausholm /Jütland, Djursland.

Dänische Ortsnamen

Die dänischen Ortsnamen geben interessante Hinweise auf das Alter und die Entstehungsgeschichte der Orte.

Die ältesten Siedlungen stammen aus der VÖLKERWANDERUNGSZEIT bzw. der Eisenzeit um 5oo nach Chr. und enden auf "-inge". Die Endung "-um" (Billum, Løgum) bedeutet Heim oder Wohnstätte, "-lev" (Haderslev, Fjerritslev) bedeutet, daß etwas besessen und vererbt wird, "-sted" oder "-løse" bedeutet Land, Boden, Weide.

In der WIKINGERZEIT (8oo-1o5o) wurden Orte gegründet, die auf "-by", "-tofte", "-tved" und "-bæk" enden. Die Endung "-by" und "-bæk" bzw. "-bec" kommt beispielsweise auch in der Normandie vor, in der die

Normannen schließlich gezähmt und seßhaft wurden.

Die nächste Dorfgründungswelle fällt in die Zeit nach der CHRISTIANI-
SIERUNG. Damals taufte man die Dörfer auf Endsilben "-rup", "-strup",
z.B. Fjellerup.

Im SPÄTMITTELALTER wurde eifrig gerodet, das kann man oft an den
Ortsnamen ablesen: "-rød" (Rodung), "-holt" (Holz), "-skov" (Wald),
"-lund", "-rud". Diese relativ jungen Siedlungen entstanden häufig an
Waldrodungen, z.B. Hillerød.

Noch jüngeren Datums sind Orte, die auf "-køb" enden, die in der Regel
auf einem Stück gekauften Land entstanden.

Moorfunde

Sie zählen zu den spannendsten und spektakulärsten vorzeitlichen Funden.
Insgesamt hat man in Europa 1.5oo Moorleichen entdeckt, besonders in
den Torfmooren Hollands, Norddeutschlands und Dänemarks. Hier allein
zählt man 6oo Moorleichen. Der besondere Säureinhalt der Torfmoore
stoppt die Verwesung und konserviert den Körper ausgezeichnet. Dafür ist
die Moorpflanze Sphagnum verantwortlich, die in chemischen Prozessen
die sogenannte Humussäure bildet, die Bakterienbildung und Verfaulen
organischer Materialien verhindert.

In der Regel sind die Moorleichen unwahrscheinlich gut bewahrt, mit Fuß-
und Fingernägeln, sogar die Papillarlinien der Handflächen, Bartstoppeln
und Haare sind oft erhalten. Allerdings schrumpfen die Moorleichen etwas
zusammen. Die Knochen sind meist erweicht und die inneren Organe nicht
erhalten. Die meisten Moorleichen waren nackt, nur ein paar Kleidungs-
stücke entdeckte man als Beigaben. Durch Pollenanalyse und C-14 Methode datierte man die meisten Funde in die römische Eisenzeit (siehe Geschichte).

Die große Frage nach dem Warum wird heute in verschiedenen Richtungen beantwortet: Bei manchen handelt es sich vermutlich um Unfälle, andere Moorfunde deuten auf Strafjustiz hin. Am entscheidendsten dürfte der
kultische Aspekt sein. Torfmoore waren zu der Zeit heilige Stätten, an
denen die Götter saßen, die man gnädig stimmen mußte. Die zu Opfern
auserwählten Menschen, in der Regel hochgestellte Personen, wurden ge-
köpft, stranguliert und anschließend im Moor versenkt. DIE SPAN-
NENDSTEN MOORLEICHEN: Grauballe Mann im Museum Moesgård
in Århus. Tollund Mann im Museum Silkeborg. Borremose Menschen im
Nationalmuseum Kopenhagen.

Außerdem wurden auch kostbare Gegenstände als Opfergaben im Moor
versenkt, wie der 6o cm lange Sonnenwagen aus Trundholm, der Kessel
aus Gundestrup, ferner Luren und ganze Waffenarsenale (Museum in
Århus und Nationalmuseum in Kopenhagen).

Der Atlantikwall

Etwa 6.ooo Bunker hinterließen die Deutschen im Mai 1945 in Dänemark. Das Gros "ziert" die dänische Nordseeküste, ein Teil des sogenannten Atlantikwalls.

Der Atlantikwall war als Küstenbefestigung geplant, die zwischen 1942-1944 von den Deutschen an der dänischen, holländischen, belgischen und französischen Küste angelegt wurde. Nur an einzelnen Schwerpunkten wurde der Atlantikwall tatsächlich voll ausgebaut. Er sollte eine Invasion der Westalliierten verhindern oder doch zumindest stark verzögern. Die befürchtete Landung an der dänischen Küste war allerdings von alliierten Militärstrategen nie ernsthaft in Erwägung gezogen worden.

Die Mahnmale des zweiten Weltkriegs stehen heute noch im Sand, vom Zahn der Zeit angeknabbert. Manche Bunker hat sich schon das Meer geholt. Unvorstellbare Mengen Stahlbeton wurden hier in kürzester Zeit verbaut. Das letzte große Festungsbauwerk der Geschichte entstand aus Menschenmangel, als die militärische Lage im Osten immer bedrohlicher wurde. Beton sollte die Soldaten ersetzen. Die verschiedensten Bunker-typen wurden nach dem Fertigbausystem zusammengesetzt. Mehrere 1oo Varianten hatten sich die Militärs zu den unterschiedlichsten Nutzungen ausgedacht.

Die größte Massierung findet man heute noch um Hanstholm und bei Thyborøn. In großen Mengen baute man Mannschaftsbunker für 2o Leute, recht komfortabel und gut geschützt gegen Bomben und Granaten. Die Bunker wurden gut eingegraben oder als Ferienhäuser mit aufgemalten Fenstern und Dächern getarnt. Durch Informanten bei den Architekten und Bauzeichnern waren die Alliierten bis ins Detail über die "Sommerhäuser" informiert. Die Bauarbeiten übernahmen weitgehend dänische Baufirmen, die dafür von den Deutschen über ein Konto der dänischen Nationalbank bezahlt wurden. Allerdings hatte die Bezahlung einen Haken, denn bei Kriegsende wies das Konto ein Defizit von mehreren Milliarden Kronen auf. Dänemark hatte damit einen Großteil der deutschen Bunker selbst bezahlt und sei Schätzungen zufolge dadurch um 15 Jahre in seiner wirt-schaftlichen Entwicklung zurückgeworfen worden. Als innenpolitischen Sprengsatz hinterließen die Deutschen nach ihrem Abzug den Dänen das Problem, wie mit den kollaborierenden Firmen umzugehen sei.

In den letzten Jahren wurden einige der Bunker zu Ausstellungsbunkern hergerichtet und, nach langen Diskussionen, der Öffentlichkeit zugänglich gemacht. Z.B. in Thyborøn, in Hanstholm und in Frederikshavn.

GESCHICHTE

VORGESCHICHTE

Steinzeitfunde trifft man in Dänemark auf Schritt und Tritt: Hünen- und Ganggräber, Dolmen und Steinkistengräber - mitten in den Feldern als Sehenswürdigkeit beschildert.

Der älteste Däne wird auf rund 25o.ooo Jahre geschätzt, Verwandte des Neandertalers lebten auch in Dänemark (vor ca. 8o.ooo Jahren). In den Zwischeneiszeiten war England fest mit Dänemark verbunden. Erst vor ca. 12.ooo Jahren schmolzen die letzen Eismassen ab, die bis Mitteljütland reichten. Die Landkarte Dänemarks sah damals noch ganz anders aus: der kleine und große Belt waren breite Ströme, die Ostsee ein riesiges Binnenmeer. Dänemark war fest mit Schweden verbunden. Erst nach der Eiszeit löste sich Dänemark in die Inseln Fünen, Seeland, Falster, Lolland, Møn und viele kleine Inseln auf. Prähistorische Funde werden deshalb noch unter dem Meeresspiegel vermutet.

Jäger der Altsteinzeit (ca. 13.ooo - 3.3oo v. Chr.)

Bis zur Späteiszeit (bis ca. 8.ooo v. Chr.) herrschten in Dänemark grönländische Klimaverhältnisse mit Durchschnittstemperaturen von gerade 1o-13 Grad Celsius. In offenen Tundralandschaften stellten die Jäger den Rentieren nach. Das Eis zog sich zurück, das Land erwärmte sich. Dänemark wurde von riesigen Urwäldern bedeckt, auf die Speisekarte kamen Elche, Riesenhirsche, Auerochsen, Bären etc.

Vor rund 7.ooo Jahren war es in Dänemark sogar 2-3 Grad wärmer als heute. Das älteste "Familienporträt" wurde schon vor rund 9.ooo Jahren in die Knochen eines Auerochsen geritzt. Dänemark war von Nomaden besiedelt, die wie die sog. Gudenå-Kultur (in Jütland) an Flüssen und die Maglemose-Kultur an einem großen See in Seeland (heute Moor) lebten, aus dem Limfjord ist die Ertebøllekultur bekannt. Rund 5.ooo- 1o.ooo Menschen lebten damals in Dänemark in kleinen Gruppen von 3o- 5o Personen.

Die Steinzeitler waren in keiner Weise primitiv, sie nutzten bereits Einbaum-Boote (ca. 4.1oo v. Chr. Fund bei Tybrind, West Fünen, in 3 m Wassertiefe) jagten mit Pfeil und Bogen, kannten den Bumerang und arbeiteten Knochen zu Angelhaken um. Fische wurden aber auch mit Reusen aus Weidengeflecht gefangen, die sich kaum von heutigen unterscheiden. Der Hund wurde zum Haustier und wichtigstem Jagdgehilfen (die damals vorkommenden Arten glichen dem heutigen Labrador und Terrier).

Alte Küchen-Abfallhaufen (Køkkenmødding) sind für Wissenschaftler die größte Fundgrube der Steinzeitmenschen. In einem riesigen <u>Køkkenmødding</u> bei Ertebølle, einem Muschel- und Abfallhaufen von mehreren 1oo m Länge am Limfjord, wurde systematisch geforscht. Seit Mitte des letzten Jh. ging der Begriff sogar international in das archäologische Vokabular ein. Die kalkhaltigen Muschelberge enthalten Werkzeuge, Gerätschaften, Feuer-, Knochenreste und Skelette.

Ende der Altsteinzeit waren die geografischen Verhältnisse umgekehrt wie heute: der Limfjord ein ausgefranster Archipel, Fünen im Süden mit Langeland und Ærø verwachsen. Landhebung und -senkung veränderten Dänemark im Laufe des nächsten Jahrtausends.

Die Jungsteinzeit (Bondealder) (ca. 4.ooo - 1.8oo vor Chr.)

Während in Asien und Süd/Ost Europa ab 9.ooo v. Chr. Ackerbau und Viehzucht (gezähmte Wildschweine, Ziegen etc.) eingeführt wurde, begann diese Epoche in Dänemark erst ab 4.ooo v. Chr., vermutlich durch neu eingewanderte Stämme. Die Steinzeitdänen wurden seßhaft, rodeten Wälder (Brandrodung) und gingen nur noch zeitweilig auf Jagd und Fischfang. Über die Häuser weiß man wenig, vermutlich lebten sie in Pfahlbauten, das Weidengeflecht verschmierten sie mit Lehm (Rekonstruktion auf dem Lehrpfad beim Museum in Århus). Wichtigste Errungenschaft waren Gefäße aus Ton. Um 3.ooo v. Chr. hatte Dänemark weitgehend die heutige Form mit den breiten Belten und Hunderten von Inseln. Durch Handelsverbindungen kamen neben dem Bestattungskult, Keramikeinflüsse und neue Werkzeuge wie die Sichel, auch die Erfindung des Scheibenrades (2.8oo v. Chr.) und damit der Wagen nach Norden.

<u>Feuersteine</u> waren die Basis der damaligen Werkzeugmacher. An Rohmaterial bestand in Dänemark kein Mangel. Waren die Jäger noch mit groben Steinbeilen zufrieden, brauchte der Bauer für neue Rodungen

FEUERSTEIN der in Dänemark reichlich vorkam und in der Jungsteinzeit Verwendung als Messer, Pfeilspitze etc. fand.

bereits scharfe, schwere Äxte, mit der ein Laubbaum von gut 3o cm Durchmesser in weniger als einer Stunde gefällt werden konnte. Selten waren die Kalkfelsen mit Flinteinlagerungen so gut zugänglich wie an den Küstenbereichen Djursland, Møn und Ostseeland. Im Limfjordgebiet gab es regelrechte Bergbaubetriebe. Flintstein besteht übrigens aus Kieselschwämmen, die sich im Laufe der Erdgeschichte vor ca. 7o Mio. Jahren hier ablagert haben.

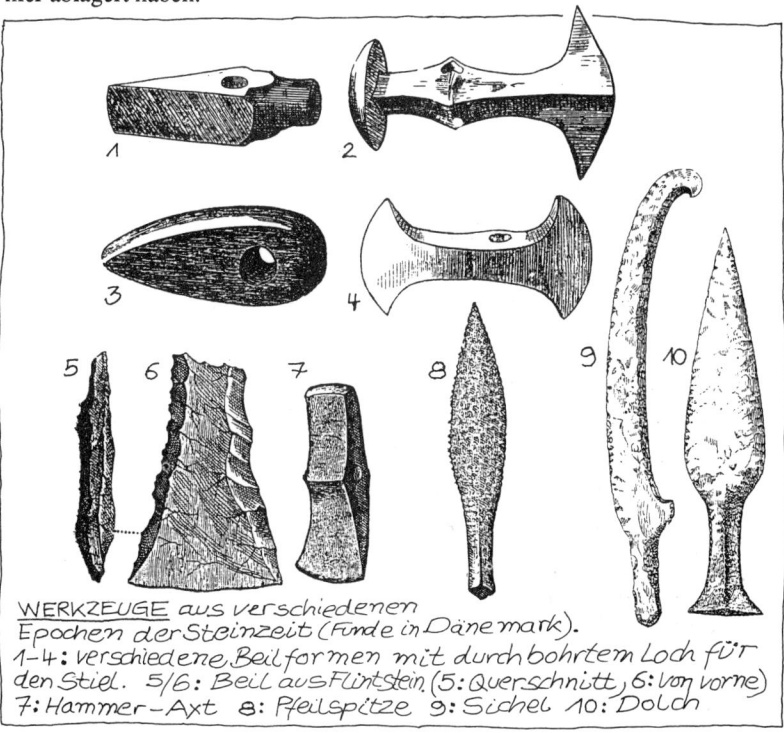

WERKZEUGE aus verschiedenen Epochen der Steinzeit (Funde in Dänemark).
1-4: verschiedene Beilformen mit durchbohrtem Loch für den Stiel. 5/6: Beil aus Flintstein (5: Querschnitt, 6: von vorne) 7: Hammer-Axt 8: Pfeilspitze 9: Sichel 10: Dolch

Die Megalithkultur der Steinzeit.

Holzkistengräber waren zur Altsteinzeit übliche Bestattungsformen, die Friedhöfe lagen meist auf Hügeln, umgeben von Palisaden (Fundort Sarup/Fünen, 3.4oo v.Chr.). Erst zur Jungsteinzeit vor ca. 5.ooo Jahren wurde Stein verwendet, die Gräber nahmen gewaltige Ausmaße an und werden als Megalith (groß) - oder "Hünengräber" bezeichnet. Diese aufwendigen Monumente waren seinerzeit in ganz Europa "IN", von England bis Kleinasien trifft man auf die "Großsteinkultur".

In den scheinbar wahllos angeordneten Steinkonstruktionen sehen manche Wissenschaftler eine Art Kalender, der wichtige Daten für die Landwirtschaft gibt. In der Tat sind die Eingänge nach Osten ausgerichtet, auch die Anzahl der Steine scheint in einem Zusammenhang zu stehen.

Etwa 2.ooo Hünengräber unterschiedlichen Typs entdeckte man in Dänemark, viele wurden in den letzten Jahrzehnten bei Flurbereinigung und Straßenbau dem Erdboden gleichgemacht. Megalithbauten tauchen immer an ehemaligen Siedlungsplätzen auf, nie in damaligen Waldgebieten. Es waren Gräber vermutlich einer sozialen Oberschicht, die viele Generationen hindurch benutzt wurden, manchmal bis in die Eisenzeit.

Ganggräber (Jættestuen) 3.2oo- 2.800 v. Chr.

Die gewaltigen Anlagen verbergen sich meist unter einem Erdhügel (Tumulus) und werden auch "Riesengräber" (Jættestuen) genannt. Nur ein

TUMULUS, Riesengrab (Stich aus dem 19.Jh.)

niedriger Gang führt in die Grabkammer, die hochstehenden Familien als Gemeinschaftsgrab diente. In Jütland tauchen sogar Varianten mit ein bis zwei Seitenkammern auf. Bestattungszeremonien fanden vor dem Eingang oder in einem speziellen Kulthaus statt. Hier wurden viele Keramikgefäße gefunden, die mit Speiseresten gefüllt waren.

Einzelgräber (Dyssen) 2.800- 2.400 v. Chr.

Der Nachfolgetyp war das Einzelgrab, bestehend aus einem Dolmen, der mit einem riesigen Deckstein abgeschlossen war. Die tonnenschweren

Steine ruhen auf senkrechten Felsblöcken, selten gibt es einen zusätzlichen
Eingang. Auch die Dolmen waren in der Regel von Erdhügeln bedeckt.
Als Grabbeigaben entdeckte man in Frauengräbern vorwiegend Bernsteinschmuck, Männer bekamen die kostbar verzierte Streitaxt mit. Charakteristisch sind die zusätzlichen Schutzmauern um die Grabstätten, die kreis-
rund oder in einer Schiffsform angeordnet sein können und mehrere
Einzelgräber umschließen. Beispielsweise in Jelling.

König Frederik VII. (regierte von 1848-63) hat sich als Geschichtsforscher einen Namen
gemacht und viele Grabstätten unter eigener Aufsicht erforschen lassen.

Seine Bautheorie ist inzwischen wissenschaftlich anerkannt: Danach wurden die Steine
über Rollen herangeschleppt und über eine Rampe in das vorgefertigte Loch gehebelt.
Die Decksteine wurden zum Schluß über eine schiefe Ebene aus Erde und Sand
hinaufgezerrt.

Bronze und Eisenzeit (1.8oo v. Chr. - ca. 75o n. Chr.)

Aus der Bronzezeit (1.8oo - 5oo v. Chr.) wurden einige Gegenstände in
Mooren gefunden. Von dem sog. Sonnenwagen (Nationalmuseum) wird
vermutet, daß er als Opfergabe im Moor versenkt wurde. Nachbildungen
der Luren sind in Kopenhagen neben dem Rathaus zu sehen und zählen zu
den ältesten Musikinstrumenten.

Die MOORLEICHEN werden in die Eisenzeit (5oo v. Chr. - 75o n. Chr.)
datiert, die für Dänemark eine harte Epoche mit vielen Naturkatastrophen,
feuchtkaltem Klima und Überschwemmungen darstellt. Die berühmtesten
Personen dieser Zeit heißen Grauballe und Tollund, benannt nach ihren
Fundorten (siehe auch Silkeborg und Århus). Das neue Material Eisen
revolutionierte die Gesellschaft: Messer, Schwerter und Lanzen waren die
neuen Waffen, reiche Krieger schützten sich durch Kettenhemden.
Komplette Ausrüstungen wurden nach einer Schlacht dem Moor geopfert.
Da man die Toten in der Eisenzeit verbrannte und in Urnen beisetzte, ist
wenig über ihre Kleidung bekannt. Diese Lücke füllen wiederum die
Moorleichen.

Das EGTVED-MÄDCHEN (Moorfund aus Egtved) trug z.B. ein kurzes
Schnürröckchen und kurze Bluse. Zur kälteren Jahreszeit waren Mützen
aus Schafsfell und gewebte Umhänge üblich. Die Lederschuhe sind vom
Schnitt her bei den Damen heute wieder Mode. Frauen trugen lange, oft
kunstvoll geflochtene Haare. "Bubikopf" und glatt rasiert war bei den
Männern "in". Der Frauenstatus ging aus dem Schmuck des Gürtels
hervor, Fibeln und Glasperlen wurden aus dem römischen Reich importiert, vielleicht im Tausch gegen den begehrten Bernstein (siehe eigenes
Kapitel).

In der Freizeit spielte man Astragal, ein Würfelspiel aus Knochen hergestellt, das schon bei Griechen und Römern beliebt war. Schon aus der
Bronzezeit sind Trinkhörner bekannt (berühmtestes Beispiel die Goldhörner von Gallehus aus der germanischen Eisenzeit), aus denen "mjød"

getrunken wurde.

Die Menschen der Eisenzeit wohnten in Langhäusern, die in Ost-West Richtung gebaut waren. Auf dem Hof wurden Schafe (Kleidung), Ziegen, Schweine und Pferde (kleinere Rasse) gehalten. In der römischen Eisenzeit tauchten zum ersten Mal zahme Katzen und Hühner auf. Wie sich das Leben vor 2.000 Jahren abspielte, kann man auch als Urlauber z.B. in Lejre hautnah miterleben. In dem rekonstruierten Dorf wird nach alten Methoden gearbeitet. (Details siehe Roskilde). Auch in Hjerl Hede (siehe dort) wurden Häuser aus dieser Epoche nachgebaut.

Um die Zeitenwende machten die Teutonen und Cimbern (Kimbern) in Europa Schlagzeilen. Einer Völkerwanderung gleich, drangen sie um 113 v. Chr. auf der Suche nach neuem Lebensraum zum ersten Mal in das Nachbarreich der Kelten ein. Schnell als unerschrockene Draufgänger gefürchtet, wurde selbst den Römern Angst und Bange (siehe auch Westhimmerland/Ars).

Die Wikinger Zeit (750- 1035 n. Chr.)

Der Beginn der Wikingerepoche wird üblicherweise mit dem Überfall auf Kloster Lindisfarne in Nordostengland am 8.Juni 793 datiert. Eine Zeit, als dänische und norwegische Wikinger vereinzelte Aktionen besonders an der Küste Nord- und Ostenglands unternahmen. Die blitzartigen Überfälle brachten den Wikingern den Ruf ein, unerschrockene, aber auch unbarmherzige Kämpfer zu sein. Ganz Europa zitterte 250 Jahre lang vor den Nordmännern. Das Wort "Wiking" bedeutete im Altnordischen "auf Beutefahrt sein", bezeichnete aber nicht eine Volkszugehörigkeit.

Das Erfolgsrezept der Wikinger lag ganz wesentlich in der technischen Überlegenheit ihrer Schiffe. Besonders die langen Kriegsschiffe mit minimalem Tiefgang, enormer Wendigkeit und hoher Geschwindigkeit lösten bei der Bevölkerung Europas Angstzustände aus. Problemlos besegelten die Wikinger mit dem wiederentdeckten Rahsegel die Meere, konnten die Flüsse aufwärts rudern und erreichten sogar die Ostküste des heutigen Kanadas. Sie plünderten, raubten und brandschatzten was ihnen unter die Finger kam, besonders Gold und Silber waren gefragt. Moralische Skrupel plagten die Wikinger überhaupt nicht, repräsentierte doch Reichtum nur göttliche Zuwendung. Ein armer Tropf stand wohl bei den Göttern nicht hoch im Kurs.

Die Wikinger waren hervorragende Handwerker, besonders seit dem berühmten Fund im Roskildefjord weiß man über ihre Fähigkeiten als Schiffszimmerleute genau Bescheid. Sie errichteten um 1.000 eine Sperre aus 5 verschiedenen Schiffstypen im Fjord, um die Zufahrt zu ihrer damaligen Hauptstadt Roskilde zu schützen. Zwei verschiedene Bautypen von KRIEGSSCHIFFEN wurden geborgen: ein großes Kriegsschiff (knapp 30 m lang), das 50- 100 Krieger befördern konnte. Die kleineren ca. 18 m langen Kriegsschiffe waren für 25-30 Mann ausgelegt. Die Handelsschiffe waren wesentlich breiter und höher; sie boten in der Mitte Platz für einen großen Laderaum. Wie die Schiffe ohne Säge nur mit Axt und Ziehmesser gebaut wurden, zeigt sehr anschaulich das Museum in Roskilde. Im Fjord einige Nachbauten. Ohne die ausgereifte Schiffs- und Navigationstechnik wäre die Expansion der Wikinger nicht denkbar gewesen.

Es gab verschiedene Gründe für die Wikingerfahrten. Den heimatlichen Hof konnte nur der erstgeborene Sohn übernehmen. Sicher lag es nicht jedem Bauernsohn, neues Land zu roden und sich mit viel Mühe eine neue Existenz aufzubauen. Viel wichtiger scheint jedoch der sich im 8. Jh. entwickelnde Fernhandel gewesen zu sein, der die Abenteuerlust weckte und Aussicht auf schnellen Reichtum bot.

Die Wikinger waren auch geschickte Kaufleute und Händler. Zur Wikingerzeit entwickelten sich in Skandinavien verschiedene Saisonmärkte, aus denen später Handelsstädte hervorgingen. Die Plätze lagen meist etwas geschützt am Meer oder Fjord und mußten wegen der immensen Reichtümer, die dort lagerten, gut befestigt und geschützt werden. Haithabu im Süden des Wikingerreiches wurde zum wichtigsten Handelsplatz Nordeuropas. Ferner entwickelten sich Zentren in Ribe, Roskilde und Aarhus.

Die Wikinger tauschten Walroßzähne, Taue, Speckstein und besonders Pelze gegen Luxusartikel aus dem Mittelmeerraum; sie handelten in Konstantinopel ebenso wie in Südspanien oder Süditalien.

Die norwegischen Wikinger siedelten auf den neu entdeckten Orkney-, Shetland- und Faröerinseln, Tausende zogen nach Island oder Grönland. Die schwedischen Wikinger orientierten sich nach Osten, unterhielten Stützpunkte von Rußland bis nach Griechenland, während es die Dänen mehr auf England abgesehen hatten und in das Reich Karls des Großen bis nach Spanien vordrangen.

Innenpolitisch brachte die Wikingerzeit für Dänemark einen beträchtlichen Aufschwung. Die raufenden und plündernden Wikinger machten nur ein Teil der Nordmannen aus. Der größte Teil der Bevölkerung lebte ganz "normal" in verstreuten Bauerngemeinschaften von Landwirtschaft, Handel und Viehzucht. Es wurde sehr viel gerodet und neue Siedlungen gegründet, die heute noch an den Ortsnamen zu erkennen sind (siehe auch dänische Ortsnamen). Im 8. Jh. gab es noch kein gemeinsames dänisches Reich, sondern einzelne Stammesführer, Häuptlinge und Könige, die gleichberechtigt und frei nebeneinander ihren Clans vorstanden.

Beschlüsse wurden auf dem Ting gefaßt, dem gemeinsamen Treffpunkt, auf dem auch Streitigkeiten ausgetragen wurden, Gericht gehalten, Könige gewählt und Gesetze verabschiedet wurden.

Zum Schutz der Handelswege zwischen Nordsee und Ostsee wurde das Danewerk (Danevirke) angelegt, eine Grenzfestung anschließend an ein unduchdringbares Sumpfgebiet an der Eidermündung und bewachten Palisadenwällen. Dänenkönig Gotfried hatte mit dem "Mauerbau" begonnen und damit Karl den Großen 81o erfolgreich von einem Übergriff auf den Norden abgeschreckt. Die Grenzstadt Haithabu (Hedeby) wurde allerdings oft umkämpft.

Der Name <u>DANEMARK</u> taucht zum ersten Mal um die Mitte des 9. Jh. auf dem Runenstein in Jelling (Jütland) auf, dem Zentrum des Wikingerkönigs <u>Gorm der Alte</u>. Er stammte aus einem mächtigen Stamm und regierte vermutlich als erster Wikinger über weite Teile Dänemarks. Sohn <u>Harald Blauzahn</u> eroberte zusätzlich Teile Norwegens. Er hatte die Machteinflüsse der neuen Religion schnell erkannt, ließ sich taufen und nutzte die neue Religion clever für seine Machtpolitik. Als <u>Harald der Gute</u> ging er in die dänische Geschichte ein. Die kampfeslustigen Wikinger hielten es allerdings mehr mit seinem Sohn <u>Sven Gabelbart</u> (Tverskaeg). Er führte Kämpfe gegen die Deutschen, Wenden u.a. bis hinüber nach England und legte sich auch mit seinem Vater an, der schließlich von Gabelbarts Leuten hinterrücks ermordet wurde. Die Wikingerburgen Fyrkat, Trelleborg und Aggersborg (Details siehe dort) fallen in die Regierungszeit König Svens und dienten vermutlich zur Vorbereitung der Eroberung Englands.

Unter <u>Knut dem Großen</u> (1o13-1o35), einem der Söhne Sven Gabelbarts, reichten die Grenzen Dänemarks kurzzeitig über England und Norwegen hinaus bis zu den Inseln im Nordatlantik. Er stärkte das Christentum im Lande und der Handel florierte.

Die Wikingerepoche endete 1o66 mit der Schlacht von Hastings, als Wilhelm der Eroberer, Wikingnachfahre des dänischen Rollo, seinen Erbanspruch auf den englischen Thron geltend machte.

Für Dänemark brach eine wechselvolle Zeit an, in der das Großreich auf ein Nichts zusammenschrumpfte.

Landung an der südenglischen Küste bei Teppich von Bayeux. Er ist 75 m lang und eine Weitere Details auch siehe VELBINGER Band 2.

Die Götter der Wikinger (Asen) wohnten im Asengard, wo der große <u>Kriegsgott</u> <u>ODIN</u> seine Kriegshalle <u>Walhall</u> mit 64o Türen hatte. Von seinem Hochsitz aus konnte er alles überblicken. Die Weltmeere wurden von dem Ungeheuer <u>Midgardsorm</u> beherrscht, unter der Erde lag das Totenreich <u>Hel</u>.

Odin war der mächtige, einäugige Gott, bei dem sich die gefallenen Krieger trafen. Die Wikinger glaubten, daß der Krieger, der mit der Waffe in der Hand starb, es in Walhall besonders gut haben würde - was den Kampfgeist enorm steigerte. Odin war ständig von zwei Wölfen und seinen beiden Raben Hugin und Munin begleitet. Auf seinem achtfüßigen Pferd Sleipner zog er um die Welt.

In der <u>GÖTTERHIERACHIE</u> weiter unten stand der volksnähere <u>Thor</u>, ein großer Kriegsbruder, der unter Donner mit seinem Geißbock über den Himmel rollte, in der Hand den unüberwindlichen Hammer.

<u>HEIMDAL</u> war der Brückenwächter am <u>Bifrost</u>, dem Regenbogen, auf dem die tapferen Krieger in den Asengard nach Wallhall gelangen konnten.

Sehr beliebt waren die Fruchtbarkeitsgötter <u>FROJ</u> und Schwester <u>FREIA</u>.

<u>LOKE</u> war einer der merkwürdigsten Götter: als halber Gott, halb Teufel wohnte er bei Asen und galt als listig, falsch und böse.

Götterhuldigungen fanden bei den Wikingern gewöhnlich unter freiem Himmel statt, in Wäldern, auf Seen, manchmal auch in Tempeln. In festen Zyklen wurden große Feste mit Menschen- und Tieropfern abgehalten.

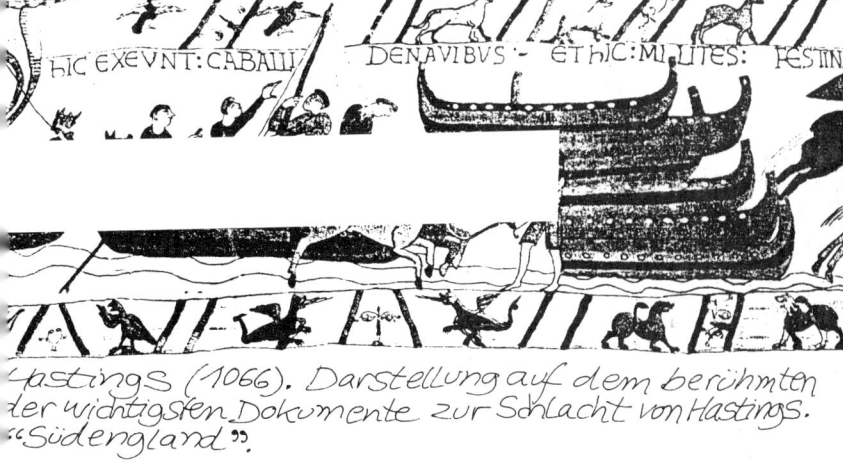

lastings (1066). Darstellung auf dem berühmten
ter wichtigsten Dokumente zur Schlacht von Hastings.
„Südengland".

Der Übergang von der heidnischen Zeit zum **Christentum** dauerte lange, je weiter die Wikinger vom Reichszentrum entfernt waren, umso länger. Um 8oo waren alle Nordmänner noch Heiden, 15o Jahre später waren die meisten Dänen bereits christianisiert, 2oo Jahre brauchten die Norweger, 3oo Jahre die Schweden. In Dänemark wirkte der Frankenmissionar Ansgar, der 854 die Erlaubnis bekam, in Haithabu und Ribe die ERSTE KIRCHE zu bauen. Er konnte viele Wikinger bekehren, nicht aber die Könige, so blieb der erste Christianisierungsversuch ein Mißerfolg. Erst 96o gelang es dem Priester Popo den mächtigen Dänenkönig Harald Blauzahn vom Christentum zu überzeugen. Dieser schrieb auf dem berühmten Runenstein in Jelling (Jütland): "...der Harald, der sich in Dänemark bekehren ließ und aus den Dänen Christen machte".

Dänemark, die älteste Monarchie der Welt

Mittelalter (1o35-1536)

Die Könige nach Knut dem Großen hatten außenpolitisch mit den Wenden zu kämpfen, die im Ostseeraum Piraterie betrieben. Innenpolitisch versuchten sie mit Unterstützung der Kirche ihre Macht zu festigen.

Zeit der Valdemars (1157-1241)

VALDEMAR I., DER GROSSE (1157-1182) wurde mit nur 26 Jahren zum König gekrönt. Er ging entschlossen innenpolitisch ans Werk und baute auf Kirche und Adel. Valdemar machte seinen Spielkameraden Absalon zum Bischof in Roskilde. Außenpolitisch kümmerte er sich um die Landesverteidigung, baute die Landesgrenze im Süden, das Danewerk aus und sicherte sein Reich an strategisch wichtigen Stellen durch Burgen ab.

Viele seiner Festungen sind heute noch erhalten wie Sønderborg in Jütland, Nyborg in Fünen, Korsør, Vordingborg und Kopenhagen auf Seeland. Er packte das uralte Wendenproblem an und eroberte 1169 Rügen, das Zentrum der Wenden, damit herrschte im Ostseeraum für längere Zeit Ruhe. Valdemar legte auch den Grundstein dafür, daß sich Seeland zum Zentrum des Reiches entwickelte und Jütland abhängte (Gorm hatte damals in Jelling in Jütland regiert). Ferner hatten sich die wichtigen Schiffahrtswege allmählich nach Osten verlagert und der Øresund wurde zur wichtigsten Seefahrtsroute; das erklärt auch die rasante Entwicklung der Stadt Kopenhagen.

Valdemars Sohn VALDEMAR II., DER SIEGREICHE (12o2-1241), erweiterte die dänischen Grenzen kurzfristig in den Ostseeraum bis nach Estland. Mehr Bestand hatte sein Grundbuch "Valdemars Jordbog", in dem der Besitz des Königs fein säuberlich aufgelistet wurde. Eine seiner vielleicht wichtigsten Taten war 1241 die Verabschiedung des jütischen Gesetzes, das eine wichtige Basis für das dänische Recht lieferte.

Die Valdemars hatten es geschafft, Dänemark zu einen bzw. zusammenzuhalten. Wirtschaftlich war das Land durch die Ostsee-Eskapaden Valdemars II. stark angeschlagen. Den Nachfolgern fehlte es an Geld und an politischer Weitsicht, und das Reich versank allmählich im Chaos. Steuererhöhungen führten zu Aufständen unter den Bauern, die Kirche versuchte ihre Unabhängigkeit zu vergrößern. Der König war auf die Gutsbesitzer im Lande angewiesen; die nötigten den König auf sein Recht, Steuern einzutreiben, zu verzichten. Andernfalls, so drohten sie, könnten sie die hohen Verteidigungskosten nicht mehr aufbringen. Der König mußte zustimmen, geriet dadurch in eine starke Abhängigkeit des Adels, der darüberhinaus politische Mitsprache im Danehof forderte und dorthin Vertreter entsandte. Die nächsten 5o Jahre waren durch Chaos gekennzeichnet, jeder kleine Graf oder Gutsbesitzer herrschte nach Gutdünken, die Königsmacht war nicht spürbar, Holsteinische Grafen schwangen das Zepter und 8 Jahre lang hatte Dänemark überhaupt keinen König!

VALDEMAR ATTERDAG (134o-1375) Valdemar IV. war der richtige Mann, um die Lage wieder in den Griff zu bekommen und die Königsmacht wieder herzustellen. Valdemar mußte Provinz für Provinz mühsam wieder neu erobern.

Die Nordische Union (1375-1448)

Valdemars Tochter namens Margrethe (1375-1412) war de facto Nachfolgerin, de jure ihr 5 jähriger Sohn Oluf. MARGRETHE war eine sehr geschickte Politikerin. Zu ihren Lebzeiten erreichte Dänemark eine enorme Ausdehnung - und das nicht nur durch Kriege. Ihre Ehe mit Haakon VI. von Norwegen vergrößerte ab 138o Dänemark gewaltig.

Da Norwegen im Gegensatz zu Dänemark ein Erbkönigtum war, sicherte Margrethe dadurch ihrem Land einen bequemen und satten Zugewinn, denn zu Norwegen gehörten damals Grönland, Island, die Färoer-, Shetland-, und Orkney Inseln. In Schweden gelang es ihr Kräfte zu mobilisieren, die sie unterstützten und zur Regentin von Schweden machen wollten. Leider starb kurz vor der Unterzeichnung ihr Sohn, der rechtmäßige König. Aber schlau wie sie war, adoptierte sie flugs ERIK VON POMMERN, einen 6jährigen Dreikäsehoch und übernahm dessen Regentschaft. 1397 wurde Erik gekrönt und der Vertrag, der die 3 nordischen Länder vereinigte, unter Dach und Fach gebracht: die Kalmarer Union war besiegelt. Aber schon ihre Nachfolger hatten Schwierigkeiten den Anspruch auf den schwedischen Thron durchzusetzen.

Margrethe gelang es, innenpolitisch Stabilität hereinzubringen. Sie bekämpfte die mächtigen Gutsbesitzer, baute eine Verwaltung auf und sorgte dafür, daß Macht und Steuern wieder dem König zuflossen. Nach ihrem Tod mit 59 Jahren kam ERIK VII. VON POMMERN zum Zuge (1412-1439).

Er machte Kopenhagen zur neuen Hauptstadt, gründete Helsingør und führte den Øresundzoll ein, der die königlichen Kassen auf Jahrhunderte hinaus klingeln ließ (siehe Helsingør, Schloß Kronborg) und drängte die Macht der Hanse allmählich zurück. Seine Steuerpolitik brach ihm schließlich das Genick. Widerstand hatte sich auch bei den Gutsbesitzern geregt, die ihre Macht unter seinem Nachfolger wieder ausbauten.

Ende der Nordischen Union
Die Dynastie der Christians und Frederiks

CHRISTIAN I. wurde 1448 als Erbe des Grafen von Holstein zum König gemacht in der Hoffnung, dies könnte Dänemark und Schleswig zusammenbringen. Christian I. lebte auf großem Fuß; er verschenkte die Orkney- und Shetlandinseln als Mitgift für seine Tochter an die Schotten.

CHRISTIAN I. mit Gefolgsleuten auf einer Reise 1474 vor Schloß Malpaga

Sein Sohn HANS (1481-1513) wollte die Position der Städte verbessern. Die Innenpolitik war von der Auseinandersetzung zwischen ihm und seinem Bruder Frederik bestimmt, der auch ein Stück von der Macht haben wollte. Außenpolitisch beschäftigte ihn Schweden, 1497 gelang es ihm mit Koalitionen und Mühen zum schwedischen König gekrönt zu werden. König Hans war einer der ersten in Europa, der eine Staatsflotte aufbaute.

CHRISTIAN II. (1513-1523) versuchte letztendlich vergebens, die Macht des Adels einzudämmen. Christian II. heiratete die Schwester von Karl V. aus den Niederlanden, Elisabeth. Auch er hatte Schwierigkeiten, den schwedischen Thron zu besteigen, denn 1523 gelang es einem schwedischen Adeligen Gustav Wasa in seinem Land Kräfte gegen den dänischen König zu mobilisieren. 1523 wurde Gustav Wasa zum schwedischen König gekrönt, das bedeutete das Ende der nordischen Union aus Zeiten Margrethes I. Das gab auch den Gegnern im Lande Auftrieb, den Adeligen und seinem Onkel Frederik, der die Gunst der Stunde nutzte und sich mit Unterstützung des Adels in Viborg zum König <u>FREDERIK I.</u> (1523-1533) krönte. Wiedereinmal hatte der Adel Oberwasser. Frederiks früher Tod brachte unerwartete Dynamik, die in einen Bürgerkrieg zwischen Adel

<u>KÖNIG HANS</u> baute eine Staatsflotte auf, die die Bedeutung Dänemarks als Seemacht stärkte.

und Bürgertum mündete, die sog. "Grafenfehde". Frederiks Sohn Christian III. war ein Anhänger Luthers und führte, unterstützt durch den dänischen Reformator Hans Tavsen die Reformation ein. Er stellte die Macht des Adels wieder her und enteignete durch die Reformation 1536 die Kirche zugunsten der Staatskasse.

<u>CHRISTIAN III.</u> wurde so zum größten Grundbesitzer im Lande. Teile davon trat er auch an den Adel ab. Die Reformation 1536 bedeutete eine Zerstörung vieler Kirchen, eine Beendigung des Klosterlebens und für die Armen im Lande eine deutliche Verschlechterung. Wichtigster Politiker

unter Christian III. war sein Kanzler Johan Friis (1494-157o).

Seit der Reformation war der deutsche Einfluß stark gestiegen. Was früher Rom war, war nun Wittenberg, Deutsch war DIE Sprache im prot. Europa und die Könige heirateten fast ausschließlich deutsche Prinzessinnen.

Unter <u>FREDERIK II.</u> (1559-1588) führte Dänemark den sinnlosen und letzlich ergebnislosen 7jährigen <u>Nordischen Krieg</u> (1563-157o) gegen Schweden. Durch die Ohnmacht der Hanse entstand im Ostseeraum ein Machtvakuum, so daß Schweden und Dänemark den Streit um die Vorherrschaft in der Ostsee ungehindert austragen konnten.

Die Ära Christian IV. (1588-1648)

<u>CHRISTIAN IV</u>. war 11 Jahre alt, als der Vater Frederik II. starb. Christian wurde gut ausgebildet in verschiedenen Sprachen und Wissenschaften. Er gilt als künstlerisch begabt und durchaus von sich überzeugt. Mit 19 Jahren wurde er gekrönt und war einer der reichsten Könige in Europa, nicht zuletzt dank des erheblichen Sundzolls, der in seine Taschen floß. Zum Leidwesen für Dänemark war er nur kein geschickter Politiker.

CHRISTIAN IV
hoch zu Ross.
Sehr erfolgreich
in Bautätigkei
Fiasko in
Außenpolitik

Er hatte ein Faible fürs Meer und für die <u>Flotte</u>: er startete ein riesiges Flottenbauprogramm, um für Dänemark die Vorherrschaft in der Ostsee zu erringen. Außerdem <u>reiste</u> er gerne, beispielsweise nach Norwegen und nach England (dort war seine Schwester verheiratet) und schaute sich an, wie man andernorts in Europa so baute.

Zu seinen besonderen Leistungen zählt eine <u>intensive Bautätigkeit</u>: während seiner Regierung z.B. Kolding, Schloß Frederiksborg, sowie in Kopenhagen: Schloß Rosenborg, der Flottenhafen, die Börse, und die Studentenkirche. Ferner gründete er Städte in ganz Skandinavien nach bewährtem rechtwinkligen Grundriß wie Kristiansand an der Südküste Norwegens und Christiania/heutiges Oslo.

So baulustig Christian IV. war, so <u>lebenslustig</u> war er auch: In erster Ehe heiratete er Anna Kathrin von Brandenburg, mit der er 6 Kinder hatte. Die Hochzeit war ein rauschendes Fest, das 1 (!) Monat dauerte. Die Königin starb bereits 1612. Später heiratete er die Adelige Kirsten Munk, mit der er 11 Kinder zeugte. Die Ehe wurde dann 163o aufgelöst. Seine 3. größere Beziehung war seine frühere Angestellte Vibeke Kruse (allerdings ohne Ehe). Die daraus resultierenden unehelichen Königssöhne trugen den Beinamen "Gyldenløve" (goldener Löwe), der Name war nicht erblich.

In der <u>Außenpolitik</u> war Christian IV. weniger erfolgreich. Er führte sein Land in den Ruin und verlor große Gebiete. Der erfolglose <u>Kalmarer Krieg</u> (1611 - 13) gegen Schweden brachte erste Verluste. Noch fataler war die Verwicklung Christian IV. in den **3o-jährigen Krieg** (1618-48): Anfangs ein "Religionskrieg" des katholischen Südens gegen die protestantischen Fürstentümer in Deutschland, entwickelte er sich später zu einem reinen Machtkampf der europäischen Machtblöcke mit wechselnden Koalitionen.

Christian IV. griff 1625 in den 30 jährigen Krieg ein, in der Hoffnung, die schwedische Machterweiterung aufwiegen zu können. Er konnte sich auf seine Bündnispartner nicht verlassen und erlitt Niederlagen. Christian IV. mußte den Platz, den er als großer protestantischer Feldherr in Deutschland erringen wollte, seinem schwedischen Rivalen Gustav Adolf überlassen.

<u>Vorangegangene Kämpfe</u> (böhm.- pfälz. Krieg 1618- 23) hatten das Machtgefüge in Europa verschoben. Gleichzeitig versuchten <u>katholische Kräfte</u>, in Norddeutschland wieder Fuß zu fassen. Um dies zu unterbinden, aber auch um das Übergewicht der Habsburger zu schwächen, entschied sich Christian IV., in den Krieg einzugreifen. Er hatte das Bündnis der Stände des niedersächs. Kreises hinter sich und anfangs auch England, Holland und Schweden.

Die Prostestanten brauchten eine bekannte Persönlichkeit als Führer im Kampf gegen die Katholiken. Nachdem der Schwedenkönig anders engagiert war, sagte Christian IV. <u>1625</u> gerne zu, um als Führer gegen den deutschen Kaiser und <u>General Wallenstein</u> anzutreten. Als Christian IV. dann ernst machte, bekamen die Engländer und Holländer kalte Füße, und der Reichsrat in Dänemark votierte gegen den Krieg.

Trotzdem zog Christian IV. als "Herzog von Holstein" gegen die Katholiken ins Feld. In der Schlacht gegen Tilly (1626) erlitt er eine vernichtende Niederlage, Wallenstein besetzte die Küste der Ostsee und Jütland. Christian IV. mußte den vom dt. Kaiser (=pro Katholiken) diktierten Friedensvertrag (12.5.1629) von Lübeck unterschreiben. Ende des 1. Aktes (bezogen auf die Teilnahme Dänemarks am 3o-jährigen Krieg).

2. Akt: nunmehr war auch das protestantische Schweden beunruhigt vom Gang der Dinge und wurde aktiv (Schwedischer Krieg 163o- 35). Der schwedische König Gustav Adolf rückte mit einem Heer vor, konnte 1631 den Widersacher Tilly besiegen und 1632 bis Süddeutschland vorstoßen, wo er die wirtschaftlich wichtigen Reichsstädte Augsburg und München einnahm. Gustav Adolf wurde allerdings von Wallenstein zum Rückzug aus Süddeutschland gezwungen und starb in der Schlacht bei Lützen 1632. Ein erneuter Friede wurde 1635 in Prag geschlossen, der u.a. eine "Säuberung Mitteleuropas" von den dort rumstreunenden und vielfach auch plündernden sonstigen Truppen vorsah.

Damit war der 3o-jährige Krieg jedoch keinesfalls beendet, 3. Akt: Bereits seit dem Vertrag von Bärwalde 1631 war Frankreich zum wichtigsten Geldgeber in Finanzierung der schwedischer (=protestantischer) Kriegsführung geworden. Nach dem Friedensvertrag von Prag griff nunmehr auch Frankreich mit Truppen ein (schwedisch- franz. Krieg 1635 - 48), um die Vormacht der katholischen Habsburger einzudämmen, - erlebte jedoch eine Vielzahl an Niederlagen. Letztendlich wurde der 3o-jährige Krieg im Westfälischen Friedensvertrag am 24. 1o.1648 beendet.

Für Dänemark war der 3o-jährige Krieg in Folgen fatal, als er das Land wirtschaftlich ruinierte. Hinzu kamen Plünderungen, Seuchen, aber auch finanzielle Belastungen durch die Zerstörung einer Sturmflut etc.

Zudem schafften interne Streitigkeiten der vormals Bündnispartner eine zusätzliche Belastung. So marschierten die Schweden in Jütland ein, - Holland wechselte die Seite, weil Dänemark 164o den Zoll in der Meeresstraße zwischen Helsingør und Helsingborg erhöht hatte. Die holländische und die schwedische Flotte vernichteten die dänische Flotte in der Ostsee. Im Frieden 1645 verlor Dänemark seine Vorrangstellung in Nordeuropa, wichtige Gebiete wie Haland (im heutigen Schweden) und hatte so keine Verbindung nach Norwegen mehr, dafür hatte Schweden einen Zugang zum Kattegat.

Christian IV. starb 1648 und hinterließ ein verarmtes und sehr verkleinertes Dänemark.

Das absolutistische Dänemark (166o - 1849)

FREDERIK III. (1648-1670) versuchte, die verlorenen Provinzen wieder zurückzuerobern und erklärte 1657 Schweden den Krieg. Die Antwort kam prompt, und der schwedische König Karl X. Gustav rückte von Deutschland kommend über Jütland, den zugefrorenen kleinen Belt und den zugefrorenen Langelandsbelt mit seinem Heer Richtung Kopenhagen vor. Zwar wurde die Hauptstadt nicht eingenommen, Dänemark verlor jedoch im Frieden von Roskilde (1658) dann noch seine restlichen Gebiete östlich des Øresund inklusiv Bornholm. Außerdem durfte kein Zoll am Øresund mehr kassiert werden, - ein Umstand, der besonders auch Länder wie Holland, England und Frankreich erfreute.

Karl X. Gustav konnte jedoch der Versuchung nicht widerstehen, den

Die Truppen Karl X. Gustav setzen über den Großen Belt

Frieden zu brechen, um noch Kopenhagen zu erobern. Die Stadt wurde
2 1/2 Jahre belagert und beschossen, ohne daß sie eingenommen werden
konnte. Schließlich kamen die Holländer den Dänen zu Hilfe. Der Tod des
Schwedenkönigs 166o veränderte die Situation. Der neue Frieden von
166o fiel etwas günstiger für Dänemark aus, aber Schonen war verloren.
Bornholm gehörte wieder Dänemark, das auch die Erlaubnis bekam,
weiterhin den Öresundzoll zu erheben, nur einen deutlich geringeren.

Nach diesen Kriegen war Dänemark bankrott, die Bevölkerung um 15 % geschrumpft
und das Reichsgebiet um ein Drittel verkleinert. Auf die Armee und die Kopenhagener
Bürger gestützt, führte Frederik III. 1660 einen Staatsstreich durch, der den Adel seiner
Privilegien - u.a. der Beteiligung an der Regierung - beraubte. Der König ließ sich volle
Souveränität als Erbrecht zusichern! Die Einzelheiten wurde dann 1665 im sogen. Kö-
nigsgesetz in der dänischen Verfassung verankert.

Der König war damit zum absoluten Herrscher geworden; unter schwierigen Verhältnissen führte er Reformen durch, die auf eine Modernisierung der Verwaltung und eine
Stärkung der Verteidigung abzielten.

Der Absolutismus führte gleichzeitig zu einer Zentrierung der Macht in Kopenhagen,
wo der König regierte. Der Adel war ausgeschaltet, - die Bürgerlichen und viele Deutsche
übernahmen wichtige Ämter und Positionen im Handel.

CHRISTIAN V. (167o- 1699) kam mit 24 Jahren an die Macht. Er sprach
kein Dänisch (nur Französisch, Deutsch) und war begeisterter Jagdfan.
Politisch galt er als unfähig, hatte aber als fähige Berater Peder Schuma-
cher, den späteren Graf Griffenfeld.

Innenpolitisch versuchte Graf Griffenfeld den Staaatshaushalt zu entlasten, indem er Hof-
und Militärausgaben reduzierte und statt teurer Söldner ein Bauernheer aufstellte. Außenpolitisch konnte er Christian V. nicht davon abhalten gegen die Schweden Krieg zu
führen (1675- 79). Außer einem Erfolg der dänischen Flotte unter Niels Juel brachte der
Krieg von Schonen keine Veränderung. Der franz. König Ludwig XIV. bestimmte, daß
Schweden Schonen behalten durfte. Wirtschaftlich ging es nur allmählich wieder
aufwärts.

FREDERIK IV. (1699-1730)   KARL XII von Schweden

THRONFOLGER FREDERIK IV. (1699-173o) war ein recht lebens-
froher Mensch und im Volk beliebt. Während seiner Regentschaft wurde
der Große Nordische Krieg (17oo - 2o) geführt: Dänemark hatte sich mit
Sachsen-Polen und Rußland verbündet, um die schwedische Übermacht
(König Karl XII.) in Nordeuropa zu brechen.

Als Ergebnis des Großen Nordischen Krieges brachte der Friedensschluß
172o ein stabiles Gleichgewicht zwischen Dänemark-Norwegen einerseits,
sowie Schweden andererseits. Schweden hatte außer Finnland allen Besitz
auf der gegenüberliegenden Ostseeseite verloren. Rußland ging unter Zar
Peter dem Großen als neuer Machtfaktor im Ostseeraum aus dem Krieg
hervor.

CHRISTIAN VII. (1766- 18o8) litt an Schizophrenie. Zwar war er gemäß
Gesetz der erbliche Nachfolger und Regent, - aber kaum regierungsfähig.
Sein deutscher Leibarzt Struense gewann zunehmend das Vertrauen des
Königs und führte die Regierungsgeschäfte.

Struensee war von Rousseaus Ideen beeinflußt und brachte eine Fülle von Gesetzen
durch, die aber 2o Jahre vor der Französischen Revolution vielfach nicht verstanden
wurden. Seine Affäre mit der Königin, der jungen Caroline Mathilde und seine
politische Machtfülle wurden ihm schließlich zum Verhängnis.

Er wurde Opfer einer Intrige der Stiefmutter von Christian VII. Struensee wurde
gestürzt, 1772 hingerichtet und Caroline Mathilde verbannt. Der kranke König wurde
zum willfährigen Instrument von Stiefmutter Juliane Marie.

Den Stormægtigste Dronning **Caroline Mathilde** til Hest.

OBEN: Zar Peter der Große/Rußland und August der
Starke von Polen. UNTEN: Caroline Mathilde als
Mann verkleidet, auf Pferd...

FREDERIK VI. (Regent seit 1784, bis 1839), beraten von Bernstorff und Reventlow, konnte durch einen Coup Juliane Marie austricksen und die Macht übernehmen. Reventlow führte tiefgreifende Reformen in der Landwirtschaft durch. Ein Jahr vor der franz. Revolution wurde die Erbuntertänigkeit in Dänemark aufgehoben, die Bauern wurden frei, - das Ende des Feudalsystems.

Bauernreform ohne Revolution

Anfang des 18. Jahrhunderts war in Dänemark die Leibeigenschaft (Schollenpflicht) üblich, wonach Knaben und Knechte, die auf dem Hof geboren waren, auch auf dem Hof wohnen bleiben mußten. Dadurch konnte der Gutsherr seiner Verpflichtung nachkommen, die neu eingeführte Landmiliz zu stellen. Somit waren die Bauern und Knechte nebenbei auch Soldaten. An 4o Sonntagen im Jahr wurden sie auf dem Exerzierplatz ausgebildet. Insgesamt dauerte der Wehrdienst 6, 8 oder 12 Jahre, an Freizeit blieb damals wenig. Durch den Freibrief konnte sich der Knecht freikaufen, wenn der Gutsherr dazu bereit war. Der Preis konnte mehrere Jahreslöhne betragen und wurde vom Gutsherrn festgelegt. Flucht über die Grenze nach Schleswig, Holland oder England war üblich, doch eine Rückkehr dann riskant.

1739 kam es zu einer Krise in der Landwirtschaft. Die Gutsherren fürchteten, daß ihnen die Knechte wegen der schlechten Löhne davonliefen, um im Gewerbe ihr Brot zu verdienen. 175o stiegen die Getreidepreise und die Bauern forderten Eigenständigkeit, um auch davon zu profitieren. König Frederik V. tendierte zu Reformen in der Landwirtschaft, in der berechtigten Hoffnung, durch gesteigerte Produktivität auch mehr Geld ins eigene Staatssäckel zu bekommen. 1755 forderte er das Volk auf, Vorschläge zur Verbesserung des Wohlstandes zu machen. Die meisten Anregungen betrafen die Landwirtschaft. Die Ergebnisse wurden gesammelt, gedruckt und in der Öffentlichkeit diskutiert, dabei orientierte man sich auch an den Nachbarländern.

Als Folge gab es Bodenreformen und mehr Rechte für die Bauern. Schließlich wurde am 2o. Juni 1788 die Leibeigenschaft aufgehoben. Dagegen protestierten allein in Jütland rund 1oo Gutsherren, allerdings ohne Erfolg. Friedlich erhielten die dänischen Bauern noch ein Jahr vor der Französischen Revolution die Freiheit. Weitere Reformen waren nötig, um die Bauern zu gleichwertigen Bürgern zu machen. 179o wurde die Pacht auf Lebenszeit vorgeschrieben,

1791 wurde eine Verordnung verabschiedet, nach der Pachtbauern und Frauen nicht vom Gutsherren geschlagen werden durften. Ab 18o9 durfte der Grundbesitzer auch nicht mehr örtliche Richter und Beamte ernennen, um auf diese Weise Einfluß zu nehmen.

Mit den Reformen wurde das feudale System beendet und die Wende zum Kapitalismus eingeleitet, mit "freien" Bauern, Geldwirtschaft, Eigntum, Rationalisierung. Die überflüssige Bevölkerung wanderte in die Städte ab und ermöglichte als Arbeiter die Industrialisierung, was in Dänemark später als in England und Frankreich stattfand. Erst 181o wurde die Geldsteuer eingeführt. Verschiedene Steuern gingen direkt an den König, z. B. die Viehsteuer, Kopfsteuer für jede Person auf dem Hof. Durch die Kriegs- und Rüstungssteuer war der Bauer vom Wehrdienst befreit. Erst 185o wurde die Fronarbeit durch eine Geldsteuer abgelöst.

In die Zeit der REGENTSCHAFT KÖNIG FREDERIK VI. (1784- 1839) fielen auch tiefgreifende Ereignisse zur Zeit der Napoleonischen Kriege,

LINKS: Lord Nelson (1758-1805) bedeutendster Admiral der englischen Seeflotte, kämpfe gegen Frankreich (Napoleon) und Spanien. Er starb in der Schlacht von Trafalgar (21.10.1805) und kurz vor dem Sieg der Engländer.

RECHTS: Napoleon Buonaparte (1769-1821), der große Franzose von kleinem Körperwuchs. Genialer Feldherr, wegen letztendlicher Mißerfolge jedoch auf St. Helena, einer kleinen Insel im Süd-Atlantik verbannt, wo er am 5.5.1821 starb.

bei denen Kopenhagen 1807 bombardiert und schwer beschädigt wurde, sowie Dänemark in den Friedensverträgen 1814 weitere Gebiete verlor, siehe unten.

Napoleonische Kriege und Folgen für Dänemark

Der Franzose Napoleon Buonaparte (1769 - 1821) hatte auf seinen Feldzügen seit 1779 große Erfolge und erweiterte zunehmend den Machteinfluß Frankreichs. Großbritannien als weitere führende Macht in Europa war sehr besorgt über diese Expansion und drängte auf eine generelle Allianz gegen Frankreich. In politisch richtiger Entscheidung weigerte sich Dänemark, hier teilzunehmen, um seine Neutralität als kleines Land zu wahren.

Wichtigster Führer Großbritanniens war Lord Nelson, der 1805 die Seeschlacht von Trafalgar zu Gunsten Großbritanniens gegen spanisch/franz. Kriegsschiffe entschied.

Nunmehr spitzte sich die Lage zu. 1806 hatte Napoleon Deutschland erobert und mit Rußland Frieden geschlossen. 1807 forderte Napoleon von Dänemark, sich an der sogen. "Kontinentalsperre" gegen Großbritannien zu beteiligen. Ziel der Sperre: den Export britischer Waren zum Kontinent zu blockieren, um der Wirtschaft Großbritanniens im Machtkampf um die Vormachtstellung Europas zu schaden.

Gleichzeitig wollten die Briten verhindern, daß die dänische Flotte in die Hände Napoleons fiel und verlangten <u>18o7</u> von Dänemark die (vorübergehende) Auslieferung der Flotte. Da Dänemark dieser Forderung nicht nachkommen wollte, griffen die <u>Engländer</u> vom 2. - 5. Sept. <u>18o7</u> <u>Kopenhagen</u> an.

Eingesetzt wurden Brandwaffen, die zu einem Großfeuer führten und weite Teile der Innenstadt von Kopenhagen zerstörten. Schließlich fiel ein Großteil der dänischen Flotte in die Hand der Engländer.

<u>Dänemark</u> schlug sich in Folge auf die <u>Seite Frankreichs</u>, - eine politische Fehlentscheidung, wie sich im weiteren Verlauf der Geschichte zeigte. Napoleon mußte insbes. im Russischen Feldzug (1812) Niederlagen einstecken und dankte 1814 ab. Nach dänischen Niederlagen wurde der <u>Kieler Friede</u> geschlossen (1814), bei dem Dänemark Norwegen an Schweden, sowie Helgoland an Großbritannien verlor. Die Dänen durften jedoch Island, Grönland und die Färøer Inseln behalten.

Wirtschaftlich war der Staat bankrott, mit den Folgen hoher Arbeitslosigkeit; in Dänemark herrschte Lebensmittelmangel, in Norwegen eine Hungersnot.

Dänemark auf dem Weg zum modernen Staat

<u>183o</u> gab es in Frankreich die Julirevolution, ein liberalerer Wind weht auch bis nach Dänemark. Frederik VI. war gezwungen, eine beratende Ständeversammlung einzuführen, die zwar wenig Rechte hatte, aber immerhin das erste demokratische Element darstellte.

In diese Zeit des wirtschaftlichen Tiefstandes der <u>183o-er Jahre</u> fällt das sog. <u>Goldene Zeitalter</u> der dänischen Kultur, Literatur und Kunst. (C.W.Eckersberg, Akademielehrer und sein Schüler, der Maler Købke, B. Thorvaldsen, der weltberühmte Bildhauer, H.C. Andersen, der Dichter, S. Kierkegaard und N.F.S. Grundtvig, der Pfarrer, der die Gemeinschaft für das wichtigste hält und das dän. Schulwesen fundamental beeinflußt).

<u>CHRISTIAN VIII.</u> (1839 - 1848): Ein Vetter von Frederik VI., der keine Söhne hatte. Als norwegischer König hatte er die <u>Eidsvoll Verfassung</u> mitunterstützt, die zu damaliger Zeit die liberalste in ganz Europa war. In Dänemark erfüllte er nicht die in ihn gesetzten Erwartungen bzgl. einer größeren Liberalität. Die 184o-er Jahre waren von einer optimistischen Aufbruchsstimmung gekennzeichnet. Die Industrie hielt Einzug. 1847 fuhr die erste Eisenbahn Dänemarks, Strecke: Kopenhagen nach Roskilde.

<u>FREDERIK VII.</u> (1848-1863) hatte zwei Ehen hinter sich, als er sich entschloß mit der ehemaligen Tänzerin des königlichen Balletts Louise Rasmussen alias Gräfin Danner zusammenzuleben. Ferner war er ein begeisterter Hobbyarchäologe. Er schaffte <u>1848</u> den <u>Absolutismus</u> ab, am 21.3.1848 gab es eine Demonstration in Kopenhagen, und der König versprach eine demokratische Verfassung. Kein Tropfen Blut war geflossen, Dänemark wurde eine konstitutionelle Monarchie.

Im Juni 1849 wurde das dänische <u>Grundgesetz</u> verabschiedet. Danach wählt das Volk den Reichstag, der damals aus zwei Kammern bestand: Folketing und Landsting (1953 abgeschafft). Durch das <u>neue Grundgesetz</u> <u>von 1849</u> erhielt die Schleswig-Holstein Frage neue Brisanz, denn der dänische Reichstag beschloß, die neue Verfassung auch auf Schleswig-Holstein auszudehnen.

KÖNIG CHRISTIAN IX. (1863 - 19o6) stimmte diesem Beschluß zu, was Dänemark in die deutsch-dänischen Kriege (1848- 5o und 1864) führte. Preußen und das deutsch-österreichische Kaiserreich wollten die Einverleibung Schleswigs nicht hinnehmen, weitere Details siehe "Düppeler Schanzen". Im Frieden von Wien (3o.1o.1864) mußte Dänemark seine Gebiete Schleswig, Holstein sowie Lauenburg an Österreich und Preußen abgeben, - es verlor somit rund 1/3 seines 1814 zugestandenen Staatsgebietes.

Resultat dieses Krieges: außenpolitisch eine strikte Neutralitätspolitik, innenpolitisch kamen konservative Kräfte ans Ruder, die sich allerdings in ständigem Konflikt mit liberal- sozialdemokr. Kräften befanden. Höhepunkt zur Regierungszeit des konservativen Ministerpräsidenten J.B.S. ESTRUP (1875 - 94). Während dieser Zeit ab Friede von Wien bis Ende des 19. Jhs. auch der wirtschaftliche Wiederaufbau Dänemarks.

1874 bekam das seit 138o/97 zu Dänemark gehörende ISLAND seine ei-

Dänische Handelsschiffe, im Hafen Julianehaab/ Grönland, vor dänischem Handelsstützpunkt.

gene Verfassung und wurde 1918 selbständige Nation mit gemeinsamem
König und Außenpolitik. - 1917 verkaufte Dänemark seinen Kolonial-
besitz in der Karibik, die Westindischen Inseln, an die USA.

Im 1. WELTKRIEG (1914- 18) blieb Dänemark neutral, was im Versailler
Vertrag belohnt wurde. Es wurde festgelegt, daß 192o eine Volksabstim-
mung über die Schleswig Frage entscheiden sollte: eine große Mehrheit in
Nordschleswig entschied sich für Dänemark.

Sozialreform (193o): die Weltwirtschaftskrise wirkte sich in Dänemark
verstärkt auf Landwirtschaft und Industrie aus, - mit der anschließend ein-
geleiteten Sozialreform erwarb sich Dänemark den Ruf als "Sozialstaat".

Im Streit zwischen Norwegen und Dänemark um GRÖNLAND (1933)
ging es um Wirtschaftsinteressen (reiche Fischgründe, aber auch Boden-
schätze wie Zink, Chrom-, Molybdän-, Uran- und Eisenerze).

Die Wikinger hatten 875 n. Chr. Grönland entdeckt (wie sich später herausstellte, größte
Insel der Welt, allerdings im Inselinneren von dicken Eismassen bedeckt). 986 gründete
der Wikinger Erich der Rote die erste Siedlung. 1261 erhob der norwegische König
Anspruch auf den Besitz Grönlands, danach verlieren sich schriftliche Zeugnisse (Grund:
kälteres Klima, Rückgang der Siedlungen an Grönlands Küsten). Erst ab Mitte 18. Jh.
wieder verstärkter Handel: die Dänen unterhielten Handelsstützpunkte an der Küste, die
später dänischem Handelsmonopol unterstanden.
Im Rechtsstreit vor dem Internat. Gerichtshof in Den Haag wurde 1933, - wie nicht
anders zu erwarten, - entschieden, daß Grönland zu Dänemark gehört.

Dänemark im 2. Weltkrieg (1939- 45)

1939 schloß Dänemark einen Nichtangriffspakt mit Deutschland. Unge-
achtet dessen ließ Hitler am 9.April 194o die Aktion WESERÜBUNG
anlaufen und Dänemark besetzen.

Dänemark sollte gemäß Hitlers Plänen den Lebensmittelnachschub für das
Deutsche Reich sicher. Außerdem ging es ihm um die Nutzung der dänischen Werft- und Rüstungsindustrie. Zudem hatte die Besetzung strategische Gründe, denn die dänischen Häfen wurden als Operationsbasis für
die Erzversorgung aus Narvik/Nordnorwegen gebraucht und später für
den U-Boot Krieg im Atlantik.

Um den Schein zu wahren, sicherte Hitler nach seinem Einmarsch Dänemark "volle Souveränität" zu. Anders als in Norwegen blieb der dänische
König im Land. Ab 1941 organisierte in London der Dänische Rat den
Widerstand gegen die Nazis in Dänemark und die dortige Widerstandsbewegung.

Die erste Zeit bis 1941 war in Dänemark durch eine notgedrungene "politische Zusammenarbeit" geprägt, die stattfand zwischen dem deutschen
Gesandten Renthe-Fink (der dem deutschen Außenminister Ribbentrop
unterstand) und der dänischen Regierung. Alle wichtigen Parteien Dänemarks schlossen sich zu einer Einheitsregierung zusammen, mit

Ausnahme der Nationalsozialisten, die nur sehr schwachen Rückhalt im Volk hatten. Das dänische Volk war gegen die Nazis, unterstützte aber anfangs die Politik von Regierung und Reichstag, - in Hoffnung, so größeren Schaden abzuwenden. Und die dänische Regierung verfolgte die Maxime: so viel Zusammenarbeit wie nötig, aber möglichst wenig.

Für Hitler war dies willkommen: er sparte sich die anderswo dringend benötigten Besatzungssoldaten: das damals ca. 4 Millionen zählende Dänemark konnte lange Zeit mit nur 2oo deutschen Beamten in Schach gehalten werden, während man für das bevölkerungsmäßig viel kleinere Norwegen bei 2 Millionen Einwohnern rund 3.ooo Deutsche benötigte.

Mit zunehmender Länge des Krieges verschärfte sich das Klima. So wurden dänische Abgeordnete, die nicht mit dem Hitler-Deutschland konform gingen, direkt aus dem Reichstag heraus verhaftet. Der offene Bruch kam mit der sogenannten TELEGRAMMKRISE 1942. Anlaß war ein Glückwunschtelegramm von Hitler an den dänischen König Christian X., das der König mit einem lapidaren "Dankeschön" beantwortete, Hitler soll darüber vor Wut getobt haben.

1943: nach langen Diskussionen wurde nochmals eine Reichstagswahl in Dänemark genehmigt. In sehr hoher Wahlbeteiligung drückte die Bevölkerung ihrer Regierung das Vertrauen aus, - während die Nazipartei trotz massiver Wahlhilfe nur 3 % erreichte. Im selben Jahr verstärkten sich die Sabotageakte der Widerstandsbewegung, um hier deutliche Zeichen zu setzen.

Als die Deutschen unter Dr. W. Best die Daumenschrauben auf obersten Befehl weiter anziehen (das dänische Heer wird interniert, das deutsche Kriegrecht mit Todestrafe verhängt), ist in Dänemark die Schmerzgrenze erreicht. Der Druck ist zu stark, der Reichstag stellt seine Arbeit am 3o.August 1943 ein, die Regierung tritt zurück und Dänemark wird ab jetzt von Staatssekretären verwaltet. Streiks und Unruhen sowie Sabotage auf Seite der Dänen und Gegenterror durch die Deutschen prägen das Klima. Die Zeiten, daß man notgedrungen mit den Deutschen zusammenarbeitet, sind vorbei, und die dänische Widerstandsbewegung bekommt regen Zulauf. Zudem sehen die Alliierten das zuvor mißtrauisch beäugte Dänemark als ihren Verbündeten.

Einer der wenigen Lichtblicke in der Besatzungsgeschichte Dänemarks ist die Behandlung der JUDEN: Im Oktober 1943 sollten in einer Nacht- und Nebelaktion die rund 7.ooo dänischen Juden festgenommen und abtransportiert werden. Die Nazis konnten lediglich 5oo Juden in dieser Nacht fassen, fast alle flüchteten mit Hilfe der Widerstandsbewegung über den Øresund ins neutrale Schweden. Grund: der deutsche Schiffahrtssachverständige von Duckwitz ließ die Pläne der Judendeportation nach Dänemark durchsickern, - zudem drückte die deutsche Wehrmacht in den dänischen Küstenorten oft beide Augen zu. Ein Beispiel welche Spielräume es im 2. Weltkrieg in dieser späten Kriegsphase gab und wie diese von couragierten Leuten genutzt wurden.

<u>1944</u>: Hitler hatte mit seinen Feldzügen zunehmend Mißerfolg und be-
fürchtete eine Invasion der Alliierten. Damit sich die dänische Polizei
"nicht eventuell bei einer Invasion auf die Gegenseite schlägt", läßt er in
einer Nacht- und Nebelaktion 2.ooo dänische Polizisten verhaften und teils
gar in Konzentrationslager abtransportieren.

In der Endphase des 2. Weltkrieges bestimmen Gewalt und Terror das
Klima. Hinzu kommt das <u>Problem der Flüchtlinge</u>, die aus den deutschen
Ostgebieten vertrieben wurden und in Dänemark untergebracht werden
sollen: Insgesamt ca. 25o.ooo, die letzten Flüchtlinge verließen erst 1949
Dänemark (siehe auch Oksbøl).

Der 2. Weltkrieg ist in Dänemark am 4.5.1945 zu Ende, - auf der Insel
Bornholm dauerte er noch 5 Tage länger (Details siehe dort).

Dänemark nach 1945

In den Nachkriegsjahren wurde das politische Modell der 30er Jahre
wiederhergestellt; überwiegend waren Sozialdemokraten und Radikal-
liberale an der Macht und bauten den sozialen Wohlfahrtsstaat aus. Um
1970 war in Dänemark ein hoher Lebensstandard mit weitgehender
sozialer Sicherung erreicht.

<u>1945</u> annullierte zunächst der Ministerpräsident <u>E. Buhl</u> alle während der
Nazibesetzung beschlossenen Gesetze. Im gleichen Jahr wurde Dänemark
<u>Gründungsmitglied der UNO</u> und beteiligte sich militärisch an der Besetz-
ung Deutschlands zusammen mit den Siegermächten. In der Neuaufteilung
Europas scheitern jedoch die Bestrebungen Dänemarks, <u>Schleswig</u>
(südlich von Flensburg) dem Staat einzuverleiben: dieser Teil bleibt bei
Deutschland.

<u>1948</u>: erhalten die vormals zu Dänemark gehörenden <u>FÄRØER INSELN</u>
Selbstverwaltung, verbleiben jedoch bei Dänemark. - <u>1949</u>: Unterzeichnung des Nordatlantikpakts. - <u>1953</u> Bestätigung des dänischen Besitzes an
<u>GRÖNLAND</u>, - unabhängig der Forderungen der Ureinwohner Eskimos.

<u>1979</u> erhielt Grönland innere Selbstverwaltung zugesprochen, bleibt aber
weiterhin unter der Hoheit Dänemarks.

<u>1961</u> Bewerbung Dänemarks zum Beitritt in die EWG, der dann 1973 er-
folgte und mit 63,4 % in Volksabstimmung bestätigt wurde. Ende 1992
votierte Dänemark in einer Volksabstimmung gegen die Maastrichter
Verträge - man wird sehen, wie es weiter geht.

Literatur:

Zum Einstimmen und Bildbände

"Dänemark": in der Reihe Die Nation Europas stellt der Bildband mit schönen Fotos die Inseln vor und beleuchtet die unterschiedlichen Ecken Dänemarks. Bucher Verlag, 48 DM.

"Bornholm": In knalligen Farbfotos wird die liebenswerte Insel vorgestellt. Bucher Verlag, 29,8o DM.

"Meines Lebens Märchen", H.C. Andersen. Eine Autobiographie des großen Märchendichters, gedacht als eine Art Kommentar zu seinem Werk. Andersen hat sie häufiger umgeschrieben und ausgestaltet, insofern wird die Grenze zwischen Autobiographie und Dichtung fließend. Kiepenheuer Verlag, Leipzig und Weimar.

"Frau Marie Grubbe", J.P. Jacobsen. Lebensgeschichte einer Frau im Dänemark des 17. Jh. Marie Grubbes Entwicklung von der Ehefrau des (unehelichen) Königssohns Gyldenløve bis zur Frau eines einfachen Fährmanns, ein gesellschaftlicher Abstieg aus Liebe und Selbstverwirklichung. Ullstein Taschenbuch Nr. 3o1o3.

"Copenhagen Open Spaces", Peter Olesen. Mit eindrucksvollen Fotos von Peter B. Rasmussen. Ein gelungener Bildband mit kurzen Beschreibungen in englischer Sprache. Aus verschiedenen Fotoperspektiven werden Hinterhöfe, Gärten, Passagen und sehenswerte Fassaden der dänischen Hauptstadt vorgestellt. Borgen-Verlag, Kopenhagen/Valby. Preis in Dänemark ca. 35o Kr.

"Copenhagen Curiosities", Bildband mit englischen Texten von Peter Olesen und Fotos von Peter Bak Rasmussen, Fotos und Texte machen auf Details aufmerksam, an denen man sonst achtlos vorbeilaufen würde. Schon die Zusammenstellung der Bilder regt an, auf Entdeckungstour zu gehen. Borgen-Verlag, Kopenhagen/Valby.

Geschichte, Kunstgeschichte, Kultur

"Die Wikinger - Kultur und Kunstgeschichte", Torsten Capelle. Wissenschaftliche Buchgesellschaft. 14,8o DM.

"Die Abenteuer des Röde Orm", Frans G. Bengtsson. Spannend geschriebene Wikingerstory, wurde verfilmt als "Die Wikinger". dtv 14,8o DM.

"Dänemark unterm Hakenkreuz", Gustav Meissner. Die Nord-Invasion und die Besetzung Dänemarks 194o-45. Gut geschrieben vom Presseattaché an der deutschen Gesandtschaft in Kopenhagen. Besonders plastisch werden die ersten Kriegsjahre bis 1943, die Meissner vor Ort in Kopenhagen miterlebt hat. Ullstein Verlag, 48 DM.

"Ungeladene Gäste. Ostdeutsche Flüchtlinge in Dänemark 1945 bis 1949", Arne Gammelgaard. Rautenberg Verlag 16,8o DM

"Dänemark - Land zwischen den Meeren". DuMont Kunst-Reiseführer. Ein Klassiker. DuMont Verlag, Köln. 44 DM.

"Dänemark", Knaurs Kulturführer in Farbe. In alphabetischer Reihenfolge werden die Städte beschrieben, Schwerpunkt Kultur. Viele Farbbilder. Praktische Hinweise fehlen. Droemersche Verlagsanstalt, München.

Sport, Kanu, Fahrrad, Angeln

"Dänemark per Rad", ein Fahrrad-Reiseführer. Cyklos Verlag. Verlag Wolfgang Kettler. 79 Streckenvorschläge, 19,8o DM.

"Radtouren in Dänemark" von Ute und Peter Freier. Insgesamt 4o Routen beschreibt das Autorenpaar - über die Inseln Dänemarks einschließlich Bornholm. Kartenskizzen und Fotos (Farbe und s/w). Bruckmann Verlag, 44 DM.

"Fahrradfahren in Dänemark" Infoblatt mit Übersichtskarte. Kostenlos erhältlich vom Dänischen Fremdenverkehrsamt.

"Ankern in Dänemark" beschreibt die 27o schönsten Ankerplätze entlang der Ost- und Nordsee. Mit Plänen und Fotos. Verlagshaus Die Barke, Hamburg, 68 DM.

"Hafenführer Dänemark", Jens Detlef. Die dänischen Nord- und Ostseehäfen, schwedische Westküstenhäfen, deutsche Ostseehäfen. Edition Maritim, 58 DM.

"Segeln in Dänemark": die Infobroschüre beschreibt die verschiedenen Segelreviere der Ostsee, listet alle Häfen auf, wichtige Informationen und viele nützliche Anzeigen. Zudem farbige Landkarte, in der alle dänischen Häfen eingetragen sind. Gratis beim Dänischen Fremdenverkehrsamt in Hamburg.

"Segeln in Dänemark" Führer für Sportschiffer. 2 Bände mit zahlreichem Kartenmaterial der verschiedene Häfen und Ankerplätze in Dänemark. Tourenbeschreibung mit allen Details. Delius Klasing Verlag, Bielefeld.

"Camping Danmark", jedes Jahr neu aufgelegt. Sehr gut und übersichtlich mit Foto zu jedem Platz und Symbolsprache. Erhältlich im Buchhandel in Dänemark.

"ADAC Campingführer", Band 2 Deutschland und Nordeuropa. Strenger in der Bewertung, ohne Fotos. ADAC Verlag München, ca. 28 DM.

Viele Tips in der Broschüre "Angeln in Dänemark", gratis beim Dänischen Fremdenverkehrsamt, Hamburg. Thematisch gegliedert, viele nützliche Infos über die jeweiligen Fangarten, zudem Ausrüstungstips, Adressen der Hochseefahrten, Bootsvermietungen, aber auch viel Werbung.

"Angeln in Dänemark", Sonderheft, herausgegeben von der Fachzeitung Blinker in Hamburg, kann dort bezogen werden.

KARTEN

Weit verbreitet sind die "Færdselskort" des Kort- og Matrikelstyrelsen in Kopenhagen. Vom Kartenbild sehr genau und übersichtlich. Symbole für Sehenswürdigkeiten findet man ebenso wie für Campingplätze; der Margeritenweg ist grün eingetragen. Die fehlenden Kilometerangaben zwischen den Orten fanden wir allerdings etwas nachteilig.

Für die Planung als Übersicht ganz Dänemark im Maßstab 1: 5oo.ooo mit kleiner Entfernungstabelle. Detailkarten für die Region im Maßstab 1: 2oo.ooo, wobei Dänemark (inkl. Bornholm) in 4 Blättern abgedeckt wird. Für Fahrradfahrer empfehlen sich die Detailkarten im Maßstab 1: 5o.ooo, 11o Blätter. Die blauen "Færdselskort des Kort- og Matrikelstyrelsen" sind in Dänemark in jeder Buchhandlung erhältlich.

In Deutschland gibt's die gleichen Karten beim Mairs Geographischen Verlag. Sie sind am roten Generalkarten-Einband zu erkennen, Kartenblatt und Ausschnitte entsprechen genau den Færdselskort des Kort- og Matrikelstyrelsen, zusätzlich erhalten die Mair Karten noch Kilometerangaben zu den wichtigsten Strecken. Auf der Rückseite zudem Kurzbeschreibungen der jeweiligen Orte und Stadtpläne. Preis: 8,8o DM je Generalkarte, 14,8o DM Gesamt-Dänemark Shell Eurokarte im Maßstab 1: 3oo ooo.

Für Kopenhagen und Umgebung gibt es eine eigene Fahrradkarte 1: 1oo.ooo mit verzeichneten Radwegen.

Gute Kontaktadresse für Radfahrer: Dansk Cyklist Forbund, Kjeld Langes Gade 14, DK-1367 Kopenhagen K. Gibt auch ein Verzeichnis über preiswerte Übernachtungsmöglichkeiten heraus, d.h. Landwirte, die einen Naturlagerplatz zur Verfügung stellen. Oder ADFC, Postdach 1o7 747, 28o77 Bremen.

DÄNEMARK war u.a. im Mittelalter bedeutende
Seehandelsmacht. Der Stich zeigt eine Galeone
und davor das Hafenleben in vielen Details

114

 in eigener Sache:

Es liegt in der Natur der Dinge, daß bei der Fülle an konkreter In -
formation, die dieses Buch enthält, sich im Laufe eines Jahres einiges
ändern kann.

Deshalb bitten wir um Mitteilung von Abweichungen. Wer uns ansonsten
irgendwelche ausgefallenen Tips wie neue Routen, schöne Hotels mit viel
Atmosphäre oder ähnliches schickt, wird bei der Neuausgabe dieses
Buches namentlich zitiert.

Bitte schreibt uns, wir freuen uns über
jeden brauchbaren Tip, weil wir es
wichtig finden, daß man nicht irgend
ein blödes Laberbuch, wie leider viele
Reiseführer, mit sich schleppt, sondern
etwas, was wirklich nützlich und hilf -
reich ist.

Dänemark-Redaktion

VERLAG
MARTIN
VELBINGER

82166 Gräfelfing - Bahnhofstr. 1o6

JÜTLAND

Jütland ist mehr als nur Legoland. Dünen, Nordseebrandung und ein riesiger Sandkasten unter knallblauem Himmel sind nicht nur leere Versprechen der Werbebroschüren. Auf Jütland liegen die besten Strände Nordeuropas: feiner Sand und wilde Natur auf der Westseite, während die sanfte Ostküste besonders zum Baden für Kinder geeignet ist.

Von den Ferienhäusern in den Dünen hört man schon die Brandung rauschen, innen prasselt im Herbst der offene Kamin. Von wenigen Unterbrechungen abgesehen reicht die Badeidylle von Esbjerg im Süden bis zur Nordspitze Skagen, dem Highlight Jütlands.

Nördlich des Limfjords beginnt eine einzigartige DÜNENLANDSCHAFT, die durch Wind und Wetter immer noch "lebendig" ist. Der Flugsand kann auch mit neuesten Techniken kaum gestoppt werden. Fischerboote werden in den Strandhäfen wie eh und jeh auf den flachen Sand gezogen, erst in der Nachkriegszeit entstanden die großen Trawlerhäfen, in denen das Gros des dänischen Fischfangs angelandet wird.

Zusätzliche Attraktion sind die VORGELAGERTEN INSELN. Autos dürfen auf den Nordseeinseln Fanø und Rømø sogar bis ans Wasser fahren.

An der OSTKÜSTE liegen die interessanteren Städte mit Museen, kulturellem Angebot und einigen Vergnügungsparks. Ausgesprochen hübsch ist der alte Kern von Ebeltoft auf der Badehalbinsel Djursland. Durch gute Querverbindungen schrumpfen die Entfernungen zwischen der Ost- und Westküste auf 1 bis 2 Std. zusammen.

Das INLAND der Halbinsel ist landschaftlich eher monoton. Absolute Ausnahme: die Silkeborger Seenlandschaft in Mitteljütland, die bei Deutschen weniger bekannt, dennoch sehr reizvoll ist. Die Gegend um Silkeborg ist von den höchsten "Bergen" Dänemarks geprägt - immerhin über 17o m hoch! Im Sommer schaufelt der schmucke Raddampfer "Hjejlen" über den großen See bei Silkeborg zum Aussichtspunkt Himmelbjerg. Das Gebiet eignet sich ideal zum Kanupaddeln, Fahrradfahren oder Spazierengehen.

Der LIMFJORD ist nicht so spektakulär, kleine Fjordstädtchen, kein ausgesprochenes Touristeneck. Bei Dänen allerdings ein beliebtes Segel- und Surfrevier.

Ferienhausurlaub und Camping sind besonders gefragt, entsprechend riesiges Angebot entlang der gesamten Küstenregion. Die schönsten Ferienhausgebiete der Westküste liegen im Bereich des Ringkøbingfjords, um Hanstholm und entlang der Jammerbucht bis Skagen im Norden. Im

Osten ist man in der Gegend um Ebeltoft, Grenå oder Juelsminde gut beraten.

Wer sich für <u>WIKINGER</u> interessiert, findet Rekonstruktionen einer Wikingerburg in Fyrkat, die berühmten Runensteine bei Jelling, Spezialmuseen in Ribe und Århus, das größte Grabfeld Lindholm Høje liegt bei Ålborg am Limfjord. Höchst spannende Moorleichen aus der Eisenzeit sind effektvoll in Silkeborg und Århus präsentiert.

<u>SURFER</u> haben die Wahl zwischen Brandung an der Nordseeküste und ruhigeren Revieren an der Ostseite Jütlands. Zahmwasser im Ringkøbing- und Nissumfjord, auch der Limfjord ist nicht zu verachten (siehe auch allgemeines Kapitel Surfen).

Jütland ist ein echtes <u>ANGELPARADIES</u>, aus der Nordsee wurden bei Hochseetouren Rekordfische gezogen. In den Zuflüssen und Seen tauchen immer häufiger Meerforellen und Lachse auf. (Details im eigenen Kapitel.)

Zum <u>RADFAHREN</u> lassen sich viele schöne Ecken finden, z.B. über den "Kyststien" entlang der Nordküste bis Skagen. (Details im eigenen Kapitel.)

Wir beschreiben im folgenden die Westküste Jütlands von Süd nach Nord, eingeschoben wird das Kapitel Limfjord, anschließend die Nordwestküste Jütlands bis hinauf nach Skagen.

Im Anschluß die Ostküste ebenfalls in Süd-Nord-Richtung. Schließlich im separaten Kapitel das Silkeborger Seenhochland.

★Tønder   (7.4oo Einw.)

Gemütliches Bilderbuchstädtchen mit prächtigen Giebelhäusern aus dem 18. Jahrhundert; in der Fußgängerzone geradezu protzige Hauseingänge im Barock- bis Rokokostil. Schnuckelige Erker zieren die kleinen Häuser in der Ulvgade.

Das große Handelsschiff im Stadtwappen überrascht auf den ersten Blick, doch Tønder lag ursprünglich am Meer und ist eine der ältesten Städte Dänemarks (Stadtrechte 113o, Handelsprivilegien seit 1243). Immer wieder war die Stadt von Überschwemmungen bedroht, deswegen begann man 1553 die ersten Deiche zu bauen: Als Folge ging dabei der Hafen verloren.

In Tønder stellte man sich auf Klöppeln und Spitzenhandel um. Es entstand eine eigene Klöppelindustrie (18. Jh.) mit über 1o.ooo Beschäftigten, viel in Heimarbeit. Aus dieser Blütephase stammen viele der schmucken Stadthäuser.

Deiche und Landgewinnung (Tøndermarsch) sind bis heute kein hundertprozentiger Schutz vor den gewaltigen Sturmfluten der Nordsee. Als im Januar 1976 mal wieder "Land unter" gemeldet wurde, mußte das 1o km breite Gebiet einschließlich Tønder und Ribe vorsorglich evakuiert werden.

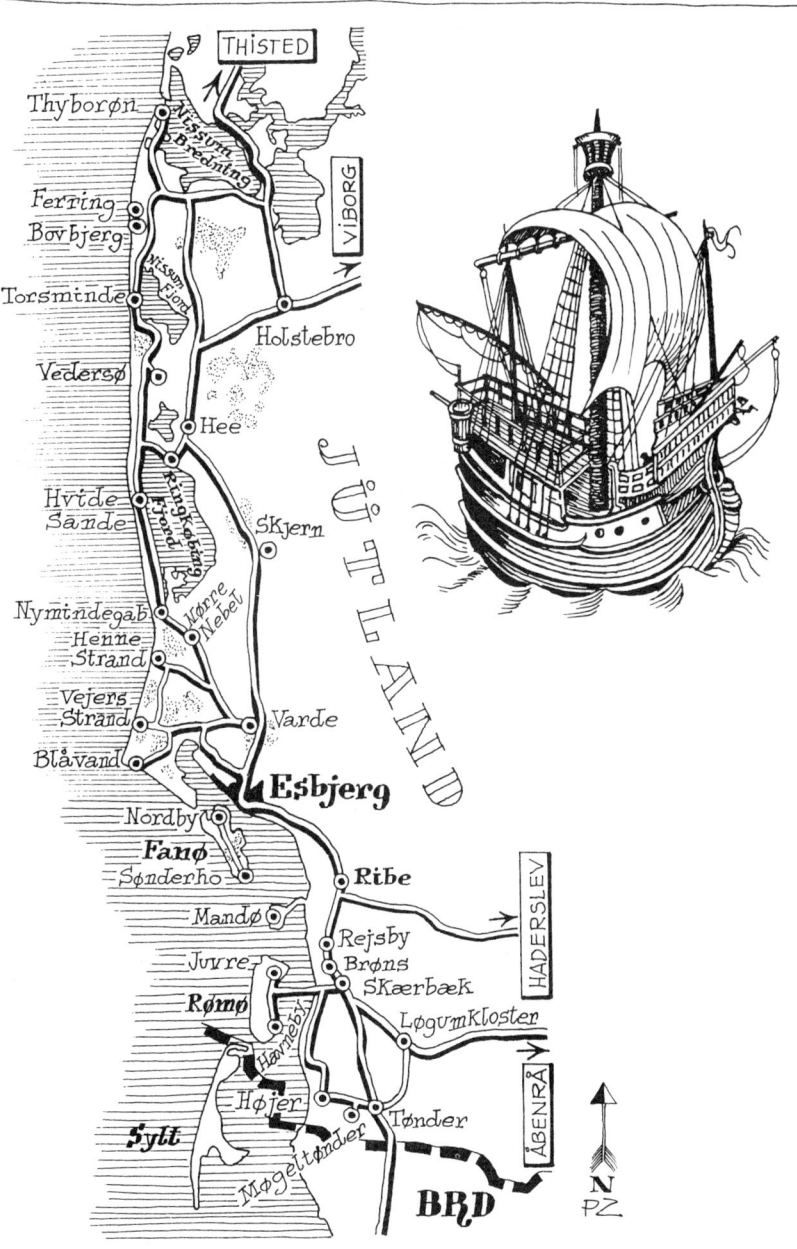

THISTED

Thyborøn

Nissum Bredning

VIBORG →

Ferring
Bovbjerg

Nissum Fjord

Torsminde

Holstebro

Vedersø

Hee

J
Ü
T
L
A
N
D

Hvide
Sande

Ringkøbing Fjord

Skjern

Nymindegab
Henne
Strand

Nørre
Nebel

Vejers
Strand

Varde

Blåvand

Esbjerg

Nordby

Fanø

Sønderho

Ribe

Mandø

HADERSLEV →

Rejsby

Juvre

Brøns

Skærbæk

Rømø

Løgumkloster

Hjerneby

Højer

ÅBENRÅ →

Sylt

Tønder

Møgeltønder

BRD

N
PZ

 In der Fußgängerzone Torvet 1, 627o Tønder.
Tel. 74 72 12 2o, Fax: 74 72 o9 oo. Offen Mo.-Fr. 9-16 Uhr,
Sa. 9-12 Uhr. Mitte Juni bis August 9.3o-17.3o Uhr, Sa.
9.3o-15 Uhr. Gutes Prospektmaterial inkl. gratis Stadtplan. Stadtrundgänge zur Saison. Privatzimmer vermittelt das Touristenbüro, DZ ca. 5o DM.

 Nørregade 83, Ende Fußgängerzone.
Offen: Mo-Fr. 9.3o-17.3o. Sa. 9-12 Uhr.

<u>Festivals</u>: Tønder Festival Ende August. Drei Tage lang Jazz, Folk und Blues in der Stadt, internationale Gruppen und Publikum.

<u>Markt</u> wie zu Großmutterzeiten Mitte Juli.

SEHENSWERTES

In der Fußgängerzone stattliche Häuser reicher Kaufleute. Von 1672 stammt z.B. das Haus in der Storegade 14. Rokokoeingang (1777) in der Vestergade 9, hier wohnte einst der Spitzenhändler und Bürgermeister; vis-à-vis ein Eingang im Stil Ludwig XVI. (1793).

Alte <u>APOTHEKE,</u> Eckhaus in der Fußgängerstraße und Markt mit markantem Löwenportal (Barock). Die Räume sind bis unter die Decke vollgestopft mit Souvenirs, so daß man die wunderbare Einrichtung der alten Apotheke und die Ausschmückung kaum noch sieht. Von der großen Kerzenausstellung bis zum Weihnachtsmann kann man hier so ziemlich alles kaufen. Schön sitzt man im Sommer im Apothekergarten.

Auf dem Marktplatz (Torvet) steht das alte <u>RATHAUS</u> (1647). Die Kneipe "Humblekærren" wurde nach den Hopfenbauern getauft, die nach dem Markt hier gerne ein Bierchen tranken. In den <u>Seitenstraßen</u> werden die Häuser schlichter. Fast jedes mit einem Erker, in dem die Frauen beim Klöppeln saßen. An den alten <u>Hafen</u> erinnert nur noch der halbkreisförmig geschwungene Straßenzug "Skibbroen" vis-à-vis Museum, jetzt Parkplatz.

Die <u>CHRISTKIRCHE</u> (1592) liegt etwas im Abseits. Von See her war ihr Turm zu erkennen (48 m hoch), - dieser ist einziges Überbleibsel der Vorläuferkirche St. Nikolai. Schöne Chorschranke (1623) mit Bibelmotiven eines einheimischen Malers. Kanzel und Gestühl aus dem 16. Jh. In die Altartafel (1695) ließ der Stifter das Bild seiner verstorbenen Tochter einarbeiten.

<u>SÜDJÜTLANDS KUNSTMUSEUM</u>, Kongevej 55: Bilder und Skulpturen nordeuropäischer Künstler, darunter viele surrealistische Werke aus Dänemark. Schenkung an die Gemeinden Nordschleswigs nach der Wiedervereinigung 192o. April bis September Di.-So. 1o-17 Uhr, sonst 14-17 Uhr, Eintritt 4 DM.

Sehr lohnend das <u>TØNDERMUSEUM</u> gleich nebenan. Im ehemaligen Schloß. Alte Möbelstücke aus Schleswig-Holstein und Süd-Jütland neben einer umfangreichen Sammlung holländischer Wandfliesen. Silberarbeiten aus Tønder und eine breite Ausstellung rund um die Klöppelkunst. <u>Offen</u>: April bis September tägl. 1o-17 Uhr, sonst Di.-So. 14-17 Uhr. Eintritt 4 DM, Kinder gratis.

<u>Die Klöppelkunst</u> entwickelte sich im 16. Jh. und wurde aus Italien (Venedig, Mailand) nach Frankreich, Flandern und schließlich nach Dänemark gebracht. Ludwig XIV. ließ Spitzen für Kragen und Manschetten nach Frankreich importieren. Im Laufe der Jahrzehnte bildeten sich eigene Schulen, jede Klöppelmetropole entwickelte ihr eigenes Design.

In Dänemark lag das Zentrum der Klöppelindustrie um Løgumkloster ca. 15 km nördlich von Tønder; hier existierte z.B. eine Fabrik für Klöppelfäden. Die Fabrikanten versorgten die Klöpplerinnen der Gegend mit Materialien und Mustern, die Eigentum des Fabrikanten waren. Die Muster wurden streng gehütet, deswegen durften die Mädchen auch nicht für andere Fabrikanten arbeiten. Die Bezahlung war dürftig, den Hauptgewinn strich der Fabrikant beim Weiterverkauf in Dänemark, Norwegen oder dem europäischen Ausland ein.

Tønder war schon zur Zeit Christian IV. für seine Klöppelarbeiten bekannt. Einen Boom erlebte die Klöppelindustrie im Rokoko: die Mode konnte von Spitzen nicht genug bekommen. Der strengere Empirestil nach der Französischen Revolution verwendete nur sehr wenig Spitzen. Zusätzlich zum Wandel der Mode bedrohte die Industrialisierung auch die Klöppelbetriebe; Anfang des 19. Jh. wurde eine Maschine erfunden, die sogar ganze Muster herstellen konnte. Das war praktisch das Aus des Klöppel-Handwerks. Ab 185o gab es keine "Berufsklöpplerin" mehr. Die Klöppeltechniken und Muster wurden erfreulicherweise tradiert und Klöppeln wird nach wie vor als Kunsthandwerk gepflegt.

 **"Hotel Tønderhus"**, Jomfrustien, vis-à-vis Museum. Großes Familienhotel, 5o Zimmer, von einfach bis zur Suite, z.T. mit Farbfernseher und eigenem Bad. DZ mit Frühstück ab 15o DM. Gepflegtes À-la-Carte-Restaurant mit Wintergarten und Blick auf das Amtmannshaus.

"Hostrups Hotel", Søndergade 3o, am Stadtteich. Freundliche Zimmer, teilweise hell möbliert, meist mit eigenem Bad. DZ um die 12o DM. Gemütliches Restaurant. Spezialitäten der Region. Ziviles Preisniveau.

Jugendherberge, Sønderport 4 am Ortseingang. Kochmöglichkeit und Familienzimmer mit eigenem Bad/WC. Ganzjährig offen.

 ** <u>Stadtcamping</u> direkt an der Einfahrtstraße Holmevej 2a. In Spazierweite zum Zentrum, aber nicht sehr schön für längeren Urlaub. Zur Saison dicht gedrängt. 15o Stellplätze. Offen April bis Oktober.

Verbindungen ab Tønder

Bus: Terminal Kongevej 7 im Norden. Busse nach Højer alle 1-2 Std., Wochenende seltener. Nach Løgumkloster-Kolding 3-6 x tägl. Sehr häufige Verbindung an die Hauptbahnlinie entlang der Ostküste nach Tinglev.

Bahn: Jernbangade, nahe Post im Westen. Züge über Ribe nach Esbjerg jede Stunde an Werktagen, sonst seltener. Fahrzeit 1 Std. 15 Min.

✦ Møgeltønder

Miniort 5 km westlich von Tønder. Perfekte Idylle, als ob die Zeit stehengeblieben wäre: riedgedeckte Häuser säumen die "Schloßstraße" - eine Lindenallee und Kopfsteinpflaster wie in alten Zeiten. Alles picobello gepflegt und unter Denkmalschutz.

Das Schloß hieß früher Møgeltønderhus und geht aufs 13. Jahrhundert zurück. Bis zur Reformation gehörte es dem Bischof von Ribe. Danach kam es wie alles kirchliche Eigentum an den König. Der konnte den neuen Reichtum gleich als Lehen an verdiente Leute vergeben. Hier profitierte ein Feldherr namens Hans Schack (16o9-76) davon, der das Schloß schließlich 1661 kaufte. Elf Generationen war es in Familienbesitz, zwischenzeitlich waren die Schacks in den Grafenstand erhoben worden.

Anfang des 18. Jh. bot Graf Schack Parzellen seines Grundstücks zum Kauf an und lockte die Interessenten mit 1o-jähriger Steuerfreiheit und der Erlaubnis, hier Gewerbe zu betreiben, so entstand die hübsche Schloßstraße. Der letzte Graf gab das Schloß der Krone zurück als Residenz für Prinz Joachim. Fürs Publikum ist nur der Park zugänglich.

KIRCHE ST. NIKOLAUS lohnt wirklich. Bis 197o gehörte sie zum Schloß, üppige Dekoration. Chor und Teile des romanischen Schiffs stammen aus dem 12. Jh., spätromanische Taufstein. Der Turm aus dem 15. Jh. diente der Schiffahrt als Seezeichen (interessante Ein-Zeiger-Uhr). "Buntes" Interieur.

Besonders prächtig ist die Grafenloge ausgefallen (1693) - so angebracht, daß der Pfarrer zu den Herrschaften hinaufschauen mußte. Die Empore (Nordseite) mußten die Bauern selbst finanzieren, dafür wurden auch ihre Namen verewigt. Deckenmalereien von einem Tønder Künstler (174o): Schöpfung, Kreuzigung, und etwas ungelenk das Jüngstes Gericht. Fresken im Chor teilweise aus der Renaissance.

Ende des letzten Jahrhunderts machte sich ein kühner Restaurator ans Pinseln und nahm die Fresken als Anregung für eigene Werke. Er selbst hat sich auf der Südwand des Chors porträtiert und seine Auftraggeber, die gräfliche Familie gleich mit. Schöne Holzplastik im Chorbogen (Ende des 15. Jh.) rechts der hl. Nikolaus - der Schutzheilige der Kirche.

Das KLÖPPELHAUS / MUSEUMSCAFÉ Vesterkro: Ausstellung zum Thema Klöppeln, hier kann man auch Klöppeln erlernen. Gartencafé. Offen: Juni bis August täglich 1o-18 Uhr, sonst Mo.-Fr. 14-18 Uhr, Eintritt 5 DM.

*** Camping Møgeltønder: ebene Wiese am Ortsrand, von Bäumen und Hecken eingerahmt. Im Juli voll. Sonst schön und ruhig, idyllischer Abendbummel durchs Dorf. Spielplatz, Einkaufsmöglichkeiten. 1oo Stellplätze. Offen: ganzjährig.

 Restaurant "SCHACKENBORG SLOTSKRO", recht nobel und gepflegt sitzt man mit Blick auf die Schloßstraße. Gute Karte Fleisch/Fisch. Preislich ab 4o DM aufwärts. Mo. geschlossen.

Preiswerter die Cafeteria nebenan, auch günstige Tagesgerichte, Eis etc.

Einige Zimmer im Ort, im Grillkiosk fragen.

Bei **GALLEHUS**, 1 km nordwestlich, fand man zwei kostbare Goldhörner aus dem 5. Jh., die zu den wertvollsten dänischen Funden der germanischen Völkerwanderung gehörten. Die 3o-4o cm langen Schmuckstücke waren aus purem Gold kunstvoll verziert; im Abstand von 95 Jahren hatte man sie durch Zufall auf dem Feld gefunden (1639 und 1734). Über Umwege wanderten sie in die königliche Kunstkammer Kopenhagen. 18o2 wurden die Goldhörner von einem Goldschmied geraubt und eingeschmolzen; erfreulicherweise besaß man alte Abbildungen, die eine Kopie der Prachtexemplare ermöglichten (heute im Nationalmuseum Kopenhagen und im Archäologischen Museum Århus).

★ Løgumkloster (3.5oo Einw.)

16 km nördlich von Tønder. Gemütlicher Inlandsort, der sich um die Zisterzienser Abtei entwickelt hat (12. Jh.). Wenn auch vom ursprünglichen Kloster kaum etwas erhalten ist (nur Ostflügel), ist die große restaurierte KIRCHE (1173-13oo) sehenswert.

Der klare Ziegelbau wurde romanisch begonnen (Chor, Vierung) und gotisch vollendet (Westgiebel). Ein echter "Schatz" ist der gotische Reliquienschrein im Chor (Nordwand), wie ein bunter Einbauschrank ist jedes Fach einem Apostel oder Heiligen reserviert. Altar (15oo) aus der Kirche in Jerne (Esbjerg), Renaissancekanzel.

Die Steintreppe im Querschiff führte zum Dormitorium (Schlafsaal der Mönche), denn auch nachts mußten Zisterzienser zum Gottesdienst und dann war der Weg nicht so weit. Ein Stock tiefer der rekonstruierte Kapitelsaal: hier lauschten die Mönche täglich einem Kapitel der Regel des Hl. Benedikt.

Ein Zisterziensermönch hatte einen 18-Stunden-Tag von 2 bis 2o Uhr, der durch acht Gottesdienste strukturiert war. Eine Gemeinde betreuten die Mönche nicht, im Gegenteil - sie suchten bevorzugt abgeschiedene Gegenden für ihre Klöster. Zwischen den Gebeten arbeiteten sie in der Land-, Forstwirtschaft oder Fischerei, beschäftigten sich mit Heilkunde oder erfanden technische Neuerungen wie Fußbodenheizungen etc.

Das 1173 gegründete Kloster "Locus Dei" wurde schnell wohlhabend dank verschiedener Sponsoren wie dem Bischof von Ribe; von den Königen erhielt es Privilegien wie Steuer- oder Zollfreiheit. Die Wende kam mit der Reformation, danach wurde der Klosterbesitz säkularisiert, das vierflüglige Kloster abgerissen und mit dem Baumaterial nebenan das Jagdschloß für den Herzog von Gottorf gebaut - heute Theologische Hochschule.

Die Kirche ist offen vom 1. Mai bis 31. Oktober täglich 1o-18.3o Uhr, sonst Mo.-Sa. 1o-16 Uhr, So. 12-16 Uhr, Sonn- und Feiertag vormittags nur für Gottesdienstbesucher. Werktags Abendgesang. Minimaler Eintritt.

Eine Kuriosität steht vis-à-vis der Kirche: der 25 m hohe <u>GLOCKEN-SPIELTURM</u>, ein Übungs- und Ausbildungsturm mit 49 unterschiedlich großen Glocken. 6 x tägl. kleines Glockenspiel. Vorne an der Tafel ist angeschlagen wer wann übt, unterrichtet oder gar ein Konzert gibt. Im Juli ist allerdings Sendepause.

<u>MUSEET HOLMEN</u> im Zentrum, Østergade 13. Kunstmuseum mit wechselnden Ausstellungen. Offen: Mitte Juni bis August täglich 1o-17 Uhr, sonst Di.-So. 14-17 Uhr.

 "**Løgumkloster Refugium**" direkt neben der Kirche, Refugievej 1. Bietet Unterkunft von einer Nacht bis zu 2 Monaten an, auch Einkehrtage oder Sommerurlaub mit VP. Ansonsten auch Veranstaltungs - angebot für Gruppen. 4o moderne EZ/DZ mit Bad/WC. VP 16o DM.

Jugendherberge, Vænget 28. Auch Familienzimmer. Offen: Mitte April bis Mitte Dezember.

Großes <u>Volksfest Klostermarkt</u> um den 3. Dienstag im August mit Pferdemarkt, Rummel, Naschereien und einem Gauklergottesdienst am Abend vorher in der Kirche.

Busse -> Kolding, Tønder, Åbenrå, Ribe, zur Bahnstation Røde Kro.

Weiterfahrt in ca. 3o km über den Damm zur <u>Insel Rømø</u> (Details siehe ab Seite 123).

Tønder --> Insel Rømø   (entlang der Marschküste)

<u>ROSENKRANZ/RUDBØL</u>: Grenzdorf mit kurioser Grenzziehung längs durch den Ort ohne das übliche Niemandsland. Zwischen der Zollstation geben versenkte Grenzsteine im Asphalt die Trennlinie zwischen Deutschland und Dänemark an. D steht für Danmark und DRP für Deutsches Reich Preußen. Im Ort Jugendherberge und Campingplatz.

Von Rudbøl nach Højer führt die Straße über einen Damm durch Marschland, das von Kanälen und Gräben durchzogen ist. Marsch ist eines der fruchtbarsten Weidegebiete, das dem Meer abgerungen wurde. Siehe auch Kapitel "Watt-Marsch-Kog", Seite 7o.

Am besten erlebt man die Gegend per Rad. Fahrradweg am Rande des Ny Fredrikskog nach Højer.

<u>HØJER</u>: Die verschlafene Marschstadt hinterm Deich ist für ihre Windmühle und für die Højer Pølser bekannt (im Laden gegenüber der Kirche kann man die Würstchen frisch probieren). Der schmucklose Ort war früher Zentrum des Viehhandels und bis 1929 einziger Hafen nach Sylt, die Schiffe legten damals an der alten Schleuse an.

In der 25 m hohen <u>Windmühle</u> Ausstellung übers Margrethekog, Watten-meer, Sturmflutkatastrophen, Fotos und Skizzen. Offen: Mitte April bis Oktober tägl. außer Freitag 1o-16 Uhr. 2,5o DM Eintritt.

<u>Kiersgård</u> schönes Beispiel für einen großen Marschhof (1759), jetzt Kunst/Kurszentrum. Im Garten eine Jættestue (Ganggrab).

Hauptattraktion ist das <u>Wattenmeer</u> und die beiden Schleusen 2,5 km außerhalb. An der alten Schleuse von 1861 markiert ein Hochwasserpfahl die Jahreszahlen der großen Katastrophen, zum letzten Male 1976!

Bei der neuen <u>Vidå-Schleuse</u> von 1982 schöner Blick vom Deich übers Wattenmeer bis nach Sylt und Rømø und über die ausgedehnte Marsch-landschaft mit ihren künstlich angelegten Salzseen. Näheres siehe Kapitel "Watt-Deich-Kog". Informative Ausstellung zur Entstehung, bio- und ökologischen Bedeutung des Wattenmeers, Flora und Fauna. Offen: April bis Oktober tägl. 9-18 Uhr. Gratis.

<u>Cafeteria Slusen</u> bei der Schleuse, zivile Preise, im Sommer ist hier eini-ges los, auch ein paar Bänke für den mitgebrachten Freßkorb. - Souvenir-shop und Bernsteinschleiferei.

<u>HØJER -> SKÆRBÆK/INSEL RØMØ:</u> flott befahrbare Küstenstraße 419 nur selten direkt am Wattenmeer entlang, überwiegend durch flache Polderlandschaft. Bei Ballum/Enge direkt neben der Straße zwei restau-rierte Windmühlen, die im 19. Jahrhundert als Viehtränke dienten.

★ Insel Rømø   (18 x 6 km, 1.ooo Einw.)

Strand, Dünen, Heide und Watt - Dänemarks größte Ferieninsel in der Nordsee ist über einen Damm erreichbar. Obwohl der Insel ein hübsches Städtchen fehlt um abends bummeln zu gehen, ist Rømø im Sommer proppevoll.

Hauptattraktion der <u>SANDSTRAND</u> im Westen: 18 km nichts als Sand, bei Ebbe gut 2-3 km breit. Abseits des Rummels kommt bei manchen Urlaubern ein Hauch von Camel-Wüstenfeeling auf - voller Begeisterung drehen Allradfreaks auf der Sandpiste ihre Runden. Tag für Tag wird der Strand zum Spielplatz für alle Altersstufen: Brandungssurfer, Strand-segler, Burgenbauer, Spaziergänger oder "Bratheringe".

Charakteristisch für das Inselinnere sind weite Heide- und Kiefernareale (Naturschutzgebiet), leicht wellig und nur zu Fuß erreichbar. Zur Fest-landsseite schließt eine breite Wattküste an. Die Inselstraße verläuft entlang der Ostseite verbindet den Festlandsdamm mit Havneby, dem kleinen Fährort im Süden.

Hochhauskästen à la Westerland auf Sylt blieben Rømø erspart. Hier ist Ferienhausurlaub angesagt. Viel Transitverkehr zur Insel Sylt, denn der Schlenker über Dänemark ist billiger als die Deutsche Bahn über den Hindenburgdamm direkt nach Sylt.

Kostenlose Straßenverbindung nach Rømø über den 1o km langen Damm durchs Wattenmeer, der in den Kriegsjahren gebaut wurde.

Radfahrer finden eigene Wege direkt neben der Hauptstraße.

 Havnebyvej 3o, 6792 Rømø. Tel. 74 75 51 3o, Fax: 74 75 5o 31, - 1 km nach dem Damm Richtung Havneby. Offen: Mo.-Sa. 9-17 Uhr, So. 1o-16 Uhr zur Saison. Sehr gute Inselkarte. Organisierte Wattwanderungen, vogelkundliche Führungen im Naturcenter auf der Rückseite des Tønnisgård.

Post und **Bank**: 1 km weiter in Kongsmark.

Bus: Havneby-> Lakolk zur Saison 4-1o x tägl.
Skærbæk (Festland)-> Lakolk (Rømø) 5-7 x tägl.
Lakolk-> Aabenraa 4-6 x tägl.

Die Walfänger und Kapitäne von Rømø

Ende des 17. Jh. begannen die Insulaner auf holländischen, später auch norddeutschen Walfangschiffen anzuheuern, als Matrosen, Harpuniere oder Kapitäne. 1697 gab es sogar eine Navigationsschule auf der Insel. Zur Blütezeit Ende des 18. Jh. lebten 4o Kapitänsfamilien auf Rømø. Sie investierten ihren Verdienst in die Bauernhöfe, die vorwiegend von den Ehefrauen bewirtschaftet wurden, denn Ende Februar liefen die Boote wieder zum Walfang vor Grönlands Küste aus.

Anfang des 19. Jh. ließ der Walfangboom nach, die Tiere waren soweit dezimiert, daß sich die weiten Fahrten kaum noch lohnten. Die Insulaner stiegen wieder auf Handelsfahrten um, bis dann Ende des 19. Jh. die Landwirtschaft lukrativer wurde. Heute ist der Tourismus Haupteinnahmequelle der Insel.

Am 27. März 1996 machte Rømø Schlagzeilen, als 16(!) riesige Pottwall auf der Insel strandeten. So etwas hatte es hier noch nie gegeben und in Europa zuletzt 1723, als 18 Tiere in der Elbmündung trieben. Schnell wurden Postkarten gedruckt mit den kollossalen Leibern der Jungwale, die bis zu 25 Tonnen wogen und 12-13 m lang waren. Ein Skelett ist für das Museum in Toftum vorgesehen.

Naturschutz: Um die sensible Natur der Insel zu schützen sind einige Spielregeln zu beachten: Lagerfeuer wegen Waldbrandgefahr verboten, gerade in Heidegebieten mit brennenden Zigaretten aufpassen, Vorsicht auch mit Kaminasche bei Ferienwohnungen.

Wildcampen ist u.a. auch wegen Waldbrandgefahr auf der ganzen Insel untersagt. Pflanzen sollen auch noch für die nächsten Urlauber in der Natur stehen bleiben. Keine Abfälle zurücklassen. Hunde gehören grundsätzlich an die Leine. Gewarnt wird auch vor Wattwanderungen auf eigene Faust, die Flut kommt oft schneller als erwartet.

LAKOLK: Ferienhaussiedlung und Campingplatz direkt hinter den Strand gesetzt. Die vierspurige Straße endet am "Haupteingang" zum breiten Sandstrand mit entsprechendem Rummel. Neben dem großen Parkplatz reihen sich Boutiquen aller Art, Surf- und Sportshop, Disco, Spielhölle, Pizzeria und die obligatorischen Eis- und Pølserbuden.

Das <u>MINIMUSEUM</u> informiert zum Thema Watt, Meer und Dünen. Alle Muscheln des Strandes abgebildet, auch deutschsprachige Erklärungen.

Der Strand läuft super seicht ins Meer aus, trotzdem türmen sich bei Westwinden ordentliche Wellen auf. Die Kinder spielen lieber in den wärmeren Prielen.

Direkt an der Zufahrtstraße drängen sich die Autos dicht am Wasser; wer die Einsamkeit bevorzugt, braucht nur etwas weiter fahren, Platz gibt es genug. Eigener Bereich für Surfer etwas südlich der Badezone. FKK (Fribadestrand) im Süden beim Zugang über Havneby. <u>Achtung</u>: auch ohne Straßenschilder gilt am Strand max. 3o km/h. Der Norden ist Militärgebiet.

3 km Stichstrasse nach Norden bis **JUVRE** locker verstreute Bauernhöfe, kein richtiger Ort. Die Straße endet am Deich im Parkplatz beim Militärgelände. Campingplatz und Museum (siehe unten).

<u>KOMMANDØRGÅRD</u>: der komplett eingerichtete Kapitänshof (18. Jh.) zeigt den Wohlstand vor 2oo Jahren (gehört zum Nationalmuseum Kopenhagen). Große Stallung und Scheune, im Keller war der Backofen. In den Wohnstuben leistete man sich holländische Wandkacheln, bemalte Türen, Einbaubetten, selbst die Seemannskiste fehlt nicht. <u>Offen</u>: Mai bis September 1o-18 Uhr, Oktober 1o-15 Uhr, montags zu. 5 DM Eintritt.

Ungewöhnlicher <u>Zaun</u> komplett <u>aus Walknochen</u> ca. 1 km weiter (rechts neben der Straße). Über 2oo Jahre alt und inzwischen etwas verwittert.

Von Juvre in 12 km nach Havnebya. Schöne <u>SPAZIERGÄNGE</u> zwischen Heide, Kiefernwald und Dünenlandschaft, von den Sandhügeln (meist alte Bunker) hat man einen weiten Blick über die Insel. Markierte Spaziergänge (2-6 km), stundenlange Wanderungen auf eigene Faust möglich. U.U. per Bus zum Ausgangspunkt zurück. Gratiskarte mit Wandervorschlägen beim Touristbüro.

<u>INSELKIRCHE</u> an der Straße zwischen Damm und Havneby. Ursprünge aus dem 17. Jh., doch mehrfach angebaut. Dem Schutzpatron der Seefahrer geweiht, viele Schiffsmodelle. <u>Offen</u>: Di.-Fr. 8-16 Uhr.

Interessante <u>Grabplatten</u> verstorbener Kapitäne (Commandøren) der Walfangschiffe, teilweise aus dem 17. Jh. (Nordmauer des Friedhofs), mit Schiffen oder naiv anmutenden Familienszenen geschmückt. Die Inschriften erzählen den Lebenslauf der Verstorbenen, darunter ein 16-jähriger Grönlandfahrer.

RØMØ SOMMERLAND, kurz vor Havneby beim Kommandørgaarden. Freizeitpark im Dorfstil aufgezogen. Von der Wasserrutsche bis zu Streicheltieren wird viel Action geboten. Badesachen, Picknickkorb und viel Zeit mitbringen, Ticket gilt den ganzen Tag. Im Eintritt von ca. 17 DM sind alle Aktivitäten enthalten. Offen: Mai bis Anfang September 11.3o-16.3o Uhr, Juni/Juli bis 19 Uhr.

Die Inselstraße endet im Süden bei **HAVNEBY** am Fährhafen nach Sylt (Sild), nebenan einige Fischkutter und Jachten. Große Auswahl in den Fischgeschäften. Die preiswerte Autofähre ist eine beliebte Alternative zur Bahnverladung nach Sylt.

Die wenigen Inselhotels haben uns von der Lage direkt an der Straße wenig begeistert.

"**Hotel Færgegården**", Vestergade 1. Modern ausgestattete Zimmer im traditionellen Stil gebaut, DZ 18o DM.

"**Hotel Lakolk**", Lakolk 15o. Unschlagbare Lage direkt hinter dem Sandstrand, architektonisch wenig begeisternder Flachbau.

"**Rim Feriecenter**", große Anlage im Reihenhausstil bei Havneby, Vestergade 159. Ferienwohnungen unterschiedlicher Größe, Küchenausstattung bis zur Kaffeemaschine. Restaurant dabei. Breites Sportangebot. Zum Südstrand ca. 2 km. 2o7 App. ab 95o DM pro Woche.

Großes Ferienhausangebot-viele Häuser idyllisch im Heide- und Kieferngürtel versteckt. Sehr unterschiedliche Typen, mit Rieddach oder gemütlichen Holzkonstruktionen, einige mit offenem Kamin und Veranda. Information am "Eingang der Insel" direkt nach dem Damm. Broschüre beim Touristenbüro.

Jugendherberge, Lyngvejen 7 in Havneby. Ganz idyllisch. Gästeküche. 25 Familienzimmer. Offen: Mitte März bis Oktober.

Drei große Campingplätze:

*** Lakolk: beste Lage direkt am Sandstrand (gut 1 km zum Meer), doch zur Saison steht man trotz der Größe dicht an dicht ohne Schatten. Zur Vor- oder Nachsaison die beste Adresse. 8oo Stellplätze. Offen April bis Mitte Oktober.

*** Kommandørgården Camping: direkt an der Hauptstraße Richtung Havneby. Große komfortable Anlage um das Hotel. Viele heckenabgeteilte Stellplätze, auch offene Wiesenbereiche. Sehr schöner Spielplatz, das Sommerland gleich nebenan. Kein direkter Zugang ans Watt, zum Strand ca. 3 km. Gut sortierter Supermarkt, Tagesgerichte auch durch die Hotelküche. 55o Stellplätze. Ganzjährig offen.

*** Rømø Familie Camping, nach dem Damm rechts. Großer, natürlich belassener Wiesenplatz, zum Meer gut 4 km. Auch zur Hauptsaison nicht so überlaufen. Kleiner Laden, Spielplatz, die Sanitärs schon älteren Datums und bei dem Andrang im Sommer nicht ausreichend. Einige Campinghütten. 3oo Stellplätze. Offen: April bis September.

Campinggas bei den Tankstellen nach dem Damm.

 Das Restaurant "DE FEM ENGLE" etwas auf rustikal getrimmt, gehört zum Hotel Færgegården. Schmackhaft zubereitete Gerichte, vorwiegend Fisch, doch geringe Auswahl à la carte. Gehobenes Preisniveau, z.B. Scholle ca. 35 DM.

"KOMMANDØRGÅRDEN", Havnebyvej 2o1. Das Restaurant des Hotels ist bekannt für sein großes Fischbuffet, das zur Saison einmal die Woche aufgetischt wird. Darüber hinaus große Speisekarte, auf der auch Steaks und Lamm zur Wahl stehen. Preislich ab 25 DM.

★ Insel Mandø

Die Miniinsel macht aus ihrem Ebbeweg eine Attraktion. 8o Menschen leben auf dem kleinen, ruhigen Fleck im Wattenmeer. Felder, Weiden, Deiche und Dünen. Viel Natur, um im Marschgebiet spazierenzugehen, Vögel zu beobachten oder einfach zu relaxen. Die meisten Urlauber kommen als Tagesgäste mit dem Mandøbus über den Ebbeweg.

Badestrand im Süden (Schotterweg an der Kirche vorbei).

Im Ort ein einfacher ** Campingplatz, Mandø Kro (Restaurant und ein paar Zimmer) und eine moderne Cafeteria. Einige Ferienhäuser werden vermietet. Zentrale Infobörse ist der gut sortierte Supermarkt.

INSELMUSEUM MANDØHUS: ein riedgedecktes Schifferhaus, möbliert wie zu Großmutters Zeiten von der guten Stube bis zu Küche und WC. Geringer Eintritt.

Liebevoll gemachte ORNITHOLOGISCHE SAMMLUNG; ein Schnellkurs zum Thema See-, Wat- und Landvögel. Über 1oo ausgestopfte Tiere teils mit Jungtieren und Eiern präsentiert.

MANDØ MÜHLE, klein und schmucklos war bis 194o in Betrieb.

INSELKIRCHE: Schmuckstück der schlichten Inselkirche ist die Kanzel, die das Catherinenkloster in Ribe für einen symbolischen Betrag verkauft hat. Witzige Kleiderhaken: uralte Rentiergeweihe, die das Meer angespült hat.

Mandø war nie eine reiche Insel; früher lebten die Menschen vom Fischfang, als die fetten Jahre vorbei waren von Landwirtschaft und Viehzucht. Viele Männer gingen zur See, nicht etwa als Kapitäne wie auf der Nachbarinsel Rømø, sonders als einfache Seeleute. Deswegen fehlen auf Mandø auch die schmucken Rieddachhöfe. Zur besten Zeit um 189o hatte die Insel 26o Einwohner. Die Sturmflutsäule unten am Strand zeigt die Katastrophen an. Die Idee eines reichen ehemaligen Mandøbürgers, seiner Heimatinsel eine Seilbahn zu schenken, wurde nicht aufgegriffen, stattdessen verbesserte man den Ebbeweg.

Zufahrt: Ab Vester Vedsted am urigsten per Mandøbus, ein rumpelndes salzwassererprobtes Gefährt aus Sindelfingen mit hochbeinigen Anhängern. Ca. 3/4 Std. Fahrt, etwa 2 1/2 Std. Aufenthalt. Vorbestellung nur für Gruppen, sonst gilt "wer zuerst kommt, mahlt zuerst". Abfahrt je nach Gezeit, in den Touristenbüros, z.B. Ribe zu erfragen oder an der Endstation des Mandøbusses in Vester Vedsted (2 km vorm Meer) angeschlagen. Hin- und Rückfahrt 8 DM/Pers. Bäckerei/Café und - falls man warten muß - eine kleine Ausstellung zum Wattenmeer. Mai bis Oktober Di.-Fr. 1o-16 Uhr, Sa.-Mo. 13-16 Uhr.

Der "richtige alte" Ebbeweg durchs Wasser ist noch ausgeschildert und mit Stöcken markiert, wird aber nicht mehr befahren, seit der "Låningsvej" fertig ist, ein etwas erhöhter grober Kiesweg auch nur bei Ebbe zu befahren. Der Mandøbus fährt meist noch ein kleines Stück den alten Ebbeweg.

Im Prinzip kann man bei Ebbe mit dem eigenen Auto fahren (ca. 4 km), aber Mandø ist so winzig und hat kaum Straßen, daß sich das nicht lohnt. Unbedingt vorher genauestens die Gezeiten studieren!!

✭Ribe   (8.ooo Einw.)

Touristenmagnet Westjütlands: älteste und schönste Stadt Jütlands. Im Juli bedeutet das Scharen von Urlaubern, die mit Foto und Stadtplan durch die alten Straßen pilgern.

Sehr homogenes Zentrum zwischen den beiden Armen des Ribe Å. Die kleinen bunten Häuschen mit viel Nippes und blitzsauberen Fensterscheiben stehen weitgehend unter Denkmalschutz. Neubauten müssen in Höhe und Aussehen entsprechend angepaßt werden. In der Altstadt leben heute noch ca. 3.5oo Menschen.

Schönes Ensemble um den Torvet beim Dom mit alten Fachwerkhäusern (Restaurant Weis Stue) und Kaufmannshöfen (Hotel Dagmar). Lockende Boutiquen bieten Kunsthandwerk, Schmuck, allerlei Krimskrams und Kitsch.

Tourist INFO Im alten Kaufmannshof von 159o am Torvet 3-5 (Marktplatz). 676o Ribe. Tel. 75 42 15 oo, Fax: 75 42 4o 78. Offen: Mo.-Fr. 9-17 Uhr, Sa. 1o-13 Uhr. Mitte Juni bis August Mo.-Fr. 9-17.3o Uhr, Sa. 9-17, So. 1o-14 Uhr.

Große Parkplätze vor der Altstadt, extra für Wohnwagen und Wohnmobile ausgewiesen mit WC und Wasserstelle.

Geschichte: "Ribe" bedeutet Flußufer. Wie neueste Ausgrabungen ergaben, ist Ribe wesentlich älter als bisher vermutet. Auf dem nördlichen Flußufer wurden sensationelle Funde aus der frühen Wikingerzeit gemacht. Demnach war Ribe ein wichtiger Handelsplatz ähnlich wie Haithabu in Schleswig und Birka in Schweden.

Fast könnte man sagen, in Ribe begann die Christianisierung Dänemarks. Jedenfalls be-

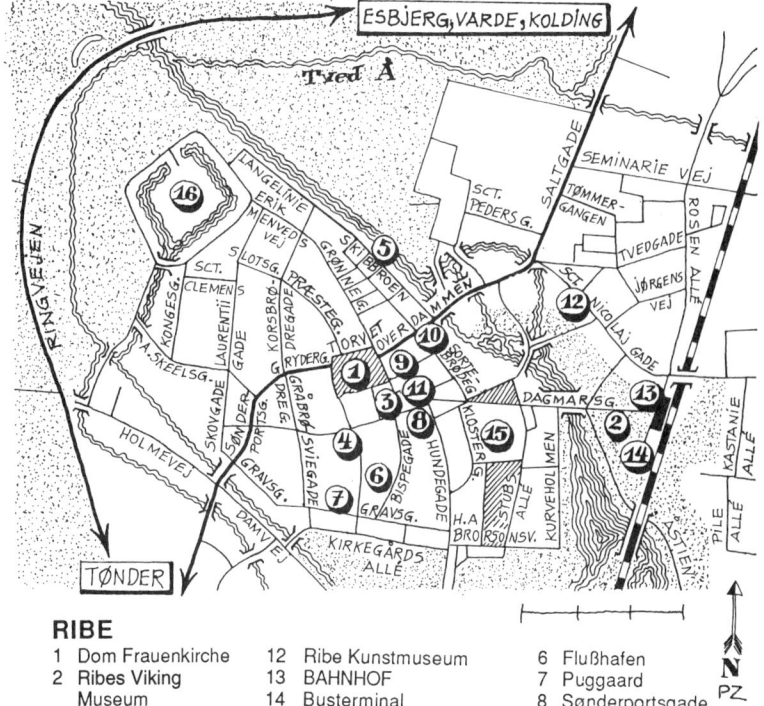

ESBJERG, VARDE, KOLDING

Tved Å

TØNDER

RIBE

1 Dom Frauenkirche	12 Ribe Kunstmuseum	6 Flußhafen
2 Ribes Viking	13 BAHNHOF	7 Puggaard
Museum	14 Busterminal	8 Sønderportsgade
3 Altes Rathaus	15 Sct.Catharinæ Kirche	9 TOURIST INFO
4 Fachwerkhäuser	und Kloster	10 Quedens Gaard
5 Sturmflutsäule	16 Schoß Riberhus	11 Spielzeug Museum

kam der fränkische Nordland Missionar Ansgar Mitte des 9. Jh. die Genehmigung hier eine Kirche für seine neuen Schäfchen zu bauen. Seit 948 Bischofssitz. Die Holzkirche ist längst vermodert. Der jetzige Dom wurde 1134 begonnen, ein Generationenwerk, auch hier verwendete man wie bei so vielen dänischen Kirchen Tuffstein aus Andernach am Rhein.

Die Stadt wurde dank diverser königlicher Privilegien sehr wohlhabend und besaß Klöster und Kirchen en masse - im Mittelalter war Ribe fast eine Großstadt mit 5.ooo Einwohnern. Nach der Reformation ging es stetig bergab. Von den neun Klöstern und einem Dutzend Kirchen ist kaum etwas erhalten. Schließlich wurde auch der Hafen unwichtig, denn die Schiffahrt bevorzugte die Route um das Kap Skagen und Ribe lag nicht mehr an der Hauptverkehrsachse. Stadtbrände, Sturmfluten, Pestepidemien und Kriege sorgten für einen weiteren Niedergang.

Der Wiener Vertrag von 1864, der die deutsch-dänischen Kriege beendete, drängte Ribe in eine Randlage, denn die neue Grenze verlief ein paar Kilometer südlich der Stadt und isolierte Ribe von seinem Hinterland. Durch die Hafengründung in Esbjerg 1868

schwammen Ribe endgültig die Felle davon. Einen erheblichen Vorteil hatte das Dorn-
röschendasein für die Stadt dennoch: Ribe ist ganz ursprünglich und ohne Bausünden
erhalten.

Als besondere Attraktion leistet sich Ribe heute noch einen <u>NACHT-
WÄCHTER</u>, der im Sommer abends um 22 Uhr (zur HS auch 2o Uhr)
durch die Altstadt zieht und eine kleine, informative gratis Stadtführung
gibt. Start vorm Restaurant Weis Stue (1.5.-15.9.; dänisch, englisch).

Idyllischer kleiner Flußhafen (6), der die Stadt mäanderförmig mit dem
Wattenmeer verbindet. Hier liegt der flachkielige Ewer "<u>JOHANNE DAN</u>"
am Kai, Kopie eines früheren Handelsbootes.

Im Sommer werden Bootsfahrten auf dem Ribe Å zur Kammerschleuse
vorne am Meer angeboten; 2 x täglich, dauert 2 1/2 Std.

<u>STURMFLUTSÄULE</u> (5): ein nüchterner Katastrophenindikator am Kai.
Besonders verheerend war die Sturmflut von 1634, damals stieg das Wasser so an, daß man im Sortebrødregård in Ribe Meerfische angeln konnte
(wie ein Chronist berichtet).

<u>DOM</u> (1): gebaut im 12./13. Jh. Das Herzstück der Stadt zeugt noch heute
von der früheren Macht. Wie zu alten Zeiten ist der Dom kilometerweit
sichtbar, durch den Marschuntergrund im Laufe der Jahrhunderte allerdings ein Stück abgesackt. Wie immer wurde mit dem Chor begonnen,
das Querschiff ist auch noch romanisch, bis die fünf Längsschiffe
fertiggestellt waren, baute man mittlerweile gotisch.

<u>Innen</u>: das Taufbecken sieht älter aus als es ist (15. Jh.), Kanzel (16. Jh.).
Geschnitztes Chorgestühl um 15oo. Übermannshohe Grabplatten aus dem
17. Jh. in den äußeren Seitenschiffen. Die moderne Apsisdekoration der
8oer Jahre war recht umstritten, mittlerweile ist sie in die Rubrik "sehenswert" aufgenommen und wird als Postkartenmotiv verkauft.

Weites Panorama vom rechteckigen <u>Glockenturm</u> über die Marsch bis zur
Insel Mandø und Fanø, die Schlote von Esbjerg und in die Storchennester
der Stadt. 247 Stufen! Eingang durch den Dom.

<u>Offen</u>: Juni bis August 1o-18 Uhr, sonn- und feiertags 12-18 Uhr. Sonst
1o-17 Uhr, im Winter nur bis 15 Uhr. Sonn- und feiertags 12-17 Uhr, im
Winter 12-15 Uhr. Eintritt 2,5o DM.

MUSEEN

<u>RIBES VIKING MUSEUM</u> (2), Odinsplads. 1995 wurde dort, wo sich
die einstige Wikingersiedlung befand, ein interessantes Museum zum Thema "Ribe zur Zeit der Wikinger und im Mittelalter" eröffnet. Die Fundstücke werden ergänzt durch Fotos und Schautafeln, die zusammen mit
den deutschsprachigen Texten einen guten Einblick in das Leben zur Zeit
der Wikinger vermitteln. Das Marschland war damals schon ein Weide-
gebiet, und Rinder die wichtigste Handelsware. Die Wikingersiedlung lag

am Knotenpunkt des See- und Landwegs. Gut geschützt ein Stück vom Meer entfernt am Nordufer des Å. Die sensationellen Funde im Museum zeigen sehr gut den Alltag der Wikinger. Man erfährt auch, wie die Bürger im Mittelalter gelebt haben, wie Krankheiten geheilt wurden - oder auch nicht, und wie ein Badetag aussah, an dem es nicht nur um die Hygiene ging. Offen: Juni bis Mitte September tägl.1o-17 Uhr, sonst tägl. 1o-16 Uhr. Eintritt 1o DM.

VIKINGCENTER: Wer sich für das Leben der Nordmänner interessiert, sollte sich dieses Wikingerzentrum nicht entgehen lassen. Wenige Kilometer südlich der Stadt wurde der Marktplatz aus dem Jahre 72o nachgebildet, wie die Ausgrabungen in Ribe es ans Tageslicht gebracht haben das Modell im Museum zeigt. Jeder Handwerker und Händler hatte seine eigene Parzelle. Für drei Monate leben hier die modernen Wikinger wie ihre Vorvorvorfahren in der traditionellen Kleidung, töpfern, schmieden, stellen Silberschmuck her oder färben die Kleider nach Wikingerart. Übrigens gehören die Frauen in den blauen Kleidern zur wohlhabenderen Schicht, da dieses Blau sich nur mit Indigo färben ließ und das war teuer. Fragen ist hier erwünscht, die "Wikinger" können viel über die alten Traditionen erzählen.

Große Attraktion ist das Bogenschießen um 13 Uhr, dann können auch die Besucher ihr Geschick unter Beweis stellen. Alle Waffen sind handgefertigt versteht sich. Das Dorf wird ständig erweitert. Am Eingang das Langhaus aus der Zeit um 98o im Stil der Wikingerburgen Trelleborg und Fyrkat aus Eiche, errichtet nach Zimmermannstechnik der Wikinger. Zukunftsprojekt ist die Wikingerstadt am Ende des 11. Jahrhunderts. Im Zeitraffer ist dann die Entwicklung von Ribe zu sehen und anschließend wird sonnenklar, daß die Wikinger keineswegs nur unerschrockene Haudegen waren. Offen: Juni bis August tägl. außer Mo. 11-16 Uhr. Eintritt 8 DM, Kinder 4 DM. Wenige Kilometer südlich nahe dem Ort Lustrup.

SPIELZEUGMUSEUM (11), Von Støckens Plads 2. Das Museum zeigt mit seinen unglaublich vielen Exponaten einen breiten Querschnitt der Geschichte des Spielzeugs der letzten 13o Jahre. Bemerkenswert sind die Porzellanpuppen und die aufziehbaren Spielsachen. Offen: Juni bis August täglich 1o-12/13-17 Uhr, April bis Oktober 13-17 Uhr. Eintritt 8 DM, Kinder 4 DM.

QUEDENS GÅRD (1o): Sortebrødregade/Ecke Overdammen. Der alte Kaufmannshof zeigt Einrichtungen der verschiedenen Epochen. Offen: Juni bis August täglich 1o-17 Uhr, März bis Oktober täglich außer Mo. 11-15 Uhr. Sonst täglich außer Mo. 11-13 Uhr. Eintritt 5 DM.

DET GAMLE RÅDHUS (3), kunstvoller Ziegelbau von 1496. Seit 17o8 fungiert es als Rathaus. Kleines Museum. Offen: Mai bis September Mo.-Fr. 13-15 Uhr, 4 DM Eintritt.

RIBE KUNSTMUSEUM (12), Sct. Nicolaigade 1o, schönes Ambiente in der Villa von 1864. Dänische Malerei des 19. und 2o. Jh. Offen: 15. Juni bis 31. August täglich 11-17 Uhr, sonst Di.-So. 13-16 Uhr. 5 DM Eintritt.

Von dem mittelalterlichen SCHLOSS RIBERHUS (16) am Stadtrand hat nur der Wassergraben und der Hügel die Zeiten überdauert - 1692 abgerissen, heute sitzen hier friedlich die Angler. Es wurde vermutlich im 12. Jh. von König Niels gebaut und oft von den Königen benutzt.

SCT. CATHARINEN KIRCHE (15) und Kloster neben dem Dom einziges Relikt aus vorreformatorischer Zeit. Die jetzige Kirche (15. Jh.) hatte einige Vorläufer, die auf dem weichen Untergrund jedoch einstürzten. Offen: 1o-12/14-16 bzw. 17 Uhr.

"**Hotel Dagmar**", Torvet 1, auch "historisch" von 1581. Der Name erinnert an die böhmische Prinzessin Dagmar aus dem 12. Jh., die in Ribe Valdemar den Sieger heiraten sollte. Etwa 5o Zimmer bis unter die Dachschräge; keine o8/15-Ausstattung, alle individuell mit modernem Komfort. DZ ab 2oo DM inkl. Frühstück.

"**Hotel Sønderjylland**", Sønderportsgade 22, ganz zentral - neben der Tankstelle. 15 Betten. DZ ohne Dusche 12o DM inkl. Frühstück.

Jugend- und Familienherberge, Sct. Pedersgade 16 auf dem anderen Flußufer. Die Altstadt in Spazierweite. Groß und modern, 152 Betten, auch Familienzimmer. Offen: Februar-November.

Ferienhäuser für 6 Personen: Storkesøen Haulundvej 164, 676o Ribe. Die modernen "Nur-Dach"-Häuser mit viel hellem Holz liegen bei dem Angelsee Storkesø, einen guten Kilometer südlich des Zentrums.

*** Ribe Camping, Farupvej: 1-2 km nördlich. Wiesenplatz von Bäumen eingerahmt. Campinghütten- und Wohnwagen vermietung, 21o Stellplätze. Ganzjährig offen.

"WEIS STUE" am Torvet 2. Absolut zu empfehlen, eines der ältesten Restaurants von ca. 16oo. Fast museale wohnzimmergroße Stuben - holländische Kacheln, Balkendecke, rustikale Holztische. Gute Küche, Fleisch und Fisch zu fairen Preisen, deswegen stark frequentiert. Wenn man Glück hat, ist eines der wenigen Zimmer frei.

Restaurant "DAGMAR", Torvet 1 (beim gleichnamigen Hotel). Feinschmeckerrestaurant zu Spitzenpreisen, innen plüschig und großzügig. Im Wächterkeller gibt es bis früh am Morgen noch ein Bier.

Restaurant "SÆLHUNDEN", Skibbroen 13 am "Hafen". Das über 4oo Jahre alte Gemäuer steht unter Denkmalschutz. An warmen Tagen stehen die Restaurant-Tische im Freien am Kai. Wenn es die einheimische Spezialität "Bakskuld" gibt, sollte man probieren. Günstige Preise.

"VÆGTERKÆLDEREN", im Sommer stehen die Stühle am Torvet, wo man dem Einkaufsgewimmel zuschauen kann. Innen urgemütlich mit herrlichem Kachelofen. Lecker der hausgemachte Heringssalat, aber auch Fleischgerichte.

Angeln: Angelmöglichkeit im Ribe Au und dem künstlichen Angelsee Storkesø am südlichen Stadtrand. Angelkarten im Touristenbüro.

Fahrrad: Sehr schöner Fahrradweg von Ribe nach Esbjerg auf abgelegenen Sträßchen. Die meiste Zeit hinter dem Deich entlang.

Verbindungen *ab Ribe*

Bahn: -> Tønder werktags stündlich, am Wochenende seltener, knappe Stunde.
-> Esbjerg, werktags stündlich, am Wochenende seltener; ca. 3o Minuten.

Bus: -> Vester Vedsted zur Abfahrt des Mandøbusses mehrmals täglich.
-> Rødding, Jels werktags 6 x, Wochenende 2-4 x tägl., ca. 45 Minuten.
-> Haderslev 5 x werktags, Wochenende 2-4 x tägl., 1 1/2 Std.

✦Esbjerg   (81.ooo Einw.)

Die junge Stadt im Schutze der Nordseeinsel Fanø hat eine steile "Karriere" hinter sich. Erst Mitte des 19. Jahrhunderts aus dem Boden gestampft, ist sie heute die fünftgrößte Stadt des Landes mit dem größten Fischerei- und Exporthafen Dänemarks.

Insgesamt 1o km Kaianlagen. Wichtiges Tor zum Westen für Frachter, Containerschiffe und Fähren nach England, Schottland, Farøer und Norwegen. D a s Zentrum für die Off Shore Aktivitäten in der Nordsee mit direkten Öl- und Gaspipelines nach Esbjerg.

Als Esbjerg gegründet wurde, in der Zeit der Industrialisierung, baute man im Stil des Historismus. Aus dieser Epoche sind bei einem Stadtbummel noch einige schmucke Bauten zu sehen. Voran der Bahnhof und das Gebäude am Marktplatz, in dem das Touristenbüro untergebracht ist. Es wurde um 19oo erbaut. Das Bankgebäude (Torvet 2o) plante der Architekt C.H. Clausen (1896), im krassen Gegensatz stehen nebenan die Treppengiebel des Postgebäudes (19o7 von Ulrich Plessner). In der Fußgängerzone (Kongensgade) sind einige Jugendstilhäuser erhalten. Ein Blick in die Kirchen zeigt moderne Architektur der letzten Jahrzehnte.

Die vielen Museen, verbunden mit einem Shoppingbummel, lohnen besonders an trüben Tagen einen Stop. In der Fußgängerzone (Kongensgade) sind einige Jugendstilhäuser erhalten.

 Skolegade 33 am Torvet (Hauptplatz). 67oo Esbjerg.
Tel. 75 12 55 99, Fax: 75 12 27 67. Offen Mo.-Fr. 9-17 Uhr,
Sa. 1o-13 Uhr. Geldwechsel am Sa., sehr guter Stadtplan.

 Post: am Torvet, offen: Mo.-Fr. 9-17 Uhr, Sa. 9-12 Uhr.

Geschichte: Nach dem Verlust der Hafenstadt Husum an Deutschland (durch neue Grenzziehung 1864, siehe Seite 2o4) mußte ein Ersatz geschaffen werden. Bei kurzen Entfernungen zu Kopenhagen und dem Schutz durch die Insel Fanø fiel die Entscheidung leicht.

Der Hafen war ursprünglich für den Export landwirtschaftlicher Produkte gedacht, doch schnell wurden die wirtschaftlichen Vorzüge einer modernen Handelsstadt im Westen deutlich und Esbjerg expandierte. Anfang 19. Jh. lebten hier gerade mal 3o Menschen, 1899 bekam Esbjerg Stadtrechte. Im 2. Weltkrieg war die Hafenstadt ein wichtiges Ziel bei der deutscher Besetzung Dänemarks. Gegen Kriegsende erlitt die Stadt einige Schäden durch alliierte Bombenangriffe und Sabotage. Für Westjütland ist Esbjerg zum wirtschaftlichen, kulturellen und Ausbildungszentrum geworden.

HAFENRUNDFAHRT (12) mit der "Sønderbo" von Ende Juni bis Mitte August Montag bis Freitag drei Fahrten. Preis 8 DM, Kinder 4 DM. Abfahrten bei der Fanø Fähre.

Im Fischerhafen sind knapp 25o Kutter registriert, in puncto Fangmenge steht er an 3. Stelle der Weltrangliste. Fischauktionen werktags ab 7 Uhr, für Langschläfer wird im Juli eigens einmal pro Woche eine Auktion um 9.3o Uhr veranstaltet. Gabelstaplerweise gehen die Fänge an das höchste Gebot. Ein Teil landet gleich in der Fischmehlfabrik.

MOTORFYRSKIB NR. 1, das größte Leuchtturmschiff der Welt als reine Holzkonstruktion liegt bei der Abfahrt der Fanøfähre. Komplett zu besichtigen mit kleinen Ausstellungen über das Leben an Bord. Die sogenannten Feuerschiffe markierten früher die Schiffahrtswege, was durch Satellitennavigation längst überflüssig wurde. 1913 in Fåborg gebaut, bis 1988 noch im Einsatz. Besichtigung: Mai bis Mitte Oktober tägl. 1o-16.3o Uhr. Eintritt 2,5o DM, Kinder 1,5o DM.

MUSEUM ESBJERG (4) Tarvegade 45, informiert über die Stadtentwicklung. Ganz plastisch sind einige Straßenzüge aus dem Anfang des 19. Jahrhunderts nachgebaut, schicke Einrichtungen damaliger Stadtwohnungen. Zu dem Westjütlands Bernsteinmuseum mit 1o.ooo Jahre alten Exponaten. Offen: Di.-So. 1o-16 Uhr, Mo. außerhalb der Saison geschlossen. Eintritt 5 DM, Kinder 2,5o DM.

FISCHEREI- UND SEEFAHRTSMUSEUM (18), Tarphagevej etwas nördlich des Hafens, Bus Nr. 21, 22, 23, 3o. Hier dreht sich alles ums Meer, - am meisten begeistert das Robbenaquarium, wenn um 11 und 14.3o Uhr gefüttert wird. Im Salzwasseraquarium rund 5o verschiedene Fische aus heimischen Gewässern, auch Haie. Sehr anschauliche Fischereiabteilung, die Ausstellungen draußen (Frilandsudstilling) zeigen Fi-

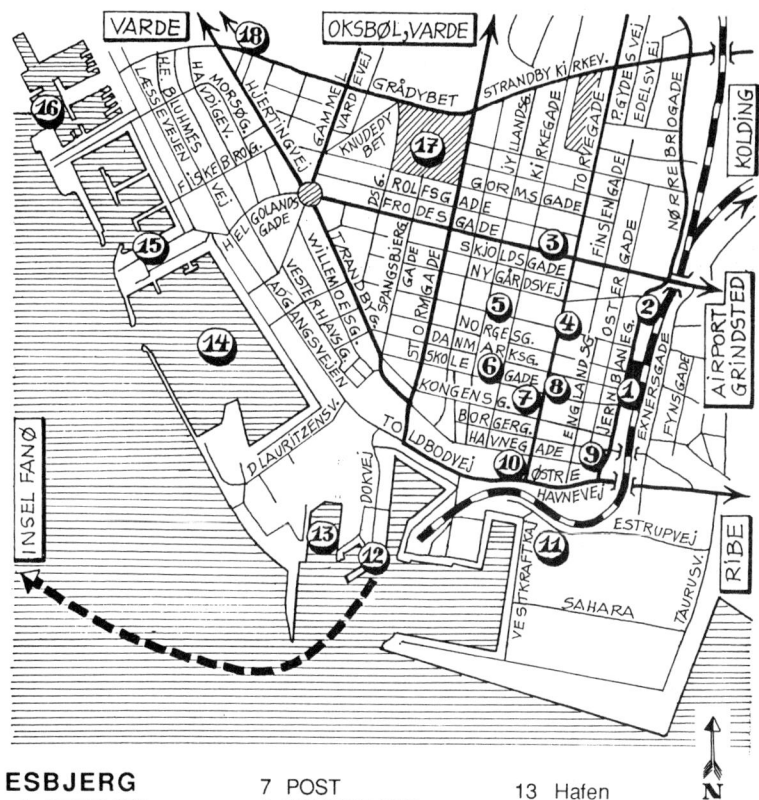

ESBJERG
1 BAHNHOF
2 BUSTERMINAL
3 Rathaus
4 Esbjerg Museum
5 Sct.Nikolas Kirche
6 Frelsers Kirche
7 POST
8 TOURIST INFO
9 Buchdruckermuseum
10 Kunstmuseum
   Wasserturm
11 Vestkraft
12 Fähre nach Fanø
13 Hafen
14 Trafikhavn
15 Auktionshalle
16 Fischerei Hafen
17 Friedhof
18 Fischerei- und
   Seefahrtsmuseum

scherboote, Wracks und einen Bunker des 2. Weltkriegs. Hier auch ein Spielplatz. Offen: Juli/August täglich 1o-18 Uhr, sonst bis 17 Uhr.

DRUCKEREIMUSEUM (9), Borgergade 6, alte Geräte, Druckmaschinen aus dem 19. Jh., in der Setzerei wird zeitweise nach herkömmlichen Methoden gearbeitet. Offen: Juni bis Mitte September tägl. 12-16 Uhr, sonst Di.-So. tägl. 13-16 Uhr, Mo. geschlossen. Eintritt 4 DM.

KUNSTMUSEUM (1o), Havnegade 2o: umfangr. Sammlung moderner dän. Kunst ab 192o. Bilder, Skulpturen, Keramiken.Offen:tägl.1o-17 Uhr.

Der nahegelegene WASSERTURM (1o) wurde zum Wahrzeichen der

Stadt, 1896 im Stil eines alten Burgturms gebaut. Vom obersten Stockwerk einmaliger Blick auf den Hafen. <u>Offen</u>: Juni bis Mitte September tägl. 1o-16 Uhr, sonst nur Wochenende. Eintritt 2,5o DM.

Verschiedene <u>FRIEDHÖFE</u> (17) nicht nur für die Stadtbevölkerung: Gedenkplatz an die vermißten Fischer auf See, deutscher Kriegsgräber- und Flüchtlingsfriedhof, Gedenkstätte an die abgeschossenen alliierten Flieger.

Baden: Das Wasser um Esbjerg ist erstaunlicherweise im Rahmen der Aktion "Blaue Flagge" freigegeben. Ein 5 km langer Badestrand liegt im Norden bei Marekær und Hjerting. Schöner sind die Nordseedünen nur einen Katzensprung entfernt.

"**Scandic Hotel**", Strandbygade 3, direkt im Zentrum, nicht weit vom Bahnhof. Modernes großes Geschäftshotel, Sauna, Solarium etc. Zimmer in schwarz-weiß gehalten. Restaurant der gehobenen Preisklasse mit Kerzenscheinambiente. Gute Fischkarte. DZ 135 DM.

"**Hotel Ansgar**", Skolegade 36. 62 wohnlich eingerichtete Zimmer bis unter die Dachschräge. DZ ab 145 DM. Gute Küche.

"**Hotel Britannia**", Torvet. Großer Kasten, trotz der Stadtlage großer Wintergarten mit Blick ins Grüne. 8o Zimmer, modern mit skandinavischen Möbeln ausgestattet. Beliebtes Konferenzhotel. DZ ab 18o DM.

"**Hotel Hjerting**", Strandpromenaden 1. 7 km nördlich in Strandnähe. Freundlich hell konzipiert. Kleine Sitzgruppe im Zimmer. Pizzeria Marcopolo und urige Bar. 9o Betten. DZ ab 15o DM.

Guldager Kro, Stationsvej 1o4. Traditionelle Herberge in einem über 1oo Jahre alten Gebäude. 15 modernisierte Zimmer, familiäre Atmosphäre. Gut 6 km außerhalb. DZ ab 95 DM, mit Bad teurer.

Jugendherberge: Gamle Vardevej 8o. Offen: Februar bis Dezember. 34 Familienzimmer. Gästeküche.

*** <u>Sjæborg Camping</u>, Sjæborg Strandvej, gut 1o km westlich vom Zentrum nicht direkt am Meer. Insgesamt große Anlage durch Hecken unterteilt. Einige Campinghütten. 421 Stellplätze. Offen: April bis Mitte September.

"**SMEDEKRO**", Smedegade 11. Einige Utensilien erinnern an die alte Schmiede, rustikale Möbel. Riesige Fischauswahl, auch Fleischiges.

"<u>MUNKESTUEN</u>", Smedegade 21. Im Sommer einige Stühle und Tische im Freien, innen stilvoll. Bekannt für seine guten Fischgerichte.

"<u>CAFE BIOGRAFEN</u>", Finsengade 1. Ein beliebter Treffpunkt, - leckere hausgemachte Kuchen, auch warme Gerichte und Bier vom Faß. Musik und Ausstellungen.

Restaurant "<u>KYSTPAVILLONEN</u>", Havnegade 2o. Prima Blick auf den Hafen. Zum Mittag viel Hausgemachtes.

Restaurant "<u>PAKHUSET</u>", Dokvej 3. Im ehemaligen Pack-/Lagerhaus von 19o2. Mit seinen dicken Wänden war es so kalt, daß hier das Eis gelagert werden konnte. Mittags- und Abendgerichte, viel Fisch. So. zu.

Verbindungen ab Esbjerg

Zug: -> Ribe, Tønder werktags stündlich, sonst seltener.
-> Kopenhagen über Kolding, Odense, Roskilde alle 2Std.
-> Varde alle 2 Std.
-> Ringkøbing, Holstebro alle 1-2 Std., Wochenende seltener.

Bus: -> Øksbøl, Blåvand ca. 1o x werktags, Sa./So. seltener.

Fähre: -> Fanø siehe unten.

✶Insel Fanø   (17 km lang, 2-5 km breit)

Die schönste Nordseeinsel Dänemarks bietet fast alles, was man sich für einen Urlaub wünscht: ein unendlich scheinender Sandstrand entlang der gesamten Westküste, haushohe Dünen, hinter die sich zahllose Ferienhäuser kuscheln und zwei ausgesprochen gemütliche Inselorte zum Bummeln.

Akzeptables Sportangebot, Spaziergänge durch die Heidelandschaft im Zentrum (Naturschutz), Wattwanderungen auf der Ostseite, Vögelbeobachten, bis hin zu abwechslungsreichen Museen. Außerhalb der Hochsaison ist Fanø ein Idyll. Im Juli sind die Ferienhäuser so gut wie ausgebucht und auf Campingplätzen wird's ganz schön eng; nur am Strand bleibt immer noch genügend Platz.

Fanø läßt sich gut als Tagesausflug vom Festland planen. Am schönsten per Rad, außerdem bereitet das Rad keine Probleme auf der Fähre.

Die große Seefahrerzeit begann erst vor rund 25o Jahren, nachdem die Bewohner ihre Insel von der Krone ersteigert hatten. Dies ging nicht ganz ohne List, denn das zusammengeworfene Geld langte kaum, um die finanzkräftige Konkurrenz aus Tønder und Hamburg auszustechen. Im 18. Jh. begann der Aufschwung auf Fanø, über 1.ooo Schiffe liefen seitdem vom Stapel, mehr als 15o Segler waren zur Blütezeit in Sønderho registriert. Aus dieser Zeit stammen viele riedgedeckten Häuser und Gästhofe.

Verbindungen

Die **Autofähre** schlängelt sich ab Esbjerg Hafen durch die schmale Fahrrinne durchs Watt. Alle 3o-6o Minuten bis spät in die Nacht. Überfahrt ca. 2o Min. Hin- und Rückfahrt ca. 5 DM/Person, Fahrrad 5 DM, Pkw inkl. 5 Pers. 55 DM, Wohnmobil über 6-8 m Länge 11o DM.

 **Inselbus**: Von Nordby über Fanø Bad, Rindby nach Sønderho und retour etwa stündlich. Dauer ca. 25 Min.

 **Fahrradverleih**: z.B. gleich beim Fähranleger im Havnekiosken: solide "Drahtesel" ohne Gangschaltung, Kindersitze werden gleich mitvermietet.

Tourist INFO Im Hauptort Nordby gleich nach der Fähre, 672o Fanø. Tel. 75 16 26 oo, Fax: 75 16 29 o3. Vermitteln auch Ferienhäuser und Privatzimmer. Geldwechsel. Gute Inselkarte. Infos zu Veranstaltungen, Naturwanderungen, Busausflügen, Ausstellungen. Offen: Mo.-Fr. 8.3o-17.3o, Sa. 9-13 Uhr. Juni bis Ende August 8.3o-18 Uhr, Sa. 8-19 Uhr, So. 1o-17 Uhr.

Über 2.ooo Ferienhäuser auf der ganzen Insel, viele gleich hinter den Dünen. Meist individuelle Häuschen mit viel Platz drumherum.

Ferienwohnungen (Lejligheder) oder Privatzimmer (Værelser) werden oft in den gemütlichen alten Häusern vermietet.

Information und Vermittlung z.B. durchs Touristenbüro. Rechtzeitig auswählen und reservieren, die Nachfrage ist groß.

BADEN Der 18 km lange Sandstrand im Westen ist wie ein riesiger Spielplatz: bis 1.ooo m breit, teils steinharter Sand, auf dem Autos bis ans Meer fahren, selbst der Linienbus fährt ein Stück über die Piste. Doch sollte man das Auto so wenig wie möglich am Strand benutzen und lieber die Natur zu Fuß erleben.

Super flach geht's ins Wasser, nur bei auflandigem Wind etwas Brandung. Die seichten Priele haben bei Ebbe fast Badewannentemperatur. Die flachsten Stellen im Süden, von Muscheln überzogen. Weniger idyllisch, aber wohl praktisch erweisen sich die "Blechdosen" direkt neben dem Badehandtuch. (Übernachten am Strand verboten.) Gemütlicher sind die autofreien Bereiche am breiten Nordstrand und im flachen Süden.

Für Surfer ist genau in der Mitte ein Areal reserviert.

Bernstein wird überall in den Souvenirshops angeboten, wer Glück hat, kann bei einem Strandspaziergang kleine Stückchen finden. Wanderwege entlang der Dünen bis nach Süden. Originelle Graffiti verschönern die Bunker am Strand.

Vier Strandzugänge: im Norden bei Nordby bzw. Fanøbad, Rindby und von Sønderho im Süden.

Achtung Autofahrer: max. 3o km/h am Strand!

<u>Fahrradvermietung</u>: Auf der ganzen Insel möglich. Sehr praktisch bei der Ankunft im Fährort Nordby, Hovegaden 96.

Für die kleine Insel erstaunlich großes <u>Sportangebot</u>:

Surfen an der Westküste, bei entsprechendem Wind nur für Könner, die den Wasserstart beherrschen. Autozufahrt bis ans Wasser.

Reiten wird ganz groß geschrieben. Kleine Runden auf dem Hof oder im gestreckten Galopp über den Strand. "Farmen" in Sønderho bietet Reiterferien an. Info im Touristenbüro.

Tennis: Courts in Fanø Bad oder Sønderho, Squash beim Hotel Fanø Bad. Golfplatz in Fanø Bad, Minigolf an mehreren Stellen.

Sehr schöne **Spaziergänge** durch Heide-/Waldlandschaft im Inselzentrum. Markierte Wege ab Parkplatz bei der Hauptstraße. Schöne Wanderung entlang der Westküste zwischen Strand und Dünen und per Bus retour. Oder über den Naturpfad bei Sønderho zum Fuglekøjen auf der Ostseite; gutes Gebiet um Watvögel zu beobachten. Vorschläge und Karte beim Touristenbüro.

NORDBY: gemütlicher Fährort im Norden, zugleich geschäftiges Zentrum der Insel. Das Angebot der Shops ist nicht nur auf die Touristenwünsche abgestimmt, hier gibt es fast alles zu kaufen, was die Inselbevölkerung braucht.

In der Molkerei wird ein spezieller Weichkäse (Kräuter, Knoblauch) hergestellt. Schmale, gewundene Gassen, Fachwerk- und riedgedeckte Häuser mit kleinen Vorgärten. Im Sommer wird gepinselt und gehämmert. An Fanøs Schiffswerft erinnert nur noch ein Straßenname.

Die <u>SEEFAHRTSKIRCHE</u>, eine protestantische Kirche ohne Chor, der Altar auf der Längsseite. Eine Reihe von kanonenbestückten Handelsschiffen schwebt unter der Decke.

<u>SCHIFFAHRTS- UND TRACHTENSAMMLUNG</u> im ehemaligen Skipperhus (19. Jh.). Gibt Einblick in die Blütezeit der Insel, als die Männer zur See fuhren und die Frauen Haus und Hof managten. Fast jeder Schiffstyp der Fanøwerft als Modell zu sehen, viele Trachten. <u>Offen</u>: Mai bis September werktags 1o-12/14-17 Uhr, So. 14-17 Uhr. Juli Mo.-Sa. 1o-17 Uhr, So. 14-17 Uhr. Sonst nur werktags 1o-12 Uhr.

<u>FANØ MUSEUM</u> im 3oo Jahre alten Stadthaus, zeigt die Einrichtung der damaligen Zeit. <u>Offen</u>: Juni werktags 1o-13 Uhr, Juli bis Mitte August Mo.-Fr. 1o-12/14-17 Uhr, Sa. 1o-13 Uhr, Mitte August bis Mitte September werktags 1o-13 Uhr.

<u>SPIELZEUGMUSEUM</u>: Hier stapeln sich die internationalen Spielzeuge. Von Zinnsoldaten über Puppen bis zur Auto- und Eisenbahnsammlung. Im <u>EUROMUSEUM</u> werden auch historische Spielzeuge verkauft. Beide

offen tägl. außer Di. 1o-17 Uhr. Eintritt 4 DM, Kinder 3 DM.

 * <u>Schmidts Camping</u>, in Nordby: z.T natürlich belassenes Gelände mit einigen Kiefern, aber auch heckenabgegrenzte Bereiche. Ca. 1 km zum Strand. Einfachere Ausstattung, dafür auch etwas preiswerter als die anderen. Offen: Mitte Mai bis Mitte September. 1o8 Stellplätze.

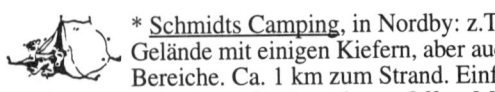 "NORBY KRO", Strandvejen 12-14. Eingerichtet in einem historischen Gaard ist es bekannt für seine Fischgerichte. Das Fischbuffet, auf dem sich auch die Krustentiere türmen, ist unschlagbar. Gut 4o DM/Person.

Eine ganze Reihe netter Cafés, besonders gut hat uns "<u>CAFÉ ELSE</u>" gefallen, abends auch warme Gerichte.

FANØ BAD: architektonisch nicht gerade schöne Feriensiedlung. Hier begann zur Jahrhundertwende der Kurbetrieb. An alter Bausubstanz hat sich außer <u>CAFE VILLA NINA</u> (Strandvejen 6o), in einem der Gründerzeithäuser kaum etwas erhalten. Viele Ferienhäuser im alten Stil zwischen den Dünen. Der Hotelkasten Danland besticht weniger durch die Architektur, als durch seine Lage in erster Reihe mit Blick über den Strand.

RINDBY: kein gewachsener Ort, im wesentlichen Feriensiedlung mit den meisten Campingplätzen und Unmengen Ferienhäuser. Eigener Strandzugang. Viele Fritten- und Eisbuden.

 *** <u>Feldberg Strand Camping</u>: liegt am nähesten zum Strand, ca. 2oo-3oo m. Große Bereiche mit einigen Windschutzhecken, ordentliche Sanitärs, Supermarkt. 85 Einheiten. Offen: Mitte April bis Oktober.

*** <u>Feldberg Familie Camping</u>: die ruhigere Alternative mit Spielplatz, Fußballfeld und Reitmöglichkeit. Sehr schöne Campinghütten. Gute Sanitärs. 148 Stellplätze. Offen: Mitte April bis Mitte Oktober.

*** <u>Ro-Land Camping</u>: große Anlage, z.T. kleine abgeteilte Bereiche. In den Sanitärbereichen überall warmes Wasser. Großes Angebot an komplett ausgestatteten Mietcaravans. 2oo Stellplätze. Offen: Mitte April bis Ende Oktober.

Reservierung manchmal möglich und zur Hochsaison auch ratsam.

SØNDERHO: Im Süden, einer der schönsten Orte Dänemarks. Ein homogenes Ensemble alter Häuser (ab Mitte 18. Jh.) mit Rieddächern, fotogenen Hauseingängen und vielen schönen Details. Selbst in den Häusern hat sich wenig verändert, neben dem Kühlschrank und Elektroherd steht immer noch der gute alte Beistellofen.

Sønderho muß man zu Fuß entdecken; die schmalen, gewundenen Straßen sind gerade autobreit und enden oft am Deich oder in den Dünen - Geschnatter der Watvögel und kaum noch Touristen. Sønderho hat keine Shoppingstraße wie Nordby, dafür die gemütlichsten Restaurants der Insel.

HANNES HUS: Kapitänshaus aus der guten alten Segelzeit komplett erhalten und bis 1965 bewohnt. Ein schönes Beispiel der alten Fanøhäuser, deren Einnahmen aus der Seefahrt und Landwirtschaft (meist Frauensache) bestanden. Offen: Mitte Juni bis August tägl. 15-17 Uhr. Mai bis September Sa./So. 15-17 Uhr.

RETTUNGSSTATION von 1889: Alles was damals im Einsatz war, steht inzwischen unter Denkmalschutz. Offen: Mitte Juni bis August tägl. 15-17 Uhr.

Die WINDMÜHLE von 1894 wurde durch Eigeninitiative der Bevölkerung restauriert. Erst 17o1 erhielten die Insulaner das Privileg ihr Korn selber zu mahlen, bis dahin mußten sie nach Ribe schippern.

"**Kromanns Hotel**", mitten im Dorf, etwas abseits vom Badetrubel. Zimmer ohne eigenes Bad 8o-14o DM. Das Fischrestaurant abends immer gut besucht. Abwechslungsreiche Karte, z.B. Wildlachsfilet oder Lammspieß, preislich ab 25 DM.

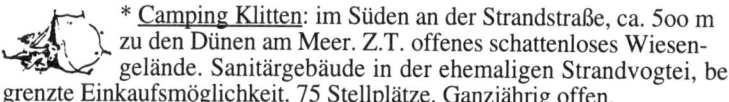 * Camping Klitten: im Süden an der Strandstraße, ca. 5oo m zu den Dünen am Meer. Z.T. offenes schattenloses Wiesengelände. Sanitärgebäude in der ehemaligen Strandvogtei, begrenzte Einkaufsmöglichkeit. 75 Stellplätze. Ganzjährig offen.

Tip: Feinschmecker-Restaurant "SØNDERHO KRO". Innen urig gemütlich wie anno 1722, fast museal mit Wandkacheln und niedriger Balkendecke. Mittags dänische Küche zu vertretbaren Preisen. Abends eine exquisite, dänisch-französische Speisekarte. Viele Spezialitäten, besonders Fisch, aber auch Fleisch und Geflügel. Fast alles ist hausgemacht, so auch der köstliche Heringssalat. Das Abendmenu wird teuer.

Familienrestaurant "SØNDERHO", am Ortseingang. Schön, wenn man draußen im "Vorgarten" sitzen kann, innen eher schlicht. Ordentliche, aber kleine Pizzen ab 15 DM, Fisch vorwiegend frittiert, Fleisch mit Pommes um die 2o DM. Kindermenü.

"NANAS STUE" in einem alten Fachwerkhaus. Urgemütliches Restaurant/ Café, die Einrichtung könnte aus einem Anitquitätenladen stammen, Fliesenkollektion an den Wänden. "Bøf" in allen Varianten ab 2o DM, viel Fisch und kleine Mittagskarte.

✦ Varde   (18.ooo Einw.)

Provinzstadt 18 km nördlich von Esbjerg mit lebhaften Shoppingstraßen im Zentrum. Von der mittelalterlichen Stadt, die schon im 12. Jahrhundert schriftlich erwähnt wurde, ist wegen der vielen Stadtbrände nichts mehr erhalten. An die alte Königsfestung Vardehus mit Schanzen erinnert nur noch das Straßenschild Skansen. Gemütlich geht's um den kleinen Flußhafen an der Varde Au zu, früher ein wichtiger Verkehrsweg. Industrieviertel am Rande. Bahnstation.

Um die Urlauber von der Küste zu locken, hat man einige Attraktionen geschaffen: <u>VARDE MINIBYEN</u>. Im Arnbjerg Park wurde die Stadt anno 18oo, also vor den Stadtbränden in Miniatur nachgebaut. Historisch getreu mit Kopfsteinpflaster im Maßstab 1: 1o, nur der Kirchturm ist übermannshoch. <u>Offen</u>: Mai bis Mitte September täglich 1o-16 Uhr, zur Hochsaison 1o-18 Uhr. 5 DM Eintritt.

<u>STADTMUSEUM</u>: Lundvej. Wohnmilieu einer Kaufmannsfamilie Anfang des Jahrhunderts, schönes Mobiliar, Silber, Textilien und die "jydepotter" jütländische Keramik. Gemäldesammlung. Mai bis August täglich 13-17 Uhr, sonst 14-17 Uhr. Eintritt 5 DM.

<u>TAMBOURS GARTEN</u>: 7 km östlich Bredemosevej, Nordenskov; gepflegte Gartenanlage mit vielen seltenen Pflanzen. <u>Offen</u>: im Sommerhalbjahr täglich 1o-18 Uhr, zur Hochsaison bis 21 Uhr. 5 DM Eintritt.

<u>VARDE SOMMERLAND</u>, Gellerupvej 49: Vergnügungspark mit riesiger Wasserrutsche, diversen Fahrzeugen, Ruder-, Tretbooten, Colorado River - eine Rutschbahn per Baumstamm und und und. Im Eintritt alles inbegriffen. <u>Offen</u>: Mitte Mai bis Anfang August täglich 1o-18 Uhr. Eintritt zur Hochsaison 15 DM, sonst etwas billiger.

✦Oksbøl

Kleiner Inlandsort mit zwei interessanten "Sights": <u>ÅL KIRCHE</u> (12. Jh.) am Nordrand; äußerlich unterscheidet sie sich kaum von den 2.ooo übrigen romanischen Kirchen Dänemarks. Im Innern (Nordwand) einer der besterhaltenen <u>Freskenzyklen</u> aus dem 12. Jh: die Taten des hl. Nikolaus (Schutzheiliger der Kirche) und der berühmte Reiterfries. So lebendig und kunstfertig, daß man kaum an die frühe Datierung glauben mag.

<u>Szenen von links</u>: Bischof Nikolaus (an Mitra und Bischofsstab zu erkennen) bei der Taufe. Nikolaus als Beschützer der Reisenden: ein Herbergsbesitzer erschlägt drei seiner schlafenden Gäste mit der Axt im Bett, seine Frau klaut ihnen ihre Geldbörse, Nikolaus stellt das Paar zur Rede und erweckt die drei Toten zum Leben. Nikolaus bewahrt drei Mädchen vor der Prostitution: er gibt dem sterbenden, verarmten Gutsbesitzer drei Geldsäcke, damit er die Mitgift für seine drei Töchter bezahlen kann. Der Reiterfries darunter erinnert an den normannischen Bayeuxteppich; seine Deutung ist umstritten, aber er gibt interessanten Einblick in Bekleidung und Bewaffnung zu damaliger Zeit.

Sehr gute deutschsprachige Broschüre am Eingang der Kirche 2,5o DM.

<u>BLÅVANDSHUK EGNSMUSEUM</u> Kirkegade 1, gegenüber Touristenbüro. Im 1. Stock sehr gute Dokumentation der deutschen Besatzungszeit und des Flüchtlingslagers von Oksbøl (1945-49) mit einem deutschspra-

chigen Film über das Lagerleben.

Gegen Kriegsende flüchteten Millionen Deusche aus Ostpreußen vor der Roten Armee nach Westen. Nur ein Teil der überfüllten Schiffe entging alliierten Angriffen, die eigentlich deutsche Truppentransporte treffen sollten. Ca. 25o.ooo Menschen erreichten Dänemark - überwiegend Frauen, Kinder und alte Männer. Anfangs wurden sie von der deutschen Wehrmacht in beschlagnahmten Gebäuden untergebracht, nach dem 8. Mai 1945 sahen sich die Dänen mit dem Flüchtlingsproblem konfrontiert und hätten am liebsten alle mit der Wehrmacht nach Deutschland geschickt.

Da machten die Alliierten nicht mit, denn 9o % der Flüchtlinge stammten aus der sowjetisch-besetzten Zone und dort fühlte sich niemand für sie zuständig. Deswegen richtete der dänische Staat das Internierungslager ein (das Fremdenrechtgesetz gab dazu die Grundlage), d.b. Stacheldraht und Bewachung. Die Behandlung sollte "human, aber nicht von zu großer Gastfreundschaft geprägt sein". Aus dänischer Sicht verständlich, gerade hatte man 5 Jahre deutsche Besatzung hinter sich.

Oksbøl wurde später zu dem größten Flüchtlingslager Dänemarks. Die letzten deutschen Flüchtlinge verließen erst Februar 1949 die Stadt. Von den Betreuungskosten (ca. 46o Mio. Kronen) übernahm die Bundesrepublik Entschädigungen in Höhe von 16o Mio. DM.

Im Lager herrschte weitestgehende Selbstverwaltung mit einem demokratisch gewählten Bürgermeister. Durch Arbeitsplätze in verschiedenen Werkstätten, Schulen für die Kinder und ein Kulturprogramm versuchte man eine gewisse "Normalität" im Alltag zu schaffen. Spartanisch und in drangvoller Enge lebten hier ca. 17.ooo Frauen, 6.ooo Männer und 13.ooo Kinder. Nach 1949 wurde das Lager abgerissen, bei der Jugendherberge (sie war Krankenhaus) sind noch Holzbaracken zu sehen. Der FLÜCHTLINGSFRIEDHOF im Præstegårdsvej erinnert an dieses schwierige Kapitel deutsch-dänischer Nachkriegsgeschichte.

Deutsche Übersetzung der Erklärungen an der Kasse zu kaufen. Offen: Mitte Juni bis Mitte September täglich 14-17 Uhr. Sonst nur sonntags 14-17 Uhr. 2,5o DM Eintritt.

 Vestergade 27, 684o Oksbøl. Tel. 75 27 18 oo, Fax: 75 27 25 52. Offen: Mo.-Fr. 9-17 Uhr, Juni bis August auch Sa. 9-15 Uhr.

Verbindungen ab Oksbøl

 **Bus**: -> Vejers Strand 7 x werktags, Wochenende 5 x tägl., knappe Stunde.
-> Blåvand 12 x werktags, Wochenende 6-7 x tägl., 2o Min.
-> Esbjerg 1o x werktags, Wochenende 6-7 x tägl., 3o Min.

 **Zug**: Oksbøl liegt an der Bahnlinie Varde-Nørre Nebel (privat), jeweils 13 x werktags, am Wochenende 4-5 x tägl. Verbindung.

★Blåvand Huk

Das westlichste Eck Dänemarks: endlose Sandstrände, Dünenküste bis nördlich des Ringkøbingfjords. Schön gelegene Ferienhaussiedlungen, mehr oder weniger versteckt in den Dünen, viele Campingplätze im Bereich der Sommersiedlungen.

Ringsherum nur Natur mit großen Waldaufforstungen (Plantagen) und Heideflächen, durch die gekennzeichnete Wanderwege führen. Die Halbinsel Skallingen steht unter Naturschutz. Das Militärgelände beeinträchtigt die Ferienidylle zur Hauptsaison nur selten mit Schießübungen.

Um die Sommersiedlung Blåvand entstand eines der größten Ferienhausgebiete Jütlands, teilweise hübsch gelegen, einige Campingplätze: ein Eldorado für Surfer. Entlang der Zufahrtsstraße massig Shops, vom Supermarkt bis zu Boutiquen, Post, Geldwechsel und Büros der Ferienhausgesellschaften.

Empfehlenswertes Restaurant "BLÅVAND KRO" am Ortseingang, bekannt gute Küche im rustikalen Rahmen, hier ist immer etwas los.

 Sehr schöner Badestrand, feiner weißer Sand über zig Kilometer. Von den Parkplätzen nur wenige 1oo m über Holzbohlen ans Meer hinter den Dünen. Etwas abseits der Zufahrtswege (Richtung Leuchtturm) findet man auch im Hochsommer kuschelige Plätzchen.

Extra Bereich für Surfer (ausgeschildert): vom Parkplatz nur ein Katzensprung zum Wasser, guter Einstieg. Durch die Lage bei vorherrschenden Westwinden noch wenig Brandung.

 Gleich nebenan ** Blåvand Camping: bei Surfern wegen der Nähe zum Meer besonders gefragt. Schattenloser Wiesenplatz, zur Saison ähnelt das Luftbild einer geöffneten Sardinendose. April bis Anfang September.

***** Hvidbjerg Strand Camping: am Zugang zum Surfstrand, nur wenige 1oo m vom Meer entfernt: Riesige Anlage mit allem Schnick-Schnack, für trübe Tage ein Tropenland, mit Wasserrutsche, Sauna, Whirlpool und Palmen. Sehr gute Sanitärs, doch die Entfernungen arten manchmal in einen kleinen Spaziergang aus. Superladen etc. Zum Platz gehört auch ein kleiner Angelsee. 42o Stellplätze, gut ausgestattete Campinghütten, bis zu 6 Schlafplätze. Offen: April bis Ende Oktober.

Weit über 1.ooo Ferienhäuser, mehrere Vermittler:

* DanCenter, Blåvandvej 27, 6857 Blåvand
* Dan-Mark Feriehusudlejning, Blåvandvej 31, 6857 Blåvand
* Ibsens Ferienhausvermittlung, Blåvandvej 15, 6857 Blåvand

LEUCHTTURM: 39 m hoch, der westlichste Dänemarks (19oo erbaut), 47 km weit vom Meer aus zu sehen. Besichtigung möglich.

BLÅVAND MUSEUM nahe Leuchtturm: kleines Heimatkundemuseum über das Leben der Menschen um Blåvand. In der alten Rettungsstation (1851) kleine Ausstellung über das Rettungswesen, ehemaliges Rettungsboot. Offen: Juli/August tägl. 14-17 Uhr.

TIRPITZSTELLUNG nahe Ho am Anfang der Halbinsel Skallingen: Ende des Krieges wurde mit dem Bau einer großen Bunkeranlage für die Marine begonnen. Ausstellung im ehemaligen Bunker. Film über den Atlantikwall. Offen: tägl. 11-17 Uhr, Eintritt 5 DM.

HO: im Osten an der seichten Bucht ist für seinen MARKT bekannt. Aus alter Tradition wird immer noch am letzten Samstag im August der Viehmarkt abgehalten, der inzwischen schon Volksfestcharakter erhalten hat mit Würschenbuden, Flohmarkt etc.

Die Miniinsel **LANGLI** in der Ho Bucht steht unter Naturschutz, im Sommer bei Ebbe zu Fuß erreichbar. Naturschutzzeiten beachten.

✦Vejers Strand

Feriensiedlung nördlich des Militärgeländes, interessant für Leute, die unbedingt mit dem Auto bis auf den Strand fahren wollen. Im Hochsommer wird der festgefahrene Streifen zu einem riesigen Parkplatz. Der Pommes- und Pølserwagen kommt sicherheitshalber mit dem Trecker vorgefahren, Eisbuden. Ein Bereich auch mit Badeaufsicht. Bei Ebbe werden breite Priele frei - ungefährliche Badewannen für Kinder.

Zum Surfen der bequemste Strandzugang entlang der Küste, gleich neben dem Auto aufbauen und starten. Bei einem Surf-/Familienurlaub kommt dabei jeder auf seine Kosten.

An der Zufahrtstraße einige Shops, Fahrradvermietung, kleine Postfiliale und Bank. FISK ROGERI mit kleinem Restaurant. Große Auswahl, Aal, geräucherter Lachs etc.

"**Strandhotellet**", Vejers Havvej 1o5, mitten in den Dünen; von der Salzluft etwas mitgenommen, dafür Spitzenlage. 64 Betten. DZ 11o DM.

*** Vejers Strand Camping, am Rande des Ferienortes. Zur Hauptsaison eine riesige "Campingstadt" gleich hinter den Dünen im natürlich belassenen Gelände. Verschiedene Wege führen kreuz und quer durch die Anlage, dafür keine abgezirkelten Plätze. Kann außerhalb der Spitzensaison idyllisch sein, Fahrrad bei den Entfernungen ratsam. Campinghütten. Ordentliche Sanitäranlagen. 48o Stellplätze. Offen: April bis Mitte September.

*** Stjerne Camping und ** Schlüters Camping: relativ kleine Anlagen,

8o-12o Stellplätze, an der Zufahrtstraße. Die Stellplätze entlang der Straße ohne Sicht- oder Lärmschutz. Offen: April bis Mitte September.

Bis zu den Dünen verteilen sich die <u>Ferienhäuser</u>. Viel Platz zum Nachbarn, doch nicht alle nah am Strand; teilweise von Bäumen grün eingefaßt. Vermittlung durch "Die hyggeligen Dänen", Fam. Hansen, Vejers Havvej 12 (am Ortseingang), 6853 Vejers Strand.

✱ Henne Strand

Größere Sommersiedlung gleich hinter den Dünen, auch für FKK-Fans. Hat uns in puncto Strand weit und breit am besten gefallen. Die Zufahrtstraße zum Strand endet hier in einem großen Parkplatz in den Dünen. Vorteil: kurze Wege, autofreie Strandbereiche. Mit Kind und Kegel, Liegebett und Kühltasche pilgert man morgens los.

Feiner weißer Sandstrand soweit das Auge reicht und etwas abseits des Zugangs auch nicht mehr so gedrängt. Jeden Morgen kommt die Treckermüllabfuhr.

 An der Strandstraße Strandvejen 425, 6854 Henne Strand. Tel. 75 25 53 11, Fax: 75 25 53 86. Mit Ferienhausvermittlung. Post und Bank.

Geschäfte entlang der Strandstraße; Glasbläser und Bernsteinschleifer und und und. Der eigentliche Ort Henneby liegt zur Sommersaison etwas im Abseits (Fahrradweg).

<u>Gutes Sportangebot</u>: Tennis, Golfplatz, Angelmöglichkeit im Meer oder in den kleinen Bächen.

<u>HENNESTRAND TROPENLAND</u>: lockt bei schlechtem Wetter. Wasserrutsche durch die ganze Anlage, Massagepool, Sauna etc.

"<u>Henne Strand Appartements</u>": Beton-Klinkerbau an der Strandstraße, nicht weit vom Meer. Große Wohnungen mit mehreren Räumen für bis zu 6 Personen und Laubenbalkon. Restaurant, Swimmingpool und Sauna für die kalten Tage.

Locker verstreute <u>Ferienhäuser</u> von den Dünen bis weit ins Hinterland hinein. Sehr unterschiedliche Größen, Ausstattung und Lage. Von vielen geht's zum Strand nur per Fahrrad oder Auto, dafür ist man dann auch weitgehend "für sich". Großes Angebot durch Hansens Feriehusudlejning, 6854 Henne Strand.

<u>Jugendherberge</u>: Henne Strand Vandrerhjem, Strandvejen 458. 1o Familienzimmer. Gästeküche. Mitte Juni bis Mitte August.

 *** <u>Henne Strand Camping</u>: große Anlage in der Sommersiedlung beim Tropenland. Schattenlose Plätze, möglichst die

Bereiche entlang der Hauptstraße meiden. Gute Ausstattung mit Spielplatz, Tennis etc. Vermietung von Campinghütten und Wohnwagen. Über 2oo Stellplätze. Offen: Mitte April bis Oktober.

*** Henneby Camping: Familienplatz etwas vom Meer entfernt. Abgezirkeltes Wiesenareal aufgelockert durch Baumreihen. Einkaufsmöglichkeit, Hütten und Caravanvermietung. 18o Stellplätze. Offen: April bis Oktober.

Natursit Camping: am Rande Hennebys, eine der wenigen FKK-Anlagen Dänemarks. Zum Strand ein ganzes Stück zu laufen.

Sandtreiben und Wanderdünen: Seit Jahrhunderten bereitet das Sandtreiben in diesem Gebiet große Probleme. Mitte des letzten Jahrhunderts begann man auf Staatskosten mit einer großen Aufforstungsaktion (Bergkiefern) und pflanzte Dünengras und Heideflächen an. Bisher ließen sich die Sandverwehungen nur verlangsamen, nicht richtig stoppen. Bitte auf die neuen Pflanzungen Rücksicht nehmen und nur die ausgewiesenen Zugänge (große Parkplätze) benützen. Schöne Reit- und Fahrradwege im Wald. Wegen akuter Waldbrandgefahr ist Rauchen in den Waldgebieten untersagt, ebenso offene Feuer!

Mittendrin liegt der BLÅBJERG, Dänemarks höchste Wanderdüne (64 m). Das Panorama reicht von Ringkøbing im Norden bis zu den Schlöten Esbjergs im Südosten, mit dem Fernglas kann man vielleicht das eigene Ferienhaus entdecken. Der bis zum Plateau bewaldete "Berg" war für die Schiffahrt lange Zeit ein wichtiger Orientierungspunkt und als "Blauberg" bei den Seefahrern bekannt. Ein besonderes Phänomen ist der versandete Eichenwald auf seiner Südseite (kurze Wanderwege ab Parkplatz).

Wandern / Spaziergänge

Einige sehr schöne Kurzspaziergänge in den Wäldern um den Blåbjerg. Markierte Rundwege von 2-3 km Länge durch Nadel- oder den versandeten Eichenwald, läßt sich bequem auf 8-1o km Richtung Henne Strand ausdehnen.

Längere Touren auch ab Parkplatz Houstrup Strand nach Süden, einmal um das Heidegebiet "Lyngbo Hede" (Naturschutzgebiet). Markierte Wanderwege auch südlich von Nymindegab durch das Forstgebiet oder südlich Ho durch Wald und Heide. Wer ohne Markierung klar kommt, kann mit einer guten Karte stundenlang auf schmalen Pfaden durch das Wald- und Dünengelände wandern.

Fahrradtouren

Im Blåbjerggebiet lassen sich einige Tages- oder Halbtages- touren von 1o-4o km unternehmen. Ausgangspunkt z.B. die Strandorte, Nørre Nebel im Inland oder Nymindegab am südlichen Ausläufer des Ringkøbingfjords. Z.T. schöne Etappen durch die "Plantagen" (angepflanzte Waldgebiete) auf abgelegenen Schotterwegen oder schmalen Landstraßen. Nicht immer läßt sich die Hauptverbindung umfahren. Unbedingt die Wanderdüne Blåbjerg miteinbauen (Aussichtspunkt). Tourenvorschläge bei den Touristenbüros. Fahrradverleih in den Strandorten.

✱Nørre Nebel

Eigentlich nur ein kleiner Ort an der Verbindungsstraße Oksbøl -> Ringkøbingfjord, doch zur Sommersaison herrscht entlang der Hauptstraße Kolonnenverkehr. Aus den umliegenden Feriensiedlungen kommen die Urlauber zum Shoppen.

 An der Hauptstraße. Gute Broschüren mit Fahrradvorschlägen und Wanderwegen.

 Post: beim Bahnhof, offen Mo.-Fr. 1o-12/14.3o-17 Uhr, Sa. 1o-12 Uhr.

VETERANENZUG: an jedem Sonntag im August fährt auf der 8 km langen Strecke von Nørre Nebel nach Nymindegab ein Oldtimerzug. Die Linie wurde 1942 von deutschen Besatzungstruppen gebaut und sollte die Festungsanlagen bis Hvide Sande ans Eisenbahnnetz anbinden. Weiter als bis Nymindegab wurde jedoch nie gebaut, dann hatten andere Projekte Priorität.

✱ Ringkøbingfjord

Herrliches Urlaubsgebiet im Westen Dänemarks. An dem breiten Naturstreifen stimmt alles: gischtende Nordseebrandung, makellose Strände, haushohe Dünen. Auf der natürlich belassenen Nehrung "HOLMSLAND KLIT" verteilen sich Campingplätze und jede Menge Ferienhäuser.

Nur zur Spitzensaison wird es am Nordseestrand stellenweise etwas eng, dafür hat man im Häuschen hinter der Düne wieder seine Ruhe. Besonders gemütlich im Herbst bei prasselndem Kaminfeuer, wenn draußen der Sturm über die Dünen pfeift.

Der größte Strandsee Dänemarks ist zum Baden viel zu flach und schlammig, dafür ein Anglerparadis und ein Surfeldorado, wenn man nicht auf Brandung abfährt. Den Hobbyseglern fehlt dagegen der Tiefgang, in weiten Teilen des Sees staken die Netzstangen der Berufsfischer.

Hauptort ist das alte RINGKØBING im Norden, große Nordseekutter liegen bei der Schleuse im Fischerhafen Hvide Sande. Für Zugvögel ist das Gebiet ein wichtiger Zwischenstop, die HALBINSEL TIPPERNE im Süden steht deshalb unter Naturschutz.

 **Personenfähre** "Sorte Louis" von Hvide Sande nach Ringkøbing, 3 x täglich, zur Saison auch Abendfahrten. Preise: 1o DM für Erwachsene, Kinder bis 12 die Hälfte, bis 4 Jahre gratis. Fahrräder 2,5o DM.

Die Hauptstraßenverbindung verläuft über die Nehrung, eine "Rennstrecke" am Westufer. Gewundene Sträßchen im Osten mit Stichstraßen an den See.

Surfen: in der Nordsee nur für Brandungsexperten, die den Wasserstart im Schlaf beherrschen (Strömungen). Es hat schon Todesfälle gegeben. Zugänge von den Ferienanlagen, Park- und Campingplätzen.

Am Ringkøbingfjord findet man ideale Bedingungen: Wind wie an der Küste ohne Lees und wellengeschütztes Wasser, das sich erst ab Windstärke 4 zu kräuseln beginnt. Der flache und relativ warme See ist für Surfein- und Aufsteiger ideal, bei Starkwinden sind die Cracks in ihrem Element.

Wenig Zugänge (Schilfufer): Bester Stützpunkt im <u>SÜDEN</u> beim Fiskerøgeriet Camping (nur für Campingplatzgäste), vom Platz aus geht es gleich los, ideales Stehrevier und durch die Tippernelandzunge überschaubar. Im <u>NORDEN</u> ist Camping Ringkøbing ein idealer Platz für Surfer, der See wirkt hier allerdings endlos weit. (Siehe auch Campen).

Surfschulen um Hvide Sande (deutschsprachig). Für Externe kostet der Zugang etwas. Surfshop gleich dabei.

Baden: Der superflache Strandsee eignet sich nur an wenigen Stellen (Nord- und Ostufer) zum Baden. In Ufernähe seichtes Wasser und knöcheltiefer Morast, wenig Badestege. Optisch ist das braune Brackwasser nicht jedermanns Geschmack. Baden macht in der Nordseebrandung riesigen Spaß, ist aber nicht ungefährlich (Strömung). Nicht zuweit hinausschwimmen, nicht auf Schwimmtieren treiben lassen.

Direkte Zugänge von den Campingplätzen, Ferienanlagen und Parkplätzen nur wenige Meter hinter den Dünen. Herzliche Bitte: nicht abseits dieser Wege das Dünengras zertrampeln. Es wurde mühselig angepflanzt und soll den Sandflug stoppen.

Radfahren: Der "Vestkyststi", die Nationale Fahrradroute 1, führt großteils durch die Dünenlandschaft auf einem geschotterten Weg. So wird die stark befahrene Küstenstraße umgangen. Immer wieder traumhafte Möglichkeiten zum Baden an dem Strand.

Angeln: Der Brackwassersee ist enorm fischreich, Aale und sogar Lachse, massenweise Flundern. Als Spezialität wird Blaufelchen (dän. Helt) gehandelt (köstlich). Ruderbootverleih z.B. beim Fiskerøgeriet Camping im Süden. Hier kann man seinen Fang gegen eine geringe Gebühr heißräuchern lassen. Ohne Boot angelt man am besten bei der Schleuse in Hvide Sande.

<u>Süßwasserangeln</u>: Gute Möglichkeiten in den Zuflüssen im Osten, Information und Angelscheine in Tarn und Skjern.

Der <u>RINGKØBINGFJORD</u> ist 3oo qkm groß und nur an wenigen Stellen tiefer als 4 Meter. Im Norden wirkt er wie ein Meer, im Süden schmal und überschaubar. Die Nehrung im Westen erstreckt sich gut 3o km Länge, nur max. 2 km breit.

Baumeister dieses herrlichen Naturstreifens war das Meer. Im Laufe von mehreren 1.ooo Jahren türmte es Sandbänke auf und schloß Meerbuchten zu Brackwasserseen ab. Die Förde hatte im 17. Jh. noch einen breiten Abfluß ca. 1o km nördlich von Nymindegab. Im Laufe der Jahrzehnte wanderte er immer weiter nach Süden, Sandtreiben und Meeresdurchbrüche nach Sturmfluten waren oft die Ursache.

1825 wurde der Dünenstreifen gleich sechsmal durchbrochen, die Landzunge verwandelte sich in mehrere kleine Inseln. 1845 war der Abfluß im Süden bei Holsterup am Meer angelangt (heute noch Tümpel). Auch menschliche Versuche, den Abfluß Anfang des 2o. Jh. zu kanalisieren, beindruckten die Natur wenig.

1931 wurde die Schleuse bei Hvide Sande eingeweiht. Mit viel Beton und Stahl konnte sie bisher allen Stürmen widerstehen. Der Gezeitenunterschied im Brackwassersee ist seitdem minimal, der Salzgehalt wesentlich geringer, dadurch haben sich die Salzwiesen am Ufer zu Heidemooren verwandelt; auch das Vogelleben hat sich verändert.

✦ Nymindegab

Landschaftlich das schönste Eck. Der Ringkøbingfjord läuft hier im Süden ganz schmal aus mit schilfbewachsenem Ufer, gemütlich zum Kanufahren (Verleih bei der Eisdiele), für Gummibootkapitäne oder Wasserski.

Noch vor 1oo Jahren war Nymindegab das wichtigste Fischereizentrum am Ringkøbingfjord. Zu seinen besten Zeiten waren hier rund 2oo Leute aktiv. In den sogenannten "Eseboder" (Köderhütten) wurden die Leinen der Fischer wieder neu beködert (meist Frauenarbeit), Netze und Angelutensilien aufbewahrt. Vier Hütten gehörten einer Bootsmannschaft. Am Ufer stehen die letzten Exemplare (gehört zum Fischereimuseum Esbjerg). Innen waren die Strohdachhütten spartanisch eingerichtet: Doppelstockbetten, langer Tisch, das war's.

Die Siedlung ist heute weniger romantisch; zur Saison wird sie durch die Hauptverkehrsstraße fast zweigeteilt. Bäcker, Grillokal, Eisbude haben Hochkonjunktur, zur Nachsaison sorgt der Standort der "Hjemmeværn Kaserne" für Absatz (großes militärisches Sperrgebiet im Norden).

Im 2. Weltkrieg waren im Bereich um Nørre Nebel/Nymindegab 7.ooo deutsche Soldaten stationiert. Überall trifft man auf Bunkerreste oder Betonmauern. Ganz deutlich ist die Absperrung des Ringkøbingfjords beiderseits der Straße zu sehen. Seit 1943 befürchteten die Deutschen eine alliierte Invasion am Strand, entsprechend sorgfältig hatten sie die Küste zubetoniert.

Meerzugänge gleich am Ortsende links über Schotterstraße. Mehrere große Parkplätze dicht hinter den Dünen. <u>RETTUNGSBOOTMUSEUM</u> auf dem Weg zum Strand.

VOGELSCHUTZGEBIET TIPPERNE (Stichstraße ab Nymindegab): ein beliebter Zwischenstop für Zugvögel. Im Frühjahr (März/April) und Herbst (September/Oktober) vorwiegend Enten und Gänse. Im Juli/August kann man hier den großen Brachvogel, Goldregenpfeifer, Alpenstrandläufer beobachten. Zu den jährlichen Brutgästen zählen Säbelschnäbler, Kampfläufer, Rotschenkel, Bekassine etc.

Seit 1928 wird die Vogelhalbinsel streng geschützt. Zugang nur sonntags möglich: April bis August 5-1o Uhr, sonst 1o-12 Uhr. Bei Tipperne Laboratorium melden. Ab VOGELTURM rund 2 km langer Naturpfad. Gummistiefel angebracht. Zum Schutzgebiet gehört ebenso die Miniinsel Klægbanken im Nordosten des Ringkøbingfjordes.

Vogelturm auch beim Zufluß des Skjern Å, ohne strenge Reglementierung.

NATURSTI: ein Spazier- und Fahrradweg wurde auf der Nehrung zwischen Nymindegab-Hvide Sande und Søndervig angelegt. Eine sehr lobenswerte Investition, denn die Autostraße ist im Sommer lebensgefährlich geworden. In Kombination eine Strecke per Bus und zurück per Fahrrad oder umgekehrt - je nach Wind. Ein lohnender Tagesausflug.

Übernachtung auf dem Dünenstreifen Holmsland Klit

Riesiges Ferienhaus-Angebot, z.T kuschelig zwischen den Dünen, sehr unterschiedlich in Größe und Ausstattung, fast immer kurze Wege zum Meer. Pech, wer nach dem Katalog ein schön fotografiertes Häuschen in Straßennähe erwischt, der wird sich wie zu Hause an der Bundesstraße fühlen. Vermittlung z.B. bei Holmsland Klit Turistforening Feriehuse. Fiskeriets Hus, Nørregade 2B, Hvide Sande. Oder Navasol AS Feriehusudlejning, Badevej 6, Søndervig, Ringkøbing.

Rund ein 1/2 Dutzend Campingplätze auf der Nehrung, fast alle mit Campinghütten:

** Fiskerøgeriets Camping: ganz im Süden und einziger Platz direkt am See. Bester Stützpunkt für Surfer und Leute mit eigenem Boot/Kanu. Überschaubarer Familienplatz, die Kinder sind begeistert von den zutraulichen Ponys/Pferden und den Reitmöglichkeiten. Die Tiere lassen sich fast vom Wohnwagen aus füttern. Super Trampolin am Eingang. Von den höher gelegenen Stellplätzen kann man "seinen " Surfer beobachten. Baden gefahrlos für Kinder und Nichtschwimmer (mini Sandstrand), sonst besser die 1o Min. zum Meer (Schotterweg). Gut sortierter Laden, als Sonderservice großes Fischangebot in der Räucherei: Aal, Lachs, Blaufelchen etc. (Imbiß.) Bootsverleih.

Einfache Hütten, z.T. von Kiefern eingerahmt (kaum Sonne) oder direkt neben der Pferdekoppel. Allerdings klein und teilweise dunkel. Offen: April bis Oktober.

Campinghütten: Für Surfurlaub auf Hüttenbasis empfehlenswerte Anlage

5oo m weiter rechts der Straße. Nette kleine Hütten dicht am See mit direktem Surfzugang. Gemeinschaftssanitäranlagen. Vermietung auch tageweise (ca. 8o DM/Hütte) beim Købmann Svend Bilberg am Bilbergvej. Der separate Campingplatz weniger zu empfehlen, kleine einfache Wiese weder in den Dünen noch am See.

** Beltana Camping: kurz vor Hvide Sande bei der Surfschule, doch ziemlich dicht an der lauten Hauptstraße. April bis Ende Oktober.

** Nr. Lyngvig Camping: besticht durch die Lage direkt in den Dünen, wenn auch riesengroß. Erstreckt sich von der Straße bis nahe ans Meer (noch 1oo m) und auch zur Spitzensaison steht man nicht so dicht gedrängt. Natürlich belassenes Gelände dadurch leicht wellig - individuelle Plätzchen. Lange Wege zu den Sanitärs. Fahrradverleih, Kinderspielplatz, einige Campinghütten zu mieten. Offen: Ostern bis Mitte Oktober.

REITERHOF VINTERLEJEGAARD: Einige Kilometer vor Hvide Sande befindet sich links der leuchtend weiße Hof, der Ende des 19. Jahrhunderts als Winterlager der Fischer errichtet wurde. Seit 1995 bietet eine deutsche Familie Reiterfreizeiten für Kinder und Jugendliche an (siehe allgemeines Kapitel Sport am Anfang diese Buches). Doch auch Urlauber können an den täglichen Ausritten am Morgen und Abend teilnehmen. Eine seltene Gelegenheit, denn im allgemeinen ist das Reiten am Strand untersagt. Preis 3o DM/Stunde, mindestens einen Tag vorher anmelden.

ABELINES GÅRD: direkt neben der Straße. Bestes Beispiel einer typischen Hofanlage Westjütlands und 1995 mit dem Europa-Nostra-Preis ausgezeichnet, mit dem schützenswerte Baudenkmäler prämiert werden. Eingerichtet wie vor 1oo Jahren, bis 1957 wohnte hier Abeline Christensen. Die große vierflügelige Anlage mit Innenhof kann von der Knechtkammer bis zur guten Stube mit gekachelten Wänden, Ställen, Vorratskammer, Gästezimmer besichtigt werden. Liebevoll gemachte Broschüre mit detaillierter Beschreibung der einzelnen Zimmer. In der "guten Stube" wird Kaffee und Kuchen serviert. Offen: Mai bis Ende Oktober tägl. außer Mo. 11-17 Uhr, Eintritt 5 DM.

★Hvide Sande

Fischerhafen Baujahr 1931 an der Schleusenverbindung zur Nordsee. Typische Nachkriegsbauweise mit viel Ziegel, inzwischen ein ausgedehnter Ort und zweitgrößter Nordseehafen (rund 2oo Fischerboote). Ein Gewimmel von bunten Fähnchen, Segeln, Tampen und Netzen. Morgens ab 7 Uhr wird der frische Fang in der großen Auktionshalle versteigert. Vieles wandert gleich in die Fabriken oder wird zu Fischmehl verarbeitet.

Im Sommer quillt der Bereich um Hafen und Hebebrücke vor Urlaubern fast über. Viele Souvenirshops und Strandzubehör, einige Restaurants und Cafés. Ein interessantes Experiment der Fischläden sind Fiskepølser:

Dorschwürstchen im Milchbrötchen. Auf der Fjordseite haben sich kleine Werften etabliert. Hier im "Tyskhavn" parken die kleinen Boote der Fjordfischer, bunte Lagerschuppen wie eine kleine Hüttenstadt (bei der Tankstelle rechts rein).

FISCHEREIMUSEUM, Nørregade 2B. Das moderne Museum zum Thema Fischerei zeigt Salzwasseraquarien, die Entwicklung der Fangmethoden, den Rettungsdienst etc. Ein Video gibt Einblick in den Berufsalltag der Fischer. Offen April bis Oktober täglich 1o-18 Uhr, sonst täglich außer Mo. 1o-16 Uhr.

 Nördlich der Schleuse Nørregade 2B, 696o Hvide Sande. Tel. 97 31 18 66, Fax: 97 31 28 8o. Offen Mo.-Fr. 9-17 Uhr, Sa. 9-12 Uhr. Zur Saison länger.

 Post: Beim großen Parkplatz/Kirche. Offen Mo.-Fr. 9-17 Uhr, Sa. 9-12 Uhr.

Fähre: Verbindung mit der "Sorte Louis"-> Ringkøbing (siehe vorne).

Angeln: um den Bereich der Schleuse ideal oder vorne auf der alten Mole nördlich des Kanals. Gut sortiertes Angelgeschäft.

Surfen: Gute Einstiege bei den Surfschulen nördlich und südlich der Stadt, allerdings gebührenpflichtig (siehe auch vorne).

Baden: zu beiden Seiten hohe Dünen und langer breiter Strand, doch tückische Strömungen.

Fahrradfahren: Nördlich Hvide Sande schöner Fahrradweg bis Torsminde mit Abzweig nach Ringkøbing. Gut sortiertes Fahrradgeschäft im Ort.

Hotel und Jugendherberge im Ort, doch als Badestützpunkt gibt es schönere Ecken, Campingplätze zu beiden Seiten auf der Nehrung, siehe Beschreibung vorne.

NØRRE LYNGVIG etwas weiter nördlich: verstreute Ferienhaussiedlung und einige traditionelle Höfe. Sagenhafter Blick vom Leuchtturm über Meer und Fjord. Interessante kleine Ausstellung.

SØNDERVIG, große Feriensiedlung an der Kreuzung nach Ringkøbing. Alle nötigen Geschäfte und zahlreiche Ferienhausvermietungen, doch kein eigentlicher Ort.

Einmalig ist das ELVIS PRESLEY MUSEUM. Die Herzen der Fans werden beim Anblick der Unikate aus dem Besitz des Rockstars höher schlagen. Hier findet man alle seine Platten, von der ersten bis zur letzten Aufnahme Ende der 7oer. Darunter auch höchst seltene Grammophonexemplare. Direkt an der Ortseinfahrt, Nordsøvej 4.

KERZENGIESSEREI "Kloster Design" im Nachbarort **KLOSTER**, 2 km Richtung Ringkøbing. Hier kann man seine eigenen Kerzen ziehen, was für die ganze Familie ein Spaß ist. Neben schönen Kerzen auch andere Accessoires zu kaufen. Mo.-Fr. 1o-17.3o Uhr, Sa. 9-13 Uhr.

Ringkøbing siehe Seite 155.

OSTSEITE DES RINGKØBINGFJORDS

Landschaftlich spannungsloser. Bei Lem einer der größten WIND-ENERGIEPARKS Dänemarks. 1oo moderne Generatoren liefern saubere Energie entsprechend dem Bedarf von rund 6.ooo Einfamilienhäusern. Info und Führung (zweimal pro Woche) bei der Fabrik in Lem.

VETERANEN-FLUGZEUGMUSEUM in Stauning, Lufthavnsvej 87. 3o alte Motor- und Segelflieger in einer Halle beim Flugplatz, etwas südlich von Lem. Offen: Mai bis Oktober täglich 11-17 Uhr, Eintritt 6 DM, Kinder 2,5o DM.

Die Orte **SKJERN** und **TARM** lagen im Mittelalter am sogenannten "Drivvejen", dem alten Handelsweg von Ringkøbing nach Süden. Auf dem Drivvej wurden gut genährte Ochsen bis nach Holstein und zu den Märkten in Altona getrieben. Heute ein beschilderter Fahrradweg von rund 3o km, teilweise auf sandigen Nebenwegen bis zur Fahl Kro am Südende des Ringkøbingfjords.

Die WINDMÜHLE in Skjern ist an manchen Tagen wieder aktiv und täglich zu besichtigen (Juni bis Oktober Mo.-Fr. 11-17 Uhr, Sa./So. 13-17 Uhr). Die "BUNDSBÆK-MÜHLE", eine der seltenen Wassermühlen, liegt weiter nördlich, kleines Café und schöne Spazierwege (gleiche Öffnungszeiten). Skjern-STADTMUSEUM in der ehemaligen Wohnung eines Eisenbahners (offen Mo.-Fr. 13-16 Uhr). Nebenan der über 1oo Jahre alte Wasserturm.

BORK HAVN, ein gemütlicher kleiner Hafen in der geschützten Bucht vor Tipperne. Einkaufsmöglichkeit und Campingplatz. Auf dem MUSEUMSBOOT "Laurids Fahl" werden im Juli/August Ausflugsfahrten veranstaltet.

Zum Surfen ein gutes Stehrevier. Autozufahrt bis nahe Strand und ähnlich gute Bedingungen wie beim Fiskerøgeriet Camping. International anerkannte Windsurfschule, Boardverleih und Zubehör.

Das Gebiet im Süden des Fjords hatte vor 15o Jahren wesentlich größere Bedeutung als heute. Dank der fruchtbaren Marschweiden lohnt sich die Ochsenzucht; aus dieser Zeit stammt der Herrensitz "GRUBBESHOLM" bei Nørre Bork Kirkehøj vej, weit über 2oo Jahre alt.

Am Übergang des Fahl Å liegt seit 1856 der gleichnahmige GASTHOF.

Nettes Café und Ausstellung. In der Schiffswerft werden alte Boote mit traditionellen Methoden rekonstruiert, u.a. ein Wikingerschiff.

★ Ringkøbing (7.5oo Einw.)

Shoppingstädtchen und Hauptausflugsziel am nördlichen Fjordende. Die niedrigen Ziegelhäuser der Altstadt stehen weitgehend unter Denkmalschutz, ebenso das älteste Fachwerkhaus von 16oo (heute Hotel Ringkøbing) am Marktplatz.

Die Fußgängerzone ist besonders an trüben Tagen im Sommer gestopft voll. Das Touristenbüro hat mit viel Akribie und Engagement einen Stadtrundgang ausgearbeitet (Broschüre und Stadtplan), der auf viele Details aufmerksam macht. Im Sommer (Mitte Juni bis Mitte August) zieht abends ein Nachtwächter durch die Altstadt.

Geruhsamer Jacht- und Fischereihafen. Werft nebenan. 3 x am Tag legt das Personenboot aus Hvide Sande an. Dann hat die Räucherei am Hafen Hochkonjunktur. Der Hafen entstand erst Anfang des 2o. Jahrhunderts, als hier Baumaterial für den Lyngvig-Leuchtturm verschifft wurde.

 Am Torvet. 695o Ringkøbing. Tel. 97 3 2oo 31, Fax: 97 32 49 oo. Offen: Mo.-Fr. 9-17 Uhr, Sa. 1o-14 Uhr. Hier auch Ferienhausvermittlung, Info über Fahrradverleih etc.

 Post: beim Bahnhof, Nørredige 1. Offen: Mo.-Fr. 9.3o-17 Uhr, Sa. 9.3o-12 Uhr.

Geschichte: Daß der Stadtname "armes Städtchen" (ringe købing) bedeutet, ist weniger wahrscheinlich, schriftlich belegt ist vielmehr Rennum Kopingh (nach der Nachbarstadt Rindum). Vermutlich wurde Ringkøbing im 13. Jh. gegründet, Stadtrechte erhielt es 1443. Ringkøbing lebte von Landwirtschaft, Handel, Fischerei und Austernfang. Wohl und Weh der Stadt war an den Fjord und an dessen Verbindung zur Nordsee gekoppelt.

Mit der Versandung der Einfahrt bei Nymindegab im 18. Jh. wurde die Schiffahrt problematisch, durch die neue Eisenbahnlinie 1875 ganz unrentabel. Mit dem Bahnanschluß kam der Tourismus, 1884 entstand das erste Badehotel in Søndervig, Anfang des Jahrhunderts die ersten Ferienhäuser. Der Schleusenbau in Hvide Sande ermöglichte seit 1931 wieder geregelten Schiffsverkehr.

Die gotische KIRCHE am Torvet hatte wohl einen romanischen Vorläufer. Ein früheres Waffenhaus mußte dem Turm weichen, der sich nach unten verjüngt! Die lange Renaissancekanzel spendete der Bürgermeister Frederik Busk 1597. Ältestes Inventar ist das Kruzifix von 15oo im südlichen Querschiff.

STADTMUSEUM, Kongevej 1, mit archäologischer Abteilung. Dias zur Grönlandexpedition 19o6-o8. Offen: Juni bis August Mo.-Fr. 11-17 Uhr, Sa. 11-15 Uhr, So. 14-17 Uhr. Im Winterhalbjahr Mo.-Mi. 11-16 Uhr, So. 14-17 Uhr. Eintritt 5 DM.

 "**Hotel Ringkøbing**" am Torvet 18. Das alte Fachwerkhaus mitten im Zentrum hat Atmosphäre. Es gehörte zu einem großen Kaufmannshof, seit 1883 Gaststätte. 15 modernisierte Zimmer mit Bad und WC. Kleine Terrasse zum Markt. Große Auswahl im Restaurant, Smørrebrøds, Fisch, Fleisch oder Wild, mittlere Preise.

"**Hotel Fjordgården**", Vesterkær 28. Modernes Konferenzhotel. Es liegt weniger am Fjord als neben einem Futtersilo am westlichen Stadtrand. 87 geräumige Zimmer, modernes Mobiliar, Sitzecke, Tel, TV selbstverständlich. DZ ab 17o DM inkl. Frühstück.

Jugendherberge, Kirkevej 28, die Altstadt noch in Fußgängerreichweite. Ganzjährig geöffnet.

 *** Camping Ringkøbing: beliebter Surfplatz direkt am Fjord, einige Kilometer südöstlich vom Zentrum. Busverbindung.

Ebener Wiesenplatz mit hohen Büschen zur HS ziemlich dicht. Ausweichwiese neben der Straße/Parkplatz. Laden. Moderne große Campinghütten. Badestege ins Wasser, kleiner Sandstrand. Gut 5oo m kann man noch stehen. 16o Einheiten. Offen: April bis Oktober.

Restaurant "**BØFFEN**", Vester Strandgade 1. Steakhouse mit schönem kleinen Biergarten. Innen winklig, gemütlich im Seemanslook. Man speist übrigens im ehemaligen Pfarrhaus von 181o.

Familien-Restaurant "**GRANDHAVE**", Vester Strandgade 7. Uriger Innenhof mit derben Holztischen. Frischer Fisch oder Barbeque ab 15 DM.

"**CAFÉ VICTORIA**" mit Galerie - windgeschützter Hinterhof. Eingang vom Torvet.

Moderner 18-Loch-Golfplatz bei Søndervig westlich von Ringkøbing.

Verbindungen *ab Ringkøbing*

Bahn: -> Esbjerg werktags etwa stündlich Verbindung. Wochenende seltener. 1 Std. 15 Min. Nicht ganz so häufig Anschluß nach Kopenhagen.

-> Struer werktags etwa stündlich Verbindung. Wochenende seltener. Bahnverbindung mehrmals tägl.-> Holstebro, Esbjerg, Odense, Kopenhagen.

Bus: -> Hvide Sande 15 x werktags, Wochenende 7-9 x tägl. ca. 3o Min.

-> Nymindegab, Nørre Nebel 7 x werktags, Wochenende 4 x tägl. -> Vedersø Klit (Ferienhausgebiet) 6 x tägl., ca. 5o Min.

Personenboot nach Hvide Sande siehe vorne.

Fahrradweg: -> Søndervig, weiter -> Hvide Sande durch die Dünen und am Ostufer entlang.

✦ Hee

6 km nördlich. Kleine <u>DORFKIRCHE</u> aus pastellfarbenen Granitquadern; der romanische Turm aus dem 12. Jh. bildet zugleich den Eingang. Kleine Fensteröffnungen zeigen den wehrhaften Charakter. Innen weniger interessant, romanisches Granittaufbecken, Renaissancekanzel und -altar. (Offen: 8-16 Uhr.)

<u>SOMMERLAND WEST</u>: Vergnügungspark für jede Altersstufe. Viele Wasserattraktionen: Wassertraktor, Wasserrutsche; Picknick einpacken. Reiten, Crossbahn etc. Grillplätze. Teurer Eintritt, je nach Saison 15-18 DM, alles inkl. <u>Offen</u>: 1o-17/18 Uhr.

Die Landstraße Nr. 16 führt weiter nach Holstebro.

✦ Holstebro   (37.ooo Einw.)

Ein beliebtes Ausflugsziel bei Regenwetter. Holstebro macht als Kunst- und Kulturstadt von sich reden. Man gibt sich modern beispielsweise in der im Sommer knallvollen Fußgängerzone; moderner Keramikspringbrunnen am neuen Markt.

Besonders kostbar und anfangs umstritten war die kleine Plastik "Mädchen auf dem Karren" von Alberto Giacometti (1942-43) vor dem alten Rathaus (1846), auch in der Fußgängerzone. Schräg dahinter das moderne Rathaus und Bibliothek, interessante funktionale Architektur mit viel Glas und Ziegel von 1982-84.

Holstebro ist für sein Musik- und Odinstheater bekannt. Ende September pilgern die Jazzer zum <u>Jazz Festival</u>. Ansonsten eine Geschäfts-, Kongreß-/Ausbildungsstadt mit etwas Industrie am Rande.

Geschichte: Man glaubt kaum, daß Holstebro seit dem frühen Mittelalter auf Landkarten auftaucht. Der Name "Brücke über eine hohle Stelle" deutet auf die Entstehung an einer Furt über den Storå hin. Im späten Mittelalter brachte der Ochsenhandel einen gewissen Aufschwung. Seit dem 17. Jh. war hier jedoch nicht mehr viel los, Kriege und Brände dezimierten die Bevölkerung erheblich. Erst die neue Bahnlinie, die Industrialisierung und die Nordseeverbindung durch den Limfjord Anfang des 19. Jh. führten zu einem Aufschwung.

 Brotorvet 8, 75oo Holstebro. Tel. 97 42 57 oo, Fax: 97 42 57 o7. Offen: Mitte Juni bis Mitte August Mo.-Do. 9-17.3o Uhr, Fr. 9-19 Uhr, Sa. 9-12 Uhr. Sonst Mo.-Fr. 9-17 Uhr, Sa. 9-12 Uhr.

Kulturhistorisches Museum und Kunstmuseum kompakt beieinander Herningvej 1 am Ring. Architektonisch pfiffiger Komplex mit netter Kafeteria (Ausstellung z.B. Pfeiffensammlung, Laden).

KULTURHISTORISCHES MUSEUM: Sammlung zur Stadtgeschichte, Geologie, Natur, Wetter und vieles mehr. Sammlung zum Widerstand im 2. Weltkrieg, Wikingerabteilung etc. Juli/August Di.-So. 11-17 Uhr, sonst Di.-Fr. 12-16, Sa./So. 11-17 Uhr. Eintritt 6 DM.

Das KUNSTMUSEUM präsentiert moderne dänische Künstler nach 193o; moderne europäische Grafik und als Kontrast eine Abteilung afrikanischer Kunst, Keramik aus Peru, thailändische Keramik und Kunst aus Bali und Tibet. Offen: April bis September Di.-Fr. 12-16 Uhr, Sa./So. 11-17 Uhr. Juli/August Di.-So. 11-17 Uhr, sonst Di.-Fr. 12-16 Uhr und Mittwoch abends. 8 DM Eintritt.

JENS NIELSEN UND OLIVIA HOLM MØLLER MUSEUM: Nørrebrogade 1. Das Gebäude stammt vom Architektenpaar Exner (1971), ebenso wie die benachbarte Nørrelandskirche. Religiöse Malerei von J. Nielsen, Werke von O. Holm Møller und anderen dänischen Künstlern. Offen: Di.-So. 12-16 Uhr, Juli bis August Di.-So. 11-17 Uhr und Mittwoch abends. Eintritt 8 DM.

MUSEUM FÜR KLEINKUNST, Sønderlandsgade 46 im sogenannten Bomhuset; hier wurde früher eine Art Eintrittsgeld für die Stadt erhoben. Über 2.ooo "kleine" Kunstwerke internationaler Künstler, Skulpturen, Grafiken, Objekte etc. Klein bedeutet maximal 1ox15 cm. Offen: Di.-Fr. 13-17 Uhr, Sa. 11-13 Uhr.

ALTE POST, Østergade 37. Eine Adresse für Philatelisten. Sonderstempel, Briefmarkenverkauf. Mobiliar aus alten Postämtern. Offen: samstags 1o-12 Uhr.

Ringkøbing -> Thyborøn

Vom Ringkøbingfjord bis zum Nissum-Fjord erstreckt sich eine reizvolle Dünenküste mit Ferienhausgebieten. Der weitere Küstenverlauf bis zur Hafen- und Fährstadt Thyborøn am Limfjord ist spannungslos.

✴Stadil Fjord

Der kleine flache "See" mit Ried am Ufer fließt in den Ringkøbing Fjord ab. Einer der wenigen Zugänge 2 km am Nordufer östlich der Stadil Kirche: sandige Zufahrt, Wiese, Bade- und Surfeinstieg - wegen des schlammigen Grundes bei Surfern nicht so beliebt. Weit hinein kann man noch stehen.

STADIL KIRCHE: romanische Kirche (12. Jh.) teils aus Granitquadern, teils aus Ziegeln erbaut. Das "goldene Altarbild" stammt aus der Zeit um

12oo. An der Südwand das Halbrelief eines Männerkopfes und eine unidentifizierte Inschrift. Turm und Waffenhaus wie so oft später hinzugefügt. Wuchtige Kanzel; Renaissancealtar durch Bibelszenen im 2o. Jh. aufgepeppt. Offen: Mo.-Fr. 8-16 Uhr.

Der kleine Vest Stadil Fjord steht seit 1969 unter Naturschutz. Damals beschloß man die Trockenlegung des Fjordes (seit 1863) zu beenden. Im Frühjahr rasten hier 2o.ooo Kurzschnabelgänse, ehe sie weiter nach Norden, z.B. Spitzbergen fliegen.

STRANDGAARDEN MUSEUM an der Küstenstraße: eine typische Hofanlage von 1875. Hier wird deutlich, daß Landwirtschaft, Viehzucht und Fischfang früher gleichbedeutend waren. Interessante Rettungskanone in der ehemaligen Scheune, Backofen mit Rauchfang, Stallungen, Küche noch erhalten. Die Zimmer wurden renoviert und durch Leihgaben des Ringkøbing Museums ausgestattet. Offen: Mitte Juni bis August täglich 11-17 Uhr. Eintritt 5 DM. Parkplatz und Strandzugang.

VEDERSØ KLIT: tolles Ferienhausgebiet auf dem schmalen Streifen zwischen Straße und Meer. Der nächste Nachbar wohnt erst fünf Dünen weiter. Stichstraßen enden bei Parkplätzen hinter den Dünen, Strandzugang. Wildcampen überall verboten.

 An der Ortsstraße. Postanschrift: Vedersø Klitvej 24, 699o Ulfborg. Tel. 97 49 51 99, Fax: 97 49 61 72. Ferienhausvermietung. Bus nach Ringkøbing.

"Hotel Vedersø Klit", gute Lage hinter den Dünen, nur ein Katzensprung ans Meer. 11o Betten. Etwas dunkle Zimmer. Restaurant mit gr. Fensterfront zur Bushaltestelle.

 *** Campinggaarden Vedersø Klit: an der ruhigen Dorfstraße nur 5oo m zum Meer. Laden, Wiesen-/Sandplätze. Hüttenvermietung. 125 Stellplätze. Ganzjährig offen.

VEDERSØ: Shoppingort im Inland. Auf dem FRIEDHOF liegt Kaj Munk begraben, ein Pfarrer mit Zivilcourage, der während der deutschen Besetzung Dänemarks im 2. Weltkrieg hier von der Kanzel zum Widerstand gegen die Deutschen aufrief. Als Symbolfigur des Widerstands wurde er von der Gestapo ermordet.

3 km abseits der Küste auf der 537 Richtung Ulfborg liegt der **WEILER STABYL**. Auf den ersten Blick nichts besonderes, doch die kleine DORFKIRCHE abseits der Straße kann eine der schönsten Absiden der Region aufweisen. Sie geht bis in die Romanik zurück. Die angedeuteten Kapitelle mit Gesichtern verziert - Männer, die jeweils unterschiedliche Schnurrbärte tragen. Bei Restaurierungen wurden 1989 im Inneren alte Fresken freigelegt. Die große Darstellung auf der Nordseite mit Johannes dem Täufer stammt von 1545 (Jahreszahl in Spiegelschrift auf dem Kreuz).

★ Nissum Fjord

Der große Fjord ist über die Schleuse in Torsminde mit der Nordsee verbunden (Brackwasser) und steht unter Naturschutz. Trotzdem ist <u>Surfen</u> an bestimmten Stellen erlaubt (Stehrevier). Ideales Einsteigerrevier. Total flach bei oft gutem Wind und wenig Wellen. Bequemer Einstieg beim Campingplatz Torsminde, allerdings muß man sein Board weit hinaus schieben. Vorsicht bei den Fischnetzen. Weitere Möglichkeit südlich der Schleuse und ganz im Süden.

Nettes Ferienhausgebiet bei Fjand im Südbereich des Fjordes.

TORSMINDE: entstand auf dem Damm zwischen Fjord und Meer nach dem Schleusenbau 1868. In dem modernen, gut geschützten Fischerhafen (1967) liegen ca. 6o blaue Kutter dicht an dicht. Fischauktion für Frühaufsteher.

Kleines <u>STRANDUNGSMUSEUM</u> nördlich der Schleuse: einmalig in seiner Art zeigt es vor allem Wrackfunde des englischen Linienschiffs "St. George", das mit der "Defense" am Weihnachtstag 1811 hier strandete.

Der Molen- und Schleusenbereich ist im Sommer von Anglern umlagert, von der Brücke allerdings verboten.

Breiter <u>Sandstrand</u> nördlich und südlich des Ortes.

*** <u>Torsminde Camping</u>: großer Platz zwischen Straße und Fjord. Idealer Familienplatz für Surfer. Während Holzzäune im oberen Bereich die Plätze einkasteln, zieht es die Surfer auf die schöne freie Wiese am Fjord. Auch zur Hochsaison nicht überlaufen. Baden im Fjord nicht ideal, 2oo m weit geht's flach hinein. Aber das Meer ist nicht weit. Surfen für Surfeinsteiger, ewig lang kann man noch stehen. Kinderspielplatz, Hallenbad (kostet extra), Sauna, Laden, Kafeteria gegenüber etc. Sehr gute Sanitärs. Campinghütten. 28o Einheiten. Ganzjährig offen.

<u>Fahrradweg</u> nach Hvide Sande: teilweise über den künstlich aufgeschütteten Damm, keine tolle Strecke, aber man umgeht die stark befahrene Straße 181, auf der Pkw und Wohnmobile mit über 1oo Sachen brettern.

Auf der Ostseite des Nissum Fjords liegt südlich von Vemb <u>NØRRE VOSBORG</u>: einer der wenigen Gutshöfe im Westen Jütlands. Das Hauptgebäude von 1552, die Flügel aus späterer Zeit. Das weiße Herrenhaus ist karreförmig angelegt und mit Erdwällen geschützt. Torhaus aus dem 18. Jh. Hans Christian Andersen hat dem Gut 1859 bei seinem Besuch ein paar Zeilen gewidmet. Toller Rhododendrenpark. Besichtigung möglich, teilweise möbliert. Restaurant. <u>Offen</u>: im Sommer täglich außer montags 11-17 Uhr.

Nördlich von Torsminde wird's flach, kaum noch Dünen, die Straße führt über einen Damm. Sandstrände sind von Kieselsteinen durchzogen, viele Wellenbrecher, Buhnen etc. Die guten Angelmöglichkeiten werden weitgehend von Einheimischen genutzt.

Schön erst wieder bei **BOVBJERG / FERRING**: ein Weiler etwas abseits vom Rummel auf einer 4o m hohen Klippe. Treppenweg zum feinen, endlos weiten Sandstrand. Kilometerlange Spaziermöglichkeiten auf der Steilklippe nach Norden und Süden. Ganz romantisch bei Sonnenuntergang, dann sind alle Bänke von Liebespärchen besetzt. Die Gräber auf den Friedhöfen werden hier einzeln eingezäunt, um sie vor dem Treibsand zu schützen.

Weiter Blick vom roten Leuchtturm BOVBJERG FYR, der sich 1 km abseits vom Dorf erhebt. Er wurde 1877 auf der 5o m hohen Klippe erbaut und mußte dadurch nur 26 m hoch gebaut werden (nur 9o Stufen). Geringer Eintritt. Die Steilküste wird gerne von Modellfliegern und manchmal auch Hangeglidern zum Fliegen im Hangaufwind genutzt.

Radfahren: Der Nationale Fahrradweg 1 führt von Torsminde hier abseits des Verkehrs unmittelbar auf der Klippe entlang, nur das Rauschen der Brandung im Ohr und meist frischer Seewind. Über Bovbjerg an der Küste weiter bis zum Fährort Thyborøn. Glücklich sind in diesem Streckenabschnitt diejenigen mit Breitreifen eines Mountain-Bikes.

Im Ort Hotel/Campingplatz und Kafeteria mit weitem Blick übers Meer, übliches Wienerschnitzel/Scholle-Angebot.

Nördlich von Bovbjerg besteht die Möglichkeit, an den südlichen Limfjord zum Städtchen Lemvig zu fahren (siehe Seite 165) oder entlang der Westküste weiter nach Nordjütland.

 Bei Thyborøn quert eine kleine Fähre den Thyborøn Kanal (sündlich von 6/7 bis 23 Uhr; Überfahrt 1o Min., geringe Kapazität. Preis: Person ca. 2 DM/Pkw bis 1,5 t ca. 6 DM; über 2 t ca. 2o DM). Wenn man Glück hat, sieht man bei der Fahrt ein paar Seehunde auf einer Sandbank dösen.

Landschaftlich rangiert der Küstenstreifen eher im Bereich langweilig, flach, ohne Dünen.

Für HOBBYORNITHOLOGEN und GEOLOGEN aber ein interessantes Gebiet: Die Verbindung des Limfjordes mit der Nordsee ist noch ganz jung. In den Sturmfluten 1825 und 1862 durchbrach das Meer den natürlichen Sandwall der Westküste; seitdem versucht man die Landzunge durch Buhnen vor den Wellen zu sichern. Auf der Ostseite der Landzunge verändert der Flugsand die Landschaft. Durch den Damm ergab sich Mitte der 5oer Jahre ein Lagunensee - ideales Biotop für Wasservögel, Entenarten, Bläßhühner, Ringelgänse, Schwäne, Stelzvögel (Rotschenkel, Bekassine etc.), die hier brüten oder sich für ihren Weiterflug mästen. Reglementierte Zugänge zur Ostseite, während der Brutzeit Betreten verboten.

Mitten in diesem Naturschutzgebiet macht sich das riesige Chemiewerk Cheminova breit, das Pflanzenschutzmittel produziert und durch Einleitungen ins Meer immer wieder für negative Schlagzeilen gesorgt hat.

★Thyborøn

Die Hafenstadt entstand erst Mitte des 19. Jahrhunderts nach dem Meerdurchbruch. 1915/17 als Nothafen gebaut, mittlerweile ein großer Fischereihafen mit Werften, Maschinen-, Eisfabrik und Fischmehlproduktion. Der Ort ist - mit Verlaub - einfach häßlich. In der alten roten Fischauktionshalle am Hafen ein kleines Fischerei- und RETTUNGSBOOT-MUSEUM. Wichtige Fährverbindung nach Norden (Agger).

Der im Prinzip tolle Sandstrand ist mit über 1oo Bunkern des Atlantikwalls gespickt. Die Stadt gehörte im 2. Weltkrieg zu den am stärksten befestigten Stellungen der Küste, um die Einfahrt in den Limfjord zu sichern.

Mit nur 6 Minensuchbooten, 8 Räumbooten und einem Begleitboot verlief die Besetzung des Fischerortes im April 194o ganz undramatisch. Die Vorstellung, daß die Alliierten hier eine Invasion planen könnten, trieb ab 1943 den Beton- und Stahlumsatz ins Unermeßliche. Über 1oo Bunker (Geschütz-, Munitions-, Beobachtungs-, Mannschaftsbunker etc.) wurden in nur 1 1/2 Jahren buchstäblich in den Sand gesetzt, zum Teil als Ferienhäuschen getarnt. 47.278 Kubikmeter Beton wurden auf Kosten des dänischen Steuerzahlers hier verbaut.

Die Bauarbeiten übernahmen weitgehend dänische Firmen. Die Bezahlung erfolgte allerdings mit Schecks der dänischen Nationalbank, bei der die Deutschen unbegrenzten Überziehungskredit hatten. Schönheitsfehler: hier in Dänemark war niemals eine alliierte Landung geplant, denn durch Spionageleute kannten die Alliierten alle Bunker im Detail.

Die Bunker auf dem kilometerlangen Damm sind ein Fraß der Zeit geworden; einige sind zugänglich (Taschenlampe mitnehmen) und beschildert, ganz im Norden der AUSSTELLUNGSBUNKER mit einer kleinen Dokumentation. Sehr gute deutschsprachige Infobroschüre z.B. im Schneckenhaus erhältlich.

SCHNECKENHAUS mit Muscheln aller Art kitschig bunt verziert. Innen eine weitere Sammlung von Muscheln, Schnecken und Flaschenschiffen. Viele Souvenirs natürlich aus Muscheln. Im Sommer 9-18 Uhr offen. 2 DM Eintritt.

Im Ort HOTEL/RESTAURANT und Campingplatz. - Hier endet auch die Privatbahn von Vemb/Lemvig (Details siehe Lemvig).

Wer den Limfjord per Fähre überquert, findet den Anschluß Aggertange bis nach Hanstholm ab Seite 178.

LIMFJORD

Der Limfjord wirkt wie eine große Seenlandschaft. Lieblich mit vielen Buchten, Inseln und Meerengen - ein beliebtes Segelrevier.

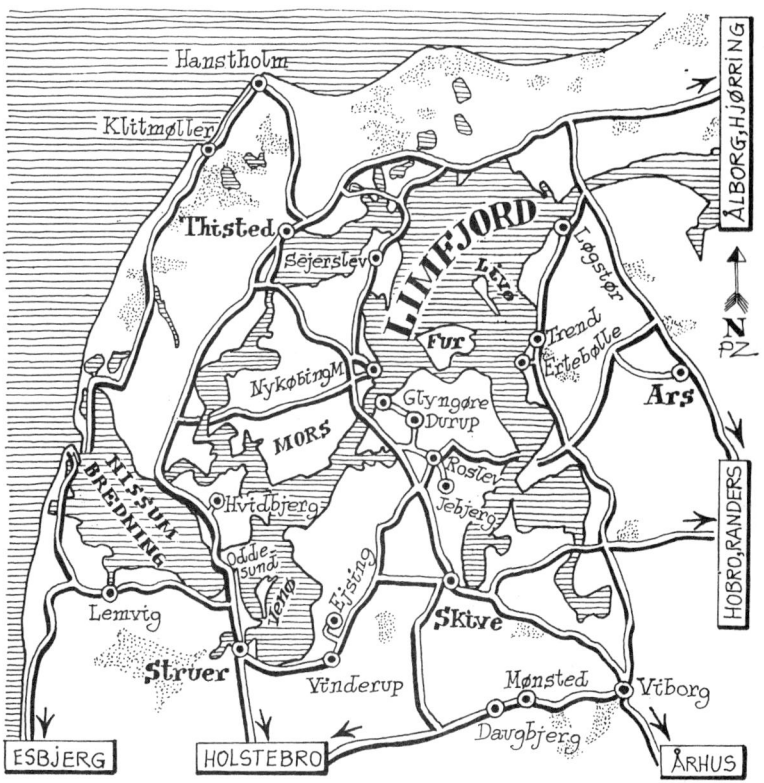

Touristisch ist hier bei weitem nicht so viel los wie an der Küste, denn die Strände sind nicht vergleichbar, nur gelegentlich Sandpartien (z.B. im Osten). Für <u>SURFER</u> allerdings eine echte Alternative zur Nordseebrandung, die in der Regel den Könnern vorbehalten bleibt. An Uferstraßen haben sich Surfshops oder -schulen etabliert, bester Stützpunkt bei Ejsing und Trend an der Ostseite. Den schönsten Eindruck vom Limfjord bekommt man bei einer Bootsfahrt, die z.B. ab Thisted oder Struer angeboten wird.

Zur <u>STEINZEIT</u> lag anstelle des Limfjordes ein relativ dicht besiedelter Archipel. Erst durch Landhebung bekam Jütland vor einigen Tausend Jahren sein heutiges Aussehen.

Berühmteste Steinzeitsiedlung im Osten bei Ertebølle, eine Fülle bronzezeitlicher Grabhügel im Westen.

Seit dem Ende der <u>WIKINGERZEIT</u> versperrte der unberechenbare Treibsand den Ausgang des Fjordes im Westen, die Schiffe mußten den gefährlichen Weg um Skagen nehmen. Erst 1825 öffnete eine Sturmflut wieder den Zugang der Nordsee zum Limfjord und
machte Nord-Jütland zu einer Insel.

Bis in die 5oer Jahre waren <u>FISCHEREI</u> und <u>SEEFAHRT</u> wichtigster Erwerbszweig im
Limfjord. Nach Aussagen von Bischof Saxo (12oo) war der Fjord früher so ertragreich,
wie das ganze Ackerland drumherum zusammen. Die Fischerei wurde in den letzten Jahrhunderten weitgehend im Nebenerwerb betrieben. Der Meerdurchbruch 1825 veränderte
auch den Fischbestand, Brackwasserfische starben aus, dafür nahmen die Salz-
wasserfische zu. Die wenigen Berufsfischer erlebten in Nibe durch den Hering Hochkonjunktur, eine Frühjahrsfischerei mit Stellnetzen in langen Reihen. Salzhering war ein
Exportschlager, doch mit dem schnelleren Transport per Eisenbahn war plötzlich frischer
Fisch gefragt. In den 2oer Jahren hatte die Berufsfischerei ihren Höhepunkt, damals
konnten ca. 1.7oo Leute davon leben. Heute sind auf dem Limfjord nur Schiffe von
max. 8 BRT erlaubt.

Heute macht der Aalfang 2/3 des Wertes aus. Weit über die Grenzen hinaus sind die
Limfjordmuscheln bekannt, wenn auch der Fjord durch Abwässer ziemlich verschmutzt
ist. Die Muscheln unterliegen deshalb strengen Kontrollen.

Zudem war der Fjord vor der Erfindung der <u>EISENBAHN</u> wichtigster Transportweg für
große Lasten. Die Fjordhändler fuhren mit ihren flachkieligen Boote entlang der Küste
und brachten Fisch und Getreide zu den Umschlagplätzen, für den Rückweg kauften sie
hochwertige Töpferwaren und allerlei "Kram" ein. Bis 1825 lag die einzige Einfahrt im
Osten bei Aalborg, das sich zum wichtigsten Umschlagshafen mauserte. Erst nach dem
Durchbruch zur Nordsee bekamen die Städte Lemvig, Struer, Skive, Thisted und Nykøbing größere Bedeutung als Handelsstützpunkte. Um die gefährlichen Sandbänke bei
Løgstør zu umgehen, wurde 1861 der Frederik VII. Kanal gegraben.

Trotz vieler Brücken gibt es heute immer noch mehrere Fähren über den Limfjord.
Früher wurde das Privileg vom König verpachtet. Für befahrene Strecken mußte eine
Jahresgebühr in Korneinheiten gezahlt werden. Ende des 19. Jahrhunderts übernahm das
Postwesen die meisten Strecken. Die erste feste Verbindung kam 1865, eine Ponton-
brücke in Aalborg, 1879 die erste Eisenbahnbrücke und ein Tunnel unter dem Limfjord
in Aalborg.

<u>Ferienhäuser</u> am Limfjord werden z.B. über Udlejningsbureauet "Limfjor-
den", Fiskergade 1, 76oo Struer vermietet.

Fahrradtouren: Eine sehr schöne Radtour läßt sich um
den nord-östlichen Teil des Limfjords legen, über Ålborg
bis an die Ostsee bei Hals. Ausgeschildert als Radweg 1o3,
verläuft diese Route über abgelegene Landstraßen, die wenig befahren sind, ausgenommen Ålborg und einige Orte. Am nördlichen
Teil der Strecke liegen die berühmten Sehenswürdigkeiten aus der Wikingerzeit: Lindholm Høje und Aggersborg (siehe jeweilige Textstelle). Bei
Ålborg läßt sich die Route mit dem Nationalen Fahrradweg 3 kombinieren,
im Norden mit der Route 1. Die Tour ist 18o km lang und nicht immer
geteert (manchmal Schotter oder Waldweg). Blaue Hinweisschilder als

Kennzeichen der nationalen Routen.

Im folgenden die wichtigsten Stationen am Ufer des zerfransten Lim-fjordes, die je nach Route individuell zusammengestellt werden können.

Westküste des Limfjordes

★ Lemvig   (7.6oo Einw.)

Kleine Einkaufsstadt. Zu sehen gibt es nicht viel, gar nicht westjütländisch ist die Lage der Stadt. Lemvig entstand ganz geschützt am Ende der Bucht zwischen grünen Moränenhügeln.

Der Fischerhafen hat bei weitem nicht mehr die frühere Bedeutung, als hier Schiffe aus Deutschland, England und Norwegen ein- und ausliefen. Die markante ZWIEBELTURMKIRCHE (aus den 3oer Jahren) prägt sogar das Stadtwappen. In der kleinen Fußgängerzone herrscht tagsüber quirliger Betrieb. Bus-/Bahnstation. Freitags Markt.

 Toldbodgade 4, 762o Lemvig, zwischen Hafen und Fuß-gängerzone. Tel. 97 82 oo 77, Fax: 97 81 o4 39. Offen: 15.5.-15.9. Mo.-Fr. 9.3o-17, Sa. 9.3o-12.3o Uhr. Sonst Mo.-Fr. 9.3o-16.3o Uhr.

STADTMUSEUM: Vestergade 44. Möbel, Gemälde, Stadtgeschichtliches, Funde von gestrandeten Schiffen etc. Offen: 1.6.-15.9. Mo.-Fr. 1o-16 Uhr, So. 14-16 Uhr. 5 DM Eintritt. Sonst nur sonntags.

PLANETENWEG: Wer kann schon sagen, er sei zum Pluto gewandert? Auf dem "Planetsti" kann man einen Schnellkurs durchs Planetensystem machen, zu Fuß oder per Fahrrad. Beginn mit dem Sonnenball, im Verhältnis dazu liegt der gerade stecknadelkopfgroße Mond nur 1oo m weiter. Abstände und Dimensionen der Planeten im Maßstab 1: 1 Milliarde. Bis zum Jupiter folgen die Planeten Schlag auf Schlag, dann werden die Abstände größer. Der breite Kiesweg beginnt in der Kurve nach dem Museum und verläuft parallel zur Uferstraße, Picknickbänke, schöner Blick. Insgesamt 12 km, Infokarte beim Touristenbüro.

Wassersportzentrum: bei der Marina nördlich der Stadt. Gute Surfmöglichkeit ab der Sandbucht, ideales Gebiet für Anfänger. Surfverleih und Surfschule. Info bei der Marina.

Bootsfahrt im Limfjord mit M/S Anne Hvid ab Hafen oder Marina. Mo.-Fr. 1o-17 alle Stunde.

Hochseeangeln in der Nordsee mit der M/S Anne Hvid zur Saison am Wochenende, knapp 1oo DM/Person.

Spaziermöglichkeit im Waldgebiet Klosterhede südlich von Lemvig. Das frühere Heidegebiet wurde mit Nadelbäumen aufgeforstet, dazwischen kleine Seen und Teiche, auch Rotwild wurde hier eingesetzt. Zwischen 2 und 7 km lange Wege meist auch fürs Fahrrad geeignet, Broschüre im Touristenbüro.

Bahn: Eine private Eisenbahn fährt von Lemvig über die Landzunge nach Thyborøn (1879 fertiggestellt) auf einer Länge von 6o km. Kombiticket für Urlauber: per Bahn hin/per Schiff zurück. Bahnhof im oberen Ortsteil von Lemvig.

In der Stadt einige Hotels, beim Wassersportzentrum liegt:

"<u>Scandinavian Holiday Center</u>": 148 Ferienappartements in zweistöckigen Reihenhäuschen aus Holz und Ziegel für 6-8 Personen. Stark von Deutschen frequentiert, gut in Verbindung mit Segeln/Surfen. Surfverleih, Surfschule. Tennis, Golfplatz gegenüber, Swimmingpool, Restaurant. 7oo-8oo DM.

**** <u>Lemvig Camping</u>: zwischen Straße und Fjord, guter Stützpunkt für Surfer (Anfänger), mittelgroßer Platz, zum Wasser nur über eine struppige Wiese, kleiner Sandstrand, Fahrradweg in die Stadt. 25o Stellpl. Offen: April bis Mitte September.

Bahn: -> Vemb, dort Anschluß an die Strecke Ringkøbing-Holstebro.

Bus: -> Struer etwa stündlich, ca. 1 1/2 Std., Wochenende seltener.
-> Holstebro etwa stündlich, Wochenende seltener, 5o Min.

✦Struer   (19.ooo Einw.)

Geschäftsstadt ganz im Süden des Limfjordes mit großem Jachthafen und kleiner Fußgängerzone. In Struer produziert Bang & Olufsen seine teure Unterhaltungselektronik in extravagantem Design: im Bang & Olufsen Vej am südöstlichen Stadtrand. Zweite Wahlverkauf gibt es bei B&O natürlich nicht, man setzt auf Qualität.

Rådhuspladsen, 76oo Struer. Tel. 97 85 o7 95, Fax: 97 84 o5 11. Offen: Im Sommer Mo.-Fr. 9-17 Uhr, Sa. 9-12 Uhr.

Kleines <u>STADTMUSEUM</u> im Backsteinhaus in der Nähe des Bahnhofs. - <u>Limfjordbootsfahrten</u> siehe Thisted.

Nördlich von Struer: <u>ODDESUND</u> landschaftlich reizvolle Engstelle mit Brückenverbindung über den Limfjord. Hier dreht sich seit 1985 der größte <u>Windkrafträderpark</u> Dänemarks beiderseits der Brücke. Jährlich wird hier Strom für 8.ooo Einwohner (8,6 Millionen kWh) erzeugt. Daß die deutsche Wehrmacht im 2. Weltkrieg diese Stelle strategisch interessant fand, dokumentieren die verschiedenen Bunker aus dieser Zeit. Der Kommandobunker ist als <u>Museum</u> zugänglich.

 **Surfen**: Bei Oddesund bekannt gutes Surfrevier für Cracks - durch den Trichter bauen sich bei Westwinden bis zu 3 m hohe Wellen auf; ideales Speedrevier südlich der Brücke am Venøsund. Guter Einstieg für Experten beim Parkplatz; Surfshop. Die Nordseite eignet sich für Anfänger besser.

Weiter über die Halbinsel Thyholm mit dem Städtchen Hvidbjerg auf das nördliche Limfjordufer. Bei Ydby Hede ein großes Grabhügelfeld aus der Vorzeit siehe Seite QW.

Struer -> Skive

Surfen: Bestes Surfrevier im Limfjord für Einsteiger und Könner in der Venø Bucht bei Ejsing, Austragungsort von Meisterschaften. 5oo m draußen im Meer wirkt eine Sandbank als Wellenbrecher zwischen Sandbank und Strand Stehrevier, teilweise brusthohes Wasser. Ideal zum Üben. Nautic-Surf & Ski Skole & Testcenter nur 1oo m vom Wasser, Fjordvej, Ejsingholm. Anfänger-/Schnupperkurse und Surfshop.

FREILICHTMUSEUM HJERL HEDE: auf halber Strecke zwischen Struer und Skive (6 km östlich von Vinderup). Der Besuch lohnt, rund 2oo.ooo Besucher jährlich, ausgedehnte Anlage in der weiten Heide. Schöner Spaziergang zwischen den bronzezeitlichen und steinzeitlichen Häusern oder Bauernhöfen ab dem 16. Jahrhundert.

Im Kolonialladen und in der Molkerei von der Insel Mandø schnuppert es noch nach der guten alten Zeit. Wasser- und Windmühle (Bockmühle). Interessant die Reeperbahn: kein Rotlichtbezirk, sondern eine alte Seilerei. Kerzenzieher, Buchdrucker etc. - Am spannendsten ist Hjerl Hede im Juli: in der Steinzeitsiedlung wird nach alter Technik ein Einbaum gezimmert, in der Handwerkerabteilung geschmiedet, gehämmert und gewerkelt.

Im WALDMUSEUM (Skovmuseet) steht das Haus eines Försters mit Trophäen dekoriert, im Sägewerk ist das Lokomobil in Betrieb, eine uralte Dampflock schnauft ihre Runde durch das Moor, in dem noch Torf gestochen wird.

Gemütliche Kutschfahrt durch die Anlage oder zu Fuß, Picknick mitnehmen. Cafeteria, Spielplatz.

Offen: April bis Oktober 9-17 Uhr. Eintritt 1o DM. Riesengroßer Parkplatz, spezielle Abteilung auch für Wohnwagen. Das Museum wurde nach dem Gründer und Minister, Direktor H.P. Hjerl Hansen benannt, der 191o das Areal um den Flyndersee kaufte und das Museum konzeptionierte.

Busverbindung im Hochsommer von/nach Vinderup und Holstebro einmal täglich mit 2 1/2 Std. Aufenthalt.

SAHL KIRCHE: 2 km vor Hjerl Hede. Äußerlich eine typisch dänische Dorfkirche von 115o, birgt aber ein Kleinod aus dem 12./13. Jh.: den kostbaren Goldenen Altar, der vermutlich in Ribe hergestellt wurde. Die vergoldeten Kupferreliefs aus Eichenholz (von ca. 12oo) zeigen Christus mit den 12 Aposteln, die Evangelisten und Erzengel. Altes Gestühl aus dem 16. Jh., links die Frauen, rechts die Männer, die etwas größere Bänke bekamen. Offen: im Sommer 8-18 Uhr.

✦ Skive   (27.ooo Einw.)

Kleinstadt am südöstlichen Teil des Limfjordes. Durch die Lage am Wasser entstand hier ein Kornverladehafen und etwas Industrie. Außer den Fresken in der Vor Frue Kirche und einem wie stets interessanten Stadtmuseum (Bernsteinsammlung) dürfte der Ort nur für Segler interessant sein. Großer Jachthafen mit allen Fazilitäten am geschützten Skive Fjord. - Limfjordbootsfahrten siehe Thisted.

Tourist INFO Østerbro 7, 78oo Skive. Tel. 97 52 32 66, Fax: 97 52 88 31. Offen Mo.-Fr. 9-17 Uhr, Sa. vormittags.

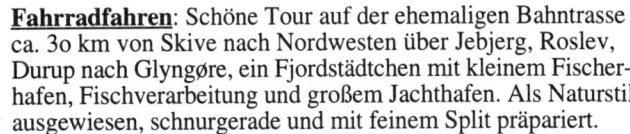

Fahrradfahren: Schöne Tour auf der ehemaligen Bahntrasse ca. 3o km von Skive nach Nordwesten über Jebjerg, Roslev, Durup nach Glyngøre, ein Fjordstädtchen mit kleinem Fischerhafen, Fischverarbeitung und großem Jachthafen. Als Naturstil ausgewiesen, schnurgerade und mit feinem Split präpariert.

Kanu: 2-Tagestour auf dem Karup Å. Einstieg bei Hesselund im Süden nahe Kårup, der Fluß schlängelt sich fast zickzackförmig durch schöne Gegend bis Hagebro an der A 16. Der 2. Tag wird etwas zahmer. Man kann bis nach Skive bzw. zum Fjord paddeln. Kanuverleih bei Hesselund Camping. Mit eigenem Kanu ist das so eine Sache, denn die Boote brauchen eine Registrierungsnummer.

7 km außerhalb an der Ostseite des Fjords steht der STAARUP HOVEGAARD. In dem alten Herrensitz befindet sich eine der größten Verkaufsausstellungen für Antiquitäten und Kunst Jütlands. Die Räume sind wunderbar eingerichtet und hier kann man das kaufen, was einem gefällt - vorausgesetzt das Bankkonto ist entsprechend gut gefüllt. Offen: Mitte Mai bis Mitte September täglich 11-17 Uhr, sonst nur am Wochenende. Zufahrt: Auf der Landstraße 579 Richtung Virksund, dann ausgeschildert.

Ausflug zu den Kalkgruben von Daugbjerg und Mønsted gut 2o km südlich. Details siehe Seite 277.

BURG SPØTTRUP: 2o km nordwestlich von Skive. Eine wehrhafte Burg mit Wassergraben und Wällen filmreif restauriert. Im 17. Jh. wurden

von hier aus die Steuern eingetrieben. Besichtigung möglich. Heilkräutergarten und Park.

Bei Glyngøre (Fischerort mit Hafen und Fischverarbeitung) über die
Brücke zur Insel Mors.

✦Insel Mors

Die größte Insel im Limfjord wird oft nur als Schnellverbindung an die
Küste genutzt.

Für Blumenfans lohnt ein Besuch im <u>BLOMSTERPARK</u>: eine bunte und
duftende Pracht, faszinierende <u>Schmetterlingsfarm</u> mit frei umherfliegen-
den Schmetterlingen. Ferner ein Vogelzoo, Aquarium, Kinderspielland.
Offen: Juli 9-2o Uhr, Mitte Mai bis Mitte September 1o-17 Uhr. Entritt 21
DM.

NYKØBING M (für Mors): Hauptstadt der Insel Mors. Ein nicht allzu
reizvolles Fjordstädtchen mit großem Hafen. Im mittelalterlichen <u>Dueholm
Kloster</u> (14. Jh.) wurde das historische Museum eingerichtet. Im ehemaligen Büro der Eisengießerei am Rådhustorvet eine Sammlung von Herden
und Öfen.

Eine geologische Rarität birgt die Nordwestküste. Die 6o m hohe <u>HAN-
KLIT KLIPPE</u> besteht aus dem selten vorkommenden Moler Gestein, das
vor ca. 55 Millionen Jahren entstand.

<u>Moler</u> ist eine Mischung aus feinem Lehm und winzig kleinen Schalen von Kiesel-
algen, die sich im Laufe von 3 Millionen Jahren in einer 6o m dicken Schicht abgelagert haben. Damals während vieler hunderttausend Jahre falteten sich in Mitteleuropa die
Alpen auf, das wiederum bewirkte große Spannungen auch in weiterer Entfernung und
ließ vermutlich die norwegische Rinne im Skagerrak entstehen.

Gleichzeitig brachen Vulkane aus und übersäten das Gebiet mit Ascheschichten. Diese
Asche lagerte sich u.a. auf dem Boden des Molergebietes ab. Deswegen enthält die Molerklippe heute ca. 2oo Schichten Asche unterschiedlicher Mächtigkeit von 1 bis 1o cm
(da war die Vulkantätigkeit besonders heftig). In Molerablagerungen findet man häufig
Versteinerungen, z.B. 2-8 cm lange Fische oder Insekten. Der spannendste Fund ist eine
versteinerte Meeresschildkröte.

Wo der Moler bequem zugänglich ist, wurde er wirtschaftlich genutzt
(Isolierplatten, Bindemittel oder Mauersteine). Moler ist ganz leicht, denn
die unzähligen Kieselalgen enthalten viel Luft; im trockenen Zustand
schwimmt er auf Wasser. Das <u>Molermuseum</u> bei Sejerslev/Hesselbjerg
(Skarrehagevej 8) erklärt Entstehung etc.

Auf dem schmalen Nordzipfel hat gerade noch die Straße Platz. Schöne
Aussicht über den Fjord vom 25 m hohen Feggeklit. <u>Fährverbindung</u> aufs
Festland nach Tofthuse.

Für Ornithologen ist der Süden von Mols, die mit einer Brücke ver-
bundene kleine Insel Agerø ein hervorragender Beobachtungsplatz. Aus

dem Versteck, das der Vogelschutzverein angelegt hat, kann man sehr gut die Zugvögel beobachten.

✦ Thisted   (13.ooo Einw.)

Im Nordwesten des Limfjordes eine gute Shopping- bzw. Schlechtwetter-Stadt mit langer Fußgängerzone und einem interessanten Stadtmuseum gleich im Zentrum. An schönen Tagen empfiehlt sich eine Bootsfahrt über den Limfjord. Promenade direkt am Limfjord.

 Am Store Torv, 77oo Thisted. Tel. 97 92 19 oo, Fax: 97 92 56 o4. Offen: Juni bis August Mo.-Sa. 9-17 Uhr. Sonst nur Sa. vormittags.

STADTMUSEUM: Jernbanegade 4. Im Sommer tägl. 1o-16 Uhr. 5 DM Eintritt. Ein Schnellkurs durch die Jahrhunderte von der Stein-/Bronzezeit bis zu einem Stadtmodell um 185o. Ein Raum ist dem berühmten Sohn der Stadt, dem Schriftsteller J.P. Jakobsen gewidmet (1847-85).

> Jens Peter Jakobsen stammte aus einer wohlhabenden Großhändlersfamilie, in der die Mutter seine literarische Veranlagung förderte. Seinen Berufsanfang versuchte Jakobsen als Naturforscher mit dem Spezialgebiet grüne Zieralgen. Sein erster Roman Frau Marie Grubbe wurde schon nach einem Jahr ins Deutsche und Schwedische übersetzt (siehe Literaturkapitel). Erfolgsrezept war seine Kombination aus Naturschilderungen, psychologischer Einfühlung und Analyse. Die ausgebrochene Tuberkulose erschwerte J.P. Jakobsen jedoch die Arbeit. Sein zweiter Roman Niels Lyhne brachte ihm europaweit Anerkennung.

Sein Geburtshaus ist erhalten: Das kleine Haus am J.P. Jakobsen Platz beherbergt heute das Stadtarchiv. Sein Grabstein steht auf dem Friedhof nur ein paar Schritt hinter dem Touristenbüro.

Verbindungen ab Thisted

 **Bus**: -> Nykøbing M., Skive alle 1-2 Std. werktags, am Wochenende 4-5 x täglich, zu den Küstenorten Hanstholm, Nr. Vorupør, Klitmøller siehe jeweiliger Ort.

 **Bahn**: -> Struer werktags fast stündl., Wochenende 5-7 x tägl., 45 Min., dort umsteigen nach Esbjerg, Kopenhagen.

Rundflüge: über Thy oder auch zu den Inseln im Kattegat ab Flughafen.

Zu den Stränden der Nord-Westküste und Hanstholm siehe ab Seite QW.

Ostküste des Limfjordes

Die Ostseite des Limfjordes nennt sich Vest-Himmerland mit ÅRS als Zentrum, das die größte Stadt der Region ist. Durch aufsehenerregende

Moorfunde kam Års oft in die Schlagzeilen. Vieles wanderte ins National-
museum Kopenhagen, einige interessante Kopien im VEST HIMMER-
LANDMUSEUM. Auf Schritt und Tritt stößt man auf die Kimbern
(Cimbern), die eisenzeitlichen Ureinwohner Himmerlands: nach ihnen
sind Straßen (Kimberngade, Kimbertorvet) benannt, aber auch die Kimber
Sparekasse, und Ende August gibt es ein Cimbernfest.

Busverbindung nach Løgstør am Limfjord und nach Hobro.

Die Kimbernzüge 114-1o1 v. Chr.

Wer kennt sie nicht, die Kimbern aus Cäsars Gallischem Krieg. Als unerschrockene wilde Horden machten sie mit ihren Nachbarn aus Thy, den Teutonen und den Ambronen
(aus Nord Schleswig, die nach einer Sturmflut eine neue Heimat suchten) ganz West-
und Mitteleuropa unsicher und versetzten sogar die Römer knapp 1o Jahre lang in Angst
und Schrecken.

Als erste Wirtschaftsflüchtlinge suchten sie das Land, aus dem Gold und Silber kamen
und in dem die Sonne nie unterging. In ihrer Heimat Nord-Jütland wollte eine Kälte-
periode nicht enden, die Flüsse stiegen über die Ufer, Wiesen versumpften. Im Winter
war es so kalt, daß das Vieh auf den Weiden zugrunde ging. Mit Sack und Pack, per
Ochsenkarren und zu Pferde zogen die ersten 114 v. Chr. ins gelobte Land der Kelten.
Unterwegs forderten sie Nahrung, Grund und Boden, anderenfalls drohten sie mit gnaden-
loser Plünderei. Auf diese Weise hatten sie sich bald den Ruf von unerschrockenen
Barbaren eingehandelt. Bei der germanischen Jugend und später auch bei den Kelten
fanden sie viele Anhänger und ihr Heer wuchs lawinenartig auf schließlich 3o.ooo
Krieger an.

Die ersten Auseinandersetzungen werden 114 v. Chr. mit den keltischen Bojern an der
Donau berichtet. In Kärnten machten die Römer mit ihnen Bekanntschaft und wurden
durch die unkonventionelle und unerschrockene Kriegsführung vernichtend geschlagen.
Die Kimbern schlugen blitzschnell mit lautem Geschrei zu und waren genauso schnell
wieder von der Bildfläche verschwunden. Das Fußvolk stand z.T aneinandergekettet wie
eine Mauer vor dem Feind, dahinter die Reiterei und bewaffnete Läufer. Die Frauen in
der Wagenburg galten als ebenso unerschrocken wie ihre Männer.

Statt direkt nach Rom weiterzuziehen, streiften die Kimbern scheinbar unentschlossen
durch die Schweiz an den Rhein und stießen nach Südfrankreich vor. Jedes römische
Heer, das sich ihnen in den Weg stellte, wurde niedergemetzelt. Nach einem großen Sieg
gegen 3 Römerheere bei Orange teilten sich die Jütländer, was sich als entscheidender
Fehler herausstellen sollte.

Die Kimbern zogen im Jahre 1o5 v. Chr. über die Pyrenäen nach Spanien weiter, Teutonen und Ambronen machten sich gemeinsam Richtung Gallien auf. Die zweijährige
Atempause nutzte Rom zur Aufrüstung unter dem Heerführer Gaius Marius. Als sich die
Jütländer schließlich entschlossen hatten Rom von zwei Seiten anzugreifen, war die Gelegenheit verpaßt. Marius und seine Soldaten hatten sich bei Aix-en-Provence verschanzt
und konnten dem Sturm der Teutonen widerstehen. Erst als diese weitergezogen waren,
schnappte sich Marius bei einer guten Gelegenheit die Ambronen und vernichtete sie,
bevor die Teutonen ihnen helfen konnten. Für sie kam das große Gemetzel zwei Tage
später, nur König Teutobald und einige Statisten wurden für den Triumphzug nach Rom
aufgespart. Die Kimbern waren in der Zwischenzeit durch die Schweizer Alpen zum
Brenner vorgerückt und wurden von den römischen Legionären in die Poebene gelockt.
An einem heißen Julitag kam hier auch für sie das Aus.

> Die daheimgebliebenen Kimbern brachten ihrer Erdgöttin reiche Opfergaben im Moor, Gold, Silber, Tier- und Menschenopfer. Die Moore östlich von Ars Borremose und Rævmose brachten reiche Funde zutage, u.a. eine Kopie des Gundestrup Kessels; Moorleichen im Nationalmuseum.

Im **RÆVMOSE** (Fuchsmoor) bei Gundestrup erinnert ein Gedenkstein an den prachtvollen Gundestrup Kessel, der 1891 beim Torfstechen entdeckt wurde.

Der riesige silberne Kessel von 75 cm Durchmesser und 43 cm Höhe war vergoldet. In die 8 Seitenplatten sind kunstvolle Flachreliefs eingearbeitet. Man vermutet, daß er von Bulgaren oder Kelten des Donaugebiets stammt. Die großen Portraits auf dem Kessel stellen zweifellos damalige Götter oder Göttinnen dar. Damals sammelte man für die Opferzeremonien das Blut der Tiere in einem Kessel. Die Innenplatte zeigt sehr anschaulich eine solche Opferhandlung. Es wird vermutet, daß der Kessel vor ca. 2.000 Jahren gut sichtbar auf dem damals trockenen Moor stand. Eventuell als Opfergabe an den Kriegsgott, als die Kimbern von der Vernichtung ihrer Leute in Norditalien erfuhren.

BORREMOSE: Im 3 km südöstlich gelegenen Moor wurde die älteste und größte Wehranlage der Eisenzeit (ca. 250 v. Chr.) gefunden und wieder rekonstruiert. Die Bewohner lebten gut verschanzt hinter einem 5 m breiten Wall und Graben. Der Wassergraben gab den Archäologen wichtige Aufschlüsse, denn die Bewohner hatten ihn als Abfallhaufen verwendet.

Als die Zeiten ruhiger wurden, entstand innerhalb der Wälle eine Dorfanlage aus 20 unterschiedlich großen Häusern (besterhaltenes Beispiel der keltischen Eisenzeit, ca. 50 v. Chr.). Die "Dorfstraße" wurde gepflastert. Heute markieren niedrige Erdwälle die Häuserfundamente. Schafe weiden auf dem Naturschutzgebiet, damit das Areal nicht zuwuchert.

Zugang: ca. 300 m neben der Straße Nr. 29 und Parkplatz.

ERTEBØLLE: Das Nest am Limfjord hat einer ganzen Steinzeitepoche den Namen gegeben. Ein hier entdeckter Haufen steinzeitlicher Küchenabfälle ist als "Køkkenmøddinger" in das internationale archäologische Vokabular eingegangen.

Von der 23 m hohen Klippe sehr schöner Blick über den Limfjord, einige Picknickplätze und Bänke, um den Sonnenuntergang zu genießen. Baden vom langen Steg aus, der steinige Strand ist nicht so verlockend.

Nahe der Klippe großer Campingplatz, ein Laden und große Ferienhaussiedlung. - Busverbindung zur HS 5 x tägl. nach Løgstør, 1 Std. 40 Min.

> **Die Ertebøllekultur** (5200-4000 v. Chr.): Mit den Küchenabfällen (Køkkenmøddinger) der Steinzeitmenschen bei Ertebølle sind die Archäologen im 19. Jahrhundert auf einen riesigen Schatz gestoßen. Sie wühlten sich durch die 2 m dicke Schicht von Mu-

schelschalen, Speiseresten, Ascheschichten, weggeworfenen Werkzeugresten und verlorenen Schmuckstücken aus Bernstein.

Zweifellos wurde auf der Müllhalde das Essen zubereitet, gekocht und der Abfall gleich liegengelassen. An warmen Tagen muß es in der Steinzeitküche ordentlich gestunken haben. Das Leben spielte sich vermutlich wenige Meter entfernt ab, obwohl keine Spuren von Bebauung oder Keramik gefunden wurden.

Die Speisekarte könnte den Koch eines Feinschmecker-Restaurants vor Neid erblassen lassen. Austern kamen fast täglich auf den Tisch, das Wildbret reichte vom Hirschrücken, über Bärenragout, gegrillten Auerochsen und an Festtagen Elchkeule. Lachse waren ebenso wenig eine Seltenheit, wie Aale, Hechte und andere "Grätentiere".

Damit ist klar, daß sich die Menschen der Ertebøllekultur geschickt am Rande zweier Lebensräume niederließen. Der größte steinzeitliche Abfallhaufen mißt 14o x 2o m und wuchs vermutlich in 5oo-6oo Jahren auf 2 m an. Schätzungsweise futterten die Steinzeitler 2o Mio. Austern, bei höchstens 3o-4o Essern gleichzeitig. Zudem wurden rund 2o.ooo Tierknochen und über 8.ooo Feuersteine gefunden.

Der Abfallhaufen hat auch gezeigt, daß die Menschen durchaus Körperpflege betrieben (Kämme aus Knochen) und Bernsteinschmuck trugen. Ihre Kleidung bestand aus Leder. Grabfunde zeigen Männer und Frauen mit einem Messer aus Knochen und bearbeitetem Feuerstein. Die Männer maßen etwa 1,7om, die Frauen ca. 1,55 m, ihre Lebenserwartung lag bei 4o-6o Jahren. Frauen starben häufig im Kindbett. Hirngröße und Körperbau entsprachen heutigen Durchschnittsmenschen.

Das Klima am Übergang zur Jungsteinzeit (von der Jäger- zur Bauernkultur) war im Sommerdurchschnitt 2-3 Grad wärmer und feuchter als heutzutage und der Limfjord bestand aus vielen kleinen Inseln und Landzungen. Seit der Steinzeit hat sich Nordjütland kontinuierlich gehoben. Seinerzeit lag der Siedlungsplatz direkt am Wasser.

Weitere Køkkenmøddinger wurden auf den Inseln Fur, Livø und bei Bjørnsholm gefunden.

Der Abfallhaufen ist heute wieder grasüberwachsen, die Ausmaße kann man an vier Grenzsteinen erkennen. Sehr informative Schautafeln und ein präparierter Schnitt durch den Abfallhaufen im kleinen Ausstellungsgebäude vorne bei der Klippe. Beschriftungen leider nur auf dänisch. Weitere Funde im Museum in Strandby 5 km südlich.

Die Molerklippe: eine Fundgrube für Geologen. Der graugelbe, poröse Stein entstand vor ca. 55 Mio. Jahren aus mikroskopisch kleinen Kieselalgen und Lehm. Eingelagert sind deutlich sichtbare Rußschichten, die sich vermutlich nach Vulkanausbrüchen vor der Küste abgelagert haben. Die Klippe entstand während der letzten Eiszeit, als das Eis das Molergestein faltete und das Meer an der Küste nagte. Am Wochenende trifft sich hier der Geologiekurs der Volkshochschule, um Versteinerungen zu sammeln. Kleine Fischskelette, Insekten sind keine Seltenheit. Infotafel auch im kleinen Ausstellungsgebäude. Details zum Gestein Moler siehe auch Hanklit Klippe.

OLDTIDSMINDE MYRHØJ, 5oo m vor dem Campingplatz und Klippe: Unter dem Flugsand wurde einer der wenigen Wohnplätze der Jungsteinzeit (siehe auch Geschichte) mit Häuserresten entdeckt sowie seltene Keramik aus der sogenannten Glockenbecherkultur. Vermutlich war das Gebiet in 3 kurzen Perioden um 19oo v. Chr. bewohnt (nichts mehr erhalten).

Ein Grabhügel aus der Bronzezeit und eine 16o m lange, schnurgerade Steinreihe (sehr selten) sind zu sehen.

TREND: nur wenige Kilometer nördlich direkt am Meer und an der Küstenstraße gelegen. Ein attraktives Ferienhausgebiet in Heide-Waldlandschaft und gutes Surfrevier.

Surfen: ideal bei den vorherrschenden Westwinden parallel zur Küste in der langen Bucht. Bei Westwinden bauen sich allerdings auch im Limfjord ganz schöne Wellen auf. Gut 1oo m Stehrevier, direkter Einstieg etwas nördlich beim Parkplatz. Der Trend Surfclub vermietet Surfbretter und gibt Unterricht.

Baden: breiter, kinderfreundlicher Sandstreifen über mehrere km entlang der Bjørnsholm-Bucht. Stellenweise mit Kiesel durchsetzt, niedriges Dünengras.

** Camping Trend: ein prima Stützpunkt für Surfer. Langgestreckter Wiesenstreifen gleich neben der Straße (laut), nur 2oo m vom Strand. Ordentliche Sanitäreinrichtungen, Kinderspielplatz, kleiner Laden. Einige Campinghütten. Ganzjährig offen.

VITSKØL KLOSTER am Ende der Bucht gleich neben der Straße. Der dreiflüglige Klostertrakt, später Herrensitz ist nicht zugänglich, von der Kirche des ehemaligen Zisterzienserordens sind nur die Fundamente erhalten, sehenswert ist der große Klostergarten, medizinische Kräuter, Giftpflanzen, Schnapskräuter. Für Blinde wurde ein spezieller Duftgarten angelegt. Die Klosteranlage geht auf schwedische Mönche zurück und wurde von König Valdemar (1158) gestiftet. Offen: im Sommer tägl. 1o-18 Uhr, Eintritt 2,5o DM.

Der Schlenker entlang der Küste führt nach Rønbjerg Huse, kleiner Jachthafen, Fischverkauf und Fähranleger zur Insel Livø.

INSEL LIVØ (ca. 2 x 2 km): ruhige, winzige Insel im Limfjord. Teilweise Naturschutzgebiet mit dichtem Eichen- und Haselnußwald im Zentrum, Äcker und Heidelandschaft. Die Insel gehörte im Mittelalter zum Vitskøl Kloster, 1911 kaufte ein Professor Keller Livø, um hier eine Anstalt für geisteskranke Kriminelle einzurichten.

Heute eine beliebte Ausflugsinsel zum Spazierengehen und Baden (auch FKK-Strand), einmal rundherum sind es gerade 1o km. Fahrrad mitzunehmen lohnt sich kaum. Cafeteria, Kro, Zeltplatz und Laden. Kleine Fähre im Sommer 4-6 x täglich, ca. 2o Minuten ab Rønbjerg Havn. Hunde verboten.

✦ Løgstør

Kleinstadt an der breitesten Stelle des Limfjordes, heute etwas ab vom Schuß. Idyllische Hafenpartie am kleinen Kanal. Schöne Spazier- und Radelmöglichkeit auf dem alten Treidelpfad ca. 4 km nach Lendrup. Das Fischermilieu des früher wichtigen Limfjordstädtchen spürt man nur noch im Limfjordmuseum.

Løgstør war ursprünglich ein Fischerort, Mitte des 19. Jh. entwickelte er sich zu einer Seefahrts- und Handelsstadt mit Verbindungen bis nach Norwegen (Holzhandel). Die Fertigstellung des Kanals brachte Løgstør anfangs erhebliche Einbußen, weil sich Schiffe und Mannschaften nun nicht mehr so lange aufhalten mußten wir früher. Der steigende Schiffsverkehr sorgte aber bald für neue Arbeitsplätze. 1871 waren hier 27 Schiffe beheimatet.

LIMFJORD MUSEUM in dem ehemaligen Haus des Kanalvogtes (1863) am alten Kanal. Gut präsentiert, zeigt die Entwicklung der Limfjordfischerei, die verschiedenen flachkieligen Bootstypen etc. Offen: Mitte Juni bis Ende August tägl. 1o-17 Uhr. Zur Vor-/Nachsaison nur Sa. 14-17 Uhr und So. 1o-17 Uhr. Geringer Eintritt.

Der Frederik VII. Kanal: Im Osten des kleinen Kanals zwischen Løgstør und Lendrup liegen heute die Boote der Einheimischen, früher warteten hier Schiffe, bis der Kanalvogt mit einer Signalkugel die Durchfahrterlaubnis gab.

Der 4,4 km lange und 3 m tiefe Kanal wurde parallel zur Küste gegraben, weil eine große Sandbank vor Løgstør den Schiffsverkehr behinderte und ein umständliches Umladen der Waren erforderte. 1856 wurden die Arbeiten begonnen, und mit dem Aushub entstanden die Panoramahügel auf der Südseite. Nach 5 Jahren war der Kanal fertig. In den Spitzenjahren 1889-19oo passierten bis zu 3.ooo Schiffe jährlich den Kanal. Bei gutem Wind konnte gesegelt werden, bei Windstille treidelte man soweit es ging zu Fuß oder heuerte Pferde an, die die Schiffe zogen. Nach der Jahrhundertwende ging der Verkehr drastisch zurück, denn mittlerweile war es gelungen, quer durch die Sandbank eine Fahrrinne zu graben. 1913 mußte der Kanal stillgelegt werden.

Der geschotterte Treidelweg zu beiden Seiten beginnt bei der Drehbrücke von 1861, vorbei an den ehemaligen Wohnungen der Kanalangestellten. Nach der kleinen Holzbrücke sieht man die alte Anlegestelle der Fähre, die Bauern auf ihr Stück Land zwischen Fjord und Kanal brachte. Der westliche Kanalhafen in Lendrup wurde nach der Stillegung von den Fischern als Hafen benutzt, bis er allmählich versandete.

"**Løgstør Parkhotel**", Toftebjerg Alle 6. Panoramalage auf einem Hügel am Stadtrand mit Blick zum Limfjord, aber sonst ganz schön weit weg. Kongreßhotel mit allem Komfort, 15o Betten. DZ 15o-2oo DM.

"**Hotel Du Nord**", Havnevej 38 an der Kaistraße mit Limfjordblick. Älteren Datums. 4o Betten. DZ ca. 14o DM.

*** Løgstør Camping: komfortabler Platz am Stadtrand. Hüttenvermietung. 13o Einheiten. Offen: 1.5.-1.9.

 **Bus**: -> Norden Aggersund, Nordseestrände bis Blokhus
4 x tägl.
-> Süden Vitskøl Kloster, Ertebølle, Farsø 6 x tägl.
-> Hobro über Års 13 x werktags, am Wochenende 6 x tägl.

WIKINGERFESTUNG AGGERSBORG: Auf dem gegenüberliegenden Limfjordufer wurde bei Aggersund eine der vier Wikingerburgen Dänemarks entdeckt. Von der einst gewaltigen Anlage ist heute so gut wie nichts mehr zu sehen. Man ahnt nur noch einen Teil des Ringwalls unter dem Getreidefeld.

Aggersborg war mit 24o m Durchmesser die größte der entdeckten Ringburgen. Bei den Ausgrabungen 1945-52 kamen Fundamente von 48 Langhäusern zum Vorschein. Das genaue Alter ist mangels Holzfunden schwer feststellbar, vermutlich stammt die Anlage wie die anderen (Trelleborg, Fyrkat und Nonnebakken) aus der Zeit Harald Blauzahns um ca. 98o n. Chr. Vom Ringwall aus konnte man optimal den Limfjord überblicken, der zur frühen Wikingerzeit hier eine Verbindung zur Nordsee hatte. Die Deutung dieser Ringburgen reicht von Kultplatz, Schiffswerft, königliches Administrationszentrum, Kontrollzentrum, um Zoll, Steuern zu erheben bis zum Militärlager in Zusammenhang mit der Eroberung Englands. Details siehe Hobro/Fyrkat und Trelleborg.

Bester Beobachtungspunkt bei der Kirche südlich des Friedhofs (Tafel). - Kleine Ausstellung mit einem Modell im Aggersborg Gård (5oo m entfernt). - Busverbindung nach Løgstør und Fjerritslev.

Von Aggersund in 3o-4o km an die herrlichen Sandstrände der Jammerbucht. Details siehe ab Seite 185.

NORDWEST-JÜTLAND

Limfjord -> Hanstholm

Der Küstenbereich nördlich des Limfjordes ist ein abwechslungsreiches Badeeck: nie ist es weiter als ein paar Kilometer zum Wasser, sei es die Nordsee, einer der zahlreichen Seen oder die Seitenarme des Limfjordes. Eine flache Gegend, ewige Weite, viel Landwirtschaft und zig Kilometer Nordseestrand. Zur Altsteinzeit bestand dieses Gebiet aus vielen kleinen Inseln, erst durch spätere Landhebung kam es zur jetzigen Landschaftsform.

Bahn: parallel zur Limfjordküste von Struer nach Thisted. **Bus**: zwischen Stenbjerg und Hanstholm parallel zur Nordseeküste.

Fahrradroute auf dem "Vestkyststi": entlang der ganzen Westküste von Aggertange über Bulbjerg, Blokhus bis nach Hirtshals und an die Nordspitze nach Skagen. Insgesamt 24o km weitgehend markierte Strecke (Nr. 1) über Nebenwege, teilweise auf den alten Rettungswegen, wo möglich auch am Strand entlang. Räder mit breiten Reifen sind hier vorteilhafter als schmalspurige Rennräder. Faltblätter mit eingetragener Route und Sehenswertem links und rechts bei den örtlichen Touristenbüros.

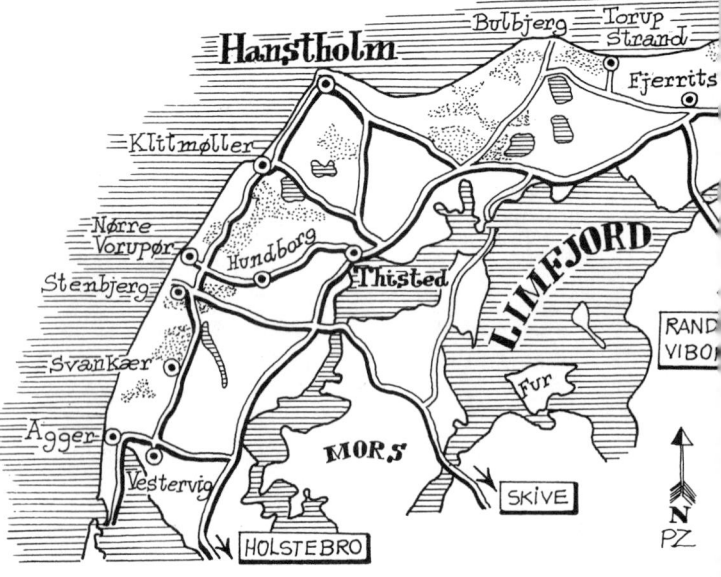

NORWEGEN

Højen — Grenen
Skagen

Råbjerg
Mile

GÖTEBORG

Hirtshals

Tversted

Lønstrup

Frederikshavn

Hjørring

Løkken

ÅLBORG

Brønderslev

Ålborg

DETAILS S. 254

Aggertange <u>Fährstation</u> am Ende der Landzunge. Fährverbindung siehe Thyborøn.

Vestervig

Etwas nördlich vom Ort liegt die <u>VESTERVIG KIRCHE,</u> seit der Rekonstruktion/Restaurierung Anfang des Jahrhunderts Dänemarks größte Dorfkirche. Bis zur Reformation Klosterkirche. Im Innern einige wenige Fresken erhalten: u.a. ein kurioses dudelsackpfeifendes Wildschwein. Taufbecken aus norwegischem Speckstein. Weiter Blick in alle 4 Himmelsrichtungen vom Kirchturm (die Schlagläden darf man ruhig öffnen): auf die Agger Tange, die Dünen und Leuchtturm. Geringer Eintritt.

Beim Kirchenparkplatz wurde in den 6oer Jahren eine eisenzeitliche Siedlung entdeckt. Der Grundriß von 3 Häusern und Bodenbelag im Fischgrätmuster erhalten.

Die alte Schule in Vestervig wurde zum <u>Schulmuseum</u> hergerichtet, Ashøjvej 8 (offen in den Sommerferien 1o-17 Uhr).

<u>Bus</u>: -> Agger und Hurup Thy an der Bahnlinie.

Ein Schlenker an die Limfjordküste führt nach <u>YDBY HEDE (OLDTIDS-HØJENE)</u>: in toller Heidelandschaft eine Ansammlung von rund 2 Dutzend Grabhügeln aus der Bronzezeit, mindestens 2.5oo Jahre alt. Schöner Picknickstop mit weitem Blick über den Limfjord.

Nördlich der <u>AGGER TANGE</u> beginnt eine ausgesprochen schöne Küstenpartie mit bizarren Dünenformationen. Einige kleine Seen im Hinterland und eine Handvoll Ferienhaussiedlungen.

✴Stenbjerg

Ein ruhiges Eck; das Richtige, um zu relaxen, weite Dünenlandschaft, kein Gedrängel am Strand, keine Shoppingverführungen. Kleines Rettungsbootmuseum vorne am Strand.

Strandhäfen: Nach alter Tradition werden an vielen Stellen der Nordseeküste die Fischerboote direkt auf den Strand gezogen, denn sichere Häfen in den Sand zu setzen war bis Mitte dieses Jahrhunderts sehr schwierig und kostspielig.

Malerisch liegen die schweren Boote auf dem Trockenen, nur eine rätselhafte breite Schleifspur führt aus dem Meer. 1949 bekam Nr. Vorupør den ersten Motorslip per Stahlseil und PS-starker Winde. Mit Volldampf rauschen die Boote durch die Brandung auf den Strand, dann werden sie im Schneckentempo aufs Trockene gezogen. Zum Auslaufen brauchen sie nicht auf die Flut zu warten. Etwas versteckt im Sand liegt ein daumendickes Drahtseil, das um eine im Meer verankerte Rolle wieder zur Motorwinde gelenkt wird. Die Boote werden hier eingehakt und ganz bequem wieder ins Wasser gezogen - bei starker Brandung nicht ganz ungefährlich. Trotz der modernen Küstenhäfen lohnen sich die Mühen immer noch, denn die Strandfischer sind nicht von den EG-Quoten erfaßt und können so viel fischen, wie ihre Kapazität zuläßt.

✴Nørre Vorupør

Hat alles, was man sich von einem kleinen Nordsee-Strandort erwartet. Schöne Lage in den Dünen, großes Ferienhausangebot, einen superbreiten, ewig langen Strand. Wenn die Fischkutter einlaufen und an den Strand gezogen werden, strömt alles zusammen.

Gute Angelmöglichkeiten von den Wellenbrechern. Eine Handvoll kleiner Boutiquen und Restaurants entlang der Straße zum Teil in Top-Lage mit Blick auf den regen Schiffsverkehr.

<u>Fahrradvermietung</u> am Ortseingang. <u>Ferienhausvermietung</u> über Dantours, Bernd Kneitz (Knudsbjergvej 64, Sennels 77oo Thisted), Vorupør Huse.

<u>Fischhandlung</u>, Vesterhavsgade. Sehr großes Angebot von der frischen Scholle bis Haifisch. Manchmal auch Aal.

Kleine Ausstellung im <u>Naturcenter</u> zur Geologie, Strandfunden und Strandtieren. Kleines <u>RETTUNGSBOOT- UND FISCHEREIMUSEUM</u> beim Restaurant Landingsplassen.

"**Hotel Nordsø**", Nordsøvej 1o. Ein schlichter Klinkerbau 5o m abseits der Straße. 15 Betten.

 *** Strandgårdens Camping: einer der wenigen Plätze direkt in den Dünen, Stellplätze auf verschiedenen Niveaus. Weitgehend windgeschützt; viele kuschelige Zeltplätze mit Sonnenuntergangspanorama, Wiesen- und Sandboden. Der Platz liegt direkt im Ort, Sanitäranlagen eher durchschnittlich. 15o Stellplätze. Offen: April bis September.

 Restaurant "KLITTEN": in Toplage direkt auf den Dünen. Gute Auswahl an Mittagsgerichten, abends Scholle in verschiedenen Varianten, lecker der Steinbeißer, auch Fleisch und Kindergerichte. Moderate Preise. Abends im Sommer Disco!

KAFETERIA, Grill vorne am Meer. Bei einem Bier kann man hier in Ruhe das Einlaufen der Fischkutter beobachten.

Restaurant "LAND INGSPLASSEN": Man sitzt schön windgeschützt hinter Glas, Blick zum Meer. Große Fischauswahl.

 **Bus**: -> Thisted etwa stündl., abends seltener! 3o Min.
-> Hanstholm 8 x werktags, Sa./So. 3 x tägl., 4o Min.
-> Snedsted an der Bahnlinie 9 x werkt., Sa./So. 3-4 x tägl., 15 Min.

★ Klitmøller

Wunderschönes Ferienhausgebiet um den Badeort Klitmøller, am Strand liegen die bunten Bötchen der Hobbyfischer. Die Sommerhäuser verteilen sich locker in den Dünen, nicht so dicht gedrängt wie in anderen Regionen.

Top-Surf-Spot für Brandungsspezialisten, 1996 wurde hier die "European Wavesailing Championship" ausgetragen. Auf dem Parkplatz direkt hinter dem Strand stapeln sich Segel und Bretter, bei Flaute räkeln sich die Cracks auf ihren Wohnmobilsitzen. Meistens bläst es hier allerdings ordentlich bei enormen Wellen. Surfcenter am Strand/Parkplatz.

Ferienhausvermietung, Ørhagevej 115. Hier gibt es fast alles (Fahrräder, sogar Kinderwagen) zu mieten. Außerdem bei Dan-sommer, Mølleshoppen, Vangsåvej 37.

"**Klitmøller Kro**", Krovej 15. Nur ein paar Hundert Meter vom Strand. Einige Zimmer und 1o moderne Ferienwohnungen. Im Restaurant gutes Fischangebot. DZ mit Frühstück ab 1oo DM.

 *** Nordsø Camping: direkt im Ort. Natürliches hügeliges Gelände durch Bretterzäune abgeteilt. Kein Baum, kein

Strauch. Bei Surfern beliebt. Hüttenvermietung. Swimmingpool, Tenniscourt, Minigolf. 12o Stellplätze. Offen: April bis Oktober.

*** <u>Nystrup Camping</u>: recht großer Platz am Ortsrand. Sehr strukturiert, Asphaltsträßchen, Büsche und Kiefernhecken. Hütten, schöner Kinderspielplatz. 23o Stellplätze. Offen: Ostern bis Mitte September.

Restaurant "<u>NIELS JUEL</u>", ein strohgedecktes Haus am Strand. Blick von der Terrasse auf den Surfbetrieb und Schiffsverkehr. Fisch und Fleisch.

 **Bus**: -> Thisted 8 x werktags, Wochenende 3-6 x täglich. Entlang der Küste Hanstholm, Nørre Vorupør 8 x werktags, am Wochenende 3 x täglich.

Details zum Ausflugsstädtchen Thisted am Limfjord und Limford-Bootsfahrten siehe Seite 17o.

Die <u>STRECKE BIS HANSTHOLM</u> präsentiert eine grün überzogene "Mondlandschaft", wunderschöne Dünen, manche der Hügel und Buckel entpuppen sich bei genauerem Hinsehen als überwucherte Bunker. Naturschutzgebiet mit Dünen, Heide und Sumpfgebieten - Zugang nur zu Fuß oder per Rad. Wegen gefährlicher Strömungen ist 7 km südl. von Hanstholm Baden verboten, aber prima Strand.

✴Hanstholm   (3.ooo Einw.)

"Die grüne Stadt am Meer", so die Touristenbroschüre, entstand nach dem 2. Weltkrieg. Ein junger Ort geschützt in einer Mulde mit niedrigen Klinkerhäusern, modernem Shoppingcenter, sonst nicht viel los. 2 km abseits liegt der moderne Hafen.

Lebhaftes Treiben auf den Trawlern, am Kai werden Netze geflickt, Fische ins Kühlhaus verladen, über Fließbänder rollt das Eis direkt in den Ladebauch der Fischkutter. Nichts, was man sich landläufig unter pittoreskem Fischerambiente vorstellt. Für den Hafen wurde Jahrzehnte hartnäckig gekämpft (seit 1917), bis er schließlich 1967 eingeweiht werden konnte.

Heute eine moderne große Anlage mit der dazugehörigen Verarbeitungs- und Zulieferindustrie, nur die Fischmehlfabrik wurde aus gutem Grund etwas außer Riechweite gesetzt. Fischauktion morgens um 7 Uhr. Fischverkauf, Räucherei.

 Im Shoppingsenter, 773o Hanstholm. Tel. 97 96 12 96. Mitte Juni bis August Mo.-Fr. 8.3o-16.3o Uhr, Sa. 8.3o-14 Uhr. Sonst Mo.-Fr. 9-16, Sa. 9-12 Uhr.

Post und Bank gleich nebenan.

Hanstholm im 2. Weltkrieg: Auf den ersten Blick kaum zu glauben, daß Hanstholm im 2. Weltkrieg vom deutschen Militär zur größten Stellung Skandinaviens ausgebaut wurde. Über die meisten der knapp 5oo Bunker ist heute Gras gewachsen; sie verstecken sich in einem jungen Kieferngürtel. Zu Spitzenzeiten waren hier in der Gegend bis zu 2o.ooo deutsche Soldaten stationiert. Hanstholm (damals Hansted) war durch seine Lage an der kürzesten Verbindung nach Norwegen von strategischer Bedeutung, um die Einfahrt ins Kattegat zu sichern. Die 38 cm Kanonen mit 55 km Reichweite in Kristiansand (Norwegen) und Hanstholm riegelten die 12o km breite Einfahrt nahezu komplett ab. Die ungeschützten 1o km wurden zusätzlich vermint.

Am 1o. April 194o wurde der kleine Ort Hansted besetzt und innerhalb kurzer Zeit zum teuersten Bauwerk Dänemarks aufgerüstet. 1942/43 wurden die Bewohner zwangsumgesiedelt, den Fischern die Arbeit verboten, um für das Großprojekt Atlantikwall Platz zu schaffen. Eine 9 qkm große Fläche wurde buchstäblich zubetoniert, im Osten bis zur Vigsø Batterie, im Südwesten bis hinter den Leuchtturm. 8oo Bunker und 6.ooo Mann Besatzung waren gegen Ende des Krieges hier stationiert.

Bei der Absicht, den begonnenen Fischerhafen zum Marinestützpunkt und U-Boothafen auszubauen, blieb es dann auch. Am 7. Dezember 1943 inspizierte Feldmarschall Rommel Hanstholm und war mit der Arbeit gar nicht zufrieden. Zum Schutz der 4 x 38 cm Kanonen, der riesigen Radaranlage und weiterer 17 cm Geschütze waren zahlreiche Luftabwehrstellungen installiert worden. Nach dem Krieg haben die Dänen die großen Kanonen eingeschmolzen und zu friedlicheren Zwecken benutzt.

Einer der großen Geschützbunker wurde 1979 zum MUSEUMSBUN-KER restauriert (Molevej 29) - in der Bevölkerung eine nicht ganz unumstrittene Sache. 9o Mann waren zur Bedienung der 38 cm Kanonen hier stationiert, wie ein Labyrinth wirken die Räume beim Rundgang. Auf einer kleinen Feldbahn wurden die 8oo kg schweren Granaten (made by Krupp) in den Bunker gefahren und mit Kränen und Aufzug zum Geschütz befördert. Genaue Beschreibung im eigenen Buch (zweisprachig).

Offen: Juni bis August täglich 1o-17 Uhr, Februar bis Oktober täglich 1o-16 Uhr. Gilt ebenso für den Leuchtturm. Eintritt 1o DM, Kinder 2,5o DM.

LEUCHTTURM AUF DER KLIPPE: Das gesamte Ensemble steht unter Denkmalschutz. Ausstellungen zum Thema Rettungswesen, Küstenfischerei, Geschichte der Stadt, Geologie und Tierleben. Er hat in Dänemark Geschichte geschrieben. 1843 in Betrieb genommen, 1889 mit einer Kohle-Bogenlampe umgerüstet, machte er bis 1923 als einziger elektrisch betriebener Leuchtturm von sich reden. Besichtigung des Leuchtturms, der noch im Betrieb ist, nur wenn der Wächter anwesend ist. Geringer Eintritt. Gleiche Öffnungszeiten wie die Ausstellungen.

BATTERIE HANSTHOLM I, wenige Kilometer vor Hanstholm von Klittmøller kommend. Im Zweiten Weltkriegs wurde im Zuge der Errichtung des Atlantikwalls diese gewaltige Geschützstellung 1942-44 angelegt. Heute sind die Bunker, die mit 17 cm Kanonen bestückt waren, wieder zugänglich (gute Taschenlampe nötig). Schilder führen durch die Dünenlandschaft. Infobroschüre im Museum.

"**Hotel Sømandshjem**", Kai Lindbergsgade 71. Langer Kasten am Hafen. 19 Zimmer mit Bad und WC. Eher praktisch als gemütlich. DZ mit Frühstück ab 11o DM, Familienzimmer 16o DM. Restaurant. Hier wird kein Alkohol ausgeschenkt.

"**Hotel Hanstholm**", Chr. Hansens Vej 2. Großes Konferenzhotel mit 79 geräumigen Zimmern. Swimmingpool. DZ, Du. und Frühstück ab 15o DM. Familienzimmer 17o DM.

*** <u>Camping Hanstholm</u>: weit weg vom Schuß an einer ruhigen Seitenstraße. Ca. 2-3 km östlich vom Ort. Viele Büsche und Bäume. Ein Katzensprung zum Strand, Campinghütten. Swimmingpool. Minigolf. 32o Stellplätze. Offen: April bis September.

Panoramarestaurant "<u>PYNTEN</u>", Helshagevej, wirklich in Top-Lage oberhalb vom Hafen mit endlosem Blick weit übers Meer (Richtung Leuchtturm). Leckere gefüllte Scholle.

Fischrestaurant "<u>MESSEN</u>", Kai Lindbergsgade 71. Freundlich eingerichtet mit Blick zum Meer und keine o8/15-Küche, hier wird nach alten Rezepten gekocht. Als Vorspeise die exquisite Hummersuppe und zum Hauptgericht beispielsweise Dorsch mit Speck oder gefüllte Scholle (beides um die 3o DM). Mittags preiswerte Gerichte.

Hochseeangeln am "Gelben Riff", einem der besten Fischgründe Europas. Hier wurden Rekordfische von über 3o kg und mehr als 1,6o m Länge gefangen. Das Riff liegt 2 Std. von Hanstholm entfernt und täglich fahren mehrere Kutter bei entsprechendem Wetter hinaus. Trotzdem ist Reservieren ratsam, besonders am Wochenende. Bei Windstärken von über 1o m/s werden die Fahrten abgesagt und das Geld ausbezahlt. Als Ausrüstung sind Pilkerruten von 2o-3o lbs ratsam. Als Köder Pilker von 2oo-5oo Gramm und Gummiwürmer in rot, gelb oder orange. Als Schnur wird o,6 mm empfohlen und ein kräftiger Vorfächer von mindestens o,7 mm. Preis je nach Dauer zwischen 1oo und 15o DM, Minimum 12 Personen.

Radfahren: Für Radler führt in Hanstholm der Nationale Radweg Nr. 1 weiter gen Norden. Unserer Meinung nach der schönste Teil im nördlichen Bereich. Durch wellige Dünenlandschaft und durch das Naturschutzgebiet "Klittplantage" führt die Strecke von Blokhus bis Løkken auf dem festen Sandstrand entlang vorbei an dem versandeten Leuchtturm und der absturzgefährdeten Kirche bei Lønstrup über Hirtshals an die Nordspitze Dänemarks nach Grenen.

Rundflüge ab Flughafen zur Hochsaison täglich, ca. 3o DM/Person.

Verbindungen ab Hanstholm

Bus: entlang der Küste über Klitmøller, Nr. Vorupør, Stenbjerg, an die Bahnlinie bei Snedsted 7 x werktags, Wochenende 3 x täglich, ca. 1 Std.

-> Thisted (Bahnanschluß nach Struer und Umsteigen nach Esbjerg), Nykøbing M., Skive alle 1-2 Std. werktags, Wochenende 4-5 x tägl. 3 Std.

-> Kopenhagen via Randers, Grenå (Fähre), Hundested 1-2 x tägl., knapp 9 Std.

Sommerfähre zu den Færøern, England, Island mit der Smyril Line. Nach Torshavn allein 38 Std. Überfahrt.

Die Jammerbucht

Ein traumhaft schöner Nordseestrand. Rund 8o km bis Hirtshals nichts als Sand, Sand und nochmal Sand. Ein phantastisches Badeeck, trotzdem ist Überfüllung meist ein Fremdwort.

Im Bereich zwischen BLOKHUS und LØKKEN tobt im Sommer allerdings der Bär. Enorm großes Ferienhausangebot, teilweise liegen die Häuser richtig kuschelig in den Dünen. Stellenweise ist der Strand für den Autoverkehr freigegeben. Einen Teil der Bunker hat sich schon das Meer geholt. Immer wieder führen Stichstraßen ans Meer.

Gutes Campingplatzangebot. Schotterwege verbinden die Stichstraßen zu einer angenehmen Radelstrecke. Im Inland weitgehend unbesiedeltes Areal, größere Waldanpflanzungen, Natur.

Der Tourismus ballt sich bei Blokhus und Løkken, fotogene Strandhäfen bei Torup und Løkken. Interessant ist der eingesandete Leuchtturm mit Sandflugmuseum und die gefährdete Kirche von Mårup bei Lønstrup.

Ferienhausvermietung: z.B. Inga Winter Heskjær, Slettestrandvej 3, Hjortdal, 969o Fjerritslev.

Busverbindung: zur Hochsaison entlang der Bucht von Løgstør am Limfjord nach Blokhus und von Blokhus nach Skagen.

Bulbjerg Klint

Die 47 m hohe Klippe (35 km von Honstholm entfernt) zählt zu den schönsten Flecken der jütländischen Westküste, tolles 36o Grad Panorama. Am Horizont ziehen die Schiffe, im Süden und Norden lange Sandstrände und bizarre Naturformationen, Dünen, Wälder. Schönere Sonnenuntergänge als vom Bulbjerg gibt es fast nicht.

Als Tüpfelchen auf dem I findet man hier den einzigen <u>Vogelfelsen</u> Dänemarks, an dem eine Kolonie von ca. 3oo Dreizehenmöwen brütet. Von Mai bis August herrscht hier ein hektisches Leben und Kreischen, wenn der Nachwuchs aufgezogen wird. Die Jungvögel schlüpfen Ende Juni/ Anfang Juli. Das ganze Gebiet steht unter Naturschutz, die 5 km lange Stichstraße endet im Parkplatz. Die Bunker des Atlantikwalls haben eine passende Verwendung als WC gefunden.

Die steile Klippe besteht weitgehend aus Bryozokalk, Meeresablagerungen entstanden in der jüngeren Kreidezeit vor 75-1oo Millionen Jahren. Das Meer kratzt und nagt an der Küste, 1978 holte es sich die berühmte Nadel Skarreklit, von der heute nur noch ein Stumpf im Meer zu sehen ist.

<u>TORUP STRAND</u>: ein Fischerstützpunkt ohne Hafen. Hier werden die tonnenschweren Fischkutter direkt auf den Strand gezogen. Drumherum etwas chaotisches Fischermilieu, schöner Strand.

FJERRITSLEV: der Inlandsort dürfte allenfalls zum Einkaufen bzw. wegen des <u>Brauereimuseums</u> (Østergade 1) interessant sein. 6 km entfernt nahe am Meer bei Grønnestrand steht die einzige mit Heidekraut verkleidete Windmühle (Lyngmøllen) in Dänemark.

✦ Blokhus

Ein wildgewachsener Ferien-Strandort ohne hübschen Kern. Fürs Après - wenn sich die Sonne hinter den Wolken verkrochen hat - gibt es Eisdielen, Kunsthandwerksläden, Boutiquen zum Bummeln und Shoppen. Der Supermarkt bestimmt das Zentrum. Um Blokhus <u>Tausende von Ferien-häusern</u> unterschiedlichsten Typs bis vorne in den Dünen. Hauptattraktion ist und bleibt jedoch der ca. <u>2o km lange Strand</u>.

 Støvesvej 17, 9492 Blokhus. Tel. 98 24 85 11.
Offen: Juni bis Aug. Mo.-Fr. 1o-19 Uhr, Sa./So. 1o-18 Uhr.
Sonst Mo.-Fr. 9-16 Uhr, Sa. 1o-13 Uhr.

Ferienhausvermittlung am Ortsanfang an der Hauptstraße.

"<u>Danland Feriehotel</u>" (Feriehotel Nordsøen), Høkervej 5, ein Vertreter der bekannten Kette. Gute Lage, die vordersten Appartements direkt am Strand, allerdings eine Riesenanlage in Monoarchitektur, so daß man Probleme bekommt, seine eigene Haustür wiederzufinden. Mehrere 2-/3-stöckige Häuserblocks. Stark von Familien mit Kindern frequentiert. Swimmingpool, Solarium. Die Appartements haben uns etwas an dunkle Schachteln erinnert. 276 App. ca. 5oo-1.5oo DM/Woche.

"<u>Hotel Karnappen</u>", Strandvejen 14. 8 Zimmer, DZ ca. 1oo DM.

"<u>Pension Vestkystens Perle</u>" Ribergårdsvej. Recht schön gelegene Pension am Ortsrand mit großem Garten.

Jugendherberge im Nachbarort Hune, Kirkevej 26 ca. 3 km landeinwärts. 24 Familienzimmer. Gästeküche. Offen: April bis Oktober.

 *** Blokhus Camping: 2 km vom Strand entfernt an der Hauptstraße. Unebener, sandiger Boden, relativ windgeschützt. Viele Dauercamper, im Juli ist hier dicht. Hütten, Schwimmbad, Tennis. 34o Stellplätze. April bis Mitte September.

** Ribergård Camping: auf dem Weg zum Vergnügungspark Farup Sommerland. Große Wiese am Waldrand, aber weit weg vom Strand. Hütten. 75 Stellplätze. Offen: Mai bis Oktober.

Zwischen Blokhus und Løkken halbes Dutzend Campingplätze mehr oder weniger nah am Strand.

 Restaurant "STRANDINGSKROEN": Høkerveg 2, urgemütlich in einem über 2oo Jahre alten Riedhaus. Viele Schiffsmodelle, in jedem Fenster steht ein Shesterfield Hundepaar. Lammkotlett ca. 3o DM, auch Fisch.

"KANCELLIGAARD": traditioneller Hof mitten im lebhaften Zentrum. Eines der wenigen alten Häuser, innen rustikal. Schöne Sonnenterrasse. Preiswerte Mittagsgerichte.

Restaurant "NORDSTJERNEN" beim Danland Feriecenter relativ großes Lokal. Spezielles Danland Menü. Wiener Schnitzel 25 DM. Auch Kindergerichte.

SPORT
Tennis, 18-Loch-Golfplatz, Angelteich, Hallenbad, Fårup Aquapark und Sommerland.

Reitmöglichkeit: Ausritte ins Gelände, Morgen- oder Abendausritte beim Pirupshvarre Ridecenter, Dahls Iversensvej 1o.

Schöne **Spaziermöglichkeiten** in der Dünenplantage von Blokhus, ein Aufforstungsgebiet mit markierten Rundwegen von 2-6 km Länge. Auch geführte Führungen zur Hochsaison.

Interessant ist das MOORGEBIET STORE VILDMOSE östlich von Blokhus. Markierter Weg, Broschüre im Touristenbüro. Wer tiefer in die Moor- und Torf-"Geschichte" einsteigen möchte, findet in Brønderslev ein kleines Museum dazu.

 **Bus**: Expressbus -> Frederikshavn 3 x tägl., 1 1/2 Std. Busverbindung im Hochsommer zu den südlich gelegenen Ferienorten Tranum Strand, Slettestrand bis an den Limfjord nach Løgstør 6 x täglich.

-> Løkken, Hjørring, Hirtshals, Skagen 5-6 x tägl. 4 Std. in der HS.

Fårup Aqua- und Sommerland: ein sehr abwechslungsreicher Familienpark, in dem es die schnellste Wasserrutsche von 13o m Länge gibt. Tretboote, Go-Cartbahn und Fahrgeschäfte für Kinder verstehen sich von selbst. Besondere Attraktion ist die Schatzjagd mit den Piraten, wo viele Abenteuer zu überstehen sind. Und ob die Schatztruhe wohl auch gefunden wird? 5 km außerhalb nahe dem Weiler Fårup. Offen: Mitte Mai bis August täglich 1o-18 Uhr, zur HS länger. Eintritt 2o-25 DM je nach Jahreszeit. Nach 16 Uhr günstiger.

SALTUM: gewachsenes Örtchen bekannt für seine Kirche von 145o mit Kalkmalereien am Abzweig zum Strand. 4 km Stichstraße zum Meer. Schöne Ferienhäuser in den Dünen.

 ***** Saltum Strand Camping**: an der Strandstraße. Im Sommer steht man dicht an dicht. Hütten, Swimmingpool. 295 Stellplätze. Ganzjährig offen.

Im Prinzip kann man von Rødhus bis Løkken über den Strand fahren. Dieser gesamte Küstenstreifen ist mit Ferienhäusern zugepflastert.

✦Løkken   (1.3oo Einw.)

D e r Badeort an der Jammerbucht. Bietet Baderummel, Cafés, Eisdielen, Shops, Restaurants, - nur keine Hochhaushotels. Ansonsten ein gewachsenes altes Badestädtchen mit pittoreskem Strandhafen. Auf der Mole stehen die Angler. Die weißen Strandhütten wirken ein bißchen altmodischgemütlich. Der bei Blokhus noch ewig breite Strand wird allmählich schmaler, in der Ferne Steilklippen.

Nördlich von Mole und Strandhafen hat man erfreulicherweise eine autofreie Strandzone gelassen. Ansonsten darf nach Lust und Laune auf dem Strand gekurvt, doch nicht gerast werden. Auch wenn Løkken im Sommer ganz schön rummelig ist, hat es doch mehr Atmosphäre als die südlichen Sommerorte, nicht zuletzt durch den kleinen, aber lebhaften Strandhafen. Die engen Ortsstraßen sind zur Saison gestopft voll, großes Shoppingangebot von T-Shirts, Kunsthandwerk, Kitsch und Kram.

 Møstingvej 3, 948o Løkken. Tel. 98 99 1o o9, Fax: 98 99 11 59. Offen Juni bis August Mo.-Sa. 9-17 Uhr, sonst Mo.-Fr. 9-16 Uhr, Sa 1o-13 Uhr.

LØKKEN MUSEUM: Nørregade 12, kleine Ausstellung zur Ortsgeschichte in dem ehemaligen Schifferhaus von 186o. Offen: Mo.-Fr. 1o-16 Uhr, So. 14-17 Uhr. Das Museum hat kleine Spaziergänge am Strand/ Dünen ausgearbeitet: zum ehemaligen Teerplatz, zur Rettungsstation etc.

Enorm viele <u>FERIENHÄUSER</u> besonders schön im Norden auf der Steilküste, dann über Treppen an den Strand. Infos im Touristbüro.

"<u>Løkken Badehotel</u>" am Torvet 8 im Zentrum. Neu renovierte Ferienappartements direkt im Rummel. Einen Katzensprung zum Strand.
Swimmingpool. Moderne Appartements unterschiedlicher Größe 4oo-
1.3ooDM/Woche.

"<u>Hotel Løkkenshus</u>", Søndergade 21 im Zentrum. Älteres, einfaches
Haus. 44 Betten. DZ ab 65 DM.

"<u>Hotel Litorina</u>", Søndergade 15 direkt im Zentrum. Kleines 4o-Betten-Hotel.
26 Zimmer mit Bad. DZ ab 1oo DM.

"<u>Strandhotellet</u>", Norgesvej 7 nicht direkt am Meer, dafür den Strandparkplatz vor der
Nase, nur 1oo m zum Hafen. DZ mit Etagendusche 75-125 DM.

"<u>Kallehavegaard Badehotel</u>" Strandstraße Søndergade 8o. Traditionelles Badehotel,
an das mehrfach angebaut wurde. 24 Zimmer mit Bad teils auch Balkon oder Terrasse.
DZ ab 9o DM.

"<u>Motel Skovly</u>", Munkensvej 26. Gut 1 km im Inland und 3 km südlich von Løkken. In einem ehemaligen Bauernhof, einfache Zimmer. 24 Betten. Gästeküche. DZ ca.
12o DM.

Preiswerte Hotelalternative sind die Hütten oder Wohnwagen
auf den Campingplätzen, z.B. Kallehavegaard oder Strand-
vejens Camping. Die stadtnahen Campingplätze haben uns nur
bedingt gefallen, denn sie liegen meist unmittelbar an der Straße. Im Juli
wird's hier ziemlich voll.

*** <u>Løkken Strandcamping</u>: 2 km nördlich vom Zentrum in Furreby. Hier
läßt der Betrieb etwas nach. Von der Lage her super, direkt auf der Klippe
in erster Reihe. Nebenan rauscht das Meer in der Tiefe. Treppenweg an
den Strand. Etwas unebene Wiese, Stangenzäune schützen vor den Westwinden. Laden, Stromanschlüsse. Offen: Ende April bis August.

Restaurant "<u>STRANDPAVILLONEN</u>": Spitzenlage auf
den Dünen mit Blick über Strand und Meer. Modernes
Panoramarestaurant, Spezialität Fisch und Krustentiere.
Günstiges Mittagsmenu, abends wird es teurer. Gute Karte.

Restaurant "<u>KALLEHAVEGAARD</u>", Søndergade, in dem traditionellen
Hotel. Mittags ißt man preiswert unter 2o DM.

<u>Sport</u>: Fahrradverleih z.B. bei Statoil in dem Ny Strandvej 15. Reitschule
und Pferdeverleih, Tennis, Golf, Minigolf. Rundflüge in kleinen Sport-
maschinen gegenüber Hvorup Klit Camping. Ca. 3o DM pro Person.

Verbindungen *ab Løkken*

Bus: zur Hochsaison über Lønstrup, Hjørring, Hirtshals,
Skagen 5-6 x tägl. 3 1/2 Std.

Im Hochsommer -> Blokhus 7 x tägl. 4o Min.

-> Aalborg alle 1-2 Std. werktags, Wochenende 8 x tägl., 1 Std. 1o Min.

-> Hjørring werktags stündl., am Wochenende 7-9 x tägl., 3o Min.

-> Brønderslev (dort Bahnanschluß Richtung Frederikshavn, Flensburg, Kopenhagen) 1o x tägl., 3o Min.

Ein beliebter Fahrradausflug: BØRGLUM KLOSTER, 5 km von Løkken. Imposante Klosteranlage in herrlicher Gegend; die kleine Kirche, Küchen und Stallungen sind zugänglich. Bei den Wirtschaftsgebäuden eine Töpferei, in der alten Schmiede ein kleines Café, daneben die gut restaurierte Klostermühle.

Die Kirche wurde im 12. Jh. begonnen, als sich hier Prämonstratensermönche niedergelassen hatten. Nach der Reformation wurde das Kloster nicht abgerissen, sondern kam an die Krone und wurde barock umgebaut. Rokoko-Interieur, wandfüllender Altar und die Herrschaftsempore unter der Orgel. Geringer Eintritt. Busverbindung.

Løkken -> Hirtshals

Für die Weiterfahrt nach Norden zwei Möglichkeiten: die schnellere Variante führt über Hjørning in 38 km nach Hirtshals (siehe Seite 192).

Die zweifellos schönere, aber auch etwas längere Variante führt über Lønstrup vorbei an dem berühmten LEUCHTTURM VON RUDBJERG KNUDE, der sich inzwischen hinter der hohen Wanderdüne verbirgt. Ca. 5o Jahre lang war er aus 42 km Entfernung zu sehen, dann nahm ihm die Düne die Sicht. 1953 waren die Nebelhörner schon nicht mehr zu hören, 196o begann man die Düne abzutragen. Dank moderner Navigationsgeräte wurde der Leuchtturm überflüssig und der Betrieb 1968 eingestellt.

Die phantastische Landschaft drumherum ist von Flugsand geprägt, Schafe und Pferde grasen auf der Weide. Überall liegt hier Sand in der Luft - und zwischen den Zähnen. Weiter Blick von der 7o m hohen Düne übers Meer und das grüne buckelige Inland - etwas weniger sandig, aber nicht minder lohnend ist der Blick vom Leuchtturm. Auch im Museum dreht sich alles um den Flugsand. Kleine, gut gemachte Ausstellung zur Entstehung der Klippe, dem Phänomen des Flugsandes. Die deutschsprachige Broschüre lohnt. Eintritt 4 DM. Offen: tägl. 1o-18 Uhr zur Saison, sonst nur am Wochenende. Kleine Cafeteria.

Dänische Drachenflieger lieben die Düne zum Soaren im Hangaufwind.

Fußweg zur MÅRUP KIRCHE bei Lønstrup siehe unten.

*Lønstrup

Kleiner Badeort mit Charme an einer wunderschönen 12 km langen

Klippenküste. Aus dem alten Fischerdorf in der Senke ist eine weitläufige Ferienhaussiedlung geworden. Trotz aller Schutzanlagen knabbert das Meer unaufhaltsam an der Küste. Zum Baden nur bedingt geeignet, denn unter Wasser herrschen teils gefährliche Strömungen und der Strand nimmt von Jahr zu Jahr ab, dafür autofrei.

Lønstrup ist beschaulicher als Løkken, ohne daß man auf Restaurants oder Shops verzichten muß. Im Gegenteil Lønstrup zog schon immer Künstler und Kunsthandwerker an: Töpferei, Glaskünstler oder Steinbearbeitung.

 Strandvejen 9o, Lønstrup, 98oo Hjørring. Tel. 98 96 o2 22. Offen: im Sommer 9-18 Uhr, So. 1o-14 Uhr. Vermietung von Ferienhäusern.

Enorm große <u>Ferienhaussiedlung</u> oben zwischen den Dünen - im Sommer fest in deutscher Hand.

<u>MÅRUP KIRCHE</u>: Das alte Kirchlein (13. Jh.) auf der Steilklippe ist vom Absturz bedroht. Der haushohe Anker erinnert an den Schiffbruch der englischen Fregatte "The Crescent" 18o8, bei dem 24o Seeleute ums Leben kamen. Um 194o machte man sich daran einen großen Teil des echt alten Rums zu bergen, der seit 15o Jahren in der Fregatte lagerte und an den rechtmäßigen Besitzer zu übergeben. Man schipperte gen England, doch was tat der bürokratische englische Zoll: Er wollte richtige Steuer dafür kassieren, das wurde den Dänen zu teuer und schließlich stach man wieder in See...

Vor der Kirche knabbert das Meer unaufhaltsam weiter Land ab. Bei 3 m Küstenschwund pro Jahr wird die Klippe bald die Kirche erreicht haben.

 "<u>Hotel Kirkedal</u>", Mårup Kirkevej 3o. In einem alten Hof auf dem Weg zur Mårup Kirche, 3oo m von der Klippe entfernt. 34 Betten. DZ 9o-15o DM.

Restaurant/Hotel "**Marinella**", Strandvejen 94. Mitten im Zentrum. Windgeschützte Terrasse im Innenhof. 74 Betten. Zimmer ohne Balkons. DZ ab 135 DM.

*** <u>Egelund Camping</u>: kleiner Platz an der Straße am Abzweig zur Kirche. Im Windschatten von Restaurant und Servicegebäude. Viele schöne Holzhütten dicht an dicht, gut ausgestattet. Open air Swimmingpool, wenig Stellplätze, Sauna, Solarium. 7o Stellplätze. Offen: April bis Mitte September.

*** <u>Møllebakkens Campingplads</u>: kleiner, windgeschützter Platz am Orts-rand. Hütten. 3oo m zum Strand. 5o Einheiten. Offen: April bis Oktober. Fahrradvermietung.

Restaurant "VILLAVEST" in Spitzenlage auf der Klippe, doch wie lange noch? Das Panorama schlägt sich im Preis nieder, Fisch- und Fleischgerichte ab 35 DM.

Restaurant "GLASHUSET" mit Terrasse zur schmalen Hauptstraße. Gutes Lokal. Die Gläser machen dem Namen Ehre. Abendmenü 45 DM. Nebenan werden die wunderschönen Glasarbeiten aus eigener Produktion verkauft.

Sehr schöne **Spaziergänge** entweder am Strand oder oben auf der Klippe. Vorsicht: nicht zu nah an der Abbruchkante! Broschüre im Touristenbüro.

4 km entfernt Richtung Hirtshals befindet sich im Weiler Sønderlev der RAVGÅRDEN, ein alter Bauernhof, in dem Bernstein verarbeitet wird. Bei soviel Gold, Silber und Bernstein schlägt das Herz der Damenwelt höher. Große Auswahl sehr schön gefaßter Ringe und Kettenanhänger. Hier kann man sehen, wie die Schmuckstücke entstehen. Zudem Museum zum Thema Bernstein. Offen: Mo.-Sa. 1o-17 Uhr.

Bus: -> Hjørring (dort Bahnanschluß Richtung Frederikshavn, Hirtshals, Kopenhagen, Flensburg) 14 x werktags, Wochenende 6 x tägl., 3o Min.

-> Løkken und Hirtshals siehe dort.

★ Hjørring   (31.ooo Einw.)

Ein echtes Zentrum für Nordwest-Jütland. Ausgezeichnete Einkaufsmöglichkeiten von preiswerten Supermärkten bis pfiffig dekorierten Boutiquen in der Østergade und Fußgängerzone.

Zu Geschäftszeiten herrscht hier quirliges Leben, abends ist die Stadt wie ausgestorben. Beschaulicher ist der angrenzende alte Kern um die weiß verputzte Kathrinenkirche, Axel Torvet und Museum. Niedrige Häuschen, einige wenige alte Kaufmannshöfe und das interessante Museum.

Hjørrings Stadtväter stehen auf Kunst: moderne Skulpturen, Brunnen oder Plastiken zieren die Innenstadt. Jüngste Attraktion ist der P. Nørkjærs Platz: wie eine Passage seitlich der Østergade angelegt mit dem eigenwilligen modernen Wasserspielbrunnen. Neben den "Astronauten/innen" ein Café, Galerie und Boutiquen.

Markedsgade 9, 98oo Hjørring. Tel. 98 92 o2 32, Fax: 98 92 o4 52. Offen: im Sommer Mo.-Sa. 9-17 Uhr. Sonst 9-16 Uhr, Sa. 9-12 Uhr.

HISTORISCHES MUSEUM im ehemaligen Probsteihof aus dem 18. Jh.,

Museumsgade 3. Besonders die Frühgeschichte ist hier vertreten; ferner Stadt- und Wohnkultur. Im Hochsommer offen täglich 1o-17 Uhr, sonst kürzer. 5 DM Eintritt.

KUNSTMUSEUM zeigt zeitgenössische Kunst vor allem jütländischer Maler. Brinck Seidelinsgade.

TORNBY STRAND: 5 km südlich von Hirtshals. Schönes Ferienhausgebiet in den Dünen (Vermietung über Britta Munch). Herrlicher weiter Nordseestrand, aber nicht autofrei. 3-Sterne-Campingplatz mit Hütten und Hotel 1 km vorm Meer an der Strandstraße.

Bus: -> Løkken und Hirtshals.

★Hirtshals   (7.ooo Einw.)

Moderne Kleinstadt mit niedrigen Backsteinhäusern. Kompaktes Zentrum; der sternförmige Grundriß verrät Reißbrettplanung. Im großen Hafen liegen Fischerboote unterschiedlichster Dimensionen - von Nußschalen bis zu den großen Ringwadenkuttern und Trawlern. Bei weitem überragt jedoch die Norwegenfähre alles im Hafen. Etwas Zubehörindustrie, wie Maschinenwerkstätten, Werft, Schiffselektronik etc.

Hirtshals ist der zweitgrößte Fischerhafen Dänemarks mit 2oo registrierten Kuttern; 9o % des hier angelandeten Fangs werden exportiert. Fischauktion frühmorgens. Hirtshals ist der einzige Hafen Dänemarks, in dem man die riesigen Ringwadenkutter sieht. Ihre Technik: sie legen um die georteten Fischschwärme ein 6oo m langes Netz wie einen Ring, das dann unten zugezogen wird. Ein ganzer Herings- oder Makrelenschwarm verschwindet so von der Bildfläche (des Sonars).

Schöne Bademöglichkeiten südlich und nördlich der Stadt; 4o km feinster purer Nordseestrand. Beste Perspektive vom Leuchtturm (1862) aus 53 m Höhe. Abendspaziergang auf den Klippen.

 Am Kreisverkehr (Ende der Fußgängerzone), Nørregade 4o, 985o Hirtshals. Offen: Mitte Juni bis Mitte August Mo.-Fr. 9-18 Uhr, Sa. 9-19 Uhr, So. 1o-12 Uhr. Sonst Mo.-Fr. 9-16 Uhr, Sa. 1o-12 Uhr.

 Post: am Bahnhof. Offen: Mo.-Fr. 9.3o-17 Uhr, Sa. 9.3o-12 Uhr.

Fahrradmieten: u.a. beim Hirtshals Campingplatz und im Fahrradgeschäft Jørgens Cykler.

NORDSEEMUSEUM, Willemoesvej am s-ö Stadtrand. Ein einmalig gut aufbereitetes Museum. Das größte freistehende Aquarium Europas im

Blickfang. Haifische oder Makrelenschwärme ganz aus der Nähe. In den Doggerbank Aquarien wird sehr anschaulich die Nahrungskette vom Hering bis zu den Raubfischen dargestellt. Weitere Attraktion das Robbenbecken, besonders zur Fütterung. Ferner die Mikrowelt der Nordsee im Großformat. Die Nordsee als Wirtschaftsfaktor, der gar nicht so pittoreske Alltag der Fischer, Fangmethoden und moderne Navigation, Erdölförderung in der Nordsee etc. Café, Spielplatz.

<u>Offen</u>: Mitte Juni bis August tägl. 9-18 Uhr, sonst werktags 9-16 Uhr, Wochenende 1o-17 Uhr. <u>Eintritt</u> 12 DM.

<u>STADTMUSEUM</u> (Historisk Museum), Vanggårdsgade 1o. Ganz liebevoll gemacht, zeigt Fischermilieu vergangener Tage, ferner Wrackteile gestrandeter Schiffe und gibt Tips zur Herstellung des "Bjesk", ein wohltuender Kräuterschnaps. <u>Offen</u>: Juni bis August täglich 1o-16 Uhr. Sonst Mo.-Do. 1o-16 Uhr, Fr. 1o-13 Uhr. 2,5o DM Eintritt.

"**Hotel/Restaurant Hirtshals**", Havnegade 2. Modernes Hotel in Spitzenlage oberhalb des Hafens. Blick vom Restaurant und einigen Zimmern über Meer und Hafen; traumhafte Sonnenuntergänge. 1o8 Betten und einige Appartements. DZ mit Frühstück 18o DM.

"**Hotel Strandlyst**", Tornby Strand wenige Kilometer südlich Hirtshals. Kleine Hotelanlage aus Backstein, schlichte Ausstattung. Nahe der Dünen und nur wenige Minuten zu Fuß vom Strand. 47 Zimmer, DZ um 1oo DM.

"**Skaga Hotel**", Willemoesvej 1. Große Hotelanlage in moderner Architektur. Komfortable Zimmer. Swimmingpool, Sauna, Solarium etc. 1o7 Zimmer, DZ ab 15o DM.

"**Danland Feriehotel Fyrklit**", Kystvejen 1o - direkt am Strand und am Ortsrand Richtung Leuchtturm. Riesengroßer Appartementkomplex in verschiedenen Häusern. Hallenswimmingpool im Hauptgebäude mit Blick durch die Glaswand auf Dünen und Meer. 164 Appartements. Restaurant. App. 45o-1.4oo DM/Woche.

Jugendherberge, Hirtshals Vandrerhjem, Kystvejen 53. Super gelegen auf der Klippe Richtung Leuchtturm/Camping. Ca. 1 km vom Hafen. Recht modern. Zum Baden nur eben über die Küstenstraße.

*** <u>Hirtshals Camping</u>: beim Leuchtturm. Schöner, großer Wiesenplatz in Panoramalage auf der Klippe am Meer. Filmreife Sonnenuntergänge beim Abendessen und den enormen Schiffsverkehr im Blick. Aber kein Baum, kein Strauch gegen die Westwinde. Geschütztes Areal für Zelte. Gute Sanitäranlagen. Bequeme Versorgung für Wohnmobile. Knapp ein Dutzend Hütten. Fußweg zum Sandstrand. Spielplatz, Fahrradverleih. Busverbindung. 142 Stellplätze. Offen: Mai bis Anfang September.

Hochseeangeltouren ab Hafen morgens früh oder am Nachmittag. Die Erfolgschancen sind gut: Dorsch, Seelachs, Steinbeißer, Makrele etc. Ca. 4o DM/Person. Richtig ernst wirds am Wochenende: Mitten in der Nacht geht's los zum Dorschangeln zum Gelben Riff. Preis ca. 12o DM. 12 Std.

 **Kanutour auf dem Uggerby Å**: Der gemütliche Wanderfluß mündet in die Tannisbucht. Schöne 2- bis 3-Tagestour ab Ilbro (s-ö von Hjørring), über Sindal (Campingplatz), Mosbjerg (Übernachtung), Bindslev, Uggerby bis zum Meer. Insgesamt gut 7o km mit der Strömung. Interessanter Stop in Bindslev siehe folgender Text. Oder Tagestour ab Mosbjerg. Reizvolle Kurzstrecke ab Uggerby zum Meer durch den Wald ca. 3 Std, hin und zurück. Kanuvermietung in Uggerby beim alten Kaufmannshof. Transport des Kanus nach Ilbro (vorher verabreden). Angeln mit Angelkarte möglich!

Verbindungen *ab Hirtshals*

 **Bahn**: Bahnhof 5oo m vom Hafen.
Privatbahn: -> Hjørring alle 3o-6o Min. werktags, sonst stündlich. Gut 2o Min. Fahrt. Dort Bahnanschluß nach Frederikshavn, Kopenhagen und Flensburg.

 **Bus**: zur HS -> Skagen und bis an die Nordspitze Grenen 7 x tägl., knapp 2 Std. Zur HS über Løkken -> Blokhus 5-6 x tägl., gut 2 Std.

AUSFLÜGE

UGGERBY SKIBET: das Wrack einer Schute, kleines flachkieliges Handelsschiff, das 1982 am Strand entdeckt wurde.

ADLERPARK (Ørnereservat) an der Strecke Tversted, Tuen ausgeschildert. Interessante Flugvorführung von abgerichteten Falken, See- und Steinadlern (3/4 Std.). Fotoausstellung.

BINDSLEV (1.ooo Einw.), Inlandsstädtchen mit einem Schmiedemuseum, einem Wasserkraftmuseum mit Fischtreppe und einem kleinen privaten Handwerkermuseum.

Stippvisite nach NORWEGEN, mit der Fähre der Color Line nach Kristiansand, Stadtbummel in der Altstadt aus der Zeit von König Christian IV., Schärenküste, schöne Sandstrände.

✦Tversted   (5oo Einw.)

2-3 km lange Straßensiedlung an der wunderschönen Tannis-Bucht. 5oo m breiter, kilometerlanger Strand, feinster heller Sand, anschließend Dünen. Ein kleiner Bereich ist abgesperrt und autofrei, sonst darf kilometerlang gedüst werden. Im Kontrast dazu die idyllischen kleinen Waldseen direkt hinter dem Meer, die durch Aufstauung des Hvarrebæk entstanden. Aussichtsturm.

Gutes <u>Ferienhausangebot</u> (Vermietung übers Tversted Touristenbüro, Østervej 1o, Tversted 9881 Bindslev oder übers Touristenbüro Hirtshals).

"<u>Appartementhotel Tannishus</u>", Tannisbugtvej 123 in guter Lage ca. 5oo m vom Meer. Bekanntes Restaurant, in der Hochsaison einmal die Woche großes Fisch- und einmal Fleischbuffet. Tennis, Golf, Swimmingpool. 1o3 Appartements ab knapp 1.ooo DM/Woche zur Spitzensaison, sonst deutlich günstiger.

"<u>Tversted Kro</u>", Tannisbugtvej, kleiner und gemütlicher, mitten im Ort an der Straße. 14 Betten. Restaurant mit Terrasse.

*** <u>Aabo Camping Vandland</u>: riesengroßer Platz am Waldrand, ca. 1 1/2 km vom Meer. Guter Windschutz. Aller Komfort, aber fast schon eine Campingstadt. Attraktion ist das Badeland mit 3 großen Swimmingpools und Riesenwasserrutsche. Kinderspielplatz mit Trampolin, Minizug, Minigolf. Campinghütten. 4oo Einheiten. Offen: April bis Mitte September.

<u>Busverbindung</u> nach Hirtshals, Hjørring u.a.

Tversted -> Skagen   (35 km)

Die Strecke führt nicht am Meer entlang, Waldpartien wechseln mit landwirtschaftlich genutzten Flächen. Vielfach werden an der Straße Zimmer angeboten. - Unbedingt lohnt ein Abstecher zur größten <u>Wanderdüne Dänemarks Råbjerg Mile</u> ca. 1o km vor Skagen. Details siehe Seite 2oo.

★ Skagen   (14.000 Einw.)

Die nördlichste Stadt Dänemarks gilt bei Dänen als feines und teures Seebad. Eine Malerkolonie promotionierte im 19 Jahrhundert das Fischernest. Licht und Ambiente hatten die Maler in den nördlichsten Zipfel Dänemarks gezogen, wo sie ungestört von akademischen Theorien ihren Ideen nachgehen konnten. Mit dem Bau der Eisenbahn folgten ihnen Bewunderer und Touristen.

Die Stadt strahlt heute in traditionellem Einheitsgelb mit weiß abgesetzten Fenstern in einer schönen Landschaft. Nur einen Katzensprung entfernt an der Nordspitze prallen die Wogen von Skagerrak und Kattegat aufeinander.

Das alte <u>Seebad Gammel Skagen</u> (Højen) auf der Nordseeseite hat noch etwas Flair vergangener Tage gerettet. Die ersten Badehotels wurden mittlerweile modernisiert und erweitert. Abends trifft sich alles auf dem Sonnenuntergangsplatz. Im Hochsommer ist jede Menge los: Eisdielen, Bernsteinschleifer, Kunstgalerien und Boutiquen haben Hochkonjunktur, und selbst nach 21 Uhr sind die Straßen nicht ausgestorben. Am Wochenende beginnt die Schwedeninvasion per Jacht oder Ausflugsschiff übers Kattegat.

Das andere Standbein der Stadt ist nach wie vor die Fischerei mit Motoren- sowie Werftindustrie, Fischverarbeitung und die große Trawlerflotte. Bei Ostwinden riecht es dezent nach Fischmehl.

 Sct. Laurentii Vej 22 (Hauptstraße), 999o Skagen. Tel. 98 44 13 77, Fax: 98 45 o2 94. Gute Broschüre mit genauen Stadt- plänen. Offen: Mo.-Fr. 9-16, Sa. 1o-13 Uhr, zur Spitzen- saison bis 19 Uhr, auch So. 1o-14 Uhr.

 Post: Christian X's Vej 8, offen: Mo.-Fr. 9.3o-17 Uhr, Sa. 9.3o-12 Uhr.

Fahrradverleih: Sct. Laurentii Vej, direkt am Bahnhof, neben dem Tourist- büro. - Hafenrundfahrt: im Juli; Info und Anmeldung im Touristenbüro.

Stadtspaziergänge: Die Volkshochschule veranstaltet Rundgänge; man wird auf viele interessante Details aufmerksam gemacht.

In den fotogenen LAGERHÄUSER dreht sich alles um den Fisch. Fein zubereitete Gerichte im Fischrestaurant am Kai. Fischauktion früh- morgens, da werden rund 18o Tonnen Fisch versteigert, die aus über 1oo Booten geladen werden: Schollen, Seelachs, Steinbeißer, Tiefsee- hummer etc. In den Shops werden sie dem Urlauber angeboten.

Die Zeit als die Skagener ihre Behausungen aus Wrackteilen und Steinen der alten Kirche bauen mußten, war im 19. Jh. vorbei. Skagener Architekten, vornean Ulrik Plesnerha- ben zur Jahrhundertwende durch moderne Bauten von sich reden gemacht. Z.B. das Ska- genmuseum, Bahnhof, Künstlertreff Brøndums Hotel, Banken, Post, Krankenhaus etc. Thorvald Bindesbøll hat 19o5 die Lagerschuppen um den heutigen Jachthafen geplant, ein verschnörkelt bunter Kontrapunkt an dem sonst so funktionalen Kai. Auch die Innenausstattung der Kirche trägt seine Handschrift.

Mehrere Museen zur Künstlerszene in Skagen:

SKAGEN MUSEUM, eine Perle unter den dänischen Kunstmuseen; zeigt über 1.5oo Werke der Skagener Maler. Viele Bilder thematisieren das Ska- gener Milieu und geben eindrucksvoll Stimmung und Licht der Landschaft wider.

Der Norweger Peter Sverin Krøyer zählt zu den berühmtesten der Skagener Maler, die in Deutschland allerdings wenig bekannt sind. Er brachte viele Erfahrungen und Eindrücke von seinen Auslandsaufenthalten 1882 mit nach Dänemark und fand in Skagen seinen eigenen Stil. Ganzer Stolz des Museums: "Fischerszene beim Nordstrand Skagen", das 1991 für 2,5 Mio. Kronen ersteigert wurde und die Sammlung der lokalen Fischerszenen bereichert. Krøyer malte es bei seinem ersten Aufenthalt im Sommer 1883; es zählt zu seinen bekanntesten Frühwerken. Das Museum besitzt aus jedem Jahrzehnt seine Haupt- werke. Axel Springer steuerte das vielleicht schönste Bild Krøyers bei: "Sommerabend am Strand". Der Speisesaal des früheren Künstlertreffs Hotel Brøndum wurde 1946 gleich als ganzes hierher versetzt: bemalte Wandpaneelen, viele Porträts. Berühmt ist das Bild "Künstler-frühstück". - Ferner sind Werke von Anna und Michael Ancher ("Der Ertrunkene"), H. Drachmann, Christian Krogh (Norwegen) u.a. vertreten.

Das private Museum wurde 1928 im Garten des Brøndums Hotel Brøndumsvej erbaut und finanziert sich im wesentlichen durch Eintrittsgelder, allein 199o rund 1/4 Mio. Besucher. Fotografieren verboten.

Offen: Mai bis September täglich 1o-17 bzw. 18 Uhr, April und Oktober täglich außer Mo. 11-16 Uhr, sonst seltener. Eintritt 8 DM. Kinder gratis.

HAUS des Künstlerehepaars ANNA UND MICHAEL ANCHER, Markvej 2. Anna Ancher, eine gebürtige Brøndum, war die Tochter der Hoteliersfamilie. Inspiriert durch die Künstlerszene ging auch sie bald unter die Maler; es gelang ihr als einzige Frau sich in der Männerwelt durchzusetzen. In ihrem kleinen roten Häuschen kann man ein bißchen Künstleratmosphäre schnuppern.

Offen: Mai bis September täglich 1o-17/18 Uhr. April und Oktober täglich 11-15 Uhr, sonst kürzer. Eintritt 7 DM.

DRACHMANNS HAUS, Hans Baghsvej. Holger Drachmann (1846-19o8), der Grand Seigneur der Skagener Szene, war Dichter, Maler und durchaus von sich überzeugt. Er hat Skagen um die Jahrhundertwende publik gemacht, obwohl schon Jahrzehnte vor ihm einige Künstler die Nordspitze entdeckt hatten. Ab 1871 kam er regelmäßig nach Skagen und ließ sich 19o2 fest hier nieder. Die Villa Pax war oft Treffpunkt und ist original erhalten. Viele Erinnerungsstücke aus seiner über 35-jährigen Skagenzeit, Bilder und Gedichte.

Offen: Mitte Juni bis Mitte August täglich 1o-17 Uhr, Juni bis Mitte September täglich 11-15 Uhr. Sonst Wochenende 11-15 Uhr. Eintritt 4 DM, Kinder fast gratis.

FREILICHTMUSEUM (Skagen Fortidsminder), P.K. Nielsensvej. Beschäftigt sich mit dem keineswegs romantischen Leben der Fischer. Mehrere Fischerhäuser aus verschiedenen Perioden ab Mitte 19. Jahrhunderts mit Originalmobiliar.

Offen: Mai bis September tägl. 1o- 17 Uhr, März bis November Mo.-Fr. 1o-16 Uhr. Eintritt 5 DM, Kinder fast gratis.

BERNSTEINMUSEUM, Ravmuseum, Bangvej 2. Hier kann man eine Fülle von Bernsteinen aus der ganzen Welt bewundern. Sehr schöne Insekteneinschlüsse, Farben und Formen. Wer will, kann auch einen Bernstein schleifen. Offen: Juli tägl. 1o-22 Uhr, sonst Mo.-Fr. 1o-18 Uhr, Sa. 1o-14 Uhr, Eintritt 2,5o DM.

Einige BERNSTEINSCHLEIFEREIEN, z.B. bei Frants Kristensen an der Hauptstraße, Sct. Laurentii Vej 6. Interessante kleine Ausstellung im Nebenzimmer, die spannendsten Tiereinschlüsse gut beleuchtet. Infos über Entstehung des Bernsteins. Hier ist auch der größte Bernsteinfund ausgestellt, der für Schmuckverarbeitung allerdings noch zu weich ist. Täglich offen.

LEUCHTTÜRME: Seit Ende der Wikingerzeit, als die geschützte Nordseeausfahrt des Limfjordes versandet war, mußten alle Boote das gefürchtete Skagen Kap mit tückischen Strömungen und Untiefen umschiffen. Das erste Leuchtfeuer wurde im 16. Jh. hier installiert: ein offenes Feuer in einem Eisenkorb. Um nachzulegen, wurde die Wippkonstruktion heruntergelassen. Rekonstruktion des "vippefyret" an der Straße nach Grenen.

Hier wurde 1748 der weiße Leuchtturm (Hvide Fyr) eingeweiht: Ein Treppenturm, auf dem das Signallicht wie ein olympisches Feuer brannte (Besichtigung).

Mit zunehmender Versandung entstand Mitte 19. Jh. Richtung Nordspitze der graue Granitleuchtturm (Grå Fyr), ab 1948 sogar mit elektrischem Licht und einer größeren Reichweite ausgestattet. Die paar Mark für das Panorama über die Landspitze sind gut angelegt, wenn nicht die 21o Stufen wären. Der vierte Leuchtturm steht auf der Nordseeseite.

GRENEN (3 km vom Zentrum, schön als Fahrradausflug): Am Ende der Landzunge aus Heide, Moor und Sanddünen liegt das Nordkap Dänemarks, entsprechend viel los. Alles pilgert an die Sandnase, um einmal mit einem Bein im Skagerrak und dem anderen im Kattegat zu stehen. Tolles Naturschauspiel, wenn die Wellen gegeneinander rollen, sich überschwappen und ineinander verschmelzen. Baden lebensgefährlich und verboten.

Am schönsten läuft man die paar Hundert Meter ab Parkplatz über den Strand oder nimmt den "Sandorm", ein Traktorgespann, das im Pendelbetrieb zur Spitze tuckert. 2,5o DM hin und retour. Riesiger Parkplatz, Eisbude und Kiosk.

Vom Restaurant Grenen auf der Düne sehr schönes Meerpanorama, verschiedene Fisch- und Fleischgerichte, u.a. auch Hummer. Preislich ab 3o DM. Preiswerter die Cafeteria nebenan.

MUSEUM GRENEN im Erdgeschoß zeigt moderne Kunst zum Thema Meer. Offen: Juni bis August tägl. 1o-18 Uhr, Mai bis Sept. 11-16 Uhr. Eintritt 5 DM, Kinder fast gratis.

Die Nordspitze ist beängstigend lebendig; sie wandert bis zu 8 m pro Jahr nach Westen. Das Flugsandproblem kann man hier sehr deutlich sehen, im Westen bilden sich flache Sandbänke, im Osten knabbert die Brandung an der Küste. Durch Wellenbrecher und Sandtransport von West nach Ost versucht man die Wanderung einzudämmen.

SKAGENS VERSANDETE KIRCHE (Den tilsandede Kirke) am Südrand: eine weitere Attraktion Skagens; das Echo vieler Urlauber war Enttäuschung. Mitten im Kiefernwald ragt heute nur noch der Glockenturm aus dem Sand. Im 18. Jh. mußte der Eingang vor Gottesdiensten regelmäßig frei geschaufelt werden. Mit den Jahren wurde das zu lästig und von höchster Instanz kam der Erlaß, die Türe für immer zu schließen. Die Steine des Kirchenschiffs fanden in den Häusern Skagens Verwendung. Der weiße Turm diente lange noch als Seezeichen. Die Aussicht von der Glockenetage lohnt kaum. <u>Offen</u>: Juni bis August tägl. 11-17 Uhr. <u>Eintritt</u> 2 DM. Ab Parkplatz 4oo m zu Fuß.

 An beiden Seiten der Küste das Baden möglich, Brandung oder Windschatten nach Wunsch: im Osten stören **BADEN** allerdings die Bunker und Hafennähe etwas. Super am Nordsee-strand. Badeverbot ganz im Norden!

Herrliche Sanddünen eine Ecke weiter südlich und mit "Sandmilen" ausgeschildert (schöne Fahrradtour siehe unten). Haushohe Flugsanddünen, bis zur Spitze mit Dünengras und Strandhafer bewachsen. Ein ganzes Stück bis zum Meer.

<u>RÅBJERG MILE</u>: (ca. 1o km südlich Skagen). Wüstenfeeling auf der größten Wanderdüne Dänemarks, 2 x 2 km groß, doch ständig in Bewegung. Etwa 8 m schiebt sie sich jedes Jahr von West nach Ost. Was sich ihr in den Weg stellt, wird überrollt, zurück bleibt lebloses Land. Nichtmal der hartnäckige Strandhafer kann standhalten. Bequeme Zufahrt.

 "**Brøndums Hotel**", Anchersvej 3 in Skagen. Das traditionsreiche Hotel der Skagener Künstler ist heute noch in Betrieb, natürlich wurde mittlerweile viel modernisiert, doch die Atmosphäre stimmt noch. Liegt mitten im Zentrum, trotzdem mit Garten. Restaurant und 47 Zimmer. DZ ohne Dusche ab 2oo DM.

"**Clausens Hotel**" an der Hauptstraße gleich gegenüber dem Bahnhof in Skagen. Balkonzimmer zur Straße. 4o Zimmer, DZ 12o-2oo DM mit Frühstück. Mit Restaurant, mittags z.B. Scholle für 25 DM, Abendmenü um 45 DM.

"**Skagen Motel**", südlich der Stadt an der Hauptstraße. Nüchtern moderne Motelzimmer zu den Parkplätzen im Innenhof. DZ ab 14o DM.

"**Hotel Strandly Skagen**", Østre Strandvej 35. Es gibt 29 Zimmer, das DZ inkl. Frühstück ab 12o DM.

"**Sømandshjem**" in Skagen, Østre Strandvej 2. Sehr zentral gelegen. Nachteil: Die Disco dröhnt bis in den frühen Morgen. 36 Zimmer, DZ ab 12o DM.

"**Ruths Hotel**" in Gammel Skagen, Hans Ruthsvej 1. Älteres 7o Bettenhotel, innen modernisiert, sehr schöne Terrasse. DZ ab ca. 18o DM.

"**Hotel Petit**", Holstvej 4, mitten im Zentrum von Skagen. Kleines, ordentliches Hotel, 23 Zimmer, modern mit Bad und WC. DZ ca. 16o DM.

Jugendherberge: Rolighedsvej 2, ein Kilometer vom Meer entfernt (Badeplatz). Offen Mitte Februar bis November.

Sleep Inn: Oddevej, direkt an der Hauptstraße. Mit die preiswerteste Übernachtung für 2o DM/Person. Kleine Zelte können im Garten aufgeschlagen werden.

Ferienhäuser: schnell ausgebucht. Häufig werden Ferienwohnungen unter einem Dach mit dem Vermieter angeboten. Außerhalb von Skagen die üblichen niedrigen Ferienhäuser nahe am Strand. Sehr schönes Gebiet z.b. um Kandestederne mit Windmühle mitten in den Dünen. Super Sandstrand (mit Auto befahrbar) an der Nordsee. An der Ostseeküste erstrecken sich die Ferienhausgebiete über Ålbæk hinaus. Info z.B. bei Skagen Ferie, Jens Vævers Vej 8 oder im Touristenbüro Skagen oder Ålbæk.

Privatzimmer: großes Angebot, aber zur Saison auch große Nachfrage. Info im Touristenbüro.

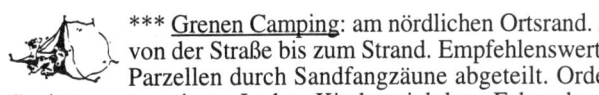 *** Grenen Camping: am nördlichen Ortsrand. Zieht sich von der Straße bis zum Strand. Empfehlenswerter Platz, kleine Parzellen durch Sandfangzäune abgeteilt. Ordentlich saubere Sanitärs, gut sortierter Laden, Kinderspielplatz. Fahrradweg ins Zentrum. Gleich hinter der Düne beginnt der feine weiße Ostseestrand, allerdings Hafennähe und Wellenbrecher/Bunker. 24o Stellplätze. Offen: Ende April bis August.

*** Østerklit Camping: im Süden Richtung versandeter Kirche. Große Anlage, Kiefern schützen vor dem Wind. Direkt neben der Hauptstraße, das Meer etwas entfernt. 265 Stellplätze. Offen: April bis Mitte September.

 Breite Palette von der Snackbude über Pizzerien bis zu Spezialitätenrestaurants gehobener Preisklasse. Auch abends ist zur Saison in Skagen noch eine ganze Menge los. Beliebt sind mittags die günstigen Fischlokale am Hafen, wo es Seezunge, Krabben u.a. Meerestiere gibt.

"SKAGEN-FISKERESTAURANT": das renommierteste Fischlokal direkt am Hafen in einem der ehemaligen Lagerschuppen. Rustikal bis unters Dach, derbe Holzbänke am Kai neben den Jachten. Große Fischauswahl.

Restaurant "TREKOSTEN", Jeckelsvej, in Gammel Skagen direkt hinterm Strand. Bekannt gute Küche, doch astronomische Preise. Medaillons pikant zubereitet über 5o DM, Nachspeise ab 15 DM, dafür 1a Blick auf die Sonnenuntergänge.

"PIZZERIA ITALIA", Havnevej in Skagen. Nicht nur Pizzen. Immer viel los, überdachte Terrasse.

"VISE VERTSHUS", Sct. Laurentii Vej 41. Gehört zum Foldens Hotel. Hier ist zu jeder Tages- und Nachtzeit Stimmung, besonders bei schönem Wetter auf der Terrasse. Oft Livemusik.

In der CAFETERIA DES SEEMANNSHEIMS (nahe Hafen) günstige Tagesgerichte.

"CAFE SKAGEN", Sct. Laurentii Vej 6oa, in der Fußgängerzone. Bistroambiente, große Fensterfront. Von der Salatbar über Fisch, Pizzen und Hamburger wird jede Geschmacksrichtung abgedeckt.

"SKANSEN-FREGATTEN", Trondsvej 2o, nahe Hafen. Beliebter Kneipenschwof, je später der Abend, desto lauter. Auch Restaurant.

"LILLESTUEN", Holstvej 4. Gehört zum Hotel Petit, im Restaurant ist immer viel Betrieb, Abendmenü um 45 DM.

 Hulsigstien: Ein 5 km langer Fahrrad/Spazierweg von Skagen über die versandete Kirche, Sandmilen, durch Heide und Waldgebiet bis nach Hulsig. Teilweise asphaltiert.

Hochseeangeln: Information im Touristbüro. Abfahrt früh morgens ab Jachthafen.

Zug: -> Frederikshavn ca. 17 x tägl., Sa./So. 7-8 x tägl., ca. 4o Min.

Bus: -> Hirtshals, Løkken, Blokhus zur HS 5-6 x tägl., teils auch ab Nordspitze Grenen.

Ausflug nach Südnorwegen

Mit der Schnellfähre der Larvik-Line in nur 3 Std. nach Norwegen. Ideal für einen Kurztrip in die Telemark und an die Schärenküste Südnorwegens. Ein Katamaran, der auch Pkw befördert.

OST-JÜTLAND

Die Ostroute bietet sich wegen der Autobahn als Schnelleinstieg nach Dänemark an. Sollten zur Spitzensaison Staus an der Landesgrenze angekündigt sein, kann man über die Landstraße Flensburg-> Kruså oder via Grenzübergang Padborg gut ausweichen.

Nordwestlich der Grenzstadt Padborg liegt das FRØSLEV LEJR, ein ehemaliges Konzentrationslager, das die Dänen 1944 in deutschem Auftrag als Polizei-Gefangenenlager für dänische Widerstandskämpfer einrichten mußten. Im Gegenzug erhielten sie das Versprechen, daß niemand von hier in deutsche KZ abtransportiert würde, was natürlich nicht eingehalten wurde. 12.ooo Menschen passierten Frøslev (Frosch-Löffel), 1.6oo wurden von hier deportiert. Nach dem Krieg sperrte man in Frøslev Kollaborateure ein.

Heute eine Gedenkstätte mit Museum, verschiedene Ausstellungen u.a. des dänischen Roten Kreuzes. Offen: Di.-Fr. 9-17 Uhr. Sa./So. und feiertags 1o-17 Uhr. Zur HS tägl. 1o-17 Uhr. 3 DM Eintritt.

Ausstellung des dänischen Widerstandes Hjemmeværn im Sommer täglich 9-17 Uhr und Mittwoch abends.

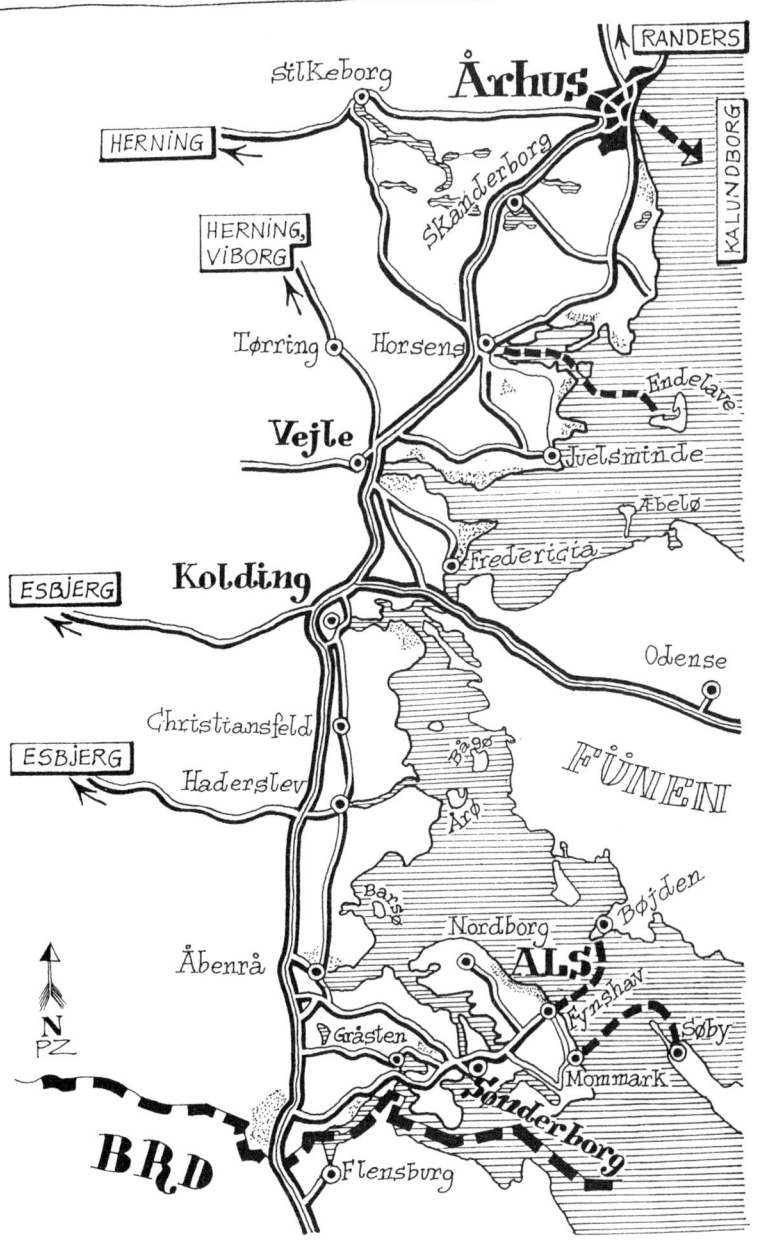

Von der Grenze in rund 3o km nach <u>AABENRAA</u> (Apenrade), S. 21o.

Wer's gemütlicher angehen will, fährt den Schlenker über <u>Sønderborg/ Insel Als</u> (Straße Nr. 8), ein geschichtsträchtiges Eck in Hinblick auf die dänisch-deutschen Beziehungen.

Von weitem sind in <u>BROAGER</u> die gotischen Zwillingstürme der romanischen Dorfkirche sichtbar. Im Innern Fresken aus dem 13. Jh. (Apsis, Christus und die Apostel) und 16. Jh. (Chor, Jüngstes Gericht).

Düppeler Schanzen (Dybøller Skanser)

1a Aussichtspunkt auf einem 7o m hohen Hügel mit Windmühle. Weites Panorama über die Flensburger Förde und die Insel Als.

Die Düppeler Schanzen bei Alsen sind Synonym für den Streit zwischen Dänemark und Deutschland um Schleswig und Holstein im 19. Jahrhundert. Gefallenenmale und Gedenksteine erinnern an die blutige Schlacht von 1864, wenn auch über die zehn Schanzen mittlerweile viel Gras gewachsen ist.

<u>Die Erstürmung der Düppeler Schanzen 1864</u>: 1864 führte Dänemark seinen letzten regulären Krieg.

<u>Zur Vorgeschichte</u>: 1848-5o ging es in den Schleswig-Holsteinischen Kriegen zwischen Dänemark und Deutschland um Schleswig und Holstein. Die Dänen entschieden den Streit für sich. Als Dänenkönig Christian IX. das Herzogtum Schleswig trotz entgegenstehender internationaler Abmachungen durch eine neue Verfassung fest an sich binden wollte, sah der Deutsche Bund rot und beauftragte Preußen, die Freiheit der Herzogtümer zu verteidigen.

Von Preußen und Österreich angegriffen, zog sich die dänische Armee nach kurzem Widerstand am schwach ausgebauten Danewerk südlich von Schleswig auf die stark bestückten Düppeler Schanzen zurück, weil Jütland gegen die überlegenen Streitkräfte des Deutschen Bundes nicht zu verteidigen war.

Die dänischen Erdbefestigungen zwischen Düppel und Sonderburg wurden im März 1864 verlustreich umkämpft. 34 Tage hielten die Dänen der preußischen Übermacht von 1:5 stand, auch technologisch waren sie unterlegen: Sie schossen noch mit Vorderlader, während die Preußen bereits moderne Hinterlader besaßen. Nach tagelangem Beschuß wurden die Schanzen am 18. April gestürmt, insgesamt gab es etwa 2.5oo Tote.

Die Erstürmung hatte <u>mehr politische als militärische Gründe</u>: Die <u>Preußen</u> wollten eine eindrucksvolle Waffentat vorweisen und scheuten die von Moltke empfohlene Besetzung Jütlands wegen der drohenden Haltung Englands und Frankreichs, - die <u>Dänen</u> erhofften sich vom Halten eines Festlandsbrückenkopfes eine Stärkung ihrer Position auf der bevorstehenden internationalen Friedenskonferenz. Nach dem darauf folgenden Übergang der Preußen auf die Insel Alsen kam es zum Friedensschluß. Dänemark mußte ganz Schleswig abtreten, was dann zum Anlaß für den preußisch-österreichischen Krieg von 1866 wurde.

Später bauten die Preußen die Schanzen aus, so daß die heutigen Verteidigungsanlagen beiderseits der Straße teils dänisch, teils preußisch sind. Ein Denkmal erinnert an das Jahr 192o, als hier das "Wiedervereinigungsfest" gefeiert wurde. Nach einer Volksabstimmung kam Nordschleswig zu Dänemark.

Die Düppeler WINDMÜHLE wurde vielfach zerstört, heute gut restauriert, - Ausstellung.

GESCHICHTSZENTRUM DYBBØL BANK: unmittelbar neben der Straße. Für 25 Millionen Kronen wurde das Geschichtszentrum in seiner außergewöhnlichen Architektur auf das einstige Schlachtfeld gesetzt. Im Diorama und Modellen wird an den Krieg erinnert. Im Film "Der Sturmtag" wird der 18. April 1864, die letzte große Schlacht auf dänischem Boden gezeigt. Offen: Mitte April bis September täglich 1o-17 Uhr.

GRÅSTEN (Gravenstein): Die Kleinstadt ist durch die Apfelsorte und das Königsschloß bekannt. Der schön gelegene Sommersitz von Königinmutter Ingrid verbirgt sich hinter einer hohen Mauer. Wenn die alte Dame zu Hause ist (im Sommer häufig der Fall), weist die Garde mit einer eleganten Handbewegung zurück, ansonsten kann die barocke Schloßkirche und den Park besichtigt werden.

Das Gut war jahrhundertelang in Besitz der Grafen Ahlefeld, das jetzige Schloß hatte mehrere Vorläufer. Einem Besuch Graf Frederik Ahlefeld in Savoyen sind wohl die bekannten Gravensteiner Äpfel zu verdanken, die seitdem dort gezüchtet wurden. Als Kronprinz Frederik 1925 die schwedische Prinzessin Ingrid heiratete, schenkte ihnen der Staat das Schloß als Sommerhus.

Das kleine PAPIERMUSEUM in der Borggade 1o zeigt eine Sammlung von Scherenschnitten (tägl. 11-17 Uhr, Wochenende 11-16 Uhr).

Ringreiterfest am 3. Juli.

✦INSEL ALS (deutsch: Alsen)

Brückenverbindung, landschaftlich kaum anders als auf deutscher Seite: weite Felder, relativ dicht besiedelt und etwas Industrie. Für einen Urlaub hat Jütland Schöneres zu bieten. Keine Dreisterne-Sehenswürdigkeiten, doch ein paar schlichte Schlösser und Windmühlen. Die besten Badestrände liegen im Süden der Insel. Viele benutzen Als als Sprungbrett nach Fünen.

Schon sehr früh wurden die Handelsplätze in den geschützten Hafenbuchten durch Burgen vor feindlichen Angriffen geschützt. Dank der verkehrgünstigen Lage am Alssund entwickelte sich Sønderborg zur Hauptstadt der Insel. Lange Zeit gehörte Als zu Nordschleswig, erst 192o kam es wieder zu Dänemark.

Breites Campingangebot vorwiegend am kleinen Belt, mehr oder weniger dicht am Meer. Einige Ferienanlagen, geringe Auswahl im Sektor Hotels.

Dichtes Straßennetz, Fahrradwege entlang der Nordverbindung 4o5 und Hauptstraße 8 zur Fähre Fynshav. Brückenverbindung (gratis) bei Sønderborg.

 **Autofähre**: Ballebro (Festland)-> Hardeshøj alle 3o Min. Dauer 1o Min.

Fynshav-> Bojden (Fünen) alle 2 Std. Dauer 5o Min.

Mommark-> Søby (Insel Ærø). 65 Min. Siehe Insel Ærø.

★Sønderborg (3o.ooo Einw.)

Lebhafte Stadt am Eingang zur Insel Als. Aushängeschild ist das heutige Schloß am Meer. Durch die strategisch günstige Lage am Alssund entwickelte sich die Stadt am Rande der Burg (12. Jh.).

Die obligatorische Fußgängerzone erstreckt sich vom Rathaus bis zum Hafen. Das moderne Sønderborg ist längst aufs Festland expandiert. Die Düppeler Schanzen mit Windmühle nur einen Katzensprung entfernt, Details siehe oben.

 Rådhustorvet 7, 64oo Sønderborg, Tel. 74 42 35 55, Fax: 74 42 57 47. Offen: Juni bis Aug. Mo.-Do. 9.3o-17 Uhr, Fr. 9.3o-18 Uhr, Sa. 9.3o-12 Uhr. September bis Mai Mo.-Fr. 9.3o-16 Uhr, Do. bis 17 Uhr.

 Post: Rådhustorvet 1. Mo.-Fr. 9.3o-17 Uhr, Sa. bis 12 Uhr.

Sandstrand: anschließend ans Schloß, sehr schöne Promenade bis zur riesigen Marina mit 5oo Liegeplätze.

Das klobige SCHLOSS am Sund beherbergt seit 192o ein riesiges Museum. Die über 4o Räume wirken etwas erschlagend, am besten pickt man sich etwas heraus: im Erdgeschoß wird die Schloßentwicklung in Modellen erklärt, - im 1. Stock die Kriegsereignisse durch Fotos und Modelle zum Thema Düppeler Schanzen, - Geschichte Dänemarks und Schleswig in großen Infotafeln (im Prinzip gut, aber nur dänisch beschriftet) bis zur deutschen Besatzung im 2. Weltkrieg. Waffen und Uniformen jeder Epoche. - Der 2. Stock ist dem Handwerk gewidmet: Böttcher, Silberschmiede, Klöppelarbeiten, Trachten etc.

Offen: Mai bis September 1o-17 Uhr. April und Oktober 1o-16 Uhr. November bis März 13-16 Uhr. Eintritt 2.5o DM.

Schloßgeschichte: Die gute strategische Lage bedingte, daß hier am Alssund eine der sichersten Burgen Dänemarks gebaut wurde. Deswegen wählte man Sønderborg auch als Gefängnis für König Christian II., der nach der Grafenfehde hier einsaß. In seiner Regierungszeit (1513-23) versuchte er, Gesetze zugunsten der Kaufleute durchzusetzen und gleichzeitig die Macht des Adels und der Hanse einzuschränken. Dies mißglückte, 1523 mußte er das Land verlassen. Beim Versuch, Dänemark 9 Jahre später wiederzuerobern, wurde er am 9. August gefangengenommen und hier für 17 Jahre festgesetzt. Historischen Quellen zufolge soll es ihm hier allerdings nicht schlecht ergangen sein.

Die Witwe von Christian III. Dorothea baute die Burg im 16. Jh. in ein Renaissanceschloß um. Sehenswerte Schloßkapelle. Das jetzige Schloß geht auf das 18. Jh. zurück. Es diente in den dänisch-preußischen Kriegen als Lazarett, anschließend als Kaserne, ehe es zum Museum umfunktioniert wurde. Die letzte Renovierung hat das Aussehen von 172o weitgehend wiederhergestellt.

Halbes Dutzend Hotels:

"**Hotel Ansgar**", Nørrebro 2, direkt am Hafen/Zentrum. 38 konventionelle Zimmer meist mit Bad/WC, ab 1oo DM. Gutes Restaurant Underhuset.

"**Hotel Arnkilhus**", Arnkilgade 13. 13-Zimmer-Garnihotel Richtung nördlicher Stadtrand. DZ mit Dusche inkl. Frühstück ca. 9o DM.

Beste Lage hat "**Hotel Strandpavillonen**", Strandvej 25 direkt am Strand. 8 Zimmer. DZ inkl. Frühstück ab 12o DM. Restaurant.

Jugendherberge, Sønderborg Kærvej 7o. 1 km vom Zentrum Richtung Norden. 34 Zimmer für 4/8 Personen mit Bad/WC. Gästeküche. Ganzjährig offen.

*** Sønderborg Camping: Ringgade 9. Schön gelegener kommunaler Platz, einen Katzensprung zum Strand, Marina sowie Schloß. 16o Einheiten. Offen: April bis Mitte Sept.

Diverse Cafés/Bistros in der Rådhusgade.

Ein gutes Lokal ist das Restaurant "UNDERHUSET", Nørrebro 2 im Hotel Ansgar.

Ferner diverse Ausländer mit italienischer, chinesischer oder mexikanischer Küche.

Verbindungen ab Sønderborg

Zug: Bahnhof Dybbolgade 2, ca. 1,5 km vom Schloß auf dem Festland über die Brücke.

Anschluß an die Hauptlinie in Tinglev mehrmals täglich. Dort umsteigen -> Flensburg oder Kolding, Fredericia, Frederikshavn etc.

IC-Verbindung -> Kopenhagen 3 x täglich

Bus: Terminal Jernbanegade.
-> nach Åbenrå, Ribe, Esbjerg 3 x täglich
-> nach Ribe alle 1-2 Std.
-> Expressbus nach Åbenrå, Haderslev, Kolding, Velje am Wochenende 3 x täglich
-> Mommark (Fähre zur Insel Ærø) 8 x tägl., am Wochenende seltener
-> Fynshav (Fähre nach Fünen) mehrmals täglich
-> Düppel, Gråsten alle 1-2 Std.

RINGREITER FEST, eine Spezialität Südjütlands: großes Volksfest mit Schützenfestcharakter, das im Sommer in jeder südjütländischen Stadt gefeiert wird. Am bekanntesten sind die Feste in Sønderborg (Mitte Juli) und Åbenrå.

Die Ringreiter Feste gehen auf mittelalterliche Reiterspiele zurück. In Sønderborg nehmen ca. 4oo Pferde und Reiter: Männer, Frauen und Jugendliche teil. Feierlich zieht der ganze Troß mit Kapelle, Tamtam und Marschmusik vom Schloß durch die Stadt zum Ringreiterplatz nahe Stadion. Höhepunkt des mehrtägigen Festes ist der Reiterwettkampf, bei dem der Reiter mit einer Art Lanze im Galopp so viele kleine, aufgehängten Ringe wie möglich erwischen muß.

Leicht chauvinistisch mutet das Herrenfrühstück in Sønderborg an, aber wie die Organisatoren beteuern, sei das ganz im Sinne der Bevölkerung, auch der reitenden Amazonen - und so ein Herrenfrühstück im Festzelt hat eben nur Sønderborg. Drumrum ein echtes Volksfest mit Losbuden, Fahrgeschäften, Gauklern, Fressbuden und zum Abschluß ein Feuerwerk.

AUGUSTENBORG: Ein Schlenker durch das verschlafene Städtchen im Schatten Sønderborgs lohnt nur bedingt. In dem Barockschloß der ehemaligen Herzogstadt ist eine psychiatrische Klinik untergebracht. Gartenanlage und Fußweg am Wasser, zu besichtigen ist nur die Schloßkirche im ersten Flügel (Norden). Helle Barockausstattung.

Das heutige SCHLOSS entstand zwischen 177o und 1776 als dreiflüglige Anlage eines älteren Vorläufers. Bis Mitte des 19. Jh. war Augustenborg Residenz der Herzöge. Zu den berühmten Gästen zählt H. C. Andersen. Nach 1848 wurden die Schloßgebäude als Garnison, Lazarett, Lehrerseminar und seit 1932 als psychiatrisches Krankenhaus verwendet.

 In der Hauptstraße in einem historischen Stadthaus von 1769.

Großer Jachthafen (45o Liegeplätze) am Ende des geschützten Augustenfjords.

"**Fjordhotel**": sehr schön direkt am Wasser gelegen. 13 moderne Zimmer mit Standardausstattung, Teppichboden und TV. Nüchternes Restaurant.

Südküste der Insel Als

Lange kinderfreundliche Strände südlich Skovby an der Nahtstelle zur Halbinsel Kegnæs. Sanft geschwungene Badebucht mit feinem breitem Sandstreifen, einige Camps und gute Surfzugänge (großer Parkplatz).

 *** Camping Dreyet: großer Familienplatz kurz vor dem Damm. Von der ersten Reihe direkter Zugang an den Strand. Windschutzhecken, Spielplatz und Minigolf. Campinghütten

und Wohnwagen zu mieten. 5oo Stellplätze, offen März bis Oktober.

<u>MOMMARK</u>: Der Fähranleger im Osten besteht eigenlich nur aus einem gemütlichen Fischer-, Jachthafen (Hochseeangeln auf der "Rasmus") und kleinem <u>Campingplatz</u>: enge parzellierte Stellplätze, einige recht schattig, zur Saison knallvoll, dann bleiben nur noch die schlechteren Plätze neben dem Parkplatz. Einkaufsmöglichkeit, schönes Restaurant. 1oo Stellplätze. März bis Mitte Oktober.

Eben über die Straße zum breiten <u>Sandstrand</u>: nicht sehr groß und direkt neben dem Hafen. Für längeren Urlaub gibts schönere Flecken in Jütland.

<u>FYNSHAV</u>: großer Fährhafen zur Insel Fünen, mehrspurige Einschiffung. Hotel in einem gemütlichen Kro beim Fähranleger, <u>Campingplätze</u> zu beiden Seiten nahe am Meer. Im Norden verläuft parallel zur Küste ein dichter 12 km langer Waldstreifen.

Nordküste der Insel Als

In <u>EGEN</u> direkt an der Hauptverbindung 4o5 ein seltenes Kirchenensemble: Vor den Friedhofsmauern sind die alten Kirchenställe erhalten. Während der Predigt wurden hier die Kutschen geparkt und die Pferde versorgt.

Kurz vor der Kirche Abzweig zur <u>GASTRUP-WINDMÜHLE</u> (beschildert). Eine gelungene Mischung aus Café (hausgemachte Kuchen) und Mühlenmuseum (Maßeinheiten und Modelle der verschiedenen Mühlentypen). Besichtigung der ganzen Mühle bis zum Stirnrad möglich, deutschsprachige Erklärungen. 1859 gebaut, die Mühle war bis in die 7oer Jahre in Betrieb. Bis 17 Uhr offen, geringer Eintritt.

<u>NORDBORG</u>: Die Kleinstadt im Norden hat wenig zu bieten, auch das Schloß ist nur durch seine Vergangenheit interessant.

König Svend ließ hier 115o eine Burg gegen die slawischen Wenden bauen; neben Sønderborg wichtigstes Bollwerk. Von der ältesten Burganlage Dänemarks ist nichts mehr erhalten. Im 17. Jh. wurde nach einem Brand die Anlage einstöckig wieder aufgebaut. Ab Mitte des 18. Jh. Amtssitz und Wirtshaus. Erst 191o, als das Gebiet noch zu Deutschland gehörte, bekam das Schloß sein heutiges Aussehen. Inzwischen Internat (Efterskole) für 14- bis 18-jährige, bis 197o noch schön getrennt: Mädchen im Sommer, Jungen im Winterhalbjahr. Grünanlage für die Öffentlichkeit zugänglich.

Das Schloß liegt direkt am Ortseingang, zwischen Fußgängerzone und See. Früher war der Nordborgsee bis zum Meer schiffbar, heute sind nur Ruderboote erlaubt.

Campingplätze an der Nord- und Ostküste:
*** <u>Lavensby Strand Camping</u>: zieht sich leicht terrassiert bis zum Strand. 12o Wiesenplätze, durch Hecken etwas aufge-

lockert. Ordentliche Sanitärs, Kochgelegenheit für Zeltler. Schmaler seichter Strand mit Badestegen, Bootsslip. Offen: April bis September.

** Købingsmark Strand Camping: in Købingsmark. Stellplätze bis nahe zum Meer, durch Windschutzhecken etwas aufgelockert. Einkaufsmöglichkeit, Vermietung von Wohnwagen und Campinghütten. Guter Surfeinstieg. Offen: April bis September.

Es besteht die Möglichkeit, mit der kleinen Fähre bei Hardeshøj aufs Festland nach Ballebro überzusetzen: gut 2o km nach Åbenrå.

✴Aabenraa   (22.ooo Einw.)

Hafenstadt am tief eingeschnittenen Fjord. Im Kern sind einige pittoreske Straßenzüge aus den reichen Jahren 173o-18oo erhalten: Søndergade, Slotsgade (in Nr. 35 logierte 1864 Kronprinz Friedrich Wilhelm). Hübsche Türen und Fassadendetails auch in Nybro und Store Pottergade.

Auf dem kleinen, von bunten Puppenstubenhäusern eingerahmten Vægterplads steht ein Nachtwächter wie zu alten Zeiten. Lange Fußgängerzone, im guten Käseladen Ostebørsen (Nr. 19 E) ist eine Kostprobe noch selbstverständlich. Samstags Markt.

SCHLOSS BRUNDLUND mit der fotogenen alten Wassermühle südwestlich der Altstadt. Kurz vor ihrem Tod ließ Königin Margrethe hier eine Burg erbauen (1412); das jetzige Gebäude stammt allerdings aus jüngerer Zeit und ist nicht besonders sehenswert. Hier residiert der Amtmann.

 H.P. Hanssensgade 5, 62oo Aabenraa. Tel. 74 623 5oo, Fax: 74 63 o7 44. Hauptstraße parallel zum Meer. Offen: 1.6.-1.9. Mo.-Fr. 9-17 Uhr, Sa. 9-12 Uhr. Sonst Mo.-Fr. 9-16 Uhr.

Privatzimmer oder Ferien auf dem Bauernhof vermittelt das Touristenbüro.

 Post: Jernbanegade 15.

STADTMUSEUM in der Hauptstraße H.P.Hanssens 33 B nahe Busbahnhof. Seefahrtsgeschichte, Buddelschiffe, Schiffsmodelle und ein kurioses Sammelsurium von Souvenirs, die einheimische Seeleute aus aller Welt mitbrachten. Offen: täglich außer Mo. 1.6.-3o.8. 1o-16, sonst 13-16 Uhr.

Zum Museum gehört der alte Jakobs-Michelsenhof von 17o4 in Kolstrup.

Geschichte: Daß Aabenraas Ursprung mit der Fischerei verknüpft ist, zeigen die drei Makrelen im Stadtwappen. 1335 verlieh Herzog Valdemar, der spätere König, Aabenraa Stadtrechte. Zur besten Zeit im 18./19. Jh. hatten über 1oo Schiffe ihren Heimathafen in der Förde und waren bis in den Fernen Osten unterwegs.

Heute ist Aabenraa Hauptstadt Südjütlands und Zentrum der deutschen Minderheit in Dänemark (ca. 25.ooo Menschen). Hier erscheint das Sprachrohr der Deutschen, die Tageszeitung "Nordschleswiger" mit einer Auflage von ca. 5.ooo Exemplaren, ein richtiges Lokalblatt. In Aabenraa gibt es deutsche Schulen, ein deutsches Gymnasium und eine deutsche Bibliothek. Die Hauptverkehrsachse der Stadt ist nach H.P. Hanssens benannt, der Abgeordneter im deutschen Reichstag war.

Um das erste Juliwochenende findet das große AMTS-RINGREITER-FEST statt. Die Aabenraaer liegen in harter Konkurrenz mit den Sønderborgern, wer nun das schönere Fest habe. Details zu Ringreiterfesten siehe Sønderborg.

Einige Stadthotels für den Zwischenstop:

Hotel/Restaurant "**Hvide Hus**", Flensborgvej 5o. 2-stöckiger Flachbau direkt an der Hauptstraße, zum Strand nur unter der Straße her. 68 modern-neutrale Zimmer teils mit Balkon und Meerblick zur Hauptstraße. DZ ab 15o DM.

Viel besser hat uns Hotel/Restaurant "**Knapp**" gefallen, etwas außerhalb auf der Løjt Halbinsel. Stennevej 79, Stollig. 5 individuelle stilvolle Zimmer/Suiten, traditionsreiches Restaurant seit 1836 an der ehemaligen Stampfmühle. Gern sitzt man im modernen Pavillon. DZ mit Frühstück 17o DM.

Jugendherberge, Sønderskovvej 1oo, ca. 2 km südlich vom Zentrum. 14 Familienzimmer. Offen: März bis Oktober.

** Aabenraa Camping: bei der Jugendherberge südlich vom Zentrum. Kleiner windgeschützter Wiesenplatz. 7o Stellpl. Ganzjährig offen.

Verbindungen *ab Aabenraa*

Bus: Busbahnhof an der H.P. Hanssensgade.
-> Sønderborg etwas stündlich, je nach Route, Sa./So. etwas seltener. Via Gråsten nur 3 x tägl.

-> Esbjerg 3 x tägl.	-> Flensburg/Padborg stündlich
-> Nordborg (Insel Als) 3 x tägl.	-> Haderslev alle 1-2 Std.
-> Ribe ca. 3 x tägl.	-> Tønder 8 x tägl.
-> Gråsten 6-7 x tägl.	-> Insel Rømø 4-6 x tägl.
-> Bahnstation in Røde Kro alle naselang.	

Ausflug zur MINI-INSEL BARSØ mit Spazier- und Bademöglichkeiten, einige kleine Strände, ansonsten überwiegen Felder getrennt durch charakteristische Hecken. 22 Menschen leben heute noch auf der Insel. Im Vestergård wurde ein Kunst/Kultur/Naturcenter eingerichtet. Fähre: ab Løjt Kirkeby, Überfahrt dauert 2o Minuten.

✦Haderslev   (3o.ooo Einw.)

Einige alte Gassen zwischen Dom und Mühlenschleuse. Etwas Fachwerk am Marktplatz (Torvet). Ringsherum dominiert das 2o. Jh. und das geschäftige Treiben in der Fußgängerzone. Auf dem Stadtteich (Meerwasser vom Fjord abgezweigt) schaukeln bei schönem Wetter die Tretboote.

Die Gründung der Stadt geht ins 12. Jh. zurück. Um die Hansborg (nach Herzog Hans d. Ä.) entwickelte sich im Mittelalter ein blühendes Handelszentrum und religiöser Mittelpunkt. Als der geschützte Fjord allmählich versandete, ging auch die Bedeutung der Stadt zurück. Mit der neuen Grenzziehung 1864 kam Haderslev für 56 Jahre zu Deutschland.

Tourist INFO Sønderbro 3, 61oo Haderslev, seitlich der Kirche im ehemaligen Hospital. Offen: Mo.-Mi. 9-17 Uhr, Do.-Fr. 9-18 Uhr, Sa. 9-12 Uhr. Außerhalb der Saison 9-16.3o Uhr.

DOM SKT. MARIEN: gotische Architektur, außen Ziegel, innen hellweiß. Ursprünge des höchsten Doms Dänemarks reichen bis ins 13 Jh. (spätromanisches Querschiff). Mittelalterlicher Altar mit Apostelfiguren aus Alabaster. Bemerkenswerte Orgel, die über dem Eingang bis zur Decke reicht (17. Jh.). Hinter Glas eines der Messegewänder, das Königin Margrethe entworfen hat (1987 der Kirche gestiftet). Offen: Mai bis September 1o-17 Uhr, sonst kürzer.

LOUIS EHLERS-SAMMLUNG, Slotsgade 2o. Gilt als eine der größten Steingutsammlungen Europas, ausgestellt in einem Fachwerkhaus von 158o, eines der ältesten Stadthäuser. Offen: Mitte Juni bis Mitte August täglich 14-17 Uhr, sonst seltener.

HADERSLEV MUSEUM, Dalgade 7. In der Freilichtabteilung eine Handvoll alter Höfe und Stallungen z.T. riedgedeckt. Eine Rarität ist die Bockmühle, ein Vorläufer der holländischen Windmühlen. Das Museumsgebäude gehört mit seinen Sammlungen vom Altertum bis zur Lokalgeschichte zu den größten Jütlands. Offen: Juni bis August Mo.-Fr. 1o-17 Uhr, Sa./So. 12-17 Uhr, sonst Di.-So. 13-16 Uhr.

Sehenswerte WAGENSAMMLUNG am Hafen in einem ehemaligen Reiterhof des Schleswigregiments. Über 4o Pferdewagen aus zwei Jahrhunderten, vom Schlitten bis zur Postkutsche. Offen: Mitte Juni bis Mitte August täglich 14-17 Uhr.

Großer Hafen entlang des geschützten Fjords.

 Nur wenige Hotels im Ort:

"**Hotel Norden**", Storegade 55 nahe Stadtteich. Komfortable Anlage bei gehobenen Preisen. Hier fehlt es an nichts, selbst Sauna, Solarium und Swimmingpool. Terrasse mit Blick, gute Zimmerausstattung, bis hin zum Video. DZ ca. 21o DM.

"**Motel Haderslev**", Damparken. 23o Bettenanlage, die laute Durchgangsstraße nicht zu überhören. Zimmer mit eigenem Bad, Farbfernseher etc. DZ ab 15o DM. Ordentliches Restaurant "Den Grønne Have".

"**Hotel Harmonien**", Gåskærgade 19, neben der Fußgängerstraße. Modernisierte Zimmer im älteren Stadthaus. DZ ab 12o DM.

Haderslev Vandrerhjem, Erlevvej 34. Jugendherberge mit 1oo Betten, sehr schön gelegen am Haderslev Dam, Bootsverleih. Offen: Februar bis November.

★Insel Årø (2oo Einw.)

Ein kleines (55o ha), flaches Eiland im Lillebælt, nur 1o Min. Fährfahrt vom Festland (Årøsund) entfernt. Einige Ferienhäuser, Campingplatz und ein kleiner Ort (Einkaufsmöglichkeit). Gebadet wird an langen Sandstränden im Süden.

Autofähre ab Årøsund etwa stündlich.

★Christiansfeld

Entstand um die Herrenhuter Brüdergemeine. Die schmucklosen Häuser in den rechtwinklig angelegten Straßenzügen wurden fast einheitlich aus gelbem Ziegel erbaut. Vor rund 2oo Jahren ließen sich die Glaubensbrüder hier nieder, inzwischen sind die 35 Gebäude (Denkmalschutz) in recht schlechtem Zustand.

 Kongensgade 5, an der Einfahrtstraße. 6o7o Christiansfeld. Tel. 74 56 16 3o, Fax: 74 56 32 18.

Von den vielen Handwerksbetrieben, die seinerzeit der Stadt einen enormen wirtschaftlichen Boom, aber auch den Neid der Nachbarorte einbrachten, hat sich die HONIGKUCHEN-BÄCKEREI erhalten. Nach alter Tradition und modernen Zusätzen (E 5oo, E 55o...) wird köstlicher Honigkuchen in allen Varianten hergestellt. Probieren kann man die "Honningkager", "Honningbrød" gleich vis-à-vis der Backstube im gemütlichen Eck-Café.

Auch das alte Hotel der Brüdergemeine ist noch in Betrieb, das zugehörige KELLERRESTAURANT eher spartanisch, stimmig zur Lebensphilosophie der Herrenhuter.

Der Kirche fehlt die übliche Ausschmückung, von den übrigen Häusern des Viertels unterscheidet sie sich nur durch den zierlichen Dachreiterturm. Innen ein großer heller Saal für bis zu 1.ooo Gläubige. Hier wurde in der Muttersprache Deutsch gepredigt, nur sonntags Dänisch.

Auf dem FRIEDHOF (Gudsageren) wird feinsäuberlich getrennt: die Frauen wurden rechts, die Männer links bestattet, alle zur aufgehenden Sonne ausgerichtet. Schmucklose Grabplatten mit einheitlichen deutschsprachigen Inschriften bis zurück in die Gründerzeit erinnern etwas an Soldatenfriedhöfe.

MUSEUM in einem Trakt des Witwenhauses, vis-à-vis der Kirche informiert u.a. über die weltweite Missionsarbeit der Herrenhuter.

Die **Herrenhuter-Brüdergemeine** ist eine evangelisch-pietistische Gemeinschaft. Der Name geht auf den Ort Herrenhut in Ostdeutschland zurück, in dem Graf von Zinzendorf 1722 die Gemeinde ansiedelte. Seit 1735 missionierten die Herrenhuter in dieser Gegend. 1772 erhielten sie die Erlaubnis, sich fest im Herzogtum niederzulassen. Ihre neue Gemeinde wurde zu Ehren König Christian VII. benannt.

Als Starthilfe erhielten sie, nicht zuletzt durch die guten Beziehungen zum Königshaus, befristete Steuerfreiheit. Die Krone förderte auch das Handwerk: Keramik, Leder-, Tabakverarbeitung etc., ihre Produkte waren schnell in ganz Dänemark bekannt. Zu der Maxime des frommen Lebens nach strenger Auslegung der Bibel gehörte auch ein intensives Gemeindeleben ohne Standesunterschiede. Das wirtschaftliche Aus kam nach dem Friedensvertrag von 1864, als die neue dänische Landesgrenze nördlich von Christiansfeld gezogen wurde und die Stadt damit an Schleswig fiel. Ihre Absatzmärkte waren damit schlagartig verbaut, und die Gemeinde schrumpfte stark zusammen.

 Bade- und Surfmöglichkeiten im Osten. Im kleinen **BADEN** Küstenort HEJLSMINDE dümpeln Segeljollen in der Marina; Angler versuchen am Zufluß des Hejlsminde Nor ihr Glück. Für Surfanfänger bietet der Küstenstreifen wellengeschützte Möglichkeiten, Einstieg direkt von der Straße beim Hejlsminde-Strand.

 Schöner Campingplatz vor dem Ort beim Anslet-Strand.

Am nördlichen Ortsrand verlief 1865-192o die Grenze zwischen Schleswig und Dänemark. An die Grenzstreitigkeiten erinnert auch der Aussichtspunkt "Skamlingsbanken" auf 113 m. Richtung Kolding. Weiter Blick über Mitteljütland, nach Fünen und den Schiffsverkehr im kleinen Belt. Vom Café/Restaurant "Banken" Top-Aussicht, bescheidener die Ausstattung, durchschnittliche Karte.

✦ Kolding (56.ooo Einw.)

Am Übergang nach Fünen hat sich Kolding zu einer wichtigen Industrie- und Geschäftsstadt entwickelt. Im Zentrum vor dem ehemaligen Schloß Koldinghus lebhafte Shoppingstraßen. An den Reichtum der alten Handelsstadt erinnern nur noch wenige schmucke Fachwerkhäuser.

Das Schloß auf einem Hügel oberhalb des Stadtteiches entstand schon Mitte des 13. Jh. auf königliche Anordnung zur Sicherung der Grenze. Im Schutze des Fjords entwickelte sich schnell eine Stadt, die zur bevorzugten Residenz der Könige wurde.

Tourist INFO Akseltorv 8, 6ooo Kolding. Tel. 75 53 21 oo, Fax: 75 53 48 38. Vermittlung von Ferienwohnungen, Fährinfos. Sehr guter Stadtplan.

MUSEUM AUF SCHLOSS KOLDINGHUS: Der älteste erhaltene

Schloßteil stammt aus dem 15. Jh. (Schießscharten, gotische Fensterwöl-
bung), im 16. Jh. kam der Südflügel hinzu. Letzte Umbauten 172o. 18o8
brannte alles nieder. Damals, im Krieg gegen England waren spanische
Truppen (Verbündete Napoleons) im Schloß einquartiert. Sie sehnten sich
offensichtlich nach heimatlichen Temperaturen und heizten kräftig ein, bis
sie schließlich das ganze Schloß abfackelten. Wiederaufbau seit 189o.
Ende des 2. Weltkriegs hatte die Gestapo hier ihr berüchtigtes Hauptquartier (in ehemaligen Stallungsgebäuden deshalb "Staldgården" genannt). In
Zelle II ca. 4o Namen wie Graffiti an den Wänden zu sehen.

Jahrzehnte wurde an dem Wiederaufbau des Schlosses gearbeitet, ganzer
Stolz ist der restaurierte Trakt: In reizvollem Kontrast stehen hier die alten
überwachsenen Mauerruinen mit der modernen Holzkonstruktion. Über
3o Räume sind als Museum wieder zugänglich.

Schöner Blick von der Aussichtsplattform des Turms über Schloßsee,
Fjord und Stadt. Eine Fülle unterschiedlichster Exponate macht das Ganze
etwas verwirrend. Viel Zeit mitbringen: schönes Mobiliar aus den ver-
schiedensten Epochen, Kirchenkunst, interessante Klöppelabteilung. Ein
Bereich beschäftigt sich mit der deutsch/dänischen Auseinandersetzung um
Nord-Schleswig.

In der Silberabteilung der größte Münzschatz seit dem 18. Jh.: Im April
1991 fand man beim Hotel Koldingfjord 678 Silbermünzen (von 1693-
1748) in einer Flasche. Der Wert der dänischen Schillinge entspricht dem
1 1/2fachen Jahreslohn eines Matrosen auf einem Ostindien-Segler.

Offen: Mai bis September täglich 1o-17 Uhr. Eintritt 9 DM, Kinder bis 16
Jahre gratis.

Sehr schön angelegter BOTANISCHER GARTEN (Geografisk Have) am
südlichen Stadtrand. Über 2.ooo verschiedene Pflanzen aus aller Welt,
vom großen Rosengarten (ca. 1oo Arten), Bambuswald, 8o verschiedene
Heilpflanzen bis zu Gewächshäusern mit tropischen Pflanzen. Hier kann
man bequem einen halben Tag durchschlendern. Spielplatz, Picknickmöglichkeit, Restaurant siehe unten. Offen: Mai bis September täglich 1o-
18 Uhr, Januar bis Oktober Mo.-Fr. 8-14.3o, Sa./So. 8-17 Uhr. Eintritt
8 DM.

KUNSTMUSEUM TRAPHOLT, Æblehaven 23, 3 km außerhalb am
Fjord. Großer, moderner Komplex mitten im Wald, ebenso modern auch
die Exponate. Die Palette reicht von Naturalismus, Expressionismus bis zu
abstrakter Malerei, alles von dänischen Künstlern. Seit Ende 1996 werden
dänische Möbel des 2o. Jahrhunderts in den neuen Ausstellungsräumen
präsentiert. Allein die Vielfalt der Stühle, unter denen die Entwürfe Wege-
ners nicht fehlen, ist faszinierend. Die moderne Architektur des Möbel-
museums ist ebenso sehenswert, wie die der anderen Museumsgebäude,
die sich wie eine weiße Schlange bis zum Fjord hinunterwinden. Von der
Cafeteria herrlicher Blick. Offen: Mai bis September tägl. 1o-17 Uhr,

sonst Mo-Fr. 12-16 Uhr, Sa./So. 1o-16 Uhr. <u>Eintritt</u> ca. 7 DM. Bus Nr. 4 ab Bahnhof alle 2o Min.

<u>RUSSISCHES U-BOOT</u> der Whisky-Klasse. Gorbatschow und Perestroika machten es möglich, daß am Fjord das 76 m lange U-Boot Baujahr 53 zu besichtigen ist. Über 3o Jahre war es im Einsatz und bei einem Rundgang kann man sich genau vorstellen, welche Enge bei 58 Mann Besatzung herrschte. Es ist übrigens vom gleichen Typ, wie das U-Boot, das seinerzeit in den schwedischen Gewässern aufgebracht wurde. Viele Bürger sind allerdings nicht glücklich über die neue Attraktion und würden es lieber versenken.

Der Beschilderung "Lystbothavn Syd" folgen. <u>Besichtigung</u>: Juni bis August tägl. 1o-18 Uhr, sonst 1o-16 Uhr. <u>Eintritt</u> 8 DM.

 Knapp 1o Hotels, teilweise ganz zentral:

"**<u>Hotel Saxildhus</u>**", direkt am Bahnhof in einem älteren Stadthaus. 15o Betten, modernisierte Zimmer mit Bad. DZ ab 14o DM.

"**<u>Kolding Fjordhotel</u>**", Fjordvej 153. Macht dem Namen alle Ehre. Ein architektonisches Schmuckstück von 19o6 mit viel Grün. Moderne Zimmer mit Teppichboden und freundlichem Mobiliar, Privatbad. DZ ab 16o DM. Swimmingpool, gutes Restaurant.

"**<u>Hotel Scandicon</u>**", Skovbrynet. Modernes Hotel der gehobenen Preisklasse, 32o Betten. Komfortabel mit Swimmingpool, Tennis, Golf etc. DZ nicht unter 25o DM.

"**<u>Branderupdam Kro</u>**", Vejlevej 332. Ein ganzes Stück außerhalb vom Zentrum, dafür preiswerte Übernachtung, DZ ca. 1oo DM. Zimmer etwas konservativ, teilweise ohne eigenes Bad.

"**<u>Hotel Hellas</u>**", Møllegade 23, etwas außerhalb in Lunderskov. Freundliches Familienhotel mit Garten, Zimmer mit oder ohne Bad. DZ ab 1oo DM.

<u>Kolding Byferie</u> - Ferien in der Stadt Kolding. Unter diesem Motto werden die futuristischen Appartements mit viel Glas unmittelbar am Wasser angeboten. Das Schloß nur wenige Schlenderminuten entfernt. Übernachtung bis max. 8 Pers. 6oo-1.5oo DM/Woche.

<u>Jugendherberge</u>: Ørnsborgvej 1o. 18 Familienzimmer. Gästeküche. Ganzjährig offen.

 *** <u>Camping Vonsild Feriencenter</u>: Vonsildvej 19 am südlichen Stadtrand. Durch hohe Bäume abgeteilte Camping- und Hüttenplätze. Breites Sportangebot: Tenniscourts, Minigolf, schöne Spielmöglichkeit und Planschbecken für Kinder. Viele Spitzdachhütten, etwas klein, doch komplett eingerichtet. Zur Saison nur wochenweise zu mieten, ca. 5oo DM/Woche.

"DEN GRIMME ÆLLING": am Bahnhofsplatz. Hier gibt's mittags das dänische Buffet zum Einheitspreis von 25 DM, inkl. Getränken. Abends großes Fleischbuffet nach dem Motto "iß, soviel du kannst".

"BERTRAM'S KÆLDER", Saxildhus, Banegaardspladsen. Das Kellerlokal gehört zum Hotel und bezeichnet sich selbst als das beste Gourmet-Restaurant der Stadt. Fisch und Fleischgerichte ab 35 DM.

"DEN GYLDNE HANE" am Stadtrand beim Botanischen Garten. Gemütlich im alten Fachwerkhaus (17. Jh.). Gute Speisekarte, zur Saison preiswerte Familiengerichte.

Fischrestaurant "ADMIRALEN", Toldbodgade 14, direkt am Hafen. Für lecker zubereiteten Fisch die beste Adresse, auch Geflügel und Fleischgerichte.

Bahn: Kolding liegt an der Hauptbahnstrecke:
-> Kopenhagen und -> Padborg/Flensburg, beide stündlich.

Bus: nach Haderslev, Aabenraa häufige Verbindung.

Bei Kolding zweigt die Schnellverbindung via Autobahnbrücke (gratis) auf die Insel Fünen ab. Siehe Seite 279.

Wer von hier aus nach Legoland/Billund fahren möchte, wählt die gut ausgebaute Landstraße 176, 35 km gut beschildert. Busverbindung.

✦ Fredericia   (48.ooo Einw.)

Moderne Industriestadt mit Verladeeinrichtungen am kleinen Belt. Zur Kontrolle der Schiffahrtstraße ließ König Frederik III. 165o hier eine Festung in strategisch günstiger Lage erbauen. Der schachbrettartige Grundriß in der Innenstadt und die sternförmigen Wallanlagen erinnern an vergangene Zeiten.

Fredericia war zur Gründungszeit sehr einwandererfreundlich, was sich heute noch an der reformierten Kirche der Hugenotten und dem Judenfriedhof ablesen läßt.

Jedes Jahr im Juli ziehen "uniformierte" Musikkapellen durch die Straßen, um die gewonnene Schlacht von 1849 im deutsch-dänischen Krieg zu feiern. Der "tapfere Landsoldat" steht als Siegeszeichen im Zentrum (ein Bronzeguß von H.V. Bissen, Schüler Thorvaldsens).

 Danmarksgade 2 A, 7ooo Fredericia. Tel. 75 92 13 77, Fax: 75 93 o3 77. Offen: Mitte Juni bis August Mo.-Fr. 9-18 Uhr, Sa. 9-17 Uhr, sonst Mo.-Fr. 9.3o-17 Uhr, Sa. 1o-13 Uhr.

DER WEISSE WASSERTURM: Auf den Wallanlagen befindet sich der einstige Wasserturm, von dem sich eine schöne Aussicht über die Festung und Stadt bietet. Offen: Mitte Juni bis Mitte August täglich 11-16 Uhr, Mai bis September Sa./So. 11-16 Uhr.

MADSBY PARK: Der Freizeitpark mit vielen Aktivitäten liegt mitten in der Stadt, Lumbyesvej 45, und ist kostenlos zu besuchen. Indianerdorf, Spielplatz, Ruderboote und einiges mehr. Offen: Mai bis August 1o-21 Uhr, März bis Oktober 11-17 Uhr.

DIE HISTORISCHE MINISTADT: ist so klein, daß selbst Kinder auf den Knien kriechen müssen, um in die Fenster zu schauen. Im Maßstab 1:1o wurden die Häuser des 15o Jahre alten Fredericia in freiwilliger Arbeit hier aufgebaut. Vestre Ringvej hinter der Fredericia Halle. Juni bis August tägl. 1o-18 Uhr, Mai bis September Sa./So. 1o-18 Uhr.

"**Kryb-i-lly Kro**", Kolding Landvej 16o. Der Kro gehört zu den besten Adressen in Dänemark, modern ausgestattet mit allem Komfort. Das Essen ist erstklassig. 76 Zimmer DZ 2oo DM. Wie so üblich für die Kroer, wurden sie an wichtigen Verbindungsstraßen eingerichtet, hier an der Landstraße nach Kolding.

"**Fredericia Sjømandshjem**", schlichtes Familienhotel nahe des alten Hafens. Nicht alle Zimmer mit eigenem Bad. DZ ab 95 DM.

Jugendherberge, Vestre Ringvej 98. 1996 ganz neu im Freizeitpark Madsby Parken errichtet.

★Vejle   (5o.ooo Einw.)

Lebhafte Industrie- und Handelsstadt am tief eingeschnittenen Vejle Fjord. Die 9o m hohen Moränenhügel zu beiden Seiten werden von der Autobahn überspannt, die Stadt läßt sich so bequem umfahren.

Weniger die Stadt, als die Umgebung mit Legoland, den Runensteinen von Jelling und dem Löwenpark bei Givskud lohnt einen Stop.

In der ST. NIKOLAI-KIRCHE, dem ältesten Bau der Stadt, liegt eine 2.5oo Jahre alte Moorleiche. Die Dame ist im nördlichen Querschiff aufgebahrt, leider so plaziert, daß der gut erhaltene Kopf und eingefallene Körper schlecht zu erkennen sind. Stadtmuseum in einem restaurierten Kaufmannshof von 1799.

Søndergade, 71oo Vejle, Tel. 75 82 19 55, Fax: 75 82 1o 11.

Bus: -> Legoland/Billund alle 3/4 Std., am Wochenende etwas seltener.

-> Jelling jede Std., am Wochenende seltener. Im Juli jeden Sonntag im Veteranenzug.

-> Tørring etwa alle 2 Std. Jede Menge weitere Verbindungen nach Fredericia, Horsens sowohl per Bahn wie per Bus.

Legoland

In Billund, einem kleinen Ort 27 km westlich Vejle, an der Landstraße 28. Mit Kindern führt kein Weg am Freizeitpark Legoland vorbei, überall in Dänemark wird die Werbetrommel gerührt.

Aus über <u>4o Millionen Legosteinen</u> entstanden die berühmtesten Bauten der Welt maßstabsgetreu in Miniatur, jedes Jahr kommen neue hinzu: z.b. die Berliner Kaiser Wilhelm Gedächtniskirche oder Schloß Neuschwanstein und die Märchenstraße. Schiffe gleiten durch holländische Grachten, Autos fahren magisch gelenkt über die Straßen.

Außer dem Miniland gibt es weitere Attraktionen, z.b. den Safaripark mit Tieren (natürlich aus Lego), die Hochbahn, das Goldgräbercamp etc. Am <u>Piratenland</u> haben die Ingenieure 1 1/2 Jahre getüftelt, um die Welt des bekannten Legohelden Kapitän Roger & Co. zu schaffen. 5 Minuten dauert die Abenteuerreise im Boot durch die Räuberhöhle mit funkelnden Schätzen, Krokodilen und Kanonen.

Den besten <u>Überblick</u> hat man vom Drehturm bzw. bei einer Fahrt mit der Eisenbahn durch die Anlage. Kinder zwischen 8 und 13 Jahren können in der Verkehrsschule für umgerechnet 7 DM ihren "Lego-Führerschein" auf Elektroautos machen.

Für die ganz Kleinen gibt es die Duploabteilung. Der Rubel rollt, als Erinnerung für zu Hause werden Lego-Baukästen verkauft.

Auch Regentage und Wintersaison berücksichtigten die PR Leute: große **SPIELZEUGSAMMLUNG**, Glanzbilder, Puppenstuben und die neuesten Bauten für die Weltschau. Ein Schmuckstück ist Titania's Palace, ein Miniaturschloß, das ein exzentrischer Adeliger aus England in 4o-jähriger Kleinarbeit "erbaut" hat. Über 3.ooo winzige Gegenstände füllen die 18 Säle dieser Residenz der Elfenkönigen Titania.

Hier erfährt man die <u>Geschichte des Legosteins</u> vom Holzklötzchen aus der Schreinerwerkstatt bis zum genialen Baustein aus Plastik mit den legotypischen Noppen, der die Kinderzimmer in aller Welt eroberte. 98 % der Produktion gehen ins Ausland, hergestellt wird fast alles in Billund. Das Erfolgsgeheimnis: Mit einer Paßgenauigkeit von 5/1.ooo mm wird beste Qualität geliefert und die Produktpalette dem Zeitgeist und den Wünschen der Kinder (Eltern und Großeltern) angepaßt. Eine Marketingabteilung sorgt für steigende Umsätze im harten Geschäft mit dem Kinderglück.

Übrigens entstand der Name "Lego" ganz einfach aus dem Zusammenschluß von LEg GOdt, was nichts anderes heißt als "spiel gut"!

Mindestens einen halben Tag einplanen, Picknickkorb mitbringen oder auf die Snackbuden bzw. Restaurant zurückgreifen - zivile Preise. Ab Mitte September geht es unter Dach weiter bis Mitte Dezember. Legoland wurde 1968 gegründet und ist beliebt wie eh und jeh. 1991 registrierte man ca. 1,2 Mio. Besucher, davon knapp 3o % Deutsche.

<u>Offen</u>: Ende Juni bis Mitte August tägl. 1o-21 Uhr. Zur Spitzensaison mit 2o.ooo Besucher pro Tag rechnen, dann wird's eng und stressig, lange Wartezeiten an den Fahrgeschäften und Verkaufsständen. Vorsaison: April bis Ende Juni und Nachsaison: Mitte August bis Ende September täglich 1o-2o Uhr.

<u>Eintritt</u>: 27 DM, Kinder 25 DM. Vor- und Nachsaison geringfügig billiger. Alle Aktivitäten sind im Preis enthalten, außer der Unterricht in der Verkehrsschule.

Center Mobilium

Eine weitere Attraktion gleich neben dem Flughafen sind historische Fahrzeuge, vom Motorrad bis zum Flugzeug, alles unter einem Dach. In der Flugzeughalle sind vorwiegend ausgefallene Stücke aus dänischer Produktion ausgestellt. Unter den Autos sind Raritäten aus dem Beginn des Automobils ebenso vertreten wie elegante Limousinen von Rollce Royce. Eine Augenweide ist auch der rot glänzende Fuhrpark der Falk Rettungswagen und Spritzenfahrzeuge. Damit es den Kindern nicht langweilig wird, stehen Elektro- und Tretautos zur Verfügung.

<u>Offen</u>: April bis Ende Oktober tägl. 1o-16 Uhr, Juli bis 19 Uhr, sonst nur am Wochenende 1o-16 Uhr.

"<u>Hotel Legoland</u>", direkt an den Park angrenzend, gehört es dem Legoimperium. Moderne Architektur und ausgezeichnete Küche. Zimmer mit schöner Terrasse. Daß es zum Park einen vergünstigten Eintritt gibt, versteht sich von selbst. DZ 23o DM.

JELLING-MONUMENT
Darstellung 1591
Ⓐ=christliche Kirche, davor Ⓑ heidnischer Runenstein.
Ⓒder Nordtumulus inkl. Brunnen Ⓓ
Ⓔ=Südtumulus mit dem Thyra-Stein Ⓕ
Diese Darstellung gilt als älteste uns heute vorliegende vom Jelling-Monument, ein Kupferstich.

Jugendherberge, Ellehammers Alle, direkt beim Campingplatz. 44 Familienzimmer, ganzjährig offen.

*** Camping Billund, große Anlage, von Hecken unterteilt. Insgesamt gepflegt. Alle Attraktionen nur einen Katzensprung entfernt. 55o Stellplätze, ganzjährig offen.

Safari-Zoo Givskud

Eine sehr gute Kombination aus Safaripark und traditionellem Zoo, 1o km außerhalb von Jelling an der Landstraße 442 gelegen. Hier kann man im eigenen Wagen durch den Safari-Park fahren und aus dem Fenster die exotischsten Tiere betrachten. Unschlagbare Attraktion sind die Giraffen. Daneben wirken selbst Wohnmobile etwas zierlich. Zwischendurch stolzieren die Strauße und stecken manchmal den Kopf zum Fenster hin. Beim Löwenpark müssen die Fenster dann wirklich geschlossen sein. Auch wenn der König der Tiere behäbig neben der Straße liegt, weiß man nie, wann er wieder Hunger hat.

Für die Pausen zwischendurch gibt es mehrere Parkplätze, wo man sich zum Picknick niederlassen und die Elefanten oder Nashörner beobachten kann. Von den Affen, die sich unentwegt pflegen, sind nicht nur die Kinder begeistert. Für die ganz Kleinen gibt es noch einen Streichelzoo.

Insgesamt wird so viel geboten, daß man getrost einen halben Tag dort verbringen kann.

Für Fußgänger, Radfahrer oder Motorradfahrer gibt es den Safaribus.

Offen: Ende Juni bis Ende August tägl.1o-2o Uhr, Mai bis Ende Oktober 1o-17/18 Uhr. Eintritt: 18 DM, Kinder 9 DM.

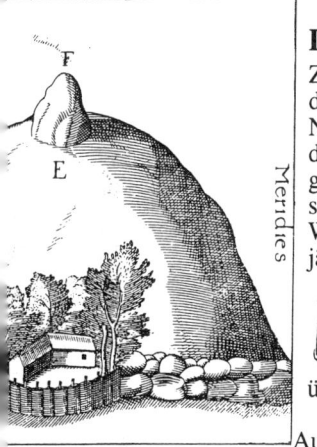

Die Wikinger in Jelling

Zur Wikingerzeit lag der damalige Königssitz direkt an der Heeresstraße (der wichtigsten Nord-Südverbindung) und war Hauptstadt des großen Wikingerkönigs Gorm (95o gestorben). Hier steht sozusagen der Taufstein Dänemarks, denn mit dem Wikingerkönig Gorm begann die 1.000-jährige Geschichte dänischer Könige.

 Gormsgade 4, 73oo Jelling, Tel. 75871301, Fax: 75821011. Nur zur Saison geöffnet. Infos über die Wikinger-Festspiele.

Auf dem RUNENSTEIN, den König Gorm

seiner Frau Thyra setzte, taucht erstmals der Name Danmark auf dänischem Boden auf. Der große Runenstein seines Sohns Harald Blauzahn läutet gleichzeitig eine Zeitenwende ein - den Übergang vom Heidentum zum Christentum. Nirgends in Dänemark ist dieser Übergang so deutlich zu beobachten wie in Jelling:

Zwischen den beiden größten Grabhügeln Dänemarks (11 m hoch) steht heute die weiße DORFKIRCHE, deren Vorläufer aus der Wikingerzeit stammt; vor der Eingangstür Runensteine (selten findet man in Dänemark Runensteine am ursprünglichen Platz). Die Bemalung der Inschriften ist heute nicht mehr zu erkennen. Der Text des kleineren Steins: "König Gorm machte seiner Frau Thyra, Dänemarks Zierde, dieses Denkmal".

Der grosse Stein trägt die seltene Christusdarstellung, noch mit heidnischen Elementen umgeben. Inschrift:

"König Harald gebot, daß dieses Denkmal seinem Vater Gorm und seiner Mutter Thyra errichtet wurde, der Harald, der sich ganz Dänemark und Norwegen unterwarf und die Dänen zu Christen machte." Der Wunsch der Christianisierung war hier zwar größer als die Realität, doch mit Haralds Taufe war der Anfang gemacht.

Die Kirche wurde auf einem heidnischen Opferplatz errichtet. 1978 haben Ausgrabungen unter der Kirche zur Theorie veranlaßt, daß Harald Blauzahn die sterblichen Überreste seiner Eltern aus der Grabkammer des Königshügels in die erste Kirche umbetten ließ. Der zweite Grabhügel war ursprünglich für Harald selbst errichtet, doch nie als Grabstätte benutzt worden. Er ließ sich 960 taufen und bestimmte den Dom von Roskilde als neues Zentrum der Macht und zu seiner Grabstätte.

Zur kompletten Verwirrung deuten die Steinreihen noch Reste einer bronzezeitlichen Schiffssetzung an. MUSEUM informiert über die Epoche der Wikinger.

Übernachtung in dem "Jelling Kro", vis-à-vis der Kirche. Campingplatz im Ort. Schönerer Platz etwas außerh. am Seeufer mit Treetbootverleih.

Zufahrt: Jelling liegt 11 km westlich Vejle an der Landstraße 18 Richtung Herning, 12 km vor Legoland. Busverbindung nach Vejle. Schöne Fahrt im Veteranenzug von Vejle nach Jelling, jeden Sonntag im Juli.

WIKINGERBRÜCKE: Harald Blauzahn gilt als großer Baumeister und Auftraggeber von vier Wikingerburgen (Fyrkat, Aggersborg, Trelleborg und Nonnebakken siehe jeweils dort). In seine Regierungszeit fällt auch die Ravning-Brückenkonstruktion über dem Sumpfgebiet des Vejle Å, vermutlich Teil der Heerstraße.

Die Brücke war ursprünglich 700 m lang und 5 m breit, ganz solide aus Eichenstämmen gebaut, allein 1.700 Pfosten wurden in den Morast gerammt. Archäologen datieren die Brücke ins Jahr 975 n. Chr. gemäß dendrochronologischer Methode (= Bestimmung durch Jahresringe der Bäume). Ein kleines Stück wurde rekonstruiert, zusammen mit Skizzen und Beschreibung bekommt man eine Ahnung von dem aufwendigen Bauprojekt. Übrigens die einzige Fundstelle dieser Art.

Zufahrt: von Vejle 1o km westlich nach Bredsten, dann gut 1 km südlich der Hauptroute 28 Richtung Ravning ins Vejle Ådal.

TØRRING: ca. 2o km nordwestlich von Vejle an der Landstraße 13 Richtung Viborg. PLAYLAND: Hier liegt der Geruch knatternder Zweitakter in der Luft. Motocross-Parcours, Go-Cart Bahn, Four-Wheel Driver, Jetski etc. Der "Action Park" zieht besonders die Jungens und Väter an, doch kein billiges Vergnügen. Offen: April bis August 12-18 Uhr, Juli tägl. 1o-19 Uhr.

Vejle -> Horsens via Küste Juelsminde (ca. 65 km)

Wenige Kilometer nach Vejle zweigt die Landstraße Nr. 23 nach Juelsminde ab. Auf halber Strecke liegt der Herrensitz Rosenvold direkt am Fjord. Renaissancegebäude aus dem 16. Jahrhundert mit Rundtürmen zu beiden Seiten, von einem Wassergraben umgeben.

 ** Rosenvold Camping: in unmittelbarer Nähe vom Herrensitz. Viele Plätze in erster Reihe am Wasser, kleiner Jachthafen gleich nebenan. Wer nur Baden, Surfen oder Bootfahren möchte, ist hier richtig. Sandstrand in der sichelförmig geschwungenen Bucht. Surfen bei fast jeder Windrichtung gefahrlos. Einkaufsmöglichkeit, Vermietung von Campinghütten und Wohnwagen. 13o Stellplätze. April bis Mitte September.

★Juelsminde

Frequentiertester Badeort an der Ostküste bis Århus. Seit rund 5oo Jahren Fährstation nach Fünen bzw. Seeland. Noch Anfang des 19. Jahrhunderts standen hier nur ein Kro und eine Handvoll Häuser. Mit der Bahnverbindung nach Horsens entwickelte sich auch der Fischerhafen, so wurde aus der Fährstation ein kleines Dorf.

Seit Jahren bestimmen die Sommertouristen Leben und Treiben in Juelsminde. Im Jachthafen ein Wald von wippenden Segelbäumen neben den letzten Fischkuttern. Im Ort Souvenirshops und Kunstläden. Der Name geht übrigens auf Niels Juels Redez zurück, der hier 1812 das königliche Privileg erhielt, einen Fährhof zu errichten.

Langer BADESTRAND direkt neben dem Hafen. Kiesstrand mit feinen Sandpartien, etwas tangiges Ufer. Die Wasserqualität wird in den Touristenbroschüren hoch gelobt.

INFO Odelsgade 2, 713o Julsminde. Tel. 75 69 33 13, Fax: 75 69 31 3o, Zur Saison tägl. 9-19 Uhr. Info über Sportaktivitäten, Bootfahrten, Ferienhausvermietung etc.

Zum Surfen ein prima Stützpunkt, Surfschule mit Boardverleih gleich neben dem Jachthafen. Gute Bedingungen auch mit dem eigenen Brett.

Große Fischhandlung mit Bistro gleich beim Hafen. Verlockende Auswahl, riesiges Angebot: geräucherter Lachs, eingelegter Hering, Krabben, Krebse und viel Frisches. Im Bistro frisch zubereiteter Fisch in verschiedenen Varianten.

Angelfahrten im Fischkutter oder Bootsfahrten zu den vorgelagerten Inseln im Samsø Bælt. Info im Touristenbüro am Hafen.

Am Ortsrand großes FERIENHAUSGEBIET, das sich über die ganze Landnase erstreckt. Oft nur ein Katzensprung ans Meer. Info im Touristenbüro.

Jugendherberge neben dem Campingplatz, Rousthøjsallé 1. Ganzjährig offen. Rund ein Dutzend Familienzimmer. Neben Frühstücksbuffet auch eine Gästeküche zur Selbstversorgung.

** Juelsminde Camping: am Ortsrand neben Jachthafen. Zum Surfen und Baden prima Stützpunkt, zieht sich bis zum Strand, die Plätze in erster Reihe schnell besetzt. Wiesenboden, etwas Baumschatten, Einkaufsmöglichkeiten gleich ums Eck. 2oo Stellplätze. Offen: April bis Ende September.

KATTEGAT BROEN: Fähre nach Kalundborg/Seeland, 2-3 x täglich, Dauer 3 Std. Preis 2o DM/Person, Pkw 6o DM.

KIRKEHOLM: kleiner Ferienort an der weit geschwungenen Bucht, schmaler Sandstrand. Zugang über den sehr schön gelegenen Campingplatz oder bei den Ferienhäusern.

Zum Surfen sehr gut geeignet, bei nahezu allen Windrichtungen wenig Wellen. Bester Stützpunkt beim Campingplatz mit direktem Strandzugang.

Im Norden Abzweig nach **SNAPTUN**. Fährort zur vorgelagerten Miniinsel Hjarnø (Wikingerschiffssetzung). Gut 1 Std. dauert die Überfahrt zur Insel Endelave.

GLUD: Direkt an der Straße das FREILICHTMUSEUM, schon an der Mühlsteinsammlung zu erkennen. Komplette Hofanlage aus dem 17./ 18. Jh. Sehenswertes Mobiliar, interessante Exponate in der großen Halle. Offen: Mai bis September täglich 1o-17 Uhr.

✦Horsens   (55.ooo Einw.)

Im Kern eine freundliche Geschäftsstadt mit vielen Fußgängergassen seitlich der Hauptstraße Søndergade. Bei Straßenarbeiten entdeckte man Fundamente aus der späten Wikingerzeit. Der schützende Ringwall verlief unter dem heutigen Zentrum.

Berühmtester Bürger der Stadt war <u>Vitus Bering</u> (1681-1741). Auf seinen abenteuerlichen Entdeckungsfahrten nach Alaska hat er die Nord-Ostpassage zwischen Rußland und Alaska, die nach ihm benannte Beringstraße, beschrieben. Er starb auf einer seiner Expeditionen; im Beringpark von Horsens Gedenktafel und Kanonen, die von einem Schiff stammen sollen.

 Im alten Rathaus an der Hauptstraße. Søndergade 26, 8700 Horsens. Tel. 70 10 41 20, Fax: 75 60 21 90. Offen: Mai bis August Mo.-Fr. 9-18 Uhr, Sa. 9-16 Uhr. Sonst Mo.-Fr. 9-17 Uhr.

Wie die Stadt mit der Industrialisierung großgeworden ist, zeigt das sehenswerte <u>INDUSTRIEMUSEUM</u> (Glasvej 17). Das Rad der Dampfmaschine als Erkennungszeichen. <u>Offen</u>: Juli/August täglich 10-16 Uhr, sonst Di.-So. 13-17 Uhr.

Die alte <u>Tabakfabrik</u> (Eingang Smedegade), ist heute <u>KUNSTZENTRUM</u> und modernes Café, auch Verkauf von Gebrauchsgegenständen.

 "<u>Jørgensens Hotell</u>", bezeichnet sich selbst als "schönstes Hotel Dänemarks", bonbonrosa an der Søndergade 17. Hier muß man nicht unbedingt logieren, um einen Eindruck von der prächtigen Barockausstattung (1744) zu bekommen, Stuckdecke auch im Restaurant, schmuckes Interieur. Die Zimmer modernisiert mit gefliestem Bad bzw. eigener Dusche. DZ ab 160 DM.

Von Horsens in gut 50 km über die Autobahn nach Århus.

Bei Skanderborg lohnt sich ein Abstecher in das <u>SILKEBORGER SEEN-HOCHLAND</u>, eine schöne und abwechslungsreiche Gegend für Aktivurlauber. Ideal zum Fahrradfahren, Kanupaddeln, Wandern und Spazierengehen. Alle Details im separaten Kapitel ab Seite 266.

★Århus (265.000 Einw.)

In der Unistadt ist bis spät in die Nacht etwas los. Einige Scene-Cafés in den schmalen Gassen um den Dom, Jazz- und andere Musikkneipen. Die heimliche Hauptstadt Jütlands ist das wirtschaftliche und soziale Zentrum der Halbinsel - und in puncto Kultur eine echte Konkurrenz zu Kopenhagen. Zur "<u>ÅRHUS FESTUGE</u>" wird Internationales geboten, von Ballett über Klassik, Rock, Jazz, bis zu Straßenmusik.

Hauptattraktion von Århus ist der <u>GRAUBALLEMANN</u> (die berühmteste Moorleiche Dänemarks), zu sehen im Prähistorischen Museum, - sowie <u>GAMLE BY</u>, ein sehenswertes Freilichtmuseum. Aus ganz Dänemark wurden abrißgefährdete Häuser hierhin verpflanzt und zu einem sehenswerten alten Stadtensemble komponiert.

Baulich erinnert heute wenig an die lange Geschichte der zweitgrößten Stadt Dänemarks. Sehenswerter <u>DOM</u>. Südlich davon beginnen die Fußgängerzonen mit einem breiten Shopping-Angebot. Nach Norden zu das sogenannte Quartier Latin, wo Kopfsteinpflaster in den schmalen Straßen dominiert. Hier findet man Trödel- und Antiquitätengeschäfte, Naturkostläden und alternative Boutiquen.

Viele Grünanlagen wie der botanische Park liegen fast noch im Stadtzentrum. Im Exporthafen liegen neben dicken Frachtern auch die Fährschiffe nach Seeland (lohnende Abkürzung nach Kopenhagen).

Tourist INFO Im Rathaus, 8ooo Århus. Tel. 86 12 16 oo, Fax: 86 12 95 9o. Ende Juni bis Mitte Sept. 9.3o-18 Uhr, So. bis 13 Uhr. Sonst Mo.-Fr. 9.3o-16.3o, Sa. 1o-13 Uhr. Gratis City-Guide mit aktuellen Öffnungszeiten, gutem Stadtplan, Veranstaltungskalender. Vermitteln auch Stadtführer, Infos zu Stadtrundfahrten etc.

<u>Århus-Paß</u>: gewährt freien Eintritt in die Museen, und bei Sehenswürdigkeiten. Der Transport mit den öffentlichen Verkehrsmitteln ist ebenfalls gratis. 2 Tage 28 DM, Kinder 15 DM, 1 Woche 4o DM, Kinder 4o DM. Erhältlich bei Hotels, Campingplätzen, Touristbüro.

<u>Stadtbesichtigung</u>: zur Saison wird täglich eine Busrundfahrt durch die Stadt angeboten. Dauer 2 1/2 Stunden einschließlich Stop bei "Den Gamle By" und dem Dom. Info und Karten im Touristenbüro, vor dem Bus auch abfährt.

<u>Tagesausflüge</u> führen an bestimmten Wochentagen nach Legoland, zum Kattegatcenter bei Grenå, Schloß Clausholm etc. Nähere Information und Buchung im Touristenbüro.

 Hauptpost: Banegårdspladsen. Mo.-Fr. 9-18 Uhr, Sa. 1o-13 Uhr. Mit Poste Restante, Geldwechsel auch am Samstag.

Geschichte: Zur Wikingerzeit schon ein wichtiges Handelszentrum an der Ostsee, in dem um 1ooo das Christentum Fuß faßte (Bischofssitz). Die Wikingerstadt Aros lag im heutigen Domviertel und war von einem Erdwall umgeben (Ausgrabungen unter der Unibank, siehe unten). Straßennamen wie Graven, Volden (Wall), Borgporten etc. erinnern heute noch daran.

1231 tauchte der Name erstmals im <u>Jordbog</u> König Valdemars (eine Art Grundbuch) auf. Im Mittelalter wuchs die Stadt dank des guten Hafens ständig an, Stadtrechte 1441. Um 15oo hatte Århus ca. 4.ooo Einwohner (bis 183o). Stadtbrände und Pestepidemien bremsten die Entwicklung. Im 18. Jh. Exporthafen für landwirtschaftliche Produkte des Hinterlands nach Norwegen, Deutschland und Niederlande.

Nach dem Bahnanschluß Mitte des 19. Jh. wurde die Hafenanlage kontinuierlich erweitert, modernisiert und die Konkurrentin Ålborg auf den Rang der zweitgrößten Stadt Jütlands verwiesen. Heute ist Arhus größter Exporthafen der Ostsee mit Werftanlagen.

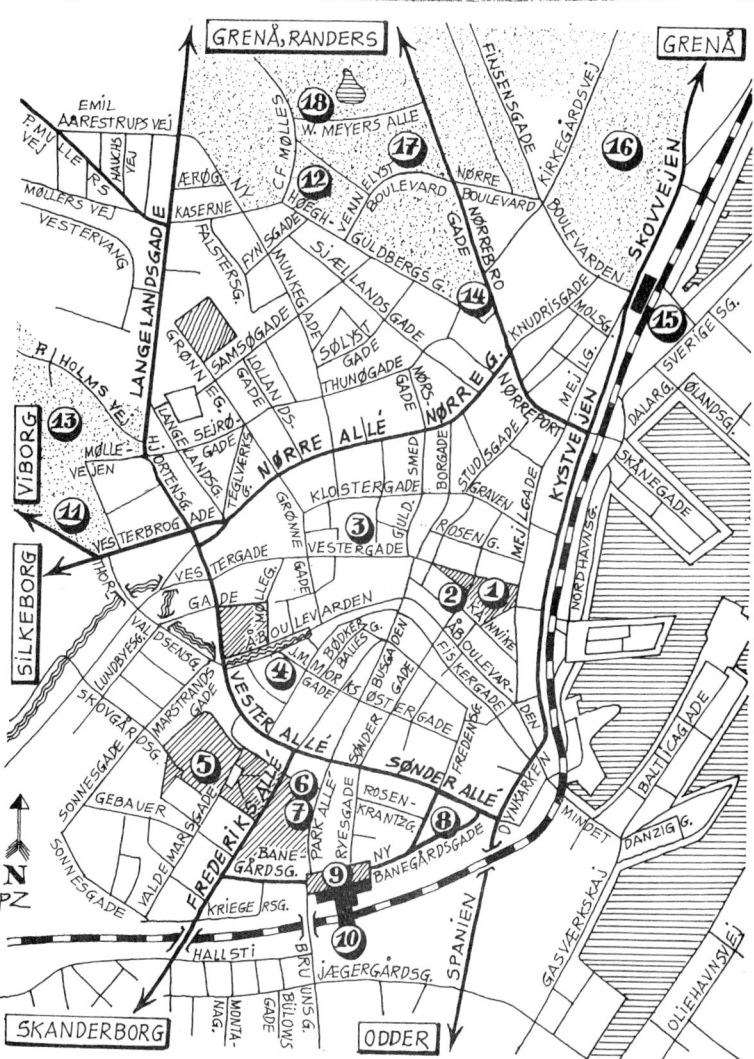

ÅRHUS

1 Dom,
  Frauenmuseum,
  Besatzungsmuseum
2 Wikingermuseum
3 Frauenkirche
4 Århus Kunstgebäude
5 Musikhuset Aarhus

6 Rathaus
7 TOURIST INFO,
8 BUSTERMINAL
9 POST
10 HAUPTBAHNHOF
11 "Den gamle By"
   Freilichtmuseum
12 Steno Museum

13 Botanischer Garten
14 Kunstmuseum
15 OSTBAHNHOF
16 Friedhof
17 Medizinhistorisches
   Museum Jütlands
18 Naturhistorisches
   Museum

DOM (1): eine der bedeutendsten und größten Domkirchen Dänemarks, so lang wie hoch (96 m), 24 m in der Vierung. Berühmt für seinen Schnitzaltar (Lübecker Schule), einer der wenigen aus vorreformatorischer Zeit mit viel Blattgold. Zwischen den Aposteln steht der heilige Clemens mit Anker, Mariendarstellung (selten) und Johannes der Täufer.

Ganz oben wurde Bischof Jens Ivarson Lang verewigt. Er ließ die ursprünglich romanische Kirche gotisch um- und anbauen (Romanik in den Chorseitenschiffen zu sehen). Der Papst versprach den Spendern von Baumaterial 4o Tage Ablaß und finanzierte so den Umbau. Seinerzeit war der Dom als erster Ziegelbau Nordjütlands hypermodern.

Bis zu 8o Grabtafeln, großteils im Chor: hier liegt auch der Bischof begraben. - Eine echte Rarität ist das lange bunte Chorfenster des 2o. Jh., denn Dänemark besitzt keine Glasmaltradition. Von Emanuel Vigeland, Bruder des berühmten norwegischen Bildhauers.

Sehenswerte alte Kalkmalereien z.B. die riesige Darstellung eines Landsknechts mit Schwert (16. Jh.), am Vierungspfeiler abschreckende Menschengestalt mit Schwanenhals und Holzbein. Sehr plastisch wurde dem einfachen Volk der Unterschied von Himmel und Hölle, Gut und Böse klargemacht (im Chorumgang).

Taufbecken (1481) ein seltenes Bronzeexemplar aus Flensburg, getragen von den vier Evangelisten (mit ihren Symbolen).

Offen: Mai bis September 9.3o-16 Uhr, sonst 1o-15 Uhr.

DEN GAMLE BY (11): Freilichtmuseum. Über 6o Häuser (16.-19. Jh.) wurden aus den verschiedenen Teilen Dänemarks zu einem lebendigen Kleinstadtmilieu zusammengepuzzelt, inkl. Kopfsteinpflaster: Vorsicht mit Kinderwagen oder Stöckelschuhen. Alle Häuser komplett eingerichtet: verschiedene alte Handwerksbetriebe, Ladeneinrichtungen etc. Im Kramladen werden Zuckerstangen und Spielzeuge aus Omas Zeiten verkauft, Zwiebäcke und Brezeln in der alten Bäckerei, in der nur die moderne Registrierkasse stört.

Im Brauereikeller wird Bier vom Faß gezapft. Im Gartencafé gibt es Smørrebrød, hausgemachten Kuchen und Waffeleis. Wer tiefer in die Tasche greifen will, bekommt im renommiertesten Restaurant der Stadt "Prins Ferdinand" (Haus Nr. 54) Exquisites (siehe auch Restaurants).

Informative Erläuterungen in jedem Haus, auch deutschsprachig. Sehenswerte Kleiderkollektion: Mode durch die Jahrhunderte bis in die Sixties (Haus Nr. 3). Im ehemaligen Bürgermeisterhaus am Torvet (Marktplatz) ein Schnellkurs durch die Wohnkultur von einer Bauernstube anno 155o bis ins 19. Jahrhundert.

Traditioneller Jahrmarkt ab 1. Samstag im Sept. zur Århus Festwoche.

Offen: Juni bis August täglich 9-18 Uhr, Mai und September bis 17 Uhr, sonst kürzer. Deutschsprachige Führungen, abends darf man gratis rein.

Eintritt: ca. 1o DM, Kinderermäßigung. Ticket gilt den ganzen Tag, auch wenn man die Umzäunung mal verlassen hat.

Kleine WIKINGERAUSTELLUNG (2) im Keller der Uni Bank (Clemens Torv, Fußgängerstraße nahe Dom). Bei Ausschachtungen wurden Wallanlagen, Wohngebäude und ein Grab aus der Wikingerepoche entdeckt. Ein Meter der ältesten Stadtstraßen Dänemarks noch original an der Fundstelle zu sehen. Rekonstruktion eines wikingischen Pfahlhauses. Offen: Mo.-Fr. 9.3o-16 Uhr, Do. bis 18 Uhr.

PRÄHISTORISCHES MUSEUM MOESGÅRD, 8 km südlich, Moesgårdallee 2o, nahe Küste, Bus Nr. 6. Sehr gut präsentierte Sammlung der dänischen Vorgeschichte: viele informative Schaukästen zum Thema Stein- und Bronzezeit. Prachtstück aus keltischer Zeit ist der riesige Silberkessel aus Gundestrup. Größte Attraktion des Museums: der Grauballe-Mann, ein Zeitgenosse Cäsars und die besterhaltene Moorleiche Dänemarks.

Mr. Grauballe-Steckbrief	
Maße:	1,78 m groß, schlank und zierlich
Geschlecht:	männlich
Alter:	Ende 3o und von hohem Stande (keine Schwielen oder andere Zeichen körperlicher Arbeit an Händen und Füßen)
Geburtsjahr:	etwas umstritten, ca. 5o-7o v. Chr. (+/- 1oo Jahre)
Haarfarbe:	schwarz (die Hennafärbung kommt durch das Moor)
Hautfarbe:	hellbraun (die fast schwarz gegerbte Haut ist auch ein Konservierungszeichen des Moores)
Augenfarbe:	braun
Krankheiten:	drei fehlende Zähne, leichte Spuren von Rheuma
Verletzungen:	durchgeschnittene Kehle, Kopfverletzung

Die sehr gut erhaltene Moorleiche wurde 1952 bei Grauballe im kleinen Nebelgårdsmoor nördlich Silkeborg gefunden. Der Mann war nackt und durch die Moorsäure so gut konserviert, daß sich sogar Finger- und Fußnägel erhalten haben. Die gründliche Obduktion ergab, daß der Mann für damalige Verhältnisse kerngesund war.

Eine Untersuchung der Handflächen und Finger erbrachte, daß Mr. Grauballe wohl nie körperlich zu arbeiten brauchte, was absolut selten war. Röntgenaufnahmen zeigten, daß er vermutlich durch einen Schlag auf die rechte Schläfe betäubt worden war, ehe man ihm die Kehle durchschnitt und ihn den Göttern opferte (der Silberkessel aus Gundestrup zeigt auf der Innenseite solche Zeremonien).

Aus dem Mageninhalt konnte seine Henkersmahlzeit nachgewiesen werden: eine kräftige Fleischbrühe. Die Knochen wurden durch das Moor zersetzt, doch im Gegensatz zu anderen Moorfunden war es möglich, den gesamten Körper zu konservieren. Siehe "Moorfunde" im allgemeinen Kapitel/Einleitungsteil dieses Bandes.

Die Wikingerepoche wird mit einer Runensteinsammlung eingeleitet, viele Funde aus Århus und Umgebung. Rekonstruierte Wikingerhäuser auf dem Hof. Beschriftungen dänisch/englisch, empfehlenswerte deutsche Broschüre an der Kasse.

Sonderausstellungen und Verkauf von Schmuckkopien vorgeschichtlicher Motive, Cafeteria. - Offen: April bis September tägl. 1o-17 Uhr, sonst Di.-So. 1o-16 Uhr. Eintritt 8 DM, Kinder gratis. Bus Nr. 6.

OLDTIDSSTI: Rundspaziergang ca. 1 1/2 bis 2 Std. ab Museum durch den Wald zum schönen Badestrand mit einigen Stops: Verschiedene Grabtypen sind chronologisch rekonstruiert. Die Beschriftung ist leider nur in Dänisch; der Rundgang lohnt daher nur, wenn man sich eine deutsche Broschüre (erhältlich im Museum) mitnimmt. Start bei dem Hauptgebäude des Gutshofs rechts, markiert mit rotem Punkt auf weißen Steinen.

Skovmølle: ein gemütlicher Einkehrstop, nur 8oo m entfernt, auch zu Fuß über den Oldtidsweg zu erreichen. Die alte Mühle wurde zu einem Restaurant mit besonderer Atmosphäre umfunktioniert, schöne Plätze im Freien. Mo. Ruhetag.

FRAUENMUSEUM (1) (Kvindemuseum), Domkirkeplads 5 nahe Dom. Das erste Frauenmuseum Europas - von Frauen über Frauen. Informiert über Arbeits- und Lebensbedingungen, auch Sonderausstellungen. Die Idee kam während der Frauenbewegung Mitte der 8oer Jahre, als man auf die Ungleichbehandlung der Frauen aufmerksam machen wollte. Offen: Juni bis Mitte Sept. 1o-17 Uhr, ganzjährig Di.-So. 1o-16 Uhr. Eintritt 4 DM, Kinder 2,5o DM.

KUNSTMUSEUM (14), Vennelystparken nahe Uni. Überwiegend dänische Kunst: Skulpturen, Grafiken und Gemälde ab dem 18. Jh. Offen: tägl. außer Mo. 1o-17 Uhr. Eintritt 8 DM, Kinder gratis. Gute Busverbindung.

ÅRHUS KUNSTGEBÄUDE (4), Mørkesgade 13, wechselnde Kunstausstellungen. Offen: tägl. außer Montag 1o-17 Uhr. Eintritt 4 DM.

STENO MUSEUM (12), C. F. Møllers Allé: Wissenschaft und Medizin wird in dem modernen Museum spannend dargestellt. Viele Modelle und Exponate. Experimente helfen dem Verständnis auf die Sprünge. Zum Museum gehört das Planetarium und ein Kräutergarten mit Heilpflanzen. Offen: Juli/August täglich außer Mo. 1o-17 Uhr, sonst bis 16 Uhr. Eintritt 8 DM, Kinder gratis.

FRAUENKIRCHE (Vor Frue Kirke): Frue Kirkeplads 3. Die Krypta stammt bereits von 1o6o und ist damit die älteste Kirche der Stadt. Die Kirche diente lange Zeit als Dom und gehörte später zum Kloster.

BOTANISCHER GARTEN (13): Peter Holmsvej, gleich bei Gamle By. Sehr schöner Steingarten, viele Parkbänke zum Picknicken. Die sehenswerten Gewächshäuser sind Mo.-Sa. 13-15 Uhr, So. 11-15 Uhr offen. Freier Eintritt. Bus Nr. 3, 14, 51.

Dem RATHAUS (6) aus der Zeit des Funktionalismus von Arne Jakobsen kann heute kaum das Prädikat "hübsch" verliehen werden. Seit 1994 unter Denkmalschutz. Führung im Juli/August Mo.-Fr. 11 Uhr.

Der <u>Rathausturm</u> entstand auf ausdrücklichen Wunsch der Stadtväter. Guter Stadtrundblick, Zugang nur zu speziellen Zeiten, Info unten im Touristenbüro.

<u>BRAUEREI CERES</u>, mitten in der Stadt. Besichtigung Ende Juni bis Anfang August 3 x pro Woche um 9 bzw. 14 Uhr. Natürlich gibt es auch Freibier. Kostenlose Eintrittskarten beim Touristenbüro.

<u>FEUERWEHRMUSEUM</u>: ein spannender Ausflug auch mit Kindern, denn hier ist Anfassen erlaubt. Über 6o rotglänzende Oldtimer, vom Leiterwagen über Spritzenwagen bis zur Handpumpe. <u>Offen</u>: Juli/August täglich 1o-17 Uhr, sonst täglich bis 16 Uhr. Eintritt 8 DM, Kinder die Hälfte. Bus Nr. 1 und 8.

<u>TIVOLI FRIHEDEN</u>, Skovbrynet: Vergnügungspark für die ganze Familie mit vielen Fahrgeschäften, Restaurant, Snackbuden etc., aber auch Blumenanlagen und Kleinkunstbühne. <u>Offen</u>: Mitte April bis Ende August täglich 11-22 Uhr, Vergnügungseinrichtungen ab 14 Uhr. <u>Eintritt</u> 8 DM. Bus Nr. 4.

<u>MINDEPARKEN</u> und <u>SCHLOSS MARSELISBORG</u>: Im Süden der Stadt liegt die feine Villengegend mit dichten Wäldern und Parkanlagen, in denen nach Feierabend die Jogger trainieren. Hier residiert im Sommer die Königin. Das weiße, schmucklose Schloß Marselisborg wird dann gut bewacht. Wachablösung der Garde Punkt 12 Uhr, wenn die Königin anwesend ist. Bus Nr. 1, ausgeschilderter Fahrradweg.

VERANSTALTUNGEN

In "Århus this Week" stehen alle aktuellen Veranstaltungen.

Großes <u>Kinoangebot</u> (Biografen): keine Sprachprobleme, denn alle Filme laufen im Originalton mit Untertitel.

<u>Århus Sommeroper</u> in dem kleinen, 2oo Jahre alten Theater im Freilichtmuseum "Gamle By".

<u>ÅRHUSER FESTWOCHE</u>: Anfang September steht die ganze Stadt für eine Woche Kopf. Verschiedene Musikveranstaltungen.

Internationales <u>JAZZFESTIVAL</u> eine Woche Mitte/Ende Juli.

<u>WIKINGERTREFF</u> mit Markt, Bootsfahrten etc. Ein Wochenende Ende Juli.

 Hotels sind im Sommer schnell ausgebucht, unbedingt vorher im Touristenbüro nachfragen. Haben manchmal auch günstige Angebote, z.B im Sporthotel, das im Sommer ein Doppelzimmer für 7o DM vermietet. Allerdings am nördlichen Stadtrand.

"**Hotel Marselis**", Strandvejen 25, am Südrand der Stadt Richtung Moesgård, Bus Nr. 19. Klinkerbau in Spitzenlage mit voller Breitseite zum Meer und Blick auf die Molsberge. Grünanlage drumrum und nahe zum Schloß. 1oo Zimmer, DZ über 25o DM.

"**Hotel Royal**", Store Torv 4, mitten im Zentrum. Ein schickes älteres Stadthotel, das durch Modernisierung zum Luxushotel mit Casino aufgestiegen ist. Königliche Preise: DZ ab 3oo DM.

"**Hotel Ritz**", Banegårdspladsen 12. Sehr zentral, doch auch an der lauten Hauptstraße. Ordentliche Zimmer, alle mit Dusche oder Privatbad. DZ ab 16o DM.

"**City Sleep In**", Havnegade 2o, mitten im Zentrum eine der preiswertesten Übernachtungen. Küche kann gemeinsam benutzt werden. Mehrbettzimmer ab 2o DM/Pers., im DZ 45 DM/Person.

Privatzimmer vermittelt das Touristenbüro. Auch Zimmer mit Kochmöglichkeit. Preis pro Person ca. 25 DM.

Ferien auf dem Bauernhof: Angebote im Umkreis der Stadt, Info im Touristenbüro. Sehr schön beispielsweise der Tåstrupgården, Tåstrupvej 111, gut 1o km westlich bei Harlev. Bei der Renovierung wurde die behagliche Atmosphäre bewahrt. Alte Möbel geben den Aufenthaltsräumen eine persönliche Note. DZ inkl. Frühstück 1oo DM.

Tarskov Mølle, Tarskovvej 1. Vor den Toren der Großstadt eignet sich das alte Ensemble mit Wassermühle ideal für einige Tage als Stützpunkt. Modernisierte Zimmer und Wohnungen.

 Vier Campingplätze etwas außerhalb, per Bus oder im eigenen Fahrzeug einige km ins Zentrum. Von der Lage am besten:
*** Camping Blommehaven: Ørneredevej 35, südlich Richtung Moesgård. Bus Nr. 19 ab Bahnhof. Großes Wiesenareal ganz im Grünen, von der Großstadt ist hier kaum noch etwas zu spüren, Bade- und Surfmöglichkeit nicht weit entfernt. Einkaufsmöglichkeit, Cafeteria. Wohnwagen zu mieten. Knapp 4oo Stellplätze. Offen: Mitte April bis Mitte September.

*** Camping Århus Nord: Randersvej 4oo, neben der lauten Straße. Von Hecken eingefaßte Stellplätze. Rund 3o kleine Miethütten. 2oo Stellplätze. Ganzjährig offen.

Restaurants/Cafés/Musikkneipen

"SPECIAL SMØRREBRØD", Sønder Allée 2-4, Ecke Rathaus. Lockende Brote, hoch aufgetürmt und schwer zu manövrieren. Dick mit Krabben, Fischfilet etc. belegt.

"FISKEKÆLDEREN", Skolebakken 17. Das bekannteste Fischrestaurant der Stadt gehört zum Hotel Windsor. Große Fischauswahl, aber nichts für schmalen Geldbeutel.

"VIKING BØFHUS", Skolegyde 1o, nahe Theater. Bei einem guten Stück Rinderfilet mit 4o DM rechnen.

"DEN GRIMME ÆLLING", Østergade 12. Für 25 DM kann man sich hier mittags sattessen. Abends das Märchenbuffet mit verschiedenen Fleischsorten, teurer.

"PRINS FERDINAND", Viborgvej 2. Eines der renommiertesten Restaurants, eingerichtet in einem der alten Stadthäuser von Gamle By. Sehr schön sitzt man an lauen Sommerabenden auf der Terrasse. Vorwiegend dänische Gerichte, frisch zubereitet. Bedienung in schwarz-weiß, Menü ab 6o DM, mittags günstiger.

"THORS MÜHLE", etwas außerhalb im Grünen Richtung Moesgård im Marselisborgwald, Bus Nr. 19. Die Räume der ehemaligen Wassermühle zum freundlichen Ausflugsrestaurant umfunktioniert, luftig ausgebautes Dachgeschoß. Bei schönem Wetter große Terrasse. Mittags Dreigang-Menü ca. 3o DM. Abends schon ab 21 Uhr geschlossen.

"SKOVMØLLEN", Skovmøllevej 51, etwas außerhalb nahe Museum Møsgård. Über 3oo Jahre alte Wassermühle, innen wie in einer urgemütlichen Wohnstube. Viele Antiquitäten. Im Sommer auch einige Tische im Freien.

"GAMLE VEJLBY KRO", Vejlbygade 18 am nördlichen Stadtrand. Ein typischer Kro mit Balkendecke, rustikales Ambiente. Dänische Gerichte.

"CAFE CLEMENS", Wohnstubengroß in der Fußgängerstraße St. Clemens Gade. Kleine Gerichte ab 15 DM, auch Salate.

"CAFE CASABLANCA", nettes Bistro hinterm Dom, hier ist immer etwas los.

"JORDEN", Seitenstraße vom Dom. Doppelstöckiges Café und der Treffpunkt. Im Hinterhof werden einem nicht um 1o Uhr die Stühle weggezogen.

In der Skolegade (hinter dem Theater) ein ganzer Schwung Kneipen. Stadtbekannt "FATTER ESKIL", Publikum ab 2o, bei Livemusik Eintritt.

"CAFÉ SIDEWALK", Åboulevarden, im Fußgängerbereich. Sehr schöner Platz, um den Tag mit einem Frühstück zu beginnen. Bistrostühle direkt neben dem Bach (Å), dessen Kanalbett hier wieder freigelegt wurde. Brunch für 12 DM.

"GLAZZHUSET", Clemensborg, unter der Fußgängerstraße (Brücke). Größter Jazzclub der Stadt, modern mit viel Glas. Internationale Gruppen.

"BLITZ", Kolstergade 34. Preist sich als größte Vergnügungsstätte der Stadt mit drei Diskotheken. Im Sommer fast tägl. Livemusik (Rock, Pop).

 **Verbindungen** ab Århus

Bus: Sehr gutes öffentliches Busnetz, günstige 24-Std.-Touristenkarte erhältlich im Touristenbüro und an Kiosken.

Das Touristenbüro hat mit den Verkehrsbetrieben ("Sporveje") Stadtrundfahrten und Touren in die nähere Umgebung ausgearbeitet, bei denen auch ein Fremdenführer mitfährt. Erläuterungen in verschiedenen Sprachen. Infobroschüre "Bus-Tourist in Århus" beim Touristenbüro. Die Stadtrundfahrt per Bus wird von Ende Juni bis Ende August täglich angeboten.

Züge ab Banegårdspladsen:
-> Kopenhagen: IC-Verbindung stündlich, gute 4 Std.
-> Aalborg stündlich.
-> Frederikshavn etwa alle 2 Std.
-> Viborg, Skive, Struer, Holstebro jede Stunde.

Fernbusse ab Rutebilstation (zwischen Hauptbahnhof und Polizei): Ein sehr gutes Netz bindet die größeren Orte Jütlands an, Direktlinie sogar bis Kopenhagen (Platzreserv.)
-> Silkeborg etwa stündlich, am Wochenende seltener, 1 Std. 1o Min.
-> Ringkøbing ca. 3 x tägl., gut 2 1/2 Std.
-> Viborg alle 1-2 Std., 1 Std. 4o Min.
-> Ry (Silkeborger Seenhochland) 3-6 x täglich
-> Skanderborg und Horsens alle Std.
-> Grenå 4-9 x tägl., 2 Std.
-> Kopenhagen 2 x tägl. via Ebeltoft.
-> Randers etwa alle halbe Stunde, zusätzlich Züge
-> Ebeltoft alle 2 Std.

Fähre: Autofähre nach Kalundborg auf Seeland 6 x werktags, So. 4 x tägl., 3 Std. 1o Min. Pro Person einfach 25 DM. Pkw inkl. Fahrer 6o DM.

Tragflügelboot nach Kalundborg nur für Personen 2-3 x tägl., 1 1/2 Std. Busanschluß nach Kopenhagen. Preis bis Kalundborg 3o DM einfach.

Århus –> Randers   (35 km)

Ab Aarhus kann man natürlich schnurstracks nach Norden Richtung Randers weiterdüsen. Fast direkt an der Strecke liegt das sehenswerte SCHLOSS CLAUSHOLM. Besichtigung möglich, siehe Seite 248.

Es wäre aber schade die Halbinsel Djursland auszulassen.

✦Halbinsel Djursland

Eine der schönsten Ferienecken Ostjütlands mit dem Touristenmagnet Ebeltoft, ein gemütliches Fachwerkstädtchen mit guten Surfbedingungen.

Die Halbinsel bietet ausgezeichnete Sandstrände bei Grenå und ein reizvolles Ferienhauseck im Norden bei Fjellerup. Als I-Tüpfelchen die drei

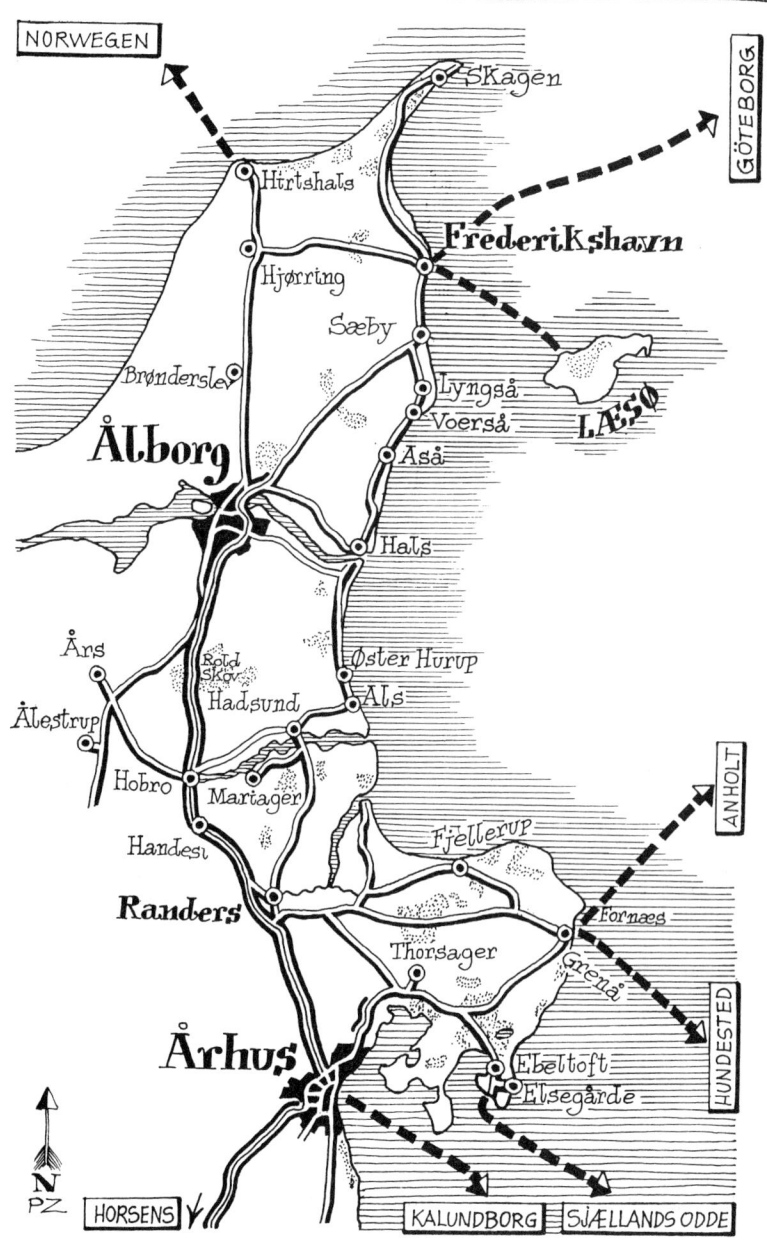

NORWEGEN

GÖTEBORG

Skagen

Hirtshals

Frederikshavn

Hjørring

Sæby

Brønderslev

Lyngså

Ålborg

Voerså

Aså

LÆSØ

Hals

Års

Øster Hurup

Rold Skov

Hadsund

Als

Ålestrup

ANHOLT

Hobro

Mariager

Handest

Fjellerup

Randers

Fornæs

Thorsager

Grenå

HUNDESTED

Århus

Ebeltoft

Elsegårde

N
PZ

HORSENS

KALUNDBORG

SJÆLLANDS ODDE

prächtigsten <u>HERRENSITZE</u> Jütlands, die im Sommer auch für Urlauber zugänglich sind.

Die Halbinsel Djursland ist im flacheren Norden ideal zum Radln. Im Süden ist sie erstaunlich hügelig. Die höchsten Erhebungen ganz im Süden erreichen stattliche 137 m. Waldpartien und viel Landwirtschaft kennzeichnen besonders den nördlichen Bereich.

Schon in vorgeschichtlicher Zeit war Djursland besiedelt, wie einige prähistorische Fundstellen zeigen (Tustrup und Knebel auf Molshalbinsel). Ein sensationeller Fund begeisterte die Archäologen 1879, als bei Huldremose nahe Ramten eine Moorleiche gefunden wurde, deren Kleider nach über 2.000 Jahren noch ausgezeichnet erhalten waren. Die Dame von Huldremose befindet sich im Nationalmuseum in Kopenhagen.

Grenå ist wichtiges Sprungbrett nach Schweden, nach Seeland und zur Kattegat Insel Anholt. Eine andere wichtige Transitstrecke verläuft über Ebeltoft (stark frequentierte Fährverbindung) nach Seeland.

Århus --> Ebeltoft

Es lohnt sich die Schnellstraße 15 bei Løgten Richtung Hornslet zu verlassen und den kleinen Schlenker über <u>Schloß Rosenholm</u> einzubauen.

Beim Abzweig Løgten linker Hand die seltene sechsflüglige Windmühle, noch von der Schnellstraße aus zu sehen.

Die ziegelrote <u>DORFKIRCHE</u> von Hornslet wird durch die Gräber der Rosenkrantz-Familie des benachbarten Schlosses interessant. Etwas unproportioniert langes Schiff, es wurde im 15. Jh. verlängert. Von der ursprünglich romanischen Kirche ist an der Südwand ein schlecht identifizierbares Fresko (13. Jh.) erhalten. Schräg gegenüber des Eingangs das <u>pompöse Grabmal von Erik Rosenkrantz</u> und seiner drei Frauen. Weitere Abkömmlinge der Rosenkrantzsippe sind z.T. in Ritterrüstungen im Chor abgebildet. Der Altar stammt von dem dänischen Künstler Claus Berg aus Odense, bewegte Kreuzigungsszene, interessante Details beim Volk, zeitgenössische Kleidung.

2 km weiter liegt <u>SCHLOSS ROSENHOLM</u>: einer der schönsten Renaissance-Herrensitze Jütlands (1559). Das Wasserschloß ist nach wie vor in Besitz der Familie Rosenkrantz, ein altes dänisches Geschlecht, das jahrhundertelang in Politik, Wissenschaft und Gesellschaft eine Rolle spielte.

Führung durch einen Teil des vierflügligen Schlosses: prächtiges Interieur mit vergoldeten spanischen Ledertapeten, wertvolle Gemälde, 3oo Jahre alte flämische Gobelins und Schloßkirche. Der große Park mit See, Alleen und Renaissancepavillon kann auch separat besichtigt werden (Eintritt). 1991 ließ Lehnsbaronesse Carin Rosenkrantz im hohen Alter ihre Zugbrücke nach einer Kopie aus dem 16. Jh. erneuern, nicht etwa weil sie Touristeninvasionen fürchtet, die alte Brücke war einfach baufällig geworden. Dabei entdeckte man Reste einer älteren Steinbrücke, die wohl entgegen bisherigen Annahmen Verteidigungscharakter hatte.

Offen: Ende Juni bis August tägl. 1o-17 Uhr, Mai bis September Sa./So. 1o-17 Uhr. Im Sommer stündliche Führungen, zu bestimmten Zeiten auch deutschsprachig. 1o DM Eintritt. Cafeteria und Kiosk. Busverbindung.

Man folgt dem Margeritenweg durch hügelige Moränenlandschaft zum Ort THORSAGER. Auf "Thors Acker" steht die einzige Rundkirche Jütlands, so stilrein (restauriert), wie sie wohl um 12oo mit rundem Schiff und Chor erbaut war. Deutlich ist der Verteidigungscharakter der Kirche zu sehen, damals lag sie am Wasser und war außen weiß gekälkt. Die Wendeltreppe in den zweiten Stock in Rechtsdrehrichtung gab den Verteidigern die bessere Position, die Angreifer mußten mit links kämpfen. Gegen ein solches Bauwerk konnten sich die Angreifer nur mit Geduld wappnen, bis die Mannschaft im zweiten Stock ausgehungert war.

Der Ortsname deutet auf einen heidnischen Ursprung hin. Der damalige Bischof wollte sich mit der Kirche wohl ein Denkmal setzen. Busverbindung von und nach Århus.

7 km weiter am Meer die KALØ SCHLOSSRUINE: beliebter Ausflug mit Picknickstop am Minisandstrand. Auf der kleinen Halbinsel stand im 14. Jh. eine mächtige Burg, strategisch ideal gelegen. Der einzige Landzugang war durch eine Zugbrücke abgeriegelt. Jetzt sind nur noch Donjon und ein paar Mauern erhalten. Spazierweg ca. 1 km ab Parkplatz. Kiosk und Slotskro.

Die Burg entstand 1314 aus Furcht vor Bauernaufständen, denn König Erik Menved brauchte für seine teuren Kriege Geld und hatte mal wieder die Steuern erhöht. 1519 wurde der spätere schwedische König Gustav Vasa hier gefangengehalten. 1661 vermachte König Frederik III. die Burg seinem Sohn Ulrik Frederik Gyldenløve, der sie im 17. Jh. demontieren ließ, um mit dem Material sein Schloß Charlottenburg in Kopenhagen zu bauen.

✦ Ebeltoft   (3.5oo Einw.)

Pittoreskes Städtchen, oft als schönstes Jütlands gepriesen. Im Sommer ist enorm was los, dann schieben sich Urlauber und Ausflügler durch die schmalen Kopfsteingassen der Altstadt. Vor den windschiefen Fachwerkhäusern wachsen mannshohe Stockrosen.

Die puppenstubengroßen Häuser sind exzellent gepflegt und liebevoll mit allerlei Nippes und Kunst dekoriert. Besonders homogene Straßenpartien in der Overgade, Nedergade und Juulsbakke. Diverse Boutiquen locken zum Bummeln und Shoppen: Kunsthandwerk, Glas, Keramik.

Man hat den Touristen einiges zu bieten. Nicht nur die Abendrunde mit dem Nachtwächter, auch verschiedene kleine Museen, ein fantastisches Surfrevier, Badestrände und Ausflugsziele per Rad, Auto oder zu Fuß.

Um das alte Zentrum ist die moderne Stadt gewachsen mit Schulen, Wohnhäusern und etwas Industrie.

Torvet 9, 84oo Ebeltoft. Tel. 86 34 14 oo, Fax: 86 34 o5 28. Im Juli Mo.-Sa. 1o-21, So. 11-15 Uhr. April bis Mitte Sept. Mo.-Do. 9-16.3o Uhr, Fr. 9-16 Uhr, Sa. 1o-13 Uhr. Im Winterhalbjahr samstags geschlossen.

 <u>Post</u>: Ndr. Strandvej. Mo.-Fr. 1o-17 Uhr, Sa. 9.3o-12 Uhr.

<u>Nachtwächter</u>: Mitte Juni bis Mitte August ziehen die Nachtwächter 3 x abends ab Rathaus durch die Stadt und singen ihr Lied.

<u>Geschichte</u>: Seit 13o1 darf Ebeltoft (= Apfelgrundstück) am Sonntag Markt abhalten, so erlaubt es eines der ersten Privilegien der Stadt. Um den gut geschützten Hafen in der Bucht entwickelte sich eine Handelsstadt, die unter den verschiedenen Kriegen und Plünderungen zu leiden hatte. Seine Blüte erlebte Ebeltoft Anfang des 19. Jh., dank des Aufschwungs in der Landwirtschaft und eines neues Hafens. Das kostbare Salz wurde hier mühsam aus Seetang gewonnen, den man kochte, abseihte und schließlich das Wasser verdampfen ließ.

Am Stadtrand liegt die große Fregatte "<u>JYLLAND</u>", das längste Holzschiff der Welt. Baujahr 186o, seit Jahren im Restaurierungsdock. Sie war schon 1864 in der Seeschlacht vor Helgoland dabei, als die Dänen gegen die Österreicher kämpften und siegten. Das ehrgeizige Projekt steht unter der Schirmherrschaft des dänischen Prinzen. Es verschlingt Millionen, aber es finden sich erfreulicherweise immer wieder Sponsoren. Die verschiedenen, schon restaurierten Decks können besichtigt werden, ebenso der Königssalon und vieles andere. Die Arbeiten werden wohl noch ein paar Jährchen dauern. Video zur Baugeschichte, Restaurierung etc. zu bestimmten Zeiten. <u>Offen</u>: im Sommer täglich 9-19 Uhr, sonst 1o-16 Uhr. <u>Eintritt</u> 1o DM.

<u>GLASMUSEUM</u>, Strandvejen 8. Moderne Glaskunst zeigt das 1986 gegründete Museum des dänischen Glaskünstlers Finn Lyngaard. Internationale Künstler stellen im 1. Stock aus; zum Teil wirklich pfiffige Sachen. Im Innenhof kann man den Glasbläsern bei der Arbeit zusehen. Verkauf ihrer mundgeblasenen Gläser, Schalen etc. <u>Offen</u>: Im Sommer tägl. 1o-19 Uhr. Zur Vor-/Nachsaison 1o-17 Uhr. <u>Eintritt</u> 8 DM.

<u>DEN GAMLE FARVERGÅRD</u>, Adelgade 13-15. Fast originalgetreu wiederhergerichtete Färberei im historischen Fachwerkhof. 1772-192o war sie in Betrieb. Besichtigung des Ladens, der Warenannahme, Wohnung des Färbers, Werkstätten, Wirtschaftgebäude etc. <u>Offen</u>: Juni bis August tägl. 1o-16 Uhr bzw. zur Hochsaison bis 17 Uhr, erste Mai- und letzte Septemberhälfte 11-15 Uhr. <u>Eintritt</u>: 4 DM.

<u>RATHAUS</u>, Torvet. Ein putziges altes Rathaus (1576 bzw. 1789) mit Glockenturm, heute <u>Stadtmuseum</u>. Der städtische Tresor konnte nur mit den fünf Schlüsseln der einzelnen Ratsherren gemeinsam geöffnet werden. Zu sehen: Mobiliar früherer Bauernstuben, der städtische Knast sowie im

angrenzenden Posthof eine ethnografische Sammlung, die ein Ebeltofter Ingenieur im damaligen Siam zusammengetragen hatte. Offen: Mitte Mai bis Mitte September täglich 1o-17 Uhr. Eintritt 4 DM.

PUPPEN-/SPIELZEUGMUSEUM bei der Kirche im ehemaligen Pfarrhof. Im Sommer tägl. 1o-17 Uhr, sonst 1o-12/14-16 Uhr. Eintritt 5 DM.

Während der Jachthafen ganz am Ende der Bucht ein bißchen künstlich und steril wirkt, hat der kleine FISCHERHAFEN nebenan seinen Charakter etwas bewahrt. Die Kutter fahren nach wie vor zum Schollenfang, in der Saison auch regelmäßig zum Hochseeangeln für Touristen. Anmeldung direkt am Hafen.

WINDKRAFTRÄDERPARK: ca. 4 km südlich beim Fähranleger. 16 Windräder wurden auf eine Mole ins Meer gesetzt, um die vorherrschenden West-/Südwestwinde optimal zu nutzen. Der 1985 in Betrieb genommene Windkraftwerkpark versorgt einen Teil der Ebeltofter Einfamilienhäuser mit sauberem Strom. Infogebäude mit ein paar Tafeln und Video.

"**Hotel Ebeltoft Strand**", Ndr. Strandvej 3 am nördlichen Stadtrand. Modernes Hotel in Top-Lage direkt am Strand, ein Stück zurückgesetzt von der Straße. Zimmer mit Blick über die Ebeltoft Bucht. Terrasse oder Balkon, davor eine grüne Wiese. Badestege ins Wasser. 68 Zimmer, Swimmingpool, Sauna. Gutes Restaurant. DZ mit Bad gute 25o DM.

"**Hotel Hvide Hus**", Strandgårdshøj ca. 5oo m vom Zentrum. Langer mehrstöckiger Flachbau am Hang, nicht am Meer. Etwa 1oo Zimmer mit großen Terrassenbalkons und Meerblick, aber der Lärm der Hauptverkehrsstraße dringt hoch. Swimmingpool, Sauna etc. DZ 22o DM. Restaurant, Bar, Nachtclub.

"**Hotel Ebeltoft**", Adelgade 44, mitten in der Stadt. 14-Betten-Hotel preiswerter und einfach. DZ ohne Dusche 11o DM.

"**7 øyer**"- Feriensiedlung: fast an der Südspitze auf sieben Inseln im Meer. Zur HS eine kleine Ferienstadt mit 2.5oo Urlaubern. Über Geschmack läßt sich streiten: man wohnt in meist zweistöckigen Appartements im Reihenhausstil mit moderner Ausstattung und Terrasse. In den seichten Kanälen plantschen die Kinder mit Gummibötchen oder Keschern. Ein Aussichtsturm, kleine Marina und Schleuse gehören dazu, ferner diverse Shops, das schöne Panoramarestaurant Blå Lanterne und eine Räucherei. Großes Sportangebot (Tennis, Reiten, Fahrradverleih, Badminton, Schwimmbad etc.). Zu den Badestränden der Ostsee ein ganzes Stück zu Fuß über eine wenig schöne Schotterstraße. 3oo Appartments, zur Spitzensaison pro App. 1.25o DM/Woche, im Juni/September 75o DM/Woche.

Jugendherberge, Søndergade 43, recht zentral südlich der Altstadt. März bis Oktober.

*** Vibæk Camping: am nördlichen Stadtrand zwischen Straße und Meer. Ca. 1 km ins Zentrum. Beste Lage für Surfer direkt am Sand-Surfstrand. Besonders gefragt sind die Plätze in erster Reihe mit weitem Blick über die Bucht. Trotz der Größe im Juli knallvoll. Nachteil: direkt an der stark befahrenen Hauptstraße. Ansonsten schön im Laubwäldchen, wiesig-sandiger Boden. Ältere, aber sehr ordentliche Sanitäranlagen. Einige Hütten ab 5o DM/Nacht. Laden etc. 45o Einheiten. <u>Offen</u>: ganzjährig.

Weitere ruhigere Campingplätze in Elsegårde siehe dort. <u>Ferienhäuser</u> vermittelt das Touristenbüro, ferner Dancenter Vibæk Strandvej 12, Novasol Vibæk Strandvej 26.

 "<u>DEN SKÆVE KRO-RESTAURANT</u>", Villadsgyde 7, im windschiefen Fachwerkhaus in der Altstadt. Hier fühlt man sich wie zu Hause. Pizzen, Fleisch und Fisch zu durchschnittlichen Preisen. Gelegentlich auch Paella. Gartenterasse.

Restaurant "<u>MELLEM JYDER</u>", mitten im Zentrum, Juulsbakke 3. Außen fotogen, innen gemütlich. Schöner großer Blumengarten/terrasse. Übliche Karte, gute Küche, Fisch ab ca. 2o DM.

Restaurant "<u>VIGEN</u>", Fußgängerzone, Adelgade 5. Innen netter als von außen zu vermuten. Schöne Caféterrasse. 2o Appartements im angrenzenden Zweistöcker.

<u>RESTAURANT</u> bei der Räucherei am Hafen, eine gute Fischadresse, innen schönes Ambiente. Terrasse.

 **Baden**: schmaler, aber langer Sandstrand in der Ebeltoft Bucht nördl. des Ortes. Zum Teil tangig, aber sonst o.k. Guter Strand auch bei Elsegårde 4 km entfernt siehe dort.

 **Surfen**: die halbkreisförmige Ebeltoft Bucht ist ein ideales Surfrevier, überschaubar, fast immer läßt sich ein Plätzchen mit auflandigem Wind finden. Mäßiger Wellengang, wenn es auch für blutige Anfänger in Dänemark geschütztere Areale gibt. Gut 5o m Stehrevier. Bequemer Einstieg beim Strandparkplatz nördlich von Ebeltoft, ideal auch beim Campingplatz Vibæk. Weiterer Einstieg ganz am Ende der Bucht nach dem Jachthafen.

Masters surfen an der Landspitze südlich der Feriensiedlung 7 øyer, da wird's aber ziemlich wellig...

Fahrradverleih: Ebeltoft Cykel- og Maskinforretning Nørrealle 5. **Golfplatz** (18 Loch) beim Hotel Hvide Hus. **Reiten** ist groß im Kommen, markierte Wege. Info Pferdeverleih im Touristenbüro.

Angeln: Im Sommer regelmäßige Hochseefahrten. Angeln von der Küste aus ist an der Südspitze der Halbinsel Helgenæs relativ erfolgversprechend. An der Mole beim Fähranleger sitzen immer Angler.

 **Bus**: -> Grenå 9 x werktags, am Wochenende ca. 4-5 x tägl., ca. 1 Std.

-> Århus via Rønde stündlich. Knapp 1 1/2 Std.
-> Kopenhagen (Valby) 2 x tägl., 4 1/2 Std. Reserv. nötig.

 **Fähre**: Fährverbindung nach Seeland, Sjællands Odde. Moderner großer Fähranleger der Mols Linie, stark von Lkw frequentiert. 1o x wochentags, Wochenende 5 x tägl. Überfahrt dauert 1 h 4o Min. Preis: knapp 2o DM/Person. Pkw bis 2 m Höhe inkl. Fahrer 6o DM.

Zusätzlich Expressboot vom Typ Katamaran. Platz für 12o Pkw und 45o Passagiere. Überfahrt gerade mal 45 Minuten. Bis 5o Fahrten.

ELSEGÅRDE: ein Weiler 4 km von Ebeltoft an der Ostseite mit schönem Strand und zwei Campingplätzen. Für Surfer nicht ideal, meist ablandiger Wind. Schönes Ferienhauseck.

Strand 2 km vom Ort entfernt, schmaler Sandstreifen mit Kieseln durchsetzt und Blick zur idyllischen Insel Hjelm mit Leuchtturm.

*** Blushøj Camping: wunderschön gelegener Platz hoch oben auf der Steilklippe, weit ab vom Schuß und ruhig. Natürliche Terrassen, teilweise meilenweiter Blick über das Kattegat. Separates Areal für Zelte. Steiler Schotterweg zur Kiesbucht unten am Meer. Sandstrand ca. 4 km entfernt. 28o Stellplätze. Offen: April bis Mitte September.

Hüttenvermietung beim *** Elsegårde Camping.

MOLS BJERGE: ein beliebtes Ausflugsgebiet auf der Halbinsel vor Ebeltoft. Eine recht hügelige Angelegenheit, falls man Radelambitionen hat; die höchsten Gipfel erreichen immerhin 137 m. Das Touristenbüro Ebeltoft gibt extra Karten mit Vorschlägen zu Wander- oder Fahrradtouren (auf deutsch) heraus.

Die Molshalbinsel ist ebenso wie der Helgenæs-"Fortsatz" ein Produkt der Eiszeit, als Gletscher von Süden und Osten nach Jütland vordrangen und diese Hügellandschaft, die vielen Moränenseen und fruchtbaren Böden hinterließen. Die Vorzeitmenschen haben einige Hünengräber errichtet. Was uns Deutschen die Ostfriesen sind, sind den Dänen die Mols-Bewohner.

Die Rundfahrt führt an dem Mühlenort Femmøller vorbei, heute eine Feriensiedlung mit gutem Sandstrand. Von den Wassermühlen (Name) sind vier noch erhalten. Im Restaurant "Overmøllen" werden frische und geräucherte Forellen angeboten.

Bei **STABELHØJE** hat man von den bronzezeitlichen Hügeln einen schönen Blick. Weiter vorbei an AGRI BAVNEHØJ, dem höchsten Punkt der Halbinsel.

Auf dem Weg zum Weiler Knebel am großen markanten RUNDDOLMEN

Poskær Stenhus vorbei. Ursprünglich umgaben 24 Steine in einem Kreis mit 2o m Durchmesser das große Hünengrab.

KNEBEL: Hauptort mit Kirche und der fast kreisrunden Bucht. Bei Trehøje ein weiterer Grabhügel aus der Bronzezeit.

Der Dragsmur genannte Damm führt zur <u>HALBINSEL HELGENÆS</u>, die insgesamt flacher ist (Ellemandsbjerg 99 m). Einige Ferienhausgebiete, teils steinige Strände, die für Angler interessant sind. Ganz im Süden der Sletterhage Leuchtturm. Weites Panorama hat man von dem alten Radarüberwachungsturm aus dem 2. Weltkrieg 1 km östlich. Kleines <u>Heimatmuseum</u> nahe der Kirche Helgenæs.

✦ Grenå (15.ooo Einw.)

Liegt am östlichsten Punkt Jütlands und ist im wesentlichen eine Industriestadt sowie Sprungbrett nach Schweden. Südlich der Stadt schließt der beste Badestrand Ostjütlands an. Jede Menge Ferienhäuser im Wald.

Von der Stadt darf man sich nicht viel erwarten, die vielen Brände haben von dem 3 km landeinwärts gelegenen alten Grenå kaum etwas übriggelassen. Ein paar Fachwerkhäuser im Zentrum, am Stadtrand machen sich Textilfabrik, BASF, ein Stahlwerk u.a. breit. Eisenbahnanschluß.

Aktiver Fischerhafen (Fischauktion, Räucherei mit Direktverkauf), moderner Jachthafen neben dem großen Fährterminal 3 km vom Zentrum.

 Gegenüber der Kirche. Torvet 1, 85oo Grenå. Tel. 86 32 12 oo, Fax: 86 32 7o 28. Offen: 1.5.-3o.9. Mo.-Sa. 9-17 Uhr, sonst werktags 9-17 Uhr, in der Vor-/Nachsaison auch Sa. vormittags.

Das <u>KATTEGATZENTRUM</u> vermittelt auf spannende Art vermittelt es einen Einblick in das vielfältige Leben unter dem Meeresspiegel. Größte Attraktion ist das Haifischbassin. Im Tunnel kann man ihre kräftigen Zähne aus nächster Nähe sehen. Besonders spannend wird es, wenn die Tiere gefüttert werden. Bei den verschiedenen Wasserexperimenten lernen nicht nur die Kinder, - auch die Erwachsen sind machmal verblüfft, was sich da hinter der Glasschiebe ereignet. In der Umweltabteilung wird kein Blatt vor den Mund genommen, was den Zustand des Kattegat betrifft. In der Cafeteria sitzt man sehr schön mit Blick auf das Kattegat. Direkt am Fähranleger neben dem Jachthafen. Offen: Mai bis August täglich 1o-18 Uhr; ganzjährig Sa./So. 1o-16 Uhr. Eintritt: 12 DM, Kinder 9 DM.

Im schönsten Fachwerkhof ist heute das <u>DJURSLAND MUSEUM</u> untergebracht (Søndergade 1). Waffensammlung, Münz, Keramik, archäologische Abteilung und eine Fischereiausstellung. Das kleine Boot im Hof hat im 2. Weltkrieg einigen dänischen Juden das Leben gerettet, die damit über das Kattegat nach Schweden in Sicherheit gebracht wurden. <u>Offen</u>: Mitte Juni bis Ende August täglich außer Mo. 1o-16 Uhr, Sa. 1o-13 Uhr, So. 13-16 Uhr, sonst Di.-Fr. und So. 13-16 Uhr.

Strand: 1 A Sandstrand beginnt gleich beim Hafen und zieht sich 7 km lang nach Süden. Feiner weißer Sand, 1o-2o m breit, gesäumt von leichten Dünen und Kiefernwald. Eine Straße läuft parallel, kurze Fußwege ans Meer. Nördlich der Stadt ist der Spaß vorbei: schmale Kiesstrände mit Klippen.

Gute Lage hat "**Stena Hotel**", Grenå, Kystvej 32. 3oo Betten/App. DZ mit Frühstück ab 2oo DM. Zweistöckiger Flachbau im Wald, ein Katzensprung ans Meer.

Jugendherberge Grenå Sportel, Ydesvej 5. Ganzjährig offen außer über Weihnachten. Gästeküche. 26 Familienzimmer.

*** <u>Polderrev Camping</u>: riesengroßer Platz parallel zum Meer, aber durch die Strandstraße getrennt. Einige Kilometer südlich der Stadt, außer Badeleben tut sich hier nicht viel. Campinghütten. Im Juli/ August knackevoll. Busverbindung. 45o Einheiten. Ganzjährig offen.

Bus: -> Randers über Fjellerup ca. 1o x werktags, Wochenende 4-6 x tägl. dauert 1 1/2 Std.

-> Aarhus über Thorsager ca. 9 x wochentags, Wochenende 4-5 x tägl. dauert 1 Stunde.

-> Ebeltoft 9 x werktags, am Wochenende 4-5 x tägl. ca. 1 Std.

Zug: -> Aarhus 1o x werktags, So 7 x. Dauert 1 1/2 Std.

Fähre: -> Schweden: Varberg mit der Lion Ferry 3 x tägl. zur Saison, sonst seltener. 4 Std., Preis zur HS 3o DM/ Person, Pkw inkl. alle ab 13o DM.

-> Halmstad in der HS 2 x tägl. mit Lion Ferry. Gute 3 Std. Überfahrt.

✦ Insel Anholt   (ca. 9 x 4 km)

Die kleine Insel liegt knapp 3 Stunden Fährfahrt und 46 km entfernt im Kattegat. Das Richtige zum Relaxen, Baden und Spazierengehen.

Die birnenförmige Insel ist stark westlastig, landschaftlich abwechslungsreich und steht fast komplett unter Naturschutz. Waldpartien, Klippen, Dünen, den größten Inselteil macht jedoch die "Wüste" aus, eine reizvolle flache Heideregion, die auf Treibsand entstand.

Obwohl <u>NATURSCHUTZGEBIET</u> darf die Insel weitgehend betreten werden (von 7 Uhr bis Sonnenuntergang) mit Ausnahme des östlichsten Zipfels Totten (Leuchtturm von 1881), zum Schutze der Robben und Brutgebiet der Vögel. Weitere Tabuzone ist Flakket östlich des Campingplatzes.

15o Menschen leben im Hauptort <u>ANHOLT</u>; hier steht auch die Inselkirche von 1819. Touristenbüro, Arzt, zur Hauptsaison wird auch ein Polizist herübergeschickt. Post, Fahrradverleih, Einkaufsmöglichkeit und einige Restaurants.

 **Fähre**: Grenå-> Anholt zur Spitzensaison 1 x tägl., zur Vor-/Nachsaison nur 4 x /Woche, die Überfahrt dauert 2 Std. 45 Min. Preis: 25 DM/Person, Fahrrad 5 DM. Pkw mitzunehmen lohnt wirklich nicht, ist aber möglich (Wohnwagen, Wohnmobile auch). Pkw-Reservierung für Urlauber nicht möglich.

Norden der Halbinsel Djursland

Nördlich von Grenå tut sich touristisch nicht mehr viel, ländliche Gegend, schön zum Fahrradfahren, beschilderte Wege und kaum Steigungen, wenig befahrene Straßen.

<u>FORNÆS FYR</u>, kleiner Granitleuchtturm von 1892 auf dem östlichsten Zipfel Jütlands; kein Zugang. Dahinter schmaler, steiniger Strand.

Ein paar Kilometer weiter bei <u>SANGSTRUP KLINT</u> bricht die Küste in einer Steilklippe ab. Die Stichstraße endet am groben Kiesstrand, ein paar Fischerjollen werden mit Winden auf den Strand gezogen, Fußweg zur Klippe.

Eigentlich läuft man hier auf Abertausend Panzern von Krebstieren herum, die vor 7o Millionen Jahren den Abbruch bildeten. Durch Erdbewegungen kam diese Schicht an die Oberfläche. So schön sichtbar ist sie erst seit der Eiszeit vor 5.ooo Jahren.

Der <u>HERRENSITZ SOSTRUP</u> (Ende des 16. Jh.) versteckt sich in einem dichten Waldgebiet. Der dreiflüglige Renaissance-Komplex gehört heute aktiven Zisterzienser-Damen, die 196o Sostrup mitsamt den großen Wirtschaftsgebäuden kauften und zu einem religiösen Zentrum mit Pension umfunktionierten. In der Hochsaison 2 x Woche Führung durch das Wasserschloß, moderne Kirche.

Weiter auf dem Margeritenweg zum <u>HERRENSITZ MEILGÅRD</u> (1573) 1 km abseits der Hauptstrecke inmitten von Kornfeldern. Das barocke Dachtürmchen ist von weitem sichtbar. Nur Schloßpark und <u>Restaurant</u> sind zugänglich, großes Lokal im ehemaligen Pferdestall, aber die Schloßatmosphäre haben wir etwas vermißt. Leckere Gerichte, z.B. Bøf in Weinsauce 35 DM.

FJELLERUP STRAND: eine Sommersiedlung mit Ferienhäusern im Wald oder Heidelandschaft. Der lange Strand, teils steindurchsetzt mit Muscheln und viel Tang, hat uns trotzdem gut gefallen, vor einem endlos weiten Horizont.

Bootsvermietung, Tretboote. Einkaufsmöglichkeitem, Grillokale und Fischhandlung am Strand. Busverbindung nach Grenå und Randers.

 *** Fjellerup Strand Camping: prima Lage, nur durch die kleine Strandstraße vom Meer getrennt. Tolle Sonnenuntergänge von den Plätzen in erster Reihe. Hüttenvermietung und aller Komfort. 26o Stellplätze. Offen: April bis September.

Bei TUSTRUP wurde 1954 eine steinzeitliche Kultstätte entdeckt, ("Stendysserne" beschildert) schön auf einem Heideplateau gelegen. Ein freistehendes Steingrab, ein 1o m langes Ganggrab mit Nebenkammer (ganz niedrig, Taschenlampe mitnehmen) und ein runder Dolmen, allesamt über 4.ooo Jahre alt. Das Kulthaus war für damalige Zeit recht aufwendig gebaut, großteils aus Holz, deswegen auch wenig erhalten. Eine Rekonstruktion dieses Kulthauses steht bei Aarhus (Moesgård Museum auf dem Oldtidssti siehe dort).

GAMMEL ESTRUP: Direkt an der Hauptverbindungsstraße Nr. 16 liegt einer der größten Renaissance-Herrensitze Dänemarks (17. Jh.) mit Wassergraben und 8-eckigen Türmchen. Das große Schloß ist möbliert und zugänglich (sog. Herrenhofmuseum), ebenso der Schloßpark. In den Wirtschaftsgebäuden ein modernes, ausgezeichnetes Landwirtschaftsmuseum.

Die Besichtigung des Herrensitzes lohnt sehr: Von der Wächterstube bis zum Rittersaal gewinnt man Einblick in das Leben früherer Feudalherren. Das Mobiliar stammt z.T. von Gammel Estrup, teilweise von anderen Gutshöfen. Interessant die verschiedenen Epochen: vom Renaissancesaal mit kunstvollen Truhen, Schränken und Gemälden bis hin zum Empirezimmer mit Giraffenklavier. Im Rittersaal Gobelins, die den Reichtum des Gutsbesitzers Jørgen Scheel demonstrieren. Schöne Barock- und Rokokostuckdecken, norwegische Kaminöfen etc. Cafeteria im Seitentrakt.

Bevor das Gut zwei dänischen Adelsgeschlechtern gehörte, war es bis 134o im Besitz der Grafen von Holstein: 134o-1625 residierte hier die Familie Brok, unter dem letzten dieses Geschlechts war Gammel Estrup zum reichsten Gut Dänemarks geworden. Da der Erbe ganz früh verstarb, kam die älteste Tochter Jytte zum Zug, die einen Jørgen Skeel (später Scheel) heiratete, der die Herrensitze Sostrup, Skærvad und Hegnet miteinbrachte. Nachfolger Chresten Scheel mehrte seinen nicht gerade bescheidenen Besitz durch geschickte Heiratspolitik mit einer Rosenkrantz Tochter, Birgitte aus Lolland, und wurde so zum reichsten Gutsbesitzer seiner Zeit.

Seine zehn Herrenhöfe sind auf den Gobelins und Leinwänden im Rittersaal abgebildet. Anfang des 19. Jh. kam der tiefe Fall: Gutsbesitzer Scheel wurde zahlungsunfähig und das Gut zwangsversteigert. 1928 starb Lehnsgraf Chresten Scheel, sein Schwiegersohn verschenkte das Schloß an den Staat mit der Auflage hier ein Museum einzurichten.

Heute ist es im Besitz einer Stiftung. <u>Offen</u>: Im Sommer tägl. 1o-17 Uhr, im Winterhalbjahr tägl. außer Mo. 11-15 Uhr. 5 DM Eintritt. Eine Broschüre ersetzt die Führung.

<u>LANDWIRTSCHAFTLICHES MUSEUM</u> in den Wirtschaftsgebäuden. Hier geht es weniger um die Entwicklung landwirtschaftlicher Geräte, als um die Lebensbedingungen der Bauern in den letzten 2oo Jahren. Große, interessante Ausstellung. Genügend Zeit einplanen. Gute deutschsprachige Erklärungen. Offen tägl. 1o-17 Uhr. Eintritt 5 DM. In der alten Schmiede wird heute noch gearbeitet.

<u>DJURS SOMMERLAND</u>: bei Nimtofte, an der Hauptverbindung Grenå nach Randers. Der Vergnügungspark bietet Attraktionen am laufenden Band. Beispielsweise das Erlebnisbad mit der langen Rutsche und dem "black hole". Die spannende Bootsfahrt durch den "Urwald Afrikas". Seit 95 können die Kleinen sich im Lilleputland nach Herzenslust amüsieren. Offen: Mitte Mai bis Ende August tägl. 1o-18 Uhr, Juli bis 2o Uhr. Eintritt 23 DM.

"<u>Djursland for fuld Damp</u>" - Djursland unter Volldampf. Unter diesem Motto stehen die Aktivitäten in dem kleinen Ort **ALLINGÅBRO**. Hier kann man in Bedford-Bussen aus den 5oer Jahren wie zu alten Zeiten über Land tuckern, sich im Oldtimerzug nach Randers fahren lassen oder selbst mit einem Schienenfahrrad die Strecke als Tagesausflug gestalten. Über ein Dutzend Schienenfahrräder (Skinecykle) stehen zur Verfügung, trotzdem sollte man im Hochsommer reservieren. 2-3 Personen pro Fahrzeug, bei mehreren Personen werden die Fahrräder aneinander gekoppelt. Der Picknicktisch ist gleich integriert. Möchte man eine Pause machen, oder bei Gegenverkehr, werden die Fahrräder einfach von der Schiene gehoben.

Alle drei Attraktionen lassen sich an bestimmten Tagen auch kombinieren. Von Mai bis Ende Oktober ist der Zug mehrmals die Woche im Einsatz (einfache Fahrt 1o DM), die Fahrräder können tägl. ausgeliehen werden (12 DM/Stunde). Abfahrt und Auskunft im alten Bahnhof von Allingåbro.

✳Randers   (62.000 Einw.)

Die sechstgrößte Stadt Dänemarks wirkt fast schon wie eine Großstadt. Die Lage an der Mündung der Gudenå in den Fjord begünstigte die Stadtentwicklung. Heute liegen einige Industriebetriebe am Hafen, Eisenbahn-Waggonbau und Kohleverladehafen.

Wo einst die Stadtmauern standen, umschließt heute eine Ringstraße das alte Zentrum. Einige Fachwerkhäuser aus dem 15./16. Jh. haben die Zeiten überdauert und wurden wieder malerisch restauriert. Im Kern um das alte Rathaus zeigt sich Randers als pulsierende Geschäftsstadt mit der ersten Fußgängerzone Dänemarks. Nach Ladenschluß erlischt allerdings jeder Hauch von großstädtischem Treiben, ab 18 Uhr werden die Bürgersteige hochgeklappt:

Für Kanufahrer ist Randers Endpunkt einer schönen Mehrtagestour auf der Gudenå, guter Rücktransport per Bahn oder Bus (Details siehe allgemeines Sportkapitel). Trotz des breiten Übernachtungsangebots eignet sich Randers weniger für einen längerfristigen Urlaubsstützpunkt.

Tourist INFO Tørvebryggen 12, 89oo Randers. Tel. 86 42 44 77, Fax: 86 4o 6o o4. Sehr gut mit Infos auch der Region bestückt. Farbiger Stadtplan (gratis) und kurzer Stadtrundgang auch auf deutsch. Offen: Mitte Juni bis August Mo.-Fr. 9-18 Uhr, Sa. 9-17 Uhr, sonst Mo.-Fr. 9-11 Uhr, Sa. 9-12 Uhr.

HEILIGGEISTKLOSTER (Helligåndshus) verziertes Backsteingebäude von 1436, mitten im Zentrum. Nach der Reformation wurde das Kloster aufgelöst. Storchennest auf dem Dach.

 Café "BORGEN", Smørregade, Ecke Houmeden (Fußgängerzone). Vis-à-vis vom einstigen Klostergebäude sitzt man sehr schön auf Korbstühlen und kann dem Treiben in der Fußgängerzone zuschauen.

In der ersten Fußgängerzone Dänemarks ("Houmeden"-Hinweisschild) auf dem Weg zum Rathaus steht am Eck ein hübsches Fachwerkgebäude (156o), das die großen Stadtbrände überstanden hat. - Das weiße alte Rathaus (1778) wurde um 3 m versetzt, um der Straßenerweiterung Platz zu machen.

In der Brødregade schöne FACHWERKHÄUSER (1592). Viele sehenswerte Details am Prachtstück Nr. 24-26. Der alte Kaufmannshof von 1663 (Haus Nr. 25) war einer von 13o zur Blütezeit der Handelsstadt. Im Innenhof werden die Ausmaße richtig deutlich, rund 1oo Pferde hatten in den Stallungen Platz.

KULTURHAUS, "Værket", Mariagervej. Das ehemalige Wärmekraftwerk wurde modern umgebaut und beherbergt seit 199o Theater, Konzerträume, Ausstellungsräume etc.

KUNST- UND KULTURHISTORISCHES MUSEUM, Stemannsgade 2. Alles unter einem Dach. Offen: Di.-So. 11-17 Uhr.

SPEJDERMUSEUM (Pfadfindermuseum) im Farvergården, Vestergade 8A. Einmalig in Dänemark. Die ganzen Wände gepflastert mit Bildern und Abzeichen der Pfadfinderbewegung, schließlich wird seit über 8o Jahren im In- und Ausland gesammelt. Offen: ganzjährig nur Sa. 1o-12 Uhr, Eintritt gratis.

HANDWERKERMUSEUM, Lille Rosengård 16, seitlich des Touristenbüros. Kein verstaubtes Museum, sondern aktive Werkstätten, in denen man den Handwerkern bei der Arbeit zusehen kann. Da stellt der Stukkateur die Engel her, der Sattler bearbeitet das Leder und der Böttcher fertigt die Tröge. Interessant auch die Trockenhauben von einst im Friseursalon und das Fotostudio mit der Plattenkamera. Mit speziellen Nähmaschinen wurden feinste Lederhandschuhe hergestellt, ein Gewerbe, für das Randers bis heute bekannt ist. Das Museum wurde in der einstigen Schnapsbrennerei eingerichtet. <u>Offen</u>: Di., Do., Sa. 13-17 Uhr. Eintritt 2o DM.

<u>Regenwald</u> am Ufer der Gudenå: Da rauschen die <u>WASSERFÄLLE</u>, wachsen Bananenstauden und die hohe Luftfeuchtigkeit unter den großen Glaskuppeln vermittelt Tropenatmosphäre. Da dürfen die Krokodile und Klapperschlangen nicht fehlen. Auf dem Baum schnarcht eine junge Raubkatze und im Halbdunkel der Grotte schwirren einige Fledermäuse, nebenan springt der Nachtaffe von Ast zu Ast. Hinter Glas sind nicht nur bunte Fische, Frösche und Echsen zu sehen, sondern auch die Otter, die vor den Augen der Besucher ihre Schwimmkünste zeigen. Insgesamt für Kinder und Erwachsene ein besonderes Erlebnis, sofern man noch nie im echten Regenwald war. Gleich im Eröffnungsjahr 1996 strömten hunderttausende nach Randers. Tørvebryggen 11, an der Ringstraße. Offen: Mai bis August tägl. 1o-18 Uhr, sonst Mo.-Fr. 1o-16 Uhr, Sa./So. 1o-17 Uhr. Eintritt 13 DM, Kinder 9 DM.

Veteranenzug: Im Sommer verkehrt auf der 32 km langen Strecke Randers-> Handest-> Mariager ein Dampfzug 2 x pro Woche im Juli. Preis ca. 15 DM, Kinder die Hälfte. Info und Karten beim Touristenbüro. Siehe auch Mariager. Zudem 2 x pro Woche nach Allingåbro auf der Halbinsel Djursland siehe Seite 234.

13 km südlich von Randers liegt <u>SCHLOSS CLAUSHOLM</u>, eines der ersten Barockschlösser Dänemarks (1699-1723) in Besitz des Geschlechts Reventlow, das durch Jahrhunderte in Politik und Gesellschaft einen Namen hatte. Berühmt wurde Clausholm durch eine Liebesaffaire: 1712 wurde die Tochter des Hauses Anna Sophie von König Frederik IV. "geraubt" und vier Tage nach dem Tod der Königin zur "Nachfolgerin" gekrönt. Als Witwe wurde sie wieder nach Clausholm geschickt. Prächtiges Interieur. Schloßpark und Cafeteria.

<u>Besichtigung</u>: Mitte Juni bis September täglich 11-17 Uhr. <u>Eintritt</u> 11 DM.

Stündlich **Zug** -> Frederikshavn, Fredericia und -> Kopenhagen.

Bus: Terminal direkt im Zentrum. Gute Verbindungen in alle Himmelsrichtungen. Siehe jeweiliger Zielort.

Randers -> Aalborg (ca. 65 km)

✦ Hobro   (14.ooo Einw.)

Die Stadt am Ende des Mariagerfjordes lohnt wegen der Wikingeranlage Fyrkat 2,5 km westlich.

 In der Fußgängerzone, Store Torv, 95oo Hobro. Tel. 98 52 56 66, Fax: 98 52 34 66. Infos über die Wikingerburg in Fyrkat.

FYRKAT: eine von vier in Dänemark entdeckten Wikingerfestungen, neben Trelleborg auf Seeland die am besten erforschte und auch optisch spannendste. Durch die Rekonstruktion des breiten Ringwalles, der früher aus Palisaden bestand und Abdrücke der Häuserfundamente kann man sich ein gutes Bild der Wehranlage mit 16 Wikingerhäusern machen. Ein Prototyp wurde auf dem ehemaligen Wikingerfriedhof rekonstruiert.

Die heute idyllische Lage entpuppt sich als strategisch ideal geplant: Fyrkat war zur Wikingerzeit ausgezeichnet durch Sumpf und Fluß geschützt, trotzdem lag es an wichtigen Handelswegen.

Öffnungszeiten: April bis Ende Oktober täglich 1o-17 Uhr. Eintritt 5 DM. Kombiticket fürs Museum. Deutschsprachige Broschüre.

Die Funde der Anlage im MUSEUM in Hobro, Fachwerkhaus in der Vestergade 21. Offen: Mai bis Ende Oktober 11-17 Uhr. Geringer Eintritt.

Gleich bei der Wikingerfestung eine voll funktionierende WASSERMÜHLE (aus Fünen "importiert") mit einem Mühlenrestaurant (zivile Preise).

Auf dem Weg nach Fyrkat ein Wikingerdorf, das man in Analogie zu dem entdeckten Dorf in Vorbasse rekonstruierte.

Wikingerburgen

Bekannt und erforscht wurden in Dänemark bisher vier Anlagen aus der frühen Wikingerzeit: Fyrkat und Aggersborg in Jütland, Trelleborg auf Seeland und Nonnebakken bei Odense auf Fünen.

Erstaunlich ist es schon, daß die Wikinger offenbar kaum Festungen nötig hatten, während man in Mittel- und Osteuropa zur gleichen Zeit eifrig baute, befestigte und verschanzte. Dank ihrer Politik "Angriff ist die beste Verteidigung" hatten die Nordmänner für Wehrburgen kaum Bedarf. Umso mehr Rätsel geben diese wikingischen Ringburgen auf.

Die vier Festungen scheinen alle im gleichen Planungsbüro entstanden zu sein: ein kreisrunder Ringwall aus gefüllten Holzkästen umschließt zwei Straßen, die sich im Zentrum schneiden; hier stand wohl auch der Wachturm. Es herrscht totale Symmetrie. Vier Eingänge wurden genau an den vier Himmelsrichtungen plaziert, obwohl in Fyrkat die Öffnungen wegen des Sumpfes keinen Sinn machten.

In jedem Kreisviertel standen ovale Häuser gleicher Bauart in 4er Gruppen. Die Arbeiten waren mit großer Präzision ausgeführt und basierten auf der Maßeinheit des römischen Fusses 29,5 cm. Dendrochronologische Untersuchungen (an Hand der Jahresringe in Holzfunden) datieren Trelleborg in die Zeit um 98o, Fyrkat etwas früher, also in die

Zeit der Regierung von Harald Blauzahn oder seines Sohnes Sven Gabelbart. Eine Zeit, als sich in Dänemark eine starke Zentralmacht bildete.

Harald Blauzahn herrschte über Dänemark, Teile Schwedens und Norwegen. Ohne eine starke Zentralmacht wären solche Großprojekte, die Know-how, gute Planung, Organisation und Disziplin erforderten, auch nicht denkbar. Der Holzverbrauch einer Festung war enorm. Pro Haus benötigte man 5o große Eichenstämme, bei Aggersborg hat man hochgerechnet, daß für die 48 Häuser, Wälle, Tore und Straßen ca. 4.8oo Eichenstämme verbaut wurden. Der enorme Arbeitsaufwand wurde nachvollziehbar, als man in Fyrkat und Trelleborg einen Prototyp der Wikingerhäuser rekonstruierte und umrechnete, daß damals 5o Männer wohl 2 1/2 Jahre mit dem Bau beschäftigt waren.

Unklar ist der Zweck der Anlagen, die allesamt nur kurze Zeit benutzt wurden. Fyrkat wohl nur 5 bis 2o Jahre, andere ca. 5o Jahre. Das Spektrum der Theorien reicht von Kultplätzen (unwahrscheinlich), Schiffswerften (wenig wahrscheinlich) bis zu militärischen Anlagen (wahrscheinlicher). Fyrkat konnte 8oo Mann aufnehmen, Trelleborg 1.3oo durch weitere Häuser außerhalb des Walls, Aggersborg sogar 2.5oo Menschen.

Daß es reine Kasernen waren, widerlegen die vielseitigen Funde, u.a. Frauen- und Kindergräber, Goldschmiedearbeiten, Reste diverser Handwerksbetriebe. Alle Ringburgen lagen damals an strategisch wichtigen Punkten, an Seefahrtswegen, aber auch selbst gut geschützt durch Sümpfe o.ä. Das könnte für eine Schutzburg gegen innere oder äußere Feinde sprechen. Die vier zusammengenommen könnten auch eine Art Schutzsystem sein, um das große Reich verteidigen zu können, - alle etwa gleich weit vom damaligen Machtzentrum Jelling in Jütland entfernt.

Andere Theorien sehen in ihnen eher königliche Verwaltungszentren, um Steuern oder Schiffahrtszölle zu kassieren, die Routen und natürlich auch die Bevölkerung zu überwachen. Recht plausibel erscheint die Theorie, daß hier für die Englanderoberungen mobilgemacht wurde; daß sich hier eventuell die Flotte sammelte. Besondere Bedeutung dürfte dabei Aggersborg nahe des damaligen Ausgangs des Limfjordes in die Nordsee gehabt haben. Andererseits wurden keine Spuren von Häfen, Schiffen o.ä. gefunden. Vielleicht läuft die Deutung auch auf ein Winterlager heraus. Klugerweise hat man bei den Ausgrabungen 1/4 unberührt gelassen, damit spätere Archäologen mit besseren Methoden genaueren Aufschluß geben können.

Während Fyrkat und Trelleborg einen Besuch lohnen, ist bei Aggersborg nur der Ringwall schwach in einem Kornfeld zu erkennen. Bei Nonnebakken (bei Odense) sieht man gar nichts mehr, darüber wurde nämlich ein Villenviertel gebaut.

Übernachtung: In Hobro einige Hotels, ein *** Campingplatz auf dem Weg nach Fyrkat (offen April bis Sept.) und eine sehr moderne Jugendherberge am östlichen Stadtrand, Amerikavej 24 neben dem Hallenbad.

Verbindungen *ab Hobro*

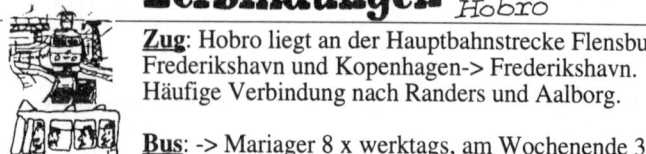

Zug: Hobro liegt an der Hauptbahnstrecke Flensburg-> Frederikshavn und Kopenhagen-> Frederikshavn. Häufige Verbindung nach Randers und Aalborg.

Bus: -> Mariager 8 x werktags, am Wochenende 3 x tägl. -> Års, Løgstør, Viborg siehe dort. -> über Hadsund nach

Øster Hurup/Küste alle 1-2 Std.werktags. Am Wochenende 3-4 x tägl. 1 Std. 1o Min.

UMGEBUNG

Eine "Weltkarte" am <u>KLEJTRUP SEE</u> 12 km südwestlich: unsere Welt in Miniatur im Format 5o x 1oo m zum Betreten und Befahren wurde von einem engagierten Privatmann zwischen 1944 und 1969 angelegt. <u>Offen</u>: Mai bis August 9-2o Uhr, September 9-18 Uhr. Busverbindung.

Der Veteranenzug Handest-> Mariager siehe Mariager.

<u>AALESTRUP</u> (2.4oo Einw.): 18 km nordwestlich von Hobro mit einem <u>Fahrradmuseum</u> in der Direktorenwohnung der ehemaligen Fahrradfabrik "Jyden". Zeigt die technische Entwicklung des Bikes vom Holzrad zum Hochrad, diverse Spielereien und Erfindungen. Von den Anfängen, als "Fahrradlaufen" ein Sport der männlichen High Society war bis zu dem heutigen "Transportmittel". Ferner eine Sammlung von Nähmaschinen und Radios. <u>Offen</u>: 1.5.-31.1o. tägl. 1o-17 Uhr. Eintritt.

An ein anderes Publikum wendet sich der <u>Jütländische Rosenpark</u> im Ort.

<u>Busverbindung</u> von/nach Hobro 3-9 x täglich.

<u>ÅRS</u>, die Hauptstadt des Vesthimmerland und Heimat der Kimbern siehe Seite 171.

Strecke Hobro -> Aalborg

a) über die Schnellverbindung E 45, autobahnmäßig ausgebaut (4o km)

Die Strecke führt durch das Gebiet "Himmerland" und mitten durch das größte Waldgebiet Dänemarks, den <u>ROLD SKOV</u>, (weitgehend unter Naturschutz). Sehr schöne Spaziergänge auf den Höhenzügen "Rebild Bakker", rund 1oo m hoch und ein Relikt der Eiszeit mit vielen Seen, Heide und stellenweise schönem Blick.

Im <u>Museum</u> dreht sich alles um den Wald und die Forstwirtschaft. Doch was macht ein "Lincoln Haus" im Weiler Rebild in Dänemark? Auswanderer bzw. ihre Nachfahren haben 1912 hier die Blockhütte aus Holzstämmen aus allen Staaten von Amerika zusammengezimmert. Innen informiert es über die Auswanderergeschichte. Zum Tag der Unabhängigkeit Amerikas, am 4. Juli, steigt hier ein großes Volksfest. An eine andere Auswanderungswelle erinnert der Cimbernstein, siehe Års.

Alle Details zu Aalborg ab Seite 171.

b) entlang der Küste, über Mariager (85 km)

Gut doppelt so lange Strecke, einige hübsche Orte und Sandstrände machen das wieder wett.

<u>Küstenbus</u> von Randers über Hadsund, Als, Øster-Hurup, Hals, Aså,

Frederikshavn 1 x täglich/ 3 Std.

✦Mariager (2.2oo Einw.)

Schönstes Städtchen am Mariager Fjord mit relativ großem Jachthafen und dem Heimatbahnhof des Veteranenzuges auf der Strecke Mariager nach Handest.

Kleines, überschaubares Zentrum mit einigen museal schönen Fachwerkhäusern, buckliges Kopfsteinpflaster am Torvet und in den Seitengassen, überall klettern Stockrosen an den Hausfassaden hoch. Am besten hat sich der ehemalige Pfarrhof erhalten, heute "Hotel Postgaarden" nahe Torvet (18. Jh.).

Gegenüber ein alter Kaufmannshof aus dem 18. Jh. Antiquitätenladen und STADTMUSEUM, Kirkegade 4. U.a. interessante Rekonstruktion von Kirche und Kloster in Mariager. Im Sommer tägl. 12.3o-16.3o Uhr, Eintritt 2,5o DM.

Etwas am Rande die Kirche (15. Jh.) und gegenüber Teile des ehemaligen Klosters, heute Gericht. Nach der Reformation diente es wie andere Klöster als Stift für alleinstehende adelige Damen.

Schöner Blick vom AUSSICHTSHÜGEL HOHØJ, ein prähistorischer Grabhügel, im Ort beschildert.

 Am Marktplatz Torvet 1 B, 955o Mariager. Tel. 98 54 13 77, Fax: 98 54 16 74. Offen: ganzjährig Mo.-Fr. 9-16 Uhr, Sa. 9-12 Uhr. Mitte Juni bis August Mo.-Sa. 1o-18 Uhr.

Geschichte: Der Stadtname "Marias Acker" entstand wohl im Zuge des Klosterbaus 141o. Durch Kloster und Wallfahrtskirche kamen Leben und Geld in die Stadt, bis die Reformation eine jähe Zäsur bewirkte. Im 17. Jh. verwüsteten auch noch diverse Brände die Stadt. 175o wurde zuguterletzt die Fähre über den Fjord wegen Unrentabilität verlegt. Erst Anfang des 19. Jh. kam mit kommunalen Einrichtungen wie Schule, Rathaus, Post etc. auch ein Aufschwung. 1927 Bahnverbindung nach Viborg. Etwas Industrie siedelte sich in den 6oer Jahren um Mariager an. Heute arbeitet hier bei Assens die einzige Salzfabrik Skandinaviens "Dansk Salt", die ihr Rohsalz aus einem Salzstock westlich von Hobro via Rohrleitung erhält. Als Nebenprodukt heizt die Salzfabrik auch noch das Freibad.

VETERANENBAHN Mariager-> Handest-> Randers. Im Sommer bietet der engagierte dänische Eisenbahnklub eine gemütliche Bummelfahrt auf der 32 km langen Strecke an; ganz stilecht im Look der 3oer Jahre mit hölzernen Waggons, Dampf- oder Diesellok. Nach dem Motto "Blumenpflücken während der Fahrt erlaubt" ist der Zug eine Stunde 25 Min. unterwegs. Die ehemalige Privatbahn war von 1927-1966 auf der Strecke Mariager-> Viborg in Betrieb und wurde 197o vom Dansk Jernbaneklub übernommen.

Juni bis August fährt der Zug sonntags 5 x bis Handest. Nur im Juli wird auch Randers-> Mariager und zurück angeboten. Preis Mariager-> Handest und zurück 2o DM.

"**Hotel Postgaarden**", Torvet 6, im schönsten Fachwerkhof der Stadt. 14 DZ neueren Datums mit Bad. DZ inkl. Frühst. 15o DM. Restaurant mit der üblichen Karte, Wiener Schnitzel ca. 25 DM.

"**Motel Landgangen**", Oxendalen 1. 1o Zimmer, DZ 11o DM.

*** Mariager Camping: am Ortsrand. Schön ruhig direkt am Fjord gleich neben dem Bahnhof des Veteranenzuges. Von den Plätzen in erster Reihe weiter Fjordblick. 1o kleine Campinghütten, 4o-5o DM plus Campinggebühr. Bade-/Bootssteg, da steiniges Ufer. Surfmöglichkeit. 15o Stellplätze. Offen: April bis Oktober.

Bus: nach Hobro 8 x werktags, Wochenende 3 x täglich, 3o Min.

Bei HADSUND wird an der engsten Stelle der Fjord gequert. Hadsund selbst ist wenig verlockend. Auch der seichte Strand bei ALS überzeugt wenig, kein Sand, die Wiesen grenzen fast ans Meer. Im Ort ein paar Rieddachhäuser, kleines Museum.

Bester Strandabschnitt bei ØSTER HURUP, das im Sommer zur kleinen Ferienstadt anwächst. Malerischer Fischerhafen und prima Sandstrand zu beiden Seiten des Jachthafens. Durch die vorgelagerte Sandbank bilden sich ideale Plantschbecken für Kinder, super seicht und badewannenwarm.

Guter Surfspot für Ein- und Aufsteiger, breites Stehrevier. Allerdings muß man das Board weit hinausschieben, bis die Finne nicht mehr im Sand steckt. Surfcenter mit Schulung und Boardverleih.

DANSK FERIESENTER: Bonbonfarbene Reihenhäuser, fast direkt am Strand, teilweise Meerblick. Gute Ausstattung, zur Hochsaison große Nachfrage und entsprechendes Preisniveau.

*** Toft Camping: im nördl. Ortsbereich von Øster Hurup. Riesige Anlage zwischen Straße und Meer. Empfehlenswerter Platz mit allem Komfort, für Familien bestens geeignet. Verschiedene Spielmöglichkeiten, ungefährlich und viel Platz zum Austoben. Im Sommer eher Sand- als Wiesenboden ohne Schatten. Gut sortierter Laden, ordentliche Sanitäranlagen, Sauna, Sportmöglichkeiten etc. Allerdings überdurchschnittliche Preise. 566 Stellpl. Offen: April bis August.

Nördlich Øster Hurup bis zur Mündung des Limfjords bei Egense keine guten Badestrände mehr.

Wer den Abstecher nach Aalborg ausklammert, wählt die Ostküstenroute und setzt per Autofähre nach Hals über. Details siehe Seite 26o.

★Aalborg   (155.ooo Einw.)

Durch die Lage am Limfjord war Aalborg immer schon ein wichtiges Handelszentrum; heute viertgrößte Stadt Dänemarks. Lastkräne zu beiden Seiten des Fjords, Silos, große Frachter an dem geschützten Verladehafen.

Auch vom stählernen Aussichtsturm 1o5 m über dem Fjord bleibt Aalborg eine graue betriebsame Großstadt mit einer Handvoll historischer Bauten im alten Kern.

Per Autobahn läßt sich die Metropole Nordjütlands bequem passieren, ein Zwischenstop lohnt für die Kneipenstraße, den Dom und das Prachthaus des reichsten Kaufmanns der Stadt, Jens Bang. Am Nordrand in LIND-HOLM HØJE das größte Grabfeld aus der Wikingerzeit.

Wer denkt beim Namen Aalborg nicht an ein Gläschen Aquavit, den bekannten Kümmelschnaps, der in Dänemark "der kleine Starke" genannt und weltweit als Aalborg Akvavit exportiert wird.

 Østerågade 8 (Hauptstraße), 9ooo Aalborg. Tel. 98 12 6o 22, Fax: 98 16 69 22. Mit Prospektmaterial sehr gut bestückt, auch über die weitere Umgebung. Gute Broschüre zu einem Stadtrundgang.

 Post: neben dem Dom, Postmeistervej 1. Offen: Mo.-Fr. 9-17 Uhr, Sa. 1o-12 Uhr.

Parken: sehr zentral, neben Dom und dem großen Bang und Olufsen Center, zwischen Algade und Vingaardsgade. Große Parkplätze auch am Kai.

ALTSTADT: Shoppingzentrum am Südufer mit ausgedehnten Fußgängerbereichen zwischen Domkirche, Rathaus und ehemaligem Schloß. Seitlich der Bispensgade ist am meisten los. Die ca. 2oo m der Jomfru Ane Gade sind gespickt mit Kneipen, Cafés und Restaurants. Ein bißchen Pub, ein bißchen Bistro, rustikal oder à la France, Livebands oder Musik aus den Boxen, hier Rock, dort Country. Jeder hat ein paar Tische im Freien aufgestellt, im Sommer kommt dann fast südländisches Flair auf.

Mittags und abends ab 21 Uhr herrscht in Aalborgs Kneipenstraße Hochkonjunktur, Sperrstunde erst gegen 2 Uhr morgens. Die Jungfrau Ana Straße ist zwar enorm touristisch, trotzdem trifft man nicht ausschließlich Deutsche und Schweden.

Der heutige Kneipenbereich war im 17. Jh. noch ein armes Handwerkerviertel aus Bruchsteinhäusern und viel Fachwerk. Bestes Beispiel Restaurant Fyrtoyet von 1689 (gute Frokostplatte). Ende der 7oer Jahre gab es gerade mal drei Kneipen. Heute liegt ein Restaurant neben dem anderen, rund 3o an der Zahl.

JENS BANGS STENHUS (4), Østerågade 9, schräg gegenüber Touristenbüro. Das 5stöckige Steinhaus an der lebhaften Hauptstraße gilt als schönstes Renaissance-Bürgerhaus Nordeuropas und erhielt 1996 den Europa-Nostra-Preis, eine Auszeichnung für vorbildlich restaurierte Bauwerke. 1624 vom reichsten Kaufmann der Stadt erbaut. Bizarre Gesichter zieren die Fassade: die Fratze mit der langen Zunge (Seitenfassade zur Lat. Adelgade) soll der Überlieferung nach Jens Bang persönlich darstellen, in seinem Ärger darüber, daß er nicht in den Rat aufgenommen worden war. Ein Blick in den "Duus Vinkjaelder" lohnt unbedingt. Das alte Kontor ist noch erhalten, Weinfässer in den Kellergewölben.

RATHAUS (3): das gelbe Barockgebäude (1762) nimmt sich neben dem Jens Bangs Haus ganz schön bescheiden aus. Auf dem alten Marktplatz davor stand früher der Galgen.

DOMKIRCHE SANKT BUDOLF (1), nach dem Schutzpatron der englischen Seefahrer benannt. Die Kirche bildete damals den Mittelpunkt im reichen Kaufmannsviertel, innen viel Barock und Renaissance. Die beiden Emporen waren nach der Reformation für die königliche Hoheit und die Kirchenobrigkeit bestimmt. In der Vorhalle Fresken von 15oo, früher diente das als Unterrichtsraum. Jede Stunde schönes Glockenspiel.

HELLIGÅNDSKLOSTER (5), C.W. Obels Plads. Das Heilig-Geist Kloster von 1431 hat die Reformation überstanden, heute noch Altenheim. Besichtigung der historischen Räume nur mit Führung (Info beim Touristbüro). Eintritt 6 DM.

AALBORGHUS SLOT (6): Das Schloß an der Kaistraße wurde Mitte des 16. Jh. erbaut, nicht sonderlich schmuckvoll, heute Sitz des Landratsamtes. Besichtigung der Kasematten und Verliese Mai bis Sept. 8-21 Uhr.

NORDJYLLANDS KUNSTMUSEUM (13), Kong Chr. Allé 5o. Schon der Museumsbau des Finnen Alvar Aalto ist interessant (1972 eingeweiht). Neben dänischen Kunstwerken auch viel Internationales aus dem 2o. Jh. Offen: Juli/August tägl. 1o-17 Uhr, sonst Mo. geschlossen. Eintritt 5 DM, Kinder gratis.

TECHNISCHES MUSEUM, Riihimäkivej 6, bei der Ortseinfahrt. Interessante Sammlung alter Gerätschaften vom Grammophon über Rundfunksender bis zum ersten Ü-Wagen. Offen: Di.-Fr. 1o-16 Uhr, Sa./So. 1o-17 Uhr. Eintritt 4 DM, Kinder 2 DM.

TIVOLI (15), Vergnügungspark mitten in der Stadt. À la Kopenhagen gemacht, doch mehr auf "Action" mit vielen Fahrgeschäften, aber auch ein Touch Disneyland. Größte Attraktion der Bumerang, eine Achterbahn der Superlative. Zudem ein ganzer Schwung Restaurants und Snackbuden. Offen: April bis September. Kein billiges Vergnügen: Eintritt 1o DM, die Attraktionen preiswerter mit der Funcard für 35 DM.

AALBORG ZOO (16), Mølleparkvej 63. Tägl. offen 9-18 Uhr. Eintritt 15 DM, Kinder 6 DM.

MARINEMUSEUM, am Skudehavnen, Vestre Fjordvej 81. Sehr umfangreiche Ausstellung mit Schiffsmodellen aller Größen. Viele Fotos und Gegenstände geben einen Einblick in das Leben der Seefahrer aus vergangenen Zeiten. Auch die Navigation und Sicherung der Küste durch Leuchtfeuer wird dargestellt. Durch die deutschsprachigen Erläuterungen ein informativer Museumsbesuch, - viel Zeit einkalkulieren. Auf dem Außengelände fasziniert das dänische U-Boot "Springeren". Durch die originale Ausstattung mit Torpedo, Funkraum, Kojen und die Akustik wird die Atmosphäre an Bord eines U-Boots sehr deutlich spürbar. <u>Offen</u>: täglich, Mai bis Aug. 1o-18 Uhr, sonst 1o-17 Uhr. <u>Eintritt</u>: 1o DM, Kinder 5 DM.

<u>AALBORG HISTORISCHES MUSEUM</u>, Algade 48, mitten im Zentrum. Es zeigt Gegenstände von der Steinzeit bis zur Gegenwart. Einzigartig ist die Stube eines reichen Aalborger Bürgers von 16o2. Sie gilt als das bestbewahrte Renaissance-Zimmer Dänemarks. Es gibt eine Glasbläserei und große Glassammlung. <u>Offen</u>: tägl. außer Mo. 1o-17 Uhr. <u>Eintritt</u> 2,5o DM.

<u>AALBORG TÅRN</u> (14), ein stählerner Aussichtsturm auf dem höchsten Hügel der Stadt. Panorama-Bistro in 1o5 m Höhe: die ganze Stadt samt Umland im Blick, von der Verladeanlage bis zum Limfjord. 1933 für die Nordjütische Ausstellung erbaut und dank einer privaten Initiative vor dem Abriß bewahrt. Aufzug. <u>Offen</u>: Mai bis Ende Oktober täglich 1o-17 Uhr außer bei Windstärken über 1o m/sek. <u>Eintritt</u> 4 DM.

<u>VANDLAND</u>, Vandmanden 5. Subtropisches Klima im größten Wasserland Dänemarks. Wasserrutsche, riesiger Whirlpool, großes Fitnesscenter, Sauna etc. <u>Offen</u>: Mo.-Fr. 11-19.3o Uhr, Sa./So. 1o-19.3o Uhr. <u>Eintritt</u> 16 DM.

<u>LINDHOLM HØJE</u> (17), ein Höhepunkt im Wikingerpuzzle. Hier wurde mit 7oo Gräbern der größte Friedhof Skandinaviens aus der Zeit 5oo-1ooo n. Chr. entdeckt. Insgesamt etwas schwierig die einzelnen Epochen zu unterscheiden. 6oo Gräber stammen aus der (frühen) Zeit der Brandbestattung, so daß man kaum Grabbeigaben fand.

ÅLBORG

1 Domkirche
   Sankt Budolf
2 POST
3 Rathaus
4 Jens Bangs Stenhus
5 Helligåndskloster,
   C.W.Obels Plads
6 Aalborghus Schloß
7 Vor Frue Kirche
8 BAHNHOF
9 BUSTERMINAL
10 Aalborg Hallen
11 Ansgars Kirche
12 Friedhof
13 Nordjyllands
   Kunstmuseum
14 Aalborg Tårn-Turm
15 Tivoli
16 Aalborg Zoo
17 Lindholm Høje

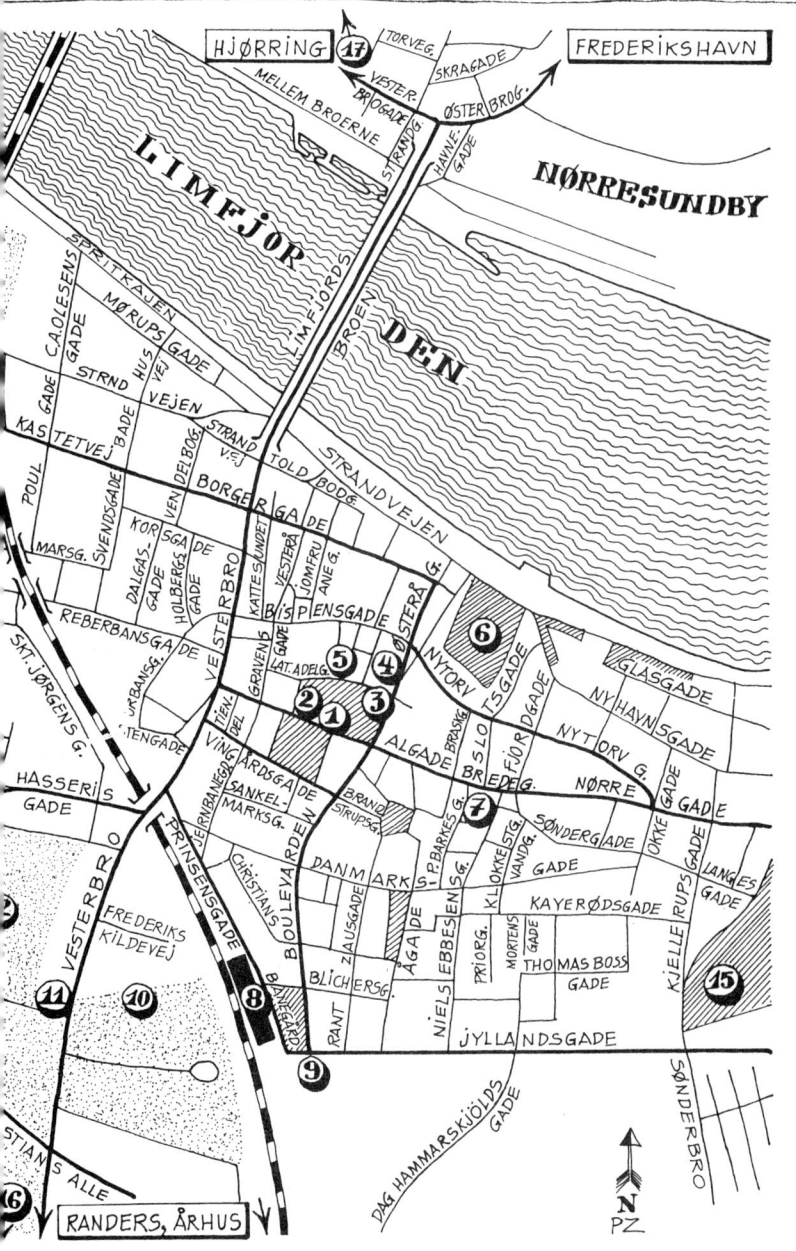

Die Wikingergräber erkennt man an den schiffsförmigen Steinsetzungen. Einmalig ist ein Stück Ackerland aus der späten Wikingerzeit, deutlich sind die Furchen des Pfluges zu sehen. Insgesamt geben die Ausgrabungen noch viele Rätsel auf.

Die Ausstellung in dem modernen Museumsgebäude (ein Geschenk einer Betonfirma) illustriert das Leben zur Wikingerzeit. Neben dem Parkplatz Rekonstruktionen einiger Hütten.

<u>Offen:</u> April bis Ende Oktober täglich 1o-17 Uhr, sonst 1o-16 Uhr. <u>Eintritt</u> 5 DM. Zufahrt: über die Brücke in den nördlichen Stadtteil, dann Richtung Flughafen, ausgeschildert.

"<u>Hotel Phønix</u>", Vesterbrogade 77. Beste Adresse, wenn man altehrwürdige Bauten liebt. Im ehemaligen Haus des Militärs William von Halling (von 1783), ein sehr reicher und umstrittener Bürger Aalborgs,der sich um 177o Sklaven hielt und die schlecht behandelte. Geräumige Zimmer, etwas konservativ möbliert. DZ 22o DM.

"<u>Hotel Hvide Hus</u>", Vesterbrogade 2. Hochhausambiente mit 16 Stockwerken, dafür weiter Stadtblick. 36o Bettenkomplex, moderne Zimmer mit Bad, DZ ab 18o DM.

"<u>Prinsens Hotel</u>", Prinsensgade 14. Modernisiertes Hotel direkt im Zentrum. 4o Zimmer nicht alle mit Bad/WC. Modern, zweckmäßige Ausstattung mit Blick. DZ ab 16o DM.

"<u>Sømandshjem</u>", Østerbro 27, nahe Tivoli. Von außen wenig ansprechend, innen zweckmäßig eingerichtete Zimmer, DZ mit Bad oder Dusche, nüchterner Speiseraum. Gehört zu den preiswertesten Hotels, DZ ab 12o DM.

"<u>Slotshotel</u>", Rendsburggade 5. Ganz zentral am Kai gelegen. Großer Komplex mit 144 Zimmer modern und hell ausgestattet, alle mit eigenem Bad. Möglichst ein Zimmer zur Kaiseite geben lassen (ruhiger). DZ 25o DM.

"<u>Hotel Chagall</u>", Vesterbro 36-38. Nur wenige Minuten von der bekannten Kneipenstraße Jomfru Ane Gade entfernt. Großes, modernes Stadthotel. Schlichte, geschmackvolle Zimmerausstattung. DZ mit Frühstück 23o DM.

"<u>Park Hotel</u>", Boulevarden 41. Zentral nahe Busstation, aber laut (Kreuzung). 75 Zimmer, alle mit "Privatbad". DZ ab 17o DM.

"<u>Vodskov Kro</u>", Smedeplads 3, ein paar km nördlich an der Landstraße Richtung Frederikshavn. Klein, einfach, doch authentisch in einem der traditionellen Landgasthäuser an der Straße. Zimmer mit Etagenduschen, DZ ca. 1oo DM.

"<u>Scheelsminde</u>", Scheelsmindevej 35. Auf dem Gelände des ehemaligen Herrensitzes. Motelartige Hotelanlage, die Autos gleich vor der Haustür. Individuelle Zimmer mit Bad. DZ um 2oo DM.

<u>Vandrerhjem</u> (Jugendherberge), Skydebanevej 5o, im Westen direkt am Fjord. Auch Familienzimmer. Volle Verpflegung möglich, aber auch Gästeküche. Busverbindung ins Zentrum.

<u>Privatzimmer</u> vermittelt das Touristenbüro, Preis ca. 3o DM/Person.

 ***** Strandparkens Camping**: Skydebanevej 2o. Am westlichen Stadtrand nahe Freibad, etwas im Grünen. 85 Wiesenplätze, mit Büschen und Bäumen unterteilt. Einkaufsmöglichkeit, auch Campinghütten. Busverbindung. Offen: April bis Mitte Sept.

* Lindholm Camping: Lufthavnsvej 27, auf der Nordseite des Limfjord. Sehr schön gelegen neben kleinen Teichen. Teilweise individuelle Parzellen. Caravanvermietung. 6o Stellplätze. Busverbindung ins Zentrum. Offen: Mitte Mai bis September.

Die Auswahl in der "Futter- und Kneipenstraße" Jomfru Ane Gade fällt bei 3o Lokalen schwer.

Im "**FYRTØJET**" biegen sich innen die Balken. Modern, luftig mit vielen Blumen im Innenhof. Beim preiswerten Frokost für runde 15 DM geht's mittags etwas wie am Fließband zu, dann kommen auch die Geschäftsleute. Gute Karte zu zivilen Preisen.

Bei "**LA PLANCIA**", Vesteraa 24, kann man für ca. 25 DM essen, soviel man schafft. Verschiedene Sorten Fleisch und "Zubehör" plus Nachspeise, alles selbst zusammengestellt.

Restaurant "**DUFY**", Jomfru Ane Gade 8, macht ganz auf französisch. Unten im Caféen Bistro-Atmosphäre, im ersten Stock exklusiv und teuer, die richtige Adresse für Feinschmecker. Benannt übrigens nach dem französischen Maler Raoul Dufy.

"**JENSENS BØFHUS**", C.W. Obelsplads 3, im alten Kaufmannshof Brix's Gård von 1585, sehr schön restauriert, heute Steakhaus. Preiswerte Mittagsgerichte, abends teurer.

KLOSTERTORVET CAFE, am Klosterplatz. Beliebter Treffpunkt in Aalborg, viele junge Leute. Im Sommer Tische auf dem autolosen Platz, innen nette Atmosphäre. Auch kleine Happen.

"**CAFÉ IB RENÉ CAIRO**", Reberbansgade, Ecke Svendsgade. Hell-bunt aufgemachtes Cafe, Cappuccino-Atmosphäre. Benannt nach Ib René, einem legendären Kriegsberichterstatter der 7oer Jahre.

Restaurant "**PAPEGØJEHAVEN**", Europa Plads 2. Mittags (12-14 Uhr, außer So.) wird das große dänische Buffet aufgebaut, wo man so viel essen kann, wie man möchte. 25 DM.

"**FISKERESTAURANT PENNY LANE**", Sankelmarksgade 9. Nicht nur das beste Fischrestaurant Ålborgs, sondern ganz Jütlands. Gourmets werden hier mit der Zunge schnalzen. Entsprechendes Preisniveau.

"**SKYDE PAVILLIONEN**" neben dem Aussichtsturm. Das Schützenhaus-Restaurant auf dem grünen Hügel wird gerne für festliche Anlässe gemietet. Von einigen Tischen Stadtblick.

Verbindungen ab Ålborg

Bahn: -> Frederikshavn alle Stunde, am Wochenende seltener. Ca. 1 Std.
-> Kopenhagen etwa stündlich ein Intercity. Knappe 6 Std. via Hobro, Randers, Århus, Horsens, Odense, Roskilde.
-> Fredericia stündliche Verbindung.

Bus: -> Kopenhagen 1-2 x tägl. via Grenå, ca. 6 Std. Weitere Verbindung siehe Zielort.

Aalborg -> Frederikshavn

Wer es eilig hat, nimmt die E 45 durchs Inland, 65 km. Reizvoller ist auf jeden Fall die Strecke entlang der Ostküste Jütlands ab der Limfjordmündung bei Hals bis Frederikshavn.

Ein ruhiges Ferieneck mit langen Sandstränden, besonders für Familien mit kleinen Kindern zu empfehlen, da kaum Brandung. Ferienhausangebot und ein halbes Dutzend Campingplätze. Manchem dürfte es vielleicht zu ruhig werden, denn außer ein paar netten Fischerhäfen ist so gut wie nichts los. Einkaufsmöglichkeiten in den kleinen Orten.

Beschilderter Fahrradweg von Hals bis Schloß Dronninglund. Busverbindung entlang der Küste Hals, Hou, Voerså, Frederikshavn 1 x täglich oder Bus von Aalborg, Dronninglund, Aså, Sæby 5 x werktags, sonst 4 x tägl.

✦Hals

Fischerort an der Mündung des Limfjords, der hier so schmal wird, daß man fast rüberreichen kann. Reger Schiffsverkehr, auch die große Pötte aus Aalborg und dem inneren Limfjord passieren die Engstelle. Sehr schmale Fahrrinne, weit draußen ahnt man die Sandbänke.

Frederik III. hatte im 17. Jh. große Pläne, Hals zu einer Festungsstadt auszubauen. Darüber informiert MUSEUM SKANSEN nahe dem Hafen; die Wälle der Schanze von 1653 sind noch erhalten. Offen: Mai bis August Mo.-Fr. 1o-17 Uhr, Sa. 14-17 Uhr, sonst Mo.-Fr. 1o-16 Uhr.

* Gute Badestrände Richtung Norden bzw. südlich der Mündung.

* Kleine Autofähre über den Limfjord nach Egense, 5 Min. Überfahrt.

Von Hals durch ein lichtes Waldgebiet mit Ferienhäusern nach **HOU**. Das Ferieneck liegt an der weit geschwungenen Sandbucht. Lange kann man im Wasser stehen, ideales "Plantschbecken" für Kinder. Ein Hauch von Dünen und meilenweites Meer. Eine Handvoll blauer Kutter dümpelt im Hafen, jede Menge Jachten.

Surfanfänger finden gleich neben dem Hafen ein gutes Übungsrevier, direkte Autozufahrt. Hotel, Campingplätze, Sommerhäuser.

Bei **ASÅ** (familienfreundlicher Strand, Fischerhafen, Camping, Ferien-häuser) zweigt die Straße zum <u>SCHLOSS DRONNINGLUND</u> ab, 7 km.

> Der Herrensitz geht auf ein Benediktiner Kloster zurück, durch die Reformation kam das Königshaus in den Besitz, daher der Name Dronninglund. Die Kirche gehört zu den ältesten Gebäuden; das Schloß wurde im 18. Jh. barock verändert. Heute ist Dronninglund Konferenzzentrum/Hotel.

Von Dronninglund kann man dem Margeritenweg ein Stück durchs Inland folgen zum <u>SCHLOSS VOERGÅRD</u>, einer der schönsten Renaissance-Herrensitze Jütlands von 158o. Prächtiges Interieur und eine bekannte Ge-mälde- und Kunstsammlung teils französischer Provenienz; denn 1955 kaufte Ejnar Clausen alias Graf Oberbech-Clausen den Herrensitz und stellte Sammlungen seiner verstorbenen Frau, einer französischen Gräfin hier aus. <u>Offen</u>: Mitte Juni bis Mitte August werktags 14-17 Uhr, So. 1o-17 Uhr. <u>Eintritt</u> 1o DM.

VOERSÅ: hübsches Nest um den Voers Å (Tretbootverleih). Aber nichts zum Baden; das Meer wird bei Ebbe ziemlich moddrig.

Bei <u>LYNGSÅ</u> führt eine Stichstraße-> <u>SØNDERKLIT</u> ans Meer: kilome-terlanger, feiner Ostseestrand mit leichten Dünen. Schönes Ferienhaus-gebiet. Gute Surfmöglichkeit; bei ablandigem Wind größte Vorsicht, sonst geht es ab nach Schweden.

✦Sæby

Gemütliches Städtchen mit guten Bademöglichkeiten. Die niedrigen gelb verputzten Häuser sind wegen der Winde in Ost-West-Richtung ausgerich-tet. Die schönsten Exemplare entlang der Dorfstraße vom Hafen zur Kir-che. Heimatmuseum im alten Fachwerkhof an der Straße, Algade 1-3.

Ferienhausgebiet am nördlichen Ortsrand, im Süden wurde Industrie angesiedelt (Schuhfabrik, Fischverarbeitung).

 Krystalgade 1, 93oo Sæby. Tel. 98 46 12 44, Fax: 98 46 18 81. Offen: ganzjährig Mo.-Fr. 9-16 Uhr, Sa. 9-13 Uhr. Ferienhausvermietung.

<u>SÆBY KIRCHE</u>: ein Blick in die Kirche lohnt sich. Der gesamte Chor ist mit spätmittelalterlichen Fresken ausgestattet, die seit der Reformation unter einer Kalkschicht ruhten (Anfang 2o. Jh. restauriert). Sehr naiv ge-malte Bilderbibel, interessant die Szene "Das Jüngste Gericht": hier raufen sich die Sünder vor Verzweiflung die Haare. Wie aus dem Alltag gegriffen wirkt die Szene "Petrus vor dem Himmelstor". Seltene Grafitti im Chor-gestühl, sie stammen von Schülern aus dem 16.-18. Jh.

> Die Kirche gehörte ursprünglich zu einem Kloster, das nur bis zur Reformation existierte. Der Bischof von Børgumkloster hatte sich für die Ansiedlung eines Klosters hier an der Küste eingesetzt, denn ihm gehörten die großen Höfe Sæbygård und Voergård und deren landwirtschaftlichen Produkte mußten irgendwo möglichst sicher abgesetzt werden. Deutschsprachige Broschüre in der Kirche.

SÆBYGÅRD-SCHLOSS von 1576, im Juli/August täglich Führungen.

Authentisches Hafenambiente, Jachthafen, kleine Werft, Räucherei. Bootsausflüge nach Læsø werden ab Hafen angeboten.

SÆBY SØBAD FERIECENTER am nördlichen Ortsrand, einheitliche Reihenhäuschen nur 5o m vom Sandstrand. Die Skyline von Frederikshavn im Blick. Promenade ins Zentrum. Restaurant. 1oo Appartements. 4oo-1.ooo DM/Woche.

Jugendherberge: Sæby Vandrerhjem, Sæbygårdvej 32. 18 Familienzimmer. Gästeküche. Ganzjährig offen.

Von den verschiedenen Campingplätzen hat uns *** Hedebo Strand Camping nördlich des Ortes gut gefallen. Der große Platz erstreckt sich von der Straße bis zum Strand. Hütten. 4oo Stellplätze. Offen: April - August.

Fischrestaurant "PRINZESS JULIANA" im älteren Zweimaster. Gute Mittagskarte 2o-3o DM, abends teurer.

★Frederikshavn (25.ooo Einw.)

Wichtiger Fährort nach Norwegen und Schweden. Die großen Fähren landen direkt im Zentrum, nur über die Gangway ins Einkaufsparadies. Kein Wunder, daß Frederikshavn Jahr um Jahr einer Invasion von Schweden und Norwegern standhalten muß (rund 4,5 Millionen Passagiere jährlich).

Im Fischerhafen liegen Trawler und Stellnetzkutter. Hier hat auch die Seefahrtsschule ihren Übungsplatz; wer Glück hat, kann sehen, wie die Rettungsboote ins Wasser gelassen werden.

Die Fischersiedlung FLADSTRAND war seit dem 16. Jh. ein wichtiger Fährhafen nach Südnorwegen, das damals zu Dänemark gehörte. Im 18. Jh. war Frederikshavn Stützpunkt des Seehelden Peter Tordenskjold bei seinen Kriegsfahrten gegen Schweden. Auf dem Fisketorvet hat man ihm ein Denkmal gesetzt.

Der weiß leuchtende PULVERTURM (Krudttårn) steht heute recht unmotiviert neben der vierspurigen Straße und Werftanlage. Er gehörte zu der großen Fladstrand Festung aus dem 17. Jh. In den 7oer Jahren verpflanzte man das gut 45 Tonnen schwere Stück auf Betonschienen 27o m weiter. Im Innern ein kleines militärgeschichtliches Museum (Waffen, Uniformen). Offen: April bis Oktober täglich 1o-17 Uhr. Eintritt.

Das Aushängeschild der Stadt <u>FISKERKLYNGEN</u> liegt am Nordrand heute ziemlich im Abseits zwischen Bahn und Straße. Nur einige, gelb verputzte Häuschen aus dem 18./19. Jh. haben die Zeit überlebt.

 Brotorvet 1, 99oo Frederikshavn. Tel. 98 42 32 66, Fax: 98 42 12 99. Offen: Juni bis August Mo.-Sa. 8.3o-2o.3o Uhr, So. 11-2o.3o Uhr. Sonst Mo.-Fr. 9-16 Uhr, Sa. 11-14 Uhr. Im Winter nur Mo.-Fr. 9-16 Uhr. Ferienhausvermietung für die Umgebung übers Touristenbüro.

 Post: am Bahnhof. Offen: Mo.-Fr. 9.3o-17 Uhr, Sa. 9.3o-12 Uhr. Do. abends etwas länger.

<u>BANGSBO MUSEUM-TIERPARK</u>: Dronning Margrethesvej 1. Der alte Herrenhof Bangsbo (175o) mit Wassergraben und Park bildet den Kern des Museums. Als Attraktion ist das Ellingå Schiff aus der späten Wikingerzeit ausgestellt. Es wurde in den 2oer Jahren nördlich Frederikshavn entdeckt und 1968 Planke für Planke ausgegraben. Die Steuerbordseite des Lastschiffs aus dem 12. Jh. ist fast komplett erhalten. Interessante Abteilung zu Besatzungszeit und lokalem Widerstand. Seefahrts- und Wagenabteilung.

In den Flügeln des ehemaligen Bangsbo Hofes zeigt das große <u>HEIMAT-MUSEUM</u> die Entwicklung der Stadt, eine feine Stube um 19oo und eine weiße Haarlocke des berühmten Bildhauers Thorvaldsen. Kurios sind die vielen Schmuckarbeiten aus Menschenhaar aus dem Anfang 2o. Jahrhunderts: Ketten, Armringe, Uhrketten, aber auch Puppen bekommen echte Haare, eine sehr fieselige Handarbeit z.T. nach Klöppeltechnik, die großteils von schwedischen Wanderarbeitern gefertigt wurden. Spielzeug- und Puppensammlung. Trachten. <u>Offen</u>: April bis Oktober täglich 1o-17 Uhr, sonst nur Di.-So. 1o-17 Uhr. 7 DM Eintritt. Im Tierpark werden verschiedene Hirscharten und Rehe gehalten.

<u>BUNKERMUSEUM</u>, Nordre Strandvej 19, am Nordstrand Rønnerne zwischen Jachthafen und Campingplatz. Die Geschützstellung Batterie Nord wurde wieder so hergerichtet, wie sie zur Besatzungszeit im 2. Weltkrieg funktionierte. Anstelle des Geschützes stehen heute Picknickbänke. <u>Offen</u>: Mitte Mai bis Ende Oktober tägl. 1o-17 Uhr. Eintritt 2,5o DM.

Die <u>SCHANZEN</u> (Nordre Skanse) wurden 1627-29 gebaut, um den damaligen Hafen von Fladstrand zu kontrollieren: die Wallanlagen mit Kanonenstellung auf der einen Seite und Pulverturm auf der anderen. Die Einfahrt konnte abgeriegelt werden.

<u>KUNSTMUSEUM</u>, Parallevej 14. Ganzjährig offen, Di.-Fr. 1o-17 Uhr, Sa./So. 1o-16 Uhr. 2,5o Eintritt.

Gutes Panorama vom 6o m hohen <u>AUSSICHTSTURM CLOOS</u> 5 km vom Zentrum. Brønderslevvej. Der 1962 gebaute Turm liegt 16o m über

Meereshöhe. Lift. Zur Hochsaison täglich 1o-17 Uhr offen, sonst kürzer. 2,5o Eintritt. Stadtblick hat man auch von den Pikkerbakken einige Kilometer südlich.

"**Sjømandsheim**", Tordenskjoldsgade 15 B zwischen Hafen und Fußgängerzone, total zentral. Funktionales Hotel der christlichen Seefahrt. 42 Zimmer. Älteres Mobiliar, DZ mit Bad ab 15o DM.

"**Park Romantik Hotel**", Jernbanegade 7. Sehr zentrales Stadthotel. 25 Zimmer und einige Suiten. DZ ohne Privatbad ca. 15o DM, mit Bad teurer.

"**Motel Lisboa**", Søndergade 248. Gut 2 km südlich des Fährhafens. Modern-kühles Motel. Zweckmäßige, recht geräumige Zimmer. Insgesamt 44 Zimmer. DZ ab 15o DM.

"**Hotel Jutlandia**", Havnepladsen 1. Großer grauer Kasten in praktischer Lage direkt am Hafen. Klassisches Geschäftshotel. 1oo ordentliche Zimmer mit Schreibtisch, Bad, TV, Telefon, auch Suiten. DZ ab 22o DM.

"**Discount Logi-Teglgården**", Teglgaardsvej 3. 5oo m vom Bahnhof. Etwa 2o Zimmer ab 85 DM das DZ.

"**Hotel Mariehønen**", Skolegade 2. Sehr zentrale Seitenstraße, 3o Zimmer teilweise mit Bad. DZ ab 1oo DM inkl. Frühstücksbuffet.

Badmintoncenter, Peter Wesselsvej. Ganzjährig offen. 46 Betten. Familienzimmer mit Bad/WC. Ca. 1oo DM pro Zimmer ohne Frühstück, Bettwäsche extra. Knappe 2 km vom Bahnhof.

Vandrerhjem, Fladstrand, Buhlsvej 6. 166 Betten. Übernachtung ca. 15 DM. Auch Familienzimmer. Offen: Februar bis Dezember. Ca. 1,5 km vom Bahnhof.

*** Camping Nordstrand: Apholmenvej 4o. Großer Platz am Nordrand der Stadt, optisch gut aufgelockert. Abgeteilte Wiesenparzellen, viel Grün. Zwei Dutzend geräumige Hütten. Minigolf, große gepflegte Servicegebäude. Cafeteria, Open-air-Schach, gut sortierter Supermarkt. Nur wenige 1oo m an den Strand, bei Ebbe kein schöner Badeplatz, superflach und steinig. 44o Stellplätze. Offen: April bis September.

Restaurant "**DET GULE PAKHUS**", Tordenskjoldsgade 14, Seitenstraße zur Fußgängerstraße. Nobles Restaurant im ehemaligen Lagerhaus. 3-Gang-Gourmet-Menü (Schalentiere zur Vorspeise, Wild, Dessert) 7o DM.

Fischerbistro "**HYTTEFAD**", zünftig und rustikal am Fischerhafen. Frische Scholle, Hering, Heilbutt etc.

Restaurant "**MOBY DICK**", Boensgade 6, unweit dem Hafen. Eingerichtet im Souterrain, an warmen Tagen wird im Innenhof serviert. Abwechslungsreiche Fisch- und Fleischkarte. Gerichte um 3o DM. Mittags günstiger.

 . **Baden**: Der Nordstrand nahe Rønnerhavnen hat uns nicht sehr begeistert. Bessere Strände weiter nördlich und natürlich bei Skagen. Bei Regen kann man ins sub-tropische Badeland im Stena-Hotel Frederikshavn aus-weichen oder ins Hallenbad und Aqualand Frederikshavn.

Fahrradverleih: am Nordstrand Camping

Hochseeangeltouren werden mehrmals die Woche angeboten, Info übers Touristenbüro.

Verbindungen ab Frederikshavn

 **Zug**: Bahnhof/Busbahnhof kompakt beieinander nahe Kirche und Pulverturm. Eisenbahn (Privatbahn)-> Skagen ungefähr jede Stunde.

-> Kopenhagen über Aalborg, Århus quer durch Dänemark im IC im Stundentakt. Häufige Verbindung-> Hjørring.

 **Bus**: entlang der Küste -> Süden über Aså, Hals, Hadsund nach Randers 1 x täglich, 3 Std.
-> Aalborg 5 x werktags, sonst 4 x tägl.
-> via Aalborg, Herning, Esbjerg 2-3 x tägl., knapp 5 Std.

Fähren: -> Insel Læsø siehe unten.
-> Schweden (Göteborg)
-> Norwegen (Moss, Oslo, Larvik)

Inseln vor Frederikshavn

<u>HIRSHOLMENE</u>: Die flache Inselgruppe 7 km vor Frederikshavn steht unter Naturschutz. Nur die größte, etwas bewaldete Insel ist bewohnt, besitzt einen Leuchtturm (1883), eine Kirche von 1641 und eine Postboot-verbindung.

LÆSØ (2.5oo Einw. 21 x 12 km): beliebte Ausflugs- und Ferieninsel gut 1 1/2 Std. Fährfahrt von Frederikshavn entfernt. Früher holzte man auf Læsø kräftig ab, um aus dem Meerwasser das zum Konservieren so nötige Salz zu gewinnen. Dadurch gab man die Insel den Winden, Stürmen und dem Sand preis.

Die viel fotografierten Seetanghäuser, wie wuschelige Bubiköpfe, entstan-den aus purer Not, als man nicht einmal Stroh zum Dachdecken hatte. Das schönste Exemplar "Hjemstavnsgarden" beherbergt heute das <u>INSEL-MUSEUM</u> bei Byrum. Ein kleines Fischerei- und Seefahrtsmuseum im Fährort Vesterø.

Læsø bietet Ferien in der Natur: Heide, aufgeforstete Wälder, Vogel-

schutzgebiete und gute Strände entlang der Nordküste. Bei ca. 21 km
Länge ideal zum Radeln (Fahrradverleih vor Ort). Campingplätze, Jugend-
herberge, einige Hotels und ein begrenztes Ferienhausangebot, z.B. über
Alfred Schaffmeyer, 995o Vesterø Havn.

 Im Fährterminal. Hornegade 17, 995o Vesterø.
Tel. 98 49 92 42, Fax: 98 49 92 83.

 **Fährverbindung** ab Frederikshavn im Hochsommer
4 x täglich, sonst 2-3 x täglich. Preis ca. 3o DM/Person
die Rückfahrkarte, Fahrrad einfach 4 DM, Pkw inkl.
Fahrer 5o DM.

Von Frederikshavn in 4o km an den Nordzipfel Dänemarks nach
SKAGEN auf der Küstenroute Nr. 4o. Ein herrliches Badeeck, Wüsten-
fans sollten unbedingt zur größten Wanderdüne Dänemarks Råbjerg Mile
kurz vor Skagen abfahren. Alle Details zur Nordspitze ab Seite 196.

DAS SILKEBORGER SEEN-HOCHLAND

*Das reizvollste Eck im Zentrum Jütlands liegt zwischen Silkeborg und
Skanderborg. Streckenweise richtig waldig und "bergig". Hier konzentrieren sich die höchsten und schönsten "Gipfel" (Himmelberg) Dänemarks
mit bescheidenen 15o-17o m. Über ein Dutzend Seen unterschiedlicher
Größe - idyllisch mit Schilfufer und Badestränden, gute Surf- und Segelreviere.*

Ein ideales Gebiet für Aktivferien abseits der Küste. Auf dem größten See
fährt im Sommer der gemütliche alte Schaufelraddampfer Hjejlen. Die
Seenplatte wird von der Gudenå durchflossen, ein Eldorado für
gemütliche Kanupaddeltouren. Biker finden viele Tourenmöglichkeiten,
allerdings nicht immer so flach wie man sich Dänemark vorstellt.

Für Regentage gibt es eine Fülle kleiner, interessanter Museen für jeden
Geschmack. Alles in einer der lieblichsten Landschaften Zentraljütlands
und nur eine Autostunde vom Meer entfernt. Touristisch bestens erschlossen ohne unangenehm zu sein. Durch die vielen schönen Campingplätze
ein ideales Eck für Zeltler und Caravaner. Relativ gute Bus-/Bahnverbin-
dungen für Nichtmotorisierte bzw. Rücktransport bei Kanutouren.

★Silkeborg   (46.5oo Einw.)

Modern-nüchterne Geschäftsstadt und Ausgangspunkt für die Bootsfahrt
mit dem Schaufelraddampfer. Silkeborg ist ein wichtiges Zentrum für

Kanuten; hier enden/beginnen Mehrtagestouren auf der <u>GUDENÅ</u>, guter Ausgangspunkt auch für kürzere Touren.

Die Stadt entstand um die Papierfabrik (1845), die heute noch das Stadtbild prägt und das Papier für die dänischen Geldscheine liefert. Am Marktplatz wurde dem Gründer Michael Drewsen ein Denkmal gesetzt. Das einst trutzige Schloß (1414-1767) am See ist heute eine Ruine. Es war in desolatem Zustand, als es im 18. Jh. abgetragen wurde und als Baumaterial für das heutige Museum Hovedgård Verwendung fand.

Die <u>Silkeborg Vandkur-Anstalt</u> war 1889 das erste Kurbad bei der eisenhaltigen Arnakkequelle. Die Eisenbahnverbindung förderte den neuen Kurtourismus. Im 2. Weltkrieg hatte der Wehrmachtsbefehlshaber wegen einer befürchteten alliierten Landung an der Westküste seinen Sitz nach Silkeborg verlegt. In Ry wurde ein Flughafen gebaut, der 194o-48 in Betrieb war.

 Havnen, Åhavevej 2A. 86oo Silkeborg. Tel. 86 82 19 11, Fax: 86 81 o9 83. Offen: Mitte Juni bis August Mo.-Fr. 9-17 Uhr, Sa. 9-15 Uhr, So. 12-15 Uhr. Sonst Mo.-Fr. 9-16 Uhr, Sa. 9-12 Uhr. Gut sortiert mit Ausflugsvorschlägen etc. Ferienhausvermittlung.

 Post: Drewsensvej 1A. Offen: Mo.-Do. 9.3o-17 Uhr, Fr. 9.3o-17.3o Uhr, Sa. 9-12 Uhr.

Markt: Samstag vormittags am Torvet.

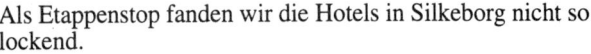 Als Etappenstop fanden wir die Hotels in Silkeborg nicht so lockend.

Im Zentrum liegen "**Hotel Dania**" (Torvet 5, 72 Betten, DZ ab 17o DM) und "**Hotel Louisiana**" (Christian 8. Vej 7, 77 Betten, DZ ab 16o DM).

Weiter ab vom Schuß die Hotels "**Scandic**" (Udgårdsvej 2, 234 Betten, DZ ab 24o DM) und "**Impala**" (Vester Ringvej 53, 12o Betten, DZ ab 2oo DM).

"**Hotel Silkeborgsøerne**" in viel schönerer Lage fast am Julsee im Straßenort Laven (Richtung Ry). 22 Betten. DZ ab ca. 15o DM.

"**Hotel Himmelbjerget**", Top-Lage auf dem Berg. 37 Betten. Einfache DZ ohne Dusche ab 12o DM.

"**Hotel Julsø**", Julsøvej 14-16 zu Füßen des Himmelberges direkt an der Anlegestelle der Boote. 16 Betten. Einfache Zimmer ohne Dusche. DZ 75 DM.

Jugendherberge: Silkeborg Vandrerhjem, Åhavevej 55. Offen: März bis Dezember. Weitere Jugendherberge in Bryrup, Katrinedal Vandrerhjem. Offen: April bis Oktober.

 Die beiden 3-Sterne-Plätze Århusbakkens und Indelukkets sind groß, komfortabel, mit Hütten, aber sehr schattig. Offen: Mitte April bis Mitte September. Beide ca. 15o Einheiten.

Gut hat uns der kleine *** Skyttehusets Camping gefallen. Er liegt weit weg von Stadt und Lärm direkt an der Südseite des Julsee zwischen Silkeborg und Ry. Idyllische Plätzchen für Zelte unmittelbar am Wasser, allerdings total schattig. Wenig Stellplätze für Wohnwagen/-mobile. Gute Sanitäranlagen, Cafeteria, Kiosk. Schöne Hütten im Wald. Kanu-/Bootsverleih. Per Minifähre d.h. kleines Personenruderboot ans nördliche Seeufer nach Svejbæk, Bahnstation. 3o Einheiten. Offen: Mitte April bis Mitte September.

Weitere empfehlenswerte Plätze siehe Ry.

SILKEBORG MUSEUM: Hovedgårdsvej. Hauptattraktion des Museums ist der sogenannte "Tollundmann", neben "Mr. Grauballe" die besterhaltene Moorleiche der Eisenzeit in Dänemark. Seit 1991 in einem modernen Museumstrakt vorzüglich präsentiert. Ca. 2.2oo Jahre ist das zarte Kerl-

chen auf seinem Moorbett alt. Jede Ausdrucksfalte um die Augen zu erkennen, ja jede einzelne Bartstoppel.

Der Tollundmann: 195o stießen Torfstecher in dem Bjældskovdal 1o km westlich
von Silkeborg auf den sensationellen Fund. Ein nackter 3o-4o Jahre alter Mann nur mit
Lederhaube und Gürtel bekleidet, um den Hals lag ein Strick. Wer war der Gehenkte, der
(wie der Grauballemann) am Frühlingsanfang ins Moor geworfen wurde. Vermutlich
kein Durchschnittsbürger der Eisenzeit, wie Untersuchungen der Handflächen und Fuß-
sohlen ergeben haben, sondern eine hochgestellte Person. In den 5oer Jahren wurde nur
der ausgezeichnet erhaltene Kopf konserviert. Erst 1987 machte man sich an die mühsa-
me Arbeit, mit modernen Hilfsmitteln auch den Körper zu konservieren. 1991 weihte
Königin Margrethe den "kompletten Tollundmann" und das neue Gebäude feierlich ein.
Weniger bekannt ist das 1938 an gleicher Stelle gefundene Elling-Mädchen, das evtl.
zusammen mit dem Tollund Mann geopfert wurde. Trotz des schlechten Zustands sind
bei dem Mädchen deutlich Merkmale des Stranges sichtbar.

In dem Neubau wird der Alltag des Tollundmannes anschaulich dargestellt. Kleidung, Spiele, Werkzeuge. Damals waren aufwendige Flecht-
frisuren in Mode, wie der Kopf des Ellingmädchens zeigt. Wer wollte
nicht schon immer mal ein Kettenhemd ausprobieren? (Wiegt 1o kg.) Im
Hauptgebäude kurzer Querschnitt der Stein-/Bronzezeit, Glas und Ton-
waren bis zu Werkstätten und möblierten Bürgerstuben. Cafeteria. Diavor-
führung zur Entdeckung und Erforschung des Tollundmannes. Empfehlenswerte deutschsprachige Broschüre. Offen: im Sommerhalbjahr täglich
1o-17 Uhr, sonst kürzer. Eintritt 5 DM.

KUNSTMUSEUM: Gudenåvej 7-9. Moderne Kunst dänischer und aus-
ländischer Maler (Cobra Maler 1948-51). Offen: April bis Oktober tägl.
außer Mo. 1o-17 Uhr. Sonst kürzer. 8 DM Eintritt.

AQUA: Vejlsøvej 55. In dem größten Süßwasseraquarium Europas wird
auf vielfältige Art und Weise das Leben der Tiere und Pflanzen in den
Seen und auf dem Land gezeigt, sozusagen vom Boden der Gewässer aus
durch große Glasscheiben betrachtet. Dazu gehören die Süßwasserfische
ebenso wie Enten und die Biber, denen man mit etwas Glück bei der Jagd
zusehen kann. In den Labors kann man selber aktiv werden. Im Park gibt
es einen Spielplatz für Kinder. Offen: Juni bis August tägl. 1o-18 DM,
sonst Mo.-Fr. 1o-16 Uhr, Sa./So. 1o-17 Uhr. Eintritt 11 DM, Kinder 5
DM.

RIVERBOAT JAZZFESTIVAL: Ende Juni, 3 Tage lang Jazz und
Schiffsfahrten auf dem See.

Bei der Schleuse und Anlegestelle der Schiffe im Sommer viel los. Schleusenkiosk, Ruderboot- und Kanuvermietung (5o DM/Tag, 12 DM/Std.)

AUSFLUGSBOOT ÜBER DEN JULSEE

Ab SILKEBORG und RY Bootsfahrten über den Julsø bis zum Himmelbjerg mit der Möglichkeit, dort die Fahrt zu unterbrechen und über einen
breiten Wanderweg zum Aussichtberg hinaufzulaufen (125 Höhenmeter)

oder beim Hotel Julsø eine Rast einzulegen. Kein Fahrradtransport.

Tip ist der <u>OLDTIMER HJEJLEN</u>, ein bildschöner Schaufelraddampfer von 1861, der noch unter Dampf fährt. Bevor es losgeht, muß der Kessel geschürt werden bis alles qualmt und der Schiffsjunge rußschwarz herauskommt. Name und Galionsfigur erinnern an den Regenpfeifer, der früher sehr weit verbreitet war. Die ca. 15o Sitzplätze sind schnell besetzt, dann muß man auf die modernen Glasboote zurückgreifen.

<u>Abfahrt in Silkeborg</u> vom fotogenen alten Anlegebahnhof bei der Schleuse im Zentrum. Strecke: Silkeborg-> Himmelbjerg-> Laven (und verschiedene Zwischenstops). Von Mitte Mai bis Ende August täglich 4-8 Fahrten. Im Mai und halben September nur am Wochenende. Der Schaufelraddampfer Hjeljen ist nur zur Spitzensaison von ca. Mitte Juni bis Mitte August 2 x täglich im Einsatz und an einigen Sonn- und Feiertagen im Juni und August. Abfahrzeiten überall angeschlagen. Bis zum Himmelberg 1 Std. 15 Min. einfach, Preis 1o DM, mit der Hjejlen kleiner Kohleaufschlag. Retourticket ermäßigt, Kinder etwa die Hälfte.

<u>Ry -> Himmelbjerg</u> und zurück im <u>PANORAMABOOT</u>. Über den kleinen Birksee und die schmale Gudenå, bis es zum Schluß auf den breiteren Julsø geht. Mitte Mai bis Ende August 3-4 x tägl. Preis: 1o DM, Retourticket ermäßigt, Kinder etwa die Hälfte.

Beide Touren auch kombinierbar und per Bahn bzw. Bus retour. Zeitlich allerdings gut timen.

SPORT (siehe auch Seite 275). <u>Fahrradvermietung</u>: Cyklekompagniet, Vestergade 18. <u>Kanuvermietung</u>: beim Schleusenkiosk; bei Silkeborg Kanofart, Remstrupvej 41 in Silkeborg und bei Silkeborg Kanocenter, Åhaveallé 7 in Silkeborg. <u>Golf</u>: beim Silkeborg Golfclub Resenbro. Gästekarte 4o-5o DM pro Tag. <u>Angeln</u>: in den Seen und Gudenå genehmigungspflichtig, Info im Touristbüro. <u>Skifahren</u> - ja, selbst das ist das ganze Jahr über möglich. Auf der speziellen Kunstfaserpiste kann man auch im Sommer nach Herzenslust den Hang hinunterwedeln. Ausrüstung zu mieten, im Søhøjlandets Ferie- og Aktivitetscenter in Gjern.

Bus: -> <u>Randers</u> alle 1-2 Std., am Wochenende seltener. Dauert 3o Min. -> <u>Århus</u> stündl. Verbindung, Wochenende seltener, dauert 5o Min. -> <u>Ry</u> und <u>Skanderborg</u> 7 x werktags, Wochenende 3-4 x tägl.

<u>Zug</u>: -> <u>Ry</u> und <u>Skanderborg</u> etwa jede Stunde, dort Anschluß ans IC-Netz stündlich. -> <u>Kopenhagen</u>. -> <u>Århus</u> stündliche Verbindung.

★Ry

Schön zwischen drei Seen gelegen (Knudsø, Birksø und Gudensø).

Besonders für Camper und Kanuten ein ideales Standquartier mit fast unbegrenzten Möglichkeiten. Tip sind die Ausflugsboote zum Himmelberg. Ry entwickelte sich erst im letzten Jahrhundert nach Einweihung der Bahnstation und lief Gammel Rye ein paar Kilometer entfernt den Rang ab. Einkaufsmöglichkeiten, Bank, Post.

 Im Bahnhof. Klostervej 3, 8630 Ry. Tel. 86 89 34 22, Fax: 86 89 35 52. Offen: Mo.-Fr. 9-17 Uhr, Sa. 9-12 Uhr. Im Sommer Sa. 8-14 Uhr, im Juli sogar Sonntag vormittags. Ferienhausvermittlung.

Kanuvermietung an der Straßenbrücke/Hafen und auf Campingplätzen. Motorbootvermietung mit Kapitän. Info im Touristenbüro. Fahrradvermietung: Ry Cykel- & Knallertservice, Skanderborgvej 19.

Kleine NATURAUSTELLUNG gegenüber Supermarkt gibt einen Eindruck, was alles am See kreucht und fleucht, schwimmt und fliegt. Übrigens trägt Ry nicht umsonst den Haubentaucher im Wappen.

"**Ry Park Hotel**", gegenüber Supermarkt. 156 Betten, Motelzimmer mit Dusche ab 130 DM.

Jugendherberge, Knudhule Vandrerhjem, Randersvej 88-90. 2 km vom Zentrum nach Osten über die Straße zum See. Offen: ganzjährig. 105 Betten.

*** Holmens Camping: hat uns am besten gefallen. 2 km südlich von Ry auf einer Landnase im Fluß. Absolut ruhig. Idealer Platz für Kanuten (Paddelein-/ausstieg) und Angler, Teich mit dicken Forellen; Karte beim Campingwart, Fahrrad-, Kanuverleih. Komfortable Hütten für 4-6 Personen. 200 Stellplätze. Offen: April bis Oktober.

*** Søndre Ege Camping: ortsnächster Platz (1 km) recht schön am Knudsee. 140 Stellplätze in verschiedenen Ebenen. Hütten. Kanuein-/ausstieg, Kanuvermietung. Offen: April bis September.

*** Birkhede Camping: gut 3 km nordwestlich von Ry abseits von Straße und Eisenbahn. Sehr großer Platz am Knudsee, Bäume versperren den Blick. Praktisch für Leute mit eigenem Boot. Hütten, Kanu-, Fahrradverleih. 310 Stellplätze. Offen: Mai bis Mitte September.

*** Terrassen Camping: im Nachbarort Laven, der Name verspricht nicht zu viel, Blick auf den Knudsee. Trotz Straßennähe ruhig, steil hinunter zum See. Kinder sind von den Streicheltieren begeistert. Hütten, Bootsverleih. Gefragter Platz. 260 Einheiten. Offen: April bis Mitte September.

*** Skyttehusets Camping: direkt am See. Empfehlenswerter Platz für Zeltler, siehe Silkeborg.

Bootsverbindung zum Himmelberg siehe Seite 270. - Verbindungen siehe

Silkeborg.

GAMMEL RYE: In dem kleinen Dorf findet das älteste Rockfestival Dänemarks statt: "Mosstock" ein Jahr nach Woodstock ins Leben gerufen und nach dem Mossee benannt, an dem es stattfindet. Kleines Mühlen- und Holzschuhmuseum (Møllestien). Empfehlenswerter Kro/Restaurant.

4 km entfernt liegt der 147 m hohe <u>HIMMELBERG</u>, nicht der höchste, doch der schönste Aussichtsberg Dänemarks und d a s Ausflugsziel der Gegend. Im Sommer strömen die Scharen per Boot, Auto, Fahrrad hinauf. Idyllisch wird es erst abends, wenn die Ausflugsbusse abgefahren sind. Weites Panorama vom alten 25 m hohen Turm (1875) über den Julsee und das waldige Umland. Spielplatz. Fußweg von Ry zum Himmelberg 7 km.

Hotel/Rest. **"Himmelbjerget"**, Himmelbjergvej 2o. Schöne Lage, die Zimmer mit Abendsonne oder Blick. Panorama vom Restaurant oder Cafeteria über See und Wälder. 44 Betten, DZ mit Frühstück 1oo DM.

<u>EJER-BAVNEHØJ</u> (171 m): die höchsten Erhebungen Dänemarks, ca. 2o km südlich bei dem Weiler Ejer. Zwischen Feldern und Wiesen weht die dänische Flagge auf dem Turm. Von der Aussichtsplattform liegt einem ganz Dänemark zu Füßen. Picknickbänke, Restaurant. Der <u>Triumphbogen</u>, anläßlich der Wiedervereinigung mit Nordschleswig 192o erbaut, ist ein beliebtes Wandertagsziel für Schulklassen.

Der endgültig höchste Punkt liegt im Wald auf dem Nachbarhügel <u>YDING SKOVHØJ</u>. Die 173 m ergeben sich inkl. Grabhügel. Blick nur vom Parkplatz über die Ebene (Orientierungstafel).

SKANDERBORG (18.6oo Einw.): Kleinstadt am Skanderborg See. Das einst bedeutende Schloß am See wurde 1768 abgebrochen; nur die Schloßkirche ist erhalten. <u>HEIMATMUSEUM</u> in der Adelgade 5. <u>Touristinfo</u>: Adelgade 1o5, 866o Skanderborg.

Kanu/Faltboottouren: Das Seenhochland ist ein Eldorado für Kanuten. Überall werden Kanus vermietet.

Der Julsø ist stellenweise sehr breit und durch die Segel- und Motorboote nicht so idyllisch wie der Oberlauf der Gudenå südlich des Stauwehrs von Ry. Nach unserer Erfahrung guter Stützpunkt für Halb-/Tagestouren im Süden ab Camping Holmen direkt am Ufer.

* <u>HALB-/TAGESTOUR ZUM MOSSØ</u>: abwechslungsreich mit schönen Zwischenstops. Hinwärts etwas anstrengender gegen den leichten Strom. Ausbootstelle für das sehenswerte Øm Kloster (siehe Seite 275) am Süd-Westufer des schlauchartigen Gudensø und Fußwege über eine Weide und Bauernhof (geradeaus) in 8oo m zur Klosterruine (Gebeine des Bischofs und interessante Krankenberichte). Weiter über die idyllische Seeverbindung, im hohen Schilf brüten viele Haubentaucher und Bläßhühner. Bei der Einmündung des Salten Langsø Abzweig zum kleinen Gudenå Museum (siehe Seite 275), eine private Sammlung aus der Altsteinzeit. Schöner Picknickplatz und kleiner Kiosk (Dauer bis hier ca. 2 Std). Nach Belieben über den Mossø zu erweitern, gleiche Strecke retour.

* TOUR NACH NORDEN: Vom gleichen Campingplatz mit Umtragen in Ry (Bootswagen steht bereit) oder gleich ab Camping Søndre Ege. Gemütlich am Ufer des Birksø entlang, der in den urigen Alling Å übergeht. Leider trüben kleine Motorstinker etwas die Idylle. Alternativ eine Fahrt rund um den Knudsø.

* TAGESTOUR ZUR KONGENSBRU: ab Silkeborg. Läßt sich am besten im Mietkanu organisieren, wenn mit dem Veranstalter ein Rückholtransport vereinbart wird.

Alle Details zum Kanupaddeln auf der Gudenå im Kanu Kapitel, Einleitungsteil dieses Bandes.

* MOSSØ-SEE: Fahrrad-Rundfahrt von ca. 1o km mit Abstecher zum Sukkertoppen: Weitgehend über wenig befahrene Nebenstraßen, einige Seezugänge. Mit 1.655 ha ist der Mossø Jütlands größter See, großteils unter Naturschutz (gutes Vogelrevier). Bester Ausgangspunkt ist Ry. Möglichst nicht entlang der Hauptverbindung nach Gammel Rye fahren, sondern über Landstraße am Campingplatz Holmens vorbei, weiter südlich am Gudensø entlang zum Mossø. Lohnender Stop gleich nach der Kreuzung Emborg beim Øm Kloster (siehe Seite 275): zwar in Ruinen, doch hochinteressante Funde des mittelalterlichen Krankenhauses. Beim Gudenå Museum (siehe Seite 275) private Sammlung aus der Altsteinzeit, Bootsverleih. Kurzer Fußweg zum Sukkertoppen (1o8 m) mit schöner Aussicht über den See.

* HALBTAGESTOUR von Silkeborg über den "Natursti" nach Bryrup bzw. Horsens insgesamt 6o km auf der ehemaligen Bahntrasse. Abwechslungsreiche Strecke (Wald, Heide, Sand), ideal zum Radeln, Wandern oder Reiten. 1897 begann man den Eisenbahnbau von Horsens nach Bryrup, 1929 wurde die Linie bis Silkeborg verlängert und war bis 1968 in Betrieb. Im Sommer schnauft eine Veteranenbahn zwischen Bryrup und Vrads.

Broschüre mit Route und km-Angaben, Camping- und Parkplätzen im Touristenbüro Silkeborg. - Ferner gibt das Touristenbüro eine Broschüre mit 16 Routenvorschlägen für Biker heraus: Touren zwischen 15 und 4o km Länge ab Silkeborg, Ry oder Skanderborg. Die Touren berühren Aussichtspunkte, Museen, Kirchen etc. Mit Übersichtskarte.

Wandern: Viele angelegte Wanderwege in den Wäldern um die Seenplatte: Sehr schöne Tagestour von SILKEBORG ZUM HIMMELBJERG, fast ausschließlich im Wald und per Boot retour (ca 1o km). Einstieg beim Parkplatz am Almingsø (Südrand Silkeborgs). Vorbei am Avnsø, einem winzigen Waldsee und zwei Grabhügeln, schöner Rastplatz am Paradissee. Beim Campingplatz kann man die Tour abbrechen, per Mini-Fähre nach Svejbæk übersetzen und per Bahn zurückfahren. Ansonsten weiter durch den Wald oberhalb des Julsø zum Hotel an der Anlegestelle der Ausflugsboote. Entweder per Boot zurück nach Silkeborg oder weiter nach Ry und Bahn/Bus retour. Eventuell einen Abstecher zum Himmelbjerg einbauen.

* HALBTAGESTOUR AB RY: Per Ausflugsboot über den Birksø zum breiten Julsee. Von der Endstation Himmelbjerg zum Aussichtsberg hochspazieren und über den Wanderweg in 1 1/2 bis 2 Std. nach Ry zurück.

* Wandern auf dem alten TREIDELPFAD zwischen Silkeborg und Kongensbro 24 km. Schöner Wanderweg über Gras und Weiden, nichts für Fahrräder. Früher wurden die flachen Lastkähne zwischen Randers und Silkeborg getreidelt. Ein Exemplar steht beim EL-Museum. An manchen Stellen stecken noch die alten Pfosten im Fluß, um die man die Kähne in engen Kurven zog. Zurück ging es unter Segel.

Angeln (Lystfisker): sehr erfolgversprechend und weit verbreitet. Es darf vom Ufer und Boot aus geangelt werden, nicht aber von Privatgrund. Ruderboote werden an verschiedenen Stellen vermietet. Über ein Dutzende Fischarten, darunter auch Forellen, Brassen, Aale, Hechte etc.; man hofft auf eine dauerhafte Rückkehr des Lachsbestandes. Vom Blinker bis zur Fliege ist alles erlaubt.

Voraussetzung: Tages- oder Wochenschein, den es aber nicht für das gesamte Seengebiet, sondern nur begrenzte Bereiche gibt. Preislich zwischen 8-12 DM/Tag, 18-46 DM/Woche. Erhältlich in den Touristenbüros, Campingplätzen, Hotels etc. oder direkt bei "Fiskeriforening", z.B. in Silkeborg. Schonzeiten und Mindestgröße unbedingt beachten.

Windsurfen: möglich, aber reglementiert. Z.B. in einem ausgewiesenen Areal im Langsee. Im Brassee (östlicher Teil zwischen Hattenæs und Snævringen), im Knudsø, Julsø und Skanderborgsee östlich der Autobahn. Broschüre im Touristenbüro. Windsurfer müssen sich vorher eine Gästenummer besorgen (bei Campingplätzen, Touristenbüros).

Baden: guter Strand beim Knudsee nahe der Jugendherberge.

Die Gudenå

Der längste Fluß Dänemarks entspringt 7 km nordwestlich von Tørring und mündet nach 16o km bei Randers. Heute d e r Kanufluß Jütlands, kein Wunder. An den idyllischen, schilfbewachsenen Ufern tummeln sich Bläßhühner, Haubentaucher, Lappentaucher, Enten, in den Abendstunden auch Fischreiher. Als Farbkontrast die Wasserrosen und Lilien. Besonders reizvoll ist der Unterlauf zwischen Tørring und Mossee; hier ist der Fluß noch ganz schmal und teilweise urwaldartig zugewachsen. Stellenweise auch flach.

Im Sommer ist auf dem Wasser viel Betrieb, überall werden Kanus vermietet. Wer im Südteil mit eigenem Faltboot oder Kanu paddeln möchte, braucht eine <u>Fahrterlaubnis</u> vom Vejle Amt. In der Regel monatelang vorher ausgebucht. Siehe allgemeines Kapitel Sport/Kanupaddeln. Nördlich des Mossees wird es liberaler, ab dort allerdings auch Motorbootverkehr auf den Seen, aber reizvoll allemal.

Bis zum Bau der Eisenbahn war die Gudenå wichtigster Transportweg. Auf der Strecke Randers-> Silkeborg wurde getreidelt, per Kahn wurde z.B. das schwere Baumaterial für die 14 Klöster transportiert oder Holz aus den Wäldern um Silkeborg. Von den vielen Klöstern sind nur Spuren des Øm Klosters am Mossee erhalten. Der Treidelweg von Silkeborg bis Kongensbro wird als Wanderweg gepflegt.

SEHENSWERTES IN DER UMGEBUNG
Weitgehend auch per Kanu erreichbar.

<u>ØM KLOSTER AM MOSSØ</u>: 5 km südlich von Ry. Eine idyllische Lage hatten die Zisterzienser gewählt, als sie nach längerem Suchen 1172 hier ihr Kloster bauten. Nach der Reformation wurde es so gründlich zerstört, daß heute nur noch Grundmauern erhalten sind. König Frederik II. ließ mit dem Material das Schloß in Skanderborg errichten.

Im kleinen <u>Klostermuseum</u> u.a. eine interessante Knochen- und Schädelsammlung des Krankenhausfriedhofs (nur für Hartgesottene) zeigt das damalige Können der Mönchsärzte, die u.a. Schädelverletzungen mit Erfolg heilten. Ferner gibt es eine Vorstellung, unter welchen Krankheiten die Menschen im Mittelalter litten: Gicht, Rheuma, Kieferentzündungen, Syphilis, Lepra. <u>Offen</u>: Mai bis August tägl. 1o-17 Uhr, April/September 1o-16 Uhr. 6 DM Eintritt inkl. Heilkräutergarten.

<u>GUDENÅ MUSEUM</u>: ca. 2 km südlich von Gammel Rye. Kleine private Ausstellung. Zeigt über 3o.ooo Funde, Werkzeuge der altsteinzeitlichen Gudenå Kultur. Speerspitzen, Äxte, Werkzeuge aus bearbeiteten Feuersteinen liegen in enormen Mengen ordentlich sortiert. Im Sommer täglich außer Mo. 1o-16 Uhr. 4 DM Eintritt. Nebenan kleiner Kanuzeltplatz.

<u>HOTEL- UND RESTAURATIONSMUSEUM LUDVIGSLYST</u> am Ortsanfang von Svejbæk (nördliches Ufer des Julsee). Der Gastwirt hatte eine

clevere Idee: im Erdgeschoß ein gutes Restaurant im Stil der Jahrhundertwende, nett dekoriert. Die Bedienung serviert in zeitgemäßer Kleidung. Im ersten Stock kleine Ausstellung zur Entwicklung der Gastronomie in Dänemark. Hotelzimmer aus der Zeit unserer Urgroßeltern, alte Speisekarten, Fotos aus der Kurstadt Silkeborg etc. Offen: im Sommer tägl. außer Mo. 1o-22 Uhr. Bootsanlegestelle, Bahnhof ca. 1oo m entfernt.

AUTOMOBILMUSEUM: in Gjern ca. 15 km nordöstlich von Silkeborg. 135 Oldtimer-Autos, Motorräder, Feuerwehrwagen. Im Sommer tägl. von 1o-18 Uhr, sonst am Wochenende. Eintritt 8 DM.

EL-MUSEUM: zwischen Silkeborg und Viborg. Absolut lohnend. Runde 22 km nördlich von Silkeborg in Tange im Kraftwerk an der Gudenå, Bjerringbrovej 44. Idealer Zwischenstop bei Kanutouren.

Für diejenigen, die schon immer mal verstehen wollten, was eigentlich Strom ist: Hier gibt es Physik und Technik zum Anfassen, überall piepst es, klingelt es, rappelt's und scheppert's, toll gemacht. Vom bartlangen Experiment aus der Physikstunde mit dem Fellchen und Stab zur Elektrostatik bis zu Versuchen des dänischen Physikers Ørsted (1777-1857). Wußten Sie, wie der Preis für eine Kilowattstunde im Laufe von 1oo Jahren fiel? Wußten Sie, daß der berühmte Edison neben der Glühbirne auch den elektrischen Stuhl (1889) erfunden hat? Wer hat schon einmal einen geöffneten Microchip unter dem Mikroskop gesehen oder einen versteinerten Blitz. Bis zu hypermodernen Plastikleitern, die in Zukunft wohl die Welt revolutionieren werden. Hier kann man auch mal eine E-Gitarre dröhnen lassen (im schalldichten Raum). Genügend Zeit einplanen.

Offen: Mai bis Oktober täglich 1o-17 Uhr. 8 DM Eintritt.

✦Viborg (28.ooo Einw.)

Typisch dänische Provinzstadt 35 km nördlich von Silkeborg am alten Heerweg. Ihre Schokoladenseite zeigt die Stadt von Osten: in viel grün verpackt zwischen zwei Seen (Bootsfahrten). Von der früheren Größe Viborgs ist nicht viel geblieben. Der imposante Dom in ebenmäßiger Romanik des 19. Jahrhunderts erinnert an bessere Zeiten, der alte war zu ruinös geworden. Im Innern Fresken von J. Skovgaard. Von dem Dutzend Kirchen und fünf Klöstern ist kaum etwas erhalten. Für Museumsliebhaber gibt es ein Stadtmuseum, ansonsten kommt man zum Shoppen in die Fußgängerzone. Samstags Markt.

 Nytorv 9, 88oo Viborg. Tel. 86 61 16 66, Fax: 86 6o o2 38. Offen: Mo.-Fr. 9-17 Uhr, Sa. 9.3o-12.3o Uhr.

Geschichte: Viborg ist eine uralte Stadt, kein Wunder bei der zentralen Lage. Stadtgründung im 8. Jh., um 1o65 Bischofssitz. Im Mittelalter war Viborg die Hauptstadt Jütlands. Hier wurden Könige gekrönt und Thing gehalten. Die Stadt entwickelte sich zu einem bedeutenden geistlichen Zentrum. Die Reformation, die von hier durch den dänischen Reformator Hans Tausen ihren Ausgang nahm, bedeutete eine Zäsur in der Stadtentwicklung. In Viborg begann bzw. endete der Ochsen/Heerweg längs durch Jütland bis nach Schleswig und Altona. Am letzten Wochenende im Juli findet der zweitägige Heerwegsmarsch statt.

STIFTSMUSEUM neben dem Dom im alten Rathaus, Hjultorvet 9-11. Aus dem prähistorischen Museum, das 1861 gegründet wurde, um König Frederik VII. bei seinem Besuch in Viborg eine Freude zu bereiten, ist ein modernes Museum geworden, das über die Prähistorie hinaus Interessantes bietet. Der König hatte ein Faible für die Vorgeschichte und selber Theorien über die Aufstellung von Dolmen veröffentlicht. Offen: Juni bis August täglich 11-17 Uhr, sonst Di.-Fr. 14-17 Uhr, Sa./So. 11-17 Uhr.

SKOVGAARD MUSEUM: Domkirkestræde 2-4. Der Skovgaard Maler- und Künstlerdynastie gewidmet. J. Skovgaard bekam den Auftrag, den Dom mit Fresken auszumalen (19o1-o6). Offen: Mai bis September 1o-12.3o/13.3o-17 Uhr, Oktober bis April 13.3o-17 Uhr.

In der alten Pappfabrik, Bruunshaab Vinkelvej 93 B entstand ein arbeitendes FABRIKMUSEUM. Industriekultur auf dem Gelände einer Mühle, dann Textilfabrik, schließlich 1877 Pappfabrik. Offen: April bis Oktober Mo.-Fr. 1o-14 Uhr.

BEATLES MUSEUM, Stores Skt. Hans Gade 11a. Hier werden Erinnerungen wach, wenn man die Fotos und Gegenstände der Popstars sieht. Offen: zur Saison 11-16 Uhr.

Südlich von Viborg liegt ein beliebtes Ausflugsgebiet um den HALD SEE. Die Bäume wachsen bis ans Wasser, angelegte Spazierwege. Detaillierte Broschüre im Touristenbüro Viborg. Der ziegelrote Gutshof Hald Hovedgård ist der 5. an dieser Stelle, heute ein Kurszentrum. Ein paar Hundert Meter weiter Niels Bugges Kro, empfehlenswertes Ausflugsrestaurant an der Straße; Ruderbootvermietung.

 Jugendherberge, Vinkelvej 36. Sehr schön im Grünen gelegen. Komfortable DZ mit eigenem Bad, aber auch Mehrbettzimmer. Zum Badesteg nur 2oo m entfernt. März bis November.

Bademöglichkeit am Nordende des Sees Skytteholm und ganz im Süden bei Dollerup Bæk.

Zug: -> Århus und Kopenhagen, -> Skive und Struer und Holstebro.
Bus: Verbindung zu den Höhlen nach Mønsted, Daugbjerg.

AUSFLUG ZU DEN KALKGRUBEN VON DAUGBJERG

Rund 18 km westlich von Viborg zweigt in Daugbjerg die Straße zu den DAUGBJERG KALKGRUBEN ab, kleiner als die nahen Mønsted Gruben (2 km abseits der Hauptverbindung):

Großes Höhlensystem bzw. ein ehemaliger Steinbruch, in dem seit fast 1.ooo Jahren in Handarbeit Kalk abgebaut, anschließend gebrannt und als Baumaterial verwendet wurde (z.B. Dom in Ribe). Erst 198o wurde der Betrieb wegen Unrentabilität stillgelegt. 1981 kaufte der dänische Musiker A. Buch die Gruben auf, machte sie für Touristen zugänglich und arrangiert hier Konzerte. Viel zu sehen gibt es nicht, warm anziehen (8 Grad!). Das Klima ist ideal für den Reifeprozess des "Höhlen-Käses". Immer dem Geruch nach. Ein Monat lagern die Käselaiber auf Stellagen hinter Gittern und werden immer wieder gewendet. Der köstliche, würzige "Grube Ost" wird am Kiosk verkauft.

Nur ein Teil der 6o km langen Gänge in drei Etagen ist beleuchtet und zugänglich. In der ehemaligen Kalkbrennerei kleine Ausstellung zu Fledermäusen, die hier überwintern, Brennöfen. - Und Vorsicht, hier haust Dracula!

Besichtigung der Höhle: Juli bis August täglich 1o-18 Uhr, Juni 1o-16 Uhr. Sonst 12-15 Uhr. Eintritt 5 DM, keine Führung.

INSEL FÜNEN (Fyn)

Ferieninsel, bequem und kostenlos ab Jütland über die Autobahnbrücke zu erreichen. Fünen bietet auf kleinem Raum viel Abwechslung. Idyllische Dörfer mit puppenstubenähnlichen Rieddachhäusern; Nippes in den Fenstern gehört ebenso dazu wie ein gepflegter Obstgarten.

Herrensitze der alten dänischen Adelsgeschlechter verteilen sich quer über die Insel, vielfach heute noch bewohnt. Prachtexemplare wie das Wasserschloß Egeskov und Valdemars Schloß auf Tåsinge können besichtigt werden.

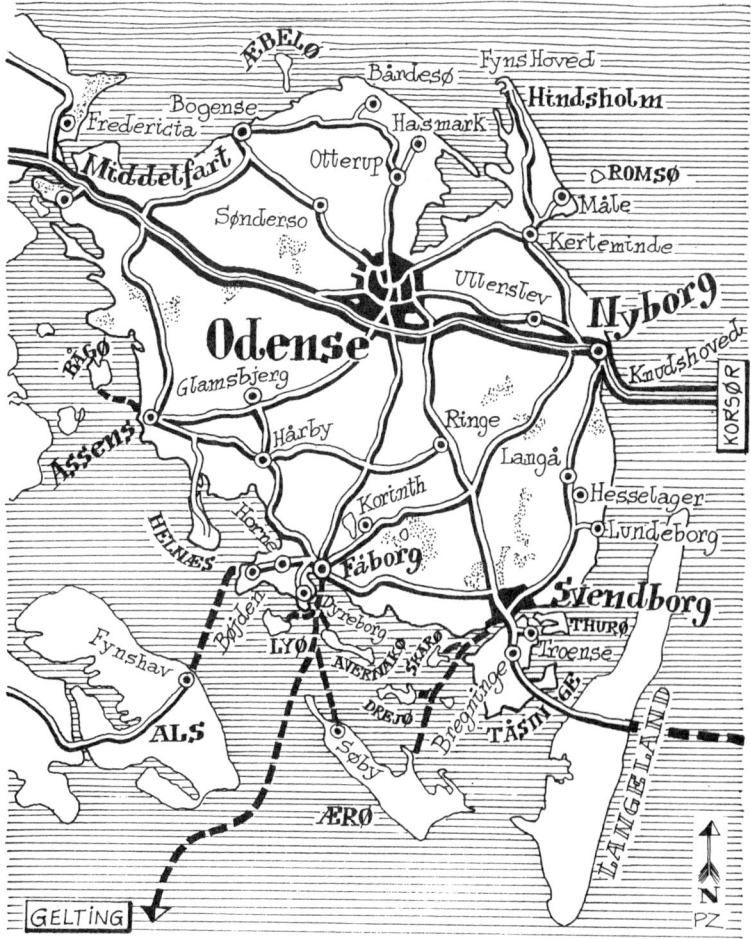

*Quirlige Küstenstädtchen mit lebhaftem Segelbootverkehr, Fußgänger-
zonen und buntem Sommerleben. Landschaftlich wechseln Felder mit
Waldpartien - insgesamt rangiert Fünen in der Kategorie lieblich, ist aber
nicht mit der wildschönen Westküste Jütlands zu vergleichen.*

Den besonderen Reiz machen die vielen vorgelagerten Inseln im Süden
aus, bei Seglern als "Südsee Dänemarks" bekannt. Die mit Abstand schönste Insel Südfünens Ærø mit dem fotogensten Örtchen Dänemarks lohnt
unbedingt eine Stippvisite.

Die drittgrößte Insel Dänemarks ist sehr kompakt, fast alle Sehenswürdigkeiten liegen in Tagesreichweite vom Standquartier, selbst wenn man im
südlichsten Zipfel Langelands sein Ferienhaus gemietet hat. Das ausgezeichnete öffentliche Transportnetz (oft im Stundentakt) ermöglicht, das
Auto auch mal beim Quartier stehen zu lassen.

Fünens Hauptstadt ODENSE lohnt nicht nur wegen H.C. Andersen; u.a.
eine Vielzahl Museen, Schloß und Altstadt.

Fünen ist im ZENTRUM erstaunlich hügelig, Erhebungen von 128 m
werden etwas hochtrabend "Füner Alpen" genannt, doch für Dänemark
grenzen solche Höhen schon an Mittelgebirge. Fünens Norden ist vergleichsweise flach und dünn besiedelt, touristisch eher ruhig.

Der SÜDEN bietet deutlich mehr Abwechslung, stellenweise überraschend
waldig, vorwiegend um die Schlösser und Gutshöfe. Besonders reizvoll
ist der südliche Küstenbereich zwischen Fåborg und der Insel Langeland,
allerdings auch ziemlicher Betrieb.

Die Wikinger hatten kräftig abgeholzt, um Baumaterial und neue Acker-
flächen zu gewinnen. Zu den spektakulärsten Funden dieser Epoche
gehört das Ladbyschiff, die einzige Schiffsbestattung, die in Dänemark
entdeckt wurde. Dolmen, Steinsetzungen und Langgräber aus der Steinzeit
begegnen einem überall auf Fünen.

Fünen wird oft als "Kornkammer Dänemarks" gepriesen; entsprechend
viele Windmühlen vom holländischen Typ (siehe auch Seite 76) sind heute
noch zu sehen, manche wieder restauriert und in Betrieb: z.B. Viby-Mühle
(Museum), Egeskov-Mühle (Kunsthandwerksverkauf), Tranekær-Mühle
auf Langeland (Museum), Bregninge auf Tåsinge (Restaurant) etc. Die
einzige Wassermühle bei Fåborg (Kaleko-Mühle) wieder tip-top in Schuß.

Die BADESTRÄNDE können mit denen Jütlands trotz 1.1oo km langer
Küste kaum mithalten. Die besten Sandstrände liegen auf der Insel Lange-
land mit kleinem Dünenstreifen bei Ristinge. Der einzige Dünenstrand
Fünens im Norden bei Flyvesandet. Strandwiesen reichen oft bis ans
Ufer, der salzige Boden bietet vielen seltenen Pflanzenarten gute Lebens-
bedingungen. Für Vögel sind die sog. Nore, vom Meer abgeschlossene
Buchten ideale Brutgebiete (Naturschutz).

Ende Juni sorgt das <u>MIDTFYNS FESTIVAL</u> bei Ringe für Schlagzeilen. Neben dem Roskilde Festival ist es das größte in Dänemark.

Im folgenden beschreiben wir zuerst Fünens Nordhälfte ab Middelfart von West nach Ost mit der Hauptstadt Odense, anschließend die touristisch interessantere Südhälfte.

✦Middelfart   (13.5oo Einw.)

Brückenkopf auf Fünen an der engsten Stelle des Kleinen Belts. Während man Middelfart über die neue Brücke großräumig umfährt, landet man über die alte Brücke gleich im Zentrum.

Im Sommer ist in der Fußgängerzone ziemlich Betrieb. Ein paar hübsche Straßenpartien im Bereich des kleinen Hafens, Museen bis zum Platz mit dem modernen Tümmlerbrunnen; er erinnert an die Walfangepisode der Stadt. In der ehemaligen Schnapsbrennerei von 1788 (Algade 16) ist heute ein Teeshop, Galerie und Café eingerichtet.

 Havnegade 1o, 55oo Middelfart. Tel. 64 41 17 88, Fax: 64 41 34 85. Direkt am großen Parkplatz zwischen Meer und Fußgängerzone. Offen: Mo.-Fr. 9-17 Uhr, Sa. 9-12 Uhr. Fahrradvermietung.

<u>Geschichte</u>: 1295 wurde im Königsschloß von Middelfart ein Waffenstillstand zwischen dem dänischen und der norwegischen König geschlossen. Ansonsten war das Städtchen nie recht bedeutsam. Im 15.-19. Jh. lebten die Bewohner zum Teil von der Tümmlerjagd. 1496 erhielt Middelfart Stadtrechte. Durch die Hafengründung von Fredericia 1649 auf der anderen Sundseite geriet Middelfart weiter ins Abseits, kurz darauf wurde auch die Fähre ins benachbarte Strib verlegt. 1935 nahm man die "alte" Auto-/Eisenbahnbrücke in Betrieb, 197o die neue, Dänemarks erste Hängebrücke.

<u>MIDDELFART-MUSEUM</u>: Brogade 8 im Henner Friiser Hus, das schönste Renaissance-Fachwerkhaus aus dem Ende des 16. Jh. Seefahrtsabteilung, Walfangausstellung u.a. auch eine kuriose Sammlung von Damenhüten von 186o-194o. <u>Offen</u>: Juni bis August 11-17 Uhr. September täglich 14-17 Uhr. <u>Eintritt</u> 5 DM.

Auf der waldigen Halbinsel am Fænøsund liegt das <u>HERRENHAUS HINDSGAVL</u> von 1784. Das schlichte, ziegelrote Schloß dient heute als Kurs- und Konferenzzentrum mit Hotel. In der Nähe lag im Mittelalter eine bedeutende Königsburg (im 13. Jh. erbaut, 1693 zerstört). Im zweiten Weltkrieg hatte sich hier die Deutsche Wehrmacht einquartiert. Nur der Park und der große Wald auf der Halbinsel sind zugänglich.

In der Scheune ein kleines <u>Museum</u> mit Exponaten zum Thema Landwirtschaft, Vorgeschichte, Schloßgeschichte, zur Tümmlerjagd. Sehr unterschiedliche Öffnungszeiten.

KERAMIKMUSEUM GRIMMERHUS, Kongebrovej 42. In dem schmucken Haus von 1856, das einst als Witwensitz zum Schloß Hindsgavl gehörte und nun unter Denkmalschutz steht, befindet sich eine Ausstellung feinster Studiokeramik. Zudem mehrere Sonderausstellungen pro Jahr, zu denen internationale Künstler geladen werden. Im Sommer kann man den Künstlern bei der Arbeit zuschauen. Offen: täglich außer Mo. 11-17 Uhr. Eintritt 8 DM.

Die kleine Insel Fænø vis-à-vis ist Privatbesitz und nicht zugänglich, Ausnahme: bei einer Bootsfahrt mit der "Mira" siehe Ausflüge.

"Middelfart Parkhotel", Karensmindevej 3. Große Anlage nicht weit von der großen Brücke nach Jütland entfernt und doch mit viel Grün umgeben. Komfortable Ausstattung mit Sauna, Swimmingpool und Tennis. 1o2 Zimmer und Appartements. DZ mit Frühstück ab 15o DM.
"Hotel Kongebrogården", Kongebrovej 64. Überzeugt durch seine Lage am Meer, etwas außerhalb des Zentrums Richtung alter Brücke. 96 Betten, DZ mit Du ab 23o DM.
"Middelfart Feriecenter", Oddevej 8, große Ferienanlage, 72o Betten in Appartements. Großes Freizeitangebot. 55o-1.3oo DM/Woche.

** Gals Klint Camping: sehr schöne Lage direkt am Wasser (Fænøsund) an der Spitze der waldigen Halbinsel. Einkaufsmöglichkeit. 15o Stellplätze. Offen: April bis September.

Stadtnäher liegt ** FDM's Campingplatz: Søbadvej 1o.

Restaurant/Café "FÆNØ SUND": Teglgårdsvej 1oo, schön etwas abseits gelegen mit Blick auf den lebhaften Schiffsverkehr im Sund. Bekannt gute Küche. Nicht billig.

"HOLM'S", Algade 6o. Direkt an der Fußgängerzone liegt der traditionelle Gasthof von 1584. Schöner Garten. Dänische Küche.

Restaurant "KOBBERGRYDEN", Brogade 9, gegenüber dem alten Museumsgebäude Friiser Hus. Ausgesprochen gemütliches Restaurant mit vielen Kupfergegenständen zur Dekoration. Gute Küche.

Restaurant "MARITIME", Kongebrovej 3. Das Restaurant des Hotel Kongebrogaarden zählt zu den besten der Stadt. Neben Fleisch auch ausgefallen zubereitete Fischgerichte. Gehobenes Preisniveau.

Verbindungen ab Middelfart

Alte Brücke von 1935 für Fahrräder, Autos und Züge, 1,2 km lang. Neue Brücke von 197o, 1,7 km, Durchfahrtshöhe 22 m; Autobahnbrücke.

Zug: Middelfart liegt an der Hauptstrecke von Flensburg nach Kopenhagen. Nach Odense werktags stündlich,

Wochenende ca. 9 x täglich. Nach Fredericia werktags stündlich, Wochenende ca. 9 x täglich.

 **Bus**: Verbindung nach Assens 12 x werktags, Wochenende 4-6 x tägl. Nach Bogense werktags fast stündlich, Wochenende 5-6 x tägl., 4o Min.

<u>Bootsfahrt</u> mit der "Mira" kreuz und quer durch den Sund ab Alter Hafen mit Stop auf der Privatinsel Fænø. 3 x die Woche zur Saison, ca. 15 DM/ Person, Anmeldung im Touristenbüro.

<u>Hochseeangeln</u> auf dem kleinen Belt. Dorsche und Schollen sollen dann an der Angel zappeln. Jeden Do zur Saison 8.3o-12 Uhr, 25 DM/Person Anmeldung im Touristenbüro.

<u>Miljø-Sejlture</u>: Unter Umweltgesichtspunkten wird die spannende Bootsfahrt auf dem kleinen Bælt veranstaltet. Hier werden während der Fahrt Wasserproben entnommen und interessantes über den sensiblen Lebensraum Meer erzählt. Abfahrten im Juli und August an bestimmten Tagen. Preis 12 DM, Kinder 6 DM. Buchung beim Touristbüro.

<u>Rojle Klint</u>: zu den bewaldeten Klippen nördlich von Middelfart. Weiter Blick über den Sund und zu den Industrieschloten von Fredericia. Strand am Fuße der Klippen.

<u>Herrensitz Wedellsborg</u> siehe Südfünen Seite 3o3.

<u>Fyns Sommerland</u>: Landevej 161, 5569 Årup, 3o km Richtung Odense. Ein Freizeitpark mit Swimmingpools, Wasserrutsche, Minigolf, Trampolin, Ruderbooten, Kinderspielplätzen und und und. Offen: Mitte Mai bis August 9-16 Uhr, Ende Juni bis Mitte August 1o-19 Uhr. Teurer Eintritt, je nach Saison 2o-22 DM, dann alles inklusiv.

<u>Fyns Akvarium</u>, Roldvej 53, 5492 Vissenbjerg. 26 km Richtung Odense. Zeigt um die 3oo verschiedene Fischarten. Januar bis März täglich 1o-18 Uhr, April bis Oktober täglich 1o-19 Uhr. Eintritt ca. 1o DM.

<u>Vissenberg Terrarium</u>, Kirkehelle 5, 5492 Vissenbjerg. Ca. 26 km Richtung Odense. Große Sammlung von Kriechtieren und kleinen Säugetieren. Täglich 1o-16 Uhr, im Sommer 1o-18 Uhr. Eintritt 9 DM.

<u>Frydenlund Fuglepark</u>, Skovvej 5o, 569o Tommerup, ca. 4o km entfernt Richtung Odense. Rund 2.15o verschiedene Vogelarten aus aller Welt. Offen: April bis September täglich 1o-16 Uhr, Juni bis August 1o-18 Uhr. Eintritt ca. 8 DM.

Flensted Mobiles - die Erfolgsstory der "Unruhe"-Macher

Nicht nur in Dänemark sind die fröhlich-bunten, unverwechselbaren Mobiles ein Begriff. Modern, zeitlos und originell, das macht den Reiz des Flensted Designs aus. Verkaufsschlager und Markenzeichen der sympathischen Familie ist das Elefanten Mobile, schon

2o Jahre alt, doch nach wie vor aktuell.

Alles begann 1954 bei einer Taufe, als Vater Christian Flensted ein erstes Storchen-mobile für seine Tochter bastelte. Die Resonanz bei Freunden und Bekannten war enorm, die Storchenmobiles gingen weg wie warme Semmeln. Irgendwann beschloß C. Flensted seinen "bürgerlichen" Beruf in der Werbebranche an den Nagel zu hängen und ganz auf Mobiles zu setzen. Die 3-Zimmer-Wohnung in Aalborg war bald zu klein, 1971 zog die Familie in die alte Schule von Frederiksminde auf Fünen. Inzwischen wird der Familienbetrieb in der zweiten Generation geführt; ca. 3o Mitarbeiter sind überwiegend in Heimarbeit damit beschäftigt, die Mobiles zusammenzusetzen und teils pfiffig zu verpacken.

Während die ersten Mobiles über Buchhandlungen verkauft wurden, brachte der Boom von Kunst- und Geschenkeshops der 7oer Jahre enormen Aufschwung. Heute exportieren Flensteds ihre Mobiles nach Europa, USA, Australien und Japan.

Eigentlich haben Mobiles in Skandinavien eine lange Tradition: ursprünglich aus Stroh, buntem Papier und Zwirn hergestellt, schrieb man ihnen magische Kräfte zu und hängte sie z.B. über einer Wiege auf, um Neugeborene vor dem "bösen Blick" zu schützen. Man glaubte, daß ein Mobile still stehen würde, sobald ein Bösewicht das Haus betritt. Also aufgepaßt.

Mobiles sind schöne Mitbringsel oder Erinnerungen beispielsweise zu Hause überm Schreibtisch.

Recht putzig fanden wir den kleinen Troll, ein "Wunderheilmittel" mit Kulleraugen, Ohrring und rotem Herzen. Uns haben es besonders die modernen "Uroer" angetan: Symphony in drei Movements, Futura oder Mirage.

<u>Verkaufsausstellung</u> in der ehemaligen Schule. Jedes Jahr wächst die Angebotspalette um ein Motiv, da fällt die Wahl ganz schön schwer. Ansonsten bekommt man Flensted Mobiles in vielen Geschenkboutiquen, in Odense schräg gegenüber des H.C. Andersen Hauses, in Kopenhagen u.a. bei Illums Bolighus etc.

1991 ist Ole Flensted unter die Ballonfahrer gegangen - natürlich ein bunter Elefanten-ballon (übrigens Fünens erster!), ein guter Werbegag. Also Augen auf, vielleicht schweben die drei Elefanten irgendwo am Himmel.

<u>Zufahrt</u> zur Verkaufsausstellung 3 km nördlich von Brenderup auf der 311 auf halber Strecke nach Bogense: von Middelfart den Middelfartsvej nach Skovs Højrup, dann den Bogensevej, den Brovej links ab, die drei Elefanten weisen den Weg.
<u>Offen</u>: Mo.-Fr. 1o-16 Uhr.

Von Middelfart nach Bogense 3o km.

✱Bogense

Altes Hafenörtchen am Kattegat. Ganzer Stolz ist der Marktplatz, ein geschlossenes Ensemble winziger Häuschen (manchmal nur 1 - 2 Zimmer) aus dem 19. Jahrhundert. Im ältesten Fachwerkgebäude der Stadt (1543) hat sich das Restaurant "Erik Menveds Kro" etabliert. Boutiquen beleben den ehemaligen Kaufmannshof gegenüber des Rathauses (Glockenspiel dreimal am Tag).

Am Fischerhafen wird der Fang gleich frisch von den Kuttern verkauft, nebenan ein großer Jachthafen. Den Schiffern diente der Kirchturm der St. Nikolai Kirke auf dem Stadthügel jahrhundertelang als Markierung. Vom Fußweg vor den Friedhofsmauern schöner Blick zum Meer und Hafen.

Am Ende der Hauptstraße (Adelgade) plätschert der Brunnen "Manneken Pis" in einer kleinen Plauderecke. Die Brüsseler Kopie geht auf eine ungewöhnliche Begebenheit zurück: Als Bogense noch Fährstation nach Jütland war, fand eines Tages der Steuermann einen Säugling an Bord. Die Metzgerfamilie Levinson nahm schließlich das Findelkind an und adoptierte es. Als Konsul Willum Fønns zu Ehren gekommen, schenkte er 1934 die Brunnenfigur seiner Jugendstadt.

Tourist INFO Adelgade 4o, 54oo Bogense. Tel. 64 81 2o 44, Fax: 64 81 34 51. Offen: Mitte Juni bis August Mo.-Sa. 9-17 Uhr, So. 1o-14 Uhr. Sonst Mo.-Fr. 1o-17 Uhr, Sa. 1o-14 Uhr. Hier wird auch der leckere Hagebuttenwein (Hybenvin) verkauft, eine Spezialität in Bogense.

Trotz des kleinen Strandbades am Hafen eignet sich Bogense nicht für einen reinen Badeurlaub. Die nächsten familienfreundlichen Strände liegen im Westen bei Skåstrup und der Bucht Båringvig. Lohnender Spaziergang bei Ebbe zu der vorgelagerten Insel Æbelø (siehe unten).

"**Bogense Hotel**", Adelgade 56, in einem Stadthaus aus dem 19. Jh. 12o Betten, Zimmer z.T. mit Bad. DZ ab 1oo DM.

"**Hotel Bogens Kyst**", Grønnevej 8. Große Anlage am Stadtrand nahe Meer. Rund 1oo Zimmer und mehrere Appartements. Alle mit eigenem Bad. DZ ca. 18o DM. App. 45o-1.2oo DM/Woche.

"**Morkenborg Kro und Motel**", außerhalb in Velinge, Rugaardsvej 831. Gasthaus von 1771 in ländlicher Umgebung. 3o Betten, DZ mit Dusche ca. 18o DM. Reservierung zur Hochsaison erforderlich.

Zwei Campingplätze dicht am Meer:

*** Havnens Camping: direkt neben Fischerhafen und Strandbad. Ebenes Wiesengelände, die Plätze in erster Reihe meist ausgebucht. 1oo Stellplätze. Offen: ganzjährig.

** Kirkebakkens Camping: zwischen Krankenhaus und Meer. Langgestreckter Wiesenplatz, durch Hecken strukturiert. Viele Stellplätze direkt an der Küste. 45 Einheiten. Offen: Mai bis September.

EBBEWEG ZUR INSEL ÆBELØ: Östlich von Bogense zweigt in Vester Egense der Weg nach Langø ab (3 km), nach einem Kilometer endet die Sackgasse direkt am Strand (kleine Parkmöglichkeit). Selbst auf den kleinen Inseln Ejling und Dræet werden noch Felder bewirtschaftet, die größte Insel Æbelø ist dicht bewaldet. Bei einem Spaziergang begegnen einem immer wieder Austernfischer und Lachmöwen bei der Futtersuche.

 **Bus**: nach Middelfart etwa stündlich, Wochenende seltener, dauert 45 Min. Nach Odense etwa stündlich bis zum frühen Abend, Wochenende seltener. Dauert 1 Std.

✹ Otterup

Schulzentrum und wichtige Geschäftsstadt für den Norden mit der obligatorischen Fußgängerzone. Kleines Heimatmuseum vor der weiß leuchtenden Kirche im ehemaligen Hospital (172o), das früher als Altersheim diente, bis 1958 Bibliothek. Kleine Sammlung von Möbeln, Werkzeug der Bauern, Kleidung, Waffen, Pfeifen etc. Selten offen, Information im Touristenbüro.

 Bredgade 2, 545o Otterup. Tel. 64 82 32 oo, Fax: 64 82 45 19. Offen: Mitte Juni bis September Mo.-Fr. 9-18 Uhr, Sa. 9-14 Uhr. Sonst Mo.-Fr. 9-16 Uhr, Sa. 9-12 Uhr.

Kurzausflug nach GLAVENDRUPLUNDEN: Schiffssetzung und berühmter Runenstein. Sehr schön als Fahrradtour mit Picknickmöglichkeit im Lindenhain. Die alte Grabstätte stammt aus der Bronzezeit (ca. 1.ooo v. Chr.) mit einer Schiffssetzung von urspünglich 6o m Länge und 12 m Breite. Die Steine wurden sogar in der Höhe so gewählt, daß eine Schiffslinie mit erhöhtem Bug und Heck deutlich wird.

Erst viel später errichteten Wikinger (9oo n. Chr.) auf einem künstlichen Hügel im Bug einen Runenstein mit der längsten Inschrift Dänemarks (senkrecht mit 21o Zeichen beschrieben). Entschlüsselt besagt die Runenschrift (verkürzt): "Ragnhild setzte diesen Stein für Alle den Bleichen, (ein Priester und Feldherr). Alle's Söhne machten dieses Denkmal für ihren Vater und seine Frau für ihren Mann, aber Sorte ritzte diese Runen für seinen Herrn. Thor weihe diese Runen." Die Inschrift endet mit der Drohung: "Zu einem Feigling werde der, der Gewalt gegen diesen Stein ausübt oder ihn wegträgt zum Gedenken an einen anderen."

Zufahrt: etwa 6 km westlich Otterup Richtung Søndersø nahe dem Weiler Glavendrup.

Badeküste Flyvesandet und Fuglsang

Der längste zusammenhängende Badestrand Fünens liegt nördlich Odense am Kattegat. Kleine individuelle Ferienhäuser im Schrebergartenlook ziehen sich kilometerweit am Strand entlang mit dem besten Zugang und Blick.

Der Strand ist im Bereich der Ferienanlagen meist schmal, bei Flut kaum handtuchbreit, feinsandig bis steinig. Fast überall geht es seicht ins Wasser, daher ideal für Kinder. Schöne Spaziermöglichkeit auf dem schmalen Damm zwischen Meer und Ferienhäuschen, ab und zu ein paar Bänke und immer wieder der unfreiwillige Blick in die puppenstubengroße Häuschen.

Fahrradfahrer sind hier nicht willkommen.

Ursprünglicher wird der Strand zu beiden Enden: Fast dünenartig bei FLYVESANDET ganz im Norden, für Camper der schönste Bereich. Bis ans Meer reicht hier der Buchenwald des Gutes Egebjerggård (keine Besichtigung). Schöne Spaziermöglichkeiten im Wald, in dem Rehe, Fasanen und Hasen zu Hause sind. Spezieller Vogelbeobachtungsturm nahe Campingplatz.

Eine Handvoll öffentlicher Strandzugänge, fast alle mit überwachtem Strandabschnitt und gutem Surfeinstieg: z.B. bei HASMARK im unteren Strandbereich, mit Campingplatz. Großes Wiesenareal bei TØRESSØ am Strandabschnitt Fuglsang (Parkplätze, Duschen, WC etc.). Direkte Straßenzufahrt auch zum Flyvesandet.

LANDNASE ENEBÆRODDE (Wacholder Halbinsel): am anderen Ende an der Einfahrt zum Odensefjord, steht seit 1980 unter Naturschutz. Der Odensefjord bietet reichlich Nahrung für Kleintiere wie Muscheln, Schnecken, Garnelen, Fische etc. in der weiteren Nahrungskette auch für Seevögel.

Ein Spaziergang zur Meerenge lohnt sehr. Mit dem Fahrrad geht es etwas holprig über den sandig steinigen Karrenweg, von Vorteil sind hier Mountain Bikes (ca. 12 km einmal rund). Besonders schön im Juni, wenn unzählige Heckenrosen blühen. An der Meerenge tuckern die großen Pötte fast zum Greifen nahe durch die schmale Fahrrinne. Im Fjord stehen Krähenscharben wie Zinnsoldaten auf den Netzpfosten, Seeschwalben jagen im Stucker nach Kleinfischen.

Die Halbinsel besteht aus Sand und Stein, die das Meer als Grenze zwischen Tiefmeer und Flachwasser aufgeschüttet hat. Heide und Wacholder, zwei Pflanzen die speziell an karge Verhältnisse angepaßt sind, wachsen auf der ganzen Halbinsel, weiter vorne sogar Kiefern.

Busverbindung: im Sommer 3 x täglich ab Odense über Hasmark bis Camping Flyvesandet.

Einige der Ferienhäuser werden auch an Touristen vermietet. Vermittlung übers Touristenbüro Otterup.

* Camping Hasmark: mittelgroßer Wiesenplatz, durch Hecken abgeteilte Bereiche, entsprechend windgeschützt. Ebenes Gelände, bis auf die Bässe der Discomusik relativ ruhig. Zum Meer wenige Meter an Ferienhäusern vorbei. Einfache, aber funktionale Sanitärs mit heißen Duschen. Kochgelegenheit für Zeltler, kleiner Laden. Offen: April bis September.

*** Camping Flyvesandet: am Ende der dünigen Landnase. Natürlich belassenes Gelände, teils Dünen, teils im Kiefernwald. Großer gepflegter Platz mit ordentlichen Sanitäranlagen, Kochgelegenheit, Superladen, Kinderspielplatz etc. Fahrradverleih, doch einfache Mühlen. Durch die vielen Dauercamper etwas beengt. Nur ein Katzensprung ans Wasser (seichter Strand, teils Grobkeis) für Kinder stellenweise schön flach. Offen: April bis September.

Kurzausflug z.B. per Rad zum <u>HOFMANNSGAVE GAARD</u> (wenige Kilometer ab Hasmark). Die gut erhaltene Hofanlage kann nicht besichtigt werden, aber der schön angelegte Park mit Blumen, hohen Bäumen und kuscheligen "Liebesecken". Kleine Ausstellung.

Von der Halbinsel Enebærodde/Odense als Fahrradweg 4o ausgeschildert.

✦Odense (175.ooo Einw.)

Fünens Hauptstadt und Geburtsort von Hans Christian Andersen. Alljährlich drängen sich hunderttausende Besucher durch sein enges Geburtshaus, besuchen das Elternhaus, fotografieren die Statue des weltberühmten Märchenschreibers oder kommen zu den H. Chr. Andersen-Festspielen.

Doch die moderne, lebendige Stadt hat noch mehr zu bieten: z.B. das Odense Schloß, ein riesiges Eisenbahnmuseum im ehemaligen Lockschuppen. Bei Kindern steht das Sommerland und der Tierpark hoch im Kurs, ebenfalls außerhalb liegt das sehenswerte Freilichtmuseum.

Als kultureller Mittelpunkt der Insel bietet die Unistadt viele interessante Museen, das <u>Kulturzentrum</u> in der umgestalteten Kleiderfabrik ist zum Treffpunkt nicht nur junger Leute geworden.

Fußgängernetz um das Rathaus, links (westlich) der vierspurigen Hauptstraße. Rechts davon liegt die Altstadt mit H. Chr. Andersen Haus im Schutze der Betonmauer. Die verkehrsreiche Schnellstraße kann man nur im Laufschritt überqueren.

Tourist INFO Im Rathaus, 5ooo Odense. Tel. 66 12 75 2o, Fax: 66 12 75 86. Offen: Mitte Juni- August Mo.-Sa. 9-19 Uhr, So. 11-19 Uhr. Sonst Mo.-Fr. 9.3o-16.3o Uhr, Sa. 1o-13 Uhr. Hier auch Geldwechsel außerhalb der Bankzeiten. Ermäßigte Eintrittskarten für Museen durch den "Eventyrpass".

Zur Hauptsaison macht ein Nachtwächter am Abend seine Runde durch die historischen Straßenzüge. Vorbei an dem ältesten Kramladen, dem Kloster und anderen außergewöhnlichen Bauten der Stadt. Die Tour dauert eine Stunde und beginnt und endet vor "Den gamle Kro". Information im Touristbüro.

Stadtgeschichte: 1988 feierte Odense sein 1.ooo-jähriges Gründungsjahr, inzwischen größte Industrie- und Handelsstadt der Insel. Große Frachter fahren über den Kanal bis in die Stadt, der einstige Hafen Kerteminde hat für kommerzielle Zwecke an Bedeutung verloren.

ODENSE

1 BAHNHOF
2 BUSTERMINAL
3 Eisenbahnmuseum
4 Carl Nielsen Museum
5 Møntergården
6 H.Chr.Andersen Haus
7 Sct.Hans Kirche
8 Fünens Kunstmuseum
9 Brandts Kleiderfabrik,
  Dänische Druckerei-,
  Pressemuseum,
  Museum für Fotokunst
1o TOURIST INFO
  Rathaus
11 Sct. Albani Kirche
12 Domkirche Skt.Knud
13 H.Chr.Andersen
  Geburtshaus
14 Zoologischer Garten
15 Freilichtmuseum

Odense geht auf eine Wikingergründung zurück. Unter dem heutigen Villenviertel Nonnebakken wurden Reste einer Wikingerfestung (ähnlich Trelleborg und Fyrkat) aus der Jahrtausendwende entdeckt, Ausgrabungen waren wegen der Bebauung jedoch nicht möglich. Odense (der Name erinnert an Gott Odin) war die erste Hauptstadt Dänemarks und schon im 11. Jh. Bischofssitz. Nach der Ermordung und Heiligsprechung des Wikingerkönigs Knud auch Pilgerziel, einige Klöster entstanden direkt im Zentrum. Später wurde die Insel Seeland als Regierungssitz bevorzugt. Mit der Industrialisierung und Kanalverbindung (18o7) zum Fjord und Kattegat begann für Odense eine neue Ära. Seit 1966 auch Unistadt.

SEHENSWERTES

<u>ALTSTADT</u>: Früher ein "Arme Leute Viertel", das wieder picobello rausgeputzt wurde. Es steht heute unter Denkmalschutz, bloß die Bausünde der 6oer Jahre, die 4-spurige Schnellstraße mit entsprechendem Kahlschlag ließ sich nicht rückgängig machen. Viele Souvenirshops in den niedrigen Fachwerkhäusern, surrende Videos und klickende Kameras, bei

so viel Rummel können einem die Anwohner leid tun.

H. CHR. ANDERSEN HAUS (6): Hans Jensens Stræde 37-45. In Andersens (vermutlichem) Geburtshaus wurde 19o5 (zum 1oo. Geburtstag) das Museum eingeweiht. In den winzigen Räumen (Achtung, bei den Türen Kopf einziehen!) wird seine Entwicklung vom armen Schusterssohn bis zum berühmten Märchendichter gezeigt. Viele Stiche, Bilder, Fotos, Scherenschnitte und Dokumente. Für Kinder ist dieser Teil eher langweilig. Interessanter dagegen die Bibliothek im neuen Museumsbau mit vielen Märchenbüchern in allen Sprachen. Erzählungen auch auf Tonband. Sehenswert die Illustrationen der Andersen Märchen aus der Sicht verschiedener Künstler.

Genügend Zeit einplanen, Beschriftung auch deutsch und englisch, kleine Cafeteria und Verkauf von Büchern und Tonbandkassetten. Offen: Juni bis August tägl. 9-18 Uhr, sonst 1o-16 Uhr. Eintritt 6 DM.

Vis-à-vis des Andersenhaus werden die bekannten Flendsted Mobiles (Uromager=Unruhemacher) verkauft. Der Laden ist an dem dicken Tau zu erkennen, eine Sicherheitsmaßnahme, damit bei soviel Mobile-Unruhe eine gute Verbindung zum Boden bleibt. Unter der großen Mobileauswahl auch Scherenschnitte H. Chr. Andersens. Siehe auch Seite 283.

H. CHR. ANDERSENS KINDHEITSHAUS (13): Munkemøllestræde 3-5. Hier verbrachte Odenses Ehrenbürger seine Kindheit und schrieb seine ersten Stücke. Offen: Juni bis August 1o-17 Uhr, sonst 11-15 Uhr.

Im H. Chr. Andersen-Garten am Fluß steht nochmal der Märchenerzähler in Bronze.

MØNTERGÅRDEN, Overgade 48 nahe Andersenmuseum. In mehreren Räumen des historischen Gebäudes wird das Leben in Odense präsentiert. Stolz des Museums ist die beste Münzsammlung Dänemarks. Offen: tägl. 1o-16 Uhr, Eintritt 5 DM, Kinder 5 DM.

BRANDTS KLEIDERFABRIK (9): Brandts Passage 37-43, Ende Fußgängerzone. Seit 1987 Kulturzentrum mit Austellungen, Museen, Kino und Musikveranstaltungen, ein Teil auch für Boutiquen und Cafés/Restaurant. "Biografen" Kinocafé mit Tischen im Hof und guten hausgemachten Kuchen.

> Die Fabrik entstand 1777 als Färberei, wurde im Laufe von 1oo Jahren zur Kleiderfabrik umgebaut. Es entstanden Spinnerei, Weberei und Walknerei, zur besten Zeit waren hier 35o Arbeiter beschäftigt, bis 1913 auch Kinder. 1977 wurden auch die letzten 7o Arbeiter entlassen, die Kleiderfabrik war pleite. Mit der Eröffnung des Kunst- und Kulturzentrums wurde ein Stück Industriearchitektur bewahrt und ein attraktives Zentrum geschaffen.

In den ehemaligen Fabrikationshallen sind Ausstellungen und Museen in mehreren Etagen eingezogen (Eintritt für alle ca. 1o DM, auch einzeln):

DÄNISCHES DRUCKEREI- UND PRESSEMUSEUM (9): auf 1.ooo qm historische Druckmaschinen seit Erfindung des Buchdrucks, alte

Plakate, Bücher, Zeitschriften etc. In der Abteilung für Druckkunst wird zu bestimmten Zeiten die Herstellung eines Buches nach alten Methoden demonstriert, vom Satz bis zur Bindung. Spannend ist auch die Entwicklung der Presse dargestellt. Offen: Juli bis August täglich 1o-17 Uhr, sonst Di.-So. 1o-17 Uhr. Eintritt 5 DM.

Kunsthalle im obersten Stock: häufig wechselnde Ausstellungen dänischer, aber auch internationaler Kunst, vorwiegend aus dem 2o. Jahrhundert. Gibt gleichzeitig einen guten Eindruck der alten Architektur, auf dem Holzfußboden sind noch die Ölflecken zu sehen, die beim Schmieren der Maschinen entstanden.

MUSEUM FÜR FOTOKUNST (9): ebenfalls in Brandts Kleiderfabrik. Wechselnde Fotoausstellungen. Alles täglich 1o/11-17 Uhr offen. Eintritt 5 DM.

FÜNENS KUNSTMUSEUM (8): Jernbanegade 13, Nordrand der Fußgängerzone. Zeigt neben Kopenhagen die größte Bandbreite dänischer Kunst. Offen: täglich 1o-16 Uhr. Eintritt 4 DM.

GROSSES EISENBAHNMUSEUM (3): Dannebrogsgade 24 beim Bahnhof/Busbahnhof. Im ehemaligen Lokschuppen schön präsentiert. Unter den vielen Oldtimern und historischen Gerätschaften auch der Salonwagen der Königin. Stündlich fährt die Modelleisenbahn; Diashow. Offen: tägl. 1o-16 Uhr. Eintritt 5 DM, Kinder 2,5o DM.

DOMKIRCHE SKT. KNUDS (12): zwischen Rathaus und Klostergarten an der befahrenen Hauptstraße. Äußerlich schlichte Backsteinarchitektur, innen reine Gotik. Sehenswerter Hochaltar mit einer Fülle von Schnitzereien, die Stifterin Königin Christine ließ sich vom bekannten Bildhauer Claus Berg gleich mit verewigen (Anfang 16. Jh.). In der Krypta einige Königsgräber, u.A. Kirchenstifter Knud, der später heilig gesprochen wurde. Vis-à-vis vor dem Rathaus eine Statue Knut des Großen.

DAS RATHAUS (1o), ganz aus Ziegel wurde Ende des 19. Jh. hier erbaut. Zur Saison Führungen: Mo.-Do. um 14 Uhr. Unten Touristenbüro.

Das ODENSE SCHLOSS zeigt sich heute im klassizistischen Gewand, Ursprünge gehen auf ein Johanniterkloster zurück. Schöne Gartenanlage.

AQUARIUM: Roldvej 53, 2o km von Odense entfernt. Hat sich auf die Darstellung des Tier- und Pflanzenlebens im Odense Å (Fluß) und im Fjord spezialisiert. Offen tägl. 1o-18/19 Uhr.

ALBANI BRAUEREI, die einzige der Insel. Auf der anderen Seite des Odense Å, immer dem Geruch nach.

Museen außerhalb des Zentrums

Carl Nielsen steht sehr im Schatten H. Chr. Andersens. Er hat sich als Komponist einen Namen gemacht. Mehr über sein Leben im CARL NIELSEN MUSEUM (4), Claus Bergs Gade 1, offen täglich 1o-16 Uhr.

In Årles, 12 km außerhalb sein Jugendhaus, Odensevej 2A. Offen Mai bis August tägl.11-15 Uhr.

FREILICHTMUSEUM (15) (Den fynske Landsby): Etwas südlich vom Zentrum wurden über zwei Dutzend Häuser Fünens zu einem Dorfmilieu des 18./19. Jahrhunderts zusammengetragen. Typische Fachwerkhäuser mit tief heruntergezogenem Strohdach, eine Windmühle, Pfarrhof und Schulgebäude, wie es damals üblich war. Im Sommer gar nicht so museal wie herkömmliche Freilichtanlagen, dann weiden vor den Häusern die Kühe und Ziegen, wird in den alten Handwerksbetrieben kräftig gewerkelt, Holzschuhe "geschnitzt" oder das Korn mit der Hand gemäht.

Picknickkorb mitbringen und einen halben Tag einplanen. In der Cafeteria auch kleine Gerichte und Getränke, Restaurant.

Offen: Mitte Mai bis Mitte August täglich 1o-19 Uhr, April/Mai und Sept./ Oktober täglich 1o-17 Uhr. Sonst nur So. Eintritt 6 DM, Kinder 1 DM.

Zufahrt: am südlichen Richtung Autobahn, Sejerskovvej, oder Autobahnausfahrt 51. Bus Nr. 2 ab Zentrum.

HOLLUFGÅRD: Kulturzentrum auf dem Gelände des Herrensitzes. Der sogenannte "Oldtidsweg" spiegelt das Leben von den Wikingern bis zur Steinzeit wider, die einzelnen Häuser nach archäologischen Erkenntnissen rekonstruiert. Zusätzliche Infos im Museumskomplex.

Hinter dem Herrenhaus ein Golfplatz, Spielplatz für Kinder, Bildhauer in Aktion, Ausstellungen etc. - Unterschiedliche Öffnungszeiten, Info im Touristenbüro. - Adresse: Hestehaven 2o1, Zufahrt entweder Autobahnausfahrt Nr. 5o oder ab Zentrum nach Süden Richtung Autobahn, vor Auffahrt in den Hestehaven links ab. Bus Nr. 81.

EUROPÆISK AUTOMOBILMUSEUM, Fraugdekærbyvej 2o3. Erlesene Oldies aus den 5oer Jahren sindhier ausgestellt. 8o Modelle aus ganz Europa sind hier zu sehen. Offen: Ende Juni bis Mitte August tägl. 1o-17 Uhr, Mitte April bis Sept. So. 1o-17 Uhr. Eintritt 1o DM, Kinder 5 DM.

ODENSE ZOO (14): quer durch die internationale Fauna, auch Rentiere und Polarfuchs zu sehen. Streichelzoo für Kinder, Spielplatz und viele Blumenanlagen. Der Tierpark liegt im Süden direkt am Ufer des Odense Å, Sdr. Boulevard 32o, Bus Nr. 13 oder 31. Offen: Mai bis August 9-18 Uhr, April/September 9-17 Uhr, sonst bis 16 Uhr.

Fahrt im Veteranenzug nach Nyborg und retour, an bestimmten Tagen im Juli. Rückfahrkarte 15 DM, gilt auch für das Museum.

Bootsfahrten auf dem Fluß zur Hauptsaison täglich, Info im Touristbüro.

 Rund ein Dutzend Hotels, im Zentrumsbereich:
"**Hotel H.C. Andersen**", Claus Bergs Gade 7. Am Rande der Altstadt. Moderner großer Backsteinkomplex, insgesamt 32o Betten,

mehr als Geschäfts- und Konferenzhotel gedacht. Vergünstigte Sommerpreise, dann DZ 15o DM.

"**Grand Hotel**", Jernbanegade 18, sehr zentral. Traditionell und teuer. Zimmer alle mit "Privatbad" bzw. Dusche, Telefon und TV selbstverständlich. Im Restaurant gehobenes Preisniveau. DZ ab 25o DM.

Weitere Hotels nahe Bahnhof:

"**Ansgar Missionshotel**", østre Stationsvej 32. 83-Betten-Hotel, alle Zimmer mit eigenem Bad. DZ ca. 13o DM.

"**Odense Plaza Hotel**", ebenfalls vis-à-vis Bahnhof. Modernes Geschäftshotel, 1o5 Zimmer mit eigenem Bad. DZ ab 24o DM.

"**Ydes Hotel**", Hans Tausens Gade 11, Seitenstraße zum Bahnhof. Eines der preiswerteren Hotels, teilweise Zimmer ohne Dusche, DZ ab 9o DM.

Vandrerhjem, etwas süd-östlich des Zentrums, Kragsbjergvej 121, Bus Nr 6. Als Jugend- und Familienunterkunft gedacht. Offen: Mitte Februar bis Dezember.

 ** Odense Campingplads: Odensevej 1o2, südlich vom Zentrum, Bus Nr 1. Trotz Stadtrandlage sehr schön am Waldrand und nahe Freilichtmuseum gelegen. Großer Platz, doch durch Büsche und Hecken unterteilt. Einkaufsmöglichkeit, Spielplatz und Fahrradverleih. Vermietung von Campinghütten, als preiswerte Hotelalternative, speziell für Familien ohne Komfortansprüche. 225 Stellplätze. Offen: April bis Ende Oktober.

"DEN GAMLE KRO", anno 1683, Overgade 23, seitlich Hauptstraße. Museal und urgemütlich. Gute Smørrebrødkarte, abends delikates Menü, aber teuer.

"GRØNTORVET", am Sortebrødre Torv, nahe H. Chr. Andersenhaus. Café/Bistro mit großem Billard, ab und zu Livemusik.

"UNDER LINDETRÆET", Ramsherred 2, vis-à-vis Andersenhaus. Renommiertes Restaurant, urgemütlich im niedrigen Fachwerkhaus, gußeiserner Kamin, viel Kupfer zur Dekoration. Lage und Ambiente bringen ein gehobenes Preisniveau mit sich. Der alte Aushänger erinnert noch an die "Roggenbrotbäckerei".

"DEN GRIMME ÆLLING", Hans Jensens Stræde 1, Fußgängergasse seitlich der Hauptstraße. Der Name "das häßliche Entchen" soll Verbindung zu H.Chr. Andersen herstellen. Buffet mit Salaten, Gemüsen und verschiedenen Fleischsorten. Preislich um 25 DM.

"RAADHUSKÆLDEREN", Vestergade 17. Günstiges Preis- Leistungsverhältnis. Frokost bis 15 Uhr.

"CAFE BIOGRAFEN", Brands Passage 39-41. In der ehemaligen Kleiderfabrik. Beliebter Treffpunkt in Odense, vor oder nach dem Kino, bistroartig, im Sommer auch Tische im Freien. Gute Kuchen, kleine Gerichte.

Vintapperstræde: In der schmalen Gasse seitlich der Shoppingmeile dominieren die Cafés und nicht die Geschäfte. Hier sitzt man entsprechend ruhig im Freien bei Kaffee oder einem kühlen Bier. In manchen Lokalen werden mittags kleine Gerichte serviert, u.a. auch vegetarisch.

Restaurant "BRANDS", in den Räumlichkeiten der einstigen Kleiderfabrik, Brands Passage. Modern eingerichtet. Mittags leckeres Buffet, abends à la carte.

AM ABEND

Das JAZZHUSET DEXTER (Vindegade 65) ist für Freunde der Jazzmusik ein unbedingtes Muß. Benannt wurde es nach dem legendären Tenorsaxophonisten Dexter Gorden, der in Odense sein zweites Zuhause fand. Am Wochenende Jam Session.

Verbindungen

 **Zug**: -> Nyborg und Kopenhagen etwa stündlich.
-> Fredericia und Frederikshavn ca. 6 x tägl., Wochenende seltener. Auch Nachtzüge. Mit Umsteigen in Aalborg häufiger.
-> Fredericia, Kolding wochentags etwa stündl., Wochenende seltener.
-> Flensburg mehrmals täglich, Wochenende seltener.

 **Bus**: -> Assens mindestens jede Std., dauert 6o Min.
-> Fåborg stündl. via Korinth, Sa./So. seltener. Dauert 5o Min. und stündlich via Nr. Broby.
-> Svendborg über Ringe 7 x tägl. Wochenende seltener.
-> Svendborg über Ørbæk etwa jede Stunde, Wochenende seltener. Dauert 1 1/2 Std.
-> Nyborg alle halbe Stunde bis stündlich, dauert eine knappe Stunde.
-> Kerteminde werktags alle 1/2 Stunde, Wochenende seltener. Dauer 45 Min.
-> An die Nordküste über Otterup, Hasmark, Flyvesandet zur HS 4 x tägl.
-> Bogense werktags alle 1-2 Std. nur bis zum frühen Abend, Wochenende stündlich. 45 Min.
-> Fredericia über Middelfart, Vissenbjerg 6 x werktags, Wochenende 2 x täglich, dauert knapp 1 1/2 Std.
-> Über Langeland nach Nyköbing F. 9 x tägl., Sa. 4 x tägl.

✦Kerteminde   (4.ooo Einw.)

Lebhaftes Küstenstädtchen mit dem größten Jachthafen Fünens. Gute Badestrände und einige interessante Sights machen Kerteminde zu einem lohnenden Urlaubseck. Während die Stadt früher überwiegend von Handel und Fischerei lebte, nehmen sich die Fischkutter heute eher

bescheiden neben den dänischen, deutschen und englischen Jachten aus.
Im Zentrum pittoreske Häuserzeilen, z.b. in der Fiskergade. Die winzigen
und liebevoll gepflegten Häuschen sind heute noch bewohnt, das Platz-
problem löste jeder ganz unterschiedlich, wie man an den diversen Anbauten im Garten sehen kann.

 Strandgade 1 B, 53oo Kerteminde. Tel. 65 32 11 21, Fax: 65
32 18 17. Hier auch Vermittlung von Ferienwohnungen,
Booten, Fahrrädern, Tennisplätzen. Offen: Mitte Juni bis Aug.
Mo.-Fr. 9-17 Uhr, Sa. 9-13 Uhr. Sonst Mo.-Fr. 9-16 Uhr.

<u>Fahrradvermietung</u>: Amanda Cykler, Hans Schacksvej 5.

Post <u>Post</u>: Strandvejen. Offen: Mo-Fr 1o-17 Uhr, Sa 1o-12 Uhr.

<u>**Geschichte**</u>: Kerteminde war im 16. Jh. Fünens drittgrößte Stadt und konnte sich im-
merhin zwei Bürgermeister und vier Ratsherren leisten. Dank seiner günstigen Lage am
Meer, das hier fast nie vereist, war es Hafen für das 2o km entfernte Odense. Haupt-
exportgüter: Getreide nach Norwegen und England, später auch Holz. Zu der Zeit wurden
im Jahr z.B. 1o.ooo Tonnen Getreide (in Form von Malz) allein nach Norwegen verschifft. Die Schwedenkriege (1657-6o) beendeten dann den Aufschwung; die Stadt und
ein Großteil der Handelsflotte wurden zerstört.

Das endgültige wirtschaftliche Aus kam 168o, als Odense eine Kanalverbindung zum
Meer erhielt und Kerteminde als Hafen überflüssig wurde.

<u>HØKEREN</u>, Trollegade. Ein musealer Kramladen im Fachwerkhaus aus
dem 18. Jh. Liebevoll wieder instand gesetzt; hier kann man Atmosphäre
der Jahrhundertwende schnuppern und Spielzeug, allerlei Kram, Bon-
bons, Salzheringe aus dem Faß und vieles andere kaufen. Offen: Juni bis
August Mo.-Fr. 1o-17:3o Uhr, Sa. 1o-13 Uhr.

<u>STADTMUSEUM</u> im roten Farvergården, Langegade 8. Das schönste
Fachwerkhaus der Stadt (163o) gehörte zuletzt dem Färber Hinke. Nett
gemacht; es zeigt die Einrichtung einer Bauernstube, Küche, einer Bürger-
stube Mitte des letzten Jahrhunderts. Historische Fotos zur Stadtentwicklung, eine Fischereiabteilung, altes Kinderspielzeug und unter dem Dach
verschiedene Handwerkszünfte. <u>Offen</u>: März bis Oktober 1o-16 Uhr.
Eintritt 2,5o DM.

<u>SCHWANENMÜHLE</u> (1853) am Nordrand der Stadt, Møllebakken.
Ganz idyllisch steht die letzte der drei Windmühlen von Kerteminde
(17./18. Jh.) neben einem Kartoffelfeld und überragt heute kaum mehr die
Bäume. Sehr gut in Schuß und funktionsfähig. Den Namen verdankt sie
ihrem Wetter"hahn" in Schwanengestalt. Sie gehörte bis zuletzt dem Maler
J. Larsen, der gegenüber lebte.

<u>JOHANNES LARSEN MUSEUM</u>: Der Sohn eines Kaufmanns gehört zu
den bedeutendsten Malern Fünens. Johannes Larsen (1867-1961) wohnte

und malte auf dem Møllebakken. Heute noch strahlen die Räumlichkeiten die besondere Atmosphäre aus. Seine Frau malte das Wohnhaus aus, das zusammen mit der Kunstausstellung zu besichtigen ist. Larsen hatte sich auf die Tiere und Landschaften der Umgebung spezialisiert. Im Museum erfährt man auch, daß er H. Chr. Andersens Märchen Das häßliche Entlein illustrierte. Die Kinder können selber zum Buntstift greifen, während die Eltern in Ruhe die Gemälde betrachten.
<u>Offen</u>: täglich Juni bis August 1o-17 Uhr, März bis Oktober täglich außer Mo. 1o-16 Uhr.

<u>LADBY SCHIFF</u>: das einzige Wikingerschiffsgrab in Dänemark ca. 5 km südwestlich von Kerteminde. Ideal als kleine Fahrradtour. Beschildert als "Vikingeskibet". <u>Offen</u>: tägl. Mitte Mai bis Mitte September 1o-18 Uhr, sonst 1o-16 Uhr. 5 DM Eintritt. <u>Busverbindung</u> ab Kerteminde, im Hochsommer auch per Boot.

Unter dem kleinen Hügel wurde 1935 der sensationelle <u>Grabfund</u> eines Wikingerhäuptlings gemacht, der ca. 95o n. Chr. in seinem 21,6o m langen und ausgesprochen manövrierfähigen Kriegsschiff bestattet wurde. Wenn auch das Schiff in den 1.ooo Jahren verrottet ist und sein Skelett noch zur Wikingerzeit geraubt wurde, sind die Grabfunde enorm: elf Pferde, fünf Hunde, Kleider, Schmuck und Waffen konnte der Mann nach Walhall mitnehmen, ebenso einen gewaltig großen Anker. Gegenstände im Nationalmuseum Kopenhagen.

"**Hotel Tornøes**", Strandgade 2, am Hafen/Brücke. Das traditionsreiche Hotel wurde 1987 modern erweitert. 27 freundliche Zimmer teils mit Hafenblick. Restaurant. DZ inkl. Frühstück ca. 12o DM.

Jugendherberge, Skovvej 46, ca. 7oo m vom Zentrum über die Brücke. Moderne Jugendherberge. 12o Betten in 2er und 4er Zimmern mit Bad/WC. Gemütlicher Aufenthaltsraum, Gästeküche, auch Mahlzeiten erhältlich, Waschmaschine. Zum Südstrand ca. 3oo m.

*** <u>Kerteminde Camping</u>: 1,5 km nördlich am Nordstrand, doch durch die Straße vom Meer getrennt. Großer ebener Rasenplatz, gut windgeschützt. Waschmaschine, Aufenthaltsraum, Vermietung von Campinghütten. 215 Stellplätze. Offen: Mitte April bis Anfang/Mitte September.

Weitere Campingplätze auf der Halbinsel Hindsholm.

Fischrestaurant "<u>RUDOLF MATHIS</u>": In sehr schöner Lage direkt am Hafen. Großzügige Fensterfront, modernes Interieur. Top-Fischrestaurant zu Top-Preisen. Fisch in allen Varianten von der Scholle, Lachs, Steinbutt bis zu Krustentieren. Das 3-Gang-Fischmenü liegt bei ca. 7o DM. Montag zu.

"<u>MARINAEN CAFETERIA</u>": am Nordende des Jachthafens. Blick übers Meer und die ankommenden Jachten. Terrasse. Innen ziemlich groß ohne Schnörkel, zivile Preise.

Pizzeria "RISTORANTE FIRENZE": Trollegade 2. Gut besuchtes Lokal.
Pizzen ab 15 DM, auch Pasta, Fleisch und Fisch.

 Nordstrand: breiter, langer Sandstrand mit Wiesen-
streifen anschließend an den Jachthafen. Feiner Sand
BADEN mit Muscheln durchsetzt. Kinderspielgeräte.

AUSFLÜGE
HOCHSEEANGELN zur Hochsaison mit der "TUT" ab Hafen. Täglich
außer Montag bei genügender Beteiligung ca. 25 DM/Person ca. 7 Stunden. Seefest sollte man schon sein!

Tagestour zur waldigen INSEL ROMSØ. Zur Hochsaison zweimal/Wo-
che Bootsfahrt mit Picknickstop und Fototermin beim Damwild.

SCHLOSS ULRIKSHOLM in Kølstrup ca. 8 km westlich von Kerteminde. Der ziegelrote Herrensitz wurde 1636 von Christian IV. im Renaissancestil für einen seiner Söhne erbaut. Schöner Treppenturm.

RYNKEBY KIRCHE (13. Jh.), ca. 8 km südlich, zeigt eine Rarität:
Renaissancefresken (im Gewölbe), die 32 musizierende Engel jeweils mit
anderen Instrumenten darstellen. Noten brauchen Engel natürlich nicht!
Busverbindung.

Bus: Busterminal am Hafen/Zentrum.
-> Odense werktags alle 1/2 Std.; Sa./So. stündlich.
Dauert 45 Min. -> Nyborg etwa stündlich. Sa./So. 2-3 x
täglich. Dauert 3o Minuten. -> Halbinsel Hindsholm (Kors-
havn) werktags alle 1-2 Std. -> via Dalby, Wochenende 3-4 x täglich.
Wikingerschiff Ladby werktags 9 x tägl., Wochenende 1-2 x tägl.

✱ Halbinsel Hindsholm (ca. 25 km lang)
Landschaftlich sehr wellig mit weiten Feldern, die Nordspitze Fyns Hoved
steht unter Naturschutz. Stattliche Höfe mit fotogenen Rieddächern in
Hülle und Fülle. Schön als Fahrradtour realisierbar, auch per Bus ab Kerteminde. An Stränden und Bademöglichkeiten gibt es allerdings Besseres.

VIBY: Weiler mit ausgesprochen hübschen Fachwerkhäusern, die heute
noch bewohnt und super in Schuß gehalten sind.

Am Ortsrand steht die Viby-Windmühle, eine der schönsten Fünens. Die
Mühle des holländischen Typs entstand Mitte des 19. Jahrhunderts, als
Windmühlen Hochkonjunktur hatten (bessere Effektivität) und die
Wassermühlen ablösten. In den 8oer Jahren wurde sie liebevoll restauriert;
an manchen Tagen wird sie wieder in Betrieb genommen. Besichtigung
möglich: nachmittags. Geringer Eintritt.

In dem WEILER MÅLE steht eine Drehmühle, die per Pferd angetrieben wurde.

BØGEBJERG STRAND: langer, schmaler Streifen aus wenig Sand und vielen Steinen und Tang. Seichtes Wasser. Parallel dazu zieht sich eine Reihe Ferienhäuser.

*** Bøgebjerg Strand Camping: einige Kilometer von Viby entfernt fast direkt am Meer. Ganz ruhig gelegener Wiesenplatz mit gutem Windschutz. Zum Strand fällt das Terrain leicht ab, so daß viele Plätze Blick übers Meer haben. Viele Dauerstellplätze. Einkaufsmöglichkeit, Waschmaschine, Aufenthaltsraum, Hüttenvermietung, Fahrradverleih. 27o Stellplätze. Offen: April bis Mitte Sept.

MÅRHØJ JÆTTESTUE: das größte Ganggrab Fünens, ca. 3.ooo v. Chr. Erst 1868 wurde das 1o m lange Ganggrab in dem Hügel entdeckt. Wahrscheinlich ein Gemeinschaftsgrab, in dem schon mal Grabräuber zugange waren. Vorsicht, der 7 m lange Zugang ist sehr niedrig. Unbedingt Taschenlampe mitnehmen, sonst sieht man überhaupt nichts. Zufahrt: 8oo m nördlich von Martofte abseits der Straße (beschildert).

An der NORDSPITZE FYNS HOVED enden die grünhügeligen Ausläufer in 25 m hohen Klippen und einem lagunenartigen Becken nach Osten. Das ideale Terrain für Vögel wurde unter Naturschutz gestellt. Schöner Spaziergang (knappe Stunde) einmal um den Kopf herum mit Blick nach Jütland und Seeland und den starken Schiffsverkehr im Großen Belt. Ein schönes Eck zum Angeln oder Baden am Kiesstrand.

*** Camping Fyns Hoved: Außer dem Campingplatz und ein paar Ferienhäuschen tut sich hier oben nicht viel. Rundherum Natur. Das teils wiesige, teils sandige Areal erstreckt sich fast über die ganze Breite. Hecken strukturieren den Platz am Waldrand. 183 großzügig bemessene Stellplätze. Waschmaschine, Einkaufsmöglichkeit, Aufenthaltsraum, Angelmöglichkeit, Minigolf. Ganzjährig offen. Busverbindung.

✦ Nyborg (18.5oo Einw.)

"Ein- und Ausstieg" zu Fünen. Seit Jahrhunderten ein zentraler Verkehrspunkt am Großen Belt und auf dem Handelsweg zwischen Jütland und Seeland. Heute eine lebhafte Hafen- und Fährstadt und wichtiger Bahnhof an der IC-Strecke nach Kopenhagen. Durch die neue Beltbrücke wird Nyborg wohl mehr zu einer Transitstadt werden.

Touristisch hat die Stadt einiges zu bieten: das alte Schloß mit Wallanlage, ein wie immer interessantes Stadtmuseum und einige Herrenhöfe in der näheren Umgebung. Obwohl Nyborg auch als Badeort Reklame macht (denn mit dem Aushub der neuen Beltbrücke wurde ein neuer breiter

Strand aufgeschüttet), gibt es für längere Badeferien idyllischere Plätze auf Fünen.

 Torvet 9, 58oo Nyborg. Tel. 65 31 o2 8o, Fax: 65 31 o3 8o. Offen: Mo.-Fr. 9-17 Uhr, Sa. 9-12 Uhr.

<u>Fahrradverleih</u>: z.B. Cykellageret, Vestergade 28.

 <u>Post</u>: Dronningensvej 7.

<u>Geschichte</u>: Die zentrale Lage machte Nyborg schon früh zu einem wichtigen Zentrum. Zum einen lag es am Schiffahrtsweg Storebælt, zum anderen an den Handelswegen zwischen Jütland und Seeland. Schon 117o stand hier die erste Burganlage, die zusammen mit einer Bastion auf der Insel Sprogø und Korsør den hier über 2o km breiten Belt vor wendischen Seeräubern schützen sollte. Erst mit der Eroberung des wendischen Zentrums auf Rügen war die Gefahr gebannt. Mehr als 2oo Jahre lang (12oo-1413) war Nyborg Hauptstadt des dänischen Reiches, das damals auch Schonen (Südschweden) umfaßte. Im Schloß wurde zur Sommersonnenwende der Reichstag Danehof abgehalten (siehe Schloß).

Relativ früh 1271 erhielt Nyborg Stadtrechte und Privilegien und nahm durch den geschützten Hafen Aufschwung. Zu verschiedenen Zeiten residierten hier die Könige, 1481 wurde König Christian II. im Schloß geboren. Der Schwedenkrieg 1658-6o führte zu einem Niedergang der Stadt. Nach den Schwedenkriegen wurden Festung und Wälle verstärkt, das Schloß aber nicht mehr bewohnt. Im 17.-19. Jh. klingelten die Stadtkassen, als man im Großen Belt Zoll erhob. 1798 zerstörte ein Stadtbrand große Teile des Zentrums, das danach relativ rechtwinkly wiederaufgebaut wurde. Garnisonstadt bis 1913.

NYBORG SCHLOSS: Die mittelalterliche Burg mit schönen Wassergräben ist Hauptattraktion der Stadt. Jedoch nur ein Flügel im Westen (aus dem 13.-16. Jh.) und der Knudsturm (Donjon) sind erhalten. Das Modell im Rittersaal läßt den wehrhaften Charakter der einst vierflügligen Anlage (Eingang) ahnen. Im Schloß wurde 2oo Jahre lang Politik gemacht (12oo-1413), 25 Danehöfe (Reichstage) fanden hier statt, auf denen Gesetze beratschlagt und verabschiedet wurden und 1282 eine Verfassung (Handfeste) erlassen wurde. Ein Versuch König Erik Klippings, seine Opposition im Lande zu beschwichtigen. Trotzdem wurde er vier Jahre später von der Opposition ermordet.

Im Rittersaal, in dem im Sommer <u>Konzerte</u> gegeben werden, biegen sich die schweren Eichenbalken unter der Last des ersten Stocks, in dem u.a. der Wohntrakt der Könige lag. Seit dem 17. Jh. wurde das Schloß nicht mehr bewohnt und Teile der Burg als Steinbruch für das Schloß von Odense benutzt. Die großen hohen Säle mit einigen sehr kunstvollen Eichenmöbeln (16./17.Jh.) bestückt; gelegentlich Ausstellungen, kleine Waffen-/Rüstungsabteilung. Interessante geometrische Wanddekoration.

<u>Offen</u>: März bis Oktober 1o-15 Uhr, Juni bis August bis 17 Uhr. Außerhalb der Saison Mo. geschlossen. <u>Eintritt</u> 5 DM.

Auf den <u>Festungswällen</u> kann man schön spazierengehen.

<u>LANDPORTEN</u>: das enorm lange (4o m) Stadttor wurde 1660 als einziger Landzugang zur Stadt erbaut. An den Zapfenstreich um 22 Uhr erinnert noch heute das Glockenläuten um 21.45 Uhr.

<u>STADTMUSEUM</u> im Mads Lerche Gård, das repräsentative Bürgermeisterhaus von 16o1, Slotsgade 11. 2oo m vom Schloß entfernt. Lohnt! Gibt Einblick in Alltag und Leben einer reichen Kaufmannsfamilie; der plüschige, etwas abgeschabte Bürgermeisterstuhl ist noch erhalten. Das schöne Fachwerkhaus ist bis oben hin mit Mobiliar, Hausrat und verschiedensten Exponaten vollgestopft u.a. alte Puppenstuben, eine Hutsammlung, Spinnräder, Utensilien zur Hausbrauerei oder Stiche der Seeschlacht von Nyborg (1659). <u>Offen</u>: März bis Oktober tägl. außer Mo. 1o-15 Uhr, Juni bis August bis 17 Uhr. 2,5o DM Eintritt.

<u>KREUZBRÜDERHOF</u> von 1396 in der Adelgade neben der gotischen Liebfrauenkirche. Die Herberge war eine Filiale des Klosters Antvortskov auf Seeland. Original erhaltene gotische Kellergewölbe.

 "**Hotel Nyborg Strand**", Østerøvej 2. 1,5 km vom Zentrum, großes 5oo Betten Konferenzhotel mit Hallenbad, Sauna, Bar, Restaurant etc. direkt am Strand. Unterschiedlich ausgestattete Zimmer, teils mit Balkon, viele mit Meerblick, alle mit TV. Ermäßigter Sommerpreis DZ mit Frühstück ab 145 DM.

"**Missionshotel**", Østervoldgade 44, zentral gelegen, 3oo m vom Bahnhof. 47 Betten. Ordentliche Zimmer ab 1oo DM.

"**Hotel Hesselet**", Christianlundsvej 119. Komfortables Hotel der oberen Preisklasse. 46 Zimmer, DZ ab 3oo DM.

Jugendherberge, Havnegade 28. Recht zentral, aber nicht sehr schön gelegen, nahe Hafen, Eisenbahn und Straße. Gut an dem markanten Aussichtsturm zu erkennen. Innen zweckmäßig, 88 Betten in 4er Zimmern mit Bad/WC. Mahlzeiten, Kochgelegenheit, Waschmaschine. Ganzjährig offen.

*** <u>Nyborg Camping</u>: Stadtcampingplatz etwa 3 km vom Zentrum Richtung Brücke. Stark frequentiert. Vom Strand nur durch die Bäume getrennt, aber kein Blick. Außerdem dringt der Straßenlärm ziemlich durch. Sehr gute Sanitäranlagen, Waschmaschine, Laden, Aufenthaltsraum mit TV. Campinghütten. 25o Einheiten. Offen: April bis Mitte September.

*** <u>Grønnehave Camping</u>: 6 km nördlich nur durch einen Grünstreifen zum Strand. Spielplatz, Aufenthaltsraum, Waschmaschine, Einkaufsmöglichkeit. 15o Stellplätze. Offen: April bis Mitte September.

Weitere Camps weiter südlich an der Ostküste. Siehe Seite 3o3.

"DANEHOFKROEN" beim Schloß. Bei gutem Wetter sitzt man schön auf der Terrasse neben dem Schloß, unterschiedlich große Räume, Fensterplätze mit Blick in den Wassergraben. Tages-gericht um die 2o DM, Abendmenü ab 35 DM. Montags geschlossen.

"ØSTERVEMB", Mellemgade 18 im Zentrum. Gepflegt, etwas schumm-rige Beleuchtung. Mittags und abends ist immer was los. Mittlere Preise, auch kleinere Gerichte.

AUSFLÜGE

HOLCKENHAVN SCHLOSS am südlichen Stadtrand Richtung Svend-borg. Der Park des Renaissanceschlosses (15./16. Jh.) ist Dienstag und Samstag nachmittags fürs Publikum geöffnet.

GUT HINDEMÆ: 12 km westlich. Lohnt nicht nur für Antiquitätenfans. Die Räume des klassizistischen Herrenhauses von 1787 sind mit groß-artigen Tapeten aus Pariser Werkstätten dekoriert. Wer über ein stattliches Sümmchen auf seinem Bankkonto verfügt, kann gleich die gesamte Ein-richtung erwerben, denn alle Gegenstände gehören zur größten Kunst-und Antiquitätenausstellung Dänemarks. Der Eintritt wird dann auf den Kauf angerechnet. Doch auch bei kleiner Reisekasse läßt sich hier etwas finden. Offen tägl. außer Mo. 11-17 Uhr, Eintritt 5 DM.

SCHLOSS GLORUP und HESSELAGERGÅRD siehe Seite 3o2.

Verbindungen ab Nyborg

Fährverbindung: Nyborg-> Korsør (Eisenbahnfähre) stündl. Überfahrt, befördert Personen, Fahrräder, Mopeds, und Motorräder. Personenpassage einfach 15 DM. Überfahrt ca. 1 Std.

Knudshoved-> Halsskov: Die großen Fähren sind im Pendelbetrieb im Einsatz. Etwa alle 4o Min., 6o Min. Überfahrt. Person ca. 7 DM. Pkw inkl. 5 Personen ca. 55 DM. Bei Platzbestellung teurer. Längenzuschlag ab 6 m, Höhenzuschlag ab 1,95 m.

Zug: Bahnhof ca. 6oo m zum Zentrum. Nyborg liegt an der IC-Strecke nach Kopenhagen. Züge nach Odense stündlich, dauert 2o Min. Nach Kopenhagen stündlich; dauert 2 1/4 Std.

Busse: Nach Odense alle halbe bis alle Stunde. Dauert eine knappe Stunde. Nach Kerteminde etwa stündlich. Nach Svendborg jede Stunde, dauert 45 Min.

BRÜCKENBAU ÜBER DEN GROSSEN BELT:

DAS GRÖSSTE DÄNISCHE BAUPROJEKT IM 2O. JAHRHUNDERT

Für Dänemark wurde mit dem Brückenbau die wichtigste Verbindung in Angriff genom-men zwischen der Hauptstadt auf der dichtbesiedelten Mutterinsel Seeland (die Inseln

Falster, Møn und Lolland sind bereits angeschlossen) und dem westlichen Teil des Landes, in dem ebenfalls 2,5 Mio. Menschen wohnen.

Der Storebælt wird durch zwei Brücken überspannt, die <u>Insel Sprogø</u> etwa in der Mitte dient als Landstützpunkt. Die 6,6 km zwischen Knudshoved und Sprogø werden durch eine 18 m hohe Doppelbrücke überwunden, vier Spuren für die Autobahn plus zwei Gleis-Trassen. Im östlichen Teil (Sprogø-> Halskov) teilt sich der Verkehr: Der Schienenverkehr wird 1o-4o m unter dem Meeresboden durch zwei Tunnelröhren geleitet (8 km), - die Autobahn führt dagegen weiter über die Stelzen-Hängebrücke, die hier max. 65 m Durchfahrtshöhe für die Schifffahrt besitzt.

1988 begannen die Bauarbeiten auf beiden Seiten. Fertigstellung der Bahnverbindung war für 1993, der gesamten Brücke und damit der Straßenverbindung 1996 geplant. Wassereinbruch in den Tunnel und andere Schwierigkeiten haben die Bauarbeiten enorm verzögert und die Brücke wurde 1997 für den Bahnverkehr, 1998 für den Straßenverkehr eröffnet. Finanziert wurde der Bau aus dem Staatssäckel, aber auch durch eine Brückenmaut.

Anschluß Insel Seeland siehe Seite 386.

Nyborg entlang der Ostküste Fünens –> Svendborg (ca. 35 km)

Die Hauptroute führt parallel zur Küste nach Süden. Einige Stichstraßen zweigen von der Nr. 163 ans Meer ab zu 1/2 Dutzend Campingplätzen und kleinen Feriensiedlungen.

<u>GLORUP SCHLOSS</u>: ca. 14 km südlich von Nyborg (Abzweig bei Langå nach Westen). Das Schloß wurde im 18. Jh. barock verändert und ist in Privatbesitz, der schöne Park ist für die Öffentlichkeit zugänglich.

<u>DAMMESTEN</u>: an der Straße Nr. 163, ausgeschildert. Die Straße endet nach ca. 2 km bei einem 12 m großen Felsbrocken, der in der Eiszeit aus Norwegen hier abgelagert wurde. Poetischere Gemüter halten sich vielleicht lieber an die Sagenerklärung zu dem 1.ooo t schweren Findling, siehe Tafel. Picknickbank.

<u>HESSELAGERGÅRD</u>: malerisch gelegener Herrensitz aus dem 16. Jh. mit ungewöhnlichen runden Giebeln, wohl venezianisch angehaucht. Das Schloß mit Wassergraben und schönen Teichrosen ist Privateigentum, aber sehr gut von der Straße sichtbar. Nur an wenigen Tagen im Jahr zugänglich.

<u>LUNDEBORG</u>: idyllischer kleiner Fischerhafen mit einigen Liegeplätzen für Jachten. Das alte Fachwerkhafengebäude von 1863 dient jetzt den Fischern als Rumpelkammer. Wenn man Glück hat, kann man fangfrische Flundern direkt ab Boot erstehen.

Langer und kinderfreundlicher <u>Sandstrand</u> mit Muscheln und reichlich Tang; ganz seicht ins Wasser.

Einige <u>Cafés</u> und <u>Restaurants</u> in der Siedlung, ebenso Bank und Laden.

Zwei schön gelegene Campingplätze am Strand:

*** <u>Camping Ny Lundeborg Strand</u>: sehr gepflegt und durchdacht. Hecken teilen die Parzellen ab und geben Windschutz. Sanitäranlagen mit Kinderwaschbecken, Kochgelegenheit, Waschmaschine, Trockner etc. Überwiegend Dauercamper. Die schönsten Plätze in erster Reihe überm Strand mit weitem Blick übers Meer nach Langeland und auf den Schiffsverkehr. 6o Stellplätze. Offen: Mitte April bis Mitte Sept.

*** <u>Lundeborg Strand Camping</u>: ca. 5oo m weiter in ähnlicher Lage. Doppelt so groß. Campinghütten zu mieten. Laden. Offen: Mitte April bis Mitte September. Einkaufsmöglichkeit.

Von Lundeborg in 1o km nach Svendborg. Alle Details zu Svendborg, Insel Langeland und Ærø siehe ab Seite 313.

DAS KÖNIGSHAUS: Im Hinterland bei Gudme machten Archäologen 1993 einen sensationellen Fund, der die Geschichte Dänemarks neu schreiben könnte. Sie legten die Fundamente eines Langhauses frei, das 5o m mißt und in die Zeit von 2oo-4oo nach Chr. datiert wird. Die Historiker sind davon überzeugt, daß es sich bei den Ausgrabungen mit großen Gold- und Silberfunden um eine reiche, gut organisierte Gemeinde handelte. Vielleicht war es das Haus eines Königs, der noch lange vor den Wikingern herrschte.

Die einstigen Pfostenlöcher sind heute durch Eichenstümpfe gekennzeichnet. Schon bei früheren Grabungen wurden in diesem Gebiet 1,2 kg Silber und Gold in Form von Schmuck aus der Erde geholt. Der größte Friedhof Dänemarks mit über 2.ooo Gräbern und der Hafen bei Lundeborg unterstreichen die Bedeutung dieser Region in vorwikingischer Zeit.

<u>Zufahrt</u>: Von Lundeborg über den Herrensitz Broholm nach Gudme. Die Ausgrabungsstätte befindet sich am Ortseingang.

Südfünen

Die Südhälfte Fünens ist abwechslungsreicher als der Norden. Von Middelfart (siehe Seite 281) in 35 km nach Assens am Kleinen Belt.

Die Strecke verläuft durch leicht wellige Landschaft an Korn und Rapsfeldern vorbei. Sehr schön zum Radfahren auf abgelegenen Straßen (beschilderte Radstrecken).

Ein Abstecher lohnt zum Herrensitz <u>WEDELLSBORG</u> auf der Halbinsel am Kleinen Belt. Der größte Herrensitz der Insel ist innen nicht zu besichtigen, doch bei einem Rundgang durch den Park mit seinen stattlichen Bäumen bekommt man einen sehr schönen Eindruck von dem großen Anwesen, das von Wassergräben umgeben ist. Bis ins Mittelalter reicht der Ursprung zurück. Graf Wilhelm Friedrich von Wedell gab 1672 dem Gut seinen Namen. Er stammt von einem deutschen Adelsgeschlecht ab.

✦ Assens   (6.ooo Einw.)

Hübsche Kleinstadt und Fährort zur Insel Bågø. Niedrige bunte Häuschen drängen sich im alten Kern (ums Touristenbüro). Die großen Kaufmanns-höfe wie der Plums Gård von 1793 (Ausstellungen/Geschäfte) in der Hauptstraße. Überall in Assens stößt man auf Peter Willemoes (1783-18o8), einen Seehelden des 18./19. Jh., der hier geboren wurde und recht jung in der Seeschlacht von Sjællands Odde starb.

Sein Geburtshaus (heute schönstes Haus von Assens) beherbergt das STADTMUSEUM, Willemoesgaarden's Mindestuer. Im 18. Jh. war es Königliches Magazin und Amtsverwaltung, später Kaufmannshof: Schiff-fahrtsabteilung, Stadthistorie, Gemäldesammlung und Gedenkzimmer des berühmten Seefahrers. Offen: Juni bis August tägl. außer Mo. 1o.3o-12/14-17 Uhr. Sonst seltener. 4 DM Eintritt.

> Peter Willemoes hatte eine kurze, aber steile Karriere hinter sich, als er mit nur 25 Jahren starb. Schon mit 17 hatte er es zum Kommandanten gebracht. Als England 18o7 Dänemark angriff, wurde Willemoes zum Leiter der Truppentransporte befördert, er fiel am 22. März 18o8. Am Hafen hat man ihm ein Denkmal gesetzt und in Umrissen sein Linienschiff "Prins Kristian Frederik" nachgezeichnet, auf dem er ums Leben kam.

Großer Verlade, Fischer-, Fähr- und Jachthafen.

 Im alten Fachwerkhaus, Ladegårdsgade 1. 561o Assens. Tel. 64 71 2o 31, Fax: 64 71 49 39. Ganzjährig offen: Mo.-Fr. 9-16 Uhr, Sa. 9-12 Uhr. Juni bis August Mo.-Fr. 9-17.3o Uhr. Sa. 9-17 Uhr.

 Post: Willemoesgade/Ecke Sdr. Ringvej Richtung Hafen. Offen: Mo.-Fr. 1o-17 Uhr, Sa. 1o-12 Uhr.

> **Geschichte**: Seit 12oo war Assens ein kleines Hafenörtchen, das seine Blüte im Mit-telalter als Fährort erlebt hatte, als die Postlinie nicht mehr via Middelfart-Kolding fuhr, sondern über Assens. Als Nordschleswig durch den Wiener Vertrag 1864 zu Deutschland kam, wurde die Verbindung eingestellt und erst nach der "Wiedervereinigung" 192o wie-der aufgenommen.

ERNST'S SAMMLUNG, Østergade 57. Große Kunst- und Antiquitäten-sammlung des reichen Fabrikanten: Silber, Porzellan, Möbel, darunter viele Schätzchen. Mitte Juni bis Mitte August täglich um 14 Uhr eine Füh-rung. Eintritt 8 DM.

MANDS SAMMLUNG, Damgade 26. Private Sammlung u.a. Mobiliar, Keramik und Porzellan. Im Sommer tägl. geöffnet. 2,5o DM Eintritt.

"**Marcussens Hotel**", in Hafennähe, Strandgade 22. 68 Betten.
DZ mit Dusche und Frühstück ab 16o DM.
"**Stubberup Kro**", Middelfartvej 113. Restaurant und Übernachtung,
1o Betten. DZ mit Dusche ca. 12o DM.
Jugendherberge in der alten Schule Adelsgade 26. 74 Betten auch
Familienzimmer. Ganzjährig offen. Auch Mahlzeiten.

*** Camping Willemoes: Næsvej 15, beim Jachthafen etwas
südlich des Ortes. Großes Areal nicht direkt am Wasser. Gut
1o Min. zu Fuß in den Ort. Einen Katzensprung zum Strand.
Hüttenvermietung. 21o Stellplätze. Offen: April bis Anfang September.

Bus: Haltestelle im Süden Sdr. Ringvej.
-> Middelfart werktags stündlich, Wochenende 4-6 x tägl.
dauert 5o Min. -> Odense via Glamsbjerg etwa stündlich,
6o Min., Wochenende seltener. -> Odense via Nørre Broby
auch etwa stündlich.

INSEL BÅGØ: Miniinsel ca. 7 km entfernt im Kleinen Belt, die Insel ist
flach wie eine Flunder; schön für einen Tagesausflug. Rund 7o Menschen
leben in dem hübschen Inselort Bågø By. Einige alte Höfe, Kirche und ein
Leuchtturm von 1861. Ausstellung/Café in der alten Schmiede. Bademög-
lichkeit/Strand.
Fähre: von Assens nach Bågø mehrmals täglich, 3o Min. Überfahrt.
Reservierung für Autos nötig.

DE 7 HAVER (7 Gärten): Å Strandvej 62, ca. 7 km südlich von Assens.
Schöne private Gartenanlage mitten in der Natur auf dem Weg zur Halbinsel Helnæs. Vom französischen Rosengarten bis zum finnischen Birken-
wäldchen oder einer dänischen Wiese. Offen: Mitte Mai bis Oktober tägl.
1o-17 Uhr. Eintritt: 1o DM.

Zwischen Assens und Fåborg liegt die INSEL HELNÆS. Sie ist durch
einen Damm mit dem Festland verbunden, gute Bademöglichkeiten,
rundum prima Strände. Im Westen bricht die Küste stellenweise steil ins
Meer ab. Kleine Waldpartien auf der leicht welligen Halbinsel. Leuchtturm
an der Spitze.

Sehr schöner langer Strand an der nördlich gelegenen Åkrog-Bucht. Weit
geschwungen, selbst in der Hochsaison kein Gedränge. Direkter Surfzugang, gute Bedingungen bei fast allen Windrichtungen. Wellengeschützt
bei S/O.

*** Aa Strand Camping: Aa Strandvej in Ebberup. Schöner
Platz, guter Windschutz. Nur eben über die Straße an den
Strand. 2oo Stellplätze. Offen: April bis Mitte September.

✦Fåborg   (6.ooo Einw.)

Eines der schönsten Städtchen auf Fünen mit altem Ortskern, lebhaftem
Fährverkehr im Hafen und interessantem Hinterland. Fåborg ist zugleich
Sprungbrett für die vielen vorgelagerten Inselchen. Im Stadtzentrum eine
Reihe alter Fachwerhäuser/-höfe; sehr schön der Voigts Gård, der mit
H.C. Andersens unglücklicher Liebe zu Rigborg Voigt verbunden ist.

Ausgesprochen sehenswert Den Gamle Gaard (der Alte Hof), heute Stadtmuseum. An die ehemalige Befestigung erinnert das kleine ziegelrote
Westtor. Bei gutem Wetter lohnt es, den Glockenturm zu besteigen:
schöner Blick über die südfünischen Inseln und das hügelige Hinterland.
Offen: 15.6.-1.9. 1o-12/14-16.3o Uhr, minimaler Eintritt; 4 x am Tag
schönes Glockenspiel.

Zur Hochsaison macht der Nachtwächter seine Runde, auf die er gerne
interessierte Besucher mitnimmt. (Genaue Zeiten im Touristbüro.)

 Gegenüber des Hafens. Havnegade 2, 56oo Fåborg.
Tel. 62 61 o7 o7, Fax: 62 61 33 37. Offen: Juni bis August
tägl. 9-17, Sa. 9-18 Uhr. Sonst Mo.-Sa. 9.3o-16.3o Uhr.

 Post: Banegårdsplads 4. Im ehemaligen Bahnhofsgebäude.
Offen: Mo.-Fr. 9.3o-17 Uhr, Sa. 9-12 Uhr.

Fahrradverleih: Bjarnes Cykler, Svendborgvej 69.

STADTMUSEUM, "Den gamle Gaard", Holkegade 1. Ausgesprochen
fotogener Fachwerkhof von 1725. Mobiliar, Porzellan, Gebrauchsgegen-
stände; Seefahrtsabteilung. Offen: Mitte Juni bis Ende Oktober tägl. 1o-17
Uhr, Mai bis Mitte Juni tägl. 1o-16 Uhr. Eintritt 3,5o DM.

Gemäldesammlung FÅBORG MUSEUM, Grønnegade 75. Neben dem
Überblick über die Malerei der fünischen Schule Ende des 18./Anfang des
19. Jh. lohnt das neoklassizistische Museumsgebäude an sich. 1915 gebaut mit Geldern des reichen Fabrikanten und Sponsor Mads Rasmussen,
der im Oktogon dick und breit in Granit überlebensgroß posiert. Nette
Cafeteria. Offen: April bis Oktober tägl. 1o-16 Uhr, Juni bis August 1o-17
Uhr. Sonst 11-15 Uhr. Eintritt 6 DM.

BRYGGER GAARD, Bryggergården 6. Die ehemalige Schnapsbrennerei
war bis ins 19. Jahrhundert in Betrieb, heute Stadtarchiv.

YMER BRUNNEN auf dem Torvet, eine Plastik von Kai Nielsen, die bei
Aufstellung 1913 Aufsehen erregte. Er zeigt die Erschaffung der Welt
durch den Riesenoberhäuptling Ymer, der von einer Kuh gesäugt wird.

KALEKO WASSERMÜHLE: 2 km außerhalb, anfangs Richtung Svendborg, dann beschildert. Prices havevej 38. Die älteste Wassermühle Dänemarks (17. Jh.) liegt ganz idyllisch. Ein Mühlrad dreht sich noch behäbig,

der Mahlstein rumpelt rhythmisch. Bis 1912 war sie noch richtig in Betrieb. Liebevoll wurde das alte, schräge Müllerhaus eingerichtet, in der guten Stube sitzen immer noch Müller und Müllerin. Offen: 15.5.-15.9. tägl. 1o.3o-16.3o Uhr. 6 DM.

Fünens SPIELZEUGMUSEUM in Millinge, Assensvej 279. Sammlung von Spielzeug der vergangenen Jahrhunderte bzw. Jahrzehnte. Riesige Modelleisenbahn. Offen: April bis August tägl. 9-18 Uhr, September bis März tägl. 1o-16 Uhr. Eintritt 8 DM.

Strand: fast makelloser Sandstrand beim Feriehotel Klinten. Recht klein, bei schönem Wetter stark **BADEN** frequentiert. Dahinter ein schöner großer Park mit Liegewiese. Fußweg vom bzw. zum Hafen.

"**Hotel Færgegaarden**": modernisiertes Stadthotel nahe Bus/Fähre Christian IX. vej 31. Zum Hafen raus nicht ganz ruhig. 31 Betten, DZ mit Dusche ab 165 DM. Gutes Restaurant, auch Kindergerichte.

"**Hotel Faaborg**", Torvet 15. Total zentrales, preiswertes Stadthotel. 22 Betten. DZ ab 14o DM.

"**Danland Feriehotel Klinten**", Klinte Alle. Große Appartement-anlage in Klinker und Beton direkt am Sandstrand. 12o Appartements für 4-8 Pers. mit Kochgelegenheit etc. Jedes mit großem Betonbalkon, selten Meerblick, teilweise recht düster, aber modern ausgestattet. Sauna und Swimmigpool in der Mitte der Anlage, Restaurant mit schönem Meerblick, zivile Preise. Die App. zur Saison 5oo-1.35o DM/Woche.

"**Hotel Faaborg Fjord**", Svendborgvej 175. Der Name weckt falsche Hoffnungen. Zweistöckige Anlage im Motelstil direkt an der Hauptstraße nach Svendborg. Kleine moderne Zimmer; vom Balkon Blick zum Parkplatz/Innenhof. Keine guten Bademöglichkeiten. 272 Betten. DZ mit Dusche ab 15o DM.

"**Steengaards Herregaardspension**" in Millinge. Übernachtungstip. Schöner alter dänischer Gutshof mit Park, 6 km nordwestlich Fåborg. Mit Stil und Antiquitäten möbliert. 15 individuelle Zimmer mit Sitzecke und Schnörkeln im "Grafenzimmer". DZ ab 2oo DM, das Grafen- oder Bille-Brahe oder Comtesse-Zimmer 25o DM inkl. Frühstück. Auch HP oder VP. Sehr gutes Restaurant.

Jugendherberge, Grønnegade 71-72, ganz zentral in zwei alten Stadthäusern. Das eine war Armenhaus und Seemannsheim, das andere Kino und Badeanstalt. 8o Betten. Familienzimmer. Offen: März bis Oktober. Preis 18 DM/Person.

Einige Privatzimmer in und um Fåborg. Information im Touristbüro.

** Holms Camping: Odensevej 54. Am nördlichen Stadtrand ca. 1,5 km vom Zentrum. Kleiner Platz z.T. mit Bäumen. Hüttenvermietung. 5o Stellplätze. Offen: Mai bis September. Schöner sind die Plätze auf der Halbinsel Horneland siehe dort.

 "TRE KRONER", Strandgade 1. Nett und gemütlich mit alten Holztischen und Fotos an den Wänden. Seit 1821 wird hier Bier ausgeschenkt und Essen serviert. Moderate Preise. Tagesgericht um 25 DM.

"VED BRØNDEN", Torvet 5, in einem älteren Stadthaus. Gepflegtes Ambiente. Fisch- und Fleischgerichte ab 25 DM.

Verbindungen ab Fåborg

 **Bus:** Großer Busbahnhof am ehemaligen Bahnhof. -> Odense stündl. via Korinth, Sa./So. seltener. Dauert 5o Min. Stündlich auch via Nr. Broby. -> Svendborg etwa alle 1/2 Std., Wochenende etwas seltener. -> Nyborg 14 x täglich, Wochenende 6-7 x täglich, dauert 1 Std.

 **Fähre:** nach Gelting Deutschland , Ærø, Avernakø, Lyø siehe Inseltransporte bzw. Fährkapitel.

Zug: Im Sommer verkehrt ein Veteranenzug von Fåborg nach Korinth von Mitte Juni bis Anfang Sept. 2 x tägl., dauert 3o Minuten. Preis 7 DM.

BJØRNØ: winzige Ausflugsinsel nur 2o Min. Fährfahrt entfernt.

LYØ: Miniinsel gerade 4 km lang, 18o Einwohner, Schule. Kirche, Kro mit Übernachtungsmöglichkeit, 22 Betten, DZ ca. 75 DM. Fähre: 5-7 x täglich, Preis 7 DM/Person. Pkw-Mitnahme möglich, lohnt aber wirklich nicht. 15 DM einfach, Rückfahrkarte ermäßigt.

AVERNAKØ: leicht hügelig, 8 km lang, 3o Min. Fährfahrt 5-7 x täglich.

✦ Halbinsel Horneland

Westlich von Fåborg. Genau das Richtige für Camping- und Ferienhausurlaub. Abseits der Hauptstraße ländliche Idylle, schön per Fahrrad zu erleben. Schmale Straßen, einige prähistorische Funde, Dolmen und Hünengräber, Stichstraßen führen ans Meer zum Strand. Die Schnellverbindung zur Fähre nach Bøjden sollten Radfahrer besser meiden.

HORNE: Zentrum der Halbinsel mit einer "Rarität":

Die HORNE KIRCHE ist eine der sieben Rundkirchen Dänemarks und die einzige Fünens. Ausnahmsweise wurde an die Rundkirche aus dem 12. Jh. zu beiden Seiten angebaut. Lang und schmal nach Osten, im Westen kam der Turm hinzu. So macht die Rundkirche gerade 1/3 der heutigen Kirche aus.

Sehr gut ist der Verteidigungscharakter zu erkennen: 2 m dicke Mauern und Schießscharten, denn in den unruhigen Jahrzehnten der Nachwikingerzeit wurden Kirchen auch als Verteidigungstürme konzipiert; besonders von den Wenden (die in der Gegend des heutigen Rügen zu Hause waren) drohte damals Gefahr. Mit 12 m Durchmesser war die Horne Kirche eine der größten Rundkirchen. Innen hell und schlicht, interessante Grafenloge (182o) direkt gegenüber der Kanzel, die sich der Gutsherr und Sponsor des nahen Hvedholm Hofes bauen ließ.

Die originale Eichentür und das kunstvolle Evangelium von 1225 heute im Nationalmuseum, das kleine Taufbecken neben dem Altar stammt von Bertel Thorvaldsen. In der Krypta unter dem Chor stehen 26 verstaubte Särge (durchs Fenster von außen zu sehen).

HVEDHOLM, der imposante Gutshof (15. Jh.) bei Horne mit kunstvollem Turm und Fassade ist heute ein psychiatrisches Pflegeheim. Seit Anfang des 17. Jh. in Besitz der Familie Brahe, gehört heute dem Staat.

DYREBORG: Etwas abseits der Hauptroute am Meer. Gemütlicher kleiner Fischerort; im Sommer drängen sich Jachten und Fischkutter im Hafen. Hübsche Rieddachhäuser neben der Mole. Abends trifft man sich auf der Terrasse der Pølserbude. Der weißgekalkte Ofen an der Straße links wurde zum Teerkochen verwendet.

Sehr schöner langer Sandstrand bei den Ferienhäusern vorm Ort rechts (Knold).

 ** Sinebjerg Camping: ca. 3 km südlich Dyreborg. Sehr schöner und großer Platz zwischen Feldern und Wald. Zieht sich in Stufen bis zum Wasser, von vielen Plätzen schöner Meerblick, große Parzellen. Viele Dauercamper. Slip für Leute mit eigenem Boot. Schmaler Sandstrand, nicht sehr sauber, aber Badestege ins Wasser. Sehr gute Sanitärs, Waschmaschine, Kochmöglichkeit, Kiosk. Einkaufsmöglichkeit in Dyreborg oder Horne. 19o Stellplätze sowie Hüttenvermietung, Busverbindung.

BOJDEN: Straßenort kurz vor der Fähre nach Fynshav (auf Als). Im Ort einige Privatzimmer, Hotel Bojden Kro an der Straße und der schöne Campingplatz. Neben der Fähre ein langer, geschwungener Strand (Sand/Kies). Sowie landeinwärts das flache Vogelschutzgebiet Bojden Nor, in dem man Austernfischer, Fischreiher, Rotschenkel, Schwäne und Seeschwalben beobachten kann.

 *** Bojden Camping: zieht sich von der Straße bis zum Strand. Sehr großer Platz teilweise schräg abfallend. 3oo Stellplätze. Fahrradverleih, Hütten-, Wohnwagenvermietung, Einkaufsmöglichkeit. Offen: Mai bis August.

Busverbindung: über Fåborg nach Nyborg 6-9 x tägl.

Fähre: nach Fynshav alle 2 Std., Preis 7 DM pro Person, Pkw inkl. 5 Personen 5o DM im Sommer, sonst etwas billiger.

Alle Details zur Insel Als/Jütland ab Seite 2o5.

✦Svanninge Bakker

Die "Hausberge Fåborgs", eine abwechslungsreiche, waldige Hügellandschaft nördlich von Fåborg, auch "fünische Alpen" genannt. Für Dänen
mögen "Gipfel" über 1oo m fast alpin wirken, wir würden sie bestenfalls
Hügel nennen. Sie entstanden als Randmoränen in der Eiszeit vor 12.ooo
bis 14.ooo Jahren. Zum Radeln recht mühselig, dauernd auf und ab; die
Straße ähnelt streckenweise einer Achterbahn.

Zentrum der Svanninge Bakker ist der 18 m hohe AUSSICHTSTURM
TYVEKNAP von 1935, 3 km nördlich Fåborg an der Straße Nr. 45.
Oberhalb der Baumkronen ein 2oo Grad Panorama über das inselgespickte
Meer bis nach Jütland (Fernglas). Im Turm eine kleine naturkundliche
Ausstellung. Restaurant mit langer Fensterfront und Blick auf Bäume,
ganz auf Ausflugsbusse eingestellt. Lachs oder T-Bone Steak 35 DM.

Schöneren Blick hat man vom Picknickplatz am Trebjerg, Fünens höchster
Hügel (128 m) 1o km weiter nördlich (bei Trentemølle in den Trentevej).
Lohnt bei klarer Sicht.

TRENTEMØLLE: eine Windmühle auf dem Hügel, die Wassermühle
neben der Straße.

✦Südfünische Seenplatte

Schließt sich im Osten an die Svanninge Bakker an. Dieser Ausdruck ist
etwas hochgegriffen und meint eine Handvoll schöner Natursen meist im
Wald versteckt und über Spazierwege zu erreichen. Keine Wassersport-
seen, eher etwas für Ornithologen.

Den ARRESKOV SEE, Fünens zweitgrößten See, 2-3 km von Svanninge
Bakker, erreicht man über einen Spazierweg durch Buchenwald (1,5 km)
ab Parkplatz Sollerup (Westufer).

Am Ostufer liegt der prächtige Renaissance-Gutshof Arreskov (16. Jh.)
ganz idyllisch am See. Privatbesitz, aber von der Straße aus gut zu sehen
(Straße nördlich von Korinth). Arreskov gehört seit 1773 der Familie
Schaffalitzky Muckadell. Das Gut hatte einen mittelalterlichen Vorgänger
von 1241, wohl eine Königsburg, von der nur noch Wallanlagen (südlich)
zu ahnen sind.

KORINTH: kleiner Ort und Endstation der Veteranenbahn ab Fåborg.
Der kuriose Name "Korinth" geht auf das späte 18. Jh. zurück; damals
führte der aufgeklärte Gutsherr Reventlow (siehe Brahetrolleborg) eine
Bodenreform durch und beauftragte den Dichter Jens Baggesen, den
Bauernhöfen und Häusern neue Namen zu geben. Baggesen ließ seiner
Phantasie freien Lauf, und so kam die damalige Spinnschule (die spätere
Kro) zu dem Namen Korinth. Nach dem Kro wurde schließlich der ganze

Ort benannt. Der Kro existiert heute noch, direkt an der Straße. 32 Zimmer. - Busverbindung nach Fåborg und Nyborg.

NØRRESØ idyllischer kleiner Waldsee. Ein ausgetretener, beschilderter Spazierweg führt in gut 1 Std. um den See, weitgehend durch Laubwald, kaum Zugänge zum See.

Gut 1 km südlich der BRÆNDEGÅRDSEE, an dem eine große Kormorankolonie alljährlich brütet. Jede Menge Wasservögel.

GUTSHOF BRAHETROLLEBORG: direkt an der Straße einer der größten Herrensitze Fünens. Die heute gut restaurierte Anlage entstand um eine Zisterzienserabtei aus dem 13. Jh. Der merkwürdige Name geht auf das 17. Jh. zurück, auf die Ehe zwischen Brigitte Trolle und Manderup Brahe. 3oo Jahre lang war das Schloß im Besitz des Adels, was nicht nur Nachteile hatte; der Besitzer Johan Ludwig Reventlow führte hier recht früh Bodenreformen und eine Schule ein und schaffte den Pranger ab. Privatbesitz.

Weiterfahrt auf der Straße Nr. 18 in gut 1o km zum

WASSERSCHLOSS EGESKOV

Aushängeschild Fünens und größte Touristenattraktion, alljährlich kommen rund 2oo.ooo Besucher. Abgesehen vom prächtigsten Wasserschloß Dänemarks wird soviel geboten, daß man problemlos einen halben bis ganzen Tag hier verbringen kann, Picknickkorb mitnehmen.

Enorm große Oldtimersammlung. Für Kinder gibt es im Schloßpark einen attraktiven Spielplatz. Das Labyrinth im Bambushain macht auch die Großen neugierig.

Das Schloß: Märchenhaftes Wasserschloß in stilreiner Renaissance. Der heutige Bau entstand zur Zeit der Bauernaufstände (1534-36), als jeder Großgrundbesitzer sein Anwesen wie eine befestigte Wehranlage baute. Der Bauherr Frands Brockenhuus ließ für das Eichenfundament einen ganzen Wald abholzen (Egeskov = Eichenwald). Deutlich kann man an Türmen und Fassade die Pechnasen und Schießscharten erkennen. Wegen Zugbrücke und eigener Wasserversorgung war das Schloß praktisch uneinnehmbar. Als echtes Schloß besitzt es natürlich auch eine Geheimtreppe. Nur 188o geringfügig verändert (Türme) ist es ein gutes Bespiel damaliger Adelssitze. 1784 kaufte der geheime Konferenzrat Henrik Bille-Brahe Schloß Egeskov, seitdem in Familienbesitz. 1985 zogen Gräfin Louisa Ahlefeldt-Laurvig-Bille und Graf Claus hier ein.

SCHLOSSBESICHTIGUNG: Rund ein Dutzend Zimmer sind, vom Erdgeschoß bis zum Dachboden zugänglich. Vorsicht "Schloßgeist"! Besichtigung ohne Führung; im deutschsprachigen Faltblatt werden die einzelnen Räume genau beschrieben. Die Zimmer sind komplett eingerichtet, prächtige Kachelöfen und schöner Blick auf die Gärten. Daß der Graf ein Afrikafan war, wird sehr schnell deutlich: enorm viele Trophäen, bis hin zum selbst erlegten Elefanten im Jagdzimmer. Im großen Rittersaal werden im Sommer Konzerte veranstaltet.

Berühmt ist Egeskov auch für seine herrlichen PARKANLAGEN: Im Renaissance-Garten vor der Brücke wurden die Buchsbäume zu Figuren beschnitten. Pfauen stolzieren im Fuchsiengarten, mit 75 Arten die umfangreichste Fuchsiensammlung Europas. Zudem gibt es noch den großen Englischen Garten mit altem Baumbestand, den Kräutergarten, den Wassergarten, den halbrunden Staudengarten. Aus einer speziellen Rosensorte wird ein leckeres Gelee bereitet (in der Cafeteria zu kaufen).

CAFETERIA im ehemaligen Pferdestall, schöne Terrasse.

Die VETERANENSAMMLUNG gehört zu den größten und vielfältigsten Dänemarks: weit über 3oo Transportmittel jeglicher Art, vom Kinderwagen bis zum Helikopter. Nicht nur Erwachsene sind vom Cockpit des Starfighters fasziniert. In der Scheune stehen auf Hochglanz polierte Oldtimer vom feinsten. Der Prachtmercedes (1938) stammt aus der Schloßgarage, im schwarzen Cadillac (1931) wurde König Christian X. chauffiert. Die Nobelkarosse war eigens auf Sitzhöhe mit Hut abgestimmt. Ein Oldtimer-Wohnmobil der Malerfamilie Swane von 1953. Ein etwas lahmes Elektrofahrzeug (Milchwagen), aber auch die kleinen Stadtautos waren damals schon in. Zu den neuesten Errungenschaften gehört ein Trabi der letzten Produktion. An den Fachwerkbalken hängen die urigsten Fahrradkonstruktionen. Im alten Postwagen der Eisenbahn bekommen Ansichtskarten gleich einen Sonderstempel.

Motorradfans schlägt nebenan das Herz höher. Im ehemaligen Stall steht eine fast lückenlose Motorradsammlung von 19o4 bis in die 5oer Jahre, darunter viele Raritäten. Einige von ihnen sind noch auf Veteranenfahrten im Einsatz. Das Schloß hat die Räumlichkeiten gestellt, gewartet werden die Maschinen von ihren Besitzern. Unter den "Knallerter" (Mopeds) gibt es die verrücktesten Konstruktionen.

Last not least eine stattliche Kutschensammlung, ein Coupé stammt von 1875.

Eintritt: exklusiv Schloßräume 1o DM, inkl. Schloßbesichtigung 2o DM/ Person, Kinder zwischen 4-12 die Hälfte. Offen: Mai bis September täglich 1o-17 Uhr, Park und Museen von Juni bis August 9-18 Uhr.

Zufahrt: direkt an der Straße 8, von Fåborg kommend 2 km vor Kværndrup. Großer Parkplatz.

SCHLOSSMÜHLE EGESKOV: 5oo m weiter westlich an der Straße Nr. 8. Sehr gut restaurierte Windmühle. Innen präsentieren verschiedene Kunsthandwerker ihre Produkte.

✱Ringe

8 km nördlich von Egeskov. Einmal im Jahr erwacht das Provinzstädtchen Ringe aus seinem Dornröschenschlaf zum Midtfyns Festival.

Midtfyns Festival: Ein open air Festival à la Woodstock im Kleinen. Es entstand als Konkurrenz zum "Roskilde Festival" der Nachbarinsel Seeland und findet jetzt eine Woche vorher statt. Mitte/Ende Juni ist dann in Ringe der Teufel los: 5o.ooo-6o.ooo Menschen, überwiegend Jugendliche, pilgern mit Sack und Pack zur Festivalwiese; vier Tage Rock, Blues, Rhythm, Soul, Pop auf drei Bühnen parallel. Musik von Mittag bis Mitternacht. Neben Stars wie Bob Dylan, Donovan hört man hier auch viele Nach-wuchsmusiker, neue dänische und internationale Gruppen. Inhaltlich hat sich natürlich eine Menge entwickelt seit dem 1. Festival 1976. Während früher ein Schwerpunkt auf Folkmusic lag, wird heute mehr auf Rhythm gesetzt.

Das Ringe Festival geht auf Initiative des rührigen Kneipiers Peter Færgemann zurück, der in Fünen d i e Musikkneipe "Ryslinge Kro" aufgemacht hatte. Da entstand auch die Idee, ein Festival zu organisieren. Es war eine glänzende Idee, wie die Besucherzahlen zeigen: im ersten Jahr 1976 kamen grade 1.5oo Fans, im Rekordjahr 1989 62.ooo Besucher. Mittlerweile ist das Midtfyns Festival so "hoffähig" geworden, daß die Kulturministerin zur Eröffnung anreist. Unmittelbar nach dem Festival 1991 verstarb Færgemann ganz plötzlich, aber es geht weiter...

Überwiegend dänisches, aber auch deutsches und englisches Publikum. Kinder gehören dazu, teilweise eigenes Kinderprogramm. Die Organisation ist eingespielt und klappt gut. Um die Festivalwiese entsteht eine von weitem sichtbare, riesige Zeltstadt, die an ein mittelalterliches Heerlager erinnert.

Für Duschen, WC bis zur Campwiese für Behinderte ist gesorgt. Fressivitäten in rauhen Mengen zu akzeptablen Preisen, ebenso Bier. Hauptproblem ist das Wetter. Denn bei Regen - keine Rarität in Dänemark - verwandelt sich die Wiese in eine moddrige Schlammwüste. Ohne Gummistiefel sowie Gummihose ist man hoffnungslos verloren.

Satter Eintritt: ca. 13o DM für das ganze Festival inkl. Parken und Campen, pro Tag ca. 65 DM. Kinder die Hälfte. Kartenverkauf in allen Postämtern Dänemarks oder an der Tageskasse. Programm anfordern über: Midtfyns Festival, Fangel Kro, 526o Odense S.

2o km über gut ausgebaute Straße nach Svendborg an der Südküste.

✦Svendborg   (42.ooo Einw.)

Die zweitgrößte Stadt Fünens liegt in viel Grün verpackt am Svendborg-sund. Ein Eldorado für Segler und Wassersportler; auch ohne eigenes Boot erlebt man die Gegend am besten bei einer Fahrt mit dem Oldtimer-schiff "Helge". Im Kern sind einige hübsche Straßenzüge erhalten (Bager-gade, Møllergade, z.T. Fußgängerzone). Interessant sind auch die kleinen, gut präsentierten Museen, nicht nur eine Beschäftigung für die Regentage.

Svendborg ist ein wichtiges Einkaufs-, Wirtschafts- und Verkehrszentrum, etwas Werftindustrie und lebhafter Hafen. Weiterhin: Fährhafen für die südfünischen Inseln und durch die Brücke Transitstadt zur Insel Lange-land.

 Centrumpladsen 4, 57oo Svendborg. Tel. 62 21 o9 8o, Fax: 62 22 o5 53. Offen: Mitte Juni bis Aug. Mo.-Fr. 9-19 Uhr, Sa. 9-15 Uhr. Vor-/Nachsaison Mo.-Fr. 9-17 Uhr, Sa. 9-12 Uhr.

Post: Klosterplads 11. Offen: Mo.-Fr. 9.3o-17 Uhr, Sa. 9-12 Uhr.

Markt: Mittwoch und vor allem Samstag vormittags am Torvet.

Unbedingt eine Fahrt mit dem VETERANENDAMPFER "HELGE" einplanen, Baujahr 1924. Die Helge tuckert in einer Stunde kreuz und quer durch den Sund als Sightseeing-Fahrt oder als Transportmittel zum Valdemar Schloß. Wenn Platz ist, nimmt der Kapitän auch Fahrräder mit. Juni bis August 5 x täglich. Svendborg-> Valdemars Schloß ca. 6 DM einfach.

ANNE HVIDES GÅRD: Fruestræde 3. Das prima restaurierte Fachwerkhaus, das älteste der Stadt (ca. 156o), zeigt Wohneinrichtungen des 18./ 19. Jh. Offen: 1.5.-15.6. täglich 1o-16 Uhr. 16.6.-25.1o. 1o-17 Uhr. Eintritt: 4 DM.

Vor FRUE KIRCHE am Torvet: romanischer Ursprung, später gotisch verändert. Schönes Glockenspiel mehrmals am Tag. Offen: im Sommer 9-16 Uhr, sonst 9-12 Uhr.

SPIELZEUGMUSEUM (Legetøjsmuseet): seitlich der Fußgängerzone, Sankt Nicolaigade 1B: Puppen, Glanzbilder, Modelleisenbahn. Viele Spielsachen auch aus Dänemark. Verkauf von Modellautos, Baukästen etc. Juni bis August täglich 1o-17 Uhr, sonst Mi.-Fr. 1o-17 Uhr, Sa./So. 1o-15 Uhr. Eintritt 9 DM.

ZOOLOGISCHES MUSEUM, Dronningemaen 3o an der Ringstraße. Gute Präsentation. Flora und Fauna durch die Jahrtausende. In der letzten Eiszeit lebten hier auf Fünen Moschusochsen. Skelett eines 1955 gestrandeten Wales. Interessante Abteilung zum Erkennen von Vogelstimmen. Offen: April bis Sept. tägl. 9-17 Uhr, sonst kürzer. Eintritt: 2,5o DM.

OFENMUSEUM, Vestergade 45. In dem Verwaltungsgebäude der jetzt stillgelegten Gießerei Lange & Co. Zeigt die Angebotspalette der Svendborger Eisengießerei von 185o-1984. Offen: Mitte Juni bis August täglich 1o-17 Uhr. Geringer Eintritt.

BRECHTHAUS, Skovsbostrand 8. In dem idyllisch gelegenen, riedgedeckten Haus verbrachten Bertolt Brecht und Helene Weigel ihre Svendborger Exiljahre 1933-39 auf der Flucht vor den Nazi Schergen. Übrigens: Brechts Svendborger Gedichte haben es in sich. Erschienen bei Bibliothek Suhrkamp 335.

 Sandstrand beim Valdemar Schloß - schön, aber voll. Zufahrt per Oldtimerboot Helge. Weitere Strände auf der Insel Thurø.

 Hotel/Restaurant "**Tre Roser**", Fåborgvej 9o. Interessant durch seine 58 Ferienwohnungen für bis zu 4 Personen mit Kochmöglichkeit und eigenem Bad. Zudem 1 Dutzend Doppelzimmer. Open air Pool. DZ

inkl. Frühstück 15o DM. Appartements wochenweise.

"**Hotel Svendborg**" ganz zentral am Zentrumspladsen. Großer Kasten mit 15o Betten. DZ mit Dusche ab 16o DM inkl. Frühstück.

"**Hotel Christiansminde**", Christiansmindevej 16. Aufgelockerte Anlage direkt am Meer und Bootsanleger des Oldtimer Helge. 446 Betten. DZ 16o DM. Auch Appartements.

Hotel/Restaurant "**Troense**", Strandgade 5-7 in dem idyllischen Schifferort Troense auf der anderen Sundseite. Schöner Blick übern Sund. Bekannt gutes Restaurant. 6o Betten. DZ mit Frühstück ca. 16o DM.

"**Garni Hotel Royal**", Toldbodvej 5. Von der Lage allenfalls praktisch in Bahnhofsnähe. 46 Betten. Zi. teilw. ohne Bad, dann DZ mit Frühstück ab 12o DM. Sonst teurer.

Jugendherberge Vestergade 45, sehr zentral. 13o Betten in DZ oder Mehrbettzimmern.

 ** Camping Rantzausminde: sehr schön und ruhig gelegener Platz in Rantzausminde direkt südwestlich an Svendborg anschließend. Das wiesige Areal zieht sich bis zum Svendborg Sund. Kinderspielplatz. 75 Stellplätze. Offen: Mai-August.

*** Camping Vindebyøre: auf Tåsinge auf der anderen Sundseite. Fast direkt am Wasser. Von Bäumen und Hecken eingerahmter Platz. Campinghüttenvermietung. 158 Stellplätze. Offen: April bis Mitte September.

** Grasten Camping: auf Thurø; großer Wiesenplatz direkt am Sund. Windschutz. Bootsslip bzw. -anleger. 125 Einheiten. Offen: Mitte April bis Anfang Juli.

"CAFÉ ARTHUR", Gerritsgade 35. Schöne Atmosphäre, bistroähnlich. Man kann dem Treiben in der Fußgängerzone zuschauen. Salate, Sandwich, diverse warme Gerichte. Mittags unter 2o DM.

"TORVECAFEEN" am Kirchplatz. Im Sommer sitzt man schön im Freien mitten auf dem Platz und schaut den "Einkaufswütigen" zu.

"RESTAURANT SANDIG", Kullinggade 1B. Besseres Lokal hinter dem gelben Packhaus, freundlich und helles Interieur. Moderne, gute Küche, frischer Fisch. Karte je nach Angebot der Saison.

"FRESSBOOT" ORANJE, im Hafen neben der Helgeabfahrt. Für laue Sommerabende, auch die gibt es in Dänemark, genau das Richtige. Fisch, auch Fleisch. Eher einfach.

"CAFÉ PALERMO, setlich der Fußgängerzone, Gerritsgade. Im Sommer sitzt man sehr schön ruhig in dem Innenhof. Einfache Mittagsgerichte.

 **Bus**: Busbahnhof Jessens Mole/am Hafen.
-> Nyborg werktags alle 3o Min., Wochenende jede Std., dauert 3o Min. Stündlicher Anschluß an den Zug nach Ko-

penhagen. -> <u>Fåborg</u> alle 3o bis 6o Minuten. Dauert 45 Minuten. -> <u>Schloß Egeskov</u> ca. 4 x tägl. bis Kværndrup, dort umsteigen oder zu Fuß weiter. -> <u>Rudkøbing</u> (Insel Langeland) werktags alle 1/2 Std., Wochenende jede Stunde, dauert 3o Minuten.

 **<u>Zug</u>**: Bahnhof am Klosterplads 1o. Parallele zur Hafenstraße. Nach Odense alle 1-2 Stunden, dauert ca. 6o Minuten.

<u>**Fähren**</u>: zur Insel Ærø, Drejø, Hjertø, Skarø siehe jeweilige Insel.

<u>THURØ</u>: Insel vor Svendborg mit Brückenverbindung. Hauptsächlich als Badeinsel interessant. Strände bei Smørmosen und Thurø Rev. Bootsverbindung im Süden nach Gråsten mit dem Sunddampfer Helge (siehe Svendborg).

✦Insel Tåsinge   (7o qkm, 4.8oo Einw.)

Die Insel wird oft nur als Transitstrecke zur Insel Langeland gesehen, und für längeren Urlaub fehlen schöne Strände. Unbedingt lohnt aber ein Stop in Valdemars Schloß sowie im Ort Troense. Seit dem 16. Jahrhundert gehörte Tåsinge weitgehend zum Schloßbesitz.

Für Ornithologen dürften folgende Naturschutzgebiete interessant sein:

* <u>Vejlen im Westen</u>, eine natürliche Bucht durch den Deich (Schleuse) vom Meer getrennt. Ideales Areal für z.B. den seltenen Schwarzhalstaucher.

* <u>Monnet im Süden</u>, ein 122 ha großes Wiesengebiet, das im Winter überspült wird. Schwäne, Uferschnepfen, Kampfläufer bekommt man hier zu Gesicht. Allerdings in der Brutzeit bis Anfang Juni betreten verboten.

* <u>Lunke Bucht</u> auf dem Weg zur Langeland Brücke links, hier sieht man Wasservögel wie Austernfischer, Reiher u.a.

TROENSE: Bilderbuchort mit großzügigen Kapitänsvillen aus dem 18./ 19. Jh. Die riedgedeckten Fachwerhäuser mit picobello Gärten stehen teilweise unter Denkmalschutz. Prachtexemplare im Strandvej mit Garten am Meer und eigenem Bootssteg setzen sich in der Grønnegade und Badstuen fort. Leicht vorstellbar, welche Bedeutung Troense im 18./19. Jh. als Schifferstadt (mit Werften) besaß. Heute frequentierter Jachthafen. Im Sommer Mordsbetrieb.

<u>SEEFAHRTSMUSEUM</u> in dem fotogenen grünen Fachwerkhaus mit Glockenturm von 179o (ehemalige Schule). Das Museum ist besonders der Segelschiffära gewidmet, diverse Schiffs- und Werftmodelle, eine Abteilung zum China- und Ostindienhandel, Andenken der Seefahrer etc.

Offen: Mai bis September tägl. 1o-17 Uhr, sonst Mo.-Fr. 1o-17 Uhr, Sa. 9-12 Uhr. Eintritt 5 DM.

"**Det Lille Hotel Troense**", Badstuen 15. An das schöne alte Fachwerkhaus wurde angebaut. 17 Betten. DZ mit Frühstück ohne Bad 1oo DM.

 "LODSKROEN", Strandvej 8o. Empfehlenswertes Restaurant, stilvoller Rahmen, Kerzenlicht. Ein uraltes Lokal, das schon seit dem 18. Jh. Schankrechte besitzt. Von der Terrasse blickt man über den Sund, in dem immer wieder das Veteranenschiff Helge vorbeituckert. Mittags Smørrebrødkarte, abends gehobenes Preisniveau. Lachs oder Schinkenschnitzel ab 35 DM.

VALDEMARS SCHLOSS

Eines der Highlights in Dänemark. Als Kronprinzenschloß (1639-44) von König Christian IV. für seinen Sohn Valdemar gedacht, wurde es 1678 zum Admiralsschloß des Seehelden Niels Juel, der es barock umbaute.

Zwanglos kann man sich im ganzen Schloß umsehen, von der riesigen Küche im Keller bis zu den Dienstbotenzimmern im Dachboden. Über zwei Dutzend Räume geben Eindruck des Lebens der High Society im 17.-19. Jh., so "lebendig" möbliert mit brennenden Kerzen, Zahnbürsten und Parfümflaschen, als seien die Bewohner gerade mal außer Haus. Neben dem prunkvollen Gobelinsaal, Musikzimmer, den Herrschaftsgemächern, enorm vielen Gastzimmern hat uns das Schlafzimmer der Lehnsbaronin mit Blick zum Sund am besten gefallen. Schöne Stuckdecken.

Der vielfotografierte Teepavillon am Meer wird immer noch genutzt. Pølser, Kaffee und Süßes am Kiosk im Apfelgarten gleich neben den Stallungen.

Offen: Mai bis September tägl. 1o-17 Uhr, sonst nur am Wochenende. Mit dem Eintritt von 11 DM wird großenteils die Instandhaltung finanziert. Deutschsprachige Übersetzung an der Kasse erhältlich.

 Das Restaurant "GRÅ DAME" wurde in den Kellergewölben unter der Schloßkirche(!) installiert. Gute Küche.

Gutes und teures Feinschmeckerrestaurant "VALDEMARS SCHLOSS", französische Küche.

Schloßgeschichte: Kronprinz Valdemar hat das Schloß nie bewohnt. Der dänische Admiral Niels Juel wurde nach seiner erfolgreichen Seeschlacht gegen die Schweden in der Køge Bucht südlich von Kopenhagen (1. Juli 1677) vom König mit dem Schloß "entlohnt", denn üblicherweise bekam der Admiral 1o-2o % des Schiffswertes (Prisengeld). Da der König ziemlich pleite war, gab er seinem Admiral ein gutes Stück Land.

Eine Kopie des Admiralsschiffes hängt als Votivschiff in der Dorfkirche Bregninge. Das Schloß wurde Mitte des 17. Jh./Anfang des 18. Jh. und 188o im jeweiligen Stil umgebaut. Der Schloßherr Frederik Juel (18. Jh.) galt als sehr fortschrittlich und sozial, richtete Armenhäuser und die Schule ein und führte Reformen in der Landwirtschaft durch. Bis ins 19. Jahrhundert war Schloß Valdemar bewohnt und der Schloßherr Arbeitgeber für rund 15o Bedienstete. Der heutige Besitzer Juel Brockdorf lebt in England und läßt seine Ländereien von einer Versicherungsgesellschaft verwalten.

Die 7oo Jahre alte AMBROSIUS EICHE, ein 2o m hohes Prachtstück gut 1 km vom Schloß entfernt, wurde nach dem Schloßdichter Ambrosius Stub benannt.

Bootsverbindung ab Svendborg mit dem Nostalgiedampfer Helge mehrmals täglich; eine Fahrt überspringen und in aller Ruhe durch Schloß und Park bummeln.

BREGNINGE: Auf dem höchsten Punkt der Insel, der 72 m hohen Moräne, steht die Dorfkirche. Tolles Panorama vom Kirchturm (1793) über den Svendborgsund mit dem Schiffsverkehr, über 3o Inseln, Südfünen und bei klarem Wetter bis Südjütland. Offen: im Sommer 8-18 Uhr, geringer Eintritt.

Im Kirchenraum drei Votivschiffe, u.a. eine Kopie des Admiralsschiffes von Niels Juel (siehe Schloß Valdemar).

Kleines HEIMATMUSEUM gegenüber der Kirche: in dem alten Fachwerkhof wird die Wohnung eines Schiffers aus dem 19. Jahrhundert gezeigt. Offen: im Sommer tägl. 1o-16 Uhr, zur HS 1o-18 Uhr. 4 DM Eintritt.

 Originelles Restaurant "BREGNINGE MØLLE" in der alten holländischen Kopfmühle. Von jedem Tisch 1 A Panorama über Südfünens Inselwelt. Eine schmale Wendeltreppe führt in den 2. Stock. Übliche Karte.

"BREGNINGE KRO", traditionelle Gaststätte direkt an der Hauptverbindung in Bregninge. Über 1oo Jahre alt, authentisch eingerichtet. Günstige Tagesgerichte.

INSEL LANGELAND (6o x 1o km)

Eine der beliebtesten Ferieninseln Dänemarks, von Norddeutschland nur einen Katzensprung mit der Fähre Kiel-> Langeland entfernt.

Kilometerlange, kinderfreundliche Sandstände, gute Radel-, Angel- und Segelmöglichkeiten. Landschaftlich abwechslungsreich, immer leicht hügelig. Waldpartien, Korn-, Raps- und Mohnfelder bestimmen die Farben. Besonderheit von Langeland sind die lustigen "Huthügel", kleine runde Kuppen, die sich in der Eiszeit gebildet haben.

15 møller und 15 bøller gab es auf der Insel. Ein Großteil der alten Windmühlen (møller) ist noch erhalten, die meisten in Süd-Langeland. Sie werden unterschiedlich genutzt, z.B. als Mühlenrestaurant, als Mühlenmuseum oder zur Stromerzeugung beim Gutshof Skovsgård.

Die fünfzehn Dörfer (bøller) fanden wir nicht umwerfend. Prähistorische Dolmen und Ganggräber, Herrenhöfe und sogar ein echtes Schloß hat die Insel zu bieten.

Sehr interessant sind die in Dänemark "Nor" genannten Haffs: ideale Biotope für Wasser- und Zugvögel (Naturschutzgebiete) mit Beobachtungsplätzen.

Wir beschreiben die Insel von Süd nach Nord für Einsteiger mit der Kiel ->Langeland-Fähre. In Rudkøbing besteht die Möglichkeit über die Brücke zur Insel Tåsinge und weiter nach Fünen zu fahren. Details siehe Seite 316. Oder man kann im Osten/Spodsbjerg nach Lolland übersetzen, siehe ab Seite 342. An der Nordspitze Langelands Autofähre zur Insel Seeland/ Korsør.

Verbindungen

Die Brücke von Fünen (Svendborg)-> Insel Tåsinge-> Rudkøbing (Langeland) gratis.

 **Fähren**: Kiel-> Bagenkop (Langeland) 2-3 x tägl., dauert 2 1/2 Std. Preise (einfach): Person 1o DM; Pkw inkl. Fahrer 2o DM, im Juli 3o DM. Wohnmobil bis 6 m inkl. Fahrer ca. 3o DM. 5o % Rabatt auf Wohnmobile zu bestimmten Abfahrten. Im Sommer unbedingt reservieren in beide Richtungen.

Spodsbjerg (Langeland)-> Tårs (Lolland): stündliche Abfahrten von frühmorgens bis spät in die Nacht. Dauer 45 Min. Preis (einfach): Person 1o DM, Pkw inkl. Fahrer 4o DM, Wohnmobil bis 6 m 5o DM, Fahrrad 4 DM.

Lohals (Langeland)-> Korsør (Seeland): sehr kleine Fähre, für Autos vorbestellen. Im Sommer ca. 3 x tägl. Dauert 1 3/4 Std. Preis (einfach): Person 15 DM, Pkw 3o DM, Wohnwagen 4o DM, Fahrrad 5 DM.

Bus: -> Fährort Bagenkop-> Rudkøbing alle 1-2 Std., dauert 2o Min. Bagenkop-> Nyborg/Fünen 17 x tägl., am Wochenende etwas seltener, dauert 2 1/2 Std., in Nyborg Anschluß ans IC-Bahnnetz nach Kopenhagen oder Jütland im Stundentakt. Rudkøbing-> Lohals, Hov etwa stündlich, Wochenende seltener, 45 Min.

Neben Hotels (siehe Text), gelegentlich Privatzimmern und Jugendherberge in Rudkøbing gibt es 1/2 Dutzend Campingplätze und Ferienzentren.

Ferienhäuser über die ganze Insel verteilt besonders in Stoense Udflytter im Norden und Ristinge im Süden. Ferienzentrum siehe Dageløkke. Ferienhausbroschüre und Buchen: Destination Langeland, Bagenkop. Infostelle am Fährterminal.

Fahrradfahren: Wegen des Verkehrs sollte man die Hauptinselstrecke im Sommer unbedingt meiden. Die Touristenbüros geben eine gute Fahrradkarte mit weniger befahrenen Nebenstrecken heraus. Fahrradwege gut beschildert (blau), für Rundtouren eignet sich Langeland weniger, besser einmal längs durch. Diverse Fahrradvermietungen siehe Text.

Angeln: gute Möglichkeiten auf Dorsch und Meerforelle. Am besten vom Boot aus. Der Langelandsbelt gilt als sehr "dorschverdächtig". Organisierte Hochseeangelfahrten werden in Lohals, Spodsbjerg und Bagenkop angeboten. Andere Möglichkeit: ein eigenes Boot mieten. Im Süden kann bei Dovns Klint gut vom Strand aus geangelt werden.

Surfen: viele direkte Autozufahrten für Surfer, z.B. bei Ristinge oder an der Nordspitze Hov.

Segeln: eine Handvoll großer Jachthäfen. Segelkurse werden auf Strynø in alten Segelbooten angeboten. Information im Rudkøbing Touristenbüro.

Bootsvermietung: kleine Motorboote mit 4 bzw. 6 PS kosten ca. 3oo-4oo DM/Woche. Buchen: Ole Dehn Søndergade 22 in Lohals bzw. Spodsbjergvej 186 in Rudkøbing oder bei Destination Langeland, Bagenkop am Fährterminal.

✦Bagenkop

Für viele Urlauber der erste Stop auf Dänemark, durch die Fähre Kiel-> Langeland. Zwei- bis dreimal am Tag rollt eine Autowelle aus der Kiel-Langeland-Fähre am Ort vorbei. Dann wird es wieder ruhig in Bagenkop. Dem Ort fehlt ein gemütliches Zentrum; größter Fischerhafen der Insel. Neben dem Fähranleger schaukeln mittlere bis kleine Kutter, manche Kapitäne bieten auch Hochseetouren an.

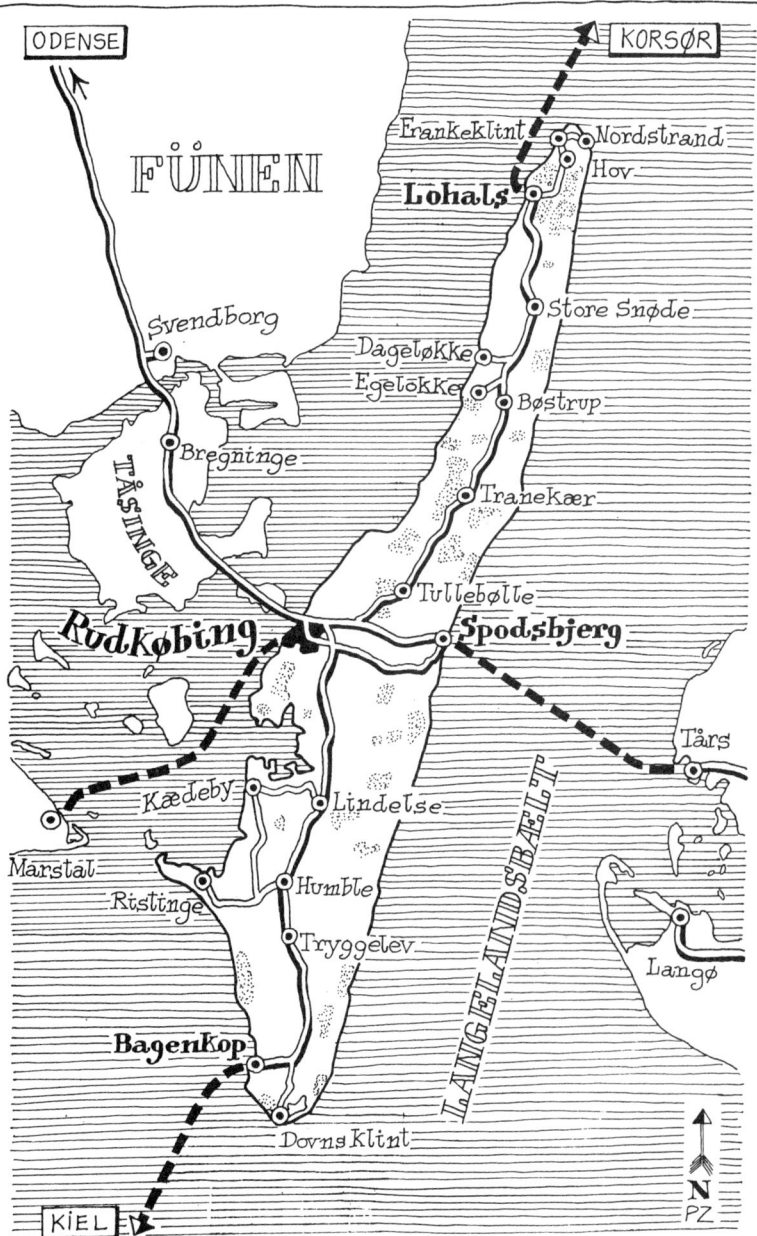

ODENSE

KORSØR

FÜNEN

Frankeklint

Nordstrand

Hov

Lohals

Svendborg

Store Snøde

Dageløkke

Egeløkke

Bøstrup

Bregninge

TÅSINGE

Tranekær

Tullebølle

Rudkøbing

Spodsbjerg

Tårs

Kædeby

Lindelse

Marstal

Humble

Ristinge

Tryggelev

Langø

LANGELANDSBÆLT

Bagenkop

Dovns Klint

KIEL

N
PZ

Büro der Kiel-Langeland-Fähre am Fähranleger. Tel. 62 56 14 oo, Fax: 62 56 19 59. Offen zur Saison Mitte Juni bis August.

 Post: im Einkaufszentrum. Geldabheben vom Postsparbuch möglich. Offen: Mo.-Fr. 12.3o -16 Uhr, Sa. 9-11 Uhr.

** Strandgårdens Camping: am Ortsrand, ca. 2oo m zum Strand. Aufgelockerte Anlage, Rasenplätze auf verschiedenen Niveaus. Von einigen ist die einlaufende Fähre zu sehen. Kinder fühlen sich hier pudelwohl, besonders auf dem Abenteuerspielplatz. Gut durchdachter Sanitärbereich, sogar eigene Fischspülen. Gut sortierter Laden, Minigolf, Reitmöglichkeit etc. Rund 15 Campinghütten auf separatem Platzbereich. Gut ausgestattet mit kleiner Sitzecke, Stockbetten, Schlafplatz für 6 Personen. Zur Hochsaison nur wochenweise zu mieten. 2oo Stellplätze. Offen: April bis Mitte September.

JÆTTESTUE: das besterhaltene Hünengrab (ca. 3ooo v. Chr.) beim Bauernhof Skovsgaard, 1 km außerhalb Bagenkop. Rund 2.ooo Knochen wurden in dem Gemeinschaftsgrab entdeckt, fein säuberlich aufgeschlichtet. 36 Erwachsenen- und 17 Kinderskelette konnten rekonstruiert werden. Aufsehen erregten einige Schädelfunde, u.a. ein Beispiel einer Zahnbehandlung mittels Bohrer! Der Patient überlebte. Unvorstellbar auch das Beispiel einer Schädeloperation, bei der vermutlich Knochensplitter entfernt wurden. Alle Funde im Archäologischen Museum in Rudkøbing.

Die SÜDSPITZE Langelands endet im schönen, langen Kiesstrand und mit einer zahmen Klippenküste Dovns Klint. Zwei der markanten "Huthügel", die die ganze Insellandschaft prägen, werden hier vom Meer angeknabbert und bilden eine kleine Steilklippe. Die Kieselsteine wurden von der Brandung herausgewaschen und an den Strand gespült.

Beliebter Platz der Sportangler, an manchen Tagen erinnert die Szenerie an einen Angelwettbewerb. Die Zufahrtstraße endet direkt am Strand im Parkplatz.

Hobby-Ornithologen kommen im angrenzenden KELDESNOR besonders im Herbst auf ihre Kosten. Für Zugvögel ist das große Wasserareal der letzte Stop auf dem Weg nach Süden, viele Stelzenvögel, Greifer etc. Vogelbeobachtungsturm am Gulstar Mose, knapp 1 km vor der Küste. Das Moor wurde vom Vogelschutzbund aufgekauft und gepflegt. Hinweistafel neben der Straße.

✦Ristinge

Der gute Sandstrand mit dem einzigen Dünenstreifen der Insel hat den kleinen Ort zum beliebtesten Ferieneck aufgewertet. Im "alibi-Fischerhafen" am Rande schaukeln einige Boote.

Geschäfte gibt es so gut wie nicht, das Zentrum mit dem einzigen Laden  bildet der *** Campingplatz Ristinge. Eine große Anlage, in der auch Ferienwohnungen und Campinghütten vermietet werden, zur Saison ab 12o DM/Tag. Zum Sandstrand über die Straße. Fahrrad- und Bootsvermietung, Angeltouren etc. Offen: Mai bis Mitte September. 2oo Stellplätze.

Ferienhausvermietung bei Frank Rasmussen, Klinten 2. Ristinge. 5932 Humble.

Strand: Der kilometerlange Sandstrand ist nicht immer picobello, oft auch von Tang und Steinen durchzogen, **BADEN** doch schöne Minidünen mit vielen windgeschützten Kuschelecken. Für Surfer gibt es eigene Strandbereiche. Verschiedene Stichstraßen enden im Parkplatz, Sanitäreinrichtungen und Snackbuden. Viele Ferienhäuser hinter den Dünen im Grün versteckt.

RISTINGE KLINT: Im Norden wird der Strand durch die 2o m hohe Steilklippe begrenzt, ein Naturphänomen der Eiszeit.

Die Klippe entstand in den Eiszeiten. Sand, Lehm und Kies haben sich immer wieder in über 3o Schichten abgelagert. Durch den Druck der Eismassen gepreßt und gefaltet bilden sie hier senkrechte Schichten, die durch Wind und Wasser unterschiedlich stark abgetragen werden. Eine geologische Besonderheit sind die dicken grauen Tonschichten, entstanden durch Austernablagerungen, deren Schalenreste man immer noch sehen kann.

Sehr schöner Klippenspaziergang zwischen seltenen Pflanzen, die im Frühsommer in leuchtenden Farben blühen. Der schönste Teil ab Ende der Straße bis zu den Seemarkierungen und Treppenweg an den Kiesstrand. Immer wieder weites Panorama. Vorsicht mit Kindern, der Pfad führt oft dicht an der Klippe entlang.

Von Ristinge in 2o km über Humble nach Rudkøbing.

✦ Humble

Geschäftszentrum direkt an der Hauptverbindungsstraße. Der Ort liegt in einem Gebiet mit den höchsten Hut-Hügeln (über 4o m), eine Besonderheit Langelands, mehr als 1.ooo Stück wurden auf der Insel gezählt. Es sind einzelne runde Buckel, die sich in der Eiszeit als Schmelzwasserablagerungen in kleinen Seen gebildet haben. Sie bestehen aus Lehm und Kiesschichten, die durch den Druck des Eises oft schräg gestellt wurden.

KONG HUMBLES GRAB: das längste Hünengrab Langelands. Sehr große Anlage in Form einer Schiffssetzung, aus 77 Randsteinen mit nur einer kleinen Grabkammer (ca. 3ooo vor Chr.). Ob es sich dabei um das Grab König Humbles handelt, bleibt umstritten. Zugang bei der Bushaltestelle/ Parkplatz vis-à-vis der Kirche beschrieben.

KUTSCHENMUSEUM SKOVSGAARD: etwas abseits der Hauptroute (beschildert) beim Gutshof Skovsgaard. Im ehemaligen Pferdestall ist von der klassischen Hochzeitskutsche vor einer Marktplatzszene in Rudkøbing über die Verkaufskutsche des Metzgers bis zum Leichenwagen fast jeder Typ vertreten (insgesamt 25 Exemplare, die meisten von Langeland). Erläuterung auf deutschsprachigem Faltblatt. Ausstellungen. Offen: Mitte Mai bis September Mo.-Fr. 1o-17 Uhr, So. 13-17 Uhr. Eintritt 5 DM. Führungen durch den Herrensitz: Ende Juni bis Anfang August Mo. und Fr. 13-14 Uhr.

Die ehemalige Kornmühle des Gutshofs wurde durch einen Generator zur modernen Elektromühle umfunktioniert.

✦ Rudkøbing (6.8oo Einw.)

"Hauptstadt" Langelands und schönster Inselort mit Tradition, windschiefen Fachwerkhäusern und vielen Geschäften. Hier kommt man von der ganzen Insel zum Shoppen. Gemütlicher alter Kern im Bereich Marktplatz. Über der Stadt thront die Windmühle. Im Fischerhafen liegt neben anderen Oldtimern der Gaffelkutter "Olly", ein beliebtes Ausflugsboot.

 Am Torvet 5, 59oo Rudkøbing. Tel. 62 51 35 o5, Fax: 62 51 43 35. Offen: zur Saison Mitte Juni bis August tägl. außer So. 9-17 Uhr, sonst Mo.-Fr. 9.3o-16.3o, Sa. 9.3o-12.3o Uhr. Gute Fahrradkarte, Wandervorschläge und Stadtplan.

 Post: Brogade, seitlich Torvet. Offen: Mo.-Fr. 1o-17 Uhr, Sa. 9.3o-12 Uhr.

Geschichte: Durch die günstige Lage zu Tåsinge und Fünen bekam Rudkøbing schon im 13. Jh. Stadtrechte. Trotz des königlichen Handelsprivilegs kam es jedoch nie zum großen Aufschwung, weil die Bauern ihre Produkte schneller direkt auf dem Seeweg nach Fünen verkaufen konnten. Brände haben im 16. Jh. der Stadt übel mitgespielt. Erst im 19. Jh. brachen mit dem Ausbau von Hafen und Straßennetz bessere Zeiten an. Hübsche Altstadthäuser aus dem 18./19. Jh., z.B. in der Smedegade. Durch die Brückenverbindung nach Tåsinge und Fünen ist Rudkøbing zum Verkehrsknotenpunkt der Insel geworden. Hans Christian Ørsted, der Entdecker des Elektromagnetismus, gehört wohl zu den berühmtesten Bürgern der Stadt.

Sehenswertes <u>ANTIQUITÄTENGESCHÄFT</u> (Østergade 16) in einem alten Kaufmannshof aus dem 17. Jh. Hier gibt es fast alles in großer Auswahl. Fast musealer Charakter. Durchschlendern und Anfassen erlaubt.

<u>PFARRHOF</u> in der Østergade 2. Das Fachwerkhaus Nr. 24 gehörte einem einflußreichen Kaufmann, Handelshaus von 1799 in der Nørregade 12.

<u>DIE ALTE APOTHEKE</u>, Brogade. Eine absolute Rarität. Die Einrichtung aus dem 17. Jh. original erhalten: Der Laden mit der Feinwaage, dem Giftschrank und den vielen Schubladen. Kupferkessel im Hinterzimmer, wo die Medikamente hergestellt wurden. Offen: Mitte Juni bis August Mo.-Fr. 11-16 Uhr. Eintritt 4 DM.

LANGELANDSMUSEUM: Jens Winthersvej 12. Besonders für archäologisch Interessierte zu empfehlen. Funde von Langgräbern, Steinsetzungen, Dolmen, Opfergaben, die in Mooren gefunden wurden, Rekonstruktion einer Behausung im Maßstab 1: 2o. An einem Menschenschädel kann man sehen, wie vor 5.ooo Jahren Zähne behandelt wurden, auch Hirnoperationen waren möglich. Einmalige Grabfunde aus der Wikingerepoche. Offen: Juni bis August Mo.-Do. 1o-16 Uhr, Fr. 1o-14 Uhr, Sa. 1o-16 Uhr. Sonst Mo.-Do. 1o-16 Uhr. Eintritt 4 DM.

 **Bus**: -> Svendborg und Nyborg auf Fünen 17 x tägl., am Wochenende etwas seltener. -> Lohals an der Nordspitze etwa stündlich, dauert 45 Min. -> Bagenkop im Süden 17 x täglich, am Wochenende etwas seltener.

Anschluß Insel Tåsinge siehe Seite 316 und weiter nach Svendborg auf Fünen siehe Seite 313.

★Spodsbjerg

Wichtiger Fährhafen zur Insel Lolland. Ansonsten ein kleiner Badeort ohne viel Flair. Aktiver Fischerhafen neben dem Fähranleger. Im Süden erstreckt sich ein ewig langer Strand, im Parkplatzbereich anfangs steinig, später Sand und Tang. Bei Ole Dehn kann man Fahrräder, Boote oder Zimmer mieten, Angelzubehör kaufen oder Angelfahrten buchen (Shop an der Straße zum Strand).

 ** Camping Færgegaarden: ca. 5oo m vom Fähranleger. Zum schmalen Ortsstrand mit dicken Findlingen muß man die Straße queren. Offen: April bis Oktober.

*** Billevænge Camping: Spodsbjergvej 182, etwas landeinwärts gelegen. Für längeren Urlaub der bessere Platz. Gute Sanitärs. Zum Strand ein knapper Kilometer durch den Wald. Hüttenvermietung. 1oo Einheiten. Offen: April bis Ende September.

 "ÆVENTYR MØLLEN", Windmühlen-Restaurant in Nørre Longelse, ca. 3 km westl. von Spodsbjerg. Kleine Fenster. Wiener Schnitzel 25 DM.

Bus: -> Rudkøbing 4-6 x tägl. -> Odense 4-8 x tägl. -> Nykøbing F. 4-8 x tägl.
Fähre: -> Tårs auf der Insel Lolland etwa stündlich, Überfahrt 45 Min. Preis 1o DM/Person. Pkw inkl. Fahrer 4o DM.

Anschluß Insel Lolland siehe Seite 342. Von Spodsbjerg über Tullebølle in 3o km an die Nordspitze.

★Tranekær

War früher "Inselhauptstadt", heute führt die Transinselstraße mitten durch das Straßendorf. Einige Fachwerkhäuser. Busverbindung nach Rudkøbing und Lohals.

TRANEKÆR SCHLOSS: Das knallrote Schloß versteckt sich hinter hohen Bäumen und ist in Privatbesitz. Als Besucher darf man jedoch im Park bzw. um den See spazieren.

Das Schloß wurde zum ersten Mal 1231 schriftlich als Eigentum des Königs erwähnt, vermutlich ist es aber älter. Früher war es bedeutend größer, vierflügelig und Residenz des Lehnsherren, entsprechend gut war es mit Wallgraben, Palisaden, dicken Mauern und Zugbrücke befestigt. Zum Schloßbesitz gehörte zeitweise die halbe Insel Langeland. Seit dem 17. Jh. ist es in Familienbesitz der Grafen Ahlefeldt-Laurvig, die heute noch hier wohnen.

Den Tieren ging es auf dem Schloß verdammt gut. Sogar die Hühner bekamen einen noblen Hühnerstall aus Stein (Haus neben dem Parkplatz).

SCHLOSS-WINDMÜHLE TRANEKÆR: für Mühlenfans absolut sehenswert. Die holländische Kopfmühle von 1845 wurde tipptopp restauriert; heute wird hier wieder Mehl gemahlen und an der Kasse verkauft. Innen informatives Mühlenmuseum. Witzige Graffitis der Müllergesellen an den Wänden (freundlicherweise auch deutsch übersetzt). Die Mühle kann bis unters Dach besichtigt werden, vielleicht stimmt der Wind, und der Müller ist gerade bei der Arbeit. Offen: Mitte Mai bis Ende September Mo.-Fr. 1o-17 Uhr, So. 13-17 Uhr. Sa. geschlossen. Eintritt 4 DM.

 Ein Blick ins "CAFÉ HERSKABSSTALDEN" lohnt auf jeden Fall: der ehemalige, recht luxuriöse Pferdestall wurde in eine Cafeteria/Restaurant umfunktioniert. Soll es vielleicht ein Tisch in der Box von Hamlet oder Mustafa sein? Sogar die Futtertröge noch original. Selbstbedienung, zivile Preise.

"CAFÉ SKVATMØLLE" gegenüber; in der ehemaligen Wassermühle ein kleines alternatives Café und Ökogarten. Die Mühle wurde von dem abfließenden Wasser des Schloßgrabens angetrieben.

 "**Tranekær Gjestgivergaard**", Slotsgade 74. Ganz gemütlicher alter Kro im Fachwerkhaus von 18o2. Restaurant direkt zur Straße. 35 Betten. DZ mit Frühst. 13o DM.

"**Nedergaard Herregårdspension**", Nedergaardsvej 1o. Ein altehrwürdiges Herrenhaus mit entsprechendem Flair. Gerade mal vier Zimmer. Vorzügliche Küche. DZ ohne Bad ab 14o DM.

 **** Emmerbølle Camping: Emmerbøllevej 24. 5 km nördlich von Tranekær ziemlich ab vom Schuß, doch am Meer. Das Ideale für einen ruhigen Familienurlaub, rundherum nur Felder

und der lange Strand. Großer Wiesenplatz mit direktem Zugang an den Strand. Bei Deutschen sehr beliebt. Zelthohe Hecken. Gepflegte Sanitäranlagen, mehrere Kochmöglichkeiten. Unterschiedlich große Campinghütten. Gut sortierter Laden, Fahrradverleih, Ruderbootverleih, Kinderspielplatz. 18o Stellplätze. Offen: Mitte April bis Ende September.

 **Strand**: ewig langer Sandstrand ab Campingplatz. Superseicht ins Wasser, einige Stege. Direkte Autozufahrt.

GUT EGELØKKE (Ursprünge aus dem 15. Jh.): Privatbesitz, der Park aber zugänglich. Bekannt wurde das Gut durch den "Volkshochschul-Erfinder" Grundtvig, der sich hier unsterblich, aber hoffnungslos in die Madame verliebte.

DAGELØKKE: Neben der kleinen Straßensiedlung hat sich ein für dänische Verhältnisse riesiges Ferienzentrum angesiedelt. 112 Appartements im Reihenbungalowstil, zwei verschiedene Typen. Preis je nach Saison und Typ 5oo-1.5oo DM/Woche. Sauna, Hallenbad, Supermarkt, Fahrradvermietung, Bootsverleih.

Restaurant "LANTERNEN", modern ganz in blau-weiß. Der Koch hantiert hier vor seinen Gästen. Blick zum kleinen Jachthafen. Gerichte um 25 DM. Auch gutes Buffet.

✦ Lohals

Netter kleiner Fährort und Zentrum im Norden; Jacht- und Fischerhafen. Im Ort gibt es alles, was man im Urlaub so braucht: Post, Bank, Bäcker, Angelshop und Läden. Bademöglichkeit am langen Ortsstrand im Norden (Sand) mit Picknickbank und Liegewiese.

SAFARIMUSEUM des USA-Auswanderers Tom Knudsens in der ehemaligen Schule am Ortsrand Richtung Hov. Im wesentlichen sind seine Jagdtrophäen zu sehen. Offen: Juli/August Di.-Do. und Sa. 15-17 Uhr, So. 1o-12/15-17 Uhr. Sonst selten. Eintritt 5 DM.

Fahrradverleih und Bootsvermietung bei Ole Dehn/Angelgeschäft an der Hauptstraße.

 Hotel/Ferienwohnung "**Vesterstrand**", Vestervænget 4. Hübsches kleines "Schlößchen" mit Blick auf die Marina. 5 Ferienwohnungen komplett möbliert für 2 Personen pro Tag ab 12o DM. Bootsverleih möglich.

"**Hotel Færgegaarden**", Søndergade 2-4. Großes nüchternes Hotel direkt am Hafen und Fähranleger. 81 Betten. DZ mit Frühstück ab 13o DM. Restaurant mit Blick zum Jachthafen, oft frischer Fisch auf der Speisekarte, z.B. Scholle ca. 3o DM.

"**Motel Concordia**" im Østerhusevej 24, an der Ostküste 3 km entfernt. Ganz ruhig und abgelegen. An das Klinkerhaus wurden Motelzimmer (separater Eingang) angebaut. 12 Betten. DZ mit Du 1oo DM inkl. Frühstück. Zum Strand (schön) einige 1oo m an der Ferienkolonie vorbei.

Einige Privatzimmer im Ort ca. 5o DM/DZ ohne Frühstück.

*** Camping Lohals: Birkevej 11. Großer Wiesenplatz im Ort, Hecken schützen vor den Winden. Ältere, aber ordentliche Sanitäranlagen, Aufenthaltsraum. Ca. 3oo m zum Strand. Zwei Campinghütten mit Kochgelegenheit. 12o Stellplätze. Offen: Ende April bis Mitte September.

Hochseeangeltouren mit der "Ea Dehn", ca. 6 Std. Seefest sollte man schon sein. 45 DM/Person. Info im Angelshop.

Fähre nach Korsør siehe Inseltransporte. **Bus** nach Rudkøbing etwa alle 3/4 Std.

Die NORDSPITZE ist ein schönes Badeeck mit langem Sandstrand, Wochenendhäusern und Campingplatz. Der 1oo m breite Grünstreifen bis zur Spitze steht unter Naturschutz. Zwischen März und Mai kann man hier Tausende von Ringeltauben auf ihrem Zug beobachten.

Frankeklint: eine wenig spektakuläre Steilklippe auf der Westseite, 14 m hoch und ca. 1oo m lang. Der kleiner Leuchtturm (1893) auf der Ostseite ist gerade 12 m hoch.

*** Hov Camping: Nordstrand. Sehr großer Wiesenplatz, ein Katzensprung zum Strand, guter Stützpunkt für Surfer. Mit Kinderspieleck, die Sanitärs sind schon älteren Datums. Offen: Ende März bis Ende September.

Anschluß Insel Seeland/Korsør ab Seite 386.

INSEL ÆRØ   (25 x 8 km, 7.8oo Einw.)

Eine der reizvollsten Ferieninseln vor der Südküste Fünens, nur eine Stunde Fährfahrt entfernt. Von den Dimensionen eine ideale Fahrradinsel mit dem schönsten Städtchen Dänemarks: Ærøskøbing.

Ærø ist enorm grün, jeder freie Fleck wird für Landwirtschaft genutzt. Die Insel ist gespickt mit riedgedeckten Höfen, Windmühlen, prähistorischen Ganggräber und etwas Werftindustrie in den Inselorten Marstal und Søby.

Die drei Hauptorte und die besten Badestrände liegen an der geschützteren Nordküste. Der Süden der Insel fällt teilweise in steiler Klippenküste zur Ostsee ab mit groben Kiesstränden und meist frischer Brise.

Touristisch ist Ærø perfekt erschlossen, das Gros machen die Segler aus (Jachthäfen in Ærøskøbing, Marstal und Søby). Wer nur einen Tagesausflug plant, fährt am besten nach Ærøskøbing.

Im Juli/August kann es auf der Fähre fürs Auto Engpässe geben, Hotelübernachtung, Campinghütten sicherheitshalber vorbestellen. Wohnmobile finden außerhalb der Campingplätze nur bedingt Stellmöglichkeiten. Fahrradfahrer schlagen am besten in Ærøskøbing ihr Zelt auf und radeln ohne Ballast um die Insel.

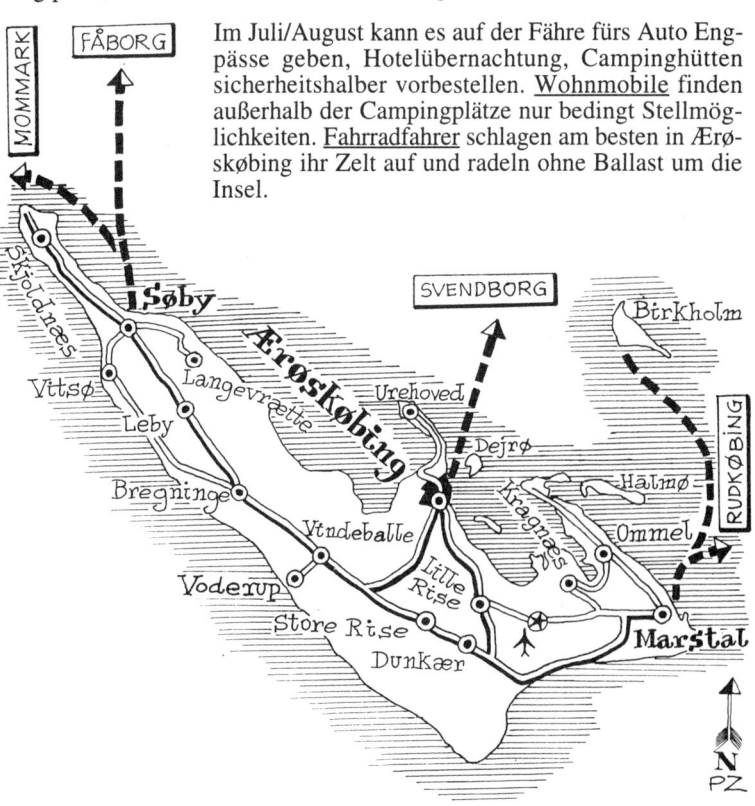

Die langen Höhenrücken auf der Insel sind dem sog. Kleinen Beltägletscher zu verdanken. In der Eiszeit hat er die langgezogenen Moränenrücken hinterlassen und die Grundlage für die Steilküste im Süd-Osten gelegt (Vordrup Klint). Zur Blütezeit Ærøskøbings wurde auf der Insel kräftig abgeholzt, um landwirtschaftlich nutzbare Flächen zu schaffen (im 18. Jh. war die Insel praktisch kahl). Auch die Buchten wurden eingedeicht (Ærø = die Buchtenreiche) und entwässert, es entstanden sog. Nore. Inzwischen wird vereinzelt wieder aufgeforstet, bei Marstal z.b. auf Staatskosten.

Ærø gehörte für mehrere Jahrhunderte (bis 1864) zum Herzogtum Nordschleswig, auch zu der Zeit, als sich im Fischerdorf Marstal erste Werften ansiedelten. Die Dreimastschoner aus Marstal waren auf allen Weltmeeren bekannt.

Die archäologischen Funde der Insel reichen bis in die Steinzeit zurück, als Ærø relativ dicht besiedelt war (4oo-18oo v. Chr.). Insgesamt wurden 16 Langgräber entdeckt, die meisten liegen im Osten Richtung Marstal.

Verbindungen

Fähren: gleiche Preise auf allen Routen, Platzreservierung in der Saison fürs Auto möglich und sinnvoll. Person: 1o DM einfach, Kinder die Hälfte, Fahrrad 4 DM. Pkw ca. 2o DM einfach. Sonderangebot für Wohnwagen und Pkw.

Svendborg-> Ærøskøbing 4-5 x tägl. Dauer 1 1/4 Std.
Rudkøbing-> Marstal 4-6 x tägl. Dauer 1 Stunde.
Fåborg-> Søby 4-5 x tägl. Dauer 1 Stunde.
Mommark-> Søby nur im Sommerhalbjahr zur Hochsaison 3-4 x tägl., sonst 3 x tägl., geringe Kapazität. Dauer gut 1 Std.
Kiel/Deutschland-> Marstal 1 x tägl. Erwachsene 16 DM, 2 1/2 Stunden.

Gute **Busverbindung** quer über die Insel von Søby und Ærøskøbing nach Marstal. Mo.-Fr. fast stündlich bis abends. Am Wochenende 5 x tägl. Fahrradtransport möglich. Tagesticket 11 DM.

Inselrundflüge: relativ preiswert ab Flughafen. Info auch im Touristbüro Ærøskøbing.

Fahrradfahren/-verleih: in allen drei Fährorten Fahrradverleih, ca. 12 DM/Tag. Das richtige Tempo, um die Insel zu erleben. Immer wieder kleine Steigungen von o bis 65 m, schöne Picknickmöglichkeiten an Aussichtspunkten oder Vogelgebieten.

In 2 Tagen kann man Ærø bequem erradeln, beschilderte Fahrradwege, Fahrradkarte im Touristenbüro. Drei ausgeschilderte Routen: 9o Ærøskøbing-> Søby 17,5 km; 91 Søby-> Marstal 3o,5 km; 92 Ærøskøbing-> Marstal 12,5 km, - können auch als Inselrundtour (gut 6o km) kombiniert werden. Meist über Nebenstraßen, teils auch Schotter.

SPORTMÖGLICHKEITEN: Radeln steht an erster Stelle, Reitmöglichkeit vermittelt das Touristenbüro Marstal, Tennisplatz in Ærøskøbing und Marstal, Angeln.

Gut ein Dutzend <u>Hotels</u> (siehe Text), <u>Privatzimmer</u> in Ærøskøbing oder auf dem Lande DZ ab 6o DM inkl. Frühstück. Adressen im Touristenbüro bzw. hängen schon auf der Fähre aus.

* Jugendherbergen in Ærøskøbing und Marstal.
* Campingplätze in den 3 Fährorten teilweise mit Campinghütten.
* Ferienwohnungen nicht in sterilen Ferienhaussiedlungen, sondern z.B. in einer alten Windmühle (Dunkær), in einem historischen Stadthaus in Ærøskøbing oder in alten Bauernhäusern. 65o-1.ooo DM/Woche.

<u>Infobroschüre</u>: im Touristenbüro in Ærøskøbing oder Katalog anfordern von: Destination Langeland, 5935 Bagenkop.

★ Ærøskøbing (1.7oo Einw.)

Das schönste Städtchen Dänemarks. Es scheint, als sei die Zeit vor rund 3oo Jahren stehengeblieben, Kopfsteinpflaster in den Straßen, niedrig bunte Häuserzeilen, Türen und Hauseingänge. Inzwischen steht die Altstadt unter Denkmalschutz, trotzdem ist Ærøskøbing keine Museumsstadt. Hinter den Puppenstubenfassaden leben die Menschen mit dem Komfort des 2o. Jahrhundert.

Auf Urlauber, besonders <u>Segler</u> hat die Inselhauptstadt Magnetwirkung; zur Hauptsaison sind fast nur noch deutsche Laute zu hören. Großes Angebot an Boutiquen, Souvenirshops, gemütlichen Cafés und Restaurants in den alten Wohnhäusern. Das Aushängeschild der Stadt "<u>DUKKE-HUSET</u>" (Puppenhaus) in der Smedegade wird jedes Frühjahr wieder frisch gestrichen. Die verschiedenen <u>Museen</u> geben Einblick ins Innenleben der Häuser.

Außerhalb des Kopfsteinpflasterbereichs hat sich das moderne Ærøskøbing entwickelt: Krankenhaus, Supermarkt, Schulen etc. Zwei Sachen sollte man in Ærøskøbing nicht versäumen: einen Stop im berühmten <u>Flaschenschiffmuseum</u> und ein großes Eis aus der Vafelbageri.

Ærøskøbing profitierte von dem königlichen Handelsprivileg (16. Jh.) und entwickelte sich bald zur Inselhauptstadt mit einer bemerkenswerten Handelsflotte von ca. 1oo Schiffen. Geschäftspartner waren damals vorwiegend Schleswig-Holstein und Norwegen. Die meisten Häuser stammen aus dieser Aufbauphase (17./18. Jh). Kirche von 1756.

 Vestergade 1b, 597o Ærøskøbing. Tel. 62 52 13 oo, Fax: 62 52 14 36. Offen: Mitte Juni bis August Mo.-Sa. 9-17 Uhr. Sonst Mo.-Fr. 9-16 Uhr, Sa. 9-12 Uhr. Mit Broschüren gut bestückt. Zimmervermittlung und Ferienwohnungen auch telefonisch. Empfehlenswerte Fahrradkarte. Geldwechsel außerhalb der Bankzeiten.

Post: im modernen Viertel, Statene.
Hier auch Geldwechsel per Postsparbuch.
Offen: Mo.-Fr. 11-16.3o Uhr, Sa. 11-13 Uhr.

Busbahnhof gleich am Hafen. Anschluß zu den Fähren.

 Fahrradverleih an mehreren Stellen: z.b. bei der Tankstelle in
der Straße Pilebækken, beim Campingplatz, oder Jugendher-
berge. Preislich ca. 12 DM/Tag. Möglichst eines mit Gangschaltung wählen.

FLASCHENSCHIFF-SAMMLUNG, Smedegade 22, im ehemaligen
Armenhaus. Peter Jakobsens Flaschenschiffe sind einmalig in Dänemark,
215 Buddelschiffe zählt die Sammlung, vom Segelboot in der Colaflasche
bis zur Riesenbuddel mit kompletter Landschaft. Als "Flaschen Peter" war
der Seemann bekannt und bekam aus der ganzen Welt Post (ausgestellt).
Über 4o.ooo Besucher jährlich. - Ferner Schnitzarbeiten des Bildhauers
Hans Christian Petersen aus Ærøskøbing und Fayencensammlung. Offen:
Mai bis September 9-17 Uhr, sonst 1o-16 Uhr. Eintritt 5 DM.

ÆRØ MUSEUM: Brogade 3-5. Ehemaliges Wohnhaus des Landvogts
(höchster Richter der Insel 18. Jh.). Liebevoll dekoriert mit altem Mobiliar
und wunderschönen Öfen. Trachten- und Hutsammlung. Schiffsabteilung,
viel Hausrat, Küchenutensilien und, und, und. Offen: Mitte Juni bis Mitte
September tägl. 1o-16 Uhr. Eintritt 4 DM, Kinder die Hälfte.

HAMMERICHSHAUS: Brogade, Ecke Guden 22. Das Eckhaus gehörte
einst dem Bildhauer Hammerich und ist komplett eingerichtet. Holländische Kacheln statt Tapeten an den Wänden, Teller und Krüge unter der
Decke, in jedem Zimmer tolle Einbauschränke. Offen: Juni bis August
tägl. außer Mo. 13-15 Uhr, Fr. zusätzlich 18-2o und in Ferienzeiten vormittags 1o-12 Uhr.

"**Hotel Ærøhus**", Vestergade 38. Renommiertes Hotel im gepflegten
Altstadthaus. Etwas zurückgesetzt der Straße mit großem Garten. Innen
sehr gemütlich, z.T. Antiquitäten. Einige Zimmer mit Balkon und eigenem Bad. DZ inkl. Frühstück 1oo-17o DM. Gute Küche z.B. gebratener
Aal, gefüllte Scholle, die Ærøplatte mit Fisch und Fleisch für 28 DM.

"**Det lille Hotel**", Smedegade 33, direkt neben dem Puppenhaus. In
einem der hübschen Stadthäuser mit Garten. Nur 15 Betten, Etagendusche, DZ inkl.
Frühstück um die 9o DM. Wohnstubenatmosphäre im Restaurant. Fisch und Fleischgerichte ab 15 DM.

"**Hotel Ærø Marina**", Vestre Alle. Trotz des Namens nicht am Meer. Große Anlage
im Reihen-Bungalowstil, manche mit Terrasse zur Straße. Modernes Einheitmobiliar
mit Kochmöglichkeit. DZ ab 15o DM.

"**Motel Damgaarden**", Strandvejen 5. Richtig idyllisch etwas außerhalb im Weiler
Borgnæs. Gepflegte Grünanlage um das Haus von 1852. Ententeich, nicht weit zum
Sandstrand. Mod. Anbau. Restaurant. 37 Zi. und Appartements. DZ ohne Du. 8o DM.

"**Dunkær Kro**" im Inlandsort Dunkær. Eine Handvoll Zimmer o. Bad, DZ ab 75 DM.

Jugendherberge, Vandrerhjem, Smedevejen 15. 18 Familienzimmer. Gästeküche. Offen: April bis September.

*** Camping og Feriecenter: Sygehusvejen 4o B, am Ortsrand nahe Strand. Schönster Platz der Insel, stellenweise leicht schräges Wiesengelände mit Blick zum Strand und Meer, großzügig durch Hecken unterteilt. Gepflegte Anlage mit Spielplatz und Streicheltieren, großer Aufenthaltsraum mit Kochmöglichkeit, Laden, Fahrradverleih.

Über 2o Campinghütten und Wohnwagenvermietung. Die großen Blockhütten komplett ausgestattet, Kochmöglichkeit und Kühlschrank, Doppelstockbetten und Sitzgelegenheit. Preislich ca. 45o DM/Woche + Campinggebühr. Die kleinen Hütten als besserer Zeltersatz, nur vier Schlafmöglichkeiten. Preis: 1oo DM + Campinggebühr.

Restaurant "MUMM", Søndergade. Urig, rustikal in einem alten Kaufmannshof. Gute regionale Küche zu moderaten Preisen. Hering, gebratener Lachs oder Forelle.

Restaurant "PILEBÆKKE", am Ende der Vestergade. Dicht zugewachsener Garten. Innen etwas schummrig mit vielen Schiffsmodellen. Fischauswahl ab 15 DM.

"TORVECAFEEN", am Torvet. Bistroartig mit großen Flügeltüren und Blick zum Platz. Mittags auch Buffet.

"MADAM BLÅ", das blaue Café in der Vestergade. Eis, Kaffee und Kuchen. Das Restaurant nebenan nicht ganz billig.

Gut hat uns das "BOGCAFEEN", Vestergade 64, gefallen. Einige Antiquitäten und witzige Eierbechersammlung. Garten. Auch warme Gerichte.

"LANDBOGÅRDEN", Vestergade 54. Kneipe und Restaurant, abends Disco. Hier ist auch außerhalb der Saison noch etwas los.

Ærøskøbing -> Marstal -> Søby
(ca. 7o-8o km je nach Abstecher)

Die Hauptverbindung verläuft über den Inselrücken, es lohnt aber auf kleine Seitenstraßen auszuweichen, besonders per Rad.

Aussichtspunkt in LILLE RISE (57 m hoch), direkt neben der Straße (Rastplatz) mit weitem Blick über das südfünische Inselmeer. In Store Rise steht neben der Kirche ein Dolmen. Zwischen den beiden Inlandsorten liegt das Dorf DUNKÆR mit dem ältesten Kro der Insel. Das riedgedeckte Fachwerkhaus beherbergt heute noch einen Gasthof.

Das eingedeichte Gebiet um KRAGENÆS ist mit seinen Seen und Tümpeln ein ideales Vogelrevier, Brutplatz vieler Stelzenvögel. Am Ortsrand gut erhaltenes Hünengrab (um 3ooo v. Chr.) von 18 m Durchmesser. Darunter eine Grabkammer von 8 x 2 m.

Der kleine Inselort <u>OMMEL</u> mit idyllischem Hafen liegt am Anfang der Landzunge Ommelshoved. Die gepflegten Ried- und Ziegelhäuser bieten viele Details fürs Tele, zum Baden fährt man allerdings besser nach Marstal.

✦ Marstal

Fähranleger, Werftambiente und der große Jachthafen prägen das Bild am Hafen, um den der bescheidene Fischerort entstand. Marstal ist weit weniger touristisch herausgeputzt als Ærøskøbing, hat vielleicht aber mehr Eigenleben.

Parallele Gäßchen mit niedrigen Häusern ziehen sich den Hang hinunter zum Hafen. Heute kann man kaum noch die Bedeutung erahnen, die die Hafenstadt im 17.-19. Jh. hatte. Wichtiger Arbeitgeber ist noch heute die Werft. Um die Jahrhundertwende waren in Marstal über 3oo große Dreimastschoner registriert. Navigationsschule im Ort.

Gut sortierte Geschäfte in dem kleinen Stück Fußgängergasse, die bei der Kirche beginnt. Hauptattraktion der Kirche von 1736 sind die sechs prächtigen Votivschiffe, die unter der Decke schweben.

 In der Fußgängerstraße, Havnegade 5, 596o Marstal. Tel. 62 53 19 6o, Fax: 62 53 3o 35. Offen: Mitte Juni bis August Mo.-Fr. 1o-17 Uhr, Sa. 1o-15 Uhr. Im Juli auch So. Sonst Mo.-Fr. 9-16 Uhr. Fahrradverleih, Info über Reitmöglichkeiten.

Sehr großer <u>JACHTHAFEN</u> gut geschützt von der Landzunge und Mole, die vor 15o Jahren aus Findlingen aufgeschüttet wurde. Gleich neben dem Steg ein großer Kinderspielplatz mit Wiese. Ausgezeichneter <u>Strand</u> südlich des Ortes. Ellenlang wie eine Minidüne wirkt die Landzunge mit einigen knallbunten Strandhäuschen. Sand, teils Kiesufer.

<u>JENS HANSENS SEEFAHRTSMUSEUM</u>: große Sammlung in der Prinsensgade/Ecke Havnegade. Allerlei Kurioses wie Galionsfiguren, Lampen, Ladeneinrichtung, Navigationsinstrumente, Schiffsmodelle etc. <u>Offen</u>: tägl. 1o-16 Uhr, Juni bis August 9-17 Uhr, im Juli bis 21 Uhr.

Das ehemalige <u>SCHIFFERHEIM</u> aus dem 19. Jahrhundert kann zur Hochsaison in der Teglgade 11 besichtigt werden.

 Hotel/Restaurant "Marstal", Dronningestræde 1a, nur einen Katzensprung vom Fähranleger. Innen einfach. Schön sitzt man im Garten. Gerichte um die 2o DM. 1o Betten. Zimmer ohne Bad, DZ ca. 8o DM.

"<u>Hotel Ærø Strand</u>", Egehovedvej 4, etwas außerhalb am südwestlichen Ortsrand. Großes Tagungshotel mit Sauna, Swimmingpool etc., ordentliche moderne Zimmer. 2oo Betten. DZ inkl. Frühst. ab 16o DM.

Jugendherberge: sehr zentral zwischen Fähre und Jachthafen, Færgestræde 29. 57 Betten. Auch Familienzimmer. Gästeküche. Frühstück erhältlich. Offen: Mai bis August.

* <u>Marstal Camping</u>: Havnegade 27. Kleiner Wiesenplatz zwischen Werft und Jachthafen, hat uns nicht so gefallen. Einfache Sanitärs. Stellplätze z.T. neben der Straße. Einige Campinghütten. Offen: Juni bis Mitte August.

"<u>REST. DEN GAMLE VINGAARD</u>", Skolegade 15. Bekanntestes Restaurant im Ort. Innen rustikal mit Schiffsmodellen und Antiquitäten, sehr schön sitzt man auf der Terrasse im Innenhof. Freundliche Bedienung. Einfache Küche zu moderaten Preisen; Fisch, Schnitzel um die 15 DM, wechselnde Tagesgerichte. Übernachtungsmöglichkeit.

Ausflug: mit dem Postboot zur kleinen bewohnten <u>Insel Birkholm</u>. Bademöglichkeit. Ab Hafen vis-à-vis der Post.

<u>Fähre</u> nach Rudkøbing und Busverbindungen siehe Inseltransporte.

Die flott befahrbare Straße entlang der <u>SÜDKÜSTE</u> (1o km von Marstal entfernt) führt in Küstennähe über die Deichanlage. Bevor auf der Rückseite das Gråsen Nor entstand, war der Osten Ærøs nur durch eine schmale Furt zugänglich. Picknickplätze zu beiden Seiten des Deichs, Infotafeln zu den ehemaligen Wallanlagen. <u>Bademöglichkeit</u>.

<u>VODERUP KLINT</u>: Die kilometerlange Steilküste im Südwesten ist ein Phänomen der Eiszeit. Stellenweise fällt die Küste 3o m senkrecht ab, an vielen Bereichen haben sich aber auch breite Wiesenterassen gebildet. Hier sind die Erdschichten in mehreren Etagen Richtung Meer abgerutscht. Mehlschwalben bauten sich in den eingelagerten Tonschichten (eine geologische Besonderheit) ihre Höhlennester (unter Naturschutz). Voderup Klint ist prima für <u>Spaziergänge</u> entlang der Küste. Zufahrt über Karrenweg bei den Orten Tranderup und Vindeballe, guter Kro an der Kreuzung.

<u>BREGNINGE</u>: längster Straßenort auf Ærø. Obligatorischer Kro (großer Garten). Früher gab es einige Ziegeleien, die versuchten den Ton der Steilküste zu verarbeiten. Das Material war jedoch von mäßiger Qualität, so daß sich die Fabrik nicht lange halten konnte. Sehenswerte <u>Wandmalereien</u> in der Dorfkirche (Ursprünge aus dem 13 Jh.).

<u>VITSØ NOR</u>: kurz vor Søby führt die Küstenstraße wieder über einen langen Deich. Anstelle der abgezirkelten Felder existierte hier bis ins 16. Jh. ein geschützter Naturhafen. Nach der Versandung versuchte man in mehreren Anläufen das 15o ha große Areal trocken zu legen. Das Wasser wurde

mit der holländischen Windmühle (seit 1958 unter Denkmalschutz) heraus-
gepumpt. Sümpfe und Teiche bieten gute Brutgebiete für See- und
Watvögel.

✦ Søby

Fährort im Nordwesten. Bei weitem nicht so attraktiv wie Ærøskøbing
oder Marstal. Bei Seglern recht beliebt, obwohl uns das Hafenambiente
mit Fischtrawlern und Werft weniger gefallen hat. Der Ort selbst zieht sich
den Hang hinauf bis zur alten Windmühle (1881).

Tourist INFO Am Hafen, 5985 Søby. Tel. 62 58 13 88, Fax: 62 52 14 36.
Offen: Mitte Juni bis August Mo.-Sa. 1o-17 Uhr.

Fahrradvermietung: Langebro 4a, ca. 5oo m vom Hafen oben im Ort.

 ** Søby Camping: Skovvej, gut 1-2 km vom Hafen entfernt
an der Südküste. Schön und ruhig bei den Sportanlagen am
Waldrand gelegen. Direkt am Strand (Sand und Kies) allerdings versperren Windschutzhecken den Blick. Kiosk. Ein paar Wohnwagen zu mieten. 36 Einheiten. Offen: Mai bis Mitte September.

Fähre nach Fåborg und Mommark. Busverbindung siehe Inseltransporte.

✦ Landzunge Skjoldnæs

Ca. 6 km lang, bis zur Spitze stehen Getreidefelder. Weiter Blick vom
Leuchtturm über die Insel bis zum Festland. Der 22 m hohe Turm wurde
aus Granit der Insel Bornholm erbaut. 72 Stufen hinauf, Vorsicht - sehr
eng! Das Leuchtfeuer stammt aus Paris von 1881.

Kiesstrand beim Leuchtturm, aber hier bläst es ziemlich. 5oo m vor dem
Leuchtturm zweigt ein Schotterweg ab zum Strand u. Vogelgebiet Næbbet.

VESTER MØLLE: eine der ältesten Windmühle Dänemarks (1834) auf
einem Hügel direkt neben der Hauptroute (kurz vor Leby). Riedgedeckt
und gut restauriert. Fußweg ca. 1o Min.

Gleich neben dem Parkplatz die besterhaltene WALLANLAGE des Landes. Im Mittelalter (12. Jh.) stand auf den Wällen eine Burg (vermutlich
aus Holz), um den geschützten Naturhafen zu bewachen, heute Vester
Nor. Ausgrabungen in Hafennähe haben Spuren einer Besiedlung ans
Tageslicht gebracht. Die Burg selber bestand nur rund 1oo Jahre, erhalten
haben sich jedoch die tiefen Schutzgräben.

Die schönste Strecke für die Rückfahrt nach Ærøskøbing verläuft entlang
der Nord-Ostküste. Von dem Höhenrücken immer wieder neue Perspekti-
ven über wogende Kornfelder zur dänischen "Südsee". Stichstraßen führen an Sandstrände.

INSEL LOLLAND

Die meisten kennen Lolland nur als Transitinsel nach Kopenhagen oder Schweden. Es fehlen die hochkarätigen Sights, doch wer etwas Ruhe sucht, schöne Fahrradtouren plant oder gerne auf Deichen spazieren geht und sich den Wind um die Ohren blasen lassen möchte, ist auf der Insel gut aufgehoben.

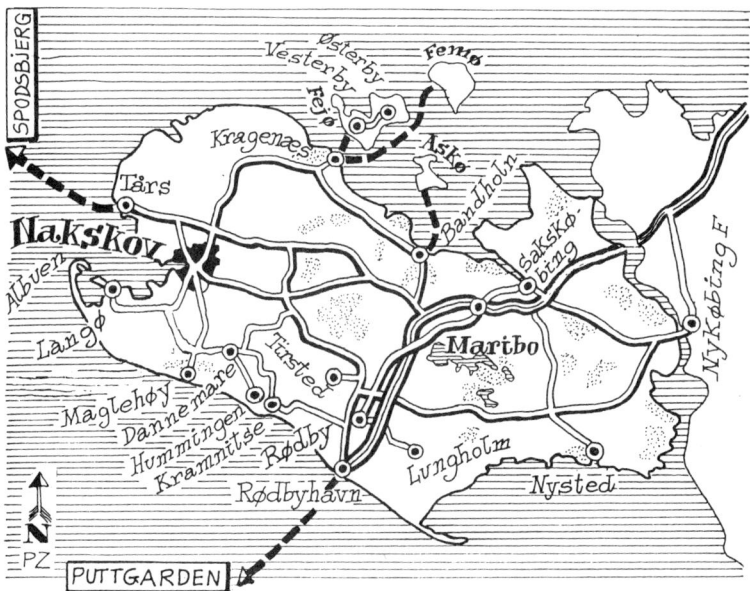

Attraktionen sind z.B. der Safaripark mit Affenhorden in freier Wildbahn, die große Oldtimersammlung in Nysted mit rund 2oo Prachtstücken oder der Wolfspark. Bei Sehnsucht nach Palmen geht's ins Tropenland Lalandia.

Lolland ist flach wie eine Flunder, kein Punkt liegt höher als 3o m, manche Landstriche sogar unter dem Meeresspiegel. Im fruchtbaren Schwemmland der Rødbyførde wird intensiv angebaut, vor allem Zuckerrüben und Karotten. Eingestreut kleine Wäldchen und Naturschutzgebiete; landschaftlich ist Lolland eher eintönig.

Die Insel ist nur "kleckerlesweise" besiedelt, einige riedgedeckte Häuser, viele einzelstehende Höfe in charakteristischer U-Form. NYSTED, der schönste Fleck auf Lolland, trägt zudem das Prädikat "südlichste Stadt Dänemarks". Maribo im Inland wird attraktiv durch seine Lage am See. Nakskov ganz im Westen ist die größte Stadt mit 17.ooo Einwohnern und einem Hauch von Industrie.

BADEN .Die längsten Strände liegen gleich nach der Fähr-ankunft im Süden. Durch einen 6o km langen Deich wurde dem Belt ein fruchtbarer Landstreifen abgerungen, davor ein sanftes Meer oder Brandung, je nach Wetter. Sand-, Kiesstrand, teils grobe Steine, das Badehandtuch wird auf dem Dünengras ausgebreitet.

Der Damm bleibt den Fußgängern vorbehalten. Die schönsten Stellen des ehemaligen Rødbyfjords liegen zwischen Kramnitse (westlich Rødby) und Hummingen. Hier führt die Straße zwischen Damm und Riedgraswiesen entlang, immer wieder Parkplätze und Treppenwege ans Meer. Durch den bequemen Zugang entsprechend viel los: Feriensiedlungen, Campingplätze, ab und zu mal ein Restaurant.

Für Kinder eignen sich die Sandstrände im Norden besser, super flach und dadurch auch etwas wärmer, doch auch nicht lupenrein.

Fahrradfahren: Lolland hat ideale Fahrraddimensionen, von einem Stützpunkt aus läßt sich die Insel bequem erkunden, anstrengend wird es nur bei Gegenwind. Fahrradwege und ein dichtes Straßennetz führen in den letzten Winkel der Insel. Gutes Kartenmaterial mit Routenvorschlägen in den Touristenbüros.

Verbindungen

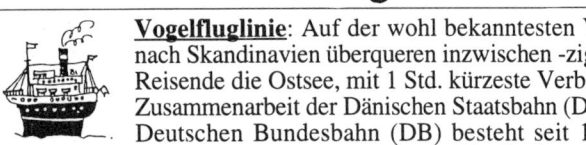

Vogelfluglinie: Auf der wohl bekanntesten Verbindung nach Skandinavien überqueren inzwischen -zig Millionen Reisende die Ostsee, mit 1 Std. kürzeste Verbindung. Die Zusammenarbeit der Dänischen Staatsbahn (DSB) mit der Deutschen Bundesbahn (DB) besteht seit 1963, seitdem sind die Schiffe im Pendelbetrieb im Einsatz. Seit den 9oer Jahren hat auf deutscher Seite die Fährgesellschaft DFO den Betrieb übernommen. Siehe Anreise. Voranmeldung auch zur Hauptsaison nicht erforderlich und nicht möglich, doch Wartezeiten einkalkulieren. Die Eisenbahnwaggons werden gleich mitverladen, Bahnreisende brauchen also nicht umsteigen.

Ganzjährige Fährverbindung, 7 Fährschiffe im Einsatz, Dauer der Überfahrt ca. 1 Std. Siehe auch Anreise.

Zug: nach Kopenhagen über Roskilde oder Køge alle 1-2 Std. Dauer ca. 2 Std. 3o Min.

Bus: -> Maribo etwa stündlich. -> Kramnitse (Südküste) ca. 4 x tägl., weiter Nakskov. -> Nykøbing (F) 4 x tägl. -> Nakskov etwa stündlich.

✦**Rødby** und **Rødbyhavn**

Der alte Ort RØDBY lag früher direkt am Meer. Von hier legten schon im Mittelalter die Fährschiffe nach Deutschland ab, damals wurde noch nach Pferd und Reiter bezahlt. Am Packhaus machten einst die Boote fest.

Der moderne Fährort RØDBYHAVN liegt heute einige Kilometer südlich; mit Bahnverladung, Busstation, den ersten Banken und Geschäften, doch nichts für längeren Aufenthalt. Er entstand erst 1912, als Rødby durch den Damm vom Meer abgeschnitten wurde.

Rødby ist ein beschaulicher Ort mit einer ganzen Reihe Geschäfte entlang der Fußgängerzone, doch mit Einbruch der Dunkelheit werden hier die Bürgersteige hochgeklappt. An den Ursprung der Vogelfluglinie erinnert der Brunnen (1981 eingeweiht) auf dem Marktplatz. Obwohl die Stadtgeschichte über 75o Jahre zurückliegt, konnten nur wenige alte Gebäude den Großbränden und Sturmfluten trotzen.

 Im alten Gebäude beim Markt (Torvet), Vestergade 1, 497o Rødby. Tel. 54 6o 21 1o, Fax 54 6o 45 47. Offen: Mo.-Fr. 9-17 Uhr, Sa. 1o-14 Uhr. Zur Saison auch So. 1o-12.

In Rødbyhavn findet man die Information im Danhotel, Havnegade 2. Ausführliche Broschüre zu den sehenswerten Kirchen der Umgebung (Tirsted siehe Beschreibung unten).

 Post: Fruegade 9, Rødby, offen: Mo.-Fr.1o-17 Uhr, Sa.1o-12 Uhr. In Rødbyhavn, Havnegade 28, offen: Mo.-Fr. 1o-12 und 14-17 Uhr, Sa. 1o-12 Uhr.

BERNSTEINMUSEUM (Ravmuseum) und Verkauf, Østergade 5, seitlich Fußgängerzone. Hier kann man sehen, wie Bernstein zu Schmuckstücken verarbeitet wird und bekommt Tips zum Sammeln am Strand. Fritz Jakobsen schleift auch Fundstücke gerne zu einem individuellen Souvenir (siehe auch Bernstein-Kapitel im allgemeinen Teil). Offen: Mo.-Fr. 1o-12.3o und 14-17 Uhr, Sa. 9-12 Uhr.

LALANDIA TROPENLAND nahe Rødbyhavn: 24 Grad warmes Wasser, verschiedene Pools, Wasserrutschen, Wasserfälle, Sauna, Solarium und einige Palmen. Ganzjährig offen, Eintritt 15 DM, Kinder die Hälfte, unter 4 Jahren kostenlos.

Großer WINDKRAFTRÄDERPARK direkt bei der Ankunft in Rødyhavn. Rund zwei Dutzend moderne Windräder liefern hier einige Megawatt Strom. Ausschilderung Miljøteknik (siehe auch eigenes Kapitel im allgemeinen Teil).

HERRENSITZ LUNGHOLM: 1o km östlich Rødby. Pferdeliebhaber bekommen in Lundholm leuchtende Augen. In der großen Reithalle des Pferdesportcenters wird Unterricht angeboten, Ausflüge im Schloßpark, über den Strand oder in der Kutsche organisiert.

"**Danhotel**", Rødbyhavn hinter dem Deich. Großes schmuckloses Konferenzhotel neben dem Fährhafen. Z.T. kleine Zimmer, dunkel möbliert. DZ ab 15o DM.

"**Euro Hotel E4**", Maribo Landevej 4 an der Schnellverbindung. Motelartig als Zwischenstop nicht schlecht. 5o Zimmer. Gutes à la carte Restaurant.

"**Eggerts Hotel**", Østergade 61. Kleine familiäre Unterkunft mit gerade einem halben Dutzend Zimmer.

"**Landsmandshotellet**", Vestergade 6 in Rødby. Einfache Übernachtung direkt im Zentrum. Zimmer ohne Bad, DZ ab 1oo DM.

"**Den Gamle Digegaard**", empfehlenswerte Übernachtung mit Atmosphäre, allerdings ein ganzes Stück außerhalb am Deich in Kramnitze. Strohdachhaus aus dem 19. Jahrhundert, gemütliches Restaurant. Wenn Aal auf der Speisekarte steht, sollte man nicht zögern. Montag Ruhetag.

Lalandia Feriecenter, Rødbyhavn. Riesige Ferienanlage mit über 6oo Häusern für 3-8 Personen konzipiert. Komplett ausgestattet bis zum Fernseher und Gartenstuhl. Einkaufsmöglichkeit, Restaurant, Disco etc. Breites Sportangebot. Gratis Eintritt ins Tropenland. Preise der Ferienhäuser stark saison- und größenabhängig, zwischen 8oo und 1.7oo DM pro Woche plus Endreinigung.

** Camping Rødby Lystskov: am nördlichen Ortsrand. Kleiner Wiesenplatz von Bäumen und Straßen eingerahmt, Hüttenvermietung, Einkaufsmöglichkeit. April bis August.

Weitere Campingplätze an der Südküste siehe unten.

Lolland als Transit- oder Urlaubsinsel

Auch für ganz Eilige auf dem Weg nach Norden lohnt in Maribo an der Schnellverbindung E4 der Abstecher zum GRÖSSTEN SAFARIPARK NORDEUROPAS. Zusätzliches Bonbon: die Fahrt in der Nostalgiebahn ab Maribo bis zum Eingang des Parks in Bandholm.

NYSTED mit Schloß und Oldtimersammlung läßt sich bequem auf einem Schlenker Richtung Falster legen.

Wir beschreiben die Insel nachfolgend im Uhrzeigersinn.

Durch die ehemalige Rødby Förde -> Nakskov im Westen

Sehr schöne Strecke und besonders auch als Fahrradtour zu empfehlen, teilweise abgelegene Straßen.

Ab Rødby anfangs Richtung Nakskov. Nach 6 km, etwas abseits der Hauptroute 275 die KIRCHE von TIRSTED. Die wehrhafte Bauweise ist typisch für Lollands Dorfkirchen. Ursprünge von 125o in romanischer

Backsteinbauweise. Im Chor sehenswerte Fresken aus dem 15. Jh. mit Szenen aus dem Alten und Neuen Testamant.

DIE FÖRDE, das Gebiet Richtung Küste liegt bis zu 2 Meter unter dem Meeresspiegel, früher plätscherte hier das Fjordwasser. Seit den 2oer Jahren wurde es in fruchtbares Weide- und Ackerland umgewandelt. Der 6o km lange Deich entstand schon Ende des 19. Jahrhunderts, 4 Meter hoch in Handarbeit aufgeschüttet. Erst dadurch war das Hinterland vor den Strumflutwellen sicher.

Die einzige Öffnung beim Danhotel in Rødbyhavn kann in kritischen Situationen verschlossen werden. Durch Kanäle und Pumpstationen (bei Kramnitze) wurde der weite Fjord im Laufe der Jahre trockengelegt und wirtschaftlich genutzt. Als Fremdarbeiter waren Schweden und später Polen unentbehrlich (die "Polakkaserne" in Tågerup heute Museum). An die jahrelangen Arbeiten der Trockenlegung erinnert der Findling 2 km außerhalb Tirsted Richtung Kramnitze. Der 25 Tonnen schwere Felsbrocken wurde mit der Eiszeit hierher geschoben, heute markiert er die verschiedenen Wasserstände, bei Sturmflut und zur Zeit der Landgewinnung.

KRAMNITZE UND HUMMINGEN: weitläufige Feriensiedlungen gleich hinter dem Deich. Hier mündet der idyllische Entwässerungskanal, in dem ein paar Bötchen liegen, ausgedehnte Riedgraswiesen, in denen Vögel brüten.

Am Meer feine Sandstrände und gute Surfbedingungen, Fahrradverleih beim Strandgård, Einkaufsmöglichkeit und Busverbindung.

 Empfehlenswertes Hotel/Restaurant im "**Gamle Digegaard**". Der alte Deichhof im Fachwerklook und Rieddach ist urgemütlich und immer was los. Gute Küche à la carte, gebratener Aal besonders lecker zubereitet. Preise zwischen 2o-4o DM. Einige modernisierte Zimmer. Fahrradverleih. Ferienhausvermietung.

 *** Camping Kramnitse: Wiesenplatz nahe dem Kanal, von Kiefern und Birken bestanden. Ordentliche Holzhütten zu mieten. 75 Stellplätze. Offen: Anfang April bis Ende Sept.

*** Hummingen Camping: großer offener Platz, nicht am Meer. Ebener Wiesenboden, Stromanschlüsse, Einkaufsmöglichkeit. 25o Stellplätze. Offen: Anfang April bis Anfang Oktober.

Über DANNEMARE, ein locker verstreuter Ort mit Tankstelle, Post und Läden, an die Süd-Westküste nach Langø. Immer wieder führen Stichstraßen an schöne Badestrände mit den obligatorischen Ferienhäuschen.

In MAGLEHØY fast Schrebergartenidylle (Bus Nr. 17), gleich angrenzend schöne Badestrände, eine Mischung aus Sand, Steinen und kleinem Dünenstreifen.

RUDBJERGGÅRD, 5oo m abseits der Route im Wäldchen versteckt. Ein sehr schön herausgeputztes Herrschaftshaus aus dem Anfang des 17. Jh., zweistöckig im Fachwerkstil mit rundem Treppenturm, in dieser Art etwas Besonderes.

Schöne Spazierwege am Ende der nächsten Stichstraße, Parkmöglichkeit am Vindeholme Strand. Angelegter Nadel- und Laubwald, teilweise über den Deich.

Kleine, intakte Windmühle in Kappel.

 FKK-Strand, 2 km lang auf der super schmalen Land-zunge Albuen, ein ganz eigenartiges Eck. Auf der einen Seite der Langelandsbælt, auf der anderen das flache Søndernor. Zufahrt bis Camping Albuen, Auto am gro-ßen Parkplatz vor dem Deich abstellen, weiter zu Fuß.

*** Camping Albuen: fast "am Ende der Welt" nahe zum Meer, umgeben von Feldern und einigen wenigen Ferien-häusern. Großer, schön gelegener Wiesenplatz, teilweise run-de Einteilungen. Einige Holzhütten zu mieten. Einkaufsmöglichkeit (wich-tig in der Lage), 13o Stellplätze. Offen: April bis Mitte Oktober.

LANGØ: ruhiges Nest ganz im Westen am Nakskov Fjord. Einige Fisch-kutter dümpeln im rechteckigen Hafenbecken. Einkaufsmöglichkeit, Bank, Busverbindung nach Nakskov. Hier endet nach 6o km der Deich. Vis-à-vis die grüne Insel Enehøje.

✦Nakskov   (17.ooo Einw.)

Die größte Stadt Lollands hat zwei Gesichter: einerseits hübsche alte Fach-werkhäuser mit fotogenen Auslegern seitlich der Fußgängerzone. Anderer-seits: Zuckerrohrfabrik und Kiesverladung am Kai des geschützten Naks-kov Fjords.

Die Lage am ideal geschützten Fjord begünstigte die Stadtentwicklung im Mittelalter. Vor 3oo Jahren noch war Nakskov eine der wichtigsten Städt Dänemarks und komplett von Wehrmauern umgeben. Nach den Schwedenkriegen (1658) ging es wirtschaftlich bergab. Erst mit der Industrialisierung kam neuer Schwung in die Stadt.

Die Zeiten, als in Nakskov eine der bedeutendsten Werften Dänemarks für Arbeitsplätze sorgte, gehören der Vergangenheit an. Heute werden vorwiegend Zuckerrüben zu kleinen weißen Würfeln verarbeitet.

Seichte Badestrände findet man auf der Nord-Westseite der Bucht, nur wenige km vom Zentrum oder per Boot auf der vorgelagerten Insel Enehø-je, FKK-Strände auf der Landzunge Albuen (siehe oben).

 Søndergade 17, 49oo Nakskov. Tel. 53 92 21 72, Fax: 53 92 35 97. Offen: zur Saison Mo.-Fr. 9-17 Uhr, Sa. 9-12 Uhr.

Sonst Mo.-Fr. 1o-16 Uhr. Info zu Fähren, Bootsausflügen, Fahrradkarte.

 Post: Nørrevoldgade 28.
Offen: Mo.-Fr. 1o-17 Uhr, Sa. 1o-12 Uhr.

Aus der Zeit der alten Fischer- und Handelsstadt sind noch einige Kaufmannshöfe und Lagerhäuser erhalten. Das älteste PACKHAUS in der Dronningensgade am Hafen stammt aus der Zeit Christian IV. (159o), ein windschiefes Fachwerkgebälk, leuchtend gelb restauriert. Selbst der damalige Lastenaufzug ist noch erhalten. In der parallelen Badstuegade hat der THEISEN HOF im Rokokostil die Zeiten überdauert. Ein Blick in den Innenhof lohnt.

Die ALTE APOTHEKE (1777) am Axeltorv, dem lebhaften Marktplatz, ist immer noch in Funktion, innen allerdings modernisiert.

In der SANKT NICOLAI KIRCHE (den Fischern geweiht) sehenswerte Schnitzereien. Kurios die Kanonenkugel im Chor, sie schlug während schwedischer Angriffe durch die Decke ein.

SCHMIEDEMUSEUM in der Tilegade 21, seitlich Axeltorv. Für die Besucher werden immer noch Hufeisen in Handarbeit hergestellt.

JACHTHAFEN: super geschützt im Nakskov Fjord gelegen, nur 25 sm von Norddeutschland entfernt. Moderne Ausstattung mit Restaurant und Spielplatz, auch Chartermöglichkeit.

Angeltouren: Der Langelandsbælt gilt als besonders fischreich, hier soll man sogar kiloschwere Lachsforellen an die Angel bekommen. Verschiedene Fischkutter veranstalten Touren für Touristen, z.B. mit der I/S Danpirk ganzjährig möglich. Preis 4o DM/Person. Nähere Information im Touristenbüro.

 Die Bademöglichkeiten von Nakskov liegen an der Nordseite der Förde, Ausschilderung Campingplatz folgen. Die Straße endet im kleinen Parkplatz, Restaurant und Grünanlage. Wiesenufer bis fast ans Meer, etwas Sand und seicht ins Wasser.

 "**Hotel Skovridergaarden**", Svingelen 4, etwas außerhalb vom Zentrum. Sehr schöne Gartenterrasse, moderne Zimmerausstattung, allerdings etwas beengt. Nicht alle Zimmer mit Bad. DZ ab 11o DM.
"**Motel Krukholm**", Maribovej 134 an der äußeren Ringstraße. Nichts besonderes erwarten, doch relativ preiswert, DZ ohne Dusche ab 1oo DM inkl. Frühstück.
"**Hotel Harmonien**", Nybrogade 2, im Zentrum. 4o Zimmer, meist zur Straße raus. DZ ab 13o DM. Dazu gehört das Restaurant Guldhornet.
Jugendherberge (Vandrerhjem) in Branderslev, 2 km nördlich. Rund 16 Familienzimmer und einige Gästeküchen. Offen: ganzjährig.

 *** <u>Hestehoved Camping</u>: zwischen Jachthafen und Meer. Gepflegter Platz mit Hecken abgeteilt, ebene Wiesenplätze, dicht am Meer und Badeeinstieg. Campinghütten. Busverbindung ins Zentrum. 95 Stellplätze. Offen: Juni bis Mitte September.

"<u>TORVETS KONDITORI</u>", nettes kleines Café am Hauptplatz Axeltorv, gehört zur Bäckerei. Von den Fensterplätzen kann man dem Treiben auf dem Platz zuschauen.

Ein Restaurant beim Hotel "<u>SKOVRIDERGAARDEN</u>".

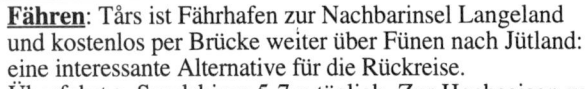

Fähren: Tårs ist Fährhafen zur Nachbarinsel Langeland und kostenlos per Brücke weiter über Fünen nach Jütland: eine interessante Alternative für die Rückreise. Überfahrt-> Spodsbjerg 5-7 x täglich. Zur Hochsaison unbedingt reservieren, sonst lange Wartezeiten.

<u>Zug</u>: etwa stündlich über <u>Maribo</u> -> <u>Nykøbing</u> (F).

<u>Bus</u>: etwa stündlich -> <u>Rødby</u> -> <u>Maribo</u>.

"<u>LOLLÄNDISCHE SCHWEIZ</u>" wird das Gebiet nördlich von Nakskov etwas hochtrabend benannt. Zweifellos das welligste Eck der Insel mit der höchsten Erhebung Birket Bavnehøj (3o m) nahe Kragenæs, eine Folge der Eiszeit. Sehr schön für Fahrradtouren über abgelegene Straßen mit harmlosen Steigungen. Zur Abwechslung Stippvisite auf einer der Mini-inseln.

<u>JÆTTESTUE KONG SVENDS HØJ</u>, an der Hauptstrecke 289, eines der größten Ganggräber der Insel (beschildert). Die riesigen Steine z.T. durch Eisenträger abgestützt - Gott sei Dank. Details im allgemeinen Geschichtskapitel.

Nicht weit entfernt der <u>REVENTLOWPARK</u> mit schönen Spaziermöglichkeiten und altem Baumbestand. Der bescheidene Herrensitz Pederstrup (1813-22 erbaut) ist als Museum zugänglich. <u>Offen</u>: ganzjährig. Mai bis August tägl. außer Mo. 12-17 Uhr. Geringer Eintritt.

In Birket liegt der höchste Hügel Lollands. Hier Abzweiger nach <u>KRAGENÆS</u>: ein ruhiger, beschaulicher Fischerort an der Nordküste von Lolland mit <u>Bootsverbindung zu den vorgelagerten Inseln</u>. Auf die kleinen Fähren passen knapp ein Halbdutzend Autos, Trecker mit Milchkannen, alles geht recht gemütlich zu. Busanschluß.

INSEL FEJØ: ein Katzensprung (15 Min.) zur größten Insel der Gruppe. Autofähre ca. 1o x tägl., doch den Pkw läßt man bei den Dimensionen besser stehen und mietet sich ein Fahrrad oder wählt den Linienbus.

Eine z.T. waldige Insel, die für ihre vielen Obstbäume bekannt ist. Außerhalb der Hochsaison ein gemütlicher Fleck, die größte Siedlung Vesterby gleich um den Fährhafen. Im flachen Wasser machen viele Zugvögel auf dem Weg nach Norden Zwischenstop.

       * Fejø Camping: einfache Anlage 1oo m von der Fähre entfernt. 65 Stellplätze. Offen: Mai bis August.

       Feriencenter in Østerby. 16 Hütten für 6-8 Personen, Küche und eigenes Bad, Swimmingpool gleich nebenan.

INSEL FEMØ: eine hügelige Moränenlandschaft, von Sträßchen wie ein Spinnennetz durchzogen. In den beiden Weilern alles Nötige zu kaufen; ein Gasthof und sogar eine Schule. Überfahrt immerhin 5o Min. Autofähre 6 x täglich.

Die Insel Askø wird von Bandholm aus angelaufen.

Weiter auf Insel Lolland: Bei GLENTEHØJ nahe Kragenæs mehrere charakteristische Grabhügel. Eines der 5.ooo Jahre alten Ganggräber wurde wieder zugänglich gemacht, Taschenlampe nötig! Der Fußweg zum Grabhügel ist ab Kragenæs beschildert.

Südlich von Kragenæs, nahe dem Meer stand die RAVENSBURG. Heute kaum mehr als die Bergkuppe erhalten, den Rest muß die Phantasie beisteuern, Hinweistafeln helfen etwas nach. Von oben schöner Blick zu den vorgelagerten Inseln; idealer Picknickstop bei Fahrradtouren, doch kein gescheiter Badestrand.

> Die Burg stand auf einer 18 m hohen Moräne dicht am Meer bzw. früher auf einer Insel. Vermutlich um 133o vom Grafen Johan von Holstein schnell hochgezogen, als er Lolland vom dänischen König als Pfand bekommen hatte. Zur Sicherung gegen feindliche Angriffe war sie von drei Seiten mit Gräben und Wällen umgeben. Die Wehranlage existierte nur knapp 2oo Jahre. Die Grundmauern sind schon längst überwachsen und idyllisch mit Bäumen bepflanzt.

✦Bandholm

Das bunte Örtchen am Meer ist im Sommer beliebtes Ausflugsziel (Safaripark und die Veteranenbahn aus Maribo). 1841 wurde Bandholm als Hafen zu Maribo angelegt. Die moderne Kornmühle ist weniger romantisch als frühere Windräder. Im kleinen Hafenbecken legt die Autofähre zur Insel Askø ab, Überfahrt rund 3o Minuten. Zum Baden gibt es bessere Stellen entlang der Nordküste.

KNUTHENBORG SAFARIPARK: mehr als nur ein Tierpark. In der weitläufigen Grünanlage des alten Herrensitzes leben über 9oo Tiere, meist afrikanischer Herkunft, vom Streichelzoo bis zur baumlangen Giraffe. Das besondere: der Besucher fährt im Auto oder Safaribus durch die Anlage und kann Tiger, Nashörner oder amerikanische Bisonherden hautnah erleben. Die Affen sind so zutraulich, ja sogar aufdringlich, daß sie aus der Hand fressen. Für Kinder gibts zusätzliche Attraktionen. Picknick einpacken oder auf eines der Restaurants zurückgreifen. Offen: Mai bis Mitte Sept. tägl. 9-17 Uhr. Oktober Sa./So. Eintritt 2o DM, Kinder 1o DM.

MUSEUMSBAHN BANDHOLM-> MARIBO: Auf den alten Eisenbahngleisen schnaufen an manchen Tagen die historischen Waggons, gezogen von einer ebenso alten Dampflok. Vom Minibahnhof in Bandholm nur einen Katzensprung zum Safaripark. Seltene Fahrzeiten, da ehrenamtlich vom Eisenbahnclub betrieben: Mitte Juli tägliche Fahrten. Juni und August nur sonntags, mehrere Abfahrten am Tag. Rückfahrkarte ca. 8 DM.

✦Maribo (12.ooo Einw.)

Attraktiv wegen der Lage am weit verzweigten Søndersø. Um die Domkirche einige nette Straßenzüge, am See herrscht fast Kuratmosphäre. Langer Promenadenweg bis zum Freilichtmuseum, Parkbänke und Picknickplätze, von denen aus Schwäne und Enten gefüttert werden. Direkt an der Vogelfluglinie ein idealer Zwischenstop auf der Durchreise.

Der ungewöhnliche Name "Heimat Marias" läßte den religiösen Ursprung Maribos erkennen. Mit königlicher Unterstützung entstand hier im Mittelalter das Kloster des Birgittenordens, das nach der Reformation allerdings nicht mehr "zeitgemäß" war. Der Stadtbrand von 1596 hat außer der Kirche nichts Altes übrig gelassen. Vor rund 2oo Jahren zählte Maribo gerade mal 5oo Einwohner. Der Hafen in Bandholm brachte im 19. Jh. neuen Aufschwung. 1869 wurde die erste Privatbahn zum Verladehafen gebaut, heute ist die Veteranenbahn eine große Touristenattraktion.

 Im alten Rathaus am Torvet, 493o Maribo. Offen: ganzjährig Mo.-Fr. 9-17, Sa. 1o-13 Uhr. Infos zur Veteranenbahn, Übernachtung, Veranstaltungen etc.

 Post: Am Bahnhof, Banegårdspladsen 2.

Fahrradvermietung: Østergade 4o. Normale Geschäftsöffnungszeiten. Preis ca. 12 DM/Tag.

Großes JAZZFESTIVAL: am Wochenende Mitte Juli mit Streetparade und vielen Bands. Vorwiegend Traditional Jazz.

Seitlich des Rathauses steht in der Grünanlage die Bronzestatue von KAJ MUNK, Dichter und Pfarrer aus Maribo, der auch während der deutschen Besatzung nicht schwieg. Für den Widerstand wurde er zur Symbolfigur, 1944 von der Gestapo ermordet.

DOMKIRCHE: Von der einst riesigen Klosteranlage ist nur noch die mächtige Kirche (1413-7o) erhalten. Großer heller Innenraum (6o m lang), relativ reine, klare Gotik, Barockaltar und Renaissancekanzel. Viele

Grabplatten wurden zu beiden Seiten in den Boden eingelassen, darunter auch eine Platte für Eleonora Christina, Tochter König Christian IV.

Königin Margrethe (1353-1412) stiftete wenige Jahre vor ihrem Tod das Birgittenkloster, erst 1416 wurde mit dem Bau begonnen. Neben dem Dom entstand je ein Nonnen- und Mönchstrakt. Margrethes Ziehsohn Erich von Pommern gab dem Kloster die Genehmigung, drumherum eine Stadt anzulegen. (Ein Pendant war Mariager am Limfjord). Die Reformation bedeutete eine jähe Zäsur für die Stadt. 1556-1621 dienten die Gebäude als adeliges Damenstift, dann fielen sie an die Krone. Von dem Klosterkomplex sind heute nur noch einige Grundmauern erhalten.

FREILICHTMUSEM am Ortsrand im Bangs Have. Rund ein Dutzend historische Gebäude geben Einblick in das Dorfleben der letzten zweihundert Jahre. Eine Dampfmaschine (Lokomobil) aus den Anfängen der Industrialisierung, Infos zum Zuckerrübenanbau etc. Offen: Mai bis September tägl. 1o-17 Uhr. Eintritt 5 DM, Kinder gratis.

KUNSTMUSEUM, Jernbanepladsen: Bilder dänischer Maler vom 18.Jh. bis zur Gegenwart. Im gleichen Gebäude am Bahnhof befindet sich das Stiftsmuseum.

STIFTSMUSEUM behandelt ein breites Spektrum des Alltagslebens: von Funden aus der Steinzeit bis zu den polnischen Gastarbeitern im 19. Jh. Spielzeug, Bauernmöbel etc. Offen: Juni bis August tägl. außer Mo. 1o-17 Uhr, sonst 14-16 Uhr. Eintritt für beide Museen 5 DM, Kinder gratis.

Mit der OLDTIMERBAHN IN DEN SAFARIPARK: ein bunter Tagesausflug, der allerdings genaue Planung voraussetzt (Info im Touristenbüro oder Bahnstation). Halbstündige Fahrt in nostalgischen Waggons mit Plüschausstattung, eine Rückfahrt überspringen und die Zeit bei Affen und Tigern verbringen. Siehe auch Bandholm.

"Hotel Hvide Hus", Vestergade: großes Geschäftshotel, doch zentral und in bester Lage direkt am Wasser. Der Blick von den Balkonzimmern versetzt einen fast nach Finnland. Swimmingpool, über die gepflegte Rasenfläche ans Ufer. Moderne Zimmer mit Schreibtisch und Telefon, großer Speiseraum.
"Ebsens Hotel", Vestergade 32. Einladendes zweistöckiges Stadthotel älteren Datums, allerdings relativ laut. 45 Betten. Restaurant-Tische im Sommer auf dem Gehsteig.

Jugendherberge (Vandrerhjem) Sønderboulevard 82B. Zusätzlich 9 Familienzimmer, ein Dutzend Kochgelegenheiten. Offen Februar bis Mitte Dezember.

Privatzimmer vermittelt das Touristenbüro.

*** Maribo Camping, Bangshavevej 25. Auf einer Landnase am See, sehr schön im Grünen nahe dem Freilichtmuseum. Größere Bereiche durch Büsche abgeteilt. Direkte Möglichkeit das eigene Boot ins Wasser zu lassen. Hüttenvermietung, Einkaufsmöglichkeit. 25o Stellplätze. Offen: April bis September.

 Restaurant "BANGS HAVE", nahe Freilichtmuseum. Herrliche Lage auf einer leichten Anhöhe im Grünen, Blick übern See. Beliebtes Ambiente für Hochzeiten und andere Festlichkeiten. Gehobenes Preisniveau.

✦Sakskøbing

Der "lächelnde" Wasserturm ist zum Wahrzeichen der Stadt geworden - 1982 eine clevere Idee eines Architekten. Sehr viel mehr hat die Stadt für den Urlauber allerdings nicht zu bieten.

Als Zollstation an der Furt war Saxe schon vor rund 1.ooo Jahren von Bedeutung. Mit den Stadtrechten kam auch der Zusatz -køping (kaufen). Einige Könige regierten von hier aus ihr damals kleines Reich, wie Erik Klipping, der seinen Beinamen bekam, weil er von den Münzen kleine Ecken abschneiden (klip) ließ, um so das Loch in der Staatskasse wieder aufzufüllen.

Größter Arbeitgeber ist die Zuckerfabrik am Ortsrand. Auf dem Torv hat man einige Parkplätze geopfert, um den polnischen Gastarbeitern, die auf den Zuckerrübenfeldern schufteten, ein Denkmal zu setzen.

 Torvgade 4, 499o Sakskøbing. Tel. 54 7o 56 3o, Fax: 54 88 45 47. Offen: Juni bis Mitte Sept. Mo.-Fr. 1o-13/14-18 Uhr, Sa. 1o-13 Uhr.

✦Nysted

Vorzeigestädtchen an der Südküste, das im Sommer aus seinem Dornröschenschlaf erwacht. Bunte Häuschen, bei denen sich die Fachwerkbalken biegen, viele Details wurden liebevoll herausgeputzt, besonders in der Adel- und Fiskergade - für Fotografen eine wahre Fundgrube.

Auch für längeren Aufenthalt lohnt Nysted: das Aalholm Schloß in schöner Parkanlage mit Museum und Oldtimersammlung, angenehmer Uferweg ab dem pittoresken Hafen mit einigen Fischerbooten und familienfreundliche Sandstrände.

 Im Fußgängerbereich beim Rathaus. Adelgade 65, 488o Nysted. Tel. 53 87 19 85, Fax: 53 87 19 6o. Gutes Prospektmaterial über die Insel, auch Vorschläge für Fahrradtouren.

Sport: Minigolf, Motor- oder Ruderboote, Fahrradverleih und Angelausrüstung am Hafen bei der Mole.

 Am Ortsrand beim Campingplatz seichter Badestrand, breiter Sandstreifen, gefahrlos für Kinder, allerdings Tang. Schöner Fußweg vom Ort aus.

Vom ehemaligen WASSERTURM beste Aussicht über Dänemarks kleinste Stadt an der geschützten Bucht. Offen im Sommer tägl. 12-15 Uhr.

SCHLOSS AALHOLM am Ortsrand hat seinen festungsartigen Charakter weitgehend bewahrt. Die Ursprünge gehen bis ins 12. Jh. zurück, das Schloß gehörte lange Zeit der Krone. Es ist heute noch bewohnt; die interessantesten Räume können gegen Eintritt besucht werden. Schicke Innenausstattung, Blick in die große Schloßküche, Rittersaal, Schlafgemach, stattliche Waffensammlung, Porzellan etc. Offen: Juni bis August tägl. 1o-16.3o Uhr. Eintritt 12 DM, Kinder 5-12 die Hälfte.

AUTOMOBILMUSEUM nur wenige hundert Meter entfernt: über 3oo Oldtimer in Reih und Glied, von der Kutsche mit Motor bis zum 6ooer Mercedes (altes Modell, wie es z.B. auch Adenauer benutzte). In einer der Hallen ein Flugzeug der Gebrüder Wright. Durch den Park schnauft die Museumseisenbahn, Spielplatz für Kinder. Offen: Juni bis August tägl. 1o-17 Uhr, Sept., Okt. am Wochenende. Eintritt 12 DM, Kinder 5-12 Jahren die Hälfte.

WINDMÜHLE holländischen Typs, 3 km nördlich in Kettinge, wieder restauriert und zu besichtigen. Seltene Öffnungszeiten (im Touristenbüro nachfragen).

KETTINGE KIRCHE: wuchtige Dorfkirche, innen komplett mit Fresken (von 15oo) ausgemalt, die wohl der Werkstatt des Elmelundemeisters von Møn zuzuschreiben sind. Siehe dort. Besonders an den Gesichtern wurde bei der Restaurierung im 19. Jh. stark nachgemalt. Seltene Szenen: Erschaffung der Erde im ersten Gewölbe, Adam und Eva wachsen aus einem Haufen Lehm empor. Szene im dritten Gewölbe: Judas erhängt sich nach seinem folgenschweren Verrat.

WOLFSPARK, Egholm Ulvecenter. Einmalig in Dänemark. Die Tiere sind teilweise so zahm, daß man sie streicheln kann. Kleines Museum. 7 km westlich Nysted, Egholmvej 42. Offen: Ende Juni bis August Di., Do., Sa./So. 1o-17 Uhr. Sept./Oktober seltener. Eintritt 6 DM, Kinder 2,5o DM.

VOGELPARK (Fuglehaven Bregninge), 6 km nördlich an der 297 Richtung Nykøbing (F). Über 4oo Vögel, exotische Arten in Volieren, im Tropenhaus können sie auch frei umherfliegen. Offen: Mitte Mai bis Mitte September tägl. 1o-18 Uhr. Eintritt 5 DM, Kinder die Hälfte.

Lohnender Spazierweg über einen vorzeitlichen Friedhof im sogenannten Frejlev Skov, einem kleinen Waldstück 7 km nördlich von Nysted an der Bredningebucht. Rund 1oo Grabhügel, Ganggräber oder Hünengräber aus der Zeit 5oo-2ooo v. Chr. (siehe auch Geschichtsteil). Markierter Fußweg von 3,5 km. Detaillierte Broschüre im Touristenbüro.

Hübsches HAFENRESTAURANT in einer der rot getünchten Holzhütten, Sitzmöglichkeit auch im Freien.

In der Räucherei am Hafen gibt es Fisch direkt aus dem Rauchfang.

 Restaurant/Hotel "**The Cottage**", Skansevej 19. Gemütliches Landhaus im englischen Stil, in ruhiger Lage am Ortsrand. Gute Fisch- und Fleischgerichte. Z.B. Scholle 23 DM. Übenachtung in motelartigen Appartements, modernes Holzmobiliar, Kochmöglichkeit und Terrasse. Nicht weit zum Badestrand. DZ ab 11o DM, auch 4er Zimmer.

*** Nysted Camping: am Ortsrand. Ausgesprochen schön auf einer Landzunge gelegen, nur einen Katzensprung zum Meer und kinderfreundlichen Badestrand. Für dänische Verhältnisse etwas schattig, vorwiegend ebene Wiesenplätze. Ideal zum Surfen oder für Leute mit eigenem Boot. Hüttenvermietung, Einkaufsmöglichkeit, Cafeteria. Schöner Uferweg zum Hafen und Ort. 13o Stellplätze. Offen: Mitte April bis Mitte September.

INSEL FALSTER   (45.ooo Einw.)

Ein flaches Dreieck in der Ostsee. 514 qkm; 5o km lang, maximal 25 km breit. Hier liegen die besten <u>Badestrände</u> Süddänemarks. An der Ostküste bei Marielyst tummeln sich im Sommer bis zu 4o.ooo Urlauber - ein beliebtes Ferienhauseck nur einen Katzensprung von Norddeutschland entfernt.

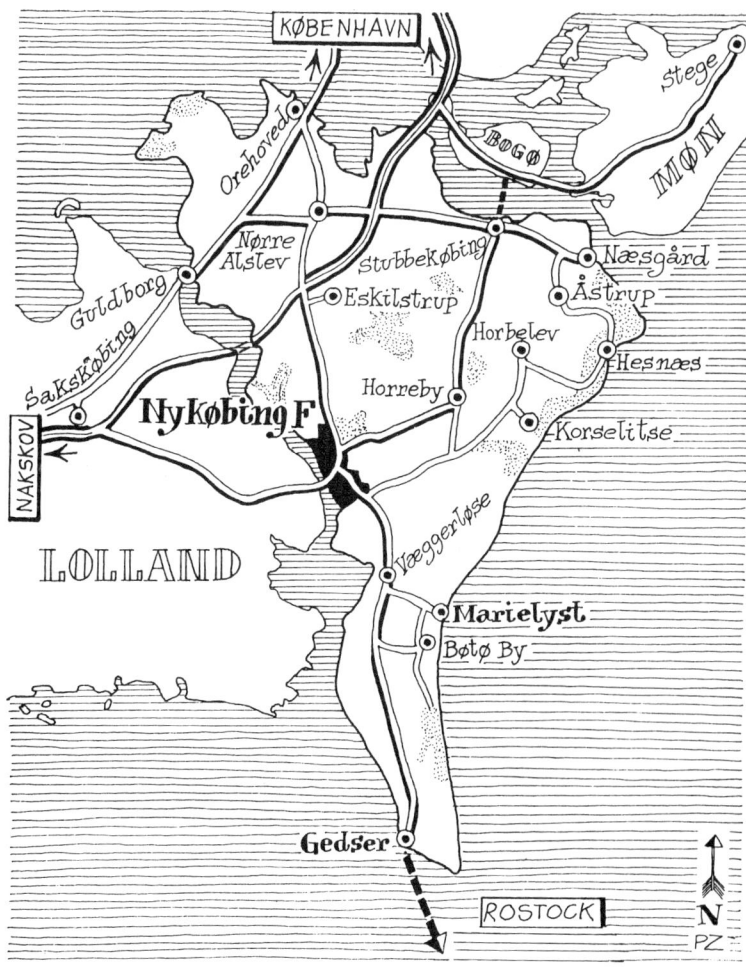

FALSTER ist oft nur Transitinsel auf dem Weg nach Norden, wer z.B. mit der Fähre in Gedser landet. Insgesamt eine ruhige Insel, die weitgehend von Landwirtschaft geprägt ist. Hier auf den fruchtbarsten Böden Dänemarks baut man Getreide und Zuckerrüben an.

Außer einigen kleinen Museen, z.B. zu Motorradoldtimern und einige Fresken-Kirchen, wenig Kulturelles, dafür massenweise Sand im Südosten. Zum Shoppen fährt man nach Nykøbing. Prächtige Schlösser wie z.B. in Seeland gibt es nicht, dafür gute Radelmöglichkeiten auf wenig befahrenen Straßen. Hin und wieder einzelne, fotogene Rieddachhäuser. Typisch für Falster sind die bonbonrosa-farbenen Kirchen und die strohverkleideten Riedhäuser.

★Gedser

Wichtige Fährstation von Warnemünde und Rostock. In Gedser ist alles "am südlichsten": Dänemarks südlichste Stadt, der südlichste Hafen, der südlichste Leuchtturm, der südlichste Findling. Der Ort selbst gibt nicht viel her, keine guten Bademöglichkeiten.

Das Dorfmilieu hat sich dagegen in Gedesby, dem Vorläufer von Gedser erhalten. Hier an der Südspitze von Falster lag seit Jahrhunderten ein alter Fährhafen, bis 1886 die Dampfschiffe beim heutigen Gedser ablegten. Fischerhafen neben der Fährankunft. Räucherei und Fischverkauf. Großer Jachthafen am Nordrand.

Reizvollste Stelle am LEUCHTTURM (18o1) einige Kilometer südlich auf Gedser Odde (geringer Eintritt, weiter Meer-/Inselblick). Schöner kleiner Kiesstrand am Ende der Straße, aber nicht picobello. Hier am südlichsten Punkt Skandinaviens stehen immer einige Angler und hoffen auf Meerforellen.

Der "SYDSTENEN" markiert den südlichsten Punkt Dänemarks, nur zu Fuß zu erreichen. Die Eismassen haben vor 15.000 Jahren den 5 Tonnen schweren Findling aus Schweden herübertransportiert.

Eine kleine GEOLOGISCHE SAMMLUNG in der Bibliothek in der Skolegade 26. Unregelmäßige Öffnungszeiten.

Ein kleines EISENBAHNMUSEUM in der ehemaligen Remise nahe Bahnhof/Fährterminal.

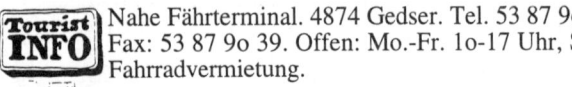 Nahe Fährterminal. 4874 Gedser. Tel. 53 87 9o 41, Fax: 53 87 9o 39. Offen: Mo.-Fr. 1o-17 Uhr, Sa. 9-16 Uhr. Fahrradvermietung.

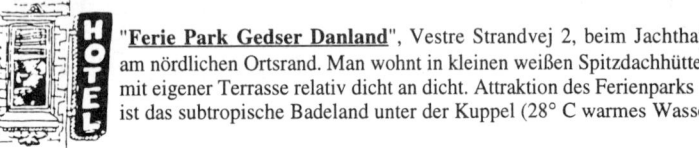 "**Ferie Park Gedser Danland**", Vestre Strandvej 2, beim Jachthafen am nördlichen Ortsrand. Man wohnt in kleinen weißen Spitzdachhütten mit eigener Terrasse relativ dicht an dicht. Attraktion des Ferienparks ist das subtropische Badeland unter der Kuppel (28° C warmes Wasser).

Das Meer liegt nur 5o m weit weg, aber kein gescheiter Strand. Die steilabfallende Küste zieht sich kilometerweit nach Norden. Restaurant, Tennis. 56 Ferienwohnungen, App. ca. 88o DM/Woche.

"Gedser Færgekro und Hotel" an der Ortsstraße, Langgade 59. Restaurant. Sicher kein Urlaubshotel, 1oo Betten, 18 Appartements. DZ ab 8o DM ohne Bad.

*** Campingplatz: beim Feriencenter neben Eisenbahngleis. Der Jachthafen gleich ums Eck. Platte Wiese. Das Angebot des Ferienparks kann mitbenutzt werden (Badeland, Restaurants, Shops). 1oo Einheiten. Ganzjährig offen.

Restaurant "MARINA KROEN" ganz schön gelegen am Jachthafen. Das Richtige für Sonneuntergangsfans.

Fähre nach Rostock siehe Anreise.

Eisenbahnanschluß über Nykøbing, Vordingborg, Ringsted, Roskilde und Kopenhagen 1 x tägl., dauert 2 1/2 Std.

Bus nach Nykøbing/F. stündlich, dauert ca. 3o Min. Busverbindung nach Marielyst.

✦ Marielyst

11 km nördlich von Gedser. Der schönste Sandstrand weit und breit zieht sich 2o km entlang der Ostküste. Feinsandig und viel Platz zum "Braten", Spielen, Sandburgen-Bauen oder für kilometerlange Strandspaziergänge. Dann über den dahinterliegenden Deich (streckenweise auch Buggy/Kinderwagen geeignet) zurück. Ausgedehntes FKK-Areal bei Bøtø.

Hinter dem Deich liegt ein riesiges Ferienhausgebiet (Marielyst, Bøtø, Gedesby): ca. 5.ooo Ferienhäuser verstecken sich im lichten Wald, meist einstöckige Häuser in Blockbauweise, im Sommer rund 3o.ooo Urlauber.

Noch vor wenigen Jahrhunderten wäre das eine feuchte Angelegenheit gewesen: Damals schwappte hier das Meer um drei kleine Inseln (Langø, Bøtø und Bøtøfang), und Südfalster war nur ein schmaler Schlauch. König Christian II. holte im 16. Jahrhundert holländische Deichbauer nach Dänemark, die ihm das Land trockenlegen sollten.

SOMMERSIEDLUNG MARIELYST mit diversen Shops, Restaurants, Bars, Discos, Friseur und Kunsthandwerk, auch eine Münzwäscherei fehlt nicht. Im Sommer parken die Autos hier in Zweierreihen. Fahrradvermietung an der Tankstelle. Einziges Handicap an der Ferienidylle: fast nirgendwo im ganzen Bereich hat man Abendsonne.

 Marielyst Strandvej, 4873 Marielyst. Tel. 54 13 62 98, Fax: 54 13 62 99. Unterschiedliche Öffnungszeiten je nach Saison.

 Hotel/Restaurant "**Marielyst Strand**", Strandvejen 61, am Abzweig zum Strand nur 2oo m ans Meer. Ein Teil der Zimmer hat Motelcharakter mit Terrasse/Wiese und Sitzgelegenheit teils mit Balkon. Modernes Mobiliar. Gerichte im Restaurant ab 3o DM. 4o Betten. DZ 13o DM.

Bungalow-Hotel "**Nørrevang**", Marielystvej 26. Bestes Hotel im Ort an der Hauptstraße im traditionellen Stil d.h. Strohdach und Fachwerk. Großer Komplex. 57 Studios und Bungalows bis zu 6 Personen mit Küche und Terrasse, Sauna, Solarium, Badeland. DZ 19o DM mit Frühstück. Gutes Restaurant.

"**Marielyst Feriecenter**", Bøtøvej 111. 16o Ferienhäuser teils im Wald hinter dem Deich. '

Ferienhausvermieter: knapp ein Dutzend Anbieter, z.B. Hans Hansen-Feriehuse, Søndervangsvej 14 A, 4873 Marielyst oder Chrøis Shop-in, Marielyst Center, Marielyst Strandvej 26, 4873 Marielyst. Dan Center, Marielyst Strandvej, 4873 Marielyst Væggerløse.

 Ein 1/2 Dutzend Campingplätze im Bereich der Ostküste/Ferienhausgebiet. Von der Lage her hat uns am besten gefallen:
    *** Campingården Ulslev Strand: ein ganzes Stück nördlich von Marielyst. Direkt oberhalb vom Sandstrand. Treppenwege führen hinunter. Hecken und Bäume strukturieren das Areal. Supermarkt, nüchterne Cafeteria, Spielplatz, Tischtennis, Fahrradvermietung, Windsurfen. 315 Einheiten. Offen: Ostern bis Mitte September.

FREIZEITPARK SOMMERLAND an der Zufahrt bei Bøtø. Ein Vergnügungspark mit Wasserrutsche, Trampolinen, Ponyreiten usw. usw.

Busverbindung in der Hochsaison durch den Ort und nach Nykøbing rund 6 x täglich.

✦Nykøbing F. (2o.ooo Einw.)

Die Hauptstadt der Insel Falster (F im Unterschied zu Nykøbing auf Seeland oder am Limfjord). Zentrum und wichtigste Einkaufsstadt für den Großraum, sogar ein Theater gibt es hier. Lebhaft wird's im Sommer auf dem Torv, der mit modernen Skulpturen aufgelockert wurde, sowie in der ausgedehnten Shoppingzone. Freitags im Sommer regelmäßig Jazzmusik.

 In der Østergade 2. 48oo Nykøbing F. Tel. 54 85 13 o3, Fax: 54 85 1o o5. Gutes Prospektmaterial über die Insel, Fahrradkarte.

Nykøbing entstand aus einer Burganlage, die gegen die räubernden Wenden errichtet wurde und immer wieder die Könige beherbergte. Im 18. Jh. abgerissen. Die alten "Schätze" sind durch Stadtbrände leider auf drei Fachwerkhäuser geschrumpft:

HAUS DES ZAREN: von 17oo benannt nach dem Besuch Zar Peter des

Großen 1716. Das ehemalige <u>RITTMEISTERHAUS</u> 162o (gelbes Eck-haus in der St. Kirkestrædet/Ecke Frisegade) heute Kneipe und Geschäfte. Die tollen Schnitzereien (Löwen, Fratzen) fallen erst von der Seite auf. <u>FACHWERKHAUS</u> in der Langgade 18.

Ein neu angelegter <u>HEILKRÄUTERGARTEN</u> bei der Klosterkirche.

<u>MUSEUM FALSTERS MINDER</u> im Czarens Hus in der Langgade 2. Das kleine Heimatmuseum zeigt Wohninterieur. <u>Offen</u>: Mai bis Mitte Sept. Di.-Sa. 1o-16 Uhr, So. 14-16 Uhr. Geringer Eintritt.

<u>WASSERTURM</u> von 19o8 - Hollands Gård. Ein Aussichtsturm, seitlich Fußgängerzone. Schöner Blick über Stadt und Insel aus 32 m Höhe. Klei-ne Ausstellung über Nykøbing im Erdgeschoß. <u>Offen</u>: Mai bis Mitte Sept. Mo.-Fr. 11-15 Uhr, Sa. 1o-12 Uhr. Geringer Eintritt.

Am Hafen direkt im Zentrum am Kai legen die großen Frachter an, am Rande qualmen die Schlote. Der Jachthafen ein Stück südlicher.

<u>MIDDELALDERCENTER</u>: Direkt am Sund (Ved Hamborgskoven 2) kann man einen Zeitsprung ins Mittelalter machen. Hier wurden Wurfge-schosse, Waffen und ein Handelsschiff originalgetreu rekonstruiert. Man kann die alten Waffen ausprobieren und das Essen des Mittelalters testen. <u>Offen</u>: Mai bis Sept. Di.-So. 1o-16 Uhr. Eintritt 8 DM, Kinder 2,5o DM.

 Restaurant "<u>CZARENS HUS</u>", Langgade/Færgestræde im alten Fachwerkhaus von 17oo. Innen urgemütlich und ein bißchen fein. Holzvertäfelt, gußeiserner Ofen. Hier stieg Zar Peter der Große einst ab. Gerichte ab 35 DM, auch Lunchgerichte.

Restaurant "<u>STINES</u>" am Torv. Innen hell und freundlich in zarten Far-ben. Tagesmenü 2o DM. Lunchgerichte.

Verbindungen ab Nykøbing

 **Busverbindung** nach Nysted (Lolland) etwa stündlich, dauert 25 Min., nach Stubbekøbing via Küste (Hesnæs) alle 1-2 Std., dauert 55 Min. Wochenende seltener. Zusätzlich etwa stündlich durchs Inland.

Zug nach Gedser und nach Kopenhagen über Nykøbing, Vordingborg, Ringsted, Roskilde 6-7 x tägl. Nach Rødby alle 2 Std.

<u>TRAKTOREN- UND MOTORENMUSEUM</u>: 12 km nördlich in Eskil-strup, Nørregade 17-19. Lohnt für Freunde alter landwirtschaftlicher Ma-schinen und Geräte ab 1917. <u>Offen</u>: Mitte Mai bis Sept. tägl. 1o-17 Uhr, sonst unregelmäßig, Eintritt 5 DM.

Anschluß Insel Lolland siehe Seite 337.

Auf dem (beschilderten) Margeritenweg ->
Stubbekøbing

SCHLOSS KORSELITZE: weißes, streng symmetrisches Schloß von 1775, heute noch ein riesiger, moderner Gutshof. Nur der Park mit herrlichen Rhododendren ist von Mai bis Oktober tagsüber zugänglich. Die schöne Alleestraße führt am Schloß vorbei und ans Meer.

Schöner Strand nördlich von Tromnæs: mehrere km Sandstreifen und nach Norden breiter, anschließend ein Waldgebiet.

Waldspaziergang auf den Spuren der Vorzeitdänen: Am Margeritenweg zwischen Skjoltrup und Bregninge beschildert. In HALSKOV VÆNGE (4200-500 vor Chr.). Die ca. 2 km lange Tour führt durch "Urwälder", die analog den steinzeitlichen Verhältnissen angelegt wurden; vorbei an Ganggräbern (das größte 21 m lang) und enorm vielen Grabhügeln aus der Bronzezeit. Im kleinen Naturmuseum Schautafeln zu den archäologischen Verhältnissen im Wald. Das ganze Gebiet steht unter Naturschutz.

HESNÆS: Fischernest am geruhsamen Mini-Hafen mit Riedhäusern. Anschließend beginnt ein langer, geschwungener Sandstrand vor dem dichten Wald des Korselitze Gutes.

ÅSTRUP: Weiler mit einer der typischen bonbonrosa-farbigen Dorfkirchen auf Falster. Im Inneren Fresken des Elmelund-Meisters (siehe Insel Møn). Im östlichen Gewölbe Szenen der Passionsgeschichte, die Geißelung fast sadistisch naturalistisch gemalt in überwiegenden Rottönen.

Das westliche Gewölbe zeigt den Sündenfall, die Schlange trägt hier einen deutlichen Frauenkopf. Kuriose Vertreibungsszene aus dem Paradies: Ganz locker sagen Adam und Eva dem Erzengel "ciao" - Adam läuft im wahrsten Sinne des Wortes in den riesigen Fußstapfen seiner Frau.

Gegenüber das Lieblingsmotiv des Malers: das Gebet des Armen und Reichen. Während die Gedanken des Reichen zu seinem Suppentopf wandern, denkt der Arme nur an Christis Wunden. Auf der Seite zum Chor die älteren, ganz andersartigen Fresken. Christus in der Mandorla mit Evangelisten und Aposteln, nicht sehr gut erhalten - deutlich kann man hier sehen, daß die gotischen Gewölbe später eingebaut wurden. Ursprünglich hatte die romanische Kirche ein flaches Holzdach wie im Chor.

Im Weiler NÆSGÅRD zweigt die schöne Allee Gl. Færgevej zur früheren Fähranlegestelle Grønsund rüber nach Møn ab. Das idyllische Fleckchen ist in die Literaturgeschichte eingegangen durch den Roman "Frau Marie Grubbe" von Jens Peter Jacobsen.

Eine Inschrift "her lag Borrehuset 1705-1731" erinnert an das Wirtshaus, in dem Frau Marie Grubbe mit ihrem Mann eine Fährschenke betrieb. Spannend zu lesende Story über die Lebensgeschichte einer Frau des 17. Jh.: Marie Grubbe aus reichem Hause wurde mit dem (unehelichen) Königssohn Ulrik Frederik Gyldenløve verheiratet, vermählte sich nach der Trennung mit einem jütländischen Gutsbesitzer, den sie schließlich mit dem Knecht betrog. Die ungewöhnliche Wandlung einer feinen Edeldame zu einer zupackenden armen Fähr- und Wirtsfrau fand aus Liebe und Überzeugung statt - und das im 17. Jh. (Hirnstorff Verlag).

Picknickplätze mit Blick auf Møn, jedoch kein Superstrand: Kies, Tang und ein bißchen Sand.

✦ Stubbekøbing

Außerhalb der Saison eine verträumte Kleinstadt. Im Sommer bringen Urlauber und Segler etwas Schwung in die Straßen. In der Hauptstraße Vestergade einige ältere, aber schlichte Häuser, z.B. Nr. 24, die ehemalige Apotheke oder der Trojels Gård von ca. 17oo, ein windschiefer gelber Ziegelhof an der nächsten Ecke.

Stubbekøbing ist dank der Lage die älteste Stadt Falsters. Zu Reichtum kam sie durch Heringsfang, bis Brände und Sturmfluten den Aufschwung beendeten. Berühmtester Sohn der Stadt ist Peter L. Jensen, der den Lautsprecher erfand. In Dänemark konnte er nicht viel ausrichten, kam aber mit seiner Erfindung in USA groß raus.

 Direkt an der Hauptstraße. Vestergade 43, 485o Stubbeköbing. Tel. 54 44 13 o4, Fax: 53 83 7o 6o. Gut sortiert mit Prospektmaterial.

Beschaulicher HAFEN, hier tuckert die kleine hölzerne Oldtimer-Fähre von 1943 rüber nach Bogø, Straßenverbindung nach Møn. Nostalgie neben der modernen Brücke.

RADIO- UND MOTORRADMUSEUM: 13o schicke Motorrad-Oldtimer ab 1896, u.a. Unikate made in Danmark oder Falster. Ferner eine Sammlung von alten Radios, Grammophonen und allem, was früher Musik machte. Das Museum liegt an der Einfahrtsstraße von Süden kommend, Nykøbingvej 54 neben der Tankstelle. Offen: Juni bis August tägl. 1o-17 Uhr, im September nur am Wochenende. Eintritt 5 DM.

Die alte WASSERMÜHLE, eine Stampfmühle zur Textilverarbeitung, ist heute gut restauriert und privat bewohnt.

 Am Westrand ein ausgewiesener Badeplatz mit Steg und Liegewiese. Seitlich Verladehafen. Es gibt aber deutlich bessere Strände auf Falster, z.B. bei Hesnæs oder Marielyst.

 ** Stubbekøbing Camping: 8oo m westlich vom Zentrum, Gl. Landevej 4, am Grønsund. Einige Hütten werden vermietet. Offen: Mitte April bis Anfang August.

 **Bus** nach Nykøbing via Küste (Hesnæs) alle 1-2 Std., dauert 55 Min. Zusätzlich etwa stdl. Wochenende seltener. Nach Nørre Alslev (Freskenkirche) 11 x werktags, am Wochenende seltener.

In <u>NØRRE ALSLEV</u> (1o km westlich von Stubbekøbing) eine interessante Freskenkirche mit Malereien aus vier Epochen. Bekannt ist das Totentanzfresko.

Anschluß Insel Møn Seite 359. Anschluß Insel Seeland Seite 369.

INSEL MØN (11.ooo Einw.)

35 km lang, ca. 7 km breit. Hauptattraktion ist die KLIPPE MØNS KLINT, ein Kreidefels, der sich bis zu 128 m senkrecht aus der Ostsee erhebt.

Ansonsten hat Møn einige schlichte Dorfkirchen mit fantastischen Kalkmalereien, richtig lebendige Bilderbibeln fürs Volk. Hafenidylle, feiner Sandstrand, Einkaufszentrum und sogar ein Flughafen, alles im Kleinformat. Wie überall im Lande entdeckt man eine ganze Reihe vorzeitlicher Funde wie Dolmen, Steinkammern oder Hünengräber.

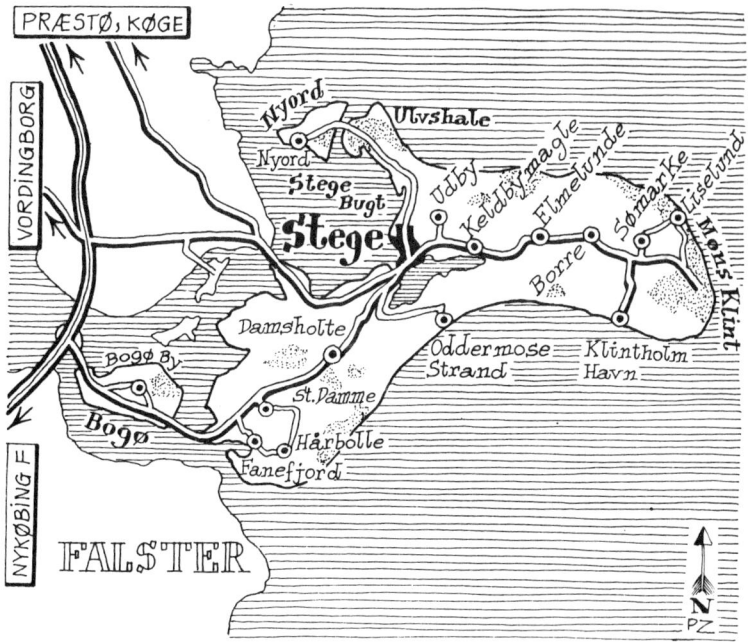

Das gefragteste Eck für "Urlaub im Ferienhaus" ist der Nordzipfel, hier liegt auch der schönste Badestrand der Insel.

Møn eignet sich gut auch für Kurzferien (kostenlose Brückenverbindung). Zum Radfahren klein und handlich; dann aber die Hauptverbindung 287 meiden und auf Nebensträßchen ausweichen. Das Touristenbüro in Stege gibt eine Broschüre mit Vorschlägen für Radtouren (2o-3o km) heraus.

Brückenverbindung nach Seeland und Falster, doch warum nicht mal eine der immer seltener werdenden Fähren nehmen (Bogø-> Stubbekøbing auf Falster)? Eine offene Autofähre im alten Stil; etwa stündlich von 6-18 Uhr steht der Veteran im Sommer im Dienst.

Zwischenstop auf dem Weg nach Møn ist die kleine <u>INSEL BOGØ</u>. Über die elegante Farøbrücke (gebaut 1985) zu der sanft welligen Insel mit ein paar verstreuten Häusern und dem Ort <u>Bogø By</u>. Heute eine Transitinsel nach Møn; nur die hübsche Windmühle holländischer Bauart von 1852 erinnert daran, daß Bogø einst Mühleninsel hieß.

Großer <u>Rastplatz</u> kurz nach der Autobahnabfahrt mit gutem Touristenbüro, Cafeteria, Laden und <u>Danmarks Vegnmuseum</u> - hier dreht sich alles um den Straßenbau, nostalgische Dampfwalzen im Freien, Zubehör und Gerätschaften in allen Varianten im Ausstellungsraum.

Von Bogø über den Damm (Schilf- und Schwanenidylle) nach Møn.

UNTERKUNFT

Ein halbes Dutzend Campingplätze, einige Hotels und Privatzimmer. - (Z.B. Pension Elmehøj, an der Hauptstraße unmittelbar neben der berühmten Kirche, einfache Zimmer, familiäre Atmosphäre. DZ 9o DM.)

<u>Ferienhäuser:</u> vermittelt das Touristenbüro in Stege (Møns Turistforening, Storegade 5, DK-478o Stege), deutschsprachige Broschüre. Sehr beliebt ist die Gegend Ulvshale, ein Strand-/Waldgebiet im Norden. Weiteres Angebot: Råbylille und Oddermose im Süden oder Hårbølle im Westen.

<u>Urlaub auf dem Bauernhof</u>, Zimmer oder Ferienwohnungen - nicht nur für Familien mit Kindern. Knapp zwei Dutzend Bauernhöfe bieten Zimmer oder Wohnungen an, teils mit Frühstück oder Mahlzeiten. Broschüren übers Touristenbüro in Møn anfordern: Gårde på Møn; Møns Landboturisme.

<u>FANEFJORD KIRCHE</u> (13. Jh.): unmittelbar nach dem Damm rechts eine der berühmten Freskenkirchen des sogenannten Elmelund-Meisters (siehe auch Seite 362). Weißleuchtend mit rotem Ziegeldach diente sie früher der Seefahrt als Anhaltspunkt. Nicht ohne Grund ist sie dem hl. Nikolaus, dem Schutzheiligen der Seefahrer, geweiht.

Das <u>Gewölbe im Innern</u> fast komplett mit <u>Kalkmalereien</u> ausgemalt, die erst in den 3oer Jahren freigelegt wurden. Die Fresken stammen aus zwei Epochen: zu den älteren (14. Jh.) gehören die Darstellungen des hl. Georg und Sankt Martin. Der Elmelund-Meister firmiert für die lebendigeren naiven Malereien von ca. 15oo im Kirchenschiff: z.T. rührend naive Szenen wie die Erschaffung Evas, hell und freundlich restauriert.

Die <u>Signatur</u> des Elmelund Meisters im nördlichen Schiff, erstes Fach. Die <u>Bilder</u> im Gewölbe zeigen den Sündenfall, die Lebens- und Leidensgeschichte Christi (Süden), seine Kindheitsgeschichte (nördliches Gewölbe), die Opferung Isaaks, - Michael, der die Seelen wiegt, ein böses Teufelchen führt die Frauen in Versuchung. Beliebte Themen des Elmelund Meisters sind: Gebet des Armen und Reichen, Jüngstes Gericht (Triumphbogenwand). Siehe auch Elmelund Kirche.

Bei der Kirche der längste Dolmen Dänemarks.

In dem tief eingeschnittenen <u>FANEFJORD</u> ging's zur Wikingerzeit hoch her: die ideal geschützte Bucht war ein optimaler Naturhafen und entsprechend frequentiert.

 * Camping Vestmøn (Askeby): sehr schön gelegener, kleiner Platz. 6o Stellplätze, fast alle in erster Reihe am Meer mit Blick auf Frachter. Naturbelassen, überwiegend unebener Rasen, einfache Sanitärausstattung in windigen Hütten, Strom. Breiter Sandstrand teils steinig ins seichte Wasser. Offen: Mai bis September.

Zurück auf der Hauptstraße 287 zweigt links die schmale Straße zu den Weilern TOSTENÆS und RØDDINGE ab, an der zwei sehenswerte Ganggräber entdeckt wurden:

Nach 2 km rechts KLEKKENDE HØJ: das einzige Doppelganggrab auf Møn wird auf 5.ooo Jahre geschätzt. Interessant ist der äußere Umgang wie ein Podest, bevor es in die beiden Grabkammern geht. Der Zugang ist so klein, daß man in der Hocke kriechen muß. Leider wurden einige Decksteine aus Sicherheitsgründen mit Eisen gesichert.

2 km weiter erhebt sich links der KONG ASGERS HØJ. Der schmale Zugang ebenfalls unbeleuchtet. Es gehört zu den bedeutendsten Ganggräbern auf Møn. Beide gut beschildert.

★Stege (3.8oo Einw.)

Hauptort und wichtiges Einkaufszentrum für Møn. Von der mittelalterlichen Stadtbefestigung (Ende 15. Jh.) ist das Stadttor Mølleporten erhalten, bei der Ausfahrt sowie die angrenzenden Verteidigungswälle, die heute die Jogger nutzen. Von der Lage sehr schön am Eingang zum Stege Nor. Am Kai liegen Fischkutter und Jachten.

Die Befestigungsanlage von Stege bestand in erstem Ausbaustadium ihre "Feuerprobe" beim Angriff der Lübecker (151o). Stege entwickelte sich in Folge als Handelspunkt an der Engstelle und am Eingang zum Haff. Lange Zeit lebte die Stadt (1268 Stadtrechte) von der Heringsfischerei. In der Neuzeit stieg man auf Zuckerproduktion um; in den 9oer Jahren stillgelegt.

Tourist INFO Direkt nach der Brücke. Storegade 5, 478o Stege. Tel. 55 81 44 11, Fax: 55 81 44 11. Ganzjährig offen, Mo.-Sa. zur Saison 9-18 Uhr, So. 1o-12. Sonst So. geschlossen.

 Post: an der Brücke vis-à-vis. Offen: Mo.-Fr. 1o-17 Uhr, Sa. 1o-12 Uhr.

Fahrradverleih: Kurt's Cykler, Storegade 11. 1o DM/Tag. Fischhandlung gleich an der Brücke. Frische und geräucherte Fische, Krabben etc.

MØNS MUSEUM: kleines Stadtmuseum im "Empiregård" neben dem Stadttor, Storegade 75. Offen: Di.-So. 1o-16 Uhr. Geringer Eintritt.

JOHANNISKIRCHE aus dem 13. Jh. im Zentrum birgt Fresken von 1494.

 "**Hotel Stege Bugt**", Langeline 48. Betonschachtel am Ortsrand, ganz schön aber die Lage. Balkons mit Blick übers Meer. Im Restaurant wird zur Hochsaison skandinavisches Büffet angeboten. 27 Zimmer. DZ mit Dusche ab 16o DM. Beliebte Kombiangebote: Segelferien mit Hotelübernachtung.

 ** Stege Camping: einfacher Platz im Ort in der Nähe der Wallanlagen. Einige Holzhütten werden vermietet. 3o Stellplätze. Offen: April bis September.

 **Bus**: Haltestelle hinter dem Touristenbüro.
-> Møns Klint zur Hochsaison 2 x tägl., dauert 4o Min.
-> Ulvshale, Nyord im Norden zur HS mehrmals tägl.
-> Vordingborg etwa stündlich, dauert 1 Std.
-> Præstø und weiter -> Køge 2-4 x tägl.

4 km nach Stege, direkt an der Strecke in KELDBYMAGLE eine Dorfkirche aus dem 13. Jh. komplett mit Fresken ausgemalt. Interessant hier der Vergleich der gleichen Themen aus drei Epochen in unterschiedlicher Darstellung (1275-148o).

Fresken des Elmelund Meisters von 148o im Gewölbe. Die geschlechtslosen Männerwesen sind typisch für ihn. Die Erschaffung der (prallbusigen) Eva wurde hier sehr wörtlich genommen. Fast comic-haft wirkt die Szene "Gebet des Armen und Reichen", wo die Gedanken der beiden hinwandern, veranschaulichen die Linien. Der oft dargestellte Kindermord, ein recht blutrünstiges Motiv. Zwei Höllenszenen direkt untereinander, 15o Jahre liegen zwischen ihnen: die ältere und dramatischere beginnt hinter der Kanzel, die des Elmelund Malers wirkt stereotyper. Die ältesten Malereien von 1275 findet man im Chor in grün/blau Tönen gehalten. Bei der originell dargestellten Erschaffung der Erde ähnelt der Elefant deutlich mehr einem Schäfchen mit Rüssel. Die Malereien an der Nordseite des Schiffes gehen auf das Jahr 1325 zurück.

Die Löcher in der Fassade dienten als Gerüstauflager. Wer Spaß am Detail hat, kauft sich am besten die deutschsprachige Broschüre in der Kirche.

"**Kro/Hotel Praestekilde**", 5oo m weiter, direkt neben der Straße. Klintevej 116. 42 freundliche Zimmer und einige Suiten, jedes mit Bad/WC. Schwimmbad und Sauna. DZ 15o DM.

*** Møns Familie Camping: ca. 5oo m nach der Kirche nahe der Inselstraße. Von Hecken umrahmter Rasenplatz. Kleine Campinghütten. Freibad. 2 km zum Strand. Guter Kinderspielplatz. Offen: Ostern bis Mitte Sept. 1oo Stellplätze.

Kleiner FREILICHT-MUSEUMHOF in Keldbylille. Zeigt Wohnmilieu seit dem 18. Jh. Offen: Mai bis Oktober tägl. außer Mo. 1o-16 Uhr.

3 DM Eintritt.

ELMELUNDE KIRCHE: älteste Kirche Møns (1o75). Im 12. bis 13. Jh. verlängert. Ende des 19. Jahrhunderts entdeckte man hier großartige Kalkmalereien eines unbekannten Meisters, den die Kunsthistoriker "Elmelunde Meister" tauften. Seine Werkstatt war recht aktiv, etwa halbes Dutzend Kirchenausschmückungen werden ihm zugeschrieben. Als Vorlage dienten sicherlich Holzschnitte einer Armenbibel.

Sein Themenkatalog taucht in ähnlichem, aber nicht identischem Aufbau in den verschiedenen Kirchen auf: die Schöpfung, Christus als Weltenrichter, das Jüngste Gericht, Anbetung der Heiligen Drei Könige. Flucht nach Ägypten, Sündenfall, Gebet des Armen und Reichen. Die Kindermordszene ist hier sehr drastisch ausgefallen: Eine Mutter setzt sich massiv zur Wehr. Nette Details in der Geburtsszene: Josef kocht ein Süppchen und probiert erst mal, ob es auch heiß genug ist. Adam mit einem klobigen mittelalterlichen Pflug.

Deutschsprachige Broschüre bei der Tankstelle gegenüber 5 DM.

HÜNENGRAB SØMARKE: freistehendes Hünengrab; der Deckstein ist mit schalenförmigen Zeichen verziert. Zufahrt: von Ny Borre Richtung Liselund Schloß.

★ Møns Klint

Die berühmte Kreideklippe von Møn. Weiß-beige brechen die Kreidefelsen über eine Länge von 7 km ins Meer. Der höchste und markanteste Punkt der Insel liegt auf der 128 m senkrecht aufsteigenden Kreideklippe. Naturschutzgebiet. Großer Parkplatz im Wald, Parkgebühr 6 DM.

 Schöne Wanderwege führen auf den Klippen durch dichten Buchenwald z.T. eng an den Steilhängen (Holzgeländer), dafür gute Foto-Perspektive, - vormittags beste Beleuchtung. Bei gutem Wetter sieht man bis zur Schwesterinsel Rügen!

Mehrere Treppenwege führen zwischen Store und Lille Klint steil hinunter ans Meer. Hier bleibt nur ein schmaler Kiesstreifen. Von unten wirkt das Kreidemassiv noch imposanter, deutlich sind die Bänder mit Feuersteinen zu erkennen. Wind und Wetter haben zackige Formen herausgenagt, teils sind auch ganze Hügelflanken abgespült worden. Das Meer holt sich Jahr für Jahr ein neues Stück Küste. Klettern an den Kreidewänden ist verboten und lebensgefährlich.

Gleich links ab Parkplatz gehts zum höchsten Punkt der Klippe zum KÖNIGINNENSTUHL (Dronningestolen) 128 m. Ein kurzer und lohnender Rundweg beginnt rechts, führt bis zur nächsten Treppe Nællerende und unten am Strand zurück. Dort sind die meisten Fossiliensammler tätig.

Am ehesten wird man nach den Frühjahrsstürmen fündig: versteinerte Seeigel, Schwämme, Donnerkeile von Tintenfischen etc. Eben all das, was vor 65 Millionen Jahren im damaligen Meer kreuchte und fleuchte. Besonders gefragt sind die <u>Klappersteine</u>: ein Steinchen im Feuerstein wie eine Babyrassel. Am besten schaut man sich vorher die kleine Ausstellung am Parkplatz an.

Die fantastische Kreideklippe und -schicht ist ein Werk der <u>Eiszeit</u>, genauer gesagt von zwei großen Gletschern, die vor ca. 2o.ooo Jahren zwischen sich eine Kreideschicht zusammenschoben und nach oben preßten. Die Linien sind noch deutlich an der Klippe zu sehen. Die Kreideschicht ist ca. 65-75 Mio. Jahre alt und war Schlamm, der sich in 2oo m Tiefe auf dem damaligen Meeresboden ablagerte und alle möglichen Lebewesen umschloß.

Im angrenzenden <u>KLINTENWALD</u> findet man ideale Orchideenböden: hier wachsen Korallenwurz, Helm-Knabenkraut, Spitzorchis. Pflücken natürlich verboten! - <u>Zufahrt zur Klippe</u>: Die Asphaltstraße geht an der Mautstelle in Forstweg über und endet nach ca. 3 km im großen Parkplatz. <u>Busverbindung</u>.

<u>Gummistiefel</u> bei feuchtem Wetter ratsam (klebrig-schmieriger Kalk). Die Dänen denken mit: Wasserhähne bei den Toilettenhäuschen, um die Stiefel zu reinigen.

Große, ältere <u>Cafeteria</u> ohne Klippenblick oberhalb des Parkplatzes, zivile Preise.

Nebenan in toller Lage "**<u>Hotel Store Klint</u>**", Stengårdsvej 6, 4791 Borre. Schlichtes Hotel, ältliches Flair, 3o Betten. DZ ohne Dusche mit Frühst. ab 12o DM. Nur zur Saison offen. Reservieren ratsam.

<u>Kinderspielplatz</u> und <u>Schautafeln</u> zu vorgeschichtlichen Funden und Geologie neben dem Parkplatz.

<u>SCHLOSS LISELUND</u>: "Zurück zur Natur" war das Motto der Hugenottenfamilie Antoine de Bosc de la Calmette im 18. Jh. Von Rousseau's Ideen inspiriert, entstand der englische Garten mit hohen Kastanien. Das schlichte, strohgedeckte Puppenschlößchen Liselund von 1795 ist nach Madame Lisa Iselin benannt, ein kleiner Pavillon im chinesischen Stil, ein Schweizer- und ein Norwegerhaus. In der Schweizer Hütte - so munkelt man - habe H.C. Andersen sein Märchen "Das Feuerzeug" verfaßt. Schöner Spaziergang im Park.

<u>Zufahrt</u>: beim Campingplatz Møns Klint links ab Richtung Liselund, wenige hundert Meter vom Lille Klint entfernt.

Hotel/Restaurant "<u>Liselund Ny Slot</u>", im Park, Langebjergvej 6, 4791 Borre. Tip, wer Ruhe, Idylle und das Besondere schätzt - ein Steinschlößchen aus dem 19. Jh. mit Blick ins Grüne. Baronesse Oluffa Krabbe und Baron Fritz Rosenkranz erbauten 1887 das Schlößchen. Durch Engagement von zwei Hoteliers wurde es vor dem Verfall bewahrt, komplett restauriert und denkmalschutzgerecht modernisiert. Die 15 Zimmer erhielten Bäder. Kamine und Stuckdecken wurden wieder rausgeputzt. Gemütlicher Aufenthaltsraum. DZ 19o DM. Das exklusive Turmzimmer runde 33o DM inkl. Frühstück. Restaurant, ökologisch angehauchte Küche.

<u>**Jugendherberge**</u>: Vandrerhjem Møns Klint Langebjergvej 1. Am Waldrand 3oo m

Richtung Schloß Liselund. 31 Familienzimmer. 4 km zum Meer.

 *** Camping Møns Klint: Klintevej, sehr schöner Platz auf mehreren Terrassen am Waldrand, 3 km vor der Klippe. Recht aufgelockert, weitgehend ebene Wiese, doch beiderseits der Straße. Kleiner beheizter Pool, denn das Meer ist ein paar Kilometer weit weg. Grill, Imbiß. Tennis, Minigolf, Fahrradverleih. 66o Einheiten. Offen: April bis Oktober.

Angler kommen am schönen, baumbestandenen Hunosee auf ihre Kosten (Forellen, Hechte). Angeln nur gegen Gebühr.

Hier in der Nähe liegt die höchste Erhebung der Insel, der Aborreberg mit 142 m.

✦Klintholm Havn

Außerhalb der Saison eine Fischerhafen-Idylle, im Sommer Ferienzentrum (Appartementanlage, Jachthafen und die Nähe zu Møns Klint). Am Rande des aktiven Fischerhafens stapeln sich die bunten Kästen und Netze der Trawlerflotte.

Klintholm Räucherei am Ortsende. Riesengroße Geschichte, hier kann man seinen Räucheraal, Hering, Makrele frisch aus dem Buchenrauch gleich im Garten zerpflücken, köstlich!

Zum Baden sehr schöner Sandstrand nicht sehr breit, doch mit angrenzenden Dünen.

Mehrere Restaurants im Ort. Schön sitzt man gleich gegenüber des Hafens mit Blick auf die Fischerboote.

 Ferienanlage "**Danland**" (Hotel Østersøen) direkt am Hafen. Architektonisch recht schöne, 2-stöckige Appartementanlage im Reihenhausstil teils mit Gartenterrasse. Restaurant, Minigolf, Hallenbad. Anschließend große Marina und Strand; der Tang lockt allerdings nicht sehr zum Baden. Seichtes Wasser. 8o moderne Appartements. 55o-1.3oo DM/Woche je nach Saison.
Hotel/Restaurant "**Klintholm Søbad**" nahe am Meer. Thyravej 19. Fischspezialitäten im Restaurant. 1/2 Dutzend motelartige Hütten. DZ ca. 9o DM.

✦Halbinsel Ulvshale

Naturschutzgebiet im Norden von Møn. Schönstes Eck für Urlaub nach dem Motto "Natur pur": Spazierengehen am Strand, im Laubwald oder in der ausgedehnten Wacholder-Heidelandschaft. Hier kann man Zugvögel beobachten (am besten vom Parkplatz vor der Brücke, weitere Beobachtungsplätze siehe Broschüre/Touristenbüro in Stege).

Ab hier Spaziergang zur Schanze aus den Englandkriegen (18o7-14), Dänemark wurde in den napoleonischen Kriegen als Verbündeter Frankreichs in den Krieg gegen England verwickelt.

Schöner, langer <u>STRAND</u> in der geschwungenen Bucht. Feiner Sand mit vereinzelten Flintsteinen von der Klippe, seicht ins Wasser. Dahinter liegt das größte Ferienhausgebiet der Insel Møn. Guter Meerzugang für Surfer direkt von der Straße aus.

** <u>Ulvshale Camping</u>: einfacher, aber schön gelegener Urlaubsplatz am Waldrand und 1oo m vom Strand entfernt. Nur die Dünen trennen vom Meer. Einkaufsmöglichkeit. 1oo Einheiten. Offen: April bis Sept. - Ferienhausvermietung siehe oben.

Die einspurige Brücke führt auf die <u>INSEL NYORD</u>. In Nyord Dorfmilieu mit Hafen, achteckiger Dorfkirche, Gemüsegärtchen, Aalreusen und werkelnden Hobbyfischern. Außerhalb der Saison friedlich, im Sommer allerdings touristengeplagt. Auto unbedingt vorm Ort stehenlassen.

Frisch gebratenen Aal gibt's im <u>Restaurant Lollesgård</u>, auch Fleischgerichte, mittags Lunchgerichte.

Die Strandwiesen von Nyord und Ulvshale bieten Enten und Watvögeln ideale Brutbedingungen. Im Sommer kann man Höckerschwäne, verschiedene Entenarten, Graugänse, Uferschnepfen und Küstenseeschwalben beobachten. Im Winter den Singschwan, großen Brachvogel, Enten, Kornweihen etc. (zur Brutzeit Betreten verboten).

Anschluß Insel Seeland Seite 369. - Anschluß Insel Falster Seite 351.

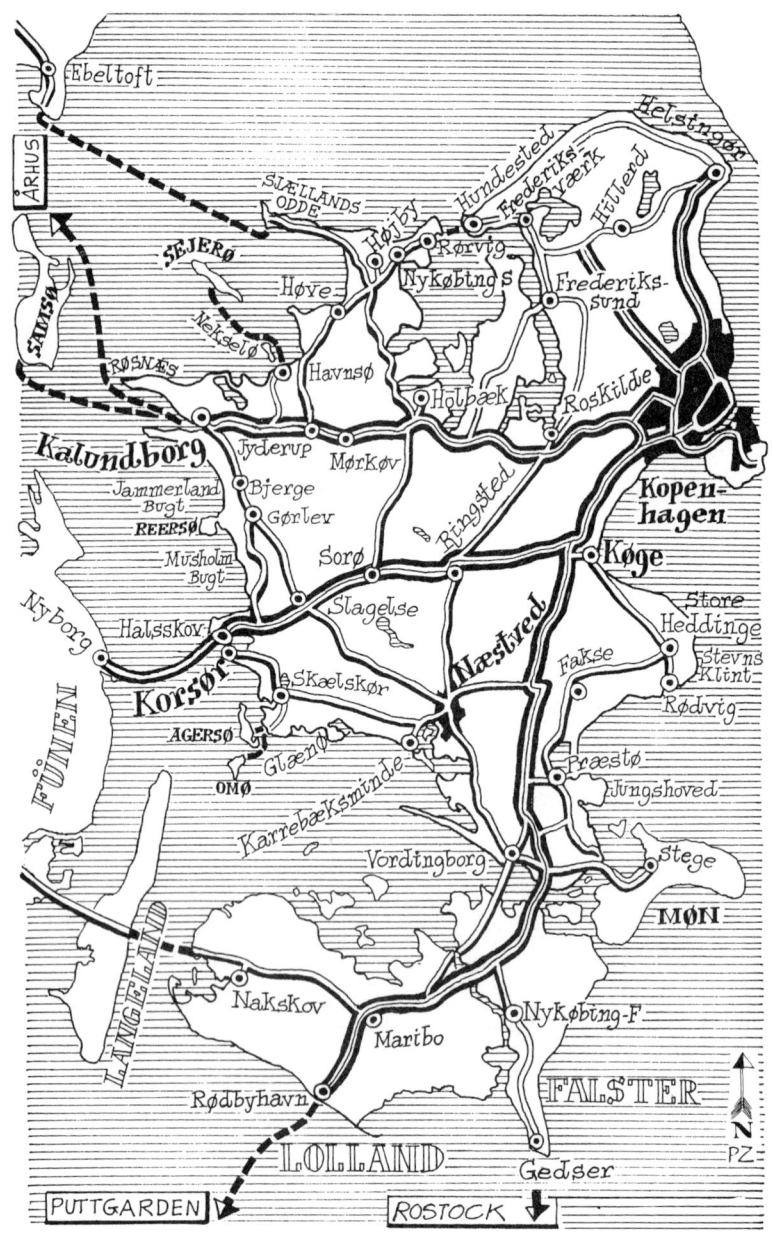

INSEL SEELAND (Sjælland)

Kulturell die interessanteste Insel Dänemarks. Eine Vielzahl an lohnenden Herrensitzen und Königshäusern, Museen mit Wikingerschiffen und der beeindruckende Dom in Roskilde. Aber auch zahlreiche kleine Dorfkirchen mit farbigen Kalkmalereien.

Nicht zuletzt KOPENHAGEN, die Hauptstadt Dänemarks, lohnend wegen u.a. der besten Museen des Landes.

Durch kurze Entfernungen, aber auch gute öffentliche Verkehrsverbindungen lassen sich von nahezu jedem Stützpunkt aus Tagestouren in alle Winkel der Insel realisieren.

Landschaftlich ist die größte Insel Dänemarks leicht hügelig und abwechslungsreich. Steigert sich im Inland sogar bis auf 126 m Höhe, etwas hochtrabend "Seelandalpen" benannt. Ein Relikt der Eiszeit sind auch die vielen kleinen Seen. Der Höhepunkt Seelands liegt im Osten: die Kreideklippe Stevns Klint, die mit dem berühmten Møns Klint konkurrieren kann. Den schönsten Ostküstenstrand findet man auf der Halbinsel Feddet, nahe der Bierstadt Fakse.

Für längeren Badeurlaub besser die Strände entlang der WESTKÜSTE wählen: Feiner weißer Sand mit leichten Dünen u.a. nördlich Kalundborg. Viele kleine Dorfkirchen der Umgebung wurden im Mittelalter mit Fresken ausgeschmückt.

NORDKÜSTE. Sehr gute Strände und die Anbindung ans S-Bahnnetz nach Kopenhagen machen den Reiz dieser Region aus; guter Stützpunkt für Leute ohne eigenes Fahrzeug. Auf engstem Raum liegen hier die prächtigsten Königsschlösser, für die Öffentlichkeit zugänglich. Fredensborg dient heute noch der Königsfamilie als Sommersitz.

Zudem bietet Seeland jede Menge AUSFLUGSVARIANTEN: Beispielsweise mit der Nachtfähre für ein paar Tage nach Bornholm, eine ideale Fahrradinsel, oder in 2o Minuten per Fähre rüber nach Schweden und eine Rundtour durch Schonen, das jahrzehntelang zu Dänemark gehörte.

Im Norden und Nordwesten Seelands konzentrieren sich die meisten Ferienhäuser. Viele Kopenhagener haben hier ihr Sommerhaus, besonders an den feinen Stränden im Norden.

Zum SURFEN ist der große Isefjord ideal, beliebt ist auch die Køgebucht und die Strände südlich Fakse. Cracks bevorzugen die Nordspitze bei Gilleleje.

Für FAHRRADFAHRER bietet der Norden Seelands viel Abwechslung. Der Bereich nördlich Kopenhagen ist zwar dicht besiedelt, doch gibt es hier eine Menge auf engstem Raum zu sehen.

Von Roskilde bis zur Nordspitze bequeme S-Bahnverbindungen via Kopenhagen, mehrere Eisenbahnstränge überziehen wie ein Spinnennetz die Insel, fast alle enden in den Fährhäfen.

---

* *Im folgenden beschreiben wir die Insel Seeland von Süden her - zuerst die direkteste Verbindung nach Kopenhagen entlang der OSTKÜSTE.*
* *Anschließend die WESTKÜSTE mit den guten Bademöglichkeiten, eingeschoben werden die Schnellverbindungen von Korsør bzw. Kalundborg nach Kopenhagen.*
* *Im Anschluß an die Hauptstadt Kopenhagen die NORDSPITZE Seelands mit den besten Badeständen und sehenswerten Königsschlössern.*

Ostseeland
Wer über die Vogelfluglinie via LOLLAND und FALSTER fährt, landet in Vordingborg, der südlichsten Stadt Seelands .

✦ Vordingborg   (12.ooo Einw.)

Die Provinzstadt liegt etwas im Abseits, seit sie durch die Autobahn vom Verkehr entlastet wurde. Ein kleines Zentrum für die Südspitze Seelands, ansonsten erinnert heute fast nichts mehr an die frühere Bedeutung der Stadt.

Der Name geht auf die mächtige FESTUNG aus dem 12.-14. Jh. zurück. Teile der einst mächtigen Burg mit 65o m langer Ringmauer, hölzernem Wehrgang, vier großen Eck- türmen und 12 kleineren Türmen noch erhalten (Spaziermöglichkeit). Die innere Burg mit den Königsgemächern war nochmal durch eine zweite Mauer gesichert. Die enorme frühere Ausdehnung von 3o.ooo qm kann man gut an den Ringmauern ablesen. In den breiten Wassergräben werden heute die Enten gefüttert.

Hauptsehenswürdigkeit ist der runde GÄNSETURM, 1362-65 erbaut von König Valdemar Atterdag. Die kleine vergoldete Gans oben auf der Spitze war als Hohn auf die Kriegserklärung der deutschen Hansestädte gedacht. Schöner Blick vom Gänseturm, 2,5o DM Eintritt. Offen: Mitte Juni bis Mitte August tägl. 1o-17 Uhr, sonst 14-16 Uhr.

MUSEUM in der Burganlage. Botanischer Garten mit mehreren Hundert Gewürzen und Heilkräutern.

Schon im 12. Jh wurde durch Valdemar den Großen am Sund eine Burg zum Schutz vor den Wenden erbaut, die von Rügen kamen und die Ostseevölker immer wieder bedrohten. Die Festung lag an strategisch wichtiger Stelle, um den Storstraumen zu kontrollieren und die Fährverbindung nach Lolland zu sichern. Viele Könige hielten sich im Mittel- alter hier auf, ließen sich krönen und hielten den Danehof (Reichstagsversammlung) ab, ehe er nach Nyborg auf Fünen verlegt wurde.

 Algade 96, 476o Vordingborg. Tel. 53 34 11 11, Fax: 55 34 o3 o8. Offen: Juni-August Mo.-Fr.-17/18 Uhr, Sa. 9-12 Uhr, September-Mai Mo.-Fr. 9-16 Uhr.

 "**Hotel Kong Valdemar**", Slotstorvet direkt im Zentrum gegenüber dem Festungseingang. Neutrales Backsteinhaus, hintenraus ruhig. 65 zweckmäßige Zimmer mit Bad, WC, Tel., TV . Sauna, Solarium im Haus. Restaurant. DZ mit Frühstück ca. 17o DM.

 **Jugendherberge**: Præstegaardsvej 8, am nördlichen Stadtrand Richtung Næstved. 88 Betten. Offen: Mai bis Mitte Dezember. Gästeküche. Ca. 4 km vom Strand.

** Ore Strand Camping: Orevej 145. Liegt im Wohngebiet am Masnedsund. Der Platz zieht sich von der Straße bis zum Meer, Wiese, Hecken. Hüttenvermietung. 175 Einheiten. Ganzjährig offen.

*** Svinø Strand Camping: schönerer Platz für Badeurlaub. Guter Strand. Nur eine Paar Schritte zum Meer. Ordentliche Sanitäranlagen. Allerdings ziemlich weit ab vom Schuß auf halber Strecke zwischen Vordingborg und Næstved. Hüttenvermietung, Einkaufsmöglichkeit. 18o Stellplätze. Offen: April bis Mitte September.

HALBINSEL KNUDSHOVED: Die schmale Landzunge erstreckt sich 14 km ins Meer. Idylle und Natur pur, teils bewaldet und enorm viele Brombeersträucher, Ganggräber und Dolmen.

Die berühmten Wisents (europäische Variante des amerikanischen Bison-ochsen) von Knudshoved wurden von den Besitzern des Herrenhofes ein-geführt und werden ganz vorne auf der Landspitze in einem Gehege gehal-ten. Ihre Anzahl ist jedoch auf ein paar wenige Exemplare geschrumpft, Tendenz abnehmend, so ganz scheint ihnen die dänische Luft doch nicht zu bekommen.

Autozufahrt bis zum Hof, die letzten 7 km zu Fuß, schöner Spazierweg.

Verbindungen *ab Vordingborg*

 **Bus**: -> Stege/Insel Møn etwa stdl., dauert 1 Std.
-> Næstved etwa stündl., Sa./So. 4 x tägl., dauer 5o Min.
-> Præstø etwa stündl., Sa./So. 7-11 x tägl., dauer 4o Min.

Zug: Vordingborg liegt an der Bahnstrecke Kopenhagen-> Gedser bzw. Rødby. Jeweils sehr häufige Verbindungen.

Abstecher zur INSEL MØN: von Vordingborg über die Landstraße Nr. 59 in 27 km bis zum Hauptort Stege. Details siehe Seite 359.

Vordingborg -> Præstø   (2o km)

<u>UDBY</u>: Dorf neben der Autobahn. Hier im Pfarrhof wurde N.F.S. Grundtvig geboren und arbeitete als Vikar bei seinem Vater. Ein kleines Museum erinnert an ihn. Grundtvig (1783-1872) war Theologe, Dichter und vor allem Gründer bzw. Förderer der Volkshochschulen. Diverse Kirchenlieder stammen aus seiner Feder.

✦Præstø

Kleinstadt in schöner Lage am Fjord, im Sommer ein Ausflugsstädtchen, beliebt bei Seglern. Restaurant Skipperkroen im ehemaligen Zollamt, Räucherei und Fahrradverleih. Fotoidylle in den holprigen Kopfsteinstraßen und am Marktplatz (Torvet) mit Rathaus von 1823, das Leben spielt sich in der parallelen Einkaufsstraße ab. Sehr schönes Ambiente zwei Straßen weiter am Hafen, wo im Sommer die weißen Jachten das Bild dominieren.

Tourist INFO Jernbanevej 22, 472o Præstø am Abzweig zum Herrensitz Nysø. Tel. 55 99 11 9o, Fax: 55 99 15 51. Offen: Mo.-Fr. 1o-17 Uhr, Mitte Juni bis Mitte August auch Samstag vormittags. Vermietung von Ferienhäusern.

<u>HERRENHAUS NYSØ</u> am Ortsrand. Ein großer, schlichter Herrensitz in holländischem Barock (1671-73), heute in Privatbesitz. Schloß Nysø hat im 19. Jahrhundert verschiedene "Größen" wie H.C. Andersen, Grundtvig und B. Thorvaldsen angezogen.

Dem Bildhauer ist ein kleines <u>MUSEUM</u> in einem Seitentrakt gewidmet. Nach Thorvaldsens Rückkehr aus Italien wohnte er lange bei Familie Stampe im Herrenhaus Nysø; Christine Stampe ließ ihm ein Atelier einrichten. Hier entstand der Gipsentwurf zu seinem großen Selbstporträt. Mai bis September Di.-Sa. 14-17 Uhr, So. 11-17 Uhr. Eintritt 4 DM.

<u>FEUERWEHRMUSEUM</u>: Havnevej 4. Zeigt die Entwicklung der Feuerwehr seit dem 18. Jh. Alte Spritzen und Gerätschaften. Exponate zur Stadtgeschichte. etc. <u>Offen</u>: Mitte Mai bis Mitte Oktober tägl. 1o-12 Uhr, 14-16 Uhr.

<u>TÖPFEREI RØDELED</u>: In der Museumswerkstatt am Ortsrand (ausgeschildert) kann man zuschauen, wie die traditionellen Töpferwaren hergestellt werden. Verkauf und Ausstellung.

Die zweischiffige <u>KLOSTERKIRCHE</u> am Fjord ist der Rest des einstigen Antoniterklosters, das 147o-1536 hier existierte.

Interessante <u>Grabplatten</u>, die im Fußboden eingelassen sind. Das Altarbild von 1657. Bei der Abendmahlsszene bekommt Judas vom Teufel einen Geldbeutel zugesteckt.

"<u>**Hotel Frederiksminde**</u>", Klosternakken 8. Gute Lage direkt am Fjord und im Zentrum. 24 Zimmer. Restaurant. DZ ab ca. 1oo DM.

 * Præstø Camping: Spangen 2. Am Ortsrand, nur 5 Min. ins Zentrum. Einfacher, kleiner Wiesenplatz. 63 Stellplätze. Offen Mai bis Mitte September.

 "SKIPPERKROEN", einladendes Restaurant direkt am Hafen mit großem Wintergarten. Traditionelle Gerichte wie gebratener Bauch oder Scholle nach Hanstholmer Art. Preiswert die Frokostgerichte (mittags).

"FISKEHUSET", frischen Fisch zum Selberkochen direkt am Hafen. Aale, Makrelen und andere Fische werden hier frisch geräuchert.

Bademöglichkeit direkt beim Hotel Frederiksminde im Wäldchen, bessere Strände auf der Halbinsel Fed (siehe unten).

HALBINSEL JUNGSHOVED: östlich Præstø, ideale Dimensionen für einen Fahrradausflug. Rundtour ca. 3o km, Infoblatt im Touristenbüro. Lokalhistorie unterwegs: eine alte Küstenbatterie aus den Schwedenkriegen, einige Ganggräber und Dorfidylle in Stavreby. Ganz im Osten die Jungshoved Kirche, Ursprünge aus dem 13. Jh. Stolz der Gemeinde ist das Gipsrelief von Bertel Thorvaldsen im Altar (Christus in Emmaus) und seine Reliefs am Taufstein. Spätgotische Fresken (auf der Westseite eine nicht sehr gut erhaltene Totentanzszene). Busverbindung ab Præstø.

HALBINSEL FED: nördlich Præstø, für Autos gesperrt. Die grüne Landnase ist ein lohnendes Badeeck: einer der feinsten Sandstrände Seelands zieht sich 5-6 km längs der Ostseeküste. Etwas Tang und Muscheln, relativ schmaler Sandstreifen. Für Familien bestens geeignet, aber zur Saison enorm was los. Anschließend ein dichter Nadelwald, ideal zum Spazierengehen oder Radeln. Strandzugang mit großen Parkplätzen beim Fed Familie Camping.

Surfen: neben der Køge Bucht bestes Surfrevier Ostseelands. Parkplatz 1oo m vom Meer entfernt. Lange Zeit Stehrevier. Surfschule, Shop und Boardverleih gleich neben dem Campingplatz.

 *** Fed Familie Camping: riesengroßer Platz am Anfang der Halbinsel. Kleingartenidylle mit vielen Dauercampern, die hier ihr Boot, Grill und Gärtchen liebevoll hegen und pflegen. Große und kleine Miethütten ab 4o DM. Supermarkt, Fahrradverleih, Solarium, Minigolf. 75o Einheiten. Offen: April bis Oktober.

✦Fakse

Niemand würde diesen backsteinroten Ort erwähnen, wenn hier nicht das FAXE ØL gebraut würde, als Dosenbier ist es auch bei uns bekannt.

In Dänemark macht Faxe unter dem Slogan "Leverandør til det danske folk" (Lieferant für das dänische Volk) Reklame. Die Brauerei wurde 19o1 gegründet, jahrzehntelang als

Familienbetrieb geführt, bis sie 1956 in eine Aktiengesellschaft umgewandelt wurde.
Ca. 45.ooo Besucher besichtigen jedes Jahr die Brauerei und testen das Bier (Torvegade 35). Führung im Sommer stündlich Mo.-Do. 1o-15 Uhr, Fr. 1o-11 Uhr.

Der Stadtname geht auf zwei mythische Pferde zurück, die auf dem Vin-kælderplatz in Granit stehen: Hrimfaxe und Skinfaxe, das Tages- und das Nachtpferd.

Fakse-Kalksteinbruch 2 km östlich der Stadt. Hier wird 65 Millionen Jahre alte Schreibkreide abgebaut und über den Hafen Fakse Ladeplads verschifft.

Im GEOLOGISCHEN MUSEUM, Torvegade 29, sind diverse Versteinerungen aus dem Steinbruch ausgestellt, u.a. eine versteinerte Seeanemone. Hobby-Geologen können in dem Steinbruch - auf eigene Verantwortung - Fossilien suchen. Offen: Mai bis August Mo.-Fr. 14-16 Uhr.

BLAABÆK MØLLER, abseits der Straße nach Fakse Ladeplads. Die schindelgedeckte Windmühle hat schon Moos angesetzt. Ein Schmuck-stück ist dagegen die Wassermühle mit großem restauriertem Hof 5o m weiter. Zwei Wasserräder betrieben früher die Mühle und ein Sägewerk.

Zug: häufige Verbindung -> Køge, dort Bahn-/S-Bahnanschluß -> Kopenhagen.
Bus: -> Store Heddinge, Præstø und Vordingborg.

8 km östlich von Fakse liegt VEMMETOFTE-KLOSTER (16.-18.Jh.), wurde häufig umgebaut, zuletzt in Wohnungen. Gegründet von Prinzessin Sophie Hedwig als Kloster für adelige Damen.

 *** Vemmetofte Camping: großer, ruhig gelegener Platz, waldig eingefaßt. Nicht weit zum Strand. Hütten. Minigolf, Minimarkt. 29o Stellplätze. Ganzjährig offen.

✦Rødvig

Gemütlicher kleiner Villenort mit hübschem Hafen, überwiegend schau-keln hier Jachten und ein paar Fischkutter; am Kai stapeln sich die bunten Fischkästen. Rødvig entstand um einen Stapelplatz, einen Im- und Export-hafen und erlebte durch den Eisenbahnanschluß 1879 nach Køge und Kopenhagen einen Aufschwung.

Von dem großen FEUERSTEINOFEN guter Blick auf die senkrechten Kreideklippen Stevns Klint, die sich 12 km nach Norden ziehen. 187o bis 191o wurde hier einen Feuersteinofen betrieben, in dem das Rohmaterial für Steingutäglasuren produziert und nach Kopenhagen verkauft wurde. Dazu wurde der Feuerstein enorm erhitzt, dann mit kaltem Meerwasser "abgeschreckt", dabei zerfiel er in feine, harte Körnchen.

SCHIFFSMOTORENMUSEUM, Havnevej 7, oberhalb des Hafens. Rund 8o Motoren aus diesem Jahrhundert vom 1-PS-Motor bis hin zu flotten 4-Taktern. Offen: Sommerhalbjahr tägl. 1o-12/14.3o-17 Uhr. Sonst nur am Wochenende. Eintritt 4 DM.

 Østersøvej 6, 4673 Rødvig. Tel. 53 7o 64 64, Fax: 53 7o 72 64. Vermietung von Ferienhäusern und Fahrrädern.

 *** Rødvig Campingplatz: 2 km westlich. Modernes Service-gebäude, 2oo Stellplätze.

Zug: stündlich -> Køge und dort weiter -> Kopenhagen.
Bus: über Højerup -> Køge.

✴Stevns Klint

Der "kleine Bruder" von Møns Klint am Ende der Halbinsel, die weit-gehend von Landwirtschaft und Obstanbau geprägt ist. Ausflugsziel ist der 41 m hohe und 12 km lange Kreideabbruch Stevns Klint, der sich durch-aus mit den Klippen von Møn messen kann.

Besondere Attraktion ist die absturzgefährdete alte KIRCHE von Højerup. Sie befindet sich luftig in 3o m über dem Wasser, ihr Chor ist im März 1928 ins Meer gestürzt; das Meer nagt unaufhörlich an der Kreideklippe. Ursprünglich lag die schlichte Kirche von 1357 rund 5o m vom Klippen-rand entfernt. Besichtigung der Kirche möglich, keine Sorge, die Funda-mente wurden abgestützt.

Schöner SPAZIERWEG auf dem Klippenrand (auf eigene Gefahr), toller Blick über die weißen Kreideklippen und das Meer. Picknickbänke teils auf den Felsüberhängen. Deutlich sind die verschiedenen Schichten der Kreideklippe wie Bänder zu sehen, z.B. die dunklen Feuersteineinlagerun-gen.

Die Straße endet bei der Højerup-Kirche im gebührenpflichtigen Parkplatz. Der Parkschein gilt zugleich für eine Person als Eintritt ins Museum. Bus-verbindung bis Højerup ab Køge, Store Heddinge und Rødvig.

 Das kleine gemütliche Restaurant "TRAKTØRSTED HØJERUPLUND" wurde für Bustourismus ausgebaut, gute Fleisch-/Fischkarte um 3o-4o DM. Z.B. gebratene Scholle.

STEVNS MUSEUM, direkt am Parkplatz. Großes Regionalmuseum, das Trachten, Buddelschiffe, Werkstätten, Alltagsgegenstände zeigt. Interes-sant im Zusammenhang mit der Klippe sind die Versteinerungen und stein-zeitlichen Werkzeuge aus Feuerstein. Der riesige Anker erinnert an die Seeschlacht vor Stevns Klint 1677, als Niels Juel der schwedischen Flotte den Garaus machte. Zeit zum Ankerliften hatte man auf der "Delmenhorst" da verständlicherweise nicht, so wurde er - zur Freude der Nachwelt - kurzerhand gekappt (siehe auch Køge). <u>Offen</u>: Mai bis September tägl. außer Mo. 13-17 Uhr, Juli tägl. 13-17 Uhr.

Weitere Zugänge zur Klippe beim <u>LEUCHTTURM</u> etwas nördlich, hier liegt der höchste Punkt mit 41 m.

<u>Stevns Klint</u>: Die Klippe besteht aus verschiedenen übereinanderliegenden Schichten. Am dicksten und ältesten ist die untere Schicht: Schreibkreide, weiß und weich. Sie entstand vor 65 Millionen Jahren aus winzigen Schalentierchen und reicht mehrere hundert Meter tief in den Meeresboden. Darüber liegt eine nur 1o cm dünne Schicht aus Kalk und Fischlehm aus dem Anfang des Tertiär, zu dieser Zeit starben die Dinosaurier auf der ganzen Erde aus. In dieser seltenen Schicht entdeckte man Vulkanasche, Glas und den aufsehenerregenden Bestandteil Iridium, der sonst nur im Erdinneren oder im Weltraum vorkommt.

Wissenschaftler grübeln nun, ob das plötzliche Aussterben der Dinosaurier auf eine Klimakatastrophe zurückging, ob es damals auf der Erde gewaltige Vulkanausbrüche gab oder ob damals die Erde mit einem enorm großen Meteoriten zusammengestoßen ist. In jedem Fall wirbelte dies Ereignis eine riesige Staubwolke auf, die wohl jedes Leben erstickte und heute in Form dieser 1o cm dicken Schicht zu sehen ist. Darüber liegt nochmal eine dicke Schicht Kalkstein (Bryozokalk), entstanden aus Kalkskeletten, die ganze Feuersteinbänder enthält. Den Abschluß bildet eine sehr fruchtbare Moränenschicht aus Ton, Sand und Stein. Auf diesen Ablagerungen aus der Eiszeit wird heute Ackerbau betrieben.

✦ Store Heddinge   (2.ooo Einw.)

Zentrum der Gemeinde Stevn und nicht an der Küste. Die Kreideklippen liegen 6 km entfernt. Lebhaft wird's hier zum Samstagmarkt. Im 18. Jh. besaß die Stadt bei gerade 576 Einwohnern fünf Schnapsbrennereien! Zu sehen gibt es die <u>KATHARINENKIRCHE</u> (13./17. Jh.) aus grauweißer Kreide vom Stevns Klint und äußerlich wenig ansehnlich, aber ein Unikum in Nordeuropa: ein 8-eckiges Kirchenschiff findet man sonst nur in Aachen oder Visby in Schweden. Ungewöhnliche Deckenkonstruktion.

"<u>Hotel Stevns</u>", Algade 2. Das niedrige Fachwerkhaus beherbergte früher die Posthalterei. 6 Betten. DZ ohne Dusche mit Frühstück ca. 1oo DM. Restaurant.

<u>Jugendherberge</u>, Ved Munkevænget 1 beim Stadion, 1o Familienzimmer, Gästeküche, ganzjährig offen. Übernachtung ca. 15 DM.

<u>Zug</u> -> Rødvig und Køge. **Bus** -> Højerup, Køge, Fakse.

Bei Klippinge liegt <u>STEVNS TERRARIUM</u>, Bjælkerupvej 16o. Freunde von Schlangen, Reptilien, Leguanen und Waranen kommen dort auf ihre Kosten. Offen tägl. 9-17 Uhr.

GJORSLEV SCHLOSS, 7 km von Store Heddinge. Das wehrhafte Schloß wurde im 14. Jh. für den Bischof von Roskilde erbaut. Die Anlage in Form eines Kreuzes dürfte in Europa ziemlich einmalig sein.

✦ Køge   (38.ooo Einw.)

Im Kern eine überraschend gemütliche Kleinstadt mit Kopfsteinpflaster und einigen rausgeputzten Fachwerkhöfen. In einem Prachtexemplar ist das große Stadtmuseum eingerichtet (Fußgängerzone). Besonders schöne alte Häuser in der Brogade, der Vestergade und Nørregade. Bei dem empfohlenen Rundgang (Touristenbroschüre) kann man viele Details entdecken.

Stolz ist man auf das älteste datierbare Haus Dänemarks, ein winziges "Hexenhäuschen", das heute zum Bibliothekskomplex gehört. Kirkestræde 2o neben der Kirche.

Im Zentrum liegt der riesengroße Marktplatz mit Rathaus (1552), im 19. Jh. bekam es eine neue Fassade. Café-Terrasse neben König Frederik VII., ansonsten gehört der Platz leider parkenden Autos. Südlich der Stadt weiden die Kühe, im Norden Richtung Hafen liegt die Industriezone (Chemie, Kohle, Holzverarbeitung und Hafenanlagen).

Tourist INFO Seitlich vom Platz. Vestergade 1, 46oo Køge. Tel. 53 65 58 oo, Fax: 53 65 59 84. Offen: Mo.-Fr. 9-17 Uhr. Sa 1o-13 Uhr. Vermittlung von Privatzimmern auch auf dem Lande. Ferienwohnungen.

Post: Jernstøbervænget 2. Offen: Mo.-Fr. 1o-17 Uhr, Sa. 9.3o-12 Uhr.

Markt: Mittwoch und Samstag vormittags.

Geschichte: Køge wurde Ende des 13. Jh. als Kornexporthafen des Königs gegründet. Mit Privilegien und Steuerfreiheit lockte er Bürger in die Stadt. Der Hafen brachte auch den versprochenen Wohlstand. Anfang des 17. Jh. kam Køge durch seine Hexenprozesse in die Schlagzeilen. Eine Feuersbrunst 1633 und die Schwedenkriege 1658-6o setzten der Stadt sehr zu; erst die beginnende Industrialisierung und der Bahnanschluß 187o brachten den Aufschwung.

STADTMUSEUM, Nørregade 1. Im schönen Fachwerkhof von 1619, der zeitlang als Armenhaus diente. Gibt einen guten Einblick in die Stadtgeschichte, viele Details u.a. zwei Münzschätze aus dem 17. Jh. Trachten- und Stickereiensammlung. Offen: Juni bis August tägl. 1o-17 Uhr, sonst Mo.-Fr. 14-17 Uhr, am Wochenende 13-17 Uhr.

KUNSTMUSEUM/Skizzensammlung, Nørregade 29. In einem ehemaligen Schulgebäude. Zeigt Skizzen und Vorentwürfe zu größeren Arbeiten moderner dänischer Künstler. Zeitgenössische Kunst, Sonderausstellungen. Museumscafé. <u>Offen</u>: Di.-So. 11-17 Uhr. Eintritt 4 DM, Kinder gratis.

<u>VALLØ SCHLOSS</u>, 7 km südlich. Das prächtige Renaissance-Schloß war verschiedenen Mätressen des Königs geschenkt worden. Königin Sofie Magdalene wandelte es im 18. Jh. in eine Stiftung und in ein Kloster für adelige Damen um. Der Park ist öffentlich zugänglich.
Die Ausstellung im Pferdestall dokumentiert die Geschichte des Schlosses und Klosters. <u>Offen</u>: Mitte Mai bis Sept. tägl. 11-16 Uhr. 2,5o Eintritt.

<u>GAMLE KØGEGÅRD</u>, ein Herrensitz aus dem 16. Jh. 1 km außerhalb, liegt heute recht schön im Naturschutzgebiet. Mi., Sa./So. ist der Park fürs Publikum geöffnet.

 <u>Baden</u>: im Südosten der Stadt beim Campingplatz erstreckt sich ein Waldgürtel, dahinter das Meer. Ganz seichtes Wasser, Sandstrand.

 "**Hotel Niels Juel**", Toldbodvej 2o. Modernes Hotel in der Nähe des Hafens. 52 Zimmer, modern gestyltes Mobiliar. Gutes und teures Restaurant. Familienmenü ca. 3o DM. Familienzimmer im Sonderangebot, d.h. 3-Bett-Zimmer 14o DM inkl. Frühstück. Sonst gut 24o DM.
"**Hotel Hvide Hus**", Strandvejen 111. 127 Zimmer mit Bad/WC; DZ ab 21o DM. Restaurant.
Jugendherberge: Vamdrupvej 1/Ølbyvej. 19 Familienzimmer, Cafeteria.

 ** <u>Camping Køge Sydstrand</u>: am südlichen Stadtrand nahe Meer. Großes Areal fast direkt am Strand, Hüttenvermietung. 22o Stellplätze. Offen: Mitte April bis Ende September.

*** <u>Vallø Camping</u>: Strandvejen 1o2. Sehr großer Platz im Wald. Strandnah. Hütttenvermietung. Laden. 435 Stellplätze. Offen: Januar bis Okt.

 Restaurant "<u>TOLDBODEN</u>", Køge Havn. Herzhafte Frokostplatte mit Hering, Fleisch und Rotkohl oder Fischfilet und Käse zum Abschluß. Kalorienreich und typisch dänisch.

Restaurant "<u>GULDFISKEN</u>", am Hafen ein uraltes Wirtshaus. Seit 1853 wird hier Bier ausgeschenkt. Biergarten, im Sommer Jazzmusik.

"<u>RICHTERS GÆSTGIVERGAARD</u>", Vestergade 16. In einem wunderschönen Fachwerkhaus aus dem 17. Jh., sehr gemütlicher Innenhof. Dänische Küche.

Restaurant "<u>ARKADEN</u>", Lystbådhavn 21. Modern gestaltetes Restaurant in zwei Etagen. Beim Essen Blick auf den Jachthafen. Gute Küche.

"<u>HUGOS VINKÆLDER</u>", urige Kellerkneipe in restaurierten Räumlichkeiten aus dem Mittelalter. Die Bierauswahl ist enorm. Mitten im Zentrum, Brogade 19.

Verbindungen *ab Køge*

Zug: -> Kopenh. S-Bahnanschluß alle 2o Min. ca. 4o Min.
-> Roskilde etwa stündl., Wochenende seltener.
-> Næstved etwa stündl., Wochenende seltener.
Privatbahn -> Fakse und Rødvig

Bus: -> Store Heddinge, Højerup und Rødvig 4 x tägl.,
nicht am Wochenende.
-> Præstø und Stege 4 x tägl., 1 1/2 Std.
-> Roskilde alle 1-2 Std., Sa./So. seltener, dauert 5o Min.
-> Ringsted jede Std., dauert 4o Min., Wo-ende seltener.

KØGE BUCHT: Die ca. 3o km lange geschwungene Sandbucht wurde durch Seeschlachten bekannt. Heute total durchsiedelt, weitgehend Einfamilienhäuser/Villen, eine tolle und teure Wohngegend. Von der 4-spurigen Uferstraße fast nie Blick aufs Meer; kaum offizielle Zugänge an den schmalen Sandstrand, als Urlauber badet man besser woanders.

In der Køgebucht fand am 1. Juli 1677 die große Seeschlacht im Krieg um Schonen (Südschweden) statt: Schweden stand gegen die Dänen und verbündeten Holländer. Der Dänenkönig Christian V. hatte den Krieg angezettelt, um Schonen zurückzuerobern. An Land gab es enorme Verluste, zu See sah die Sache etwas besser aus. Trotz ungünstiger Winde gelang es unter der Führung von Niels Juel, die schwedische Flotte fast total zu vernichten. Niels Juel wurde zum Held des Tages und gut entlohnt (siehe Valdemars Schloß auf Tåsinge).

Aber der Krieg blieb unentschieden, Ludwig XIV. trat als Schlichter auf den Plan. Schonen blieb bei Schweden, den Dänen hatte der Krieg also nichts gebracht. Als I-Tüpfelchen des Friedensschlusses wurde die Schwester von Christian V. Ulrike Leonora 168o mit Karl XI. von Schweden verheiratet.

Ein Granitdenkmal erinnert am Hafen in Køge an die Schlacht.

Anschluß Kopenhagen siehe Seite 4o4.

Westseeland

Von Vordingborg führt die Landstraße Nr. 22 in 27 km weitgehend durchs Inland nach Næstved.

✦Næstved   (45.ooo Einw.)

Keine Stadt für den ersten Blick, hat aber im Zentrum eine Handvoll mittelalterlicher Gebäude bewahrt. Dem roten Ziegelstein konnten auch Stadtbrände nicht viel anhaben. Besondere Attraktion sind die Gardehusaren in ihrer fotogenen Uniform. Jeden Mittwoch reiten sie durch die Stadt.

Ansonsten ist Næstved eine Handels-, Hafen- und Industriestadt. In der

Umgebung liegen einige Schlösser aus unterschiedlichen Epochen. Zum Baden fährt man nach <u>Karrebæksminde</u> gut 1o km südlich. Für Kanuten lohnt sich die <u>Suså</u>: der beste Kanuwanderfluß Seelands mündet hier in den Fjord.

 Det gule Pakkus, Havnen 1, 47oo Naestved. Tel. 53 72 11 22, Fax 53 72 16 67. Offen: Mo.-Fr. 1o-16 Uhr, Sa. 1o-12 Uhr. Im Sommer Mo.-Sa. 1o-18 Uhr.

 <u>Post</u>: Banegårdspladsen am Bahnhof.

<u>Fahrradvermietung</u> in der Østergade 23. Ein Fahrrad bietet sich hier an, um die verschiedenen Schlösser in der Umgebung zu besuchen.

<u>Geschichte</u>: Der Name weist auf eine Besiedelung in wikingischer Zeit hin und bedeutet "gerodete Landspitze". Næstved entstand um ein Kloster an Stelle der heutigen Peterskirche. 1135 wurde die Stadt zum ersten Male schriftlich erwähnt, 114o erhielt sie Stadtrechte. Die geschützte Lage im Inneren des Fjordes und an der damals schiffbaren Suså machten Næstved zu einem idealen natürlichen Hafen. Durch den Handel mit den deutschen Hansestädten erlebte Næstved schnell eine Blüte, die bis zu den Schwedenkriegen im 17. Jh. andauerte.

Schmuckstück der Stadt ist das <u>APOSTELHAUS</u> (8), Riddergade; leider ist heute nur noch die Fassade wirklich alt. 13 schöne Schnitzfiguren von 151o gaben dem Fachwerkhaus den Namen. Früher waren Jesus und die 12 Apostel mit ihren Marterinstrumenten farbig bemalt.

Von links nach rechts posieren: Jakob mit der Axt, Philipp mit Buch und Kreuz, Simon mit der Säge, Matthäus mit Schwert, Johannes mit Kalk, Petrus mit Schlüssel, Jesus, Paulus mit Schwert und Buch, Bartholomäus mit Messer, Andreas mit schrägem Kreuz, Jakob der Ältere mit Muschel und Pilgerstab, Matthias mit Axt und Buchrolle, Thomas mit Spieß.

Der vorkragende erste Stock wurde im Laufe der Jahrhunderte zerstört, heute arbeitet hier ein Architekt. Vermutlich war dieses Renommierhaus früher das Haus der wohlhabenden Christi-Leichnam Gilde.

Mittelalterliches um die Peterskirche

<u>BODERNE</u> (5), Sct. Peders Kirkeplads. Eine Rarität: die ersten steinernen Reihenhäuser aus dem Spätmittelalter (15. Jh.) gleich auf der Südseite der Kirche. Sie waren damals in bester und teuerster Geschäftslage vom Bürgermeister gebaut und an Händler und Geschäftsleute verpachtet. Heute Museum/Kunsthandwerksausstellung. Aufgrund des schrägen Terrains besitzen die Häuser nach Süden 2 Stockwerke. Offen: Di.-So. 1o-16 Uhr.

<u>KOMPAGNI/GILDENHAUS</u> (6), zwei Ecken weiter an der Schule vorbei. Prächtiger Treppengiebel (1493), ebenfalls schräg an den Hang gebaut, beherbergte im 17. Jh. im Untergeschoß Lagerräume der spanischen

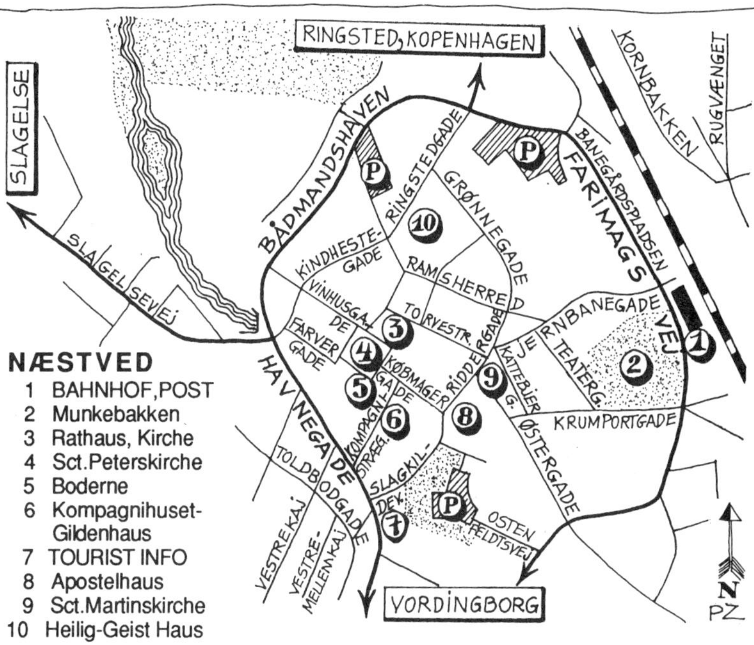

NÆSTVED

1 BAHNHOF, POST
2 Munkebakken
3 Rathaus, Kirche
4 Sct. Peterskirche
5 Boderne
6 Kompagnihuset-
   Gildenhaus
7 TOURIST INFO
8 Apostelhaus
9 Sct. Martinskirche
10 Heilig-Geist Haus

Handelskompagnie (Name!), im Obergeschoß den Gildesaal (nicht öffentlich zugänglich).

Das alte RATHAUS (3) von 1450 lag auf der Nordseite der Kirche, am Treppengiebel zu erkennen, heute von einer freien Gemeinde genutzt.

PETERSKIRCHE (4) stammt aus dem 14.-16. Jh. Um die Vorläuferkirche an dieser Stelle entstand die heutige Stadt. Im Innern ein seltenes Fresko, das König Valdemar Atterdag und Königin Helweg knieend vor Gott zeigt. Offen: im Sommer Di.-Fr. 1o-12/14-16 Uhr, sonst 1o-12 Uhr.

MARTINSKIRCHE (9), die zweite alte Stadtkirche, was die Bedeutung des mittelalterlichen Næstved erkennen läßt. Ursprünge aus dem 12. Jh. Kalkmalereien zeigen den Kirchenpatron, den heiligen Martin aus Tours. Offen: im Sommer Mo.-Fr. 9-11/15-17 Uhr. Sonst 9-11 Uhr.

MUSEUM (1o), Ringstedgade 1 im Heilig-Geist Haus, das ursprünglich als Stiftung für Arme, Alte und Kranke gebaut wurde. Der Krankensaal mit den Nischen ist heute noch zu sehen. Offen: Di.-So. 1o-16 Uhr.

"Hotel Kirstine", Købmagergade 2o, ein hübsches Fachwerkhotel im Zentrum. Eine Zeitlang wohnte hier der Bürgermeister. Wintergartenähnlicher Speiseraum, kleiner Garten, aber neben der Straße. Gepflegt im Innern, viele Schnörkel im Aufenthaltsraum. 31 ordentliche Zimmer, DZ mit Bad und Frühstück 18o DM. Gemütliches Restaurant.

"**Hotel Vinhuset**", Sct. Peders Kirkeplads 4. Stadthotel direkt im Zentrum gegenüber der Kirche. 58 funktionale, moderne Zimmer. DZ mit Bad und Frühstück ab 185 DM.

Außerhalb Richtung Skælskør "**Menstrup Kro und Gæstgiveri**". 2oo-jährige Tradition, natürlich modern erweitert. 82 geräumige Zimmer z.T. mit Couchecke. Die feine Suite für Romantiker mit Himmelbett. Swimmingpool im Haus. Aufenthaltsräume für jeden Geschmack von modern bis "antik". DZ mit Frühstück ab 16o DM.

Jugendherberge, Frejasvej 8 beim Sportzentrum und Sjølund Aussichtsturm. 14 Familienzimmer. Gästeküche.

 * <u>Camping Bag Bakkerne</u>: einfacher Stadtcampingplatz bei der Jugendherberge. 4o Einheiten. Offen: Mitte Mai bis Mitte September.

Komfortablere und größere Plätze siehe "Karrebæksminde".

Kanupaddeln auf der Suså: interessanter Wanderfluß, der zudem für den Rückholdienst recht praktisch fließt. Er macht nämlich einen starken Knick, so daß man eine ordentliche Strecke paddeln kann, aber nicht allzuviele Auto-/Fahrradkilometer zum Abholen hat. Bequeme Autozufahrt zur Ausbootstelle (nahe der gelben Kreisverwaltung) im Wald an der Brücke. Hier liegen massenweise Mietkanus am Steg und werden auch stunden- bzw. tageweise vermietet. Details siehe Seite 391.

Verbindungen *ab Næstved*

 **Zug**: -> Kopenhagen alle halbe Std., dauert 1 1/2 Std.
-> Gedser 6 x tägl., 1 Std. 15 Min.
-> Rødby -> Puttgarden alle 2 Std., 2 1/2 Std.

 **Bus**: -> Karrebæksminde und weiter -> Enøby etwa jede Stunde.
-> Vordingborg wochentags etwa stündlich, Wochenende 4 x tägl., dauert 4o Min.
-> Præstø 11 x tägl., Sa./So. 4-5 x tägl., dauert 4o Min.

Im Sommer tuckert eine **Fähre** von Næstved zum Sommerort Karrebæksminde.

✦Karrebæksminde

Kleiner Ferienort an der Mündung des Karrebæk Fjords. Der idyllische Teil um die Hebebrücke: kleine Boote dümpeln am Ufer, in der Räucherei kann man leckeren frischen Hering kaufen, niedrige Häuschen in der Brostræde. An Land werden die Netze zwischen Pfählen aufgespannt. Alle dicken Pötte, die Næstved ansteuern, müssen durch dieses Nadelöhr.

Die kleine <u>Insel Enø</u> besteht fast nur aus Ferienhäusern z.T. im Kleingartenstil. Aber der kleine Sandstrand macht wohl alles wett.

Alleen 36, 4736 Karrebæksminde. Tel. 55 44 21 5o. Sommerfiliale.

Restaurant "KAHYSSEEN KROSTUE" bei der Brücke, innen ganz gemütlich. Terrasse zum Wasser. Steak oder Fisch ca. 18 DM.

 ** Camping Enø: auf der Ferieninsel nur einen Katzensprung zum Strand, im Sommer proppevoll. Einfache Ausstattung. 23o Stellplätze. Offen: April bis Ende September.

*** Camping De Hvide Svaner: 3 km nördlich Richtung Næstved. Großer Platz zwischen Straße und Fjord. Beheiztes Freibad. Einkaufsmöglichkeit und eben 3-Sterne-Komfort. 495 Stellplätze. Ganzjährig offen.

UMGEBUNG

HERLUFSHOLM SCHLOSS: 2 km nördlich des Zentrums. Hier wurde im 12. Jahrhundert ein Kloster im Wald an der Suså errichtet. Im 16. Jh. kaufte es König Frederik II., aber nicht um sich hier niederzulassen oder es einer Geliebten zu vermachen, sondern als Tauschpfand. Er wollte nämlich unbedingt das Schloß in Hillerød haben (das heutige Frederiksborg), das aber dem Adeligen Herluf Trolle gehörte. Trolle ließ sich auf den Deal ein, tauschte es gegen Herlufsholm, das er später in ein Internat verwandelte; es besteht heute noch. Der älteste Teil des Schlosses, die große einschiffige Kirche ist zugänglich. Mai bis September tägl. außer Mo. 11-15 bzw. 16 Uhr.

SCHLOSS GAVNØ: 6 km südlich von Næstved. Prächtiges gelb-weißes Rokokoschloß auf einer teilweise waldigen Insel. Idylle pur, wenn man sich die vielen Urlauber wegdenkt. Seit dem 13. Jh. existierte hier eine Burg; das erste Schloß ließ Königin Margrete 1398 erbauen. Früher ging's gleich vom Schloß ins Boot.

Sehr schön angelegter und gepflegter Schloßpark, im Frühling zur Tulpenblüte ein Ziel für Blumenfans (auch Verkauf von Blumenzwiebeln). Gemäldegalerie im Schloß, Rokoko-Interieur, die Schloßkapelle stammt aus der Zeit, als Gavnø Kloster war (15. Jh.). Schmetterlinge im tropischen Treibhaus, eine Feuerwehraustellung und eine Cafeteria.

Offen: Mai bis August 1o-16 Uhr. Eintritt. Busverbindung.

SCHLOSS SPARRESHOLM: 14 km westlich von Næstved Richtung Autobahn, südlich Vester Egede. Weniger der Renaissance-Herrensitz von 16o9/17oo ist das Ziel der Besucher, als vielmehr das große Kutschen- und Pferdewagenmuseum.

GISSELFELD KLOSTER: ca. 15 km nordwestlich Richtung Haslev, Gisselfeldvej 3. Eine Renaissance-Burg wie aus dem Bilderbuch. Wehrhaft und verziert zugleich. Der Verteidigungscharakter ist klar zu erkennen, rundum Wassergräben und wehrhafte Mauern. Es bahnte sich damals die "Grafenfehde" an, als Reichshofmeister Peder Oxe sich Gisselfeld bauen ließ (1554); da war man gut beraten die Mauern ein bißchen dicker zu bauen. Der schöne, ausgedehnte Park im englischen Stil wurde im 19. Jh. angelegt und ist öffentlich zugänglich. Kleines Heimatmuseum und Gewächshäuser. <u>Offen</u>: Juni bis Mitte September 1o-18 Uhr, sonst kürzer. <u>Eintritt</u> 1o DM. Cafeteria und Ausflugsrestaurant <u>Villa Gallina</u> im Wald.

GLASFABRIK - Hütte <u>Holmegaard</u> in Fensmark, 6 km nördlich von Næstved. Die älteste Glashütte Dänemarks von 1825. Von mundgeblasenen Schalen, Vasen und Gläsern bis hin zur Fließbandproduktion. Das Glasmuseum zeigt die heutige und frühere Palette. Verkauf direkt ab Fabrik um einiges günstiger. Besichtigung des Werkes: Mo.-Do. 9.3o-13 Uhr, Fr. 9-12 Uhr. Betriebsferien im Juli. Häufige Busverbindung.

Næstved -> Korsør   (an der Küste 5o km)

BISSERUP: hübsches Nest mit einigen Strohdachhäusern und gut geschützter Hafenbucht. Kein so überzeugender Strand.

 Moderner *** <u>Campingplatz</u> Bisserup am Ortsrand, ordentlich konzipiert mit Laden und guten Sanitärs. 13o Stellplätze. Offen: April bis Mitte Oktober.

SCHLOSS HOLSTEINBORG: enorm große Gutsanlage mit Park am Meer, der für das Publikum zugänglich ist. Die Gutshof mit imponierendem Herrenhaus von 1649 wurde im Karree von der Familie Trolle 1598-1651 angelegt, der Ziegelbau geht auf den deutschen Amtmann Holstein aus Flensburg zurück (17o7), heute in der 1o. Generation in Familienbesitz. H.C.Andersen war gern gesehener Gast und soll hier verschiedene Märchen geschrieben haben.

ØRSLEV: Der schlichten <u>WALLFAHRTSKIRCHE</u> sieht man nicht an, daß sie einen kleinen Schatz beinhaltet: sehr schöne <u>Fresken</u> von 135o in der südlichen Kapelle. Hier war ein lebenslustiger Künstlermönch (vielleicht aus Frankreich) am Werke. Sein Tanz der adeligen Damen und Herren dürfte einmalig in der mitteleuropäischen Freskenwelt sein, auch künstlerisch ist dies seine gelungenste Szene. Originell ein Mönch (links), der gerade seinen Wein zapft, da vermiesen ihm zwei Teufelchen den Trunk. Darüber der Stifter mit schlichtem Kirchenmodell.

BORREBY: 2 km südlich von Skælskør, waschechtes Renaissance-Wasserschloss aus rotem Backstein mit einigen Verzierungen; heute noch so erhalten, wie Kanzler Johann Friis den Herrenhof 1556 bauen ließ. Später im 17. Jh. kamen die großen Wirtschaftsgebäude hinzu. Der Park ist tagsüber offen. Herrliche Ulmenallee bis Skælskør.

Bei Borreby Abzweig zum <u>Fährhafen</u> Stigsnæs (Raffinerie, Kraftwerk) zu den kleinen Inseln Omø und Agersø.

INSEL OMØ (4,5 x 2 km, 175 Einw.): Die kleine Ausflugsinsel liegt ca. 4o Minuten Fährfahrt vor Seeland.

Daß Omø mal aus zwei Inseln bestand, verrät nur noch der kleine See (ein Relikt der Meerenge). Ornithologen finden am See und entlang der Küste ein reiches Anschauungsmaterial. Hauptsehenswürdigkeiten sind der Leuchtturm im Westen und die Kunstgalerie.

OMØ BY, das gemütliche Inselzentrum liegt gut 1 km vom Hafen entfernt; Laden, Kirche. Fischhandlung beim Hafen. Die 175 Einwohner leben überwiegend von Landwirtschaft und etwas Fischerei. - Café/Restaurant Perlen in der Nähe des Hafens.

Omø wird meist als Tagesausflug besucht, die guten Strände locken zum Baden. Im Sommer ist in dem modernen Jachthafen eine Menge los. Fahrradvermietung und Zeltmöglichkeit am Hafen. Vermietung von Hütten oder Ferienhäusern übers Touristenbüro in Skælskør.

Fährverbindung: im Sommer 7-8 x tägl., ca. 4o Minuten Überfahrt. Preis pro Person ca. 15 DM hin und zurück. Pkw ab 35 DM, lohnt bei der Miniinsel aber nicht. Fahrrad 5 DM.

INSEL AGERSØ (7 x 3 km, 25o Einw.): Die flache Insel wird weitgehend von Landwirtschaft geprägt. Inselzentrum ist der Hafenort Agersø. Eine tolle Allee verbindet Hafen und Dorf. Kirche von 1872, Schule, Ausstellung in der Windmühle. Gräber aus der Steinzeit belegen die lange Besiedelung von Agersø. Aus napoleonischer Zeit sind Schanzen erhalten. Gute Badestrände liegen im Westen.

Der alte Agersøhof fungiert heute als Hotel/Restaurant. 25 Zimmer zum Teil in modernen Anbauten. DZ mit Frühstück ca. 145 DM. HP (mind. 3 Tage) ab 75 DM.

Fahrradvermietung in der Strandallee. - Wohnen: Zeltmöglichkeit. Ferienhäuser werden übers Touristenbüro Skælskør vermietet.

Fähre: stündl. Verbindung, dauert ca. 15 Min. Platzbestellung für Pkw.

✦Skælskør   (4.ooo Einw.)

Dank der Lage zwischen Fjord und Haff ein beliebtes Ausflugsstädtchen. Optimal geschützter Jachthafen. Große "Sights" gibt es hier nicht, dafür in der Umgebung einige hübsche Herrenhöfe und ein bescheidenes Stadtmuseum. Im Sommer schnauft eine Oldtimer-Eisenbahn auf der Strecke Skælskør -> Dalmose. Am Ortsrand die Brauerei Harboe, die seit rund 1oo Jahren Bier braut.

 Vestergade 1, 423o Skælskør. Tel. 53 59 53 74, Fax: 53 59 69 9o. Ferienhausvermittlung auch für die Inseln Omø und Agersø.

Schöner Badestrand Kobæk 2,5 km entfernt. Sandstrand mit angrenzender Liegewiese. Kinderfreundlich flach ins Wasser. Guter Einstieg zum Surfen nur 5o m vom großen Parkplatz entfernt. Einige Ferienhäuser im lichten Wald.

<u>Fahrradverleih</u>: Ole's Cykler, Vestergade 15.

"**Hotel Kursus Center Kobæk Strand**", Kobækvej 85: gute Lage, nur 1oo m vom Meer, allerdings der Parkplatz gleich vor der Nase. 74 teilweise ebenerdige Zimmer mit Wiesenterrasse, Bad/WC. DZ ab 18o DM.

"**Hotel Postgården**", Strandgade 4-6, ganz zentral am Hafen. Gut 2o Zimmer mit Bad/WC und Telefon. DZ ca. 145 DM.

Jugendherberge: Kildehuset, Kildehusvej 1. Gästeküche. Offen: April bis September.

* <u>Campingplatz Kildehuset</u>: am Haff, aber direkt an der befahrenen Straße. Ideal für Leute mit eigenem Boot. Hütten. 135 Stellplätze. Ganzjährig offen. <u>Restaurant</u> Kildehuset.

Im Sommer Hochseeangeltouren ab Fährhafen Stigsnæs.

<u>Busverbindung</u> zum Fährhafen Stigsnæs, nach Næstved und Korsør.

<u>VETERANENBAHN</u>: 1892 wurde die <u>Skælskørbahn</u> eingeweiht, Betrieb für Personenverkehr bis 195o, Güterverkehr bis 1975. Die alten Waggons, Dampflokomotiven und der Schienenbus im Bahnhof in Skælskør. Zur Hochsaison wird sie an Wochenenden in Betrieb genommen, so mehrmals täglich, ca. 45 Minuten Fahrt bis Dalmose.

<u>SCHLOSS BORREBY</u>: Bei einem Rundgang durch den Park bekommt man einen guten Eindruck von dem ziegelroten Schloß (keine Innenbesichtigung). Die Kunstausstellung ist im Sommer am Wochenende geöffnet. Knapp 2 km südlich vom Zentrum.

✦ Korsør/Halsskov   (21.ooo Einw.)

Doppelort und Brückenkopf an der neuen Querverbindung. Wie eine breite Flußmündung trennt der Hafen die beiden Orte.

Halskov ist erst im 19. Jahrhundert mit der Eisenbahn und Verladung auf die Fähre groß geworden. In Korsør hat sich ein Stück alte Seefahrertradition bewahrt, hier stiegen die Könige ab, bevor es per Fähre über den Store Bælt ging.

Mit der neuen gigantischen Brücken-/Tunnelverbindung nach Fünen wurde die gemütliche Fährfahrt von 1 1/2 Stunden auf 15 Minuten im Auto und keine 1o Minuten per Bahn verkürzt. Die Kosten für die Überfahrt sind geblieben, da der Brückenbau die nächsten Jahre u.a. durch die Maut weiterfinanziert wird.

Fast immer liegen ein paar Kriegsschiffe am Kai, sehr großer Jachthafen und starker Frachtverkehr im großen Belt. Spannend, wenn dicke, PS-strotzende Pötte aller Nationen mittels Lotsenboot um die engen Windungen gedrückt werden; für solche Dimensionen war der Auslauf des Haff nicht gedacht.

Vor Jahrhunderten entstand eine mächtige Festung, um den wichtigen Übergang und Seeweg zu sichern, inzwischen wird sie von Hafengebäuden überragt. In den schmalen Gassen und alten Häusern Korsørs lassen sich noch viele fotogene Details entdecken. Am besten holt man sich dazu die deutschsprachige Broschüre "Stadtwanderung" im Touristenbüro.

 Direkt an der Hauptstraße. Nygade 7, 422o Korsør. Tel. 53 57 o8 o3, Fax: 53 57 oo 21. Offen: Mo.-Fr. 9-17 Uhr, Sa. 9-13/14 Uhr. Mit Prospekten gut sortiert.

Sehenswerte <u>Häuser aus dem 18. Jh.</u> in der Algade (quer zur Hauptstraße). Hier wohnte, wer Rang und Namen hatte, wohlhabende Kaufleute und Kleinunternehmer. Ein besonders schönes Beispiel ist der "<u>KONGE-GAARDEN</u>" (Nr. 25) mit charakteristischen Figuren an der Fassade (die vier Jahreszeiten). In dem Gasthof stieg sogar der König ab, wenn die Bedingungen für eine Weiterreise nicht so günstig waren.

Der alte Kern mit engen Kopfsteinpflastergassen erstreckt sich zwischen Kirche, Natohafen und Festung. Bunte niedrige Häuser in der <u>SLOTTENSGADE</u>: das Schloß, das früher mal Zugang zur Fähre war, existiert nicht mehr. In den Wirtshäusern "Hvide Svane" (Haus Nr. 5) und "Postgaarden" (Haus Nr. 1) stiegen die Reisenden ab.

An die imposante <u>FESTUNG</u> erinnern nur noch die Eckbastionen, Wassergräben und der Burgturm (13. Jh.), 23 m hoch und bis oben mit Schießscharten versehen. Das Magazin von König Christian IV. wurde um 16oo erbaut. Jens Baggesen (1764-1826, Statue im Hof) zählt zu den großen Bürgern der Stadt. Er war als Dichter und Schriftsteller bekannt, seine Reiseerzählungen wurden Bestseller.

<u>STADT- UND ÜBERFAHRTSMUSEUM</u> in der Festung: illustriert die Geschichte der Fähren, die den großen Belt überquerten. Viele Schiffsmodelle, Fotos und alte Einrichtungsgegenstände. Sonderausstellungen. <u>Offen</u>: außer Mo. tägl. 1o-16 Uhr.

<u>STOREBÆLT-AUSSTELLUNG</u>: Nahe Fährhafen Halsskov Infocenter über das Jahrhundert-Projekt. Viele Modelle, Geräte, Videos erklären den Bau der Großen Belt Brücken und Eisenbahntunnel. Siehe auch Knudshoved und allgemeines Kapitel Brücken. <u>Offen</u>: Mai bis September 1o-2o Uhr, sonst tägl. außer Mo. 1o-17 Uhr. Eintritt ca. 8 DM, Kinder ca. 4 DM.

Wanderung um das Korsør Nor, den größten Binnensee Dänemarks, eine gute Tagestour von ca. 22 km einmal herum. Der angelegte Weg führt teilweise dicht am Ufer vorbei.

Hochseeangeltouren: mehrere Anbieter, als Tages- oder Abendtouren zu buchen. Nicht alle fahren tägl. Info im Touristenbüro.

Fisch kauft man am besten direkt im Fischereihafen, die schwimmende Fischhandlung liegt unmittelbar neben der Brücke.

"**Hotel Skovhuset**", Skovvej 12o außerhalb Korsør an der Straße. In den 2oer Jahren ein idyllisches Ausflugsziel im Wald, heute liegt es oberhalb der Straße, dafür bequem erreichbar. 6 einfache Zimmer ohne Bad, DZ ca. 1oo DM.

"**Hotel Jens Baggensen**", Batterivej 3-5 - leuchtend gelbes Stadthotel nahe altem Hafen. 43 moderne Zimmer guter Ausstattung, alle mit eigenem Bad. DZ ca. 2oo DM.

"**Tårnborg Parkhotel**", Ørnumvej 6. Große Hotelanlage auf der Nordseite des Nors. 11o komfortable Zimmer, ausgestattet mit Farbfernseher und Telefon. DZ mit Bad ab 19o DM.

Hotel/Restaurant "**Klarskovgård**" in Korsør Lystskov, ca. 3 km süd-östlich nahe Meer. Großes 2oo Betten Konferenzhotel, alle Zimmer mit Privatbad. DZ ca. 17o DM.

"**Korsør Vandrerhjem**" (Svanegården), Tovesvej 3o F. Moderne familiäre Anlage, 8o Betten, auch 4er Zimmer. Offen: Mitte Januar bis Mitte Dez. 15 DM/Person.

** Lystskov Camping: wenige Kilometer süd-östlich nahe Meer, doch auch neben der Straße. Ebenes Terrain von Büschen und Wald umgeben. Campingwagen- und Hüttenvermietung. 55 Stellplätze. Offen: April bis August.

** Halskovhavn Camping: am Ortsrand und fast am Wasser. Badestege, angrenzender Sandstrand mit reichlich Tang. Offener Wiesenplatz, eine Handvoll kleiner Hütten und Caravans zu mieten. 8o Stellplätze. Offen: Mitte April bis Mitte Oktober.

Restaurant "BYENS BØFHUS", Lystskov. Fachwerkgebäude im Wald gelegen. Die vielen Antiquitäten verbreiten eine besondere Atmosphäre. Bekannt ist das Restaurant für seine saftigen Steaks.

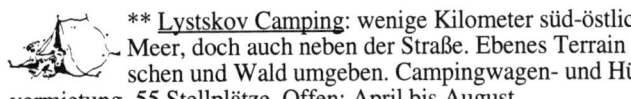

Verbindungen ab Korsør

Zug: -> Ringsted, Roskilde und Kopenhagen etwa stündl., dauert 1 1/2 Std.

-> Odense, Fredericia, Aalborg, Frederikshavn ca. 6 x tägl., Wochenende seltener, dauert 6 Std., auch Nachtzüge. Mit Umsteigen in Aalborg noch häufiger.

-> Odense, Fredericia, Kolding wochentags etwa stündl., am Wochenende seltener. Direkt -> Flensburg mehrmals tägl., Sa./So. seltener. ca. 4 Std.

Bus: -> Skælskør und Næstved alle 1-2 Std., Wochenende seltener, dauert knapp 1 1/2 Std.
-> Slagelse alle 1/2 Std., je nach Route, Wochenende seltener, dauert 4o Min. An die Badestrände nördlich von Korsør bzw. -> Reersø mit Umsteigen in Slagelse.

Fähre: Halsskov -> Knudshoved, die großen Fähren fahren bis Eröffnung der Brückenverbindung im Pendelbetrieb etwa alle 4o Min., Überfahrtsdauer 6o Min., Person ca. 7 DM, Pkw inkl. 5 Personen ca. 55 DM. Bei Platzbestellung teurer. Längenzuschlag ab 6 m, Höhenzuschl. ab 1,95 m.

Badestrände an der Westküste nördlich von Korsør siehe Seite 393.
Anschluß Insel Fünen (Nyborg) siehe Seite 298.

Korsør -> Kopenhagen (95 km)
Haupttransitstrecke für Skandinavier, durch die Fähre/Straumenbrücke in Planung und Autobahnanschluß schnellste Verbindung quer durch Dänemark.

Trelleborg
Bedeutendste <u>WIKINGERFESTUNG</u> aus der Jahrtausendwende (981-1o2o) etwas abseits der Hauptroute E 2o Richtung Slagelse.
Von der <u>Wehranlage</u> ist nur der kreisförmige Wall zu sehen (ca 14o m Durchmesser), die Hausfundamente hat man durch Beton angedeutet. Hier standen einst 16 Langhäuser,

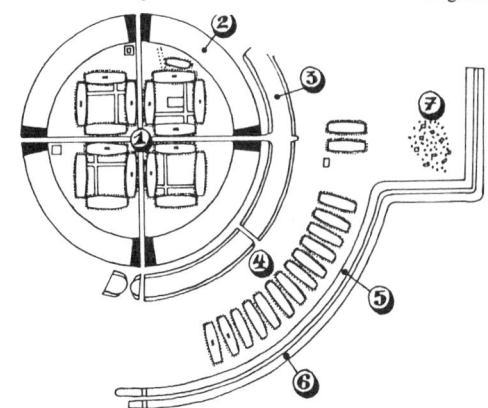

**WIKINGER-
BURG**

1 Hauptburg
2 Hauptwall
3 Walligraben
4 Vorburg
5 Innerer Graben
6 Äußerer Graben
7 Gräber

eines davon wurde rekonstruiert. Obwohl die kasernenartigen Bauten nach neuesten Erkenntnissen etwas anders aussahen als die Replika, zeigt der Nachbau deutlich die elegante Form eines umgekehrten Schiffs mit zentraler Feuerstelle und den unbequemen Schlafplätzen wie in einem großen Saal. Das Dach reichte vermutlich über den Umgang hinaus. Für die 3o m langen Bauten (genauer 1oo römische Fuß) war insgesamt mehr Holz erforderlich als für die gesamte Wikingerflotte. In nur einem Winterhalbjahr war das gesamte Baumaterial gefällt, die Bauzeit für ein Haus wird auf 2 1/2 Jahre bei 5o Mann geschätzt (siehe auch Fyrkat).

Rund 1.ooo-1.3oo Menschen lebten wohl in der Anlage, nicht nur Krieger wie Grabfunde belegen. Zu dieser Epoche regierte Harald Blauzahn über Dänemark und Norwegen, nachdem er die verschiedenen Wikingerstämme geeint hatte. Doch ob die Festung von ihm oder von seinem Sohn Sven Gabelbart angelegt wurde, bleibt fraglich. Tatsache ist, daß Sven 6 Jahre nach dem Bau der Anlage seinen Vater vom Thron stürzen konnte.

Es spricht auch viel dafür, daß von hier und den anderen Wikingerburgen auf Fünen und Jütland der Angriff auf England erfolgte. Alle Wehranlagen lagen dicht am Meer, an strategisch wichtigen Punkten im Reich der Jellingdynastie und waren für Angreifer durch das damals sumpfige Gelände nur schwer zu erobern. Doch schon unter Gabelbarts Sohn Knut dem Großen zerfiel das riesige Reich wieder, die Wikinger waren seßhaft geworden, auch Trelleborg wurde überflüssig. Die Häuser vor dem Schutzwall dienten vermutlich als Vorratslager.

Durch das <u>MUSEUM</u>, das 1995 eingeweiht wurde, hat Trelleborg eine wichtige Ergänzung bekommen. Hier werden Funde aus der Wikingerzeit ausgestellt und durch Film und Foto das Leben der Nordmänner verdeutlicht. Im Café wird Met serviert. Den Sommer über werden für Kinder Aktivitäten wie Bogenschießen, Kochen über dem Lagerfeuer etc. angeboten und Wikingerspiele veranstaltet.

<u>Zufahrt</u>: 1o km nach Halsskov/Korsør in Forlev links, noch 2 km (Trelleborg ausgeschildert). <u>Offen</u>: Mai bis Dezember tägl. 1o-17 Uhr. Eintritt 8 DM, Kinder 4 DM.

✦ Slagelse　　　　　　　　　　　　　(33.ooo Einw.)

Kann auf der E 2o bequem umfahren werden. Die Ursprünge reichen bis in die späte Wikingerzeit zurück, Großbrände haben die alte Bausubstanz weitgehend zerstört, heute wichtiges <u>Geschäftszentrum</u> der Region. H.Chr. Andersen hat hier für einige Zeit die Schule besucht.

 Løvegade 7, 42oo Slagelse. Tel. 53 52 22 o6, Fax: 53 52 86 87. Offen: Mo.-Fr. 1o-17 Uhr, Sa. 1o-13 Uhr. Zur Saison Mo.-Sa. 9-17 Uhr. Infos zu Trelleborg.

✦ Sorø　　　　　　　　　　　　　　(14.ooo Einw.)

Macht als "grünes Herz Seelands" Reklame, zweifellos schöne Lage zwischen den Seen mit Spazierwegen. Einige hübsche Fachwerkhäuser in rosa, knallgelb oder mit Ziegel ausgekleidet. Altes Ensemble um den Torv und in der Seitenstraße Søgade, die gleich am Uferweg im Parkplatz endet.

 Storgade 15, 418o Sorø. Tel. 57 82 1o 12, Fax: 57 82 1o 13. Offen: Mo.-Fr. 9-17, Sa. 9-12 Uhr.

Die Hauptstraße führt durch die ehemalige Klosterpforte, den ältesten Torbogen Dänemarks (von 116o). Erhalten ist auch die größte <u>KLOSTER-KIRCHE</u> des Landes und erste <u>STEINKIRCHE</u> Dänemarks.

Die ersten Kirchen (um 1ooo) wurden in der späten Wikingerzeit noch aus dem vertrauten Baumaterial Holz errichtet. Gründer war der mächtige Bischof Absalon (12. Jh.), der auch in Roskilde und Kopenhagen bauen ließ. Unter dem prächtigen Renaissance-Grabstein liegen seine sterblichen Überreste. Weitere prominente Gräber: des Dichters Ludwig Holberg, von König Valdemar Atterdag (Einigungskönig im 14. Jh) und einiger Adeliger.

<u>AKADEMIE</u>: Aus dem Kloster wurde nach der Reformation eine königlich-adelige Akademie, in der u.a. die Königssöhne Christian IV. ihre Ausbildung erhielten. In dem heute klassizistischen Hauptgebäude wird immer noch unterrichtet (Internat). Im Garten am See steht Ludwig Holberg, der große Komödienschreiber Dänemarks, in Bronze, der seine umfangreiche Bibliothek der Akademie vermachte. Auch seine Wohnung im Tersløsegaard zu besichtigen.

Westseelands <u>KUNSTMUSEUM</u>, Storegade 9: Kunstwerke von der Gegenwart bis ins Mittelalter, Schnitzereien, Skulpturen, wechselnde Ausstellungen. Täglich 13-16 Uhr, im Sommer 1o-16 Uhr.

Amtsmuseum - <u>HEIMATMUSEUM</u> in einem schön restaurierten Fachwerkhof an der Hauptstraße. Storegade 17.

Sehenswerte <u>KIRCHEN</u> der Umgebung: Rundkirche Bjernede (7 km nördlich), Fresken in Vester Broby (8 km südlich), Fjenneslev auf dem Weg nach Ringsted (8 km östlich).

Sehr schöne <u>Kurzspaziergänge</u> im ehemaligen Klostergarten am See mit duftenden Kräutern oder Rundweg östlich durch den Wald.

 **Kanufahrten** auf der Suså: Für Touren mit eigenem Boot guter Einstieg bei der Nestvæd-Brücke an der Straße 239 nach Süden, 2o km vor Nestvæd (großes privates Areal, hier liegen auch die Boote der Veranstalter: Broby Kanoudlejning, Nestvædvej 79).

Insgesamt 4o km, für die man besser zwei Tage einplant. Der schmale Fluß ist anfangs noch relativ flach und zahm. Andere Szenerie dann über den schmalen Tystrup-See. Ausbooten bei Skelby oder weiter bis Endstation Næsted.

Als Kanufluß insofern interessant, da durch die parallele Straße bequemer

Rückholtransport möglich. Entweder mit deponiertem Fahrrad am Ziel oder per Bus/Trampen.

Kanuvermietung in Vester Broby, oder Kanuvermietung mit Zelt in 4171 Glumsø, Nalsbyholm Allé 6.

✸ Ringsted   (28.ooo Einw.)

Hat seine frühmittelalterliche Bedeutung als Hauptstadt und Mittelpunkt des dänischen Reichs längst verloren. Um die sehenswerte Klosterkirche einige Geschäftsstraßen. Die drei großen Steine auf dem Kirchplatz markieren Seelands älteste Tingstätte. Hier wurden neue Könige gewählt, Landesting abgehalten und Streitigkeiten im wahrsten Sinne des Wortes ausgefochten.

Die Statue zeigt Valdemar den Großen (1157-82), er hatte Dänemark neu geeint und damit eine Grundlage für das spätere dänische Großreich (aus Schweden, Norwegen und Dänemark) gelegt. Seine "rechte Hand" war Bischof Absalon, mit dem er aufgewachsen war. An strategisch wichtigen Stellen wurden damals Wehrburgen errichtet, das Danewerk (Grenze bei Schleswig) zur Steinmauer ausgebaut. Zur gleichen Zeit schrieb Mönch Saxo erstmals die Geschichte Dänemarks auf.

ST. BENDTS KIRCHE: eindrucksvoller romanischer Ziegelbau, von Valdemar dem Großen als Klosterkirche der Benediktiner in Auftrag gegeben. Das Know-how für die Bearbeitung des neuen Materials Ziegel lieferten italienische Architekten. Nach Valdemars Vater (Knut Lavart der Heilige) wurden hier weitere dänische Könige und Fürsten beigesetzt (bis 14. Jh.). Die Grabbeigaben in der Seitenkapelle (Museum) zu besehen. Interessante Kalkmalereien gestiftet von der Hautevolée, geschnitzte Bibelszenen im Chorgestühl.

FANTASY WORLD, eine Märchenwelt zum Anfassen. Viele Szenen und lebensgroße Figuren in Bewegung, bei denen auch H.Chr. Andersen nicht fehlen kann. Cafeteria. An der Hauptstraße, Eventyrvej. Offen: April bis Mitte September tägl. 1o-17 Uhr.

WEITERFAHRT NACH KOPENHAGEN: Schnellste Verbindung per Autobahn E 2o über Køge und in 35 km an der Køge-Bucht entlang nach Kopenhagen. Details siehe Seite 377.

Bei etwas Zeit lohnender die Landstraße 14 nach Roskilde wählen (entfernungsmäßig in etwa gleich weit). In Egemose zweigt der Weg zum STRASSENBAHNMUSEUM ab, in Lejre Abstecher in die Vorzeit. Alle Details im Kapitel Roskilde.

Korsør -> Kalundborg (an der Küste ca. 5o km)

MUSHOLM BUCHT: benannt nach der Miniinsel Musholm. Kilometerlanges Feriengebiet am Meer. Der anfangs überwiegend tangige, schmale Sandstrand überzeugt im Süden nicht, - erst bei Stillinge Strand eine sehr schöne Strandpartie mit leichten Dünen. Recht guter Surfspot, auch Surfschule. Die Palette der Ferienhäuser reicht von individuellen Gartenlauben bis zu großen Rieddachhäusern, manchmal direkt am Meer mit tollem Blick. Sommerhausvermietung im Slagelse Touristenbüro.

STILLINGE STRAND: kleines "Badezentrum" mitten in der Feriensiedlung. Ein paar Restaurants, Cafés und Bistros an der Kreuzung, Busverbindung nach Slagelse.

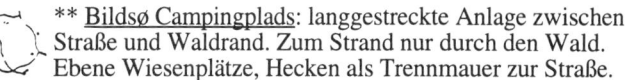 ** Bildsø Campingplads: langgestreckte Anlage zwischen Straße und Waldrand. Zum Strand nur durch den Wald. Ebene Wiesenplätze, Hecken als Trennmauer zur Straße. Für längeren Urlaub gibt es Schöneres. Einkaufsmöglichkeit. 1oo Stellplätze. Offen April bis September.

Das Hinweisschild "Rævehøj" an der Straße Richtung Gørlev führt zum höchsten GANGGRAB. In der Dorfkirche von GØRLEV das älteste Runensteinalphabet Dänemarks aus der Wikingerzeit.

REERSØ: Wie ein Tropfen im Storebælt liegt die Halbinsel am Nordrand der Bucht. 2oo-jährige Dorfidylle wie aus dem Bilderbuch. In dem Fischer- und Bauernnest ist fast jedes Fachwerkhaus noch riedgedeckt, tief heruntergezogen haben sich schon Moose und Dachwurz festgekrallt. Liebevoll gepflegte Gärtchen, der Misthaufen gleich vor dem Hof.

Kleines HEIMATMUSEUM im ältesten windschiefen Riedgebäude. Betrieb herrscht vorne im kleinen Hafen, in dem auch Jachten schaukeln. Wenn sich im Hochsommer die Touristenautos durch den engen Ortskern winden, bleibt die Romantik auf der Strecke.

Postgården: Dorfgasthof etwas zurückgesetzt von der Straße, das Dach des Kro hat schon Moos angesetzt.

Einige Häuser werden als Ferienwohnungen angeboten.

 *** Reersø Camping: am Ortsrand. Ruhiger Wiesenplatz von Hecken eingefaßt. 1o5 Stellplätze. Offen: April bis Mitte September.

Badebereich im Norden. Weit geschwungene Bucht, die Kiefern stehen bis dicht am Wasser, schmaler Sandstrand.

JAMMERLAND BUCHT: der nördliche Badebereich am großen Belt. Einige Ferienhauskleckse am Strand, das schönste Strandgebiet gleich nach der Halbinsel bei Ornum. Am Sandstrand Ansätze von Dünen, die Ferienhäuser verstecken sich gleich anschließend im Mischwald.

 * <u>Solhom Camping</u>: gleich vis-à-vis und nicht am Meer. Wiesenareal, teilweise von Hecken unterteilt. Insgesamt 1oo Stellplätze, es werden auch Campinghütten vermietet. Offen: April bis Mitte September.

** <u>Bjerge Strand Camping</u>: zieht sich von der Straße bis nahe Strand. Teils schattige Plätze, Wiesenboden.

Eine Allee führt zum <u>SCHLOSS LERCHENBORG</u>, direkt neben der riesigen Raffinerie. Ein prächtiger Barockherrensitz, 1743-53 für General Christian Lerche von den bedeutendsten dänischen Architekten konzipiert. Zur Hochsaison ist Besichtigung möglich. Zu sehen u.a. der Rittersaal mit seiner Rokokoausstattung und das Gastzimmer, in dem sich H. Chr. Andersen 1862 aufhielt. Weiterhin: repräsentative Treppe und schöne Stuckdecken. Der Park symmetrisch im Barockstil, sehenswerter Rosengarten. Im Sommer finden auf Lerchenborg Konzerte statt. Geführte Besichtigung jeden Dienstag, Dauer 1 1/2 Std. Karten frühzeitig im Touristenbüro besorgen. 1o DM.

✦Kalundborg   (2o.ooo Einw.)

Auf den ersten Blick eine Industrie- und Fährstadt, doch um die markante Fünfturmkirche hat sich viel Spätmittelalterliches erhalten. Krumme Kopfsteinpflastergassen zwischen bunten Häuserzeilen, Fachwerk neben Ziegeln, große Höfe neben bescheidenen Wohnhäusern. Alles kompakt um den Torvet (alten Marktplatz) in der Adelgade.

Von der ehemaligen Festung (12. Jh.) schauen hin und wieder Grundmauern heraus und markieren den alten Stadtteil. Selbst der Dom, kaum jünger als die Stadt erinnert an eine Zitadelle. Zur Zeit König Valdemar Atterdags war Kalundborg Landeshauptstadt.

 Volden 12, seitl. Torvet, 44oo Kalundborg. Tel. 53 51 o9 15, Fax: 53 51 22 15. Offen: Mitte Juni bis Aug. Mo.-Fr. 9-17 Uhr, Sa. 9-15 Uhr, sonst Mo.-Fr. 9-16 Uhr, Sa. 9-12 Uhr.

Ende Juli großes Stadtfest zu Ehren des Gründers Esbern Snarre. Dauert mehrere Tage, mit Festzug.

<u>VOR FRUE KIRKE</u> (Frauenkirche): eine äußerst ungewöhnliche Ziegelkonstruktion in Zentralbauweise. Vielleicht wollte Bauherr Esbern Snarre (117o-9o) seinen Bruder Bischof Absalon übertrumpfen, der schon die Domkirche in Roskilde und eine ähnliche Burgkapelle (vier Türme, heute noch Stadtwappen) im heutigen Kopenhagen bauen ließ.

Selten in Dänemark ist auch der Grundriß der Kirche in Form eines griechischen Kreuzes mit vier hohen sechseckigen Türmen. Der Vierungsturm ragt 41 m wie ein Bajonett in den Himmel (Stadtwappen). In Verbindung mit der damaligen Burganlage war auch die Kirche auf Verteidigung ausgelegt. Die strategisch wichtige Lage am Nordeingang des Store Bælt, in dem die Piraten ihr Unwesen trieben, spricht für sich.

Ziegel charakterisieren auch den kleinen Innenraum, das Zentralgewölbe wird von vier Pfeilern getragen. Im Mittelalter wurde hier der Kronschatz und Dokumente des Dänenreichs aufbewahrt. Der üppig bunte Barockaltar wurde von der Tochter König Christians IV. 1659 gestiftet.

Der Kirchenbauer Esbern Snarre nahm ein trauriges Ende: Er stürzte von der Treppe seines Hofes südlich vom Tissee und starb 1o4 an den Folgen seiner Verletzungen.

Das Haus in der ADELGADE 6/8 (vor der Kirche) war Wohnung des Bischofs, wenn er sich in Kalundborg aufhielt. Heute befindet sich hier eine Kunstausstellung. Der Bereich Haus Nr. 8 diente später als Rathaus (16.-19. Jh.), heute noch Sitzungssaal.

Auch der KORNSPEICHER im Kirchhof (Kirchmauer, Prestegade) ist erhalten, hier wurde der Steuerzehnt eingelagert. Vis à vis die Wohnung des Priesters.

Am Marktplatz, Haus Nr. 12, im sog. GYTHS GAARD (ehemalige Färberei), wurde 1882 die Norwegerin Sigrid Undset geboren, die als Schriftstellerin Karriere machte und 1928 den Nobelpreis für ihren Roman "Kristin Lavranstochter" erhielt. 1995 wurde der Bestseller von der bekannten norwegischen Regisseurin Liv Ulmann verfilmt.

Das eindrucksvolle Überbleibsel des Klosters wird heute von der Stadt benutzt. In den großen, gelbgetünchten Komplex sind Bürgermeister und Verwaltung eingezogen.

STADTMUSEUM in der Adelgade 23. Neben der Kirche im großen Fachwerkhof aus mehreren Gebäuden. Von außen ist die schicke Innenausstattung kaum zu ahnen. Als im 17. Jh. der Hof noch Sitz des Lehnsherrn war, wohnte hier die Tochter König Christian IV. U.a. sehenswerte Trachtensammlung, historische Werkstätten, alte Einrichtungen, interessantes Stadtmodell des späten Mittelalters, Moorfunde etc. Offen: Mai bis August tägl. außer Mo. 11-16 Uhr, sonst nur Wochenende.

"**Hotel Ole Lunds Gærd**", Kordilgade 1-3. Ganz zentral, doch nicht ganz ruhig. 33-Betten-Hotel. Zimmer ohne Dusche, DZ ab 14o DM.

 ** Kalundborg Camping Ellinglund: Lundemarken 64. Ganz zentral, nur 1 km von der Kirche entfernt am Rande eines Wohngebietes, nicht am Meer aber ziemlich ruhig. Kleine Anlage, Stellplätze durch Hecken und Büsche abgeteilt. Übernachtung in Wohnwagen möglich. 6o Stellplätze. Offen: April bis September.

 Restaurant "GISSELØRE", ganz vorne beim Radiomasten. Sehr schöne Terrassenlage am Meer, von hier in aller Ruhe der enorme Schiffsverkehr im Belt zu beobachten.

Restaurant "FJORDEN": Bahnhofsrestaurant im 1. Stock mit Blick auf Schiffe und Raffinerie.

"CAFÉ BISPEGAARDEN" im Keller der ehemaligen Bischofswohnung, auch Kunstausstellung.

Verbindungen *ab Kalundborg*

 Zug-, Busbahnhof und Fährstation direkt nebeneinander und zentral:

Zug: -> Kopenhagen etwa stündl., umsteigen -> Nykøbing (S) an der Nordspitze.

 **Bus**: -> Slagelse etwa stündlich, umsteigen -> Reersø.
-> Havnsø 3-6 x tägl.
-> Halbinsel Røsnæs etwa stündl.

Fähren: -> Århus 5 x tägl, Sa./So. seltener. -> Insel Samsø 2 x tägl.

Autofähre: mit Kattegat Broen rüber nach Jütland (Juelsminde) 2-6 tägl.

HALBINSEL RØSNÆS: der westlichste Punkt Seelands, ein prima Naturgebiet. Zwar keine Sandstrände, doch Stege führen ins flache Wasser. Ein schönes Eck für Spaziergänge im äußersten Zipfel der Halbinsel, 14 km von Kalundborg entfernt, bei klarem Wetter sieht man bis nach Jütland.

Markierter Rundwanderweg von ca. 5-6 km ab Parkplatz (Faltblatt beim Touristenbüro in Kalundborg), Bus ab Kalundborg. Der Leuchtturm stammt von 1844, Reichweite von 4o km. Im 19. Jh. wurden auf der Südseite der Halbinsel Kanonenstellungen installiert, um gegen Überraschungsangriffe der Engländer (wie 18o7) gerüstet zu sein.

Kleiner Campingplatz bei Ulstrup in etwas "wilder" Landschaft.

Anschluß Jütland/Århus siehe ab Seite 225.

Anschluß Jütland/Juelsminde siehe ab Seite 223.

✦Insel Samsø   (28 x 7 km, ca. 4.7oo Einw.)

Einige tausend Urlauber zieht es jeden Sommer nach Samsø. Die relativ große Insel im Kattegat liegt zwischen Jütland und Seeland. Landschaftlich stark von Feldern geprägt, unterbrochen von kleinen Waldpartien und Heide. Samsø ist für sein Frühgemüse, Kartoffeln etc. bekannt, Zeichen des milden Klimas.

Durch die eigentümliche Inselform ergeben sich in der "Taille" zwei gute SANDSTRÄNDE, der längste in der Nordby Bucht. Hier liegen auch die besten Surfspots, für jede Windrichtung die ideale Bucht, stellenweise Stehrevier. Der geschützte Stavns Fjord steht unter Naturschutz, die super schmale Landzunge Besser Rev (5 km lang) bleibt zur Brutzeit den Seevögeln vorbehalten.

Der Kanal zur Westseite wurde schon zur frühen Wikingerzeit gegraben. Auch der Nordzipfel steht unter Schutz. Eine sehr schöne, über 6o m hohe Hügellandschaft, durch die breite Spazierweg führen, Steilküste im Westen.

NORDBY: Inselidylle und "Zentrum" im Norden. Die alten Fachwerkhäuser mit typischen Rieddächern wurden liebevoll herausgeputzt. Das Gros der 2o Dörfer verteilt sich auf der Südhälfte.

Der Hauptort TRANEBJERG (1.ooo Einw.) liegt im Inselinneren und bietet alle nötigen Shops. Daß es auf Samsø nicht immer friedlich zugegangen ist, lassen die Schießscharten in der Kirche vermuten. Inselgeschichte im Museum.

Campingplätze an jedem Strand, Ferienwohnungen über die gesamte Insel verteilt. Knapper schaut das Angebot im Hotelsektor aus. Ein ideales Tempo, um die Insel zu erleben, bieten die organisierten Planwagentouren. Man reist im mobilen Ferienhaus auf einer festgelegten Strecke ziemlich komfortabel (Gasherd, Kühlschrank und WC bietet der Planwagen). Zur HS kostet des Spaß zwischen 55o und 1.ooo DM/Woche je nach Größe. Näheres: Samsø Praerievogne, Tanderupvej 11, DK-83o5 Samsø.

Die Dimensionen der Kattegatinsel locken zum Radeln, eine Rundfahrt läßt sich aber auch bequem per Bus ab den Häfen gestalten. Bootstouren z.B. im Stavns Fjord.

Fähren: Kalundborg-> Kolby Kås im Süden, 2-3 x tägl. Dauer ca. 2 Std. Hov (Jütland, südlich Århus)-> Sælvig 6-9 x tägl. Dauer 1 Std.

Kalundborg -> Kopenhagen (1oo km)

Wer mit der Fähre von Jütland kommt und Kopenhagen ansteuert, wählt die gut ausgebaute Landstraße Nr. 23 über Roskilde, ab Höhe Holbæk als Autobahn ausgebaut. Links und rechts der Route liegen die interessantesten Freskenkirchen Westseelands.

BREGNINGE: 16 km nach Kalundborg. Knallrot gestrichene Dorfkirche, Blick ins Innere lohnt: Fresken von 14oo zieren das Deckengewölbe, viel Ornamentik. Besonders schöne Szenen: das Teufelsschiff (Südgewölbe), drei (harmlose) Skelette zeigen die Vergänglichkeit des Seins auch bei den Reichen. Bauliche Veränderungen haben einige Fresken teilweise zerstört. Unterschieden werden 3 Epochen: Die älteren Malereien (1275-13oo) auf der Nordseite sind weniger deutlich. Interessant: Schaffung Evas aus der Rippe Adams. Die Fresken in der Sakristei werden dem "Isefjordmeister" (siehe Tusekirche) zugeschrieben (ca. 145o).

Um **JYDERUP** wird's waldig und hügelig, bis 1oo m hoch.

 Ca. 6 km südlich liegt der älteste Gasthof Dänemarks "BROMØLLE-KRO". Gemäuer von 1198 im Keller, seitdem vielfach modernisiert und angebaut, doch immer noch riedgedeckt. Früher stoppten hier Postkutschen, heute ist der Speiseraum für Ausflugsbusse dimensioniert. Bromølle-Kro (Gasthof an der Brücke/Mühle) lag einst an der wichtigsten Verbindung nach Roskilde, damals Hauptstadt des Landes. Fleischgerichte wie Pfeffersteak ab 25 DM, Menü ab 33 DM, aber auch preiswertere Smørrebrøder. Moderne Zimmer im Annex.

Als zusätzliche Attraktion entstand nebenan ein Minizoo und kleiner Familienpark. Picknickbänke im Schatten der uralten Eibe.

MØRKOV: Die weiße DORFKIRCHE 2 km abseits der Hauptroute (Abfahrt Mørkov nach Norden) birgt sehenswerte Fresken der sog. Isefjordschule (146o) in rot-grün-schwarz Tönen. Im mittleren Gewölbe der Passionszyklus mit Abendmahl und Judaskuß. Im westlichen Teil das Jüngste Gericht: skurrile Teufelchen schubsen die verdammten Seelen in die Hölle. Grausame Darstellung des Kindermordes in Bethlehem. Die Kreuzigungsszene gehört zu den ältesten Kalkmalereien der Kirche.

SKAMSTRUP KIRCHE, 3 km südlich Mørkov: Die eindrucksvollen Fresken werden ebenfalls der Isefjordschule zugeschrieben. 19o8 bei Restaurierungsarbeiten unter dem Putz entdeckt. Auch hier die Wettfahrt der Wikingerbrüder Olaf und Harald um den norwegischen Thron wie in Højby (siehe dort).

✦ Holbæk   (3o.ooo Einw.)

Moderne Hafenstadt am geschützten Fjord, im Sommer quirliges Shoppingleben. Der große Aufschwung kam für Holbæk mit dem Bau der Eisenbahnlinie Kalundborg-> Kopenhagen und dem Ausbau des Hafens.

Das Holbæk vergangener Zeiten findet man im Museumskomplex neben der Kirche. Das älteste Gebäude von 166o in der Gesellschaft 15o Jahre alter Stadthäuser, in denen viele Stuben reicher Kaufleute, schicke Wohnzimmer und historische Ladeneinrichtungen zusammengetragen wurden. Viel Zeit mitbringen, insgesamt 51 Räume. Zugang durch die Toreinfahrt des Fachwerkhofes, hier einige Bänke zum Verschnaufen.

Tourist INFO Jernbaneplads 3, 43oo Holbæk. Tel. 53 43 11 31, Fax: 59 44 27 44. Offen: Mo.-Fr. 9-17 Uhr, Sa. 9-14 Uhr.

Post: Jernbanpladsen. Offen: Mo.-Fr. 9.3o-17 Uhr, Sa. 9-12 Uhr.

Autofähre zur vorgelagerten Insel Orø, 1o x tägl., Dauer 3o Min. Von hier aus kleine Fähre zur Ostseite nach Hammer Bakke.

Zug: Verbindungen sowohl nach Norden bis Nykøbing, nach Kalundborg im Westen und Kopenhagen.

KIRCHE VON TVEJE-MERLØSE: 1 km südlich Holbæk: schon äußerlich durch die romanischen Glockentürmen eine Besonderheit, zudem eine der ältesten Dorfkirchen Dänemarks (Anfang 12. Jh.). Wirkt wie eine Miniaturausgabe eines städtischen Doms. Innen sehr schön und schlicht restauriert mit Balkendecke und kleiner Empore für die Herrscherfamilie.

Von den sehr alten Fresken (12. Jh.) an der Westseite sind selbst mit bestem Willen und Beschreibung kaum Details zu erkennen. Anders im Chorbogen und Chor (deutschsprachige Beschreibung am Eingang). Moderner Altar von J. Skovgaard (siehe auch Viborg).

Die TUSE-KIRCHE im Westen an der Zufahrtstraße lohnt unbedingt, fast komplett mit Fresken des sog. "Isefjordmeisters" ausgestattet. In rotschwarz und grau-Tönen malte er eine plastisch-drastische Bilderbibel in einer Zeit, als Lesen nur der Oberschicht vorbehalten war.

Besonders die gruseligen Szenen haben es ihm wohl angetan: bei dem Kindermord von Bethlehem spritzt Blut in rauhen Mengen. Wie immer sehr phantasievolle Szenen des Jüngsten Gerichts mit Höllenschlund, in den die Teufelchen die armen Seelen treiben. Spiegelbild des Todes: drei Adelige auf der Jagd treffen drei gekrönte Skelette. Petrus über dem Eingang, der mit dem Himmelsschlüssel die Auserwählten reinläßt. An der Waage des Erzengels versuchen die kleinen Teufelchen zu manipulieren. Als charakteristisch für Bilder des Isefjordmeisters gelten die karierten "Teppiche" vor den Szenen, die ein Gebäude andeuten sollen.

Im Stadtpark am Fjord eine BOCKMÜHLE von 1875, Vorläufer der holländischen Windmühlen. Wurde 1938 hierhin versetzt.

RETTUNGSMUSEUM, Skyttensvej 2. Zeigt die bescheidenen Rettungsmethoden und Geräte vergangener Tage.

ÖKO-MUSEUM, Oldvejen, östlich Holbæk. Versucht die dänische Landwirtschaft etwas näher zu bringen.

HAFEN: Die große Zeit des Umschlagplatzes ist inzwischen vorbei, am Kai liegen Hobbysegler und Freizeitfischer, Fischverkauf im Fiskehuset.

 "**Hørby Færge Kro**", Strandvejen 1. Sehr schön gelegen, direkt am Wasser beim Jachthafen. Ein Katzensprung ins Zentrum. Familiäre Atmosphäre. 2o Zimmer, nicht alle mit eigenem Bad. DZ ab 1oo DM.
"**Hotel Strandparken**", Kalundborgvej 58 in großer Grünanlage neben dem Fjord. Modernes 3o-Zimmer-Hotel, Einrichtung mit TV,

Telefon und eigenem Bad. DZ ab 15o DM.

Ferienhäuser auf der Insel Orø und entlang der Sejerø Bucht.

> *Autobahnverbindung weiter nach KOPENHAGEN (siehe eigenes Kapitel). Lohnender Abstecher kurz vor Roskilde bei Gevninge in die "Vorzeit" (Lejre-Versuchszentrum) und weiter ins Straßenbahnmuseum. Sehenswertes Wikingermuseum am Roskildefjord (Details ab Seite 469).*

Kalundborg -> Badebuchten im Norden

Entlang der Sejerø Bucht und Sjællandsodde liegen die schönsten Badestrände Seelands. Zur Hauptsaison kann es im "Odsherred Ferienland" ganz schön rummelig werden. Die Gegend war schon zur Steinzeit besiedelt, immer wieder trifft man auf Grabhügel oder "Jættestuen" (Ganggräber).

Der berühmte Sonnenwagen aus der Bronzezeit wurde im Trundholm Moor entdeckt (heute im Kopenhagener Nationalmuseum). Durch Landgewinnung im 19. Jh. kam im ehemaligen Lamefjorden ein großes Gebiet fruchtbaren Ackerbodens hinzu.

HAVNSØ: gemütlichster Fischerhafen entlang der Westküste, am Kai werden Flundern und Sardinen aus dem Netz gepult. Nebenan hängen die Netze zum Trocknen, in der Fischhandlung werden die Fische frisch verkauft. Havnsø wird auch von Jachten gerne angesteuert. Schöne Windmühle im Dorf, der strohgedeckte HAVNSØ KRO ist neben der Pølserbude d e r Treffpunkt.

Die kleine hügelige **INSEL NEKSELØ** steht unter Naturschutz, einstündige Fährfahrt zur Insel Sejerø ab Hafen.

Baden in **VESTERLYNG**, nur 1 km westlich. Ein schönes, natürlich belassenes Gebiet ohne Ferienhäuser. Weite offene Heide, nebenan grasen Pferde und Kühe. Die eigenartige Landschaft ist ein Überbleibsel der Salzmarsch und steht unter Naturschutz. Im Windschatten der niedrigen Wacholderbüsche haben sich kleine Dünen gebildet.

Zur Saison ein beliebtes Badeeck (große Parkplätze), kein Wunder bei dem langen Sandstrand und Blick auf die vorgelagerten Inseln. Der Strand ist allerdings von Tang und Steinen durchzogen. In der Umgebung einige Grabhügel und Ganggräber zu entdecken.

*** Vesterlyng Camping: etwas landeinwärts. Großes Wiesenareal, auch Campinghütten zu mieten. Einkaufsmöglichkeit, Spielplatz, der attraktive Strand nur 1 km entfernt. 3oo Stellplätze. Offen Anfang April bis Ende September.

SCHLOSS DRAGSHOLM: ca. 3 km nördlich, wirbt mit dem Prädikat "ältestes Schloß Dänemarks". 199o in ein Hotel umgewandelt. Die große Anlage liegt etwas abseits der Straße. Äußerlich eher Burg als Schloß, doch innen viel Atmosphäre, und ein Schloßgespenst soll es auch noch geben (war bei unserem Aufenthalt gerade auf Urlaub). 28 Zimmer teilweise mit eigenem Bad, DZ 2oo DM. Im Restaurant gehobenes Preisniveau: Frühstücksbuffet ab 45 DM. 3-Gang-Menü ab 6o DM.

Im 12. Jh. wurde Dragsholm von dem mächtigen Roskilder Bischof als Sperrfestung an der damaligen Landenge erbaut (der Lamefjord war damals noch nicht eingedeicht). Nach der Reformation Staatseigentum und Gefängnis für prominente politische Gefangene. Ob der Graf Bothwell, dritter Mann der schottischen Königin Maria Stuart, wirklich so spartanisch gefangengehalten wurde wie dargestellt, bleibt fraglich. Er wurde von der dänischen Marine bei seiner Flucht aus England festgenommen und wegen Bigamie verurteilt. Weil sowohl England als auch Frankreich auf seine Auslieferung beharrten und damit den König in Schwierigkeiten brachten, blieb er in Haft. Beigesetzt 1578 in der Krypta der Dorfkirche Farevejle.

SEJERØ BUCHT: Entlang der gesamten Sejerø Bucht erstreckt sich ein riesiges Ferienhausgebiet parallel zum Meer weitgehend im Wald. Sehr schöner BADEBEREICH bei Høve Strand. Parkplätze im Wald, einige Boote der Ferienhausbesitzer. Der Strand ist nur an der Wasserlinie etwas steinig, sonst sogar leichte Dünen.

 Campingplatz direkt am Strand und teilweise unter hohen Kiefern, allerdings einfache Anlage. 7o Einheiten.

HØVE: kleines Nest mit Einkaufsmöglichkeit und Museum. Spaziergang nach Esterhøj (Grabhügel).

Im Odsherred TIERPARK gibt's vom Truthahn bis Tümmler, vom Kaninchen bis zu Affen einiges zu sehen. Offen: April bis September tägl. 1o-15.3o Uhr, Mai bis August tägl. 1o-18 Uhr.

Zum Baden sollte man den Bereich bei Ellinge Kongpart allerdings meiden: Die Bucht ist hier flach und morastig, das Wasser so seicht, daß Stege weit hinaus gebaut wurden. Keine Möglichkeit das Badehandtuch auszubreiten.

Nur wenige Kilometer im Hinterland wurde der zierliche, aber überaus kunstvolle Sonnenwagen aus der Bronzezeit gefunden, Original in Kopenhagens Nationalmuseum.

Der schönste Bereich der Bucht im Norden bei TENGSLEMARK LYNG. Stichwege enden direkt am Strand, feiner Sand und schöne Dünen, wenn auch etwas Tang im Wasser.

Wenige Meter neben der Hauptroute Nr. 21 bei Steinstrup ein ungewöhnliches DOPPELGANGGRAB (Jættestue) sehr besucherfreundlich beleuchtet. Unter einem Erdhügel zwei große Grabkammern nebeneinander, nur durch breite Steine getrennt. Als Abdeckung tonnenschwere Steinplatten, sehr gut restauriert.

In Lumsæs eine intakte WINDMÜHLE holländischen Typs. Zu bestimmten Zeiten wird sogar noch Korn gemahlen. Besichtigung.

SJÆLLANDS ODDE: Ferienhäuser über Ferienhäuser bis an die Spitze der superschmalen Landnase. Rund 17 km lang und selten 1 km breit. Im Westen läuft sie in einem spitzen Kap aus. Sehr gut ausgebaute Straße, sie ist Zubringer zum Fährhafen nach Nord-Jütland / Ebeltoft (hübscher Ort, gutes Badeeck, siehe dort).

HØJBY: Inlandsort, der durch die Freskenkirche und das Vergnügungszentrum "Sommerland" interessant wird.

Die HØJBY KIRCHE zählt zu den interessantesten Freskenkirchen der Region Odsherred, ganz anders als die Tuse Kirche (siehe dort). Das komplette Kirchengewölbe vorwiegend in Grüntönen ausgemalt, viele Blumen und Rankenmotive. Unter den Darstellungen auch ganz seltene Themen: die beiden Schiffe an der Südseite des Chors illustrieren das Wettsegeln um den norwegischen Thron zwischen Wikingerkönig Olav (mit Pfeil und Bogen) und seinem Bruder Harald. Olav gewinnt, wird in Trondheim zum König gekrönt (1o15-3o) und später heiliggesprochen.

Skurril: ein Hufschmied, der dem Pferd flugs das Bein abnimmt, um es neu zu beschlagen und dann (hoffentlich) wieder ansetzt. Eine erschreckend realistische Steinigungsszene über dem Eingang. Im Chor eine recht detailliert ausgeführte Hölle.

Die geschnitzten Bankreihen stammen aus der Mitte des 16. Jh. Üppig mit Figuren versehener Holzaltar von 163o.

Sommerland am südlichen Ortsrand: ein ACTIONPARK für die ganze Familie. Unbedingt Badesachen mitbringen, 6oo m lange Rutsche und viele andere Spielchen im und auf dem Wasser. Aber auch Knatterfahrzeuge, Ponyreiten etc. Offen: Mai bis Ende August täglich 1o-18 Uhr, Eintritt 15-2o DM, Kinder bis 3 Jahre gratis.

★Nykøbing S

S für Seeland, um von den anderen Nykøbings zu unterscheiden. Hauptort im Norden und Einkaufsziel vieler Ferienhausurlauber der Umgebung. Sonderangebote en masse, einige Cafés, lebhafte Fußgängerzone. Die Landnase ist gespickt mit Ferienhäusern (im Wald), immer wieder Stichstraßen Richtung Meer.

Sehr schöner weißer Sandstrand in der nördlichen Nyrup Bucht mit Muscheln und Steinen durchsetzt, seicht ins Wasser. Anschließend ein richtiger Dünenstreifen. Guter Einstieg zum Surfen.

 Svanestræde 9, 45oo Nykøbing S. Tel. 53 41 o8 88, Fax: 59 93 oo 24. Offen: Mo.-Fr. 8-16 Uhr, Sommer Sa. 9-2o Uhr. Sonst Sa. 9-12 Uhr. Infos über Ferienhausvermietung.

ANNEBERG-SAMMLUNG, 1,5 km südlich an der Nykøbing Bucht. Größte private Glas-Sammlung Skandinaviens. Die Gegenstände reichen zurück bis in die Römerzeit, darunter seltene Exponate, zusätzlich Keramik des 18./19. Jh. Wechselnde Sonderausstellungen. Ein gepflegter Rasen umgibt das Haus. Restaurant. Offen: Mai bis Oktober täglich außer Mo. 1o-17 Uhr.

 *** Skærby Camping: im Norden an der Nyrup Bucht. Die große Anlage zieht sich von der Straße bis fast ans Meer, die letzten 2oo m zu Fuß. In einer Waldschneise angelegt, Wiesenboden, gut windgeschützt. Einkaufsmöglichkeit, Vermietung von Campinghütten. 36o Stellplätze. Offen: Anfang April bis Mitte Oktober.

Zug: -> Holbæk 3-6 x täglich, umsteigen nach Kopenhagen oder Kalundborg.

Lokalbusse in jeden Winkel der Nordspitze.

RØRVIG: am Eingang des Isefjord. Aus dem früheren Fischerdorf ist schon lange eine beliebte Ferienhausiedlung geworden. Gemütliches Ambiente um den kleinen Hafen. Neben dem Fähranleger schaukeln einige Fischkutter, etwas mehr ist in der kleinen Marina nebenan los, Räucherei und Fischverkauf. In Rørvig ist man ganz auf Ferienhäusler und Radfahrer eingestellt. Im Kern viele alte Strohdachhäuser, hübsche kleine Villen mit Gärtchen, am Ortsende eine holländische Windmühle.

Autofähre über die schmale Engstelle am Eingang des Isefjord. Überfahrt nach Hundested 25 Min., etwa stündlich, dort Bahnanschluß und häufige Verbindung nach Kopenhagen. Alle Details zu Hundested, der Nordküste und den sehenswerten Königsschlössern im eigenen Kapitel "Nordseeland".

Per Auto retour über die gut ausgebaute Landstraße 21 über Holbæk (siehe oben) und Roskilde nach Kopenhagen ca. 1oo km.

Großkopenhagen 1,7 Mill.,
Kopenhagen Kommune 47o.ooo,
Tendenz abnehmend

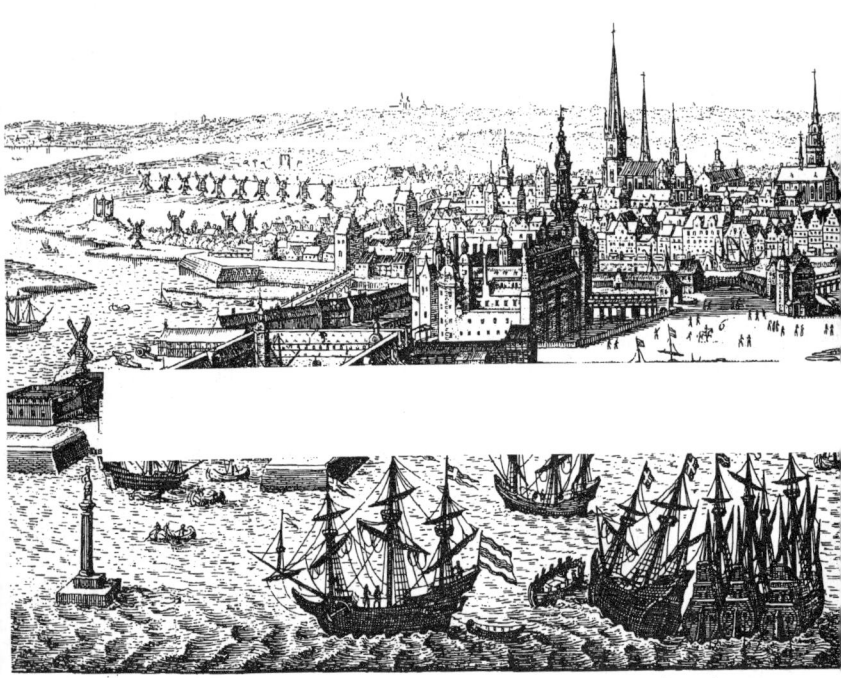

KOPENHAGEN 1611, Kupferstich von Jan Dirksen

KOPENHAGEN

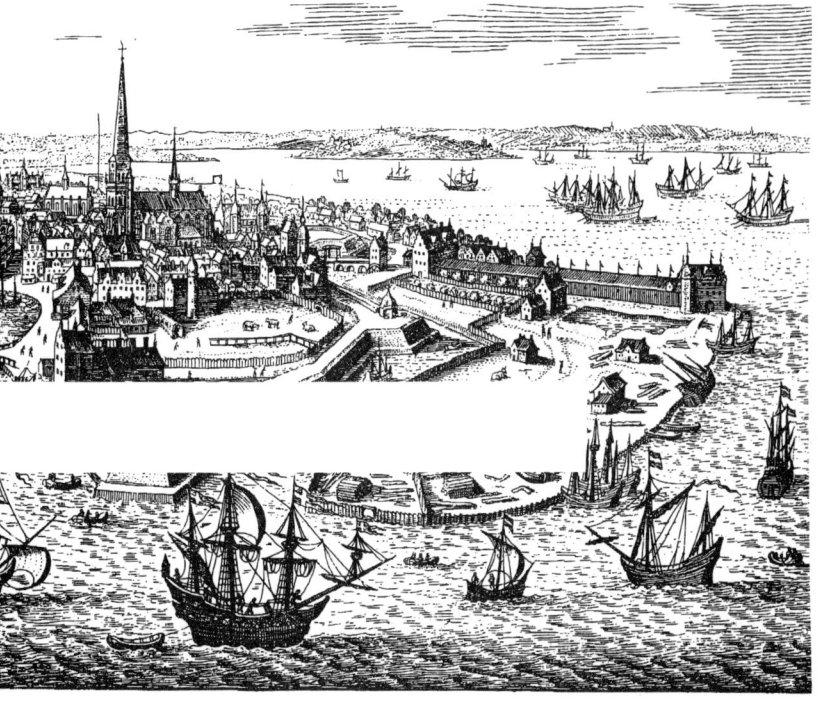

Kopenhagen ist mehr als nur die kleine Meerjungfrau und Tivoli. Eine ausgesprochen angenehme Großsadt, freundlich, ein bißchen behäbig und überschaubar. Den besonderen Reiz macht die Lage am Wasser aus.

Mitten durchs Zentrum ziehen sich Kanäle, Meerarme und uralte Wassergräben. Internationale Frachter, große Fährschiffe nach Bornholm und Norwegen, schnelle Tragflügelboote nach Schweden sorgen für Abwechslung. Im Sommer liegen Oldtimer dicht an dicht im berühmten Nyhavn.

Obwohl Kopenhagen an Fläche enorm ausgedehnt ist, liegt das interessante Zentrum kompakt zwischen Tivoli und Meerjungfrau, inklusive drei Königsschlösser und einer Wachablösung um Punkt 12 Uhr. Die alte Börse, das Parlament und der Renaissance-Stadtteil Christianshavn mit seiner "Freistadt Christiania" liegen in Fußgänger-Reichweite.

Zum Stadtbesuch gehört meist ein Shoppingbummel über Kopenhagens älteste FUSSGÄNGERZONE "STRØGET". Alles, was Rang und Namen hat, konzentriert sich entlang der Einkaufsmeile. Viel Skandinavisches zu nicht immer skandinavischen Preisen.

Kopenhagen zählt zu den wenigen Großstädten Europas, die im 2. Weltkrieg (fast) nicht bombardiert wurden. So findet man Bausünden der Nachkriegszeit meist nur weit draußen in den Vororten.

Für trübe Tage ein schier unerschöpfliches Angebot an Museen, Veranstaltungen und Konzerten. Auch das Nachtleben kann sich sehen lassen, bis morgens früh geht für skandinavische Verhältnisse in der City die Post ab. Von Kopenhagens Ruf als Sexmetropole der 6oer Jahre ist heute nicht viel mehr als ein Erotikmuseum und ein ganz normaler Rotlichtbezirk hinterm Bahnhof geblieben.

 **Touristenbüro**: Das offizielle liegt in der 1, Bernstorffsgade neben Tivoli-Haupteingang und Bahnhof. Tel. 33 11 13 25. Fax: 33 93 49 69.
Offen: Mai/ Mitte Sept. Mo.-So. 9-21 Uhr. Im Winterhalbjahr Mo.-Fr. 9-17 Uhr, Sa. 9-14 Uhr.

"USE IT" im Kulturzentrum Huset, Rådhusstræde 13. Tel. 33 15 65 18. Entstand als Jugend- und Kulturzentrum. Viele nützliche Broschüren, z.B. Kopenhagen per Rad, zu Fuß oder Bus, Stadtplan, Veranstaltungsprogramm, aber auch Zimmervermittlung und Rat, wenn es sonst wo brennt. Wendet sich auch, aber nicht nur an Jugendliche. Offen: Mo.-Fr. 1o-16 Uhr, Mitte Juni-Mitte Sept. tägl. 9-19 Uhr.

 Hauptpost: Tietgensgade 37. Offen: Mo.-Fr. 1o-18 Uhr, Sa. 9-13 Uhr. Postlagernde Briefe werden hier deponiert, wenn keine speziellen Angaben gemacht werden.
Im Bahnhof: Mo.-Fr. 8-22 Uhr, Sa. 9-16 u. So. 1o-17 Uhr.

Tele: Telecom Center im Hauptbahnhof 1. Stock. Bequemes Telefonieren, abgerechnet wird zum Schluß. Hier kann man auch Telefaxe aufgeben. Offen: Mo.-Fr. 8-22 Uhr sowie Sa./ So. und feiertags 9-21 Uhr.

Bank: übliche Öffnungszeit Mo.-Fr. 9.3o-16/17 Uhr, Do. bis 18 Uhr. Geldautomaten "Kontanten" sind über die Stadt verteilt. Hier kann man mit Plastikkarte (Visa, Master, Eurocard) rund um die Uhr Bargeld bekommen.

Geldwechsel: im Hauptbahnhof tägl. 7-21 Uhr, von Mitte April bis Sept. sogar 7-22 Uhr. Im Flughafen Kastrup länger als in der Stadt.

P **Parken**: wie in jeder Großstadt unter der Woche nicht ganz einfach. Am Wochenende kein Problem. Die City ist in Zonen aufgeteilt: Je näher am Zentrum, desto teurer. Rote Zone im Zentrum kostet 4 DM pro Std., maximale Parkzeit 3 Std. Im Bereich der Festung oder Christianshavn ca. 1,5o DM/Std.

Parkhäuser: City Auto Parkering, Jernbanegade 1, nahe Tivoli/Rathaus. Weitere Parkhäuser im Bereich nördlich von Kongens Nytorv.

Fahrradmieten/-parken: im Cykelcenter (Rückseite Bahnhofsgebäude) riesige Auswahl an Mietfahrrädern mit/ohne 3-Gang. 12-15 DM/Tag. Hier auch eine Garage fürs eigene Bike. Offen: Mo.-Fr. 8-18 Uhr, Sa. 9-13 Uhr. Fahrradtransport in der S-Bahn möglich. Siehe auch Verbindungen.

Gepäckaufbewahrung: Schließfächer im Bahnhof. Ansonsten Gepäck-aufbewahrung offen 6-1 Uhr.

TRANSPORT IN KOPENHAGEN

 Sehr gutes **S-Bahn**- und **Busnetz**: Betrieb von 5 Uhr morgens bis ca. o.3o Uhr nachts, danach fahren Nachtbusse (Zuschlag).

Es empfiehlt sich das Auto beim Hotel, Camping o.ä. stehen zu lassen und auf das öffentliche Netz umzusteigen (teures und schwieriges Parken). Das S-Bahn-Netz reicht bis Køge im Süden oder Helsingør an der Nordspitze Seelands, bequemer geht es nun wirklich nicht mehr.

Bus zum Flughafen Kastrup: alle 15 Min. Abfahrt am Bahnhof, Ausgang Bernstorffsgade.

Bei Mehrfachfahrern lohnen sich Streifenkarten (Klippekort), gelten für Bus und S-Bahn, Umsteigen möglich. Grundticket gilt 1 Std. Einteilung nach Zonen. Kinder unter 12 Jahren die Hälfte, unter 7 Jahren frei. Gibt's bei S-Bahn-Stationen oder im Bahnhof.

S-Bahn-Plan in Kopenhagen-Broschüre oder in jeder S-Bahn-Station.

COPENHAGEN CARD: praktisch und bequem. Lohnt, wenn man viel die öffentli-che Transporte benützt und sich viel Verschiedenes am Tag anschauen möchte. Bus- und S-Bahn-Benutzung, freier Eintritt ins Tivoli, Zoo, Schloß Rosenborg und insgesamt 45 weitere Sights in Kopenhagen und Umgebung (bis Roskilde, Helsingør). Außerdem gibt's Ermäßigung auf den Øresund-Fähren.

Die Copenhagen Card kostet für 24 Std. gut 35 DM, 48 Std. 58 DM und 72 Std. 74 DM. Kinder unter 12 Jahren die Hälfte. Die Card lohnt bereits, wenn man zwei drei teure Museen besucht, die weit auseinanderliegen. Dazu gibt es ein kleines Heft mit kurzer Museumsbeschreibung, Öffnungszeit und Angabe der Bus-/S-Bahnlinie. Erhältlich ist die Card in Touristenbüros und Hotels.

Kopenhagen per **Fahrrad**, gar nicht verkehrt. Die S-Bahnen nehmen Bikes mit, bloß nicht zur Rush Hour morgens und nachmittags, ansonsten kein Problem - nur Extrafahrschein lösen. - Fahrradvermietung am Bahnhof siehe oben.

Es lohnt sich, die spezielle Kopenhagen-Fahrradkarte zu besorgen, die die Fahrradwege und Fahradgeschäfte eingetragen hat. Erhältlich z.B. im "Use It"- Büro (siehe "Touristinformationen").

Taxi: z.B. unter der Nummer 31 35 35 35 anfordern. Taxifahren ist in Kopenhagen nicht gerade billig, dafür gibt es spezielle Taxis, die Fahrräder transportieren.

Sightseeing per Boot, Bus oder zu Fuß

KANAL-/HAFENRUNDFAHRTEN: Als erster Eindruck sehr zu empfehlen. Das Zentrum Kopenhagens aus einer angenehmen Perspektive, ohne müde Beine zu bekommen. Es gibt unterschiedlich lange und teure Fahrten (nur im Sommer). Gut ist die 5o-Min.-Tour ab Holmens Kirche (2o), durch Kanäle und an der Börse vorbei, Nyhavn bis zur Meerjungfrau und in den Stadtteil Christianshavn.

Weitere Abfahrt ab Gammel Strand auf der Kanalseite gegenüber vom Thorvaldsen Museum (18), Nyhavn und der "Wasserbus" bei der Haltestelle der Meerjungfrau. Gute Variante für die lange Strecke zurück ins Zentrum.

Die Rundfahrten inkl. auch deutschsprachige Erklärungen, inhaltlich aber eher dürftig. Achtung: zur Saison ziemlicher Andrang auf die Bootsfahrten, daher rechtzeitig dasein.

BUS-SIGHTSEEINGFAHRTEN durch die City von ca. Mai bis Mitte Sept., dauern 1 1/2 bis 2 1/2 Std. Preis je nach Länge 3o-4o DM, Tickets und Infos im Touristenbüro, bei Hotels etc.

Preiswerter mit dem öffentlichen <u>HT-Linienbus Nr. 6</u> ("Copenhagen Card") über Schloßinsel Christiansborg, Nyhavn bis zur Festung, oder in der anderen Richtung bis zur Brauerei Carlsberg und Frederiksberg-Have.

Ausführliche und interessante <u>STADTRUNDGÄNGE</u> von 2-3 Std. durchs Zentrum, durch Christianshavn etc. Info und Zeiten übers Touristenbüro bzw. "Copenhagen this Week" entnehmen. Englischsprachig, zur Hochsaison auch deutschsprachig.

AUSSICHTSTÜRME sind immer eine schöne Sache für die erste Orientierung. Am bequemsten der <u>RUNDETÅRN</u> (siehe Karte, Nr. 31), 36 m hoch, in der Fußgängerzone Købmagergade. Ungewöhnlicher Kirchen- und Beobachtungsturm von Christian IV. als Observatorium und als Zugang zur damaligen Unibibliothek 1642 erbaut. Zugang über eine 2o9 m lange Rampe.

<u>Offen</u>: Juni bis August tägl. 1o-2o Uhr, So. 12-2o Uhr, sonst 1o-17 Uhr. Im Winterhalbjahr ist das Observatorium Di. und Mi. abends geöffnet. 4 DM Eintritt.

Zentral, aber anstrengend der <u>RATHAUSTURM</u> (Karte, Nr. 7), 1o5 m hoch, ca. 3oo Stufen und nur zu bestimmten Zeiten offen.

Für "Mutige" die kuriose <u>TURMSPITZE DER ERLÖSERKIRCHE</u> (Karte, Nr. 64), der zweithöchste Turm der Stadt, liegt im Stadtteil Christianshavn. Eine Wendeltreppe führt die letzten Stufen außen hinauf zur Spitze. Insgesamt ca. 4oo Stufen. Siehe auch Christianshavn.

GESCHICHTE: In mehr als 8oo Jahren entwickelte sich <u>Kopenhagen</u> (København) zur Metropole Dänemarks. Den Grundstein legte <u>1167</u> Bischof Absalon (am Højbro Plads als Streiter hoch zu Roß) mit seiner befestigten Burganlage auf einer natürlichen Insel dicht vor der Küste. Grundmauern der ersten Anlage sind immer noch unter dem Schloß Christiansborg zu sehen.

Die <u>Burg</u> lag an der Handelsstrecke durch den Øresund, der damals mit Südschweden zum Großkönigreich Dänemark gehörte. Sie sollte den Kaufleuten Schutz vor Piratenüberfällen bieten. Der sichere Hafen (Havn) wurde von Lübecker Handelsschiffen gerne angesteuert; im Laufe der Jahrzehnte entwickelte sich hier eine kleine Stadt mit Kirchen und Klöstern (Købmændenes havn = Kaufmannshafen).

<u>1416</u> verlegte König Erik von Pommern (Adoptivsohn von Königin Margrethe, siehe Geschichte) die Landesverwaltung nach Kopenhagen, und damit den Grundstein für die Hauptstadt. 1478 entstand die erste Universität Skandinaviens. Jeder, der in Norwegen oder Schweden etwas werden wollte, ging nach Kopenhagen.

Wie dörflich die Kaufmannsstadt (1o.ooo Einwohner) zur Zeit der Reformation aussah, zeigt ein Modell vor dem Stadtmuseum.

König Christian IV. baute Kopenhagen zur prächtigsten Stadt Skandinaviens aus und verdoppelte das Areal. Die Börse, Schloß Rosenborg (damals noch im Grünen vor den Stadttoren), der Runde Turm und Christianshavn gehen auf seine Initiative zurück. Ein geschützter Kriegshafen mit Arsenal entstand auf Slotsholmen (heute Bibliotheksgarten).

Dänemark mußte im Rahmen des 3ojährigen Krieges seine Gebiete in Schonen wieder abtreten. Damit war es den Schweden noch nicht genug, sie streckten begehrlich ihre Hände nach Kopenhagen aus und richteten bei der Belagerung unter König Karl Gustav (1658-6o) in der Stadt große Schäden an. Ohne den engagierten Einsatz der damaligen Bevölkerung würde Kopenhagen heute vielleicht zu Schweden gehören. Als Dank erhielten die Bürger vom dänischen König Frederik III. gleiche Rechte wie die Adeligen.

Unter den absolutistischen Königen expandierte die Kaufmannsstadt ab dem 17. Jh. nach Osten (Nytorv, Nyhavn, Amalienborg, das Kastell). Durch den Verlust der schwedischen Provinzen rückte die Hauptstadt geografisch zwar an den Rand des Königsreichs, machtpolitisch wurde sie mehr als zuvor Mittelpunkt des Landes. Wirtschaftlich sah es im Königreich allerdings nicht immer rosig aus, trotzdem wurde investiert und gebaut, um nach außen den Schein zu wahren (z.B. eine beliebte Taktik Frederik III.).

Im 18. Jh. verwüsteten zwei große Brände (1728 und 1795) die Stadt. Nach einer Verordnung mußten für Neubauten nach 1795 die Hausecken abgeschrägt werden, damit die Feuerwehr mit ihren langen Leitern schneller um die Kurve kam. In dieser Zeit war Christian VII. an der Macht, ein schwacher Regent mit epileptischen Anfällen. Sein deutscher Leibarzt Johann Friedrich Struensee wurde mehr und mehr zum Freund des Königs und politischen Ratgeber. Seine großen Pläne, Kopenhagen zu modernisieren, waren der Zeit weit voraus und stießen auf wenig Gegenliebe im Volk. Schließlich wurde ihm das Techtelmechtel mit der Königin Mathilde zum Verhängnis. 1772 wurde Struensee hingerichtet, übrigens eine beliebte Theaterinszenierung.

Das 19. Jh. begann mit einer Tragödie für die Stadt. Im Napoleonischen Krieg stand Dänemark auf Seiten Frankreichs, was zur Folge hatte, daß die englische Flotte 18o7 die Hauptstadt bombardierte. Der Glockenturm des Doms war Zielscheibe für die Marine (danach durfte er nicht mehr so hoch gebaut werden). Die Zerstörungen waren beachtlich, und die Opfer unter der Zivilbevölkerung hoch. Obwohl die Engländer die Stadt nicht einnehmen konnten, mußte Dänemark (auf der Verliererseite) im Gesamtfrieden seine Flotte an den größten Rivalen England abtreten. Die Armut in der Stadt war groß, und die Enge bei ca. 1oo.000 Menschen innerhalb der Stadtmauern fast unerträglich.

Mit der Industrialisierung explodierte die Stadt. Nach Schleifung der Stadtmauern und Wälle (Mitte des 19. Jh.) begann die Expansion über die Brücken in die Vororte, die Hauptstadt konnte "durchatmen".

In der Kunst und Literatur brachen für Dänemark goldene Zeiten an. H.Chr. Andersen, Johan Ludvig Heiberg, Adam Oehlenschläger, Bildhauer Bertel Thorvaldsen und der Physiker H.C. Ørsted gehörten zu den bedeutendsten Besuchern/Bewohnern der Großstadt.

Fünf Besatzungsjahre im 2. Weltkrieg hinterließen auch in Kopenhagen ihre Spuren. Obwohl an Bausubstanz wenig zerstört wurde, waren es die Methoden der Gestapo (sie hatte ihr Hauptquartier hier), die den Menschen zusetzten. Als Reaktion formierte sich der Widerstand mit entsprechenden Sabotageaktionen. 1943 gelang es mit Hilfe der Bevölkerung, fast alle Juden über die Grenze nach Schweden in Sicherheit zu bringen (die meisten über den Øresund).

Als Folge der '68-Zeit blieb der Stadt das Problemkind Christiania. Entstanden aus der Protestbewegung, ist die Freistadt inzwischen zu einem festen Bestandteil Kopenhagens geworden - immer noch nicht ganz ohne Reibereien mit den Stadtvätern und Ordnungshütern, doch mit festem Rückhalt in der Bevölkerung (Details Christiania siehe dort). - Heute leben im Großraum Kopenhagen rund 1/3 der Dänen.

Sehenswertes im Zentrum

Das kompakte Zentrum liegt rund um die Fußgängerstraßen. Bester Ausgangspunkt beim Hauptbahnhof und S-Bahnstation Kopenhagen H. Gleich gegenüber vom Bahnhofsausgang (Bernstorffsgade) der Vergnügungspark Tivoli und 4oo m weiter der Rathausplatz (9): Beginn der Fußgängerstraße Strøget, die mitten durch das historische Kopenhagen zum berühmten Nyhavn führt.

RATHAUS (7): am verkehrsreichen Rådhuspladsen (9). Das gewaltige Gebäude aus Ziegelstein und Granit wurde 1892-19o5 von M. Nyrop gebaut, der hier architektonische Elemente aus der dänischen mit der norditalienischen Baukunst kombinierte und der Stadt ein repräsentatives Gebäude schuf. Auf dem Dach Nachtwächterfiguren (Nachtwächter schützen in früheren Jahrhunderten die Stadt), - der Bischof Absalon und seine Burg mit den drei Türmen (Symbol auch im Stadtwappen von Kopenhagen) über dem Portal.

Vom Turm des Rathauses guter Überblick über die Innenstadt. Sehenswert beim Haupteingang des Rathauses ist die astronomische Uhr des Jens Olsen (1955). Zu bestimmten Zeiten Führungen.

Neben dem Rathaus die berühmten Lurenbläser, rechts (vis-à-vis vom Tivoli) H.C. Andersen. Offen: Mo.-Fr. 1o-16 Uhr, Sa. bis 13 Uhr.

STRØGET: Ein Bummel über die Fußgängerstraße und erste Tuchfühlung mit der Großstadt. Sie ist Kopenhagens bekannteste Einkaufsmeile: der Strøget verbindet über rund 1,8 km fast schnurgerade die beiden Aushängeschilder Tivoli und Nyhavn miteinander.

Am 15. November 1962 wurden die Autos vom Strøget verbannt. Der befürchtete Ruin der renommierten Exklusivgeschäfte trat nicht ein. Im Gegenteil: die erste "Gågade" Kopenhagens brachte Umsatzsteigerungen wie nie zuvor. Ihren Spitznamen "strøget" hatte sie bald weg und wurde zum berühmtesten "Strich" (= "Strøget") der Welt. Weniger bekannt sind inzwischen die eigentlichen Straßennamen Frederiksberggade, Nygade, Vimmelskaftet, Amagertorv und Østergade, die zusammen die Achse dieser Fußgängerzone bilden. Weitere Fußgängerstraßen zweigen davon ab.

Alles, was exklusiv und teuer ist, hat hier ein Schaufenster: dänisches Design, königliches Silber, Porzellan und Glas. Boutiquen, Leder- und Pelzgeschäfte. Aber auch Gyrosbuden neben Eisdielen und alteingesessenen Restaurants. Den ganzen Sommer hindurch ist Strøget eine Bühne der Straßenmusikanten, die zum hundertsten Mal die "Streets of London" besingen, Gaukler und Pantomimegruppen, aber auch großstadttypische Schmuckverkäufer mit ihren samtdekorierten Klapptischen.

Nach Ladenschluß stirbt die Bummelpromenade noch lange nicht aus, Restaurants und Kneipen haben Hochkonjunktur bis nachts um 2 Uhr.

GAMMEL- und NYTORV (26), zwei Namen für den ersten großen Platz

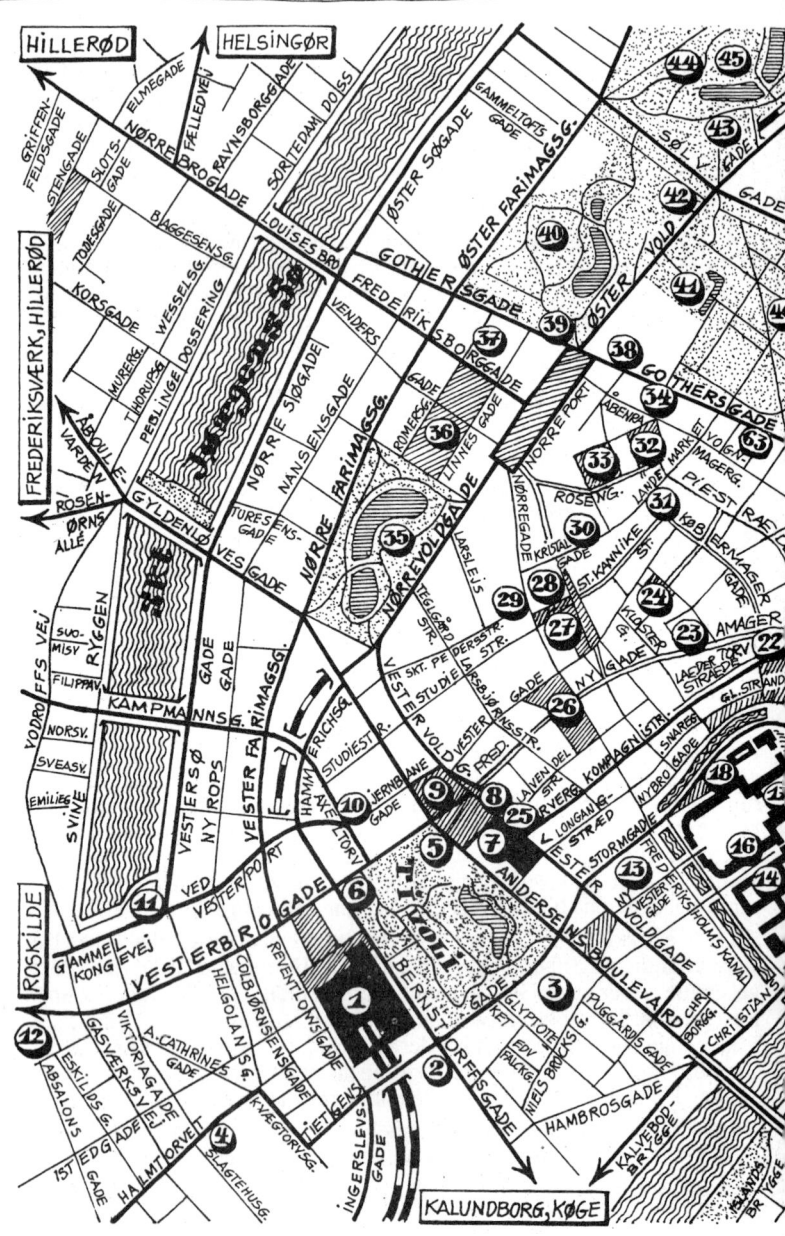

KOPENHAGEN

1 HAUPTBAHNHOF
2 HAUPTPOST
3 Ny Carlsberg Glyptotek
4 Vesterbro
5 Louis Tussaud's Wachsfiguren Museum
6 TOURIST INFO
7 Rathaus
8 Lurenbläser Statue
9 Rathaus Platz
10 Zirkus Benneweis
11 Planetarium
12 Stadtmuseum
13 Nationalmuseum
14 Zeughausmuseum
15 Königliche Bibliothek
16 Theatermuseum
17 Schloss Christiansborg
18 Thorvaldsen Museum
19 Alte Börse
20 Holmens Kirche
21 Nikolaj Kirche
22 Amagertorv
23 Helligåndskirche
24 Gråbrødretorv
25 Ripleys Beliere it or Not Telegrafenmuseum
26 Gammel und Nytorv
27 Vor Frue Kirche
28 Universität,
29 Sankt Petri Kirche
30 Synagoge
31 Trinitatis Kirche, Rundetårn
32 Hauser Platz
33 Kul Torvet
34 Musikhist. Museum
35 Ørsteds Park
36 Israel Platz
37 Arbeitermuseum
38 Museum der Königlichen Leibwache
39 Botanisches Museum
40 Botanischer Garten
41 Schloss Rosenborg

N
PZ.

FORTSETZUNG
-> Seite 415

= FUSSGÄNGERZONE

der Fußgängerzone, wenn man vom Rathaus kommt. Im Norden steht der Caritasbrunnen, der unter König Christian IV. als einer der zentralen Stadtbrunnen entstand. Der kleine Junge aus Bronze hat nie die Bedeutung erlangt wie sein Brüsseler Pendant 2oo Jahre später. Erst als im Süden das ehemalige Rathaus abgerissen wurde, entstand der Nytorv (neuer Platz) in heutiger Größe. Ringsherum werben internationale Restaurants mit Leuchtreklame.

AMAGERTORV (22): Zu Beginn der Neuzeit war der Platz das Zentrum der Stadt, wo alle Straßen zusammenliefen (Hauptverbindung zur Gemüseinsel Amager). Heute ist er Halbzeit auf der Fußgängermeile und Treffpunkt der Skateboard-Fans. Auf dem Platz der Kranichbrunnen, der im Volksmund "Storchenbrunnen" heißt. Auf den Bänken des Platzes werden Smørrebrøder und Pølser verdrückt. Selbst die Toiletten im Untergrund sind einen Besuch wert! Etwas am Rande, östlich die Nikolaj Kirche (21) mit wechselnden Ausstellungen. Im Inneren der Kirche Café/Restaurant, siehe "Restaurants".

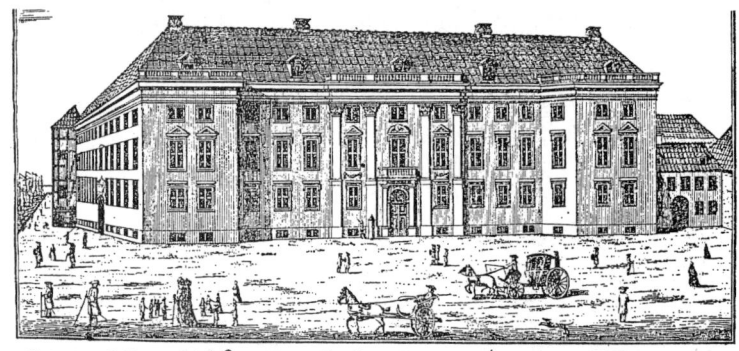

SCHLOSS CHARLOTTENBORG, gebaut 1672

KONGENS NYTORV (49): Der runde Platz wurde von König Christian V. im 17. Jh. als neues Zentrum geplant; heute vom Verkehr umbraust, mit einer Verkehrsinsel, die die Fußgänger per Ampeln erreichen. Mittendrin im Schatten der Bäume "reitet" der König hoch zu Roß. Ringsherum war seinerzeit Platz für große Palais: SCHLOSS CHARLOTTENBORG (5o) von 1672. Bauherr war ein unehelicher Sohn König Chr. IV. (als "Gyldenløve" tituliert). 1753 wurde das Gebäude der Kunstakademie geschenkt, die dort heute noch ihren Sitz hat. Ebenfalls am Platz das größte Kaufhaus des Nordens Magasin du Nord und das altehrwürdige Hotel d'Angleterre. Französisch war seinerzeit die Sprache der Oberschicht. An der Südseite des Platzes das KONGELIGE TEATER (48), das 1874 ein früheres Theater von 1748 ersetzte und 1.5oo Sitzplätze hat.

NYHAVN: Der "neue Hafen" ist ein Kanal von 167o. Christian V. ließ ihn von schwedischen Arbeitern graben, als der Hafen am Schloß Christiansborg zu klein geworden war. Hier machten die Segel-Frachtschiffe fest, die die Waren aus den dänischen Kolonien in der Karibik und Asiens in die Hauptstadt schafften, - hier wurden auch die Kriegsschiffe ausgerüstet, die die Seemacht Dänemark in Übersee sicherten...

Heute ein sehr touristischer, aber auch gemütlicher Bereich Kopenhagens. Im Sommer herrscht pulsierendes Leben, - alte Segelboote und bunt rausgeputzen Fassaden mit vielen interessanten Details bilden die Kulisse. Auf dem gut 5oo m langen Trottoir beidseitig des Nyhavn ein Café und Restaurant neben dem anderen. An das frühere Rotlichtviertel der 6oer Jahre, als Kopenhagen u.a. die Porno-Metropole des Nordens war, erinnern bestenfalls noch Tätowierstuben im Souterrain.

Alles, was Rang und Namen hatte, wohnte in den letzten Jahrhunderten vorübergehend am Nyhavn: Knut Hamsun, H.C. Andersen z.B. im Haus Nr. 2o und 67. Der große alte Anker erinnert an die Seeleute, die im 2. Weltkrieg ihr Leben verloren haben.

FREDERIKSTADEN: Die 4 Palais von SCHLOSS AMALIENBORG bilden das Zentrum des einzigartigen Stadtteils Frederikstaden, der 175o-54 entstand und heute als das stilreinste Rokokoensemble Europas gilt.

König Frederik beauftragte seinen Hofbaumeister Nikolai Eigtved mit der Planung des letzten noch unbebauten Teils der Stadt. Es sollte ein repräsentatives Viertel (Neu Kopenhagen) werden. Da der Monarch kein Geld für die Umsetzung seines Vorhabens hatte, schenkte er den reichsten Bürgern der Stadt die Grundstücke, - mit der Auflage, innerhalb von fünf Jahren ein Gebäude nach Plänen Eigtveds zu errichten. Zwei typische Bauten stehen am Skt. Annæ Plads 7 und 9. Die Amaliegade führt zum Schloß Amalienborg. Erst als 1794 Schloß Christiansborg abbrannte und die Königsfamilie samt Gefolge neue Räumlichkeiten benötigte, wurden die Gebäude zum Königsschloß (siehe unten). Hoch zu Roß ist der Initiator des Stadtteils, König Frederik zu sehen. Allerdings erlebte er die Enthüllung dieses Denkmals nicht mehr, da die Arbeiten an der Bronzeplastik sich über 15 Jahre hinzogen.

Letztendlich kostete das Kunstwerk so viel wie alle vier Palais zusammen. Im Norden des Stadtteils Frederikstaden wurde das große Krankenhaus errichtet, heute Kunst-Industrimuseum. Nach Westen wird die Anlage von der Store Kongensgade begrenzt.

Die **BREDGADE** führt ab Nyhavn und Kongens Nytorv (49) nördlich. Entlang der Straße bedeutende Bauwerke vergangenen Jahrhunderte, so das <u>ODD FELLOW PALAIS</u> (51), gebaut 1751-55 für den damaligen dänischen Handelsminister. Das feudale Bauwerk dokumentiert, daß bereits damals führende Politiker wußten, wie man sich ins "rechte Licht" setzt (und die Gelder hierfür "freistellt"). - An der Kreuzung Bredgade mit Frederiksgade die beiden gegenüberliegenden Palais <u>Dehns</u> und <u>Bernstorff</u> von 1756. In letzterem das wohl schönste Barock-Treppenhaus von Dänemark.

<u>MARMORKIRCHE</u> (52), Frederiks Kirke: ein gewaltiger Kuppelbau. Die Grundsteinlegung war 1749, nach rund 2o Jahren Bautätigkeit wurden die Arbeiten eingestellt, da es an Geldern, insbesondere aber am Baumaterial norwegischen Marmors fehlte. Den Abschluß fand das Projekt dann 1894.

SCHLOSS AMALIENBORG (53): Wohnsitz der Königsfamilie im Rokokostil. Ist Ihre Majestät oder der Kronprinz zu Hause (meist Mitte April bis Mitte Oktober), weht die Flagge auf dem entsprechenden Gebäude. Das Schloß besteht aus vier Rokokopalais, die im Achteck angeordnet sind und ein architektonisch außergewöhnliches Ensemble bilden. Dazwischen fahren Autos, Radler und spazieren die Menschen.

Die Königin wohnt im südöstlichen Palais. In der Mitte die <u>Reiterstatue</u> (1768) von König Frederik V. hoch zu Roß. Amalienborg entstand 1749-6o als Adelspalais im Zentrum des neuen Stadtteils, den König Frederik V. Mitte des 18. Jh. hier anlegen ließ. 1794 zog die Königsfamilie in die Palais ein, nachdem ein Brand die bisherige Residenz Christiansborg zerstört hatte.

Das <u>MOLTKE-PALAIS</u> oder auch Christian VII. Palais (nach dem König benannt, der nach dem Brand seines Schlosses 1794 hier einzog) ist das Prunkstück der vier Gebäude.

Auftraggeber war 175o der Oberhofmarschall Graf Moltke, der de facto die Regierungsgeschäfte führte. Die Leitung hatte der Stadtplaner und Architekt Nikolai Eigtved. Die Wände sind vertäfelt, die Decken mit Stuck verziert. Gold funkelt im "Rittersaal",

Europas beeindruckendstem Rokokosaal, aus allen Ecken. Franzosenkönig Ludwig XV. übersandte dem Hausherren zur Einweihung die kostbaren Wandteppiche im chinesischen Saal. Ein anderer Raum beherbergt Europas größtes Eßservice Flora Danica, an dem von 1790 an über 13 Jahre lang in der königlichen Porzellanmanufaktur gearbeitet wurde. Es war für die Zarin Katherina II. vorgesehen, doch sie verstarb, bevor das Service vollendet war. Seit 1884 dient das Palais als Gästehaus, in dem Königin Elisabeth II., Charles de Gaulle und andere erlauchte Personen beherbergt wurden. 1982 wurde mit den Restaurierungsarbeiten begonnen, die 14 Jahre dauern sollten und über 100 Millionen Kronen verschlangen. Seit 1996 für die Öffentlichkeit zugänglich (siehe Museen).

In dem Gebäude nebenan, das vom Kronprinzen bewohnt wird, sind die königlichen Gemächer zu sehen (siehe Museen Palais Christian VIII.).

Nördlich des Schlosses Amalienborg liegen interessante Museen, so das KUNSTINDUSTRIE-MUSEUM (56), das ZOLL-MUSEUM (57) (Details siehe Kapitel "Museen") sowie die russisch-orthodoxe ALEXANDER NEWSKY KIRCHE (1881-83) mit ihren goldenen Zwiebeltürmen.

KASTELL (59): Rest der Stadtbefestigung aus dem 17. Jh. Heute eine grüne Oase mitten in der Stadt zum Spazieren, Joggen oder den Hund Gassi führen. Deutlich ist der sternförmige Verteidigungwall mit Gräben zu erkennen. Frederik III. ließ die Stadtbefestigungen erneuern, verstärken und als wichtiges Glied 1662-65 das Kastell von dem holländischen Festungsbauer Ruse konstruieren. Die knallroten Garnisonsgebäude sind z.T. immer noch von Offiziersfamilien bewohnt. Zum Komplex gehört die schmucke Windmühle von 1847, vorbildlich restauriert. Kirche und Gefängnis lagen Wand an Wand, so daß die Einsitzenden den Gottesdienst mitverfolgen konnten.

GEFIONS-BRUNNEN (60) nahe Eingang zur Festung: aus den Nüstern der Ochsen spritzt das Wasser. Die muskuläre Dame hinter dem Ochsenpflug stellt die nordische Göttin Gefion (Beschützerin der Jungfrauen) dar, die ihre vier Söhne in Ochsen verwandelt und mit ihrer Hilfe in einer Nacht die Insel Seeland aus Schweden heraustrennt.

MEERJUNGFRAU (61): Photomodell Nr. 1 von Kopenhagen, was den Umsatz von Kodak-, Fuji- und Agfa-Filmen betrifft. Zierlich sitzt die junge Dame auf ihrem kalten Stein an der Langelinie. Sie ist viel kleiner als ihr Ruf, zudem wollen immer wieder böse Schänder an den schönen Körper, mal mußte ein Arm, mal der ganze Kopf dran glauben.

Das Wahrzeichen Kopenhagens ist nicht sehr alt: Inspiriert durch H.C. Andersens Märchen von der kleinen Meerjungfrau schrieb der dänische Komponist Fini Henriques 1910 das Ballett "Die kleine Meerjungfrau", es wurde ein großer Erfolg dank der Hauptakteuse Ellen Price. Der Bierbrauer und Kunstmäzen Carl Jakobsen war hingerissen und spendierte der Stadt die Bronzefigur der kleinen Meerjungfrau, Bildhauer war Edvard Eriksen.

Die Meerjungfrau sitzt auf einem Stein im Wasser, direkt am nördlichen Ende des Kastells, sie kann auch per Ausflugsboot ab Stadtzentrum besucht werden, siehe Seite 4o8.

SCHLOSS ROSENBORG (41): Østervold Gade. König Christian IV. ließ es als Lustschloß 16o7 erbauen, auch die folgenden dänischen Herrscher investierten Geld in den Ausbau.

Der Hauptturm mißt inkl. Fahnenstange 5o m, über die strenge Architektur in Schablonen-Stil läßt sich geschmacklich streiten...

Seit 1833 beherbergt Schloß Rosenborg das königliche Familienmuseum, - heute der Öffentlichkeit zugänglich.

Die Schloßräume: teils dunkel wie im Mittelalter, bemalte Wandpaneelen, Seidenbespannung bzw. Gobelins, Stuck- oder Kassettendecke. Insgesamt viel Prunk und Pomp in der Ausstattung. Kostbare Intarsienmöbel, Gemälde der diversen Könige, Ehefrauen und anderer Persönlichkeiten.

Christian IV. hatte sich schon den Luxus eines Badezimmers mit fließend Wasser geleistet (das zur Renaissance). Raffiniert durchdachter Treppenaufgang: nach oben zu werden die Stufen immer flacher. Trotzdem wurden seiner Schwiegertocher die Treppen wohl zuviel: um 17oo ließ sie einen Aufzug in den Kabinetturm einbauen. Der imponierende Rittersaal wurde in der dritten Umbauphase oben aufs Dachgeschoß gesetzt und anfangs als Ballsaal genutzt. Frederik IV. führte das gemeinsame Schlafzimmer ein und wurde um sein Glaskabinett (75o Glasgeschenke aus Venedig) beneidet. Der Spiegelsaal entstand nach einem Besuch in Versailles: klein, aber raffiniert.

Schatzkammer im Schloßkeller: Hinter dicken Safetüren liegen effektvoll beleuchtet die Kronjuwelen. Mittelpunkt sind die drei Königskronen, drumherum viel Gold und Edelsteine. Neben dem Hosenbandorden Christian IV. auch einige Elefantenorden (Dänemarks höchste Auszeichnung), die heute noch verliehen wird. In einem Seitengewölbe der Prunksattel Christian IV. Die Kronjuwelen wurden testamentarisch den Königen übertragen und sind zu entsprechenden Anlässen heute noch in Gebrauch.

Offen: tägl. 1o-16 Uhr, außerhalb der Saison 11-15 Uhr. Eintritt ca. 1o DM, Kinder 2,5o DM. Keine geführte Schloßtour, Beschriftung der Gegenstände. Wer an Details interessiert ist: Im deutschsprachigen Führer wird jeder Gegenstand einzeln aufgelistet und zusätzlich die Räume beschrieben (ca. 5 DM). Das Faltblatt mit Grundriß und Kurzbeschreibung mitnehmen. Genügend Zeit einplanen.

WACHABLÖSUNG: die königliche Leibwache zieht von den Gebäuden seitlich von Schloß Rosenborg um 11.3o Uhr mit Pauken und Trompeten mitten durch die Einkaufsstraßen zum Schloß Amalienborg, wo sie um

Punkt 12 Uhr ankommt.

Das Rosenborg Schloß liegt im gleichnamigen Park (46). Auf der anderen Seite der Durchgangsstraße Øster Voldgade schließt sich an der BOTA-NISCHE GARTEN (4o) mit Überblick über alle Pflanzen Dänemarks, einem lohnenden Palmenhaus sowie Botanisches (39) und Geologisches Museum (42), Details siehe "Museen".

Über den Hauser Platz (32) und die Fußgängerstraße Købmagergade gelangt man zur zentralen Achse der Innenstadt Strøget. Sehenswert die TRINITATIS KIRCHE (31) mit dem direkt angebauten "Rundetärn", einem gewaltigen Rundturm. Die wohl ungewöhnlichste Kirche Europas:

TRINITATIS-KIRCHE mit Rundturm (Rundetärn), gebaut 1637-56 inkl. königlicher Bibliothek und Sternwarte.

Sie wurde 1637-56 von König Christian IV. errichtet. Der Bauauftrag lautete: Konstruktion einer Kirche, die gleichzeitig eine Bibliothek und einen Turm zur astronomischen Beobachtung enthielt. Der Architekt Hans van Steenwinckel erfüllte die Vorgabe: auf den Dachboden kam die königliche Bibliothek und ans Kirchenende wurde der massive Rundturm aus rotbraunem Backstein angehängt. Er ist 36 m hoch und überragt das Kirchenschiff, oben eine Plattform mit dem Haus der Sternwarte (siehe Türme).

Ein Brand 1728 vernichtete das Kirchendach und viele der dort untergebrachten wertvollen Handschriften. Insofern war das Baukonzept des Königs nicht gerade clever, denn: Daß die oft aus Holz gebauten Kirchendächer brannten, war bekannt und gang und gebe. Zumindest das Observatorium bewährte sich. Die Plattform auf der Turmspitze (Durchmesser

15 m) wird über eine sich windende Rampe erreicht. Berühmte Besucher waren u.a. Peter der Große, der 1716 zu Pferd raufritt und Kaiserin Katharina, die sich in einem Fuhrwerk rauffahren ließ... Auch heute ist der "Rundetårn" ein lohnender Aussichtspunkt für die Innenstadt.

UNIVERSITÄT (28): gegründet 1479 von Christian I. und seit der Reformation an heutiger Stelle (Frue Plads).

Gegenüber die VOR FRUE KIRCHE (27) mit banalem Rechteckturm; der frühere Kirchturm wurde bei Bombardierungen 18o7 zerstört. Der Haupteingang in griechischer Inspiration mit dorischen Säulen und Architrav, an dem u.a. Thorvaldsen mitwirkte. Innen der segnende Jesus und die beeindruckende Apostelstatuen sind ebenfalls Werke/Kopien des großen Meisters, der die meiste Zeit seines Lebens in Rom verbrachte.

SANKT PETRI KIRCHE (29): die älteste Kirche der Stadt, 13o4 erstmals in Stadtdokumenten erwähnt. Vom ursprünglichen Kirchenbau sind noch Teile des Langhauses und des Chors erhalten. Im 16. Jh. diente die Kirche u.a. als Kanonengießerei, um dänische Kriegsschiffe zu bestücken.

SYNAGOGE (3o): seit Ende des 17. Jh. durften die Juden von Kopenhagen eigene Gottesdienste zelebrieren. Diese wurden zunächst in Privathäusern bzw. angemieteten Räumen abgehalten. Die heutige Synagoge basiert auf einem früheren Gebäude, das 1795 abbrannte und ab 183o im Basilika- Stil neu errichtet wurde.

SCHLOSS CHRISTIANSBORG (17) größtes der Königsschlösser von Kopenhagen. Es liegt mitten im Zentrum auf der Insel Slotsholmen und ist leicht am Turm mit den drei Kronen zu erkennen (symbolisieren die vergangene Macht über die drei Königshäuser Schweden, Norwegen und Dänemark). Seit Jahrhunderten konzentriert sich hier die Macht des Königreichs, auch heute noch Sitz des Parlaments (Folketing), das im südlichen Flügel ohne Bannmeile, ohne großen Fuhrpark kaum auffällt. Gratisführung: Juli bis August täglich 1o-16 Uhr, sonst nur So. Nebenan das Gericht.

Die U-förmige Schloßanlage ist jünger als sie aussieht. 19o7 zum letzten Mal wieder aufgebaut, 192o bezugsfertig. Großbrände und Erweiterungspläne waren wiederholt Anlaß für Um- An- und Neubauten. Der umstrittene Turm wurde im wenig zeitgemäßen "Zuckerbäckerstil" oben draufgesetzt - auch im 2o. Jahrhundert wieder mit dem Zeichen der Großmacht Dänemark. Noch aus der Zeit Frederik IV. stammt die Reitbahn, auf der die Garde heute probt. Hoch zu Roß König Christian IX. (1863-19o6) in Bronze.

Beste Fotoperspektive im Westen von der Marmorbrücke über den Kanal. Rechts auch das königliche Theatermuseum (16).

Sehenswerte Führung durch die Prunkräume: Obwohl das Schloß erst

Anfang dieses Jahrhunderts wieder aufgebaut wurde, glänzen die Gold-verzierungen in allen Ecken. Von den 36o Räumen werden die 22 ein-drucksvollsten Säle gezeigt. Prachträume für Staatsempfänge, Feste und königliche Kaffeekränzchen geben einen kleinen Einblick in die königlichen Repräsentationspflichten. Auch das "einfache" Volk wird zu bestimmten Zeiten von der Königin im Saal der Giganten (Beginn der Führung) empfangen. An den Wänden riesige Ahnengemälde und Wandteppiche, millionenschwere Kristalleuchter wurden eigens für das Schloß angefertigt. Der Thorvaldsenfries und einige Gemälde konnten beim Brand des Vorgängerschlosses als einziges gerettet werden. Im Thronsaal wird auch die Geschiche der dänischen Flagge (Danebrog) erzählt.

Geführter Rundgang (englisch): Mai bis September 2-3 x täglich. Eintritt 8 DM, Kinder 2,5o DM.

CHRISTIANSBORG RUINEN: Beim letzten Wiederaufbau wurden unter dem Schloß die Grundsteine der Kaufmannsstadt entdeckt und für die Öffentlichkeit zugänglich gemacht. Kopenhagen war zur Gründungszeit nicht größer als die heutige Schloßanlage. Trotz der guten Beschriftung ist es etwas schwierig, die verschiedenen Epochen auseinander zu halten. Dürfte nur interessant sein, wenn man in die Tiefe der Stadtgeschichte vordringen will.

Offen: Mai bis September täglich 9.3o-15.3o Uhr, sonst Mo. und Sa. geschlossen. Eintritt 5 DM. Zugang im Hauptgebäude.

BÖRSE (19): Vielleicht das schönste Gebäude in Kopenhagen mit einem markanten Turm aus verschlungenen Drachenschwänzen. Es geht auf den

BÖRSE (rechts), gebaut 1619-40, ein architektonisches Juwel. Heute Sitz der dän. Handelskammer.

bauwütigen König Christian IV. zurück, der die Börse von London gesehen hatte und gerne selber auch so etwas Schönes haben wollte.

Die holländischen Architektenbrüder Lorenz und Hans van Steenwinckel bauten ihm 1619-4o die dreigeschossige Börse im holländischen Renaissance-Stil neben sein Schloß, so daß der König sich jederzeit von seinen Zimmern das Schmuckstück anschauen konnte. Ein architektonisches Juwel ist das langgestreckte Gebäude in jedem Fall, es erinnert mehr an ein Märchenschloß denn Zweckgebäude. Unten befanden sich Lager und Verkaufsräume, hier verkaufte man Importwaren wie Gewürze, Stoffe etc. und belud die Handelsschiffe zum Export. Bis vor 2o-3o Jahren handelten hier die Börsianer. Heute Sitz der Handelskammer.

STADTTEIL CHRISTIANSHAVN: östlich des Christiansborg Palastes. Wird etwas hochtrabend "Klein Amsterdam" genannt, da er Kanäle besitzt. Wo heute ein ganzes Stadtviertel steht, befand sich früher ein Sund, der Seeland von der Insel Amager trennte.

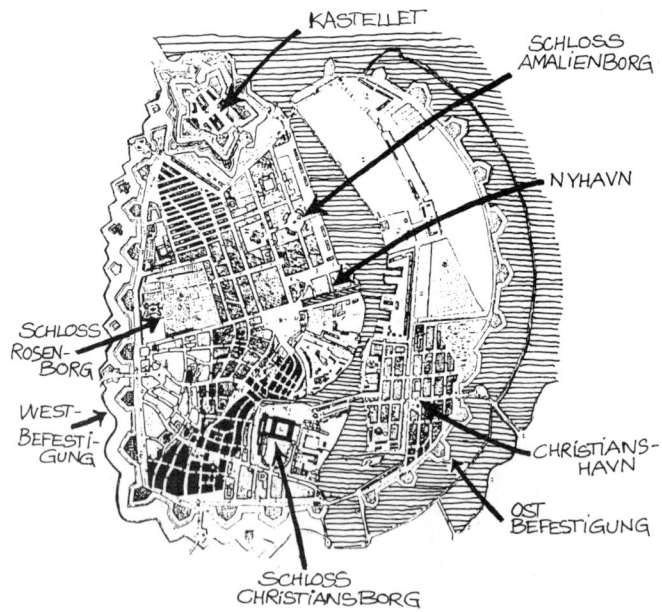

Christian IV. ließ Anfang des 17. Jh. das neue Viertel bauen, indem er Pfähle in den Boden rammte, - als Fundament für die Häuser. Östlich zum Meer hin entstand ein gewaltiges Festungs-Bollwerk (siehe Karte unten), das nunmehr auch von dieser Seite

Kopenhagen vor Angreifern schützte. Innerhalb des östlichen Festungsbollwerks entstanden Hafenanlagen für die dänische Handels- aber auch Kriegsflotte, Reparaturwerften und Lagerhäuser.

Der neu gegründete Stadtteil <u>Christianshavn</u> bot Raum für die weitere Bevölkerungsexpansion der Stadt. Hier siedelten sich vorallem auch Kaufleute an, die am Seehandel beteiligt waren. Je nach Einkommen repräsentierten sie sich in reichen Stadthäuser. Bis Ende des 17. Jh. hatte Kopenhagen bereits 7o.ooo Einwohner, es waren viele Deutsche, die im neuen Stadtteil Christianshavn wohnten.

Heute gehört Christianshavn zu den teuersten und gefragtesten Wohngegenden von Kopenhagen, vielfach sehr schön restaurierte Häuser.

<u>CHRISTIANS KIRCHE</u> (62): 1755-59 im Rokokostil gebaut, streng nach den Regeln der reformierten Kirche, so daß hier Altar, Orgel und Prediger-Kanzel an der Längswand der Kirche plaziert sind. Die Sanduhren sollten Pfarrer und Gemeinde ans Ende langer Predigten erinnern.

<u>ERLÖSERKIRCHE</u> (64): gebaut 1682-96 im Barockstil. Der Besuch der "Vor Frelsers Kirke" lohnt besonders wegen des <u>großartigen Stadt-rundblicks</u>: mit 9o m Höhe ist er zweithöchster Aussichtsturm der Stadt. Schwindelfrei sollte man schon sein, denn die letzten Meter schlängelt sich eine Wendeltreppe außen herum bis in die vergoldete Spitze. Die Christus-statue als Abschluß mißt 4 m.

<u>FREISTADT CHRISTIANIA</u> (66): ein Experiment, geboren aus dem Geist der 68er Zeit und Jahrzehnte lang umkämpft. Ellenlange, heftige Leserbriefkriege füllten dazu die Zeitungen. Aber die "Christianitter", so nennen sich die Bewohner, konnten 1996 den 25. Geburtstag ihres Dorfes feiern.

Alles begann im <u>September 1971</u> mit der Besetzung der leerstehenden Kasernen bei den alten Bastionen im Süden von Christianshavn. Die Besetzer richteten sich häuslich, aber bescheiden ein, bezogen Bauwagen, gründeten Läden, Lokale und Werkstätten. Es entstand ein richtiges Dorf mitten in der Großstadt. Am 26. September 1971 riefen sie die Freistadt Christiania aus, benannt nach König Christian IV., dessen Verwegenheit und Selbstbewußtsein den ersten Freistädtlern sehr imponiert hatte. Alles frei, chaotisch und basisdemokratisch selbstverwaltet, aber es funktioniert.

Ewig dauerte der Streit mit der Öffentlichkeit und den amtlichen Stellen (Verteidigungs-ministerium und Stadt Kopenhagen) über die Rechtmäßigkeit dieses Status Quo. Mal wurde Christiania als soziales Experiment gefeiert, mal sollte es geräumt werden, wie <u>1975</u> das Parlament beschloß. Neben Vordergründigem - wie nicht bezahlter Miete für das Gelände, nicht bezahlten Strom- und Wasserrechnungen - war und ist den Gegnern die so völlig andere Lebensform der Christianitter ein Dorn im Auge. Schlagworte wie "durchkriminalisiertes Milieu", "Hascher", "Schmarotzer" geistern immer wieder durch die Leserbriefspalten. Die Drogenproblematik war Ende der 7oer Jahre enorm, aber es gelang Christiania durch einen "Junk-Boykott" die harten Drogen aus der Freistadt zu verbannen.

Der <u>Haschhandel</u> in der "Pusherstreet" blüht dagegen wie eh und je, wird von der Polizei geduldet, obwohl sonst im Lande verboten. Die Haschverkaufsstände arbeiten mit Gewerbeschein, die Polizei schätzt den Umsatz im Geschäft mit den Drogen auf 60 Mio. DM jährlich. Christiania sei der größte Haschmarkt Nordeuropas, wettern die Gegner. Ganz glücklich sind die "wahren Christianitter" auch nicht damit, zumal das Geld weitgehend in die Taschen der Dealer fließt, die Problematik wie Polizeirazzien u.ä. aber die ganze Freistadt trifft.

Die Befürworter und Fans von Christiania begeisterte die Idee, hier eine andere, eine menschlichere Gesellschaft zu schaffen. 2o Jahre nach Gründung leben rund 7oo Erwachsene und 175 Kinder in der autolosen Freistadt, von den unzähligen Hunden und Katzen und anderen Tieren nicht zu sprechen. Über die Hälfte der Bewohner bezieht Sozialhilfe, ein Teil Arbeitslosengeld oder irgendwelche Renten. In Christiania lebt man bescheiden, oft sehr phantasievoll und billig. Rund 18o DM Miete zahlt jeder im Monat an die Gemeinschaft, - auch das schafft Neider. Andererseits wird ins Feld geführt, daß unterm Strich die Stadt so viel billiger wegkommt, als wenn sie "draußen" den Sozialhilfeempfängern auch noch Wohngeld u.ä. zahlen müßte.

Mittlerweile geht Christiania in die 3. Generation und erlebt einen richtigen Babyboom; das verändert auch die Utopisten von einst. Trotzdem ist nach 2o Jahren die Freistadt lebendig wie eh und je. Natürlich erweckt Christiana Neugierde, - ein Stadtviertel, in dem man heute den Eindruck hat, als sei die Zeit vor 2o Jahren stehengeblieben.

Rund 5o.ooo Besucher besuchen jährlich Christiania mit seinen Werkstätten, die Fahrradwerkstatt und den originellen Häusern aus der Hippiezeit. Fotografieren ist verständlicherweise verboten; die Christianitter möchten nicht wie Zoo-Tiere betrachtet werden. Christiania Atmosphäre kann man z.B. in den Restaurants schnuppern: Spiseloppen, Månefisken, Woodstock u.a. Im Loppen finden regelmäßig Konzerte und Veranstaltungen statt. Außerdem gibts Führungen, Info am Haupteingang.

TIVOLI: weltberühmter Vergnügungspark zwischen Hauptbahnhof und Rathausplatz. Jedes Jahr kommen mehrere Millionen Besucher; Urlauber aus aller Welt, aber auch Einheimische treffen sich abends in ihrem Tivoli. Hier muß man sich treiben lassen, vorbei an Tausenden von Blumen, lärmenden Karussels, den Streichen des Pierrot im Pantomime-Theater zuschauen, an den verlockenden Buden stehenbleiben und sich verführen lassen. Zwischendurch zieht die Jugendgarde mit Fahnen und Trommelwirbel vorbei, alle zwischen 1o und 16 Jahren begeistert bei der Sache.

Der ältlich gemütliche Charme des Vergnügungs- und Kulturparks wird allabendlich durch Zehntausende bunter Glühbirnen erhellt, mehrmals pro Woche flackert ein Feuerwerk über dem Gelände. Jeden Sommer 15o Konzerte und Livebands; von der Achterbahn bis zum Gruselkabinett und Bootsfahrten auf dem ehemaligen Wassergraben wird einiges geboten. Essen und Trinken gibt es genug, knapp 3o Restaurants und Snackbuden, von der Pølse auf der Hand, der Ølgrotte (Bierhalle), bis zur Scholle im Populärrestaurant Færgekroen. - Um die Weinachtszeit findet im Tivoli der "Julemarkt" statt.

Die Idee für einen Vergnügungspark setzte 1843 der clevere Unternehmer Georg Carstense mit königlicher Billigung in die Tat um, - das Volk war begeistert. Buchstäblich vor den Toren der Stadt wurden die Buden im ehemaligen Verteidigungsgraben aufgestellt.

Heute mitten im Zentrum.

Offen: Mai bis Mitte September tägl. 11-24 Uhr. Eintritt zeitlich gestaffelt; ca. 1o DM, Kinder die Hälfte. Zum Eintrittspreis noch einige Kronenscheine extra einkalkulieren, mit schmalem Budget macht es wenig Vergnügen.

Außerhalb des Zentrums

NØRREBRO: Das Stadtviertel liegt im Nordwesten jenseits der Stadtteiche, die im Mittelalter als Trinkwasserreservoir dienten (Wallgräben). Mitte des 19. Jahrhunderts eine ärmliche Arbeitervorstadt, nach dem Krieg wohnten hier überwiegend einkommensschwache Schichten: Rentner, Arbeitslose, Studenten. In den 7oer Jahren gab es heiße Tage mit Hausbesetzungen in der Korsgade, Blågårdsgade und Polizeiräumungen, denn es sollte saniert werden. Wie in den meisten Städten setzten sich die Sanierer durch, heute stehen hier "ordentliche" Wohnblöcke des sozialen Wohnungsbaus mit veränderter Mieterstruktur.

ASSISTENS KIRKEGÅRD (18. Jh.): an der Nørrebrogade. Der große Prominentenfriedhof mit den Gräbern u.a. des Märchendichters H.C. Andersen, des Philosphen Søren Kierkegaard, des Physikers H.C. Ørsted, des Atomphysikers Niels Bohr und des sozialkritischen Schriftstellers M. Andersen Nexø.

VESTERBRO: Stadtteil südwestlich des Zentrums. Verrufen und gescholten als Amüsierviertel, das hinter dem Hauptbahnhof beginnt. Stadtauswärts mischen sich ganz normale Geschäfte und Wohnviertel mit hohem Ausländeranteil.

Die Touristenbusse steuern meist die CARLSBERG BRAUEREI an. Das riesige Gelände der dänischen Brauerei zeigt ein interessantes Stück industrieller Baukultur des 19. Jahrhunderts. Daß Firmengründer Carl und Ottilie Jakobsen nicht nur die Bierumsätze, sondern auch Kunst im Kopf hatten, zeigt das Eingangsportal. Übrigens die Hakenkreuze auf den großen Elefanten am Eingang und an diversen anderen Stellen haben nichts mit Nazitum zu tun, sondern wurden im ursprünglichen Sinne als uraltes Symbol von religiöser Bedeutung angebracht.

Die Villa des Brauereigründers, der einen bedeutenden Kunstfond gegründet hat, im Ny Carlsbergvej. Das CARLSBERG MUSEUM (Valby Langgade 1) erinnert an den Gründer Jakobsen. Werkswohnungen der Brauereiarbeiter noch erhalten. Brauereibesichtigung und Kostprobe siehe Museen.

FREDERIKSBERG: im Westen, 85.ooo Einwohner. Eine Enklave in Kopenhagen? Tatsächlich ist es eine eigene Kommune mitten in der Metropole. Man muß schon genau hinsehen, um das Stadtschild nicht zu verpassen. In Frederiksberg, das damals noch vor den Toren Kopenhagens lag, baute im 17. Jh. Frederik IV. sein modernes <u>Schloss</u> mit Marmorbad. Man braust über die Ausfallstraße nach Roskilde direkt daran vorbei. In dem abblätternden gelben Bau residiert heute das Militär.

Nebenan der <u>FREDERIKSBERG ZOO</u> mit markantem Aussichtsturm von 19o5. Anschließend ein großer Park.

Frederiksberg war früher einmal die "Feine-Leute-Gegend" mit großen Villen und viel Grün. Das hat sich mittlerweile etwas geändert. Konservativ ist es wohl geblieben, und auf den niedrigeren Steuersatz als Kopenhagen ist man heute noch stolz.

AMAGER: im Süden, heute Vorstadt von Kopenhagen mit Uni, dem Hauptflughafen Dänemarks Kastrup und einem großen Naturschutzareal. Touristisch ist das Städtchen Dragør interessant.

Die Insel Amager verdankt ihre fruchtbaren Böden der Eiszeit, als große Schmelzwasserflüsse den heutigen Øresund bildeten. Wo die Strömung besonders gering war, lagerten sich Lehmpartikel ab und bildeten so Amager. König Christian II. stellte 1521 die Insel holländischen Bauern zur Verfügung, die Gemüse für den Königshof anbauen sollten und Überschüsse in der Stadt am Amagertorv verkauften. Heute noch wird trotz Einflugschneise auf Amager Gemüse angebaut, teilweise in Treibhäusern.

<u>DRAGØR</u>: Das alte Fischerörtchen steht im Kern unter Denkmalschutz. Kleine gelbe Puppenstubenhäuser mit Stockrosen neben den bunten Türen, Schlagläden, alles blitzblank und gepflegt. Stilechtes Kopfsteinpflaster in den nur karrenbreiten Gassen.

Durch die Hauptstraße <u>Kongegade</u> ziehen Urlauber. In den Seitengassen wird es deutlich ruhiger. Viel Atmosphäre um den lebhaften Hafen, ein paar kleine Fischkutter am Kai verkaufen Dorsch, Schollen und Flundern.

Daß Dragør mal drittgrößte Schiffahrtstadt Dänemarks war, kann man heute kaum mehr glauben. Der Dornröschenschlaf von Dragør begann mit dem Ende der Segelschiff-Ära. Heute ist Dragør durch die Nähe zur City eine attraktive Wohngegend.

<u>HEIMATMUSEUM</u> im ältesten Haus der Stadt (Segelschiffsmodelle, Gerätschaften, putzige Wohnstube mit "Himmelbett" und Wiege).

"<u>Hotel Dragør Kro</u>", in der Fußgängerzone. Anno 1721, viel Atmosphäre. In dem ruhigen Innenhof baumeln noch die Flaschenzüge, Fisch in allen Varianten. Bachforelle ca. 25 DM, Tintenfisch, auch Fleisch.

"<u>Dragør Strandhotel/Restaurant</u>", beste Lage am Hafen, Glasveranda, unbequeme Gartenstühle. Pizzen, Fisch und Fleisch.

<u>Busverbindung</u> nach Kopenhagen ca. 3o-4o Min.

Die Palette an Museen ist beachtlich. Viele sind montags geschlossen. Neueste Öffnungszeiten und Preise in der Broschüre "Stadtführer Kopenhagen", kostenlos im Touristenbüro.

Ebenfalls kostenlos die Broschüre "Copenhagen this Week", die neben Preisen und Öffnungszeiten auch die jeweiligen Verkehrsmittel zum Museum auflistet.

Gratis-Eintritt bei den meisten der Museen mit der "Copenhagen Card" (siehe Kapitel "Transport in Kopenhagen"). Darüber hinaus beinhaltet die Card auch den Transport mit öffentlichen Verkehrsmitteln zum jeweiligen Museum.

Kinder sind entweder gratis oder haben erheblich verbilligten Eintritt. Studenten fragen nach Ermäßigung.

★Kunst, Kultur

NY CARLSBERG GLYPTOTEK (3): sehr große, lohnende Ausstellung. Guter Bestand an Skulpturen des Franzosen Degas, viele Renoirs. Der berühmte Absinthtrinker von Manet (der für Eklat sorgte, denn zu revolutionär und realistisch waren Thema und Darstellung). Ägyptische, griechische und römische Skulpturen. Allein die Palmenhalle mit Goldfischteich und "Karnickelbrunnen" lohnt einen Blick, schöner Platz zum Ausruhen. Übrigens: für Fußmüde gibt es Klappstühle zum Mit-Tragen. Der Bierbrauer Carl Jakobsen posiert als Spender der Sammlung neben dem Architekten auf dem bunten Fries hinter den Palmen. 19o6 kam die Glasüberdachung hinzu.

Adresse: Dantes Plads neben Tivoli. Offen: tägl. außer Mo. 1o-16 Uhr. Eintritt: 4 DM. Mi. und So. frei.

THORVALDSEN MUSEUM (18): Fülle von Skulpturen und Kunstwerken des Bildhauers Bertel Thorvaldsen (177o-1844). Gips- und Marmorstatuen. Alles was in Europa und Dänemark Rang und Namen hatte, ließ sich von ihm porträtieren. Im Saal 21 die diversen Porträtbüsten, realistisch und ungeschönt auch mal mit Doppelkinn, u.a. die Königsfamilie. Sein Bestseller wurde die überlebensgroße Christusstatue. Interessant die Arbeitsschritte von der Tonform, Gipsfigur bis zur Herstellung der Marmorbüste zu verfolgen.

Als sich Thorvaldsen nach 41 Auslandsjahren in Rom endlich bewegen ließ, nach Dänemark zurückzukommen, wurde ihm ein triumphaler Empfang bereitet. Er vermachte seine Kunstwerke und sein Vermögen der

Stadt Kopenhagen. Der Architekt Bindesbøll baute das passende Museum dafür, 1848 wurde es eingeweiht, Thorvaldsen selbst wurde in seinem Museum bestattet. Der Name Thorvaldsen und seine Bilderbuchkarriere vom "Arme-Leute-Kind" bis zum Superkünstler, bei dem Papst und Könige bestellten, ließen sich gut vermarkten (Haarwasser, Schokoladen etc.).

Adresse: Porthusgade 2. Offen: tägl. außer Mo. 1o-17 Uhr. Gratis.

CHRISTIAN VIII. PALAIS: In dem Schloßpalast, der heute vom Kronprinzen bewohnt wird, residierte 18o5-48 König Christian VIII. In einem Teil der Räume sind Zimmer früherer Könige rekonstruiert. So das Eßzimmer Christians X., in dem das Silber auf der Hochzeitstafel funkelt, oder das Arbeitszimmer König Frederik VIII. von 1869.

Adresse: Schloß Amalienborg. Offen: Mai bis Ende Oktober tägl. 11-16 Uhr, sonst Mo. geschlossen. Eintritt 9 DM.

ARKEN-MUSEUM FÜR MODERNE KUNST: das moderne Museum, das 1996 eingeweiht wurde, als Kopenhagen Kulturstadt war, ist zu einem Gesamtkunstwerk aus Architektur, Kultur und Natur geworden. Mit der futuristischen Konstruktion schuf der 33-jährige Architekt Søren Robert Lund ein Gebäude der Weltklasse. Die langen Flure erinnern an das Innere eines Schiffs und die "Axis" hat Dimensionen von zwei Fußballfeldern. Hier finden Ausstellungen und Konzerte statt. Offen: täglich außer Montag

Adresse: Ishøj Strandpark, 1oo Skovvej, S-Bahn, Buslinie 128. Eintritt 1o DM.

STAATLICHES KUNSTMUSEUM (Statens Museum for Kunst) (43): alte niederländische und italienische Meister des 13.-18. Jh. Dänische Malerei, moderne dänische und europäische Kunst.

Adresse: Sølvgade 48-5o. Offen: täglich außer Mo. 1o-16.3o Uhr, Mi. bis 21 Uhr. Eintritt: 8 DM.

DIE HIRSCHSPRUNGSCHE SAMMLUNG (44): dänische Kunst/Malerei des 19./2o. Jh., Skagen Maler, Fünen Maler u.a.

Adresse: Stockholmsgade 2o. Hinterm Botanischen Garten. Offen: täglich außer Dienstag 11 - 16 Uhr. Mittwoch bis 21 Uhr. Eintritt: 5 DM.

KUNSTINDUSTRIE-MUSEUM (56): Im Rokoko-Gebäude, das einst als Krankenhaus erbaut wurde. Große Sammlung von Mobiliar aus der Renaissance bis zu modernen Sofas und Stühlen. Chronologisch geordnet. Porzellan aus Meißen und aus der Königlichen Manufaktur. Gebrauchsdesign vom Himmelbett, Bügeleisen bis zur ersten Fingerbürste aus Plastik.

Adresse: Bredgade 68. Offen: Di.-Sa. 1o-16 Uhr, So. 13-16 Uhr. Eintritt: 9 DM. Häufig Sonderausstellungen, dann teurer.

GAMMEL DOK: Zentrum für Architektur und dänisches Design. Im

1. Stock finden Ausstellungen statt.

Adresse: Strandgade 27 B. Geöffnet: 1o-17 Uhr. Eintritt: 5 DM.

THEATERMUSEUM (16): zeigt die dänische Theatergeschichte.

Adresse: Christiansborg Ridebane 18. Kurze Öffnungszeiten, vorher im Touristenbüro abklären. Eintritt: 5 DM.

PUPPENTHEATER MUSEUM (Priors Dukketeatermuseet)

Adresse: Købmagergade 52. Offen: tägl. außer Di., Sa./So. 12.3o-17 Uhr. Eintritt 2,5o DM, Kinder 1 DM.

MUSIKHISTORISCHES MUSEUM (34): Sammlung von historischen Musikinstrumenten.

Adresse: Åbenrå 3o. Offen: Mai bis September tägl. außer Do. 13-16 Uhr. Sonst auch Fr. geschlossen. Eintritt: 4 DM.

FILMMUSEUM (Det danske Filmmuseum) (63): umfangreiches Filmarchiv mit Kino und Vorstellungen.

Adresse: Gothersgade 55. Offen: Mo./Di., Do./Fr. 12-16 Uhr. Freier Eintritt.

✦ Geschichte, Waffen, Seefahrt

NATIONALMUSEUM (13): die wichtigsten und wertvollsten Funde Dänemarks aus Vorgeschichte, Wikingerzeit und Mittelalter, u.a. der berühmte bronzezeitliche Sonnenwagen aus Trundholm (ca. 6o cm lang). Enorm große Sammlung quer durch die Jahrhunderte und Sparten. Antiken-, Münz- und volkskundliche Sammlung. Nach Umbau und Vergrößerung modern präsentiert.

Im Nationalmuseum auch ein Museum für Kinder: Originalgetreu nachgefertigte Exponate zum Anfassen und Spielen, u.a. eine Schulklasse von 19oo, ein Wikinger-Handelsplatz, eine mittelalterliche dänische Burg etc.

Adresse: Frederiksholms Kanal 12. Offen: tägl. außer Mo. 1o-17 Uhr. Eintritt 8 DM. Kinder unter 16 Jahren gratis.

STADTMUSEUM & SØREN KIERKEGAARD SAMMLUNG (Københavns Bymuseum) (12): In über 2o Räumen wird die Stadtentwicklung gezeigt. Interessant, wie dörflich die Landeshauptstadt um 15oo aussah, zu sehen im Stadtmodell. Auf den damaligen Wassergräben verlaufen heute die Verkehrsachsen Vest- und Nørrevoldgade. Dokumentiert wird auch der Bau der Festungsanlagen und vieles mehr zur Stadtgeschichte, - ein Museum, das nicht nur für Spezialisten lohnt. Des weiteren ist ein eigener Raum dem berühmten dänischen Philosophen Søren Kierkegaard gewidmet.

Adresse: Vesterbrogade 59. Offen: tägl. außer Mo., Mai bis Sept. 1o-16 Uhr, Oktober bis April 13-16 Uhr. Gratis.

KOPENHAGEN ZUR JAHRHUNDERTWENDE (nebenan, 1oo m in der Absalonsgade): Von der Gaslaterne bis zum stilechten Telefon, Hydranten und Kopfsteinpflaster; ein Spot vergangener Zeiten.

FREILICHTMUSEUM (Frilandsmuseet): Viele historische Häuser aus ganz Dänemark wurden hier zusammengetragen. Bauernhöfe mit Inneneinrichtung spiegeln das Landleben der letzten Jahrhunderte wider. Auch eine Windmühle gehört zur Dorfidylle. Wem der lange Rundgang zu anstrengend ist, kann auf die Fahrten im Pferdewagen zurückgreifen.

Adresse: Kongevej 1oo in Lyngby (ca. 8 km nördlich). S-Bahn nach Sorgenfri. Offen: 3o.3.-3o.9. tägl. außer Mo. 1o-17 Uhr. Oktober bzw. Herbstferien 1o-16 Uhr. Eintritt: 8 DM.

ZEUGHAUS (Tøjhusmuseet) (14): eine der umfangreichsten Waffensammlungen der Welt. Nur 1o % des gesamten Bestandes können in der 163 m langen Renaissance-Halle ausgestellt werden: Kanonen, Gewehre, Rüstungen, aber auch Jagdwaffen der Könige. Richtige Schmuckstücke sind darunter, meist Gastgeschenke. Im Innenhof plätscherte früher das Wasser. Hier ankerte die Kriegsflotte, die sich König Christian IV. am liebsten vom obersten Stock seines Eckturms ansah. Die Schiffe konnten von hier direkt beladen werden. Nebenan lag übrigens gleich die Brauerei, die Soldaten schluckten damals ganz ordentlich.

Adresse: Tøjhusgade 3. Offen: tägl. außer Mo. 12 - 16 Uhr. Eintritt: 5 DM.

MUSEUM DER KÖNIGLICHEN LEIBGARDE (38) (Royal Guards Museum): Viele Uniformen und Waffen.

Adresse: Gothersgade 1oo. Offen: Di. und So. 11-15 Uhr. Freier Eintritt.

KUTSCHENMUSEUM (Kongelige Stalde & Kareter): für Royal-Fans, die sich für die prächtigen Staatskarossen früherer Jahrhunderte interessieren.

Adresse: Schloß Christiansborg. Geöffnet: Mai bis Sept. Fr.-So. 14-16 Uhr, ganzjährig Sa./So. 14-16 Uhr. Eintritt: 4 DM.

L. TUSSAUD'S WACHSFIGURENMUSEUM (5): Über 2oo Wachsfiguren dänischer und ausländischer Persönlichkeiten. Da darf auch die Königsfamilie nicht fehlen.

Adresse: H.C. Andersens Boulevard 22, Eingang vom Rathausplatz. Offen: tägl. 1o-23 Uhr, im Winterhalbjahr 1o-18 Uhr. Eintritt 12 DM.

MARINEMUSEUM (Orlogsmuseet) (65): Im ehemaligen Marine-Lazarett werden Schiffsmodelle, Stiche, Galionsfiguren etc. gezeigt.

Adresse: Overgaden oven Vandet 58 im Stadtteil Christianshavn. Offen: Di.-So. 12-16

Uhr. Eintritt 7 DM.

ZOLLMUSEUM (57) (Toldmuseet): präsentiert die Entwicklung des Zoll-wesens.

Adresse: Amaliegade 44. Offen: Mai bis August Di.-Do. 12-15 Uhr, sonst nur Mitt-woch nachmittags. Eintritt frei.

B & W MUSEUM: zeigt die Entwicklung des Schiffsbau und der Diesel-motoren.

Adresse: Strandgade 4. Offen werktags 1o-13 Uhr. Freier Eintritt.

ARBEITERMUSEUM (Arbejder Museet) (37): illustriert Lebensbedin-gungen und Alltag der Arbeiter der letzten 1oo Jahre. Teils Sonderausstel-lungen. In der "Cafe & Øl-Halle 1892" gibt es Bier, Schnaps und Essen wie früher.

Adresse: Rømersgade 22. Offen: Juli bis Okt. tägl. 1o-17 Uhr, sonst Di. - So. 1o-15 Uhr. Eintritt: 7 DM .

WIDERSTANDSMUSEUM (Frihedsmuseet) (58): unbedingt zu empfeh-len. Informiert über die deutsche Besetzung Dänemarks im 2. Weltkrieg (194o-45) und den Widerstand der dänischen Bevölkerung, der in der zweiten Hälfte der Besatzungszeit sprungartig zunahm. Sachliche Darstel-lung über den passiven Widerstand, Sabotageaktionen, geheime Sender, die erschwerten Lebensbedingungen etc., kurze deutsche Erläuterungen.

Adresse: Churchillparken. Offen: Mai bis Mitte September tägl. außer Mo. 1o-16 Uhr, sonst 11-15 Uhr. Eintritt: gratis.

✦Technik, Geologie, Biologie, Zoologie

TYCHO BRAHE PLANETARIUM (11): Besuch lohnt. Stündlich werden Omnimax-Filme gezeigt: in einem Spezialverfahren aufgenommen, erge-ben sie in Projektion auf Halbkugel eine dreidimensionale Wirkung. Durch Lichtpunkte entsteht ein künstlicher Sternenhimmel. Insgesamt kann der Projektor rund 4.ooo Sterne an den Himmel projizieren. Zugleich emp-fehlenswerte Filme, so "Rejse i Rummet" (Reise ins Universum), inkl. Kopfhörer und englische Erläuterung. In der Vorhalle Ausstellung zum Universum.

Adresse: Gl. Kongevej 1o. Offen: tägl. 1o.3o-21 Uhr. Vorführung 1o DM, abends teurer.

EKSPERIMENTARIUM: ein Museum der "neuen Generation" - Wissen-schaft zum Anfassen, Learning-by-doing heißt die Devise. 3oo Experi-mente quer durch alle Wissenschaftssparten, vom Streitgespräch per Com-puter mit Sokrates über Fragen der Ethik bis hin zum endoskopischen Experiment am Gummiknie. Genügend Zeit einplanen, es gibt viel zu tun.

Adresse: nördlich Kopenhagen in Hellerup, Tuborg Havnevej 7, direkt neben der Tuborg-Brauerei, die auch die Räumlichkeiten stellte. Bus Nr. 6. Offen: ganzjährig tägl. 1o-17 Uhr, zur Saison Mo.-Do. 9-21 Uhr. Eintritt: 17 DM, Kinder 12 DM. Familienkarte.

POST- UND TELEGRAFENMUSEUM (25): Exponate zum Thema, z.B. alte Telefonapparate etc. sowie Briefmarkensammlung.

Adresse: Valkendorfsgade 9. Offen: tägl. außer Mo. 13-16 Uhr, im Winterhalbjahr nur 4 x die Woche. Eintritt frei.

TELEFON-MUSEUM: Für Telefonfreaks gibt's Apparate zu sehen von Beginn der Bell-Erfindung bis heute.

Adresse: Hellerup, Svanemøllevej 112 A, zu erreichen ab Kopenhagen mit Bus Nr. 1. Öffnungszeiten im Kopenhagen-TI erfragen, da nur ca. 2 x /Woche. Eintritt: gratis.

HT-MUSEUM: ausgestellt sind alte Straßenbahnen und Busse Kopenhagens.

Adresse: Rødovre, Islevdalvej 119. Geöffnet unregelmäßig, beim TI nachfragen.

GEOLOGISCHES MUSEUM (42): Lohnend für Spezialisten: Versteinerungen und Mineralien Dänemarks einschließlich Grönlands.

Adresse: Øster Voldgade 5-7. Offen: tägl. außer Montag 13-16 Uhr. Eintritt frei.

ZOO (Zoologisk Have): Viele exotische Tiere, bestens für den Besuch mit Kindern geeignet. Cafeteria, Kinder Spielplatz.

Adresse: Roskildevej 32, im westlichen Stadtbereich. Offen tägl. 9-16/18 Uhr, Eintritt 1o DM, Kinder 5 DM.

DANMARKS AKVARIUM: Aquarien mit rund 3.ooo Fischen aus allen Teilen der Welt.

Adresse: Charlottenlund, Strandveien. Liegt nördlich vom Stadtzentrum und zu erreichen mit Bus Nr. 6. Geöffnet: tägl. 1o-18 Uhr, Eintritt: 1o DM.

Sonstiges

TABACCOMUSEUM: Der Besitzer des renommierten Pfeifengeschäfts W. Ø. Larsen hat hier vieles ausgestellt, was mit dem blauen Dunst zusammenhängt.

Adresse: Amagertorv 9 in der Fußgängerzone. Offen: zu den üblichen Geschäftszeiten. Eintritt frei.

RIPLEYS BELIERE IT OR NOT (25): Das Museum präsentiert die unglaublichsten Kuriositäten.

Adresse: Rådhuspladsen 57. Offen: täglich 1o - 22 Uhr. Eintritt: 12 DM.

EROTIKMUSEUM (Museum Erotica): Das 1992 eröffnete Museum gibt Einblick ins Liebesleben von der Antike bis zur Gegenwart, in Lebensbedingungen der Prostituierten in Kopenhagens Vergangenheit bis zur Entstehung pornographischer Filme.

Adresse: Købmagergade 24. Offen: Mai bis Sept. tägl. 1o-23 Uhr, sonst 11-2o Uhr. Eintritt: runde 12 DM.

CARLSBERG MUSEUM: Erinnerungsstätte für den großen Kunstmäzen und Bierbrauer (siehe auch Ny Carlsberg Glyptotek).

Adresse: Valby Langgade 1. Offen werktags 1o- 15 Uhr, Eintritt frei.

GUINNESS-WORLD OF RECORDS: In diesem Museum ist all das vertreten, was man sich nicht vorstellen kann: der dickste Mann, die kleinste Frau, der Hase mit den längsten Ohren, der größte Kohl, die schnellsten Surfer, ein unglaublich hungriger Eisenfresser etc. Alles sehr anschaulich präsentiert. Deutschsprachige Erklärung geben lassen.

Adresse: Østergade, Fußgängerzone nahe Nytorv. Offen: tägl. 1o-18 Uhr, Juni bis Aug. 1o-22 Uhr. Eintritt 12 DM.

Brauereibesichtigungen

BRAUEREI CARLSBERG: Ny Carlsbergvej 14o im Stadtviertel Vesterbro. Mo.-Fr. zwei Führungen täglich.

BRAUEREI TUBORG: Strandvejen 54, in Hellerup im Norden von Kopenhagen. Mo.-Fr. drei Führungen.

 **UNTERKUNFT IN KOPENHAGEN**
Sehr großes Angebot, doch auch große Nachfrage. Engpässe bestehen allenfalls Ende Juni/August, im allgemeinen kein Bettennotstand. Es empfiehlt sich, gleich eine der Zimmervermittlungen anzusteuern:

ZIMMERVERMITTLUNG im Touristenbüro Bernstorffsgade 1. Die Leute sind fit, sprechen deutsch und sind auf großen Andrang eingestellt. Preiskategorie und spezielle Wünsche nennen, kleine Vermittlungsgebühr. Kaution wird beim Endbetrag angerechnet.

Manchmal bieten Hotels auch Sonderangebote an, wenn das Hotel z.B. nicht ausgelastet ist, kann man ein 2oo-DM-Zimmer u.U. für die Hälfte bekommen.

USE IT: Im Jugend- und Kulturtreff Huset, Rådhusstræde 13, Seitenstraße von Strøget. Kostenlose Zimmervermittlung und beste Adresse für Leute mit kleinem Geldbeutel. Privatzimmer hier schon ab 3o DM im Einzelzimmer, 5o-6o DM das DZ. Obwohl Use it auf Jugendliche eingestellt ist, werden Unterkünfte für jedes Alter und jeden Wunsch vermittelt (z.B. mit Küchenbenutzung). Sprechen deutsch und englisch. Offen: Juni bis September tägl. 9-19 Uhr, sonst Mo.-Fr. 1o-16 Uhr.

Eine Art Mitwohnzentrale "H.A.Y.4 U", Kronprinsensgade 1o im Zentrum (Tel. 33 33 o8 o5). Vermittelt Zimmer, Wohnungen, Villen unterschiedlichster Größe, Ausstattung bspw. wenn der Besitzer in Urlaub ist, aber seine Wohnung in der Zwischenzeit vermieten möchte. Von einer Nacht bis zu mehreren Wochen. Ein-/Auscheck über die Zentrale, die eine Vermittlungsprovision kassiert.

Privatzimmer sind durchaus keine Seltenheit, auch für eine Nacht o.k. Wenn man Glück hat sogar recht zentral, manchmal auch Möglichkeit sich einen Kaffee zu kochen. Preislich zwischen Jugendherberge und Hotel.

Hotels: Preislich ab 12o DM im DZ, dann ohne eigenes Bad oder Dusche. Nach oben hin sind kaum Grenzen gesetzt. Unsere Preise sind als Richtwerte zu verstehen.

Gleich hinterm Bahnhof im Stadtviertel Vesterbro ein ganzer Schwung Hotels. Große typische Stadthotels in alten Prachtbauten, innen modernisiert. Vorteil: nahe zu Bahnhof und Stadtzentrum, aber auch im "Rotlicht Bereich", was nicht jedem gefällt. Z.B.

"**Saga Hotel**", Colbjørnsensgade 18-2o. Ca. 8o Zimmer mit und ohne Dusche. DZ ab 1oo DM inkl. Frühstück.

"**Selandia Hotel**", Helgolandsgade 12, nur zwei Straßen hinterm Bahnhof. 8o funktionale Zimmer mit oder ohne Bad, aber mit Tel. und TV. DZ ohne Privatbad 14o DM inkl. Frühstück.

"**Ibsens Hotel**", 23, Vendersgade. Empfehlenswert. Relativ zentrale Lage westlich des Fußgängerzonenbereichs und jeweils 1 km von Tivoli und Kongens Nytorv. Gutes Preis/Leistungsverhältnis, darum schnell ausgebucht. 94 Betten. Ordentliche Zimmer ohne Bad. DZ inkl. Frühstück 125 DM.

"**Sømandshjemmet Bethel**", Nyhavn 22. Eine bessere Lage gibt es kaum: direkt am Nyhavn, dem gemütlichen, pulsierenden Zentrum der City. 4o Betten. Zweckmäßige Zimmer älteren Datums, aber mit Bad und WC. Einfache Cafeteria.

"**Hotel Kong Arthur**", Nørre Søgade 11. Relativ zentral westlich des Fußgängerbereichs nahe Peblingesø. Komfortables Hotel, dessen Hauptgebäude auf das Jahr 1882 zurückgeht. In den 8oer völlig modernisiert und erweitert. 1o7 geräumige Zimmer mit Schreibtisch, Bad und WC. Mehrere Suiten. Frühstücksraum im Wintergartenstil. Hotelparkplatz. DZ mit Frühstück ab 285 DM.

"**Hotel Opera**", Tordenskjoldsgade 15. Mitten im Zentrum. 3 Minuten von Kongens Nytorv. 87 Zimmer und einige Suiten, etwas dunkel schwer im "english style". Aller Komfort. DZ ab 17o DM mit Frühstück. Restaurant, Bar.

"**Hotel Excelsior**", Colbjørnsensgade 4 in Vesterbro, nur eine Straße vom Bahnhof entfernt. 1oo ganz moderne Zimmer in hellen Tönen. Das ganze Hotel ist modern, etwas "kühl" gestylt. DZ ab 15o DM.

"**Hotel Danmark**", Vester Voldgade 89. 6-stöckiges Hotel an der breiten Hauptverkehrsachse zwischen Nationalmuseum und Rathaus. 5o moderne Zimmer in freundlichen Farben mit Bad, TV, Tel. Tiefgarage. Sitzgelegenheit und Schreibtisch. DZ mit Frühst. ab 21o DM.

"**Hotel Ascot**", Studiestræde 61. Zwei Straßen westlich vom Tivoli. Gelungene Kombination aus altem herrschaftlichem Stadthaus und modernem Komfort. 24o Betten, Zimmer mit Bad oder Dusche. DZ ab 22o DM. Aber wenn schon, denn schon: sehr schön und individuell geschmackvoll ausgestattet sind die Penthouse Appartements mit Kochmöglichkeit und allem Zubehör. Einige mit kleiner Dachterrasse hoch über Kopenhagens Dächern. Hotelparkplatz. Preis: ab 3oo DM/Tag.

"**Mayfair Hotel**", Helgolandsgade 3. Zwei Straßen hinterm Bahnhof. Großes, seriöses Hotel mit etwa 1oo Zimmer und einige Suiten im englischen Stil, aber nicht erdrückend. Freundlicher heller Frühstücksraum. DZ ab 23o DM.

"**Hotel Christian IV.**", Dronningens Tværgade 45. Modernes Hotel in schöner Lage. Ein paar Minuten zum Kongens Nytorv, der öffentliche Park Kongens Have mit Schloß Rosenborg praktisch gegenüber. 42 geräumige Zimmer ganz in Blau, modern und zweckmäßig mit Bad, Tel., TV. DZ ab 225 DM.

"**Hotel Sophie Amalie**". Sankt Annæ Plads 21. Sehr gute Lage zwischen Nyhavn und Amalienborg Schloß, die Hafenpromenade ums Eck. Sehr großer, nüchterner Hotelbau. 134 Zimmer und Suiten geschmackvoll, modern möbliert und angenehm hell. Bad, Telefon, TV selbstverständlich. DZ ab 22o DM.

"**Copenhagen Admiral Hotel**", direkt neben der Norwegen Fähre Toldbodgade 24. Pfiffige Idee: modern im ehemaligen Packhaus, die alten Balken teilweise integriert. Die Zimmer sind etwas dunkel durch die kleinen Ladeluken, dafür moderne Ausstattung. DZ 25o DM.

"**Hotel 71**", am Nyhavn 71. Ebenfalls im ehemaligen Lagerhaus. Moderne Innenausstattung. Gehört zur Romantikkette, das spricht für Behaglichkeit. DZ nur für einige wenige zahlbar, ab 35o DM.

JUGENDHERBERGEN und ähnliches. Mehrere Jugendherbergen (Vandrerhjem); sicherheitshalber im Use It (Huset) oder Touristenbüro fragen (lassen), ob Platz ist:

Juhe

Københavns Vandrerhjem Bellahøj, in Brønshøj, Herbergsvejen 8. 5-6 km westlich Zentrum relativ im Grünen. Busverbindung 2o Min. Stadtnächste Jugendherberge. 3oo Personen. Geschlossen 15.1.-1.3.

Københavns Vandrerhjem Amager, Sjællandsbroen 55 auf der Insel Amager. 4 km südöstlich des Zentrums. 3o Min. Busfahrt. 144 Familienzimmer, 2- bis 5-Bett-Zimmer. Cafeteria. Gästeküche. Offen: 15.1.-1.12. Ca. 22 DM/Person

Lyngby Vandrerhjem, Rådvad 1 in Kgs. Lyngby. 15 km nördlich des Zentrums. S-Bahn bis Lyngby Station, dann Bus nach Hjortekær, dann 15 Min. zu Fuß. 94 Betten, die Hälfte in Familienzimmern. Gästeküche. Offen: ganzjährig, ca. 2o DM/Person.

City Public Hostel, Absalonsgade 8 in Vesterbro. Stadtnah. Jugendherbergsstil, hier kein Mitgliedsausweis erforderlich. 2oo Betten in großen Schlafräumen. Übernachtung mit Frühstück 3o DM/Person. Offen: 5.5.-21.8.

Copenhagen Sleep In, Blegdamsvej 132, nördlich des Zentrums im Stadtteil Østerbro am Rande des großen Fælledparken. Eine jugendherbergsähnliche Unterkunft. 45o

Betten in 4er Zimmern. Schlafsack nötig. Duschen. Übernachtung ca. 2o DM. Offen: Ende/Juni bis Ende August.

YMCA, preiswerte Übernachtungsmöglichkeit, die vom dänischen CVJM betrieben wird. St. Kannikestraede 19, offen: 1.7.-14.8. - Valdemarsgade 15 in Vesterbro, offen: Mitte Juli bis Mitte August.

 Preiswerte Übernachtungsalternative für mehrere Personen sind die Hütten auf den **Campingplätzen**. Für 4-5 Personen, Kochmöglichkeit und man benutzt die Sanitäranlagen des Campingplatzes. Siehe nachfolgend.

* Bellahøj Camping: stadtnächster Platz im Nordwesten. Hvidkildevej auf einem Hügel. Sehr einfache Sanitäranlagen, keine Hütten. Im Sommer schnell belegt. Busverbindung. 45o Einheiten. Offen: Juni bis August.

** Tangloppen Camping: Ishøj Havn im Süden im Ortsteil Ishøj (Autobahnausfahrt). Schönster Platz im Sommer: Klein, auf einer künstlichen langgestreckten Halbinsel, Surf-, Bademöglichkeit in der Nähe. Man hört und sieht die Großstadt kaum, trotzdem bequem per S-Bahn erreichbar (Linie Hillerød-Hundige bzw. Køge). 1o5 Einheiten, einige moderne Hütten. Moderne Sanitärs. Kleiner Laden. Offen: Ende April bis Anf. Sept.

** Absalon Camping: Korsdalsvej in Rødovre, im Westen nahe Autobahn. Aus Kopenhagen kommend via Roskildevej zu erreichen. Per S-Bahn (Station Brøndbyøster Linie Høje-Taastrup - Holte B.) 15 Min. ins Zentrum bis Hbf. Für die Nähe zur Autobahn, S-Bahn und Ausfallstraße relativ ruhig, aber nicht idyllisch. Von Bäumen eingerahmte Wiesenplätze. Einkaufsmöglichkeit auf dem Platz, Superläden in nächster Nähe. Viele kleine Campinghütten (max. 5 Pers.) mit Heizung. Vorher anrufen und reservieren lassen. Zum Mietpreis kommt die Campingplatzgebühr noch hinzu. 68o Stellplätze. Ganzjährig offen.

Wohnmobilstellplatz Kalvebod Brygge: Direkt am Kai wird für Wohnmobile im Sommer ein großer Platz mit Sanitäreinrichtungen, Stromanschluß und Entsorgung eingerichtet. Allerdings sehr laut unmittelbar an der stark befahrenen Straße Kalvebod Brygge. Über die breite Bernstorffsgade sind es gerade 5oo m zum Tivoli. Offen: Mai bis August tägl. 7-22 Uhr, Pauschalpreis 3o DM.

 Kopenhagen bietet kulinarisch eine unglaubliche Bandbreite, vom Straßenimbiß am "Pølsevogn", Gyrosverkaufsständen und Mac dingsda, über kuschelige und stilvolle Restaurants bis zum kulinarischen Luxustempel. Neben Indern, Mexikanern, Griechen etc. aber auch vieles was unter den Begriff "typisch dänisch" fällt.

Berühmt ist Kopenhagen für seine hoch aufgetürmten **Smørrebrøder**, die wenig mit unserem "Butterbrot" zu tun haben. Smørrebrøder sind wahre Kunstwerke für Auge und Gaumen. Sie werden zu jeder Tageszeit gegessen (angefangen wird immer mit Fisch). Siehe auch Kapitel "Essen und Trinken".

"IDA DAVIDSEN", Store Kongensgade 7o (Seitenstraße Kongens Nytorv). Die Kochmütze als Ausleger weist auf die köstlichsten Smørrebrøder hin, kreiert von einer examinierten "Smørrebrød Jomfru", nach wie vor Familienbetrieb in der 4. Generation. Der "Smørebrødseddel" bietet 177 verschiedene Varianten, jeweils mit drei verschiedenen Unterlagen zur Wahl.

"SEEPAVILLONEN", Gyldenløvesgade/Brücke. D a s Smørrebrød-Restaurant schlechthin. Ein verspielt weißer Pavillon vergangener Tage mit Pontonterrasse im Peblingesø (früher Trinkwasserreservat). Innen luftig mit modernen Gemälden. Am schönsten die Tische mit Blick zum See.

"KANAL KAFEEN", Frederiksholms Kanal 18. Nahe Nationalmuseum und Schloß Christiansborg. Ganz nett im Souterrain, viele Schiffsmodelle, Marinebilder in allen Varianten an den Wänden. Lange Smørrebrødkarte.

"FÆRGEKROEN", das typisch dänische Restaurant liegt im Tivoli, mit schöner Terrasse am Wasser. Frokostplatte für rund 25 DM.

"SMØRREBRØD BAR", Kronprinsensgade 11, nördlich Strøget. Preiswerte Sachen für zwischendurch zum Mitnehmen.

Mittags zwischen 11 und 16 Uhr (manchmal auch länger) ist **Frokostzeit** (Lunch). Ein köstliches Potpourrie auf einem Teller und im Vergleich zum Abend relativ preiswert (auch hierzu mehr im allgemeinen Kapitel).

Café/Restaurant "SORGENFRI", Brolæggerstræde 8/Ecke Knabrostræde, seitlich Strøget. Etwas düster im Keller, aber urgemütlich mit Karodeckchen auf den kleinen Tischen. Zwischendrin jongliert der Kellner die bekannt guten Frokostplatten. Hier trifft man nicht nur Touristen. Bunt gemischte "Sorgenfri-Platte" ca. 25 DM, auch diverse Smørrebrøder.

Café/Restaurant "PETERSBORG", Bredgade 76. Als Stop auf dem Weg zur Festung. Etwas düster im Souterrain, aber ein recht gutes Frokostlokal.

FISCHRESTAURANTS

Beste Adresse am **Gammel Strand**: hier am Kanal liegen die beiden renommiertesten Lokale gleich gegenüber vom ehemaligen Fischmarkt. Im Sommer stehen Tische und Sonnenschirme auf dem Bürgersteig neben der befahrenen Straße, etwas südländisches Flair. Die Preise der Vorspeise beginnen allerdings dort, wo sonst preiswerte Hauptgerichte enden. Klartext:

In "KROGS FISKERESTAURANT", Gammel Strand 38, ist man schnell mit 1oo DM pro Gedeck dabei, entsprechend betuchtes Publikum.

Das "FISKEHUSET" nebenan bietet eine preiswertere Alternative in der Souterrain Frokostdependance.

Ausgezeichnet ißt man im Fiskekældern "DEN GYLDNE FORTUN", eine Ampel weiter, Ved Stranden 18. Hier beginnen die Preise immerhin schon bei 35 DM.

"FEUERSCHIFF 71" am Nyhavn siehe unten.

Besonders schön sitzt man an warmen Sommertagen am **Nyhavn**. Auf der Sonnenseite liegt ein Restaurant am anderen mit Tischen im Freien ohne Autoabgase, dafür gleich neben den Oldtimer Booten. Eis, Cafe und Kuchen, exclusive Restaurants, doch alles recht touristisch. Dank der Konkurrenz keine überhöhten Preise.

Gute Salate im "NYHAVN CAFE 33". Große Portionen mit Thunfisch, Hühnchen oder Schafskäse. Der Renner ist der Salat mit Meeresfrüchten um die 15 DM. Kuchenauswahl.

NOSTRADAMUS, innen gemütlich, ein paar Stufen in den Keller. Pizzen und Pasta, auch Fisch und Fleisch.

NYHAVN SKIPPERKROEN, ein Fischrestaurant vom Hummer bis... Ab 35 DM. Frokostplatte 25 DM.

Aber auch am **Gråbrødretorv**, seitlich des Strøget, ein halbes Dutzend Restaurants, die sich im Sommer bis auf den autofreien Platz ausdehnen: für jeden Geldbeutel und Geschmack etwas. Ausgesprochen einheitlicher Platz, der übrigens nach den Franziskanermönchen, den "grauen Brüdern" benannt wurde. Entweder läßt man sich unter der Platane nieder oder in einem der Café/Restaurants:

"PEDER OXSE", renommiertes Mittags- und Abendlokal. Entweder greift man auf die Smørrebrøder zurück (3 Stk. ca. 2o DM), oder wählt abends zwischen Fleisch und Wild je nach Saison mit guten Salaten.

Ein Blick lohnt in die "KNEIPE SPORVEJEN". Einrichtung: eine nostalgische Straßenbahn, mit Griffen zum Festhalten für die Stehplätze an der Theke. Allerdings etwas düster und kein Nichtraucherwagen.

"RIZ RAZ", Kompagnistræde 2o. Modern in zwei Etagen. Gutes Preis-/Leistungsverhältnis. Mittagsbuffet ca. 12 DM, abends 18 DM, Fleisch oder Fisch nach Wunsch extra. Mittelmeerisch angehauchte Küche.

BOOTSRESTAURANTS: Die ehemalige Große-Belt Fähre Sjælland aus den 5oer Jahren ist nun an der Christiansbrygge zur Ruhe gekommen. Kein besonders schöner Blick, doch ein Exklusivrestaurant mit entsprechenden Preisen.

Originell auch das Feuerschiff "FYRSKIB 71" am Nyhavn. An Deck sitzt

man in angenehmer Umgebung, exquisite Fischgerichte (aus der Hotelküche gegenüber), teuer.

CAFÉS

"CAFÉ LA GLACE", Skoubogade 3, kleine Seitenstraße zum Strøget. Alt
ehrwürdige Konditorei im Jugendstillook. Im Fenster locken schon die
marzipanverzierten Torten - bevorzugt vom Typ: ältere Dame mit Hut, hat
aber trotzdem was.

Café/Restaurant "NIKOLAJ" im Seitenschiff der ehemaligen Nikolaj-
kirche (seitlich Amagertorv/Strøget). Modern, jüngeres Publikum, kleine
Gerichte.

AUSSERHALB DES STADTKERNS

Der Stadtteil **Nørrebro** (Nørrebrogade, Fælledvej, St. Hans Torv) ist
nicht so touristisch, eine gute Kneipen- und Bistrogegend, in der man
nicht nur "Touris" trifft.

"CAFÉ AU LAIT", Nørrebrogade. Bistroartig, das Richtige zum Klönen,
Entspannen und Zeitung lesen. Kleine Gerichte und Salate.

"A/S BANENENREPUBLIK", Nørrebrogade. Hier trifft sich die Szene
und andere auf ein Bier, spät abends erst was los. Auf der Galerie gibt's
gutes Essen. Kleine Karte, kleine Portionen, aber lecker.

Frederiksberg: Biergartenromantik im "STADTPARK" beim Zoo wie
zu alten Zeiten. Hinter den Schildern "DEN GAMLE FAMILIE HAVE"
verstecken sich mehrere kleine Gartenlokale. An warmen Sommerabenden
ganz gemütlich.

Christianshavn: Treffpunkt im "CAFÉ WILDER", Sankt Annæ Gade,
Ecke Wildersgade. Touristen sind hier in der Minderzahl, viele junge
Leute von nebenan. Guten Cappuccino, leckere Salate und Snacks.
Preiswerte Gerichte.

WAS IST LOS IN KOPENHAGEN

Aktuelles in folgenden Infoheften oder Zeitung:

COPENHAGEN THIS WEEK: die kostenlose Broschüre erscheint jede
Woche. Beinhaltet das aktuelle Programm von Theater, Ballett, Musik-
und Kunstszene.

USE IT WEEKLY: eine Liste von gratis Veranstaltungen in Kopenhagen.

In der Zeitung POLITIKEN freitags unter der Rubrik "I Byen" nach-
schauen.

Die Zeitung INFORMATION berichtet über aktuelle Veranstaltungen unter
der Rubrik "Tid og Sted".

MUSIK-KALENDEREN: ein Faltblatt, das alle zwei Monate über die aktuellen Musikveranstaltungen informiert.

NACHTLEBEN

Breites Kneipenangebot quer über die Innenstadt verteilt, vom ruhigen Café bis zur Musikkneipe, in der man sein eigenes Wort nicht mehr versteht. Vielfach auch Livemusik (Levende Musik). Vor 21 Uhr tut sich nicht viel. Die meisten Kneipen **Nacht** haben bis morgens um 1 oder 2 Uhr offen, danach wird es **leben** schwierig noch was zu finden.

Meist lohnt ein Blick ins HUSET (Kulturzentrum mit Café, Kneipen, Disco, Kino, Theater, Restaurant "Spisehuset"), Rådhusstræde 13. Im MUSIKCAFEEN ist ab 21 Uhr was los, Eintritt.

"HARD ROCK CAFÉ": Vesterbrogade 3, neben dem Tivolieingang. Für Rock-Fans ein unbedingtes Muß. Hier passen Atmosphäre und Essen.

"PARK": Østerbrogade 79. Bekannter Treffpunkt bei Singles. Hier ist bis in den frühen Morgen etwas los. Disco und an manchen Wochenenden Livemusik.

"SCALA", unter einem Dach gibt es hier einige Kneipen, Discotheken, Restaurants und Kinos. Am Axeltorv.

"BRYGGERIET", Vesterbrogade. Das Ambiente und das selbstgebraute Bier sind einmalig in Kopenhagen. Wer das Geld für einen Liter ausgeben will, bekommt es in einem speziellen Glas serviert. Zu knabbern Spareribs oder original Nürnberger Bratwürste.

MUSIK

Kopenhagen ist besonders musikalisch. Jazz, Pop, Rock, - von "heavy" bis "seicht" ist für jedes Ohr was dabei:

KLASSISCHE KONZERTE: Im Radiohuset spielt mehrmals pro Woche das Dänische Radio Symphony Orchester. Studenten spielen regelmäßig in der Königlich Dänischen Musikakademie, Niels Brocksgade 1. Auch der Konzertsaal des Tivoli bringt Klassik.

JAZZ

Seit Jahrzehnten ist Kopenhagen als die Jazzmetropole Skandinaviens bekannt. Im einstigen Montmartre traten berühmte Musiker wie Stan Getz, Oscar Pettiford, Ben Webster, Dexter Gorden, der Dänemark zu seiner Wahlheimat machte, auf.

Seit 1991 ist das Jazz House (Niels Hemmingsensgade 1o) zu der Topadresse der Jazzfans und Bühne der international bekannten Musiker geworden.

Traditioneller Jazz wird im Jazzkeller Slukefter (Tivoli) gespielt, wo die

Papa Blues Band regelmäßig auftritt.

Bei der älteren Generation ist ebenfalls <u>Fin Zieglers Hjørnet</u> (Vodroffsvej 24 A) bekannt. Das kleine Ecklokal hat 1989 der international bekannte Violinist Fin Ziegler gegründet. Für Jam Sessions, die bis in den frühen Morgen dauern, ist das <u>La Fontaine</u> (Kompagnistræde 11) bekannt. Das <u>Mojo</u> (Løngangsstræde 21 c) hat sich mehr dem Blues verschrieben. Hier wird fast jeden Abend live gespielt.

<u>**Jazzfestival:**</u> Jedes Jahr findet Anfang Juli das internationale Jazzfestival in der City statt. Während der zehn Tage reicht die Bandbreite von Traditionell bis Modern und Freejazz. Mehr als 5oo Konzerte stehen dann auf dem Programm. Auf jedem größeren Platz in der Innenstadt und in den einschlägigen Musikkneipen wird von morgens bis abends gespielt. Eine besonders schöne Kulisse bietet dabei der Nyhavn. Die internationalen Größen treten im Jazz House und Cirkus-Building (Gigant Jazz) auf. Sie zählen zu den teuersten Veranstaltungen, während die vielen Open-Air-Konzerte kostenlos sind.

KINO (BIOGRAFER)

Riesiges Angebot im Zentrum, fast ein Dutzend allein zwischen Rathaus und Bahnhof im Stadtviertel Vesterbro. Meist mehrere Säle unter einem Dach, z.B. im poppig bunten <u>PALAST</u>, einem der größten Kinos Europas am Ende des Axeltorv oder im obersten Stock des <u>SCALA</u>, ein Konsumtempel mit Cafés und Restaurants.

Ins Kino zu gehen ist auch ohne dänische Sprachkenntnisse kein Problem. In Dänemark werden alle Filme im Originalton mit Untertitel gezeigt. Die Preise liegen etwa bei 11 DM am Nachmittag, 15 DM abends. Montag bis Mittwoch billiger. Dann Kartenvorbestellung ratsam.

THEATER

Altehrwürdige Pracht im Königlichen Theater (48) am Kongens Nytorv. Ballett, Oper oder Schauspiel, jeden Abend ab 2o Uhr eine Vorführung (außer sonntags). Es ist unbedingt ratsam, vorab Karten zu bestellen. Daneben gibt es rund zwei Dutzend kleinere Bühnen, Café-Theater und Kleinkunstbühnen. In manchen Theatern auch Vorstellungen auf englisch auf dem Plan. Allerdings in den Sommermonaten vielfach Spielpause.

Der <u>BENNEWEIS ZIRKUS</u> (1o) am Axeltorv gehört zur festen Einrichtung in Kopenhagen. Internationale Artisten, Clowns und Tiere sorgen für Spaß und Spannung. Vorführungen von April bis Oktober.

 ### SHOPPING IN KOPENHAGEN
Dänisches Design, königliches Porzellan, Pfeifen nach eigenen Wünschen angefertigt, ausgefallener Schmuck neben Silber von Weltruf und futuristischen Möbeln, dafür ist die City auch in

Japan und Amerika bekannt.

Alle Renommiergeschäfte befindet sich entlang der <u>SHOPPINGMEILE STRØGET</u>: Kaufhaus Illums (empfehlenswertes Café/Restaurant mit Dachterrasse), Illums Bolighus, Magasin du Nord, - je weiter Richtung Nytorv, desto exklusiver.

In der parallelen <u>Kompagnistrædet</u> massieren sich die Antiquitätenshops; viele haben sich auf Silber, Möbel oder Porzellan spezialisiert. In den Fußgängerstraßen nördlich des Strøget im <u>Latinerviertel</u> wirds preiswerter. Zwischen Kaufhäusern und Boutiquen findet man im Souterrain gut sortierte Comicläden, Antiquariate, Philatelieläden etc.

Als Pause auf einem Bummel empfehlen wir "<u>CAFÉ AMAGERTORV</u>" im obersten Stock des <u>Royal Copenhagen Porzellan Tempels</u> (Amagertorv 8). Publikum: graumelierte Dame mit Hut bis zu Japanern. Die exquisiten Kuchen werden auf königlichem Porzellan serviert, Kaffee und heiße Schokolade in Silberkännchen. Ein sechsteiliges Service für zuhause bekommt man nebenan; allerdings selbst zweite Wahl ganz schön teuer.

Exquisite Geschäfte auch in der Store Kongensgade, durch den Verkehr allerdings kein so entspannender Schaufensterbummel.

<u>LAST MINUTE EINKÄUFE</u>: Abends und sonntags ist der Supermarkt im Hauptbahnhof offen (8-24 Uhr); gute Auswahl, etwas teurer als normal. Oder nach <u>Døgnkiosk-Tageskiosk</u> Ausschau halten, bis spät nachts offen.

Die Ladenkette <u>7 eleven</u> hat rund um die Uhr geöffnet. Bietet eine große Auswahl an Lebensmitteln und Getränken.

Verbindungen ab Kopenhagen

 **Bahn**: Der Hauptbahnhof (1) liegt sehr zentral beim Tivoli und dem Rathausplatz (9).

Ausgezeichnete Zugverbindungen -> Helsingør im Norden alle halbe Stunde. -> Køge im Süden alle halbe Stunde. -> Roskilde 4-6 x stündlich.

Stündlich fährt ein Intercity über Fünen nach Jütland, Platzreservierung nötig. Direktverbindung nach <u>Deutschland</u>, auch Nachtzüge, s. Anreise.

<u>Inter Rail Center</u>: im Bahnhof. Mitte Juni bis Mitte September tagsüber geöffnet, Duschen, Kiosk, Infos.

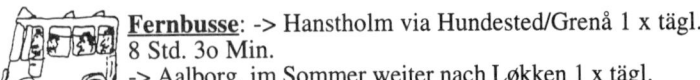 **Fernbusse**: -> Hanstholm via Hundested/Grenå 1 x tägl., 8 Std. 3o Min. -> Aalborg, im Sommer weiter nach Løkken 1 x tägl. -> Århus 2 x tägl., 3 1/2 Std. -> Bornholm via Schweden/Ystadt Abfahrt ab Bernstorffsgade.

-> Schweden, Lund, Abfahrt ab Bernstorffsgade.

-> Puttgarden-Kiel zur Hochsaison 1-2 x tägl., gute 5 Std., Platzbestellung ratsam.

-> Hamburg nach Amsterdam zur HS 3 x / Woche.

Trampen: nicht einfach. Mit Ziel Richtung Westen oder Süden ab Folehaven (Ring II) probieren. Erreicht man mit der S-Bahn bis Station Ellebjerg oder Bus Nr. 16. Mit Ziel Norden, Schweden ab Vibenhus Runddel probieren, Bus Nr. 6.

Mitfahrgelegenheit (Inter Stop) in Dänemark bei weitem nicht so bekannt wie bei uns. Zentrale in der Vesterbrogade 54. Es lohnt sich auch am schwarzen Brett von Use It nachzuschauen, ob Mitfahrgelegenheiten angeboten werden.

Autovermietung: diverse Gesellschaften vermieten Autos an Fahrer ab 2o-25 Jahren. Z.B. Hertz, Ved Vesterport 3, nicht weit vom Bahnhof / S-Bahn-Station.

Fähren: -> Bornholm siehe Inseltransporte.

Nach Schweden: per Hydrofoil (nur für Personen) -> Malmø direkt ab Zentrum Havnegade jede Stunde. -> Malmø Mo.-Sa. 5 x tägl. billiger als Hydrofoil.

Nach Norwegen: jeden Nachmittag um 17 Uhr dröhnt das Schiffshorn der riesigen Norwegenfähre nach Oslo. Ab Kvæsthusbroen.

Nach Polen: Zielhafen Swinoujscie ab Nordre Toldbod 18. Mo.-Sa. 1 x täglich.

Flugzeug: Der Flughafen Kastrup liegt auf Amager südlich der City.

Inlandsflüge -> Jütland (Billund, Esbjerg, Karup, Sønderborg, Thisted, Aalborg, Århus), -> Fünen (Odense) und -> Bornholm.

Angesichts der kurzen Entfernungen und der exzellenten Zugverbindungen lohnt das Fliegen innerhalb Dänemarks in der Regel nicht. Extrazeit vergeht durch die Fahrerei vom Stadtinneren zum Airport, die dortige Wartezeit beim Check-in sowie nach Ankunft am Ziel die Warterei aufs Gepäck.

NORDSEELAND

Es bestehen zwei Möglichkeiten von Kopenhagen nach Helsingør zu fahren und weiter zu den Sandstränden Nordseelands:

1.) Entlang der Küstenstraße, die etwas verheißungsvoll "Riviera" genannt wird. Alle Details im Anschluß.

2.) Schnellverbindung durchs Inland mit einem Schlenker zu den Königsschlössern in Hillerød und Fredensborg. Details ab Seite 448.

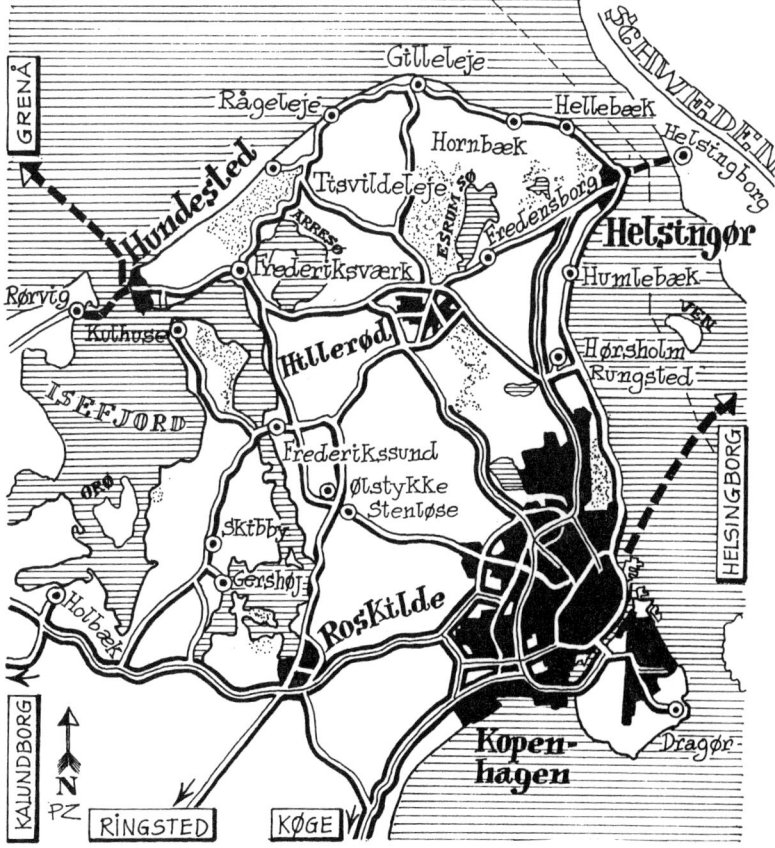

1) Die "Riviera" (Kopenhagen -> Helsingør)

Mittlerweile ein Siedlungsband von 35 km Länge. Die alten Örtchen mit zum Teil hübschen Villen und kleinen Häuschen sind total zusammen-

gewachsen. Jeder Quadratmeter am Ufer ist bebaut, durch die Nähe zu Kopenhagen eine der teuersten und gefragtesten Wohngegenden.

Jachthäfen aller Größen wurden ins Meer rausgebaut. Die Insel Ven und Schweden liegen fast zum Rüberreichen nahe vor der Küste. Am anderen Ufer rauchende Schlote, Kräne. Im Øresund sind viele Schiffe zu beobachten.

Die Bezeichnung "Riviera" ist etwas hochgegriffen: zwar existieren schmale Sandstrände und handtuchbreite Liegeflächen meist unmittelbar neben der Straße, immer wieder auch Bänke und Badestege. Als Urlaubs-Badeküste kann die Riviera dagegen nicht überzeugen. Aber nur wenige Kilometer im Inland findet man die prächtigsten Königsschlösser Dänemarks.

Der gesamte Küstenstreifen liegt im S-Bahn-Netz von Kopenhagen. Die Uferstraße wurde streckenweise direkt am Meer entlang gelegt. Über den Strandvejen verlief früher der Hauptverkehr nach Norden, bis Ende des 18. Jh. der Königsweg weiter im Inland über Schloß Hirschholm die schnellere Verbindung ermöglichte.

HØRSHOLM: entstand im Zusammenhang mit Schloß Hirschholm im 18. Jh. Von dem einst prächtigen, streng symmetrischen Königsschloß sind heute nur noch die Gärten und Stallungen erhalten. Es ist eng mit der Affaire von Königin Caroline Mathilde und Graf Struense verbunden, die sich hierher zurückgezogen, um ungestört ihrer Liebe zu frönen; nach dem tragischen Ende der beiden verfiel das Schloß bzw. wurde abgebrochen.

HØRSHOLM EGNSMUSEUM: Sdr. Jagtvej, im ehemaligen Kreisverwalterhaus. Illustriert die Schlossgeschichte und die Epoche von Königin Caroline Mathilde und ihrer Affaire mit dem deutschen Arzt Graf Struense.

MUSEUM DER JAGD- UND FORSTGESCHICHTE (Danks Jagt-og Skovbrugs museet), Folehavevej 15. In den Stallungen des Hirschholm Schlosses. Offen: Februar bis Nov. Di.-So. 1o-16 Uhr, Sa. 12-16 Uhr. Eintritt 5 DM.

RUNGSTED: Küstensiedlung mit modernem Jachthafen und großem Golfplatz. Im Herrenhaus RUNGSTEDLUND wurde Dänemarks bekannte Schriftstellerin Tania Blixen (eigentlich: Baronin Karen Christence Blixen-Finecke) 1885 geboren; hier lebte sie nach ihrer Rückkehr aus Afrika bis zu ihrem Tod 1962. Ursprünglich war das Gut Rungstedlund ein Gasthof an der alten Hauptverbindung Kopenhagen-> Helsingør. Auf Initiative von Karen Blixen wurde der Park zum Vogelschutzgebiet erklärt. Ihr schlichtes Grab liegt auch im Park.

KAREN BLIXEN MUSEUM: Mit frischen Blumengestecken, so wie Karen Blixen sie liebte, macht das Haus nicht den Eindruck eines Museums. Mit Ausnahme der Jahre in Kenia, wo sie eine Kaffeefarm betrieb, lebte die große dänische Schriftstellerin die meiste Zeit in ihrem Elternhaus. Ihr Arbeitszimmer ist mit Souvenirs aus Afrika dekoriert. Hier hat sie fast alle ihre Werke geschrieben, wovon "Jenseits von Afrika" das bekannteste ist und später verfilmt wurde. Bei einem Rundgang erfährt man aber auch, daß Karen Blixen ein großes Talent als Malerin hatte. Tonbandführung auf Deutsch, ansprechendes Café. Offen: Mai bis September tägl. 1o-17 Uhr. Eintritt: 8 DM.

NIVÅGÅRDS MALERISAMLING, 4 km nördlich von Rungsted. Große private Kunstsammlung mit Werken holländischer, französischer und italienischer Meister, auch einige Dänen des 19. Jahrhunderts. Offen: Di.-Fr. 12-16 Uhr, Sa./So. 11-17 Uhr. Eintritt: 9 DM.

HUMLEBÆK: Im Ortsteil Sletten ahnt man noch, wie die Fischerdörfer an der Øresundküste früher ausgesehen haben. Im engen Kern drängen sich tipptopp in Schuß gepflegte Reetdachhäuser mit Minigärtchen, ein ehemaliges Lagerhaus ist zu einer schicken Wohnung umgebaut.

Schmale, gewundene Gassen: Möglichst das Auto parken und zu Fuß durch den Ort. Wenn auch die Jachten heute im Hafen überwiegen, sind die Fischer doch nicht ganz verdrängt. Reusen, Netze neben parkenden Autos, Fischerverkauf vor den Lagerschuppen. - Ministrand südlich des Hafens.

LOUISIANA-MUSEUM FÜR MODERNE KUNST: Hauptattraktion am Nordrand von Humlebæk. Das international bekannte Museum direkt am Meer erfreut sich großer Beliebtheit. Moderne internationale und dänische Kunst und Grafik wird ausgezeichnet präsentiert.

1958 von Knud W. Jensen gegründet, entstand um eine alte Villa ein modernes Museum, alt und neu hervorragend integriert. Am besten plant man einen ganzen Tag ein und macht es sich nach dem Kunstgenuß im Park (moderne Skulpturen) mit Blick über den Øresund gemütlich, Café/Restaurant, Bademöglichkeit. Wechselausstellungen. Konzerte. Offen: täglich 1o-17 Uhr, Mittwoch bis 22 Uhr. Eintritt 12 DM, Kinder 4 DM. Cafeteria, Buchverkauf.

 "HUMLEBÆK KRO", alter, schön rausgeputzter Fachwerkkro direkt neben der Straße.

"SLETTEN KRO": zwischen Hauptstraße und Hafen, schöne Gartenterrasse.

Restaurant "BAKKEHUSET", Gammel Strandvej 7, auf dem Weg zum Hafen. Bekannt gutes Restaurant mit schöner Terrasse.

Nördlich von Humlebæk fährt man an den guten alten Zeiten vorbei: riedgedeckte Einfamilienhäuser gegenüber vom Meer. Tibberup Mühle die holländische WINDMÜHLE steht heute im Villenviertel. Kunsthandwerk.

In **SNEKKERSTEN**, kurz vor Helsingør, erinnert ein Gedenkstein an den Gasthofbesitzer H.C. Thomsen, der sich im 2.Weltkrieg stark für Nazi-Verfolgte einsetzte und entscheidend dazu beitrug, daß dänische Juden von hier aus nach Schweden verschifft wurden. Er wurde von der Gestapo erwischt und starb im KZ Neuengamme.

Fähre nach Helsingborg/Schweden im Sommer.

Details zu Helsingør ab Seite 453.

2) Kopenhagen -> Helsingør

Via der Schlösser Frederiksborg und Fredensborg. Die Strecke führt ab Kopenhagen über die Autobahn Helsingør, Abfahrt "Horsholm" nach Hillerød.

★Hillerød   (34.ooo Einw.)

Die Kleinstadt im Zentrum Nord-Seelands, nur 3o km nördlich Kopenhagens wird durch das KÖNIGSSCHLOSS FREDERIKSBORG im Sommer zum Touristenmagnet. Bootsfahrten auf dem Schloßsee, großzügiger Barockgarten, in der Fußgängerzone breites Shoppingangebot.

Großer Stolz der Stadt ist das Geschäftszentrum "Slotsarkaderne", architektonisch sehr ansprechend gemacht. 47 Spezialgeschäfte unter einem Dach. Eingang von der Fußgängerzone.

 Slotsgade 52, 34oo Hillerød. Tel. 42 26 28 52, Fax: 42 26 28 o6. Offen: Juni bis August Mo.-Fr. 9-18 Uhr, Sa. 9-12 Uhr, sonst Mo.-Fr. 9-16 Uhr, Sa. 1o-13 Uhr.

 Post: Sdr. Jernbanevej, offen: Mo.-Fr. 9-17, Sa. 9-12 Uhr.

Markt: am Mo., Do., Sa. sowie großer Flohmarkt jedes Jahr Ende August/Anfang September, anknüpfend an alte Traditionen. Mehrere hundert Stände, Musik, Veranstaltungen etc.

Transport: S-Bahnverbindung zu/von den Küstenorten bzw. von/nach Kopenhagen 3 x pro Stunde, Dauer 4o Min. Zur Küste etwa 25 Min, Katzensprung zum Königsschloß Fredensborg.

Veteranenzug: sonntags im Juli nach Tisvildeleje an der Nordwestküste oder über Frederiksværk nach Hundested. Info im Touristenbüro.

SCHLOSS FREDERIKSBORG (6)

Beeindruckendstes Wasserschloß Seelands auf drei kleinen Inseln im See.

Nach einem Großbrand (1859) wurde das Lustschloß von König Christian

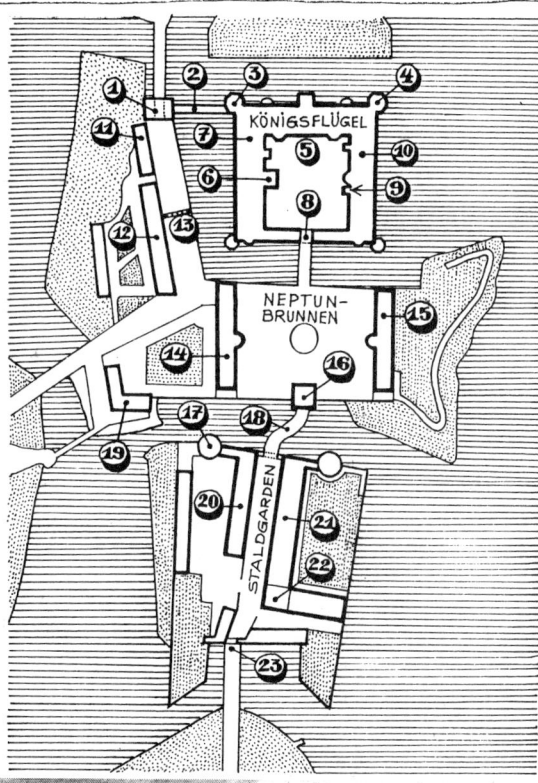

SCHLOSS FREDERIKSBORG

1 Audienzhaus
2 Langer Gang
3 Münzturm
4 Jägerbergturm
5 Große Galerie
6 Kirchturm
7 Kirchenflügel
8 Terrassengebäude
9 Küchenbrunnen
1o Prinzessinnenflügel
11 Teestuben
12 Vorratsflügel
13 Karusselltor
14 Haus des Schloßhern
15 Kanzleigebäude
16 Torturm
17 Rundtürme Frederiks II
18 S-Brücke
19 Restaurant
2o Königsstall
21 Husarenstall
22 Herluf Trolles Turm
23 Stadttor

PZ

IV. (Sohn des Gründers König Frederik II.) wieder originalgetreu aufgebaut. Kunstmäzen und Bierbrauer Jakobsen hatte im letzten Jahrhundert
die Idee, einen chronologischen Spaziergang durch 5oo Jahre dänische
Geschichte zu präsentieren.

Um die verfallene Innenausstattung wieder herzustellen, griff man in die
verschiedensten dänischen Museen und Adelssitze und hat so das <u>NATIO-
NALHISTORISCHE MUSEUM</u> aufgebaut, 1878 eröffnet. In über 6o
Räumen werden Interieurszenen der verschiedensten Epochen gezeigt von
den Anfängen der Schloßgeschichte im späten Mittelalter bis zum Rokoko
und Empirestil im 19. Jh. Lebendig wird ein Rundgang durch die vielen
Gemälde und Portraits der damaligen Hauptfiguren. Ihre Exzellenzen nebst
Gemahlin und Nachwuchs mal im Profil, in Großformat oder nur als
Büste. Interessant dabei die Veränderung der Mode: vom Reifrock bis eng
geschnürt, vom Barockdress mit Puderfrisur bis zur steifen Militäruniform
der napoleonischen Ära.

Möbelstücke der entsprechenden Epoche, z.T. aus Ebenholz und Elfen-
beineinlagen, Stuck- und Kassettendecken, Wandvertäfelungen, original
Gobelins und, und, und... Der imposante Rittersaal wurde 168o vom absolutistischen König Christian V. angebaut. Die fantastische Kassettendecke blieb seinerzeit vom Feuer verschont.

Die <u>KRÖNUNGSKIRCHE</u>, ebenfalls original, wird heute noch von der
Gemeinde benutzt. Hier wurden 1671-184o alle Monarchen gekrönt, entsprechend auch die Ausstattung: viel Gold und Silber, Engel und Putten,
kunstvolle Holzschnitzereien und Intarsien aus tropischen Hölzern. Entlang der Galerie die Wappen der beiden dänischen Ritterorden:
"Danebrog" und "Elefantenorden" (höchste dänische Auszeichnung), dessen Oberhaupt die Königin ist.

Heute noch werden diese Auszeichnungen ehrenswerten Persönlichkeiten verliehen. Der
Danebrog-Orden ist am Kreuz zu erkennen. Viele kleine Elefanten zieren den ältesten
Orden, der u.a. an Eisenhower, Montgomery und Churchill, aber auch an Niels Bohr
verliehen wurde. Der deutsche Außenminister zur Nazizeit Ribbentrop hatte "nur" den
Danebrog-Orden bekommen - darüber war er ziemlich beleidigt.

Insgesamt ein Mammutprogramm im Alleingang, das Zeit mit Pausen
braucht. Die zusätzlichen Kronen für eine Führung per Walkman (u.a.
deutschsprachig) lohnen ebenso wie das "Schloßheft", ist gleichzeitig ein
Souvenir mit vielen Farbfotos. <u>Offen</u>: Mai bis September tägl. 1o-17 Uhr,
Oktober und April tägl. 1o-16 Uhr. Sonst tägl. 11-15 Uhr. <u>Eintritt</u>: 8 DM,
Kinder 2 DM.

Andere Perspektive bei einer <u>BOOTSFAHRT</u> in der Minifähre, z.B. ab
Touristenbüro zum Schloßpark (nur im Sommer).

<u>SCHLOSSPARK</u>, beginnt gleich nördlich am See. Teils im englischen,
teils französischen Stil angelegt, von Teichen und Spazierwegen durchzogen, Buchsbaumhecken zackig geschnitten. Die breite Uferstraße war

HELSINGØR

HELSINGØR

HILLERØD

1 BAHNHOF
2 POST
3 Friedhof
4 Fisketorvet
5 TOURIST INFO
6 Frederiksborg Schloß
7 Nordseelands
Volksmuseum
8 Rathaus
9 Klostermuseum
10 Stadion
11 Dyrskuepladsen
12 Hillerød Schwimmbad

FREDERIKSSUND

KOPENHAGEN

ursprünglich für Kutschen gedacht.

NORDSEELANDS VOLKSMUSEUM (Nordsjællandsk Folkemuseum) (7), Helsingørsgade 65. Eingerichtet in einem alten Bauernhaus mit Reetdach. Geschichte der Stadt, Trachten, die verschiedenen Handwerke etc. Offen: Di.-So. 11-16 Uhr. Eintritt 4 DM, Kinder gratis.

TELEFONMUSEUM, Svanemøllevej 112, nahe S-Bahn. Eine Fülle alter Telefonapparate aus den Zeiten, als noch mit der Hand vermittelt wurde. Ehemaliger Arbeitsplatz der "Dame vom Amt", Fotos etc. Offen: Mi. 1o-13 Uhr, So. 14-16 Uhr.

KLOSTERMUSEUM (9), Æbelholt, etwa 4 km westlich an der Straße 16. Die mittelalterliche Klosteranlage liegt seit der Reformation in Ruinen. Welche medizinischen Kenntnisse die Mönche damals besaßen, kann man den Knochenfunden im Museum entnehmen. <u>Offen</u>: Mai bis August Di.-So. 1o-16 Uhr, September Di.-So. 13-16 Uhr. Sonst nur Wochenende 13-16 Uhr. <u>Eintritt</u> 4 DM, Kinder gratis.

"<u>**Hillerød Hotel**</u>", Milnersvej 41. Im Motelstil mit eigenem Eingang und Pkw neben der Terrasse. 6o modern-zweckmäßige Zimmer mit Kochmöglichkeit, eigenem Bad, zudem 6o Appartements.

"<u>**Pension Bondehuset**</u>", 3 km nördlich in Fredensborg am Esrumsee, die bessere Alternative. In einem ca. 2oo Jahre alten Bauernhaus mit Reetdach, so richtig gemütlich eingerichtet. Der See für schöne Spaziergänge oder Bootfahrten gleich nebenan. Zimmer mit Dusche, DZ mit Frühstück 23o DM, auch Halb- oder Vollpension.

"<u>**Hotel Store Kro**</u>", Slotsgade 1-6 in Fredensborg. Traditionelles Hotel mit dem Charme vergangener Tage. 5o Zimmer mit eigenem Bad, Telefon etc. Gepflegtes Restaurant.

*** <u>Hillerød Campingplads</u>: am südlichen Stadtrand. Wiesenplatz mit ein paar Bäumen. Einkaufsmöglichkeiten, Swimmingpool. Vermietung von Campinghütten. Ca. 1oo Stellplätze. Offen: Mai bis Mitte September.

"<u>RESTAURANT LA PERLA</u>", am Ende der Fußgängerzone, Torved. Große Auswahl italienischer Gerichte. Sehr lecker der gegrillte Lachs. 35 DM. Im Sommer wird auf der Terrasse serviert.

"<u>IRISH PUB</u>", neben dem Touristenbüro, Slotsgade 5o. Die düstere Kneipe überzeugt weniger. Großartig dafür der Rosengarten. Mit Blick auf Schloß genau das Richtige um bei einem Bier und kleinen Gerichten zu entspannen.

"<u>SLOTSKROEN RESTAURANT</u>", Slotsgade 67. Etwas großer Speiseraum, Korbstühle, moderne Einrichtung, schöne Terrasse. Gute Küche, preislich ab 3o DM.

"<u>SLOTSHERRENS KRO</u>", vis-à-vis Frederiksborg Schloß. Tische auch im Freien mit Blick auf den Königspalast, doch direkt neben der Straße. Die Lage hat ihren Preis.

FREDENSBORG: Das Dorf Asminderød und Schloß Fredensborg sind zu einer kleinen Gemeinde zusammengewachsen. Schöne Lage nahe dem großen Esromsee, durch die S-Bahn mit der Küste und Kopenhagen verbunden.

<u>SCHLOSS FREDENSBORG</u> wird heute noch von der Königsfamilie als Sommersitz bewohnt. Innenbesichtigung nur im Juli, der große Schloßpark mit Gärten im französischen Stil und Skulpturensammlung dagegen ganzjährig für die Öffentlichkeit zugänglich. Theateraufführungen an den Augustwochenenden in den "Teehäusern" des Parks.

König Frederik IV. ließ das Schloß nach Ende des Nordischen Kriegs 1719-22 bauen, deshalb trägt es mal nicht seinen Namen, sondern wurde "Friedensburg" genannt. Es entstand in einer wunderschönen Gegend nahe dem See im ehemaligen Jagdgebiet. An das ursprünglich kleine Schloß im "Landhausstil" ließ Enkel Frederik V. repräsentativ anbauen, seitlich angrenzende Reitbahn - durch die Gebäude um den 8-eckigen Platz wirkt die Anlage recht beeindruckend. Ist die Königsfamilie anwesend, bewacht die Garde den Eingang, zu festlichen Anlässen in Galauniform mit großer Zeremonie.

Führung durch die pompösen Säle des 18. Jh., einmalig schön möbliert. Nicht alle 28 Räume werden gezeigt. Führung im Juli täglich zwischen 13 und 17 Uhr.

Bootsfahrten auf dem Esrom Sø im gemieteten Ruderboot oder per Fähre, Angeln oder Baden. Im Nordende Naturschutzgebiet mit schönen Spaziermöglichkeiten.

Mode in Miniatur nennt sich eine private PUPPENSAMMLUNG, an der die Modeströmungen der Jahrhunderte gut zu verfolgen sind. Englische Beschriftung. Besichtigung nach Vereinbarung, Tel. 42 28 21 64. Kildeportvej 31, Nødebo/Fredensborg.

FALKNEREI 1 km nordöstlich an der Straße Nr.6, Davidsvænge 11. Flugvorführungen verschiedenster Greifvögel im Freien. Ganzjährig So. 14 Uhr. Juni, Sept. und Oktober Sa./So. 14 Uhr, zudem Juli/August Mi. 17 Uhr.

★Helsingør   (45.ooo Einw.)

Quirliges Städtchen am Øresund. Die einen assoziieren mit Helsingør HAMLET und SCHLOSS KRONBORG, die anderen Alkohol und Einkaufen.

Helsingør wird stark durch den Fährverkehr nach Schweden geprägt. Im kleinen Zentrum neben Bahnhof und Fährhafen beginnen die Shoppingstraßen. Besonders Schweden steuern mit ihren Einkaufswagen zielsicher in die Fußgängerzone. Ein Laden neben dem anderen lockt mit Sonderangeboten, Whisky oder Liebfrauenmilch gleich im 3er Pack.

In den engen Altstadtgassen sind eine ganze Reihe historischer Häuser erhalten: Fachwerkhöfe mit zum Teil windschiefen Innenhöfen und bedenklich gebogenen Balken (Strandgade 91) oder üppigen Holzschnitzereien (Stengade 5o). Schöne Verzierungen auch in der Stengade 2o; die Stengade war im Mittelalter Hauptstraße. Das weiße Fachwerkhaus von 1577 in der Strandgade/Ecke Skyttenstræde gilt als ältestes Stadthaus; früher Gaststätte. Das Bürgermeisterhaus von 16oo in der Skyttenstrædet.

Ein Hauch Mittelalter in der Minigasse Gamle Færgestræde. Man kann sich plastisch vorstellen, wie die Menschen in der Mitte der Gasse balancierten, während links und rechts Abfälle aller Art Richtung Hafen schwammen. Über die Gamle Færgestræde erreichte man früher die kleinen Fähren nach Schweden.

<u>Markt</u>: Mi. und Sa. vormittags am Axeltorv.

 In der ehemaligen Zollkammer, heute Mitbürgerhaus.
Havnepladsen 3, 3ooo Helsingør. Tel. 49 21 13 33, Fax: 49
21 15 77. Offen: zur HS Mo.-Sa. 9.3o-19 Uhr. Sonst Mo.-
Fr. 9.3o-17 Uhr, Sa. 9.3o-13 Uhr. Privatzimmervermittlung.

 <u>Post</u>: Jernbanevej. Offen: Mo.-Fr. 9-17 Uhr, Sa. 9-12 Uhr.

<u>Fahrradvermietung</u>: in "Cykelland", Stengade 1 (Fußgägerzone).

SCHLOSS KRONBORG (1o)

In super Lage am Øresund, gehört zum touristischen Pflichtprogramm.
Eine fantastische Kombination aus trutziger Festung (mit Wällen und
Wassergräben) und schönem Renaissanceschloß. Besonders imponierend
wirkt Kronborg von der Seeseite. Noch immer zeigen die Kanonen
drohend zur Seeseite; 316 m lange Ringmauer in doppelter Ausführung.

Allein die Lage direkt gegenüber von Schweden und der starke Schiffsverkehr auf dem Sund sind faszinierend. Stundenlang könnte man von den
Bänken auf den Wällen dem Treiben zuschauen, wenn nur der Wind nicht
so scharf wäre...

Innenbesichtigung lohnt unbedingt: Schloßräume, Kasematten, Schloßkirche und das Seefahrts- und Handelsmuseum - einzeln oder mit Sammel-
ticket. Allerdings steht Kronborg bei Touristen ganz oben auf der Liste,
enormer Andrang.

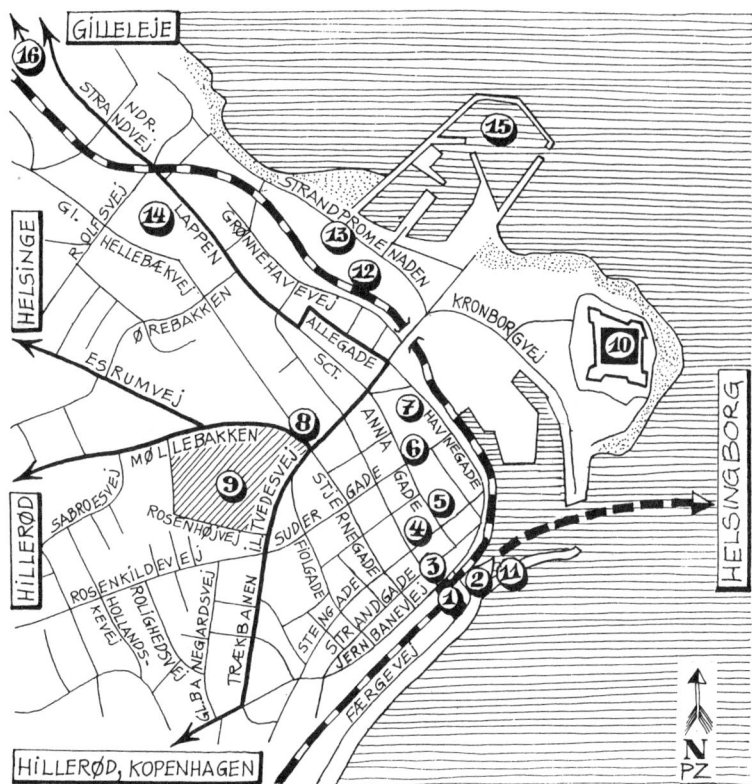

HELSINGØR

1	BAHNHOF, POST	6	Marien Kirche
2	Fährbahnhof	7	Karmeliter Kloster
3	TOURIST INFO	8	Kath.Kirche
4	Rathaus	9	Friedhof
5	St. Olai Kirche	1o	Schloß Kronborg

11 Autofähre/ Sundbussen
12 Museumsbahn/
   Veteranenbahn
13 Aquarium
14 Schloß Marienlyst
15 Nordhafen
16 Technisches Museum

SCHLOSSBESICHTIGUNG: Es beeindruckt weniger das Mobiliar, das aus anderen Herrenhäusern stammt, vielmehr die Räume (z.B. der riesige Rittersaal) mit großen Kaminen und prächtigen Türstöcken. Überall von den Fenstern fantastischer Blick auch auf das gegenüberliegende, früher dänische Helsingborg. Große Ölschinken von Seeschlachten, Wandteppiche etc.

In der SCHLOSSKIRCHE üppige Schnitzereien und Kassettendecke. Die Königsloge auf der Empore.

In den feuchtkalten KASEMATTEN gibt es außer "Holger Danske" (der schlafende Wikinger, der wie Kollege Barbarossa erst aufsteht, wenn das Vaterland in Gefahr ist) nicht viel zu sehen.

Offen: Mai bis Sept. tägl. 1o.3o-17 Uhr. April und Okt. Di.-So. 11-16 Uhr. Nov. bis März Di.-So. 11-15 Uhr. Eintritt 8 DM, Kinder 2,5o DM. Freier Eintritt in die Festungsanlagen und Schloßhof. Außerhalb der Saison geführte Touren durchs Schloß. Zu Spitzenzeiten werden Walkmen (auch deutschsprachig) vermietet. - Cafeteria im Brückenhaus am Eingang.

Weniger beachtet wird das riesengroße HANDELS- und SEEFAHRTS-MUSEUM. Gut aufgemacht, mit seinen über 2o Sälen allerdings etwas erschlagend. Für Fans historischer Schiffsmodelle eine absolute Fundgrube. Ein Oldtimer neben dem anderen vom Einbaum bis zum Containerschiff maßstabgetreue Nachbildungen. Originale Schiffseinrichtung von der Kombüse bis zu den Kojen, viele Details aus dem Bereich der Seefahrt u.a. der älteste Schiffszwieback der Welt von 1852, Gallionsfiguren, Modell der ersten dänischen Schiffswerft (15o8-1o in Nakskov/Lolland unter König Hans), ein "Rettungsstuhl", Seekarten etc. Auch die Kolonialgeschichte kommt nicht zu kurz. Interessante Grönlandabteilung. Beschriftung englisch und dänisch. Offen: wie Schloß. Eintritt: 6 DM, Kinder 2,5o DM.

Schloßgeschichte: König Erik von Pommern hatte 1423 den berühmt-berüchtigten Øresund-Zoll eingeführt, der rund 4oo Jahre lang die Seefahrt erboste und die königlichen Kassen klingeln ließ. Damals gehörten beide Seiten des nur 4,5 km breiten Sundes zu Dänemark. Jedes Schiff mußte vor der Passage ankern und einen Rosenobel (englische Goldmünze) entrichten.

Seit Mitte des 16. Jh. wurde der Zoll nach der Schiffsladung berechnet, so profitierte man von dem enormen Aufschwung im 17. Jh. in der Ostsee. Mit Einführung des Øresundzolls mußte auch eine Festung her, um der Mautforderung Nachdruck zu verleihen. So entstand im Auftrag von König Erik von Pommern 1429 das Zollhaus Krogenborg auf der Halbinsel Krog (=Haken). Die Schiffe mußten vor Kronborg die Segel einholen und Flagge zeigen. Schneller als mit dem Sundzoll konnte der König seine Kriegskasse nicht füllen, denn der Øresund war durch die aufstrebende Hansestadt Lübeck zur internationalen Schiffahrtsroute geworden.

1574-85 baute Frederik II. die Burg zum repräsentativen Renaissanceschloß um und taufte es "Kronborg". Ausländische Handwerker kamen in Scharen, denn hier konnte man gut verdienen. Für dänische Verhältnisse geriet Kronborg ungewöhnlich schick durch den grauen Sandstein aus Schonen/Schweden, - durch Lukarnen, Treppen- und Ecktürme; einer wurde später zum Leuchtturm umgebaut. Damals gab es in Skandinavien kein vergleichbares Schloß! Alles durch den Sundzoll finanziert, versteht sich.

Nach einem schweren Brand von 1629 ließ Sohn Christian IV. die Anlage schleunigst wieder aufbauen, um die Schiffe weiterhin schröpfen zu können. Die trutzige Bastion wurde nur einmal im schwedischen Krieg 1658 erobert. Im gleichen Jahr mußte Dänemark (im Frieden von Roskilde) seine Gebiete im heutigen Schweden aufgeben, damit geriet Helsingør plötzlich in eine Randlage, und der "Goldesel" Øresund war nicht mehr rein dänisch. Seitdem gefiel es auch dem König nicht mehr so gut in Schloß Kronborg, er bevorzugte Kopenhagen. In den folgenden Jahrhunderten wurde Kronborg weitgehend militärisch genutzt.

1772 kam Kronborg noch einmal in die Schlagzeilen, als Ex-Königin Caroline Mathilde nach ihrer Affaire mit dem deutschen Arzt Struense hier einige Monate gefangengesetzt wurde, ehe man sie nach Celle abschob. Auch heute ist noch ein Teil des Geländes vom Militär belegt.

Shakespeares Hamlet ist heute wichtigstes PR-Pferd für Helsingør. Doch wenn es Hamlet je gegeben hat, dann sicher nicht hier, sondern Jahrhunderte früher als Wikingerhäuptling Amlethus in Jütland am Limfjord. Aber Shakespeare wollte es anders, als er 16o2 seine Tragödie schrieb, die auf der Chronik von Saxo Grammaticus aus dem 13. Jh. basiert. Shakespeare ließ seinen Helden hier in Helsingør morden und sterben.

Die Stadt Helsingør profitierte enorm von der Lage am "goldigen" Sund. Erik von Pommern verlieh Helsingør 1429 Handelsprivilegien und stiftete Klöster. Die Stadt wuchs auf 5.ooo Einwohner im 16. Jh. und mauserte sich unter der Regierung Christian IV. zur größten Handelsstadt des Reiches. Die Fährleute ruderten die fremden Schiffer in die Stadt und hatten ein gesichertes Auskommen. Die Händler, darunter auch viele Ausländer verproviantierten die Schiffe und verdienten sich eine goldene Nase. Gasthäuser, Schnapsbrennereien und Rotlichtzone hatten Hochkonjunktur, denn bei schlechten Windverhältnissen lagen die Schiffe oft tagelang vor Reede. Die Abschaffung des Sundzolls am 14. August 1857 (internationale Konvention) traf die Stadt wie ein Keulenschlag. Man stellte auf Schiffsbau um, auf Maschinenbau und später entwickelte sich der Tourismus als wichtiger Wirtschaftszweig.

TECHNISCHES MUSEUM (16), Ndr. Strandvej 23. Vom ersten Tonbandgerät bis zur ersten Schreibmaschine. Oldtimer, Kutschen, ein alter Feuerwehrwagen, Flugzeugveteranen von 19o6. Offen: tägl. 12-17 Uhr. Eintritt 6 DM.

VERKEHRSMUSEUM, Ole Rømersvej 15, ein ganzes Stück südwestlich der Altstadt. Überwiegend Oldtimer, Autos, Motor- und Fahrräder, das erste Auto Dänemarks von 1889. Offen: Mo.-Fr. 1o-16 Uhr, Sa./So. 1o-17 Uhr, Eintritt 6 DM.

MARIENKIRCHE/KARMELITERKLOSTER (6/7) aus dem 15. Jh., Sct. Annagade 38. Auf der berühmten Orgel spielte einst D. Buxtehude, der hier 166o-68 Organist war. Sein Geburtshaus liegt in der St. Annagade 6. Im Sommer täglich eine Führung durchs Kloster. Die Kirche ist täglich 12-15 Uhr offen.

STADTMUSEUM (Bymuseum), Sct. Anna Gade 36 im Karmeliterhaus (nahe Kloster), das seit dem 16. Jh. als Krankenhaus für ausländische Seeleute fungierte, dann Armenhaus der Stadt, später Bibliothek und jetzt Museum. Stadtgeschichte, interessantes Stadtmodell von Helsingør anno 18o1. Puppensammlung etc. Offen: tägl. 12-16 Uhr. Eintritt: 2,5o DM.

ØRESUNDAQUARIUM (13), Strandpromenaden 5 nahe Nordhafen. Zeigt das Unterwasserleben im Øresundbereich. Offen: tägl. 12-16 Uhr.

SCHLOSS MARIENLYST (14), Marienlyst Allé. Der Kern des heutigen

Schlosses war als königliches Lustschloß 1587 konzipiert, heiterer und wohnlicher als das repräsentative Kronborg, wurde aber nie benutzt. In dem etwas strengen klassizistischen Schloß (176o) Mobiliar des 18. Jh., Gemälde, Kunstausstellungen und Kunsthandwerk. Großer Park. <u>Offen</u>: tägl. 12-17 Uhr, <u>Eintritt</u>: 5 DM.

"<u>Hotel Hamlet</u>", Bramstræde 5/Ecke Strandgade. Rustikales Interieur im Restaurant Ophelia. Norwegischer Lachs für 4o DM. Auch Fleisch. 63 Betten, ordentliche Zimmer mit Telefon und Farb-TV.

"<u>Hotel Marienlyst</u>", Ndr. Strandvej 2. Großes modernes Hotel und Ferienwohnungen. Opulentes Lunchbuffet. DZ inkl. Frühstück 26o DM, Ferienwohnungen 5oo-1.2oo DM/Woche.

"<u>Hotel Scanticon Borupgaard</u>", Nørrevej 8o in Snekkersten, nur einige Kilometer südlich von Helsingør. Großes, modernes Tagungshotel um den alten Hof Borupgaard. 145 Zimmer und einige Suiten. Feinschmeckerrestaurant La Cocotte. Bekannt und teuer.

<u>Jugendherberge Villa Moltke</u>, Ndr. Strandvej 24. Recht schön gelegen am Ortsrand Richtung Hellebæk. Ca. 2 km vom Bahnhof/Hafen. 2oo Betten, einige Familienzimmer. Kochmöglichkeit. Strand. Otfen: Februar bis November.

** <u>Grønnehave Camping</u>: Sundtoldvej 9, ein guter Kilometer vom Bahnhof. Der Platz liegt nordwestlich vom Zentrum nur durch eine Straße vom Meer und Strand getrennt. Gute Bademöglichkeit. Großer Andrang in der Hauptsaison, dann nur 14 Tage Aufenthalt erlaubt. Laden. 1oo Einheiten. Ganzjährig offen.

"<u>RÅDMAN DAVIDS HUS</u>" in der Stengade. Existiert seit 1694. Im Fachwerkhaus ein nettes Cafe, Kuchen, Eis und Pfannekuchen.

"<u>KRONBORG HAVBAD</u>", Strandpromenaden 6, nahe dem Schloß. Schlichtes Ambiente direkt am Jachthafen mit Blick auf die Boote. Schöne Sonnenterrasse. Preiswerte Tagesgerichte um 1o DM. Middagbuffet ab 18 Uhr.

"<u>CAFÉ BROHUSET</u>", direkt am Eingang zum Schloß im einstigen Brückenhäuschen. Kleine Gerichte wie Hering oder Krabbencocktail. Sehr schöner Garten, um nach dem Stadtrundgang bei einem kühlen Tuborg zu verschnaufen.

"<u>RESTAURANT ANNO 188o</u>", Kongensgade 6. Gemütliches Restaurant am Rande der Altstadt in einem restaurierten Fachwerkhaus. Gute dänisch-französische Küche. Nicht billig. Preiswerte Frokostgerichte.

Fischlokal "<u>SUNDKROEN</u>" im Bahnhof. Innen o.k. Blick zum Fährverkehr. Fisch in allen Varianten.

Verbindungen *ab Helsingør*

Der Bahnhof erinnert von weitem an ein Schlößchen. Wurde mit der Bahnlinie vor rund 1oo Jahren eröffnet.

Züge nach Schweden werden direkt auf die Fähren verladen.

-> Kopenhagen alle halbe Stunde

-> Hornbæk, Gilleleje alle halbe Stunde

-> Fredensborg und Hillerød jede Stunde

Busse: ab Busterminal, entlang der Nordküste Hornbæk, Gilleleje etwa stündl., dauert 5o Min.

Stippvisite nach Schweden/Helsingborg: Alle 2o Min. fährt eine Auto- oder Personenfähre (Sundbussen) rüber nach Schweden, ca. 25 Min. Überfahrt. Kostet nur ca. 7 DM retour.

Veteranendampfzug: schnauft im Sommer an der Nordküste Seelands entlang von Grønnehave Station über Hornbæk, Gilleleje. Fährt nur sonntags in der Hauptsaison. Ca. 5o Min. Retourticket in der 3. Klasse ca. 1o DM. Fahrräder werden - sofern Platz - mittransportiert.

Helsingør -> Hundested (57 km)

Die Nordküste verwandelt sich im Sommer in ein einziges Feriengebiet, die besten Strände Seelands locken Zehntausende an. Fast der gesamte Küstenstreifen bis Tisvildeleje ist durchgesiedelt. Viele Ferienhäuser.

HELLEBÆK: Fast noch ein Vorort zu Helsingør. War im 16./17.Jh. ein kleines Industrie- und Rüstungszentrum; Wasserkraft betrieb die Kupfer-, Walz- und Hammermühlen. Im Schleifhaus wurden Bajonette geschärft. Bis 187o stellte man in der Hammermühle jährlich mehrere tausend Gewehrläufe her. Im Probérhus wurden die Gewehre eingeschossen. Die Ausgangsmaterialien kamen per Schiff aus Norwegen. Besichtigung der restaurierten HAMMMERMÜHLE tägl. außer Mo. 1o-16/17 Uhr. Eintritt 2,5o DM.

Die Besiedelung von Helsingør geht fast nahtlos in **ÅLSGÅRDE** über; feine Villen, ein paar strohgedeckte Häuser. Vom Hafen starten bei Sturm Brandungssurfer in die hohen Wellen. Am Horizont die Silhouette Schwedens.

HORNBÆK PLANTAGE - Kurz vor dem Ort Hornbæk erstreckt sich ein großes, künstlich auf Flugsand angelegtes Waldareal - kilometerlanger, wenn auch schmaler Kiesstrand. Große Parkplätze.

✦ Hornbæk

(4.ooo Einw.)

Hübscher alter Badeort an der Nordküste, im Hochsommer allerdings total
überlaufen, dann schwillt der Küstenort auf das Zehnfache an.

Schon seit Anfang des Jahrhunderts tummeln sich die Urlauber an dem
herrlichen Sandstrand, der früher den Fischern als Hafen diente. Maler
wie P.S. Krøyer, H. Drachmann und P.S. Skovgaard machten das
Fischernest berühmt. Der große Jachthafen hat noch ein Eckchen für die
Fischer reserviert. Malerisch wie eh und je stehen die kleinen Fischer-
buden am Hafen, Fischverkauf.

Im Ortskern drängen sich niedrige Häuschen, doch jedes mit eigenem
Garten. Abends herrscht fast Puppenstubenidylle, wenn überall die Lichter
angehen - Vorhänge werden in Dänemark grundsätzlich nicht zugezogen.

Zur Vor- und Nachsaison sehr reizvoll und immer noch was los, im Gegensatz zu anderen Küstenorten.

 Vestre Stejlebakke 2A, 31oo Hornbæk. Tel. 49 7o 47 47,
Fax: 49 7o 41 42. Tägl. geöffnet, zur Spitzensaison auch
sonntags.

 Exquisiter Sandstrand mit Dünenstreifen. Während der
Abschnitt neben dem Hafen für Badende reserviert ist,
beginnt danach das Surfareal. Langer Kiesstrand am
Ortsrand Richtung Helsingør.

<u>Fahrradvermietung</u>: Hiorth Cykler, Ndr. Strandvej 336

 "<u>Trouville Kongreßhotel</u>", Kystvej 2o. Ein riesiger Hotelkasten
am Meer im Villenviertel. Panoramarestaurant! Großes Koldbord
(kaltes Lunchbuffet) ca. 35 DM. 2-Gang-Abendmenü um die 4o DM.
5o ordentliche Zimmer, einige Suiten, teils mit großem Balkon, Bad,
WC und TV, Hallenbad, Sauna. DZ mit Frühstück ab 2oo DM.
"<u>Havreholm Slot</u>", Klosterrisvej 5 in Havreholm ca. 4 km südlich
von Hornbæk. Schön gelegenes kleines Schlößchen mit modernem Konferenzanbau.
Swimmingpool. Geschmackvolle Zimmer in modernen Gästehäusern im Park.
Gepflegtes Ambiente in den Restauranträumen unterschiedlichen Stils.

"<u>Hotel/Pension Ewaldsgaarden</u>", Johs. Ewaldsvej 4. Sehr gemütlich und wohnlich, ob es nun die Aufenthaltsräume mit Kamin sind oder die geschmackvollen individuell möblierten Zimmer. 21 Betten. DZ 12o DM.

<u>Ferienhäuser</u> im Wald Richtung Gilleleje. Vermietung über Hornbæk
Sommerhusudlejning, Hornebyvej 62 E.

 "<u>HANSENS CAFÉ</u>", Havnevej 19. Urgemütlich im alten
Fachwerkhaus mit Strohdach, viel Nippes im Fenster,
schöner Garten. Frokost und Abendrestaurant.

"HORNBÆK BODEGA", A.R. Friisvej 1o, seitlich der Strandstraße. Die Räumlichkeiten des Restaurants etwas düster, schön dagegen die Gartenterrasse.

"CAFÉ LINE", Øresundvej 4. Gemütliches Café an der Strandstraße, in dem man auch sehr gut essen kann.

"SØSTRENE OLSEN" direkt hinterm Strand. Bekanntes Fischrestaurant im hübschen Strohdachhaus.

Bei Villingebæk/Dronningmølle Abstecher zum RUDOLPH TEGNERS MUSEUM und Statuenpark. Knapp 2oo Skulpturen in Bronze, Marmor oder Gips schuf der Giganto-Künstler, der 1873-195o lebte und sich sein eigenes Museum schaffte. Parallelen zu dem Norweger G. Vigeland fallen auf, kein Wunder, sie wurden beim gleichen Bildhauer ausgebildet. Offen: tägl. außer Mo. 9.3o-17 Uhr.

★Gilleleje

Lebt nicht nur vom Tourismus. Der Ort besitzt den größten Fischerhafen Nordseelands: aktiv, aber mit Atmosphäre. Ein Gewirr von Masten und bunten Markierungsfähnchen. Kutter und Trawler parken dicht nebeneinander. Räucherei, Fischverkauf, Filetfabrik, sogar eine kleine Fischauktion für Frühaufsteher.

Schöner alter Ortskern mit adretten Strohdachhäusern, die früher einmal den Fischern gehörten. Im Sommer kutschieren die Urlauber in Pferdewagen durch den Ort. Der moderne Bereich mit Fußgängerzone, Einkaufsgroßmarkt und etwas Industrie am Rande ist eher praktisch als reizvoll.

STADTMUSEUM: Hovedgaden 49. In einem der ehemaligen Fischerhäuser (über die Hauptstraße) zeigt Fischermilieu um 185o. Im Sommer jeden Nachmittag außer Montag offen.

Geschichtliche Sammlung im Røstgårdsvej.

 Hovedgade 6, 325o Gilleleje. Tel. 48 3o o1 74, Fax: 48 3o 34 74. Offen: Mitte Juni bis August Mo.-Sa. 1o-18 Uhr. Sonst Mo.-Fr. 1o-16 Uhr, Sa. 9-12 Uhr. Vermittlung von Ferienhäusern und Privatzimmern. Fahrradvermietung.

 Kilometerlanger Strand ab Hafen, mehr Steine als Sand, kleines Dünenareal. Im Ortsbereich lockt er weniger zum Baden. Buhnen, Tang etc.

Besser der Strand bei Dronningsmølle, wenige Kilometer Richtung Hornbaek (Bahnstation). Schöner Sand und ziemlich breit.

Am Horizont schieben sich die großen Frachter durch den Øresund vor der schwedischen Hügelküste.

NAKKEHOVED FYR: ca. 3 km vom Zentrum ein Minileuchtturm auf der

Steilklippe. Seit 1772 markiert das Leuchtfeuer die Schiffahrtsroute im Øresund, anfangs mit Kohlefeuerung. Schöner Blick nach Schweden, sonst nur in den Wald.

"**Hotel Restaurant Strand**", Vesterbrogade 4 im Zentrum, an Fuß-gängerzone und Straße, z.T. Balkons mit Blick zum Kieswerk bzw. Häuser. 23 Zimmer mit Du, WC, TV. DZ ca. 145 DM.

Ferienhäuser: mehrere Tausend Ferienhäuser in der Umgebung. Vermittlung übers Touristenbüro.

* Camping Nakkehoved: sehr schöne Lage beim Leuchtturm teilweise im Wald, ruhig abseits der Straße. Zum Kiesstrand 2o m steil hinunter über Treppen. Badesteg. Direkt dabei Restaurant Fyr Kro mit Terrasse zum Meer. 92 Stellplätze. Offen April bis September.

Restaurant "GILLELEJE HAVN", Havnevej 14. Direkt an der Hafenstraße. Schöner Blick durch Glas über den Hafen. Fischspezialitäten; etwas deftiger die Krostue nebenan. Frokostgerichte ab 1o DM. Fisch/Fleisch ca. 35 DM.

Schöne Sonnenuntergänge von der Terrasse des Restaurants "FYR KROEN". An Wochenenden im Sommer großes kaltes Buffet (Koldbord).

"HOS KAREN OG MARIE", Nedre. Havnevej 3, am Hafen. Gemütliches Restaurant im 1. Stock. Rustikal, einfache Holztische. Frischer Fisch, lecker zubereitet um die 3o DM, wechselnde Menüs.

"CAFÉ TOPPEN", Hovedgade 7. Sehr schöne Atmosphäre im Garten und dezente Hintergrundmusik. Hausgemachte Kuchen. Mittagstisch.

Spazierwege: Der Gilbjergsti führt parallel zum Meer nach Westen zum Gilbjerg Hoved auf den Spuren von Søren Kierkegaard. - Ein weiterer Spazierweg führt in wenigen Kilometern von Gilleleje zum Leuchtturm.

Golf: Gilleleje Golf Club, 18-Loch-Golf Platz und Passebækgård. Ein 9-Loch-Platz südlich von Gilleleje.

Verbindungen *ab Gilleleje*

Bahn: -> Helsingør wochentags etwa stündlich, Wochenende seltener (Privatbahn), dauert ca. 4o Min.

-> Hillerød (Privatbahn) etwa stündlich, dauert 4o Min.

Veteranendampfzug: sonntags im Hochsommer fährt ein Bummelzug wie in alten Tagen von Gilleleje -> Helsingør/Station Grønnehave. Für die 25 km ist der Schnaufer 5o Minuten unterwegs: Blumenpflücken während der Fahrt verboten. Siehe Helsingør.

| **Bus**: -> Helsingør und Helsinge. |

Nordseelands Sommerpark: Der Vergnügungspark befindet sich etwa 5 km im Inland bei Græsted (Kirkevej 43). Im attraktiven Wasserparadies kommt jeder auf seine Kosten. Im Wikingerland klirren die Schwerter im täglichen Duell. Neben Go-carts und Tretbooten wird noch vieles geboten. Ende Mai bis Ende August tägl. 1o-18/19 Uhr. Eintritt 2o-25 DM.

Von Gilleleje bis Tisvildeleje erstreckt sich die größte Ferienhaussiedlung Nordseelands. Teilweise liegen die Häuser im Wald versteckt, teilweise oberhalb der Küste mit Blick zum Meer.

✦Rågeleje

Badeort in toller Szenerie. Oben auf der grün bewachsenen Klippe stehen die ersten bunten Ferienhäuser. Kilometerlanger Strand direkt neben der Straße, im Ortsbereich sandig, später Kies. Ein schönes Ferienhauseck, aber außer Strand und Spazierengehen ist hier nicht viel los.

"**Hotel Havgården**" in der Siedlung Vejby Strand auf halbem Weg Richtung Tisvildeleje. Strandlyvej 1. Gute Lage im Ferienhausgebiet, nur einen Katzensprung zum Meer. Sehr gemütlicher und gepflegter alter Hof von 1825, riedgedeckt mit großem Garten. Ein Dutzend gepflegte Zimmer. Restaurant im Sommer abends geöffnet. Gute Küche.

"**Feriensenter Rågeleje Klit**", nur 5o m zum Strand, aber direkt an der Straße. Doppelstöckige Appartementanlage, Rohrstuhlmobiliar, große Fensterfront.

*** Rågeleje Camping Heatherhill: Hostrupvej 2. Sehr großer Platz am Ortsrand zwischen Straße und Wald. Durch hohe Sichtschutzhecken unterteilt. Zum Strand über die Straße durch den Wald. Bushaltestelle vor der Haustür. 245 Stellplätze. Offen April bis Mitte Oktober.

Außerhalb des Ortes, wo die Straße 237 nach Veby abzweigt (kurz vor dem Ortsschild Veby Strand Parkplatz) rechts eindrucksvolle Dünenlandschaft, ideal um die Drachen steigen zu lassen. Bei starken Nordwinden tanzen die Hängeglider in der Luft.

✦Tisvildeleje

Das schönste Badeeck an der Nordküste. Durch die Bahnverbindung ein günstiger Stützpunkt, um ruhige Badeferien mit Ausflügen in Nordseeland zu kombinieren. Weniger der Ort fasziniert, sondern der Superstrand und die Umgebung.

Die Straße endet im Riesenparkplatz am kilometerlangen feinen Sandstrand, stellenweise mit Kieselsteinen durchsetzt, klares seichtes Wasser.

In den Dünen Strandhütten. Die kleinen Boote der Hobbyfischer werden wie zu alten Zeiten auf den Strand gezogen.

Spazierwege in den leichten Dünen oder im angrenzenden Wald, der angepflanzt wurde, um das Sandtreiben zu stoppen (Monument von 1738 am Ortsrand). Bizarre windzerzauste Baumformationen im Troldskoven nahe am Meer. Der Name "Tisvilde" bedeutet "Quelle des Gottes Tirs".

Hotel- und Badepension "**Helenekilde**", Strandvejen 25, östlich vom Ort. Superlage, ruhig auf der Klippe oberhalb vom Strand. Die große Villa aus den 2oer Jahren wurde erweitert und modernisiert. 35 Zimmer mit Balkon. Terrasse mit Meerblick. Benannt nach der nahen "wundertätigen" Helene Quelle.

"**Kildegaard**", Hovedgaden 52. 39 Bettenhotel oberhalb der Strandstraße, ein Katzensprung zum Meer. Zimmer ohne Bad, DZ inkl. Frühstück 12o DM

Jugendherberge, Tisvildeleje Vandrerhjem, Bygmarken 3o. Ca. 5oo m vom Strand. Ganzjährig offen, 2o Familienzimmer. Gästeküche.

Ferienhausvermietung über das Informationscenter Helsinge, Gadekærvej 17. 32oo Helsinge - Sommerfiliale in Tisvildeleje.

Bei der Tibirke Kirche südlich von Tisvildeleje beginnt ein gut 12 km markierter RUNDWEG durchs Ellemose.

Vor 7.ooo Jahren lag hier ein Fjord, der durch Landhebung zum Moor wurde. Interessant ist das Gebiet wegen Spuren alter Besiedelung, Grabhügel, Wohnplätze und einer Rarität: eine 5.ooo Jahre alte Brücke über den damaligen Fjord sowie ein eisenzeitliches Straßenstück von 2oo vor Chr.

Weitere Spaziermöglichkeit: Einige Kilometer westlich bei Asserbo liegen in schöner Gegend die Ruinen eines Klosters und Schlosses aus dem 12. Jh. Nicht viel für die Optik; Sand und Feuer zerstörten die Gebäude.

✦Frederiksværk (1o.ooo Einw.)

Die erste Industriestadt Dänemarks zwischen dem Arresø und Roskildefjord. Heute eine kleine Einkaufsstadt, touristisch interessant durch die alte Rüstungsfabrik und die sehenwerten Pulvermühlen (jetzt Museum).

Der schmale Kanal als Wasserlieferant der Mühlen fließt mitten durchs Zentrum, parallel dazu die Fußgängerzone. Obwohl man als Urlauber kaum etwas davon merkt, ist die moderne Eisengießerei (D.F.J.) immer noch wichtigster Arbeitgeber der Region. Etwas Kleinindustrie am Fjordhafen mit Verladekränen, wenig reizvolles Ambiente.

 In der ehemaligen Gießerei (Gjethuset). Gjethusgade 5, 33oo Frederiksværk. Tel. 42 12 3o o1, Fax 42 12 3o 22. Hier auch Ausstellungen etc.

Geschichte: Als Folge einer kleinen Katastrophe entstand der erste Industriestandort Dänemarks im Norden Seelands: Nach einem Sandsturm Ende des 17. Jh. verstopfte der natürliche Abfluß des Arresø, was eine Überschwemmung zur Folge hatte. Mit viel Mühe und nach einigen Pleiten gelang es schließlich, den Seeabfluß in ein Kanalbett zu zwingen. Damit war 1717 die Grundlage für die Industriestadt geschaffen. Mit der Wasserkraft konnten nun die verschiedenen Mühlen angetrieben werden.

Anfangs wurden hier Halbedelsteine geschliffen, doch als dem kriegsliebenden König Frederik V. die Munition ausging, ließ er am Kanal die ersten Rüstungsbetriebe errichten (daher auch der Name Frederiks-værk = Frederiks-Fabrik).

In der Gießerei (Gjethus) wurden 1751 die ersten Kanonen unter französischer Leitung gegossen. Manch ein Testversuch endete mit einer großen Explosion und nicht selten ging der Schuß auch nach hinten loß. Nach einigen Jahren der Mißerfolge brachte der norwegische General J.F. Classen (Norwegen gehörte damals zu Dänemark) Schwung in den Betrieb und führte das Werk zu einem erfolgreichen Rüstungsunternehmen. Parallel wurde 1757 die erste Pulvermühle zur Produktion des notwendigen Sprengstoffs eingeweiht.

Nach dem Krieg mit England (18o7) wurde die Produktion auf zivile Güter umgestellt. Seit 186o kamen vorwiegend Kirchenglocken aus der Gießerei, heute Töpfe und Öfen. Durch die ideale Lage am Roskildefjord war auch der Export kein Problem. Bis 1965 wurde in Frederiksværk noch Pulver hergestellt, während das erste Gießereigebäude schon 1888 abgebrannt war (199o wieder rekonstruiert). D.F.J. (De Forenede Jernstøberier = die Vereinten Eisengießereien) haben sich bis heute behauptet.

KRUDTVÆRKSMUSEET: Die Pulvermühlen sind ein einmaliges Industrierelikt, über 1oo Jahre alte Gerätschaften sind hier erhalten. Die großen Abstände zwischen den rund 1o Gebäuden waren wegen der Explosionsgefahr nötig, zusätzlichen Schutz boten Erdwälle. Auf einem Rundgang wird klar, daß mehr dazugehört als Salpeter, Kohle und Schwefel zu mischen, damit es richtig knallt. <u>Offen</u>: Juni bis Mitte September tägl. außer Mo. 12-16 Uhr. <u>Eintritt</u>: 2,5o DM.

Am Kanal (Allégade) und in den Seitengassen sind <u>alte Werkswohnungen</u> erhalten. Die kleinen, niedrigen Arbeiterhäuser stammen von ca. 18oo, damals lebten gut 8-1o Personen darin. In der Valsværksstræde 5 das ehemalige Kupferwalzwerk.

<u>STADTMUSEUM</u> (Bymuseet) am Torv, Torvet 18 (Marktplatz), eingerichtet im ehem. Arsenal am Kanal. Zeigt die kurze Geschichte der Stadt.

✦Hundested

Wichtiger Hafenort mit Bahnanschluß im Norden Seelands. Fährverbindung nach Grenå in Jütland und über den Isefjord nach Rørvig (Nordwestseeland). Die Stadt lockt trotz des Badestrandes neben dem Fährhafen nicht zum Urlaubmachen.

Der Stadtname hat wenig mit Hunden, mehr dafür mit Seehunden zu tun. Anfang des 19. Jh. existierte hier ein langes steinernes Riff, auf dem die Könige gerne Seehunde jagten. Als man die Steine für Hafenanlagen benötigte, suchten sich auch die Seehunde andere Quartiere.

Hundested ist heute praktisch mit Lynæs zusammengewachsen. Der kleine Fischerort war früher dank seiner geschützteren Lage ein wichtiger Fischereihafen, heute Wohngebiet. Beliebter Jachthafen am Eingang des Roskildefjordes.

 Nørregade 22, 339o Hundested. Tel. 42 33 77 88, Fax: 42 33 78 67. Offen: Mo.-Fr. 9-16 Uhr. Mitte Juni bis August Mo.-Sa. 9-17 Uhr. Vermietung von Ferienhäusern Zimmern und Fahrrädern.

KNUD RASMUSSEN MUSEUM, Knud Rasmussens Vej 9 (vor dem Leuchtturm Spodsbjerg Fyr). Schön gelegenes, uriges Rieddachhaus auf den Klippen. Hier wohnte der Polarforscher, sofern er überhaupt zu Hause war. Besichtigung möglich: Einrichtung, Zeitungsausschnitte über den Forscher etc.

Knud Rasmussen (1879-1933) betrieb Anfang des Jahrhunderts ethnographische Forschungen in Nord-Grönland und unternahm 1912-32 sieben Polarexpeditionen.

Offen: Juni bis Mitte August tägl. außer Mo. 11-16 Uhr, geringer Eintritt. Picknickbänke im Grünen.

 "**Lynæs Kro**", Frederiksværkvej 6, ca. 2oo m vom Hafen. Seit 1822 königlich privilegierten Kro für die Fährgäste, die bei schlechtem Wetter hier Zuflucht fanden. Einige Zimmer mit Bad, WC, Fernseher und Telefon. Rustikales Restaurant. DZ mit Frühstück 17o DM.

"**Hundested Kro og Hotel**", Nørregade 1o. Altes Fachwerkhaus an der Hauptstraße. 6o Zimmer.

 * Lynæs Camping: in Lynæs im Wohngebiet, - hat uns wenig gefallen. Zwar nur einen Katzensprung vom Meer, aber voller Dauercamper mit teilweise riesigen Mobilhomes. Sehr einfache Sanitäranlagen. 1oo Stellplätze. Ganzjährig offen.

* Sølager Camping: von der Lage her wesentlich schöner; 2 km östlich von Lynæs kurz vor der kleinen Fähre über die schmale Roskildefjord-Mündung. Etwas abseits gelegene Wiese, teilweise Baumbestand. Minisandstrand neben der Fähre, viele kleine Fischerkähne tanzen im Wasser. 15o Stellplätze. Ganzjährig offen.

Spazierweg: lohnend, oben auf den 3o-4o m hohen Klippen am Leuchtturm vorbei (kein Zugang, Militärgelände). Weiter Meerblick, fast immer windig, so daß man sich richtig durchwehen lassen kann. Bis zum pittoresken ehemaligen Fischernest Kikhavn, heute natürlich auch im Sommer Rummel.

 **Surfen**: Lynæs ist ein Top Surfspot in Seeland. Ein ganzes Stück weit Stehrevier. Direkt vis-à-vis der Surfschule South Beach Lynæs Surfcenter beim Jachthafen geht's los. Kleiner Sandstrand und Parkplatz. Die Surf-

schule bietet Anfänger- und Fortgeschrittenenkurse, Surfboardverleih.

Verbindungen ab Hundested

Fähre: -> Jütland/Grenå 2-3 x tägl., Überfahrt 2 Std. 4o Min. Preis knapp 25 DM/Person, Pkw inkl. Fahrer 6o DM; die Nachtfähre deutlich billiger.

-> Rørvig (Nordwestseeland). Etwa jede Std., zur HS bzw. am Wochenende noch öfter, dauert ca. 25 Min.
Preis: 6 DM/Person, Pkw inkl. Fahrer 2o DM.

Zug: -> Frederiksværk und Hillerød jede Stunde; alle 2o Minuten ab Hillerød nach Kopenhagen.

Bus: Häufige Verbindung -> Frederiksværk .

Von Hundested besteht die Möglichkeit mit der Fähre in 25 Minuten nach RØRVIG überzusetzen. Alle Details zu der nordwestlichen Halbinsel Odsherred, zu guten Bademöglichkeiten und hübschen Freskenklöstern siehe ab Seite 4oo bzw. 4o3.

Oder man nimmt die kleine Fähre über den Roskildefjord von Sølager nach Kulhuse und fährt auf der HALBINSEL HORNSHERRED, die sich wie ein dicker Finger zwischen dem Roskilde- und dem Isefjord erstreckt, weiter in Richtung Roskilde. Im folgenden beschrieben.

Hundested -> Frederikssund -> Roskilde
(45 km)

*Die Nordspitze der Halbinsel Hornsherred ist ein reines Feriengebiet mit Sommerhäusern und ** Camping Kulhuse, Laden, Tankstelle und viel Wald zum Spazierengehen, - allerdings ist ein großes Areal als militärisches Schießgelände freigegeben.*

SCHLOSS JÆGERSPRIS, ca. 1o km südlich der Fährstation nahe Frederikssund. Hübsches rotes Ziegelschloß direkt neben der Straße. Der Nordflügel ist ältester Teil des Schlosses und stammt aus dem Mittelalter. Im 16. Jh. wurde es zum königliches Jagdschloß umgebaut, sein heutiges Aussehen aus dem 18. Jh. Bei dem Namen darf natürlich der röhrende Hirsch nicht fehlen.

Frederik VII. (18o3-63) lebte hier als letzter König Mitte des 19. Jahrhunderts mit seiner dritten Frau, Gräfin Danner (alias Louise Rasmussen), die - wie Chronisten betonen - ein uneheliches Kind eines Dienstmädchens war. Die Gräfin vermachte ihr beträchtliches Vermögen einer Stiftung zugunsten unehelich geborener Kinder.

Der große Park ist öffentlich zugänglich, im Sommer auch ein Teil des Schlosses. Die königlichen Gemächer wie zu Lebzeiten des Königs eingerichtet. In dem anderen Trakt ein Seminar für Sozialpädagogen.

Führungen. Eintritt 4 DM.

✦Frederikssund   (17.ooo Einw.)

Über eine Hebebrücke erreicht man Frederikssund, eine lebhafte Provinz-
stadt und Einkaufszentrum für die Gegend. Die Stadt entstand als Fähr-/
Brückenort an der schmalsten Stelle des Roskildefjords. 1665 taufte
König Frederik III. das damalige Falkenborg in Frederikssund um.

Frederikssund macht als "Wikingerstadt" Reklame: seit über 4o Jahren
werden jeden Sommer hier die Wikingerfestspiele aufgeführt. Ein großes
Freilichtspiel von Bürgern für Bürger und Touristen.

 Østergade 3, 36oo Frederikssund.

FÆRGEGAARDEN MUSEUM Færgelundsvej 1. Heimatmuseum auf der
anderen Brückenseite. Archäologie, Bauernmöbel etc. Offen tägl. außer
Mo 1o-16 Uhr. 2,5o Eintritt.

J.F. WILLUMSEN MUSEUMY: Jenriksvej 4, Richtung Slangerup. Der
Maler, Bildhauer, Keramiker J.F. Willumsen (1863-1958) hat sein Werk
dem Staat vermacht und ein Museum dafür bekommen. Willumsen läßt
sich am ehesten in Richtung Expressionisten einordnen. Offen: April bis
September tägl. 1o-16 Uhr, sonst werktags 13-16 Uhr, sonn- und feiertags 1o-16 Uhr.

WIKINGERSIEDLUNG (Vikingeboplads): neben der Freilichtbühne. An
Stelle einer alten Wikingsiedlung wurde 1993 ein Wikingerdorf rekonstruiert. Vermittelt einen kleinen Eindruck von der Lebensweise der Nordmänner. In den Werkstätten wird im Sommer wie zu alten Zeiten gearbeitet. Ganzjährig offen, freier Eintritt.

Wikingerspiele: Seit 1952 werden jeden Sommer Ende Juni/Anfang Juli
die Wikingerspiele auf der Freilichtbühne aufgeführt. Die rund 25o Laien-
schauspieler kommen vorwiegend aus Frederikssund. Nach der Show
geht es zum feucht-fröhlichen Gelage auch für die Gäste über. Karten-
bestellung unter Tel. 42 31 o6 85.

SKIBBY (ca. 15 km südlich). Ein Stop lohnt bei der SKIBBY KIRCHE
(Ursprünge von 11oo). Äußerlich macht sie wenig her, innen schlicht,
aber komplett mit Kalkmalereien (1348) ausgeschmückter Chor. Im Südgewölbe das Jüngste Gericht mit einem lüstern dreinschauenden Teufelchen. Im Nordgewölbe die Geburtsszene, in der das Jesuskind ausnahmsweise mal sehr lebensnah dargestellt wird. Das Westgewölbe zeigt in
krasser Darstellung die Vergänglichkeit: drei grauslige Skelette von
Schlangen umgeben, treffen auf drei muntere, prächtig ausgerüstete Adelige. In der Kirche fand man 165o die sogenannte "Skibby Chronik", von
einem Mönch im 16. Jh. verfaßt.

SELSØ SCHLOSS (1576, 1733 umgebaut) mit Herrensitzmuseum, 4 km östlich von Skibby. Schlichtes ziegelrotes Schloß in idyllischer Lage im Wäldchen. Ein engagiertes Journalistenehepaar brachte wieder Leben in das seit 1829 unbewohnte Schloß. Selsø ist interessant, weil es so authentisch wie möglich restauriert wurde, d.h. ewig hohe Räume, Kamine, große Küche im Keller, Brunnen im Hof. Keine WCs, denn im Schloß gibt es (stilecht) weder Wasser noch elektrisches Licht. Im Innern Ausstellungen zu Trachten, Waffen und eine Zinnsoldatensammlung. Offen: Ende Juni bis Mitte August tägl. 11-17 Uhr. Sonst im Sommerhalbjahr nur am Wochenende 13-16 Uhr. Eintritt ca. 8 DM. Beim Kiosk gibt es Kaffee und Kuchen.

Der See ist Naturschutzgebiet und beliebter Stop der Zugvögel, Kanadagänse, Enten etc.

GERSHØJ, einige Kilometer südlich, ein kleines Nest mit Riedhäusern direkt am Roskildefjord. Im winzigen Fischerhafen hängen die Netze zum Trocknen, Ministrand beim Parkplatz. Beliebter Ausflugsort nicht zuletzt wegen der Gershøj Kro unten am Hafen. Schönster Platz auf der Terrasse. 1o Zimmer. - Weiterfahrt in 2o km über Landstraße nach Roskilde.

✦Roskilde (5o.ooo Einw.)

Es gibt viele Gründe für einen Stop in Roskilde am Fjord, 3o km von Kopenhagen entfernt: das bekannte Musikfestival, der Absalon-Dom und das Wikingerschiff-Museum.

Roskilde war die erste Hauptstadt Dänemarks, bis König Erik von Pommern seinen Regierungssitz nach Kopenhagen verlegte, der Klerus blieb. Um den Dom einige niedrige Häuserzeilen (z.B. Lille Maglekildestræde), doch die vielen Stadtbrände haben kaum richtig Altes übriggelassen.

Heute ist Roskilde eine aktive Handelsstadt, trotzdem überschaubar. Das interessante Zentrum erstreckt sich von der Fußgängerstraße am Dom bis runter zum Jachthafen. Super geschützt am Ende des Fjords, im Sommer bei Seglern ein beliebter Stützpunkt. Die Hauptstadt Kopenhagen von hier in S-Bahn-Reichweite.

 Gullandsstraede 15, 4ooo Roskilde. Tel. 46 35 27 oo, Fax: 46 35 14 74. Bevor man zu den Sights in der Umgebung fährt, hier Infos über neueste Öffnungszeiten besorgen.

Markt: mittwochs und samstags.

Geschichte: Wikingerkönig Harald Blauzahn legte vermutlich im 1o. Jh. die Grundlage der Stadt. Um die erste Holzkirche entstand die größte Stadt Skandinaviens. Von der Landseite wurde Roskilde im 12. Jh. befestigt, die Fjordeinfahrt war Dank der geschickten "Unterwasserblockade" (siehe Wikingerschiffe unten) nur für Eingeweihte passierbar.

In der Nachwikinger-Ära wurde das erstarkte Dänemark von hier aus regiert. Staatliche und geistliche Macht waren in Roskilde konzentriert, neben dem Dom (Grundlage durch Bischof Absalon 117o) entstanden rund ein Dtzd. Kirchen und zahlreiche Klöster.

Die Verlagerung des Regierungssitzes nach Kopenhagen Anfang des 15. Jh. war für Roskilde ein Desaster. Der zweite Schock kam nach der Reformation, als Macht und Besitz der Kirche zerfielen, fast alle Kirchen abgerissen und die Klöster bis auf wenige Ausnahmen aufgegeben wurden. Die Kirche war damals der größte Arbeitgeber, rund 1/4 aller Bauernhöfe und riesige Ländereien, die bis Falster, Møn und Rügen reichten, gehörten dem Bistum Roskilde.

Erst mit der beginnenden Industrialisierung und dem Bau der Eisenbahnstrecke nach Kopenhagen (1847) begann der zweite Frühling. Heute schieben sich dicke Frachter durch den Roskildefjord bis zum Verladehafen am Stadtrand. Seit 1972 auch Unistadt.

Ausgangspunkt für die Stadtbesichtigung ist der große Parkplatz Stændertorvet neben Dom und Fußgängerzone bzw. der große Parkplatz beim Wikingerschiffs-Museum und zu Fuß zum Dom hoch.

WIKINGERSCHIFFSHALLE (15): d i e Attraktion, direkt am Fjord neben dem Hafen. 1962 wurde im Roskildefjord der sensationelle Fund von mehreren Wikingerschiffen geborgen: fünf verschiedene Typen waren systematisch in der Fahrrinne versenkt und sollten gegen Ende der Wikingerzeit (um 1ooo) die Zufahrt vor feindlichen Booten schützen.

Die Schiffswracks sind restauriert und in Originalgröße zu sehen. Das Kriegsschiff vom Typ "Ladby" (siehe dort), wie es auch bei der Eroberung Englands durch Normannenkönig Wilhelm benutzt wurde, mißt immerhin 18 m Länge. Andere waren vielleicht als Fähren oder Handelsschiffe im Einsatz. - Mit einem Schiff von 28 m (!) Länge hatten die Archäologen offensichtlich nicht gerechnet, zudem war der Fund sehr schlecht erhalten, so daß er anfänglich für zwei Schiffe gehalten wurde (deshalb Bezeichnung Wrack 2 und 4). Daß die Wikingerschiffe enorm hochseetauglich waren, haben originalgetreue Kopien bewiesen. Im Sommer werden auch Fahrten auf Repliken veranstaltet.

Das Museum zeigt die Boote und ihre Bauweise. Übrigens wurden alle Planken ohne Säge gezimmert, denn die war zur damaligen Zeit nur in Miniaturformat bei der Herstellung von Kämmen im Einsatz. Interessant auch der Film über die Bergung der Schiffe und die spätere Konservierung jedes einzelnen Holzstücks. Vorführungen mehrmals täglich, auch auf deutsch.

Offen ganzjährig. April bis Oktober tägl. 9-17 Uhr, sonst 1o-16 Uhr. Eintritt 8 DM, Kinder 5 DM.

DOMKIRCHE (1): eines der bedeutendsten Sakralgebäude Dänemarks, denn hier wurden fast alle Könige bestattet, 38 an der Zahl. Jedes Staatsoberhaupt hat sich natürlich ein besonders prächtiges Grabmal errichten lassen. Die Seitenkapellen bieten daher einen Schnellkursus durch 8oo

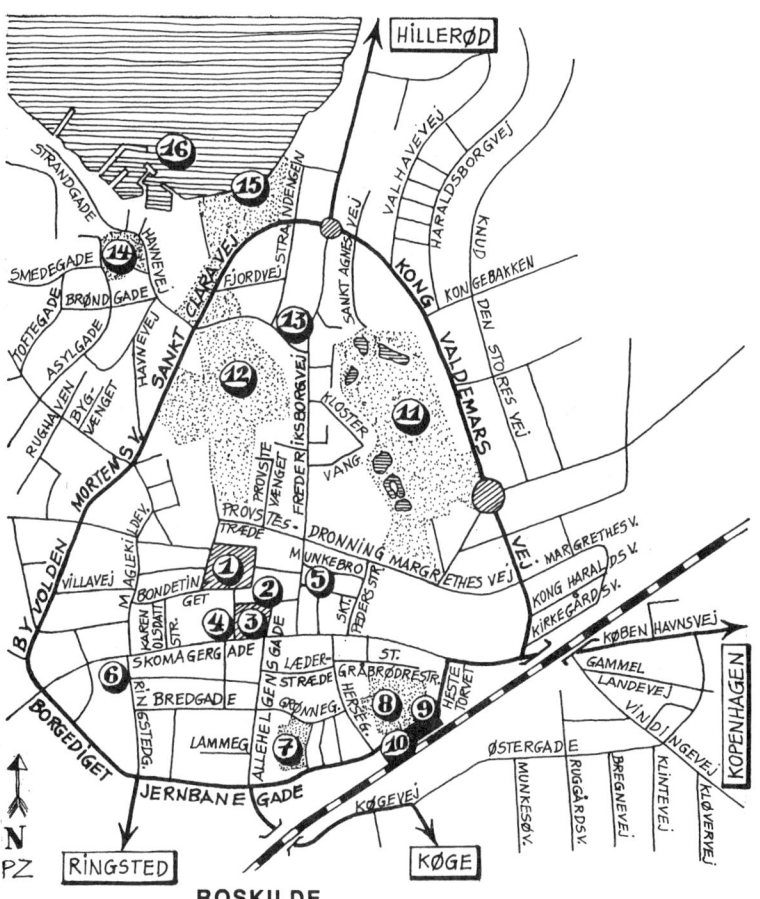

ROSKILDE

1 Dom
2 Palaesamlingerne
3 Marktplatz
  Staendertorvet
4 Rathaus
5 Roskilde Museum
6 Gemischtwarenladen
  "Brødrene Lützhøfts
  Efterfølger"
7 Vor Frue Kirche

8 Franziskaner Friedhof,
  Gråbrødre Kirkegård
9 BUSTERMINAL
10 BAHNHOF
11 Volkspark, Folkeparken
12 Stadtpark, Byparken
13 St.Ibs Kirche
14 St.Jørgensbjerg Kirche
15 Wikingerschiffshalle
16 Hafen

Jahre dänische Baugeschichte.

Genügend Zeit mitbringen und unbedingt so timen, daß man die volle Stunde nicht verpaßt, denn dann röhrt der Drachen in der alten Uhr über dem Eingang, und alles ist in Bewegung.

Klarer und harmonischer Innenraum, mehr Gotik als Renaissance. Aus der Zeit vor der Reformation stammt das einmalige Chorgestühl mit groß- artigen Schnitzereien (142o). Neben den Sitzen der Mönche urig ge- schnitzte Köpfe, darüber auf der rechten Seite (Süd) Szenen aus dem Alten Testament: Eva entspringt förmlich aus Adams Rippe, Elias fährt im "Bollerwagen" in den Himmel. Vis-à-vis Passionsszenen des Neuen Testaments.

15o Jahre später entstanden fast gleiche Szenen im prächtigen goldenen Flügelaltar. Eine Antwerpener Arbeit von 156o. Geradezu plastisch her- ausgearbeitet, doch die Bilderbibel war damals nur an speziellen Tagen zu sehen. - Hinter dem Altar ruht Magrethe I. auf einem Kissen aus Stein (1353-1412). Unter ihrer Regierung erreichte Dänemark seine größte Aus- dehnung durch geschickte Diplomatie und etwas Säbelrasseln.

Um sich in den verschiedenen Seitenkapellen und Königsgräbern zurecht zu finden, sollte man die farbige deutschsprachige Broschüre an der Kasse kaufen. Kurze Erklärungen der Persönlichkeiten, guter Grundriß, etwas Baugeschichte. Nicht die Grabkapelle außen verpassen, fast schon ein kleines Mausoleum. Hier wurde 1985 König Frederik IX. bestattet.

Offen: April bis Sept. 9-16.45 Uhr, Wochenende später. Geringer Eintritt.

BISCHOFSPALAST und Königssitz gleich neben dem Dom. Bischof Absalon ließ schon im 13. Jh. eine Verbindungsbrücke zum Dom anbau- en. Nach der Reformation fiel auch die dreiflügelige Anlage an die Krone. Auf ihren Reisen oder bei feierlichen Beisetzungen im Dom hielten sich die Könige mit ihrem Gefolge hier auf. König Christian IV. zählte zu den häufigsten Gästen. Seine Nachfolger pumpten kaum noch Geld in die Unterhaltung der Anlage.

Auf königlichen Befehl entstand 1736 eine neue Königsresidenz unter Federführung des ersten dänischen Architekten Thurah. Nicht so prunkvoll wie erwartet, denn die finan- ziellen Mittel waren sehr begrenzt. Schon 4o Jahre später zogen die Husaren im Palais ein, ihnen folgten die englischen Besatzer. 1923 wurde Roskilde knapp 4oo Jahre nach der Reformation wieder Bischofssitz, seit den 8oer Jahren im Ostflügel untergebracht.

PALÆSAMLINGER (2) im Seitentrakt des Bischofspalastes: kleine Sammlung von Bildern und Gegenständen, die mit dem Palais zu tun haben. Offen: Juni bis August tägl. 11-17 Uhr, sonst Mo.-Sa. 14-16 Uhr, So. 14-17 Uhr. Geringer Eintritt.

MUSEET FOR SAMTIDSKUNST "Ord, Billed, Lyd", im Hauptgebäude des Bischofspalastes. Museum für zeitgenössische Kunst. Wechselnde Ausstellungen z.T. auch im ehemaligen Husarenstall. Offen: Mo.-Fr. 11-

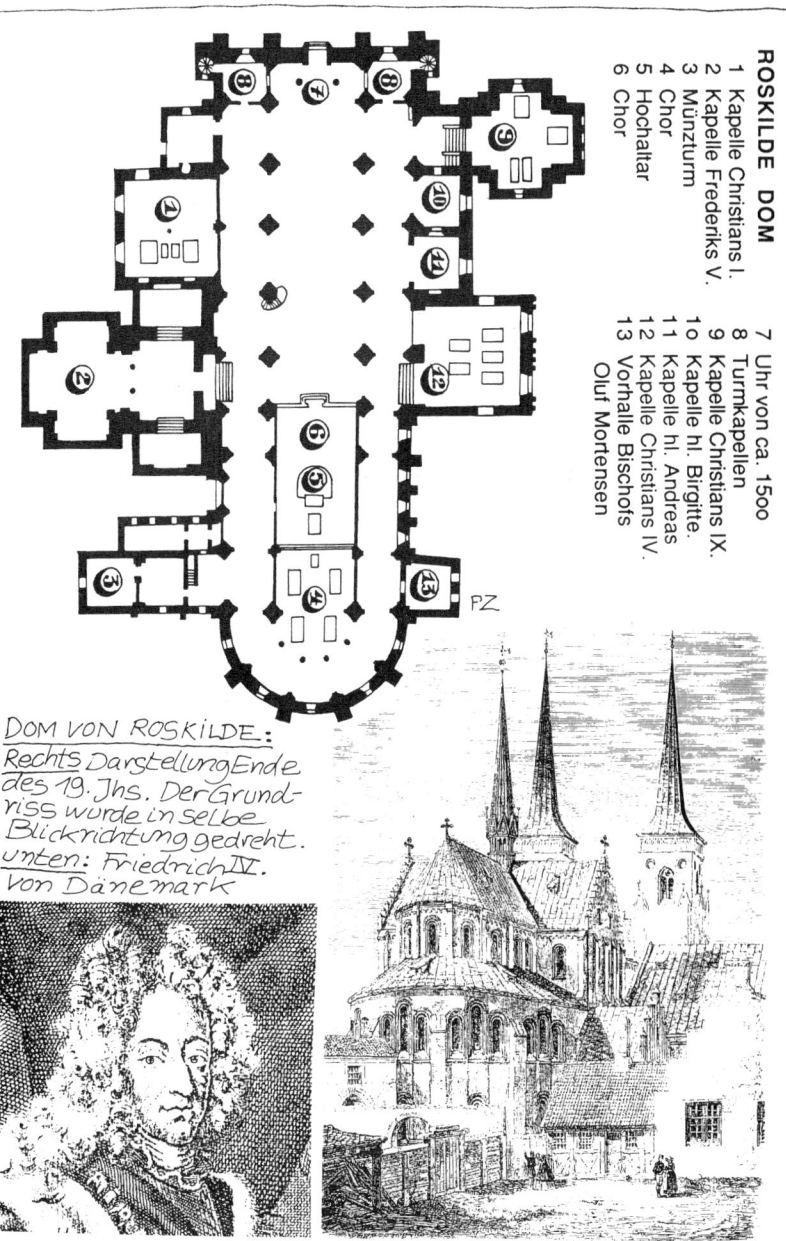

ROSKILDE DOM

1 Kapelle Christians I.
2 Kapelle Frederiks V.
3 Münzturm
4 Chor
5 Hochaltar
6 Chor
7 Uhr von ca. 1500
8 Turmkapellen
9 Kapelle Christians IX.
10 Kapelle hl. Birgitte.
11 Kapelle hl. Andreas
12 Kapelle Christians IV.
13 Vorhalle Bischofs
   Olur Mortensen

PZ

DOM VON ROSKILDE:
Rechts Darstellung Ende
des 19. Jhs. Der Grund-
riss wurde in selbe
Blickrichtung gedreht.
unten: Friedrich IV.
von Dänemark

17 Uhr, Sa./So. 12-16 Uhr. Oktober bis April Mo. geschlossen. Eintritt 2,5o DM.

KAUFMANNSLADEN (6) "Brødrene Lützhøfts Købmandsgaard", Ringstedgade 6. Einzigartiger Kramladen wie zu Omas Zeiten (von 191o, gehört jetzt zum Museum). In den Regalen stapeln sich Seifen, von der Decke hängen Töpfe und Bürsten. Die Einrichtung ist zwar museal, doch die Waren frisch zu kaufen, z.B. leckere Süßigkeiten ohne Plastikverpackung. Offen: Mo.-Fr. 11-17 Uhr, Sa. 9-13 Uhr, Juni bis August zudem sonntags 11-17 Uhr. Eintritt frei.

STADTMUSEUM (5): zeigt die Geschichte seit der Steinzeit. Einige Wohnstuben aus den letzten Jahrhunderten wieder hergerichtet, Bauernküchen etc. Offen: Juni bis August tägl. 11-17 Uhr, sonst Mo.-Sa. 14-16 Uhr. Eintritt 2,5o DM.

HANDVÆRKSMUSEET, Ringstedgade 68. Handwerkszeug der verschiedenen holzverarbeitenden Berufe. Private Sammlung. Offen: Mo-Fr. 7-16.3o Uhr, Sa. 9-12 Uhr. Eintritt gratis.

Roskilde Festival: Zwei Jahre nach Woodstock ins Leben gerufen (1971), hat es sich bis heute zum bekanntesten Open-air-Festival Europas gemausert. Anfangs noch privat initiiert und finanziert, wurde es schon im ersten Jahr begeistert angenommen. Inzwischen treten auf drei Bühnen weltbekannte Stars auf, "Oldis" und Newcomer, nationale und internationale Gruppen. Jazz, Rock und Pop wird meist parallel gespielt, dadurch insgesamt mehr als 1oo Auftritte an den vier Festivaltagen.

Roskilde hat regelmäßig 5o.ooo-60.000 Besucher pro Jahr, obwohl das Midtfyns-Festival in Ringe zur gleichen Zeit läuft und nicht nur inhaltlich, sondern auch an Besucherzahlen konkurriert. Das Durchschnittsalter liegt bei 22, aber ergraute Alt-68er mit Kind sind jedes Jahr dabei. Bier fließt dabei in Massen, das Angebot der Buden ist auch im Sektor Essen groß.

Eine riesige Zeltwiese steht für diejenigen zur Verfügung, die komplette 4 Tage dabei sein wollen. Wenn der Wettergott mitspielt, eine feine Sache. Doch wenn er die Schleusen öffnet, verwandelt sich das ganze Gelände in enormen Morast, und der Verkauf von Gummistiefeln hat Hochkonjunktur. Die Stimmung leidet kaum darunter, auch das muß man mal erlebt haben.

Findet meist Ende Juni statt, Eintritt rund 17o DM.

Im Ausflugsschiff **M/S Sagafjord** auf den Spuren der Wikinger. Ein Oldtimerboot unter Dampf mit Restaurant an Bord. Im Sommer tägl. Abfahrten im Hafen, 5oo m von der Wikingerschiffshalle entfernt.

"**Hotel Prindsen**", Algade 13. Älterer "Palazzo" direkt im Zentrum, Lärmempfindliche sollten sich ein Zimmer nach hintenraus geben lassen. 7o Betten, alle Zimmer mit Privatbad. DZ ca. 18o DM.

"**Hotel Søfryd**", Jyllinge, 12 km nördlich Roskilde. Moderne Anlage direkt am Fjord mit super Blick von der Terrasse. 29 Zimmer, zweckmäßig eingerichtet.

"**Scandic Hotel**", Ringvej 33, am Stadtrand. Große langgestreckte Anlage. Knapp 1oo Zimmer, moderner Standard mit TV, Pool, Solarium etc. DZ ab 2oo DM, im Sommer erheblich günstigere Angebote.

"**Svogerslev Kro**", Svogerslev Hovedgade 45. Ein typisch dänischer Gasthof mit Rieddach und Fachwerk etwas außerhalb. Nur 18 Zimmer mit Dusche, großes Restaurant. DZ um die 13o DM.

Jugendherberge, Hørhusene 61. 3 km vom Stadtzentrum entfernt im Grünen gelegen, Bus Nr. 6o1 bis Låddenhøj. Angenehm ruhig am Waldrand. Mehrbett und Familienzimmer. Mai bis September.

*** Roskilde Camping: 4 km nördlich Roskilde am Fjord. Riesige Anlage mit Stellplätzen bis ans Meer, langer Strandbereich. Sehr guter Stützpunkt zum Surfen, Baden und Fahrten in der Umgebung bzw. Ausflüge bis Kopenhagen. Hüttenvermietung, Einkaufsmöglichkeit, Sport- und Minigolfplatz. 38o Stellplätze. Offen: Anfang April bis Anfang September.

"RAADHUSKÆLDEREN" (Ratskeller) gehört zum weißen "Hotelpalazzo" direkt im Zentrum beim Dom. Langer Kellertrakt, etwas schummerig, man sitzt an derben Holztischen. Schöner Garten gegenüber Dom. Gute Frokostkarte ab 1o DM, abends Fisch und Fleisch ab 35 DM.

Restaurant "BYPARKEN", Fredriksborgvej 21, direkt im Stadtpark. Sehr schönes Restaurant im Reetdachlook mit großer Fensterfront und Terrasse zum Park.

Restaurant "TOPPEN", Bymarken 27 am östlichen Stadtrand. Ungewöhnliche Lage in 84 m Höhe auf der breiten Plattform eines riesigen Wasserturms. Lunch und Abendessen.

"LA BØF", Algade 13 unten im Hotel. Steakhaus mit Terrasse zur Straße. Bøf in den verschiedensten Varianten, auch gegrillten Lachs.

Umgebung von Roskilde

LEJRE VERSUCHSZENTRUM: Hier wird im Sommer die Eisenzeit wieder lebendig. Ein historisch-archäologisches Versuchszentrum, in dem sich die Urlauber nach Eisenzeitmethoden ernähren, Feuersteine zu Speerspitzen bearbeiten, weben und töpfern wie vor 3.ooo-4.ooo Jahren.

Inzwischen ist eine kleine Hüttensiedlung wieder rekonstruiert, man schmiedet und bestellt nach alten Methoden das Versuchsfeld. Auf den kleinen Seen werden auch Fahrten im Einbaum veranstaltet, die "Versuchskaninchen" sind begeistert. Ausstellungen und wechselnde Workshops zu verschiedenen Themen und Diavorführungen.

<u>Offen</u>: Mitte Juni bis Mitte August tägl. 1o-16 Uhr, Mai bis Mitte Juni und Mitte August bis Sept. Mo. geschlossen. <u>Eintritt</u> 12 DM, Kinder 8 DM. <u>Lage</u>: ca. 15 km südwestlich Roskilde, 4 km außerhalb Lejre dem Dorf Lejre (ausgeschildert). Bahnverbindung bis Lejre und im Sommer Bus Nr. 233 zur Anlage.

LEDREBORG SCHLOSS, Ledreborg Allé, am westlichen Ortsrand von Lejre. Großzügig und streng symmetrisch angelegt (Barock, 18. Jh). Innenbesichtigung möglich. Schöne Spaziergänge im englischen Park. <u>Offen</u>: Juni bis August tägl. 11-17 Uhr. Mai und Sept. So. 11-17 Uhr.

STRASSENBAHNMUSEUM (Sporvejsmuseet) in Skoldenæsholm, 22 km südlich in Jystrup. Einmalig in Dänemark, 15o Jahre alte Straßenbahnen schick restauriert. Am Parkplatz ist sogar eine Museums-Straßenbahn im Einsatz. Teilweise Innenbesichigung der Oldtimer. Viele Informationen zur Entwicklung des öffentlichen Nahverkehrs in Dänemark im Ausstellungsgebäude. Picknickkorb mitbringen.

Skoldenæsholm liegt im hügeligsten Bereich Seelands, mit der höchsten Erhebung von 126 m (Gyldenløveshøj). <u>Zufahrt</u> auf der Landstraße 14 nach Ringsted, bei Egemose rechts ab. Bahnverbindung bis Borup, weiter per Bus. - <u>Offen</u>: Mai bis Ende Oktober nur an Wochenenden, zu Saison zusätzlich unter der Woche. Neueste Information vorab im Touristenbüro. <u>Eintritt</u> 1o DM, Kinder 3 DM.

VETERANEN-EISENBAHN am östlichen Stadtrand. Auf einigen Kilometern schnauft Dänemarks einzige Schmalspurbahn. Mehrmalige Fahrten am Sonntag von Mitte Mai bis Anfang September. Erwachsene 5 DM, Kinder 2,5o DM.

DEN NY FAMILIEPARK: ein riesiger Freizeitpark einige Kilometer östlich in Vindinge. Viele Aktivitäten, Streichelzoo etc. Im Eintritt von 14 DM ist alles inklusive. Damit's nicht noch teurer wird, am besten Picknick mitbringen. <u>Offen</u>: Mitte Mai bis August 1o-22 Uhr.

INSEL BORNHOLM (ca. 5o.ooo Einw.)

3o x 4o km, 588 qkm. Die Perle Dänemarks liegt weit draußen in der Ostsee, näher an Schweden und Polen als am Mutterland.

Bornholm bietet auf engstem Raum große Kontraste, feinste Badestrände im Süden und eine bizarre Felsenküste im Norden. Hier liegen auch die gemütlichsten Inselstädtchen, beschauliche Häfen mit Fischkuttern und gepflegte Fachwerkhäuser. Das Schmuckstück, das Dorf <u>SVANEKE</u> steht sogar komplett unter Denkmalschutz.

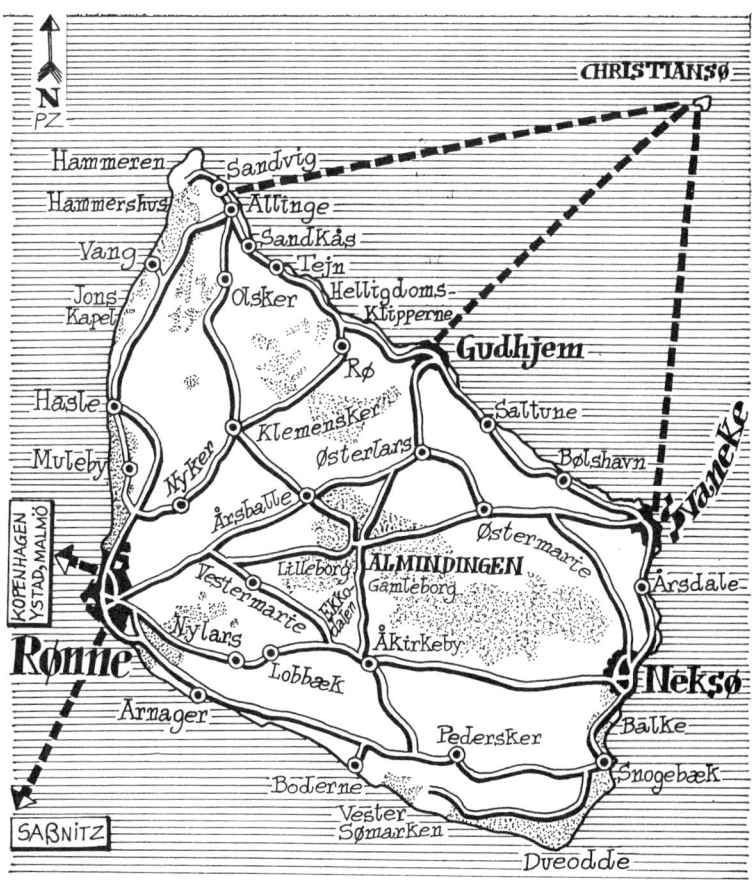

Einen <u>Bootsausflug</u> zum östlichsten Punkt Dänemarks nach Christiansø sollte man sich nicht entgehen lassen. Zwei Bornholmer Specials sind weit über Dänemark bekannt: fotogene <u>Rundkirchen</u> und lecker <u>geräucherte</u> <u>Heringe</u>, die frisch aus dem Rauchfang kommen und klassisch als "Sonne über Bornholm" mit Zwiebeln und Eigelb gegessen werden.

Klar, daß die Insel im Sommer viele Touristen anzieht. Schon im 19. Jahrhundert entstanden die ersten bescheidenen Badehotels an der Nordküste, heutzutage sind Ferienhäuser "in". Doch die Bornholmer wollen aus ihrer Insel kein Mallorca machen und versuchen die Touristenzahlen in Grenzen zu halten.

Wer reinen <u>BADEURLAUB</u> plant, ist im Süden richtig: der 25 km lange Sandstrand lockt im Juli Tausende von Urlaubern an, trotzdem liegt man hier nicht wie die Heringe in der Dose. Großes Ferienhausangebot um die winzigen Orte Dueodde, Sømarken und Balke.

Wer im Urlaub mehr Wert auf hübsche <u>STÄDTCHEN</u>, <u>AUSFLÜGE</u> und <u>SPAZIERENGEHEN</u> legt, ist im Norden besser aufgehoben. Gilt besonders für die Vor- und Nachsaison. Die herrliche Felsenküste (einmalig in Dänemark) erinnert an Cornwall oder die Nord-Bretagne. Ausgezeichnete Spaziermöglichkeiten entlang der Küste über die alten Rettungswege. Kleine Museen, gemütliche Cafés/Restaurants und viele Fischräuchereien, insgesamt sehr abwechslungsreich.

Bornholm ist für sein <u>mildes Klima</u> bekannt, vereinzelte Feigen- und Maulbeerbäume sprechen für sich. Die <u>SAISON</u> ist hier 14 Tage länger als im übrigen Dänemark. Für Camper schließen die Tore Mitte September, die Ferienhaussaison dauert etwa einen Monat länger. Ende August/ September (wenn die dänischen Schulferien vorbei sind), ist für Bornholm die angenehmste Zeit (Ausnahme ein Schlechtwettertief über der Ostsee), denn das Meer ringsherum gibt die Wärme gespeichert ab. Andererseits beginnt das Frühjahr meist zwei Wochen später als auf dem Festland. Zur Hauptreisezeit Juli/Anfang August sind die Ferienhäuser meist ausgebucht und wesentlich teurer als zur Vor-/Nachsaison.

Ein dichtes Straßennetz überzieht die Insel, breite gut ausgebaute Hauptstrecken zwischen den Orten, abseits wirds schmaler. Solche Sträßchen werden von Fahrradfahrern bevorzugt, deshalb besonders Rücksicht nehmen.

Einmal um die Insel macht rund 1oo km. Vom Hauptort Rønne nach Sandvig oder Gudhjem im Norden etwa 25 km, nach Svaneke oder Neksø ganz im Osten ca. 3o km. Autowerkstätten in Rønne.

 Sehr gutes **Busnetz**. Strahlenförmig werden ab Rønne alle Orte der Insel bedient, zudem einmal entlang der Küste. Bis zu stündliche Verbindung. <u>Bushaltestellen</u> nur in Orten, ansonsten gibt man Handzeichen am Straßenrand.

Die BAT (Bornholms Amt Trafikselskab) bietet günstige Tages- und

Wochenkarten an. Fahrräder werden auf speziellen Gestellen transportiert. Ausnahme Tandem und Anhänger. Am besten besorgt man sich gleich den BAT Sommerfahrplan bei: "Det røde Pakhus", Snellemark 3o, 5oo m vom Hafen Richtung Torv in Rønne.

 Bei den Dimensionen auf Bornholm u.U. lohnend und problemlos möglich. Die Touristenbüros vermitteln, oder direkt bei den Agenturen in Rønne bzw. gleich über die Fährgesellschaft Bornholms Trafikken bestellen.

Die internationalen Vermieter wie Avis, Budget, Interrent sind auf Bornholm vertreten. Als günstiger Anbieter fiel uns die lokale Gesellschaft "Fiat Autoudlejning" in Rønne, St. Torvegade 98, auf. Fiat Uno (ideal für die schmalen Nebenstraßen) ca. 1oo DM/Tag inkl. 7o km. Rabatt bei längerer Mietdauer.

Verbindungen

Fast alles läuft über den Hafen Rønne.

 **Fähren von Deutschland**: Details siehe auch S. 16. Bornholm läßt sich geschickt auf der Anreise mit einbauen, weiter über Schweden nach Dänemark oder direkt nach Kopenhagen.

Saßnitz-> Rønne: Autofähre, Überfahrt zur HS im Sommer 1 x tägl., im Winter 2 x/Woche. Preis: Pkw, Wohnmobil bis 6 m Länge inkl. 5 Pers. 135 DM. Pro Person 35 DM einfach.

Zudem vom südl. gelegenen Hafen Neu Mukran 1 x tägl. -> Rønne mit Bornholms Trafikken. 35 DM/Erwachsene, Pkw inkl. 5 Pers. 16o DM.

Ab Dänemark:

Kopenhagen -> Rønne: direkte Autofähre ab Kopenhagen City mit "Bornholms Trafikken". Bequeme Verbindung durch die Nachtfähre: kurz vor Mitternacht in die Koje und nach einem guten Frühstück wieder von Bord. Sehr ordentliche Kabinen mit Dusche und WC. Bei Tagesfahrten wenn möglich eine Außenkabine mit großem Fenster geben lassen.

Der Abfahrtsterminal in Kopenhagen liegt sehr zentral. Abends gemütlich über den Strøget bummeln, am Nyhavn gut essen gehen und gleich ums Eck auf die Fähre. Wer das preiswerte Abendessen auf dem Schiff bevorzugt, kann 2 Std. früher an Bord.

Überfahrt zur Saison 1-2 x täglich. Preis 45 DM einfach, Senioren über 65 fahren für die Hälfte. Ordentliche Kombikojen ab 15 DM, Kabine ab 32 DM. Pkw bis 6 m und 2,3o m Höhe einfach 1oo DM. - Info: Direkt an den Terminalbüros. - Zubringerbus: Linie 28 ab Kopenhagen Bahnhof, Anschluß in Rønne.

Personenboot Pilen: Super schnell im Katamaran in 2 Std. 5o Min. über die Ostsee. Auch Fahrrad- und Kinderwagentransport möglich. Überfahrt zur Saison bis zu 6 x tägl. Preis etwa 5o DM.

Via Dänemark und Schweden:
Lohnt sich, wenn man etwas Zeit für eine kleine Rundfahrt durch Südschweden hat. Von Helsingør (siehe dort) in einer halben Stunde per Fähre nach Helsingborg und eine schöne Runde durch Schonen, das früher mal zu Dänemark gehörte.

In Ystad/Südschweden dann auf die Autofähre der "Bornholms Trafikken" nach Rønne. Verkehrt Juni bis Ende Sept. bis zu 3 x tägl., Preis pro Person knapp 3o DM, Pkw/Wohnmobil bis 6 m, 2,3o m Höhe 5o DM.

Alternativ mit "Bornholms Trafikken": Dragør (südlich Kopenhagen) nach Limhamn, 6o km bis Fährhafen Ystad und weiter per Fähre nach Rønne. Im Kombiticket bei 5 Personen im Pkw mit 15o DM rechnen.

Ohne eigenes Fahrzeug bequem im "Bornholmbus", Linie 866 fährt 3 x tägl. nonstop, via Ystad. Dauer ca. 5 1/2 Std. Preis ca. 4o DM einfach.

Katamaran: Simrishamn-> Allinge (Nordostküste Bornholms) bzw. Rønne nur zur Saison 2 x tägl. knappe Stunde. Preis ca. 3o DM einfach pro Person, Fahrradtransport möglich.

Katamaran auch zwischen Kopenhagen-> Malmø und Ystadt-> Rønne, dann kommt noch der Überlandtransport hinzu.

Spartip: Durchgangstickets sind in der Regel günstiger als die Einzelpassagen. Z.B. Puttgarden-> Rødby und Kopenhagen-> Rønne oder umgekehrt. Auch möglich: Puttgarden-> Rødby und Dragør-> Limhamn und Ystad-> Rønne.

Via Polen:
Interessant als Anreisevariante. Swinoujscie (Swinemünde)-> Rønne jeden Samstag. Preis ca. 45 DM einfach pro Person, Pkw 45 DM.

Flug: Flughafen in Rønne. Mehrmals tägl. Verbindungen nach Kopenhagen, am Wochenende seltener.
Nach Deutschland auch Direktflüge, z.B. nach Hamburg, Düsseldorf mit der Lufthansa und SAS. Die Gesellschaft Eurowings fliegt ab Dortmund, Münster und Paderborn Rønne an. Alle Gesellschaften jeweils Samstag.

Hotel

Hotelhochburgen sucht man auf Bornholm vergebens. Großprojekte mit 25o Betten sind die Ausnahme. Die größte Auswahl im Norden in Sandvig und Allinge, wo der Tourismus vor 1oo Jahren begann. Manche Hotels haben den Trend der Zeit erkannt und offerieren Appartements mit Kochgelegenheit (siehe Text).

Alternative zu den Hotels sind die vielen Pensionen mit familiärer Atmosphäre. Ohne vorherige Reservierung (meist langfristig planen!) wird es im Juli/August schwierig, ein Zimmer zu bekommen.

Ferienwohnungen

Größtes Angebot im Süden zwischen Dueodde und Neksø im Wald und dicht am riesigen Sandstrand (siehe dort). Für einen Badeurlaub mit der ganzen Familie ohne Frage das schönste Eck. Zur Vor- und Nachsaison besser an die abwechslungsreiche Nordküste. Vermittlung über die Touristenbüros, schriftliche Anforderung der Ferienhausbroschüre (mit Abbildungen) bei: Bornholms Turistcenter, DK-37oo Rønne oder Bornholms Sommerhus Udlejning, Sverigesvej 2, 377o Allinge. Deutschsprachige Ferienhausbroschüre. Auch hier gilt: unbedingt vorbuchen, selbst noch für den September!

Camping

Rund 2o Campingplätze über die Insel verteilt, fast alle in Küstennähe, allein drei im Badegebiet Dueodde. Die Saison reicht von Mitte Mai bis Mitte September, ganzjährig hat kaum ein Platz offen. Fast alle vermieten Wohnwagen oder Holzhütten unterschiedlicher Ausstattung. Näheres an den jeweiligen Textstellen.

Vandrerhjem

Ein halbes Dutzend Jugendherbergen rund um die Insel. Beste dürfte die in Gudhjem - direkt im Zentrum - sein. Für reinen Badeurlaub besser Dueodde im Wald, ganz nah zum Sandstrand.

 Bornholm ist eine ideale **Fahrradinsel**, abwechslungsreich auf so engem Raum, wie kein anderes Gebiet Dänemarks. Fahrradfahrer sind König auf den abgelegenen Landstraßen. Mit eigenen Verkehrsschildern sorgen sich die Gemeindeväter geradezu rührend um ihre Gäste: Wenn Radwege kreuzen, werden Autofahrer extra darauf hingewiesen. Im Norden warnt ein Schild vor Seitenwind und den Gefahren bei 8 % Gefälle. Die steile Zufahrt in Gudhjem wurde vorsorglich sogar über 2oo m für Radfahrer gesperrt; hier muß geschoben werden.

Über 2oo km ausgewiesene Radwege über Nebenstraßen, Wald- und Feldwege, die dann nur geschottert sind. Hier kommt man entsprechend langsamer voran, braucht aber keine Rücksicht auf Autos zu nehmen. Geteerte Fahrradwege parallel der Straße sind die Ausnahme.

Im Rennfahrer-Tempo ist Bornholm angeblich an einem halben Tag zu schaffen. Besser macht man daraus jedoch eine gemütliche Woche und erkundet die Insel mit einem kleinen Zelt. Der Süden ist weitgehend flach, zum Radeln aber auch eintöniger. Die übrigen 2/3 der Insel sind hügelig bis auf 16o m im Inland.

Für Tagestouren ist das gemütliche Fischerstädtchen <u>Gudhjem</u> an der Nordküste ein guter Stützpunkt. Im umgebenden Radius von 2o-5o km: Rundkirchen, Klippenküste, beschauliche Fischerhäfen und das zentrale Waldgebiet Almindingen. Rückweg auch per Bus und Fahrradtransport möglich. Nehmen allerdings keine Tandem oder Anhänger mit (siehe auch Busse).

<u>Fahrradverleih</u> schon 1oo m vom Hafen Rønne entfernt sowie in jedem Ferienort. Die Standarräder meist mit Dreigangschaltung, Gepäckkörbchen, manchmal auch Kindersitz und Kinderfahrräder. Für die ganz Kleinen gibt es in Rønne sogar Anhänger. Trotz des riesigen Angebots kann es im Juli mal Engpässe geben. <u>Preis</u>: ca. 13 DM/Tag, wochenweise billiger.

<u>Karten</u>: Alle Routen auf der speziellen Fahrradkarte eingetragen, die vom Kartenbild allerdings weniger anspricht. Zusätzlich empfiehlt sich die "Topografisk Kort" Bornholm im Maßstab 1: 5o.ooo von "Kort og Matrikelstyrelsen, Kopenhagen". Auf der Insel erhältlich.

Die schönsten **Wanderwege** verlaufen auf dem ehemaligen <u>Rettungsweg</u> entlang der Klippenküste. Abwechslungsreich, aber auch stark frequentiert. Immer wieder super Ausblicke, reger Schiffsverkehr am Horizont. Bizarre Klippenformationen von Eiszeit, Meer, Wind und Wetter modelliert. Gut ausgetretene Wege, an steileren Passagen zu Grotten oder Aussichtskanzeln wurden Treppen angelegt. Sehr gut auch als Familienspaziergang machbar.

<u>Besonders schöne Etappen</u>:

* An der Nordküste ab Gudhjem bis Parkplatz Døndalen, rund 5 km.
* Entlang der Nordspitze ab Sandvig Campingplatz bis Festung Hammershus, 1o km als Rundweg.
* Weiter ab Hammershus über Vang bis Teglkås.

Beschreibung an der jeweiligen Textstelle. - Der <u>Rettungsweg</u> wurde im 19. Jh. angelegt. Bei Risikowetter liefen hier die Wächter Streife, um rechtzeitig Schiffbrüchigen helfen zu können. Angesichts der Klippenküste konnten Rettungsboote bei rauher See nichts ausrichten, stattdessen setzte man einen Rettungskorb ein, der von einer Rakete abgeschossen wurde.

Schöne Waldwege auch im Forst <u>Almindingen</u> (Inselinneres), zwischen Seerosenteichen und dem höchsten Hügel der Insel. Besonders empfehlenswert das <u>Ekkodalen</u>, siehe dort.

Trotz 15o km Küstenlinie sind die **Surfreviere** durch die Steilküste im Norden sehr begrenzt. Bester Surfspot bei <u>Balke</u> im Osten am feinen Sandstrand. Surfschule und Ausrüstungsverleih. Gute Zugänge auch von den

Ferienhäusern entlang der Südküste, am kleinen Sandstrand bei Sandvig und Gudhjem.

AUSFLÜGE

Rundflüge über die Insel bei klarem Wetter und ruhiger Luft eine feine Sache. Entweder ab Rønne Flughafen oder Sportflugplatz Rø (nahe Gudhjem). Der große Inselrundflug kostet ca. 11o DM/Person bei mindestens 3 Personen.

Bootsfahrten

* Entlang der Klippenküste im Norden mit "M/S Thor", Gudhjem bis Helligdom (siehe Gudhjem).

* Entlang der Felsenküste ab Hammerhavn, nur zur Saison.

* Bootsfahrten zur Insel Christiansø / Erbseninseln, absolut lohnend. Siehe dort.

* Hochseeangelfahrt ab den verschiedenen Küstenorten.

* Ausflüge nach Schweden oder Polen im Personenschnellboot.

Bornholm im 2. Weltkrieg - Tragik der letzten Kriegstage

Wie ganz Dänemark wurde Bornholm am 9. April 194o von deutschen Verbänden besetzt. 1945 verstärkten die Deutschen nochmals die Inselbefestigung und legten einen Flugplatz an. Am 4. März übernahm der neue Inselkommandant, Kapitän zur See von Kamptz, die Insel. Als zwei Monate später die deutsche Heeresgruppe West kapitulierte, feierte man auf der Insel begeistert mit, in der Hoffnung der Krieg sei vorüber. Was mit Bornholm im Falle einer deutschen Kapitulation geschehen solle, darüber hatte sich niemand Gedanken gemacht.

Das deutsche Hauptquartier bei Flensburg ließ bei Montgomery nachfragen, ob die Engländer planten, Bornholm zu besetzen, und ob Bornholm in den Waffenstillstand miteinbezogen sei. Die englische Antwort war abwartend, denn der englische General hatte noch keine Order erhalten. So ging von Flensburg aus der Befehl an von Kamptz, die Insel mit allen Mitteln zu halten. Dies hatte zur Folge, daß am 7. Mai russische Flieger Neksø und Rønne bombardierten. Neun Menschen kamen dabei ums Leben, der deutsche Kommandant kapitulierte trotzdem nicht. Bornholm sollte nicht in russische Hände geraten, um die weitere Evakuierung der deutschen Flüchtlinge aus Ostpreußen zu ermöglichen.

Am 9. Mai liefen russische Schnellboote die Insel an. Fast ein Jahr lang hielten russische Soldaten die Insel besetzt, bis sie überraschend am 5. April 1946 Bornholm wieder verließen.

✦Rønne   (15.5oo Einw.)

Hauptort und Drehscheibe der Insel. Die meisten Urlauber lernen Rønne von See kennen. Der erste Eindruck am Hafen ist nicht sehr verlockend, trotzdem sollte man nicht gleich an die Küstenorte abdrehen.

Das alte Stadtviertel liegt hinter der Nikolaikirche (seitlich der Hauptstraße). Bunte Fachwerkhäuser mit farbig abgesetzten Türen, hohen Stockrosen und viel Nippes in den Fenstern, z.B in der <u>Vimmelskaftetgade</u>. In die Hauptwache (1744) im Süden, das ehemalige Eingangstor in die Kaufmannsstadt (seit 1327) ist inzwischen ein Restaurant eingezogen. Anstelle der ehemaligen Stadtmauern umgibt heute eine breite Ringstraße den alten Kern.

Die Schweden streben mit ihren Einkaufswägelchen schnurstracks dem Marktplatz (Store Torv) zu. Hier locken billige Supermärkte und Boutiquen.

Tourist INFO Nedre Kystvej 3, 37oo Rønne. Tel. 56 95 oo, Fax: 56 95 95 68. Nahe Hafen und erste Anlaufstelle. Das TI ist das <u>Hauptbüro der Insel</u> und gut bestückt mit Infobroschüren, Stadtplänen, Straßenkarten und Fahrradkarten. Weiterhin: Prospekte der Ferienhäuser, Museen und Wandervorschläge sowie Vermittlung von Übernachtungen. Offen: Mo.-Fr. 9-17 Uhr, Sa. 1o-16 Uhr.

<u>Inselrundfahrten</u> per Bus mehrmals tägl. ab Hafen. Info im Touristbüro.

Post Am Lille Torv 8, seitlich des großen Marktplatzes. Offen Mo.-Fr. 1o-17 Uhr, Sa. 9-12 Uhr.

 Bornholms Cykeludlejning, Nedre Kystvej 5. Ein riesiges **Fahrradlager**, bis hin zum Anhänger für den Nachwuchs. Im Klartext: von der Fähre aufs Rad und gemütlich um die Insel, - bequemer geht es nicht.

<u>BORNHOLMS MUSEUM</u>: Sct. Mortensgade 29. Informiert über die Themen Geologie, Archäologie, Pflanzen und Tiere, Geschichte der Standuhren auf Bornholm etc. Wohnungsmobiliar, Spielzeug und Schmuck. <u>Offen</u>: Mai bis September tägl. außer So. 1o-17 Uhr, sonst 3 x pro Woche 13-16 Uhr.

<u>BORNHOLMS KUNSTMUSEUM</u>: im gleichen Gebäude. Nicht nur Bilder der "Bornholmer Schule", auch Handwerkliches aus Glas, Keramik etc. Gleiche Öffnungszeiten.

<u>ERICHSENS GAARD</u>: Laksegade 7, im Norden des alten Zentrums. Kaufmannshof aus dem Anfang des 19. Jh. Eine Zeitlang wohnte hier der Maler Holger Drachmann, der sich später in Skagen niederließ und Initiator der "Skagener Schule" wurde (siehe dort). <u>Offen</u>: Mai bis Mitte Oktober tägl. außer So. 1o-17 Uhr.

<u>KASTEL</u> und <u>FESTUNGSMUSEUM</u> (Forsvarsmuseet), Galløkken (Galgenplatz) im Zeughaus. Ein typisches "Vitrinenmuseum", doch erfährt man viele Details von den ersten Fluchtburgen bis zum 2. Weltkrieg und der Widerstandsbewegung (leider nur dänische Beschriftung). Große Waffensammlung, Uniformen, im Keller Reste einer "V1" und interes-

sante Fotos aus der Besatzungszeit.

Der runde <u>Pulverturm</u> mit seinen 3 1/2 m dicken Mauern ist ebenfalls zugänglich. Vor rund 3oo Jahren ließ der erste Kanonenschuß durch die Druckwelle gleich das Dach in die Luft gehen. Danach kamen die Geschütze in die Kastellbatterie, wo sie heute zu sehen sind. Anfangs diente der Turm als Gefängnis. <u>Offen</u>: Mai bis September Di.-So. 1o-16 Uhr.

<u>MEHRERE KERAMIKFABRIKEN</u>: Deutschsprachige Führung z.B. bei Michael Andersen A/S am Lille Torv. Seit 2oo Jahren werden hier Keramikprodukte hergestellt.

 Eine Handvoll Hotels im Ort, für längeren Aufenthalt werden die Badeorte bevorzugt.

"**Hotel Griffen**", Kredsen 1. Großer Hotelkomplex im Norden am Meer. 28o Bettenkomplex mit Swimmingpool, Sauna etc. Geräumige Zimmer mit Laubenbalkon und großteils Meerblick. DZ ohne Balkon ab 115 DM.

"**Hotel Færgegaarden**", Snellemarke 2, direkt vis-à-vis der Fährankunft. Garnihotel mit 69 Betten. Zimmer mit und ohne Dusche. DZ ab 11o DM inkl. Frühstück.

"**Sverre's Small Hall**", Skt. Mortensgade 48. Kleines Stadthotel nahe Museum. Einfache Zimmer ohne Dusche. DZ ab 1oo DM.

"**Hotel Fredensborg**", Strandvejen 116, im Süden. Große Anlage mit Zimmern und Appartements. Moderne Zimmerausstattung, alle mit eigenem Bad. DZ ca. 22o DM.

Jugendherberge (Vandrerhjemmet), Galløkken, bei der Festung und nicht weit ins Zentrum/Fährhafen. 15 Familienzimmer, Kochmöglichkeit.

 "SKOVLY", Nyker Strandvej 4o, nördlich Rønne im Grünen gelegen. Schnuckeliges Hotelrestaurant mit Wohnstuben-atmosphäre in einem der Speiseräume. Schöner Garten.

"<u>CAFÉ HOVEDVAGTEN</u>", Søndergade 12. Eingerichtet im ehemaligen Gefängnis. Preiswerte Tagesgerichte, machmal Spanferkel.

"<u>DEN GRØNNE CAFÉ</u>", Østergade 4o. Modern, hell freundlich eingerichtet, einige Grünpflanzen. Preiswerte Gerichte, z.B. Gemüsepizza, Nudelgerichte, Gemüsekuchen etc. Nebenan ein guter Käseladen.

"<u>RAADHUSKROEN</u>", am Marktplatz, Nørregade 2. Gemütlich im alten Stil. Ordentliche Karte.

"<u>RESTAURANT VIKTORIA</u>", Kredsen 1, im Norden. Gutes Fischrestaurant, das zum Hotel Griffen gehört. Nicht nur die übliche Scholle auf der Speisekarte. Von einigen Tischen Blick zum Meer.

"<u>DI 5 STAUERNE</u>": Strandvejen 116, am Südrand der Stadt, gehört zum Hotel Fredensborg. Restaurant mit gehobenen Preisen. À la carte auch Bornholmer Spezialitäten.

"<u>SPISE KROGEN</u>": Store Torv. Selbstbedienungsrestaurant mit Blick auf den Marktplatz. Rohrstuhlambiente, günstige Preise. Nur Mittagsgerichte.

Einige Cafés am Marktplatz Store Torv und an der Straße zum Hafen Snellemark.

Im Folgenden beschreiben wir die Insel im Uhrzeigersinn.

Rønne --> Nordküste

11 km nördlich Rønne liegt der kleine Küstenort **HASLE**. Bunte niedrige Häuser bis an den Fischerhafen, doch kein Badeort. Hauptsehenswürdigkeit und Ausflugsziel sind die alten HERINGSRÄUCHEREIEN. Eine ist als Museum wie vor 1oo Jahren eingerichtet. Offen: Mai bis Ende Oktober täglich 1o-18/19 Uhr. Eintritt gratis. Nebenan kommen die Bornholmer täglich frisch aus dem Rauch.

Der größte RUNENSTEIN Bornholms befindet sich rund 1 km vor dem Ort an der Hauptstraße rechts (Pension Svalhøj). Außer dem berühmten "Brogaardstein" wurden rund 4o weitere Exemplare auf Bornholm gefunden, alle aus der Wikingerzeit. Anders als im übrigen Dänemark begann man erst mit dem Christentum (Mitte 11. Jh.) Runensteine zu errichten. Die Inschrift des übermannshohen Steins lautet übersetzt: "Svenger ließ diesen Stein errichten, nach Toste, seinem Vater, und Avlak, seinem Bruder und seiner Mutter und seiner Schwester."

Südlich im Wald liegt der RUBINSØ. 1942-48 wurde hier Kohle abgebaut, danach lief die Grube voll Wasser. Inzwischen ein idyllisch zugewachsener See, tief unten am steilen Ufer stehen die Angler, nichts zum Baden.

STRAND: schöne Küste im Süden, Kiefern fast bis ans Meer, kleine Sandpartien, rundgeschliffene Sonnenfelsen. Baden allerdings bei auflandigem Wind gefährlich und verboten.

*** Hasle Camping Frihedijn, am südlichen Ortsrand nahe den Räuchereien. Sonnen- und Schattenplätze, Minigolf, Kinderspielplatz. Ruhig gelegen (neben dem Friedhof) und nicht weit zum Strand. 16o Stellplätze. Offen: Mai bis September.

JONS KAPELLE: 1 km abseits der Hauptstraße am Meer. Lohnender Kurzspaziergang zur Felsküste, die hier senkrecht ins Wasser bricht. Der Sage nach soll in der Kanzel der Felsnadel Priester Jons für die Fischer aufs Meer hinaus gepredigt haben. Abzweig von der Straße beschildert. Schattiger Weg ab Parkplatz, zum Schluß steil zur Kanzel runter. Nachmittags beste Beleuchtung. Allerdings auch beliebter Ausflugsstop.

Auf dem Rettungsweg weiter bis Vang, oder Rundweg retour. Dauer der Touren etwa 1 bis 1 1/2 Std.

VANG: Das kleine Nest besticht durch die Lage am grünen Steilhang. Der Minihafen bietet gerade Platz für eine Handvoll Kutter und Jachten. Seit rund 1oo Jahren wird in Vang Granit abgebaut. Inzwischen ist der Hafen viel zu klein geworden, einige Reminiszenzen der Steinhauer am Kai. Die heutige Mole für große Frachter liegt direkt beim Steinbruch.

Alte riedgedeckte <u>WASSERMÜHLE</u> etwas versteckt im Wald, voller Spinnweben.

 Der beste Platz im Ort auf der Terrasse des Restaurant "<u>LE PORT</u>". Panoramablick über die See und den starken Schiffsverkehr. Gutes Fischrestaurant, z.B. Garnelen als Vorspeise, Lachs, Scholle oder Rotzunge ab 25 DM.

Sehr empfehlenswerte <u>Wanderung</u> entlang der Küste bis zur Hammershusruine oder weiter nach Sandvig. Details siehe dort. - Nach Jons Kapelle durch den Wald etwa 3 km.

<u>DYRE OG NATURPARK</u>: An der Straße kündigen die Fahnen den Zoo schon an. Das Gelände des alten Steinbruchs eignete sich ideal. Hier hüpfen Känguruhs, spucken Lamas, klettern Steinböcke. Kinder haben viel Spaß im Streichelzoo. Offen: zur Saison tägl. 1o-17 Uhr.

✦ Sandvig - Allinge - Tejn

Die drei Orte liegen am schönsten Küstenabschnitt der Insel und sind inzwischen zu einem breiten Siedlungsband zusammengewachsen. Doch der Charme der alten Fischer- und Badeorte ist noch zu spüren. Wer im Urlaub gerne etwas unternimmt und Baden, Radfahren und leichte Wanderungen kombinieren möchte, findet hier die besten Möglichkeiten. Zur Spitzensaison allerdings entsprechenden Betrieb einkalkulieren.

SANDVIG: eines der ältesten Seebäder der Insel in ausgesprochen schöner Szenerie an der Nordspitze mit rosafarbenen Granitfelsen und Heidelandschaft. Im kleinen Fischerhafen werden die Netze für den Fang präpariert, an Fotomotiven besteht auch in den schmalen Seitenstraßen kein Mangel: bunte niedrige Fachwerkhäuser hinter altehrwürdigen Hotels mit Meerblick. Feinsandiger Strand zwischen der bizarren Felslandschaft. Am Ortsrand beginnt ein sehr schöner Wanderweg um die Landnase zur sehenswerten Festung Hammershus.

ALLINGE: Unmittelbar anschließend ist das Zentrum des Nordens. Seine große Zeit kam mit den Heringsschwärmen vor der Küste. Bunte Straßenzüge aus vergangenen Tagen, das breite Shoppingangebot macht Allinge auch etwas "busy". Die Räuchereien haben im Sommer Hochkonjunktur und gehören zum Pflichtprogramm einer Inselrundfahrt. Im Hafen legt das Personenboot von/nach Schweden an und starten Ausflugstouren zur Insel Christiansø.

TEJN: Das Schlußlicht des Siedlungsbandes ist ein moderner Straßenort, der uns als Urlaubstützpunkt nicht sehr gefallen hat. Im Hafen sind die Berufsfischer aktiv - hier wird ein Teil des Bruttosozialproduktes verdient. Am Kai stapeln sich die Netze, neben der Fischfabrik die Paletten.

Nordbornholms Turistbureau, Kirkegade 4, 377o Allinge. Tel. 56 48 oo o1, Fax 56 48 o2 26. An der Hauptstraße zwischen Hafen und Kirche. Für den Norden wichtigste Infostelle. Zur Hochsaison sind die freundlichen Damen hoffnungslos überlastet, dann ist Geduld nötig.

Fahrradverleih an mehreren Stellen im Ort. In dieser Gegend unbedingt auf eine Gangschaltung und gute Bremsen achten.

Der RUNENSTEIN neben der Kirche stand ursprünglich mal am Königsweg. Die Inschrift lautet: "Brune und seine Brüder ließen diesen Stein für ihren Vater und ihren Bruder Espe errichten".

Breites Angebot, trotzdem zur Hauptsaison mit Engpässen rechnen, weil jeder gerne am schönsten Teil der Küste Quartier nehmen möchte. Problematisch insbesondere bei Ferienwohnungen.

"**Hotel Hammersø**", Hammershusvej, etwas außerhalb am See. Großes Hotel in ruhiger Umgebung, das gerne für Bustouristen gebucht wird. 45 Zimmer und einige Appartements. Zimmer mit Dusche oder Bad. Schöner Spazierweg in den Ort. DZ ca. 17o DM.

"**Strandslot Ferielejligheder**", Strandgade 18, am Sandstrand. Das schmucke ältere Gebäude aus dem Ende des 19. Jh. wieder tipptopp restauriert und mit 27 Ferienwohnungen ausgestattet. Gemütliches Restaurant mit guter Küche.

"**Strandhotel**" und "**Strandpromenaden**", zwei renommierte Hotels in erster Reihe in Sandvig. Die besten Zimmer mit Blick über das Meer. Gehobenes Preisniveau.

"**Hotel Pepita**", im Zentrum von Sandvig, Langebjergvej 1. In einem alten Fachwerkhof, an dem modern an- und umgebaut wurde. Moderne Zimmer mit Dusche und WC, 68 Betten, DZ ab 12o DM.

"**Hotel Allinge**", Storegade 5, mitten im Zentrum. 56 Bettenhotel. DZ ab 75 DM.

Über ein Dutzend Pensionen in Sandvig und Allinge, preislich günstiger als Hotels:

"**Gretha's Pension**", Nygade 7, in Sandvig nur 15o m vom Meer/Strand. Zimmer mit Dusche und WC, Gartenbenutzung. DZ 8o-14o DM.

"**Pension Langebjerg**", Langebjergvej 7, Sandvig. 3oo m vom Meer entfernt. Ziegelrote Pension mit schönem großen Garten und Terrasse. Zimmer mit und ohne Dusche, HP ca. 12o DM.

"**Pension Holmegård**", Sandvig. In einem ehemaligen Hof eingerichtet. Zimmer mit Dusche und WC, auch Appartements. Ruhiger Innenhof.

"**Pension Lis**", Sandvig, Hammershusvej 74. Freundlich moderne Anlage mit Garten und eigener Terrasse. Zimmer mit "Privatbad". DZ ab 9o DM.

Sehr großes Ferienhaus-Angebot im Bereich der Nordküste. Nicht jedes Haus ist auch so schön gelegen, wie die Fotos in den Katalogen glauben lassen. Zur HS bleibt ohne vorherige Reservierung meist nur die dritte Wahl übrig. Vermittlung im Touristenbüro. Möglichst erst anschauen, dann buchen. Zu den großen Ferienanlagen gehört z.B. Ferieland Sandvig: große Anlage ein Stück außerhalb im Grünen. Mehrere Ferienhäuser in unterschiedlicher Ausstattung und Größe, entsprechend variiert auch der Preis. Swimmingpool, Sauna und Solarium gehören zur Anlage.

*** Sandvig Familiecamping: am Ortsrand und nur einen Katzensprung zum Sandstrand. Der schönste Stützpunkt im Norden. Die Stellplätze verteilen sich zwanglos über das hügelige Terrain, individuelle Zeltplätze zwischen Heidelandschaft. Insgesamt ruhig, von den meisten Plätzen Meerblick. Vermietung von Wohnwagen. 22o Stellplätze. Offen: Mitte Mai bis Mitte September.

** Sandkås Camping: zwischen Allinge und Tejn. Wiesenplätze durch Hecken und Büsche windgeschützt. Laut sind die Bereiche entlang der Hauptverkehrsstraße. Etwa 2 Min. zum Fels-Sandstrand. Campingwagen und Hütten zu mieten. 145 Stellplätze. Offen: Mitte Mai bis Mitte Sept.

* Tejn Camping: kleine Anlage dicht am Meer. Durch Hecken abgeteilte Bereiche. Vermietung von Campingwagen. 5o Stellplätze. Offen: Mitte Juni bis Ende September.

Restaurants und Cafés in Hülle und Fülle.
Tip in Sandvig: "ELLAS KONDITORI UND RESTAURANT". Wohnzimmer-Gemütlichkeit in der guten Stube mit Oma-Sofas, Gemälden und Petroleumlampe. Die schnuckelige Anlage stammt aus der Mitte des 19. Jahrhunderts. In den 4oer Jahren wurden die Türen für die Touristen geöffnet und bei Bedarf entsprechend erweitert. An warmen Tagen sitzt man sehr schön im windgeschützten Blumengarten. Sowohl leckere Kuchen wie auch frischer Fisch.

Alternativ eine Ecke weiter: "DEN GAMLE TESTUE". Innen fast wie in einer Antiquitätenausstellung, große Gartenterrasse nach hinten raus. Große Kuchenauswahl, Smørrebrød und kleine Gerichte.

Schöner kleiner Sandstrand in Sandvig (= Sandbucht), eine Rarität an der Felsenküste. Nebenan Wellenbad mit **BADEN** Innen- und Außenbecken. Für den Ansturm der vielen Kinder oft aber viel zu klein.

Surfen: guter Einstieg gleich beim Sandstrand in Sandvig mit direkter Zufahrt, Campingplatz gleich anschließend.

SEHENSWERTES

Zur <u>RUNDKIRCHE OLSKIRKE</u> im Hinterland je nach Ausgangspunkt 3-8 km. Sehr schön als Fahrradausflug einzuplanen. Details siehe "Rundkirchen".

<u>HAMMERSHUS</u>: eine der größten Attraktionen der Insel. Mächtige Burgruinen aus dem Mittelalter in top Lage 7o m über dem Meer. Mauern, Türme und Häuserreste der riesigen Anlage, die sich der Bischof von Lund (heute Schweden) im 13. Jh. bauen ließ, wirken heute noch beeindruckend.

3oo Jahre lang spielte die Burg eine wichtige Rolle im Streit zwischen Kirche und König. Dann saßen die Lübecker Kaufleute hier und trieben 5o Jahre lang von der Inselbevölkerung das ein, was der König ihnen nicht zahlen konnte.

Die Festung war allerdings keineswegs so sicher wie es scheint. Schwedische Angreifer brauchten nicht mal einen Tag, um die Festung zu stürmen. Ende des 17. Jh., als Bornholm wieder den Schweden entrissen wurde, begann man Rønne und die vorgelagerten Inseln (Christiansø) zu befestigen. Hammershus verlor damit seine militärische Bedeutung. 1822 unter Naturschutz gestellt, hatte auch der kostenlose Steinbruch ein Ende.

Die Größe des <u>Kornspeichers</u> noch zu ahnen, 1/3 des Getreides wurde zu Bier verarbeitet, um den großen Bedarf der Burgbesatzung zu decken. Durch die Beschriftung und Skizzen werden Gefängnis, Bäckerei, Brauerei etc. wieder plastisch und das lebhafte Treiben vorstellbar.

Modelle der Festung und Infos zum Burgleben im Ausstellungsgebäude. <u>Offen</u>: Mai bis Mitte Oktober tägl. 1o-16/17 Uhr.

<u>STEINBRUCH-MUSEUM MOSELØKKEN</u>: nur zu Fuß, z.B. ab Parkplatz Hammershus in 1,5 km zu erreichen. Hier kann man die alten Kräne in Aktion sehen und auch selber den Hammer schwingen. Viele Infos über die Entwicklung des Steinmetzhandwerks im Museum. <u>Offen</u>: Mitte Mai bis Mitte Oktober 1o-16 Uhr, geringer Eintritt.

<u>FELSZEICHNUNG</u> aus der Bronzezeit bei Madsebakke: Schiff und Radkreuz zu sehen.

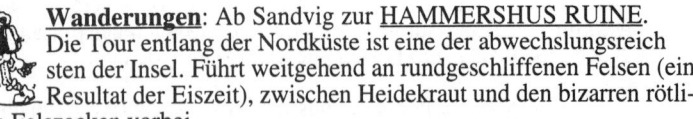

<u>Wanderungen</u>: Ab Sandvig zur <u>HAMMERSHUS RUINE</u>. Die Tour entlang der Nordküste ist eine der abwechslungsreich sten der Insel. Führt weitgehend an rundgeschliffenen Felsen (ein Resultat der Eiszeit), zwischen Heidekraut und den bizarren rötlichen Felszacken vorbei.

In der kleinen ruhigen Bucht bei der Kapellenruine legten im Mittelalter Handelsboote an, um Heringe zu verladen. Der Hammer Leuchtturm (21 m hoch, erbaut 1871) ist mit 97 m über dem Meer der höchste Skandinaviens. Von der Plattform die schwedische Südküste gut zu sehen.

Ab hier lohnt sich die Variante entlang der ehemaligen Steinbrüche und Seen, die sich nach der Stillegung bildeten. Bis 1971 wurde in den Steinbrüchen Granit abgebaut und nebenan im Hafen verladen. Heute brüten auf den Felsvorsprüngen Möwen und ein Falkenpaar. Ideale Fotoperspektive von den Aussichtspunkten.

Wer nicht zur Festung laufen möchte, kann am Ufer des natürlichen Hammersees nach Sandvig zurückkehren. Insg. 6 km, ca. 1 1/2 bis 2 Std.

* Empfehlenswerte Verlängerung der Tour ab Hafen zur Ruine Hammershus hoch. Vom Küstenweg aus schaut man immer wieder in tief eingekerbte Spalttäler. Hier hat in der Eiszeit der Frost seine Kräfte spielen lassen und den Granit gesprengt. Beliebtes Postkartenmotiv sind die "Löwen" - kantige Felsformation in der Brandung. Im Zickzack zur Ruine hoch (Details siehe vorne). Dauer reine Gehzeit ca. 3o Min.

* Verlängerung der Tour bis Vang möglich, fast immer an der Küste entlang. Bald nach der Festung geht es über eine traumhaft schöne Heidelandschaft (besonders fotogen im Herbst). Teilweise auch durch kleine Wäldchen - zum Schluß, kurz vor Vang dicht am Ufer entlang. Dauer ca. 1 Std. und per Bus retour.

Empfehlenswerte Infobroschüre mit farbiger Karte: "Vandreture i Statsskovene, Hammeren og Hammershus".

HELLIGDOMSKLIPPEN: die attraktivste Küstenpartie Bornholms liegt auf halber Strecke zwischen Allinge und Gudhjem: Bizarre Felsformationen in rot-braun-grau Tönen, Granitklötze teilweise 2o m hoch in rauschender Brandung. Bis sich das Christentum auf der Insel verbreitet hatte, galt dies als heiliger Ort, und man schrieb der Quelle (heute nicht mehr zu sehen) Wundertätigkeiten zu. Vom Helligdom Hotel Kurzspaziergang dicht an die Klippen.

Das Ausflugsboot Thor fährt ab der geschützten Bucht parallel zur Küste bis Gudhjem. Dabei kann man die Felsen hautnah erleben (Abfahrten Juni bis Mitte Sept. 3-4 x täglich). Auch als Wanderweg über den Rettungsweg sehr lohnend (1 bis 1 1/2 Std.), siehe Gudhjem.

DØNDALEN: Auf der anderen Straßenseite (in der Mulde, Parkplatz) beginnt ein schöner Wanderweg durch das Døndalen, ein typischer Küstenwald mit kleinem Tal, zu gewissen Zeiten plätschert hier ein Mini-Wasserfall. Bei schlechtem Wetter oder starkem Wind gute Alternative zu den Küstenspaziergängen.

Das Tal ist ein Paradebeispiel für die Bornholmer "Sprække" Täler, die vor Urzeiten entstanden und seit rund 12.ooo Jahren bewaldet sind. Spezialisten werden die vielen Baumarten auffallen (weit über 1oo).

RØ: Eine Regenwetter-Attraktion wurde bei dem Ort Rø geschaffen: ein 3.ooo qm großes KUNSTMUSEUM, besser gesagt eine Art Kunststraße; hier werden Kunsthandwerk und Gemälde modern präsentiert.

Ausflug zur Insel Christiansø siehe Seite 5o1.

★ Gudhjem

Hat zweifellos die schönste Lage aller Küstenorte. Malerisch ziehen sich die bunten Häuser vom Hafen den Hang bis zur Windmühle hinauf. So steil, daß man sich um das Leben der Radfahrer sorgt und die Hauptstraße für sie gesperrt hat. Daher absteigen!

Im Sommer wimmelt es in den engen Straßen wie in einem Ameisenhaufen, und Eisdiele, Keramikshop und Glasbläser haben Hochkonjunktur. Auf den engen Sträßchen lavieren Wohnmobile zwischen Fußgängern und Radfahrern, großer Parkplatz am Ufer. Viele steuern gleich die gemütliche <u>Caféterrasse am Kai</u> an mit Blick auf das enge Hafenbecken. Gekonnt rangiert der Kapitän der M/S Ertholmen durch die schmale Einfahrt mit Kurs auf die Erbseninseln. Der umgebaute Fischkutter Thor bringt die Urlauber mehrmals tägl. zur Heiligtumsklippe. Beide Bootsfahrten sind sehr zu empfehlen (siehe nachfolgend).

In Gudhjem wurden die "<u>Bornholmer</u>", die goldgelben Räucherheringe, geboren. Mit den Schiffstransporten nach Christiansø kam auch das Know-how der neuen Fischveredelung herüber. Gleich vor der Räucherei werden die ersten Heringe frisch aus dem Rauch mit Zwiebel und Eigelb verdrückt.

Als Stützpunkt hat Gudhjem eine ideale Lage. Kurze Entfernungen (Tagestouren) sowohl nach Svaneke im Osten, als auch zur Nordspitze. Die <u>schönste Rundkirche</u> im Hinterland, Bootsausflüge und schöne Wanderwege ab dem Ort.

Tourist INFO Am Hafen. Åbogade 7, 376o Gudhjem. Tel. 56 48 52 1o, Fax: 56 48 52 74. Kleines Büro mit den wichtigsten Broschüren. Vermittlung von Ferienwohnungen, Privatzimmern etc.

 Geringe Bettenkapazität in Hotels, doch großes Ferienhausangebot.

"<u>Jantzens Hotel</u>", direkt im Zentrum/Hauptstraße. Älteres Stadthotel, innen modernisiert. Zimmer und Appartement mit kleiner Küche, teils mit Gartenterrasse. DZ ab 115 DM.

"<u>Hotel Stammershalle</u>", Sdr. Strandvej 128, etwas außerhalb. Sehr schön in einer Grünanlage, und vom Meer nur durch die Straße getrennt. Älteres Hauptgebäude, moderner Hoteltrakt mit Swimmingpool. Alle Zimmer mit Terrasse oder Balkon, Privatbad. Gehobenes Preisniveau.

"<u>Strandhotel Ellebæk</u>", Melstedvej 27, 1 km im Süden. Direkt am Meer, Sandstrand gleich nebenan. 46 Betten, nicht alle Zimmer mit Du und WC. DZ ab 1oo DM.

"<u>Pension Koch</u>", Melstedvej 15. Ansprechende Pension nahe zum Ort und Meer. Zimmer mit und ohne Bad. Kochmöglichkeit. DZ ab 95 DM.

"<u>Hotel Casa Blanca</u>", Kirkevej 1o. Eckhotel im Ort neben der Kirche, etwas abseits vom Hauptrummel. 66-Betten-Hotel, Zimmer mit Dusche, manche auch mit Balkon. Open-air-Swimmingpool. DZ mit Frühstück ca. 15o DM.

"**Gudhjem Hotel og Feriepark**", Jernkåsvej am Ortsrand. Ferienpark im Reihenhausstil, aus den 7oer Jahren, innen praktisch aufgeteilte Appartements in 2 Etagen, oben zwei Schlafräume, unten großer Aufenthaltsraum mit Terrasse. Dazu gehören Swimmingpool, Sauna, großer Fahrradpark. Über 1oo Appartement für 4-6 Personen. Preis: ca. 1.2oo DM/Woche, zur Vor-/Nachsaison weniger als die Hälfte.

"**Pension Havglimt**", Gartnervænget 3. Preiswerte Übernachtung, 16 Betten, die Zimmer ohne eigenes Bad. DZ ab 8o DM.

Jugendherberge: mitten im Ort in einem der gemütlichen Fachwerkhäuser, innen modernisiert, Kochmöglichkeit. Wenn sich allerdings gerade eine Schulklasse häuslich niedergelassen hat, ist die Idylle vorbei.

** <u>Camping Sletten</u>: am Ortsrand in bester Lage direkt am Wasser. Natürlich belassenes Wiesengelände, anschließend Felsenküste und ein kleiner Sandfleck als Badeeinstieg. Die schönsten Plätze per Zelt. Idealer, ruhiger Stützpunkt, um von hier aus die Insel zu erkunden, wenn der Platz auch relativ einfach ist. Fußweg in den Ort. 12o Stellplätze. Offen: Mitte Mai bis Mitte September.

** <u>Sanne's Familiecamp</u>: an der Route nach Svaneke zwischen Hauptstraße und Meer. Schöne Platzbereiche am Meer mit eigenem Sandstreifen, sonst Felsen. Hütten- und Caravanvermietung, Einkaufsmöglichkeit. 6o Stellplätze. Offen: März bis Oktober.

Einige preiswerte Lokalitäten im Ort. Wer etwas tiefer in die Tasche greifen möchte, findet im Restaurant "<u>BOKULHUS</u>" ein gutes Preis-/Leistungsverhältnis. Nahe dem Aussichtspunkt mit ruhiger Terrasse und Blick auf Hafen und Ort. Innen modern, gepflegt mit breiter Fensterfront. Exquisit schmeckt die mit Spargel gefüllte Scholle oder das Rindersteak ab 3o DM. Der sonderbare Name "Bokul" leitet sich von Puckel ab.

Kombinierte **Wander-Bootstour** entlang der fantastischen Nordostküste zum Helligdom. Das Meer hat hier die urigsten Felsformationen und Grotten ausgewaschen, die man am besten vom Boot aus erleben kann. Der umgebaute Kutter Thor tuckert dicht an den Felsen vorbei bis in die ruhige Bucht beim Hotel Helligdom, der sogenannten <u>CAPRIGROTTE</u>. Markante Felsformationen tragen fantasievolle Namen wie Lichtfelsen, Blut-Egel etc. Retour die 6 km zu Fuß über den ausgetretenen Küstenweg, teils schattig, teils am Kiesstrand entlang mit Aussicht auf Gudhjem. Treppenwege führen zu den markantesten Felsformationen.

<u>Bootsfahrten:</u> Mitte Juni bis Anfang September 3-4 x tägl. Dauer etwa 3o Min. einfach. Preis 7 DM einfach.

<u>ØSTERLARS RUNDKIRCHE</u>: Nur 5 km im Hinterland liegt Bornholms

größte Rundkirche. Bei strahlendem Wetter blendet das Weiß der Fassade gegen den blauen Himmel. Nach außen wurden die meterdicken Mauern abgestützt, als sich die Kirche bedrohlich neigte. Innen ruht die Konstruktion auf einer Mittelsäule von 4 m Durchmesser mit integriertem Taufbecken, eine Rarität. Der umlaufende Fries aus dem 14. Jh. zeigt die Passionsszene. Zum Schluß stellt sich den Christen die Frage: "Himmel oder Hölle?"

Über die schmale Treppe geht's ins Obergeschoß, im Notfall ein sicherer Platz, der sich auch durch Schießscharten verteidigen ließ. Der 2. Stock war urspünglich nur ein Wehrgang, das Helmdach wurde später aufgesetzt (siehe auch Kapitel "Rundkirchen").

Die Rundkirche läßt sich auch gut auf einer Fahrradtour einbauen.

LANDBRUGSMUSEUM: an der Hauptstraße, 1 km Richtung Svaneke. In einem typischen Bornholmer Bauernhof (Melstedgård) aus dem 19. Jh. wird das Landleben vergangener Tage sehr anschaulich dargestellt. Möblierte Wohnstuben, viele traditionelle Geräte in den Stallungen. Im Sommer Vorführung der alten Arbeitsmethoden. Offen: Mitte Mai bis Ende Oktober tägl. außer Mo. 1o-17 Uhr.

GUDHJEM MUSEUM: Stationsvej 1, an der Kreuzung zur Østerlarskirche. Im ehemaligen Bahnhof Wechselausstellungen. Offen zur Saison: Mo.-Sa. 1o-16 Uhr, So. 14-17 Uhr.

Gudhjem --> Svaneke   (14 km)

Gut ausgebaute Küstenstraße. Als Radtour besser durchs Inland über Østerlars, Østermarie, insgesamt 17 km (Fahrradkarte in Gudhjem).

Zwischen den beiden kleinen Küstenorten Bølshavn und Listed ein Runenstein direkt neben der Straße. Anschließend ein Bautastein, dem nachgesagt wird, daß man ihn grüßen muß, um nicht vom Pech verfolgt zu werden. LISTED hat einen malerisch kleinen Hafen. Am Rande stapeln sich die Fangkörbe, Reusen hängen im Wind zum Trocknen, im Schutze der Mole die Fischerboote.

✶Svaneke

Idyllisches Städtchen im Nordosten der Insel. Seine einheitlich niedrigen Häuschen wie vor 15o Jahren; heute unter Denkmalschutz. Viele gemütliche Seitenstraßen enden beim Fischerhafen. Windschiefe Fachwerkhäuser bunt abgesetzt, mutig poppig gestrichen, bis zu großen Kaufmannshöfen im traditionellen Stil. Leider quetscht sich der gesamte Verkehr durch den Ort.

Die Industrialisierung ist an der kleinsten Stadt Dänemarks spurlos vorbeigegangen. Heute freut man sich über Svanekes langen Dornröschenschlaf. Der Ort wurde zum Urlaubermagnet der Insel. Glasbläser, Kunsthandwerker, viele Galerien und Antiquitätenhändler.

Das heutige Stadtbild ist u.a. auch ein Erfolg der "Venner Svaneke", eines Vereins zur Erhaltung des malerischen Stadtbilds. Seit 1967 wird jede Veränderung am Eigentum streng geprüft. Gekrönt wurde die Arbeit der Altstadtfreunde 1974 mit der Europaplakette für Denkmalpflege.

Bei dem Namen "Svaneke" darf ein Schwan im Stadtwappen natürlich nicht fehlen, er dreht sich u.a. auf der knallroten Kirche im Wind. - Eine stadtbekannte Berühmtheit ist der Maulbeerbaum, der in der Postgade nahe Hafen gedeiht.

 Storegade 24, 374o Svaneke. Tel. 56 49 63 5o, Fax: 56 49 7o 1o. Ganzjährig offen. Infobroschüro über Svaneke, Fahrrad-karten. Vermitteln auch Ferienwohnungen.

<u>Ausflugsboot</u> ab Fischerhafen nach Christiansø 1 x tägl., Details s. dort.

Markt: am Samstag vormittags, viel aus eigener Produktion.

Die alte <u>WINDMÜHLE</u> von 1634 am Ortseingang ist eine echte Rarität. Bockmühlen dieser Art wurden vor über 13o Jahren durch Windmühlen holländischen Typs abgelöst. Details im Allgemeine Kapitel "Mühlen".

 Nicht so großes Angebot wie in den anderen Küstenorten.

"Hotel Østersøen", Havnebryggen 5, der alte Kaufmannshof (17oo) am Hafen wurde in Ferienwohnungen unterschiedlicher Größe umgebaut (2-6 Personen). Swimmingpool im Innenhof. 8oo-1.2oo DM/Woche.

"Hotel Munken", Storegade 12. Große Anlage am Ortsrand. Alle Zimmer mit Dusche oder Bad. Ordentliches Lokal, Fisch und Fleisch-gerichte. DZ 11o DM.

"Hotel Siemsengaard". Havnebryggen 9. Top Lage direkt oberhalb des Hafens. Der alte Hof wurde modernisiert, 5o Zimmer z.T. mit Kitchenette, Dusche etc. Zum Strand ca. 6oo m. DZ 12o-18o DM.

Vandrerhjem: Reberbanevej 9. Freundliche Einrichtung mit viel Holz. Dusche und WC auf den Zimmern, Familienräume für 4-6 Personen. Kochmöglichkeit.

 *** <u>Møllebakke Camping</u>: am Ortsrand bei der Bockmühle. Kleine Anlage am Hang neben der Straße, viel Grün, aber kein Blick. Nur wenige Meter in den Ort. 7o Stellplätze. Offen: Mitte Mai bis Mitte September.

*** <u>Camping Hullehave</u>: am südlichen Ortsrand hat die schönere Lage. Stellplätze direkt neben dem Leuchtturm, unmittelbar an der seichten Fels-küste. Stellenweise Windschutz durch Bäume und Büsche. 1oo Stellplät-ze. Offen: Mitte Mai bis Mitte September.

 Logenplatz bei Kaffee und Kuchen auf der Restaurant-
terrasse des Hotels "SIEMSEN GAARD", einem ehemaligen
Kaufmannshof. Hier bekommt man alles mit, was sich im
Hafen tut. Den Blick zahlt man allerdings mit.

Gute Kuchenauswahl auch in der "KONDITOREI AM TORVET" mit einigen Tischen an der Straße.

"CAFÉ SVANEN": kleines Eckcafé nahe Hafen. Auch günstige Tagesgerichte.

"CAFÉ GALLERI PAKHUSET": im alten roten Lagerhaus, Seitenstraße
vom Torvet, günstige Tagesgerichte.

Riesige moderne FISCHRÄUCHEREI am Nordrand. Aus den fünf
Rauchfängen kommen Makrelen, Lachse und vorwiegend Bornholmer
frisch auf den Tisch. Beliebter Stop der Ausflugsbusse.

Pizzeria "RAFFAEL": An das alte Fachwerkhaus wurde modern angebaut.
Wohnzimmergroß mit ruhiger Terrasse. Pizzen ab 15 DM, auch Grill-
gerichte.

"LOUISE KROEN": Gasthof im gemütlichen Fachwerkstil bei Bølshavn
an der Straße. Bekannt für seine guten Steaks.

Wanderung entlang der Küste auf dem alten Rettungsweg bis
Bølshavn. Endpunkt beim riedgedeckten alten Hof an der Küstenstraße, Kunsthandwerk, Parkplatz. Insgesamt 5 km, weitgehend
durch Küstenwald, nicht mehr so spektakulär wie die anderen Etappen.

Etwas außerhalb liegt die Grynebækken Naturschule. Informiert u.a. über
sanfte Methoden der Abwasserbeseitigung. Besichtigung Mo.-Sa. nachmittags, Eintritt 6 DM.

Brændesgårdhavn: beliebter Vergnügungspark etwa 5 km im Inland mit
Wasserrutsche und einigen Fahrgeschäften.

✦ Almindingen

*Drittgrößtes Waldgebiet Dänemarks (24 qkm) im Herzen Bornholms mit
guten Wandermöglichkeiten, Fahrradwegen, den höchsten Inselgipfeln
und dem schönsten Inseltal. Die Wege führen weitgehend durch Kiefernwald, an idyllisch verschilften Seen und Teichen vorbei, auf denen Teich-
rosen blühen.*

Almindingen (= Allmende) bezeichnete ein Gebiet, das früher dem König
gehörte und von der Gemeinschaft als Weide und Holzschlag benutzt
wurde. Das überlebte der Wald natürlich nicht lange, um 1800 mußte
aufgeforstet werden. Sicherheitshalber umgab man den neuen Wald mit
einem langen Schutzzaun.

Im Zentrum mitten im Wald liegt der 162 m hohe Aussichtsberg <u>RYTTER-KNÆGTEN</u>, überragt vom Panoramaturm <u>KONGEMINDE</u>, der 1851 nach dem Besuch von König Frederik VII. gebaut wurde. Schon eine Generation später versperrten Bäume die Sicht, und der Turm mußte aufgestockt werden.

Vom Plateau der luftigen Stahlkonstruktion in 184 m Höhe weite Aussicht über die Insel, die militärischen Radaranlagen und nach Norden bis zur Insel Christiansø (Autozufahrt). Hier auf dem höchsten Punkt Bornholms trafen sich früher die Ritter zum Feiern, Beratschlagen und Beobachten. Einige der Ringe, an denen ihre Pferde festgebunden wurden, sind noch zu sehen. Heute beliebtes Ziel nicht nur bei Ausflugsbussen, Picknick-bänke und kleiner Kiosk. Abzweig von der Inlandsstrecke Rønne-> Svaneke ausgeschildert.

<u>EKKODALEN</u>: Durchs Echotal führt eine der reizvollsten Wanderungen im Inselinneren. Das Tal, in dem sich der Læsåbach schlängelt, verdankt seinen Namen der 3o m senkrecht abfallenden Felswand. Die Sache mit dem Echo funktioniert allerdings nicht mehr so gut, denn die Bäume schlucken den Schall. Als Rundtour im Talboden hin und oben auf den Felsen retour. Einstieg von der Straße Åkirkeby nach Norden Richtung Gudhjem, oder direkt ab Aussichtsturm ausgeschildert.

<u>GAMLEBORG</u>: zu Beginn des Ekkotals. Ein mächtiger steinerner Ring-wall umschloß die Zufluchtsburg aus der Völkerwanderungszeit, die noch Jahrhunderte später in Notfällen benutzt wurde. Ein Teil der 6 m hohen Wallmauer ist begehbar, sie schützte einst ein 264 x 11o m großes Plateau. In der Nähe wurden Silberringe und ein Amulett (Thorshammer) gefunden.

<u>LILLEBORG</u>: Nicht weit entfernt die Ruine einer Königsburg, die 112o-115o bewohnt wurde. Seinerzeit war Lilleborg ein beeindruckendes Boll-werk in guter strategischer Lage. Die Turmmauern hatten 2,4 m Dicke. In Machtkämpfen zwischen König und Erzbischof wurde Lilleborg zerstört und als Nachfolger die Festung Hammershus erbaut. An der Straße Rønne -> Svaneke rechter Hand.

Beliebtes Fotomotiv ist der kuriose <u>SIEBENMASTER</u> an der Straße Rønne-> Svaneke. Kein Flaggschiff, sondern ein merkwürdig geformter Baum mit sieben hochgewachsenen Stämmen aus einer Wurzel. Angren-zend ein schöner Moorsee (Bastemose), verschilft und urwüchsig mit Vogelturm.

 Markierte <u>Wanderwege</u> von 3-7 km Länge erschließen das Ge-biet, Ausgangspunkt sind die Wanderparkplätze. Infobroschüre mit Wegbeschreibung, aber auch Erklärung von Sturmschäden o.ä. in den örtlichen Touristenbüros.

KIRCHEN ODER FESTUNGSTÜRME
DIE RUNDKIRCHEN BORNHOLMS

Die kleinen Schmuckstücke zieren fast jede Hochglanzbroschüre. Vermutlich waren die vier Rundkirchen sowohl erste Gotteshäuser wie auch Verteidigungswerke aus dem 12./ 13. Jh. Dicke Mauern, kleine Schießscharten, an Stelle des Helmdachs krönte früher ein Wehrgang die Rundtürme.

Solide Bollwerke waren im Mittelalter bitter nötig, denn im 12. Jh. trieben die Wenden in der Ostsee ihr Unwesen und versetzten die Küstenbevölkerung in Angst und Schrecken (aufschlußreiche Fotos im Verteidigungsmuseum Rønne). Um das enorme Gewicht dieser Rundkirchen statisch abfangen zu können, wählten die Baumeiser dicke Mittelpfeiler, die jetzt für den Gottesdienst etwas hinderlich sind. In jüngster Zeit waren teilweise Außenpfeiler nötig, um das Abkippen der Wände zu stoppen.

Jede Rundkirche besitzt einen separaten Glockenturm aus Granit und Fachwerk. Die Kirchen liegen außerhalb der Dörfer (Ausnahme Ny Kirke), denn die Bevölkerung lebte früher vorwiegend in verstreuten Höfen, Dörfer entstanden erst später. Nach der Reformation waren Heilige, denen die Kirchen geweiht waren, unbeliebt, und die protestantischen Gotteshäuser wurden nun nach den Orten benannt, in denen sie standen. Auf Bornholm tat man sich damit allerdings etwas schwer.

* OLSKIRKE: im Nordzipfel nahe Allinge/Tejn. Deutlich ist der Festungscharakter zu erkennen, große Schießscharten in alle Richtungen. Die kleineren Öffnungen darüber trugen die Stützbalken des Wehrgangs im dritten Stock. Die Olskirke wurde Mitte des 12. Jh. auf dem höchsten Punkt (113 m) erbaut und dem heiligen Olaf geweiht, dem einzigen heiligen Skandinaviens (Dom in Trondheim, Norwegen). Freskenmalereien auf dem massiven Mittelpfeiler.

* ØSTERLARS KIRCHE: die dickste und fotogenste auf der Insel, sehenswerte Fresken, Eintritt durch das ehemalige Waffenhaus. Details siehe Gudhjem.

* NYKIRKE: am Ortsrand Nyker, 6 km nördlich Rønne, hat nur zwei Stockwerke und ist damit die kleinste der Bornholmer Rundkirchen. Schießscharten sucht man vergebens. War die Zeit der Wendenüberfälle beim Bau der Kirche (um 12oo) schon vorbei? Zumindest wurden die Wenden 1167 vernichtend geschlagen und christianisiert. Die Fresken der Passionsszenen wirken etwas statisch, einige Stationen nicht mehr zu erkennen. Im Mittelalter wurde außen angebaut.

* NYLARSKIRKE: 8 km östlich Rønne, dem heiligen Nikolaus geweiht. Sie wurde als letzte erbaut, der Chor bekam eine Doppelapsis. Ohne Stützpfeiler gleicht sie der ursprünglichen Bauweise noch am besten. Zwei guterhaltene Runensteine am Eingang. Die Mittelsäule wurde schon 5o Jahre nach Fertigstellung bemalt, einige Szenen erhalten.

✦ Neksø

Der zweitgrößte Ort Bornholms ist weniger romantisch als betriebsam. Für die Insel ein bedeutendes Zentrum im Südosten. Fischverarbeitung spielt die wichtigste Rolle. Große Trawlerflotte im Hafen; in der Konservenfabrik wird der Fang gleich eingedost oder filetiert und tiefgefroren. Fischhandlung direkt am Kai.

Im 2. Weltkrieg wurde Neksø buchstäblich in letzter Minute bei Waffenstillstand am

7. Mai 1945 von russischen Flugzeugen bombardiert, und knapp 2oo Häuser zerstört. Auch bei früheren Belagerungen durch Schweden oder Lübecker Hansekaufleute mußte Neksø besonders viel einstecken. Einige Schanzen aus dem 17. Jh. noch zu sehen.

 Aasens 4, 373o Neksø. Tel. 56 49 32 oo, Fax: 56 49 43 1o. Wichtigste Anlaufstelle der Region inkl. Dueodde. Vermittlung von Ferienwohnungen, Privatzimmern etc.

NEKSØ-MUSEUM im alten Packhaus am Hafen eingerichtet. Exponate zu den Themen Seefahrt, Stadtgeschichte, Fischerei und Rettungswesen. Zudem wechselnde Kunstausstellungen. Offen: Ende Juni bis Ende Sept. Mo.-Fr. 14-17 Uhr, Sa. 1o-13 Uhr.

MARTIN ANDERSEN NEXØ: berühmtester Sohn der Stadt, hat sich als Dichter weit über Bornholm hinaus einen Namen gemacht. Zu seinen bekannten Werken zählt "Pelle der Eroberer", ein sozialkritischer Roman aus der Jahrhundertwende, der den Aufstieg eines Proletarierkindes schildert. Darin wird auch das bäuerliche Leben auf Bornholm und die Arbeiterbewegung beschrieben. Im Lystskov wurde zu seinem 1oo. Geburtstag eine Büste enthüllt.

In Neksøs Elternhaus, in dem er weitgehend seine Kindheit verbrachte (1877-83), werden einige Bücher, Gegenstände und Fotos gezeigt. Offen: Mitte Mai bis Ende September Di.-Sa. 13-16 Uhr.

◆Balke - Snogebæk - Dueodde

Der gesamte Südosten Bornholms ist ein riesiger Sandkasten. Im angrenzenden Waldstreifen vestecken sich die meisten Ferienhäuser der Insel. Schon wenige Kilometer südlich Neksø beginnt der große, breite Sandstrand mit windgeschützten Kuschelecken in den Dünen. Für Familien ein herrliches Urlaubseck. Die Eltern können abschalten, während die Kinder im seichten Wasser gefahrlos plantschen, Sandburgen bauen oder Muscheln sammeln. Außer Baden und après wird hier allerdings wenig geboten.

Der Kiefernwald wurde gegen den Sandflug angelegt, der die angrenzenden Felder schnell versanden ließ. Als angenehme Folge entstanden die Dünen.

BALKE: guter Stützpunkt zum Surfen. Surfschule mit Boardverleih am Strand. Teilweise kann man mit dem Auto bis dicht ans Wasser fahren.

DUEODDE: Hinter dem Namen verstecken sich ein paar Würstchenbuden, Eisverkaufstände und der Traumstrand der Insel, feiner weißer Sand und blaues Meer. Die Strandkiefern vermitteln fast südländisches Flair. Der Sand ist hier so fein, daß er sich optimal für Sanduhren und als Vorläufer des Löschpapiers eignete und exportiert wurde. Trotz der zig-tausend Urlauber liegt man auch zur Hauptsaison am Strand nicht so dicht gedrängt. An manchen Stellen wird FKK toleriert.

Stichstraßen (z.T.Schotter) führen bis dicht an den Strand. Schattige Parkplätze im Kiefernwald.

Bei <u>SLUSEGÅRDEN</u> haben Archäologen interessante Entdeckungen gemacht. Danach muß in der römischen Eisenzeit (1.-4. Jh. n. Chr.) hier ein Landungsplatz existiert haben. Gräber, Skelette und Opferstellen wurden freigelegt und eine große Menge kleiner Goldmedaillons gefunden.

<u>Relikte des 2. Weltkriegs</u>: Gleich nach der Besetzung Bornholms begannen deutsche Truppen mit dem Bau des gewaltigen 38 cm Geschützes, das die Seewege und Einfahrt nach Kopenhagen sichern sollte. 1941 wurden die Arbeiten wieder eingestellt, weil alle Kapazität an der Kanalküste gebraucht wurde. Im Wald bei Dueodde stehen noch die Ruinen. Fotos im Forsvarsmuseet (Verteidigungsmuseum) Rønne.

Die Bäume haben dem alten <u>Leuchtturm</u> inzwischen die Sicht genommen. Der neue Nachbar <u>SØNDRE FYR</u> (ganz aus Beton) ragt mit 15 m nun weit über die Wipfel hinaus. Nach 199 Stufen und einem kleinen Drehwurm etwas enttäuschende Sicht: im wesentlichen Wald und Meer, zwischendrin ein schmaler Sand und Dünenstreifen. Geringer Eintritt auf Vertrauensbasis.

 Zur Hauptsaison Juli/August ist rechtzeitige Reservierung notwendig. Zur Vor- und Nachsaison ist Dueodde nur bedingt zu empfehlen, denn zum einen ist das Eck dann absolut tot, zum anderen freut man sich in diesen Jahreszeiten besonders auf einen Sonnenstrahl. - Geringes Hotelangebot:

"**Dueodde Badehotel**", Sirenevej 2. 2-stöckiges Appartement-Hotel im Kiefernwald nahe dem super Strand. Moderne, komfortable Ausstattung, weitgehend mit Terrasse. 22o Betten und 48 Appartements für 2 bzw. 4-5 Personen. Zur HS 1.4oo DM/Woche.

"**Hotel Bornholm**", Pilegårdsvej 1. Ebenerdiges Hotel im Kiefernwald, nur einen Katzensprung zum tollen Strand. 152 Betten, 22 Appartements. Ausstattung mit Kitchenette, Wohn-Schlafzimmer. Zur Anlage gehören Sauna, Swimmingpool, Fahrradverleih. DZ mit Bad ca. 19o DM, Appartement ab 1.000 DM/Woche.

Jugendherberge mitten auf dem Campingplatz und direkt am Strand gelegen. 35 Familienzimmer in mehreren Gebäuden. Volle Verpflegung, aber auch Kochmöglichkeit. Offen: Mitte April bis Ende September.

Ferienhäuser sind hier Trumpf. Fast alle liegen nur einen Katzensprung vom Meer entfernt, allerdings im Wald, d.h. kaum Sonne. Vermittlung über die verschiedenen Touristenbüros oder Agenturen. Zur Hochsaison langfristige Reservierung nötig.

 Drei große Campingplätze im Kieferngürtel, alle nahe zum Meer und gut schattig. Sandiger Waldboden, Einkaufsmöglichkeiten.

*** <u>Bornholms Familie Camping</u>: direkt am Strand und ideal für Surfer mit eigenem Board. Caravanvermietung und Fahrradverleih. 15o Stellplätze. Offen: Mai bis Mitte September.

*** <u>Camping Dueodde</u>: einige hundert Meter zum Strand. 2oo Stellplätze. Offen: Mitte Mai bis Mitte September.

*** <u>Dueodde Vandrerhjem Camping</u>: gleich nebenan, im Wald gelegen, von der ersten Reihe Blick zum Meer. 12o Stellplätze. Offen: April bis Ende September.

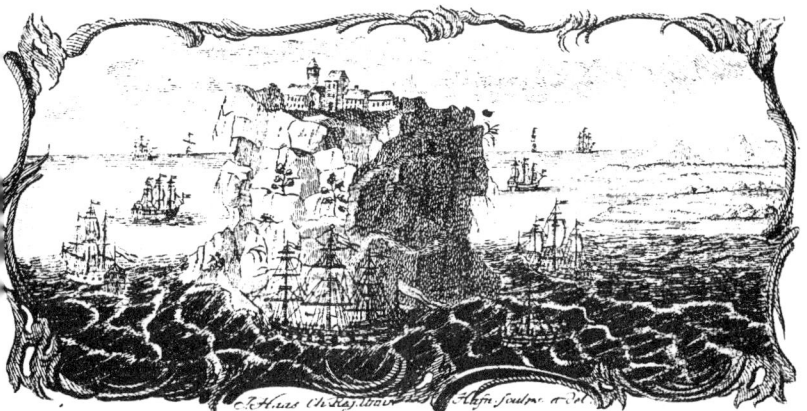

BORNHOLM, Stich von 1756 des Hofbaumeisters Lauritz de Thurah, der die Insel künstlerisch hübsch, aber nicht unbedingt der Realität entsprechend darstellte.

Insel Christiansø   (73o x 43o m)

Eine Fahrt in den östlichsten Winkel Dänemarks. Nur 3oo km entfernt liegen schon die baltischen Staaten. Als gelte es immer noch die Insel gegen die Schweden zu verteidigen, so präsentiert sich der alte Flottenstützpunkt heute noch. Inselidylle wie vor 15o Jahren. Das Leben scheint hier nach Abzug der Garnisonen stehengeblieben zu sein, keine Autos, das Trinkwasser kommt per Schiff von Bornholm, nur der Dieselgenerator brummt etwas abseits als Zeichen der Neuzeit.

Auf Christiansø weht die dänische Flagge mit <u>Schwalbenschwanz</u>-Kennzeichen der Insel als Marinestützpunkt. Heute noch untersteht sie dem Verteidigungsministerium, das auch den Verwalter stellt. Er ist zudem Polizist und Feuerwehrhauptmann seiner kleinen freiwilligen Einheit. Für die Inselbewohner ist Christiansø ein kleines Steuerparadies, denn wo es keine Kommune gibt, fallen auch keine Kommunalsteuern an.

Die Insel Christiansø und das gegenüberliegende Frederiksø (benannt nach den dänisch-norwegischen Königen) bilden zusammen einen optimal geschützten Naturhafen, der mit Ketten abgeriegelt werden konnte. Die Flotte lag hier auch im Winter einsatzbereit und sicher. Seit 1926 steht der ganze Archipel Ertholmen (= Erbseninseln) unter Denkmalschutz.

Bei sonnigem Sommerwetter wirken die Inseln heiter und mediterran, in den Gärten wachsen im Windschutz der Mauern sogar Feigenbäume. Die Erde wurde vor 3oo Jahren mit Schiffen auf die Granitinsel geschafft, damit sich die Bewohner weitgehend selbst versorgen konnten.

Man fragt sich natürlich, wovon die 12o Inselbewohner heute leben. Z.T. sind es Verwaltungsaufgaben, Zoll, Minipost, Gastronomie, Handwerker, Lotsendienst, Lehrer in der Zwergschule und ein paar Künstler.

Doch KÜSTENFISCHFANG ist nach wie vor Haupterwerb, obwohl die große Zeit der Heringsschwärme längst vorbei ist. Das Meer erreicht vor der Insel bis 1oo m Tiefe, die Fische stehen deshalb gleich vor der "Haustür". Zu Zeiten des Heringsbooms experimentierte man mit wirksamen Methoden zur Konservierung, so entstand 1886 die erste Räucherei Dänemarks. Angeblich wurde das neue Verfahren den Schotten abgeschaut, auf Bornholm wurde es dann verfeinert.

Drei Bootslinien bringen täglich einen ganzen Schwung Touristen und ganz schön viel Trubel auf die Mininsel. Ruhe kehrt für die 12o Inselbewohner abends wieder ein, wenn das letzte Ausflugsboot abgelegt hat.

Verbindungen

Regelmäßige **Ausflugsboote** ab Allinge, Gudhjem und Svaneke. Bei schönem Wetter eine tolle Fahrt, ca. 1 Std. Kaum ist die Nordküste verabschiedet, tauchen die Erbseninseln in Telereichweite auf. Im Sommer enormer Andrang, 2-3 Stunden Aufenthalt, bis der nächste Schwung kommt. Ein Boot überspringen geht nicht - klar, sonst würde jeder abends das letzte Boot nehmen wollen. Die Zeit reicht in der Regel gut aus, um die Insel zu umrunden, in Ruhe einen Kräuterhering zu probieren oder ein Bad zu nehmen.

Zubringerbusse aus allen Ecken der Insel zu den Abfahrtshäfen.

Geschichte: Winzig in den Dimensionen, effektiv in der Verteidigung.
Christian V. brauchte nach dem Verlust von Schonen (1658) einen neuen Stützpunkt in der Ostsee für seine Kriegsflotte. Der kleine Archipel, 1o Seemeilen (ca. 18 km) vor Bornholm erwies sich als idealer geschützter Naturhafen. Neu in der Militärgeschichte war der Ausbau als Winterhafen, so daß die Marine jederzeit einsatzbereit war. Die Lage mitten in der Ostsee ermöglichte, die Seewege zwischen Schweden und Pommern, was damals noch zu Schweden gehörte, zu kontrollieren. Die Pläne für den Ausbau lagen schon längere Zeit in den Schubladen, erst nach dem letzten Schwedenkrieg gab Christian V. 1684 grünes Licht für den Ausbau, um den Schweden zuvorzukommen. In nur drei Jahren Bauzeit waren die beiden Türme und vier Batterien zur Sicherung des Hafen

fertiggestellt. Die Festung verfehlte ihre abschreckende Wirkung nicht; erst im Krieg gegen England 1808 schlugen die ersten Kanonenkugeln ein, sie sollten die hier stationierten Kaperschiffe treffen. Der Kostenvoranschlag für die Modernisierung war so erschreckend hoch und der Hafen ohnehin zu klein, daß die Garnison 1855 abgezogen wurde.

Ausführlich und spannend ist die Inselgeschichte in dem kleinen deutschsprachigen Führer von A.E. Kofoed beschrieben (im Museum für 2 DM erhältlich). Wer jetzt immer noch Fragen hat, schaut am besten auf den Papierservietten in dem Kro nach.

Ein Großteil der meterdicken <u>FESTUNGSMAUERN</u>, die vor über 3oo Jahren wie ein Gürtel um die beiden Inseln gelegt wurden, ist erhalten. Sogar die Kanonen funktionieren noch, bei der 3oo Jahrfeier schossen sie Salut für die Königin. Schon bei der Ankunft sieht man von weitem die alten Rundtürme - <u>LILLE TÅRN</u> (jetzt Museum) und <u>STORE TÅRN</u> mit seinem Leuchtfeuer über dem Hafen.

Vor den ehemaligen Kasernen stehen heute Kinderwagen; die Räume sind modernisiert, Neues darf allerdings nicht gebaut werden.

In dem ehemaligen Hühnerstall des Kommandanten ist ein gut sortierter Kolonialhandel untergebracht, der auch täglich frisches Gebäck anbietet.

Kleine <u>Gjestgiveri</u> in der Kommandantenwohnung (17o3). Die vier Zimmer sind schnell ausgebucht, alles recht einfach mit WC auf dem Gang, doch total idyllisch, wenn es abends ruhig wird und die Sonne hinter Bornholm untergeht. Doppelzimmer ca. 1oo DM.

 Im kleinen Restaurant kann man die Inselspezialität <u>Christiansø Sild</u>, einen marinierter Gewürzhering probieren. Eine Pølser- und Frittenbude darf natürlich auch nicht fehlen.

Auch sonst fehlt es auf der Insel an nichts. Es gibt eine Kirche, Versammlungshaus, Gesangsverein und den Inselarzt. Post und Telegrafenstation in einem Kasernentrakt. Den Außenkontakt besorgt ganzjährig das Postschiff. Gepäck und Waren werden im Handwagen weiter gekarrt, eine urige Miniraupe ist das einzig knatternde Gefährt der Insel.

Bademöglichkeit im Strandbad auf Frederiksø oder von den Granitfelsen an der Ostseite.

<u>Achtung</u>: Haustiere sind auf der Insel verboten und müssen auf Bornholm bleiben!

Sehenswertes <u>MUSEUM</u> im Lille Tårn auf Frederiksø in drei Etagen. Bilder, Stiche und ein Modell der Festung helfen der Fantasie etwas nach. Ausstellung zum Heringsfang und Rettungssystem, Info zur Beringung der Vögel. Eintritt 2 DM, Kinder 1 DM.

Auf der benachbarten **INSEL GRÆSHOLM** wurden im 17. Jh. die Pesttoten bestattet, hier stand auch der Galgen. Heute brüten über 1o.ooo Möwen und Trottellummen auf der Insel. Ebenso wie die Insel Tat steht Græsholm unter Naturschutz. Betreten verboten.

Kleine  Wortschatz

Die dänische Sprache

Sprachprobleme treten in Dänemark kaum auf, denn sehr viele Dänen sprechen erstaunlich gut deutsch oder englisch. Dänisch zu lesen ist gar nicht so schwer, die dänische Aussprache hat es dagegen in sich.

Gewöhnungsbedürftig ist die Aussprache des weichen "d" z.B. fløde = Sahne, gade = Straße, die einem angedeuteten englischen th entspricht.

Spezialität ist der sogenannte stød = Stoßlaut in der dänischen Sprache, analog dem deutschen "be`inhalten. Im Dänischen kommt er häufig auch in einsilbigen Wörtern vor.

Æ, Ø und Å findet man am Ende des Alphabets.

Einige wichtige Wörter und Redewendungen

tak	danke
mange tak	vielen Dank
det er fint	das ist nett, danke
selv tak	bitte sehr
ingen årsag	keine Ursache
dav	hallo
god morgen	guten Morgen
god dag	guten Tag
god aften	guten Abend
hvad er Deres navn?	wie heißen Sie?
undskyld	Verzeihung, bitte
det gør mig ondt	das tut mir leid
det er en skam	schade
mit navn er...	ich heiße ....
ja tak	ja, bitte
nej tak	nein danke
jeg ville gerne..	ich möchte...
vil De være venlig at sige mig, hvor...er?	könnten Sie mir bitte sagen, wo...ist?
det er desverre ikke muligt	das ist leider nicht möglich
hvordan har De (du) det?	wie geht es Ihnen (Dir)?
godt tak	danke
hvor kommer De fra?	woher kommen Sie?
hvornår kan vi ses?	wann treffen wir uns?
må jeg hente Dem?	Darf ich Sie abholen?
Vær venlig at komme ind	Kommen Sie herein

Vær venlig at tage plads	nehmen Sie bitte Platz
tak for mad	danke fürs Essen
velbekomme	guten Appetit
mange tak for den dejlige aften	vielen Dank für den netten Abend
farvel	auf Wiedersehen
på gensyn	auf Wiedersehen, bis bald
på gensyn senere	bis später
hav det godt	alles Gute
hils...fra mig	grüße ...von mir
tillykke	alles Gute
tillykke med fødselsdagen	herzlichen Glückwunsch zum Geburtstag
god fornøjelse	viel Vergnügen
god ferie	schöne Feiertage
jeg forstår Dem ikke	ich verstehe Sie nicht
taler De tysk?	Sprechen Sie Deutsch?
vær venlig at tale langsommere	Sprechen Sie bitte etwas langsamer
hvad hedder...på dansk?	Was heißt...auf dänisch?
hvordan uttaler man dette ord?	wie spricht man dieses Wort aus?

 **Wetter**

hvordan bliver vejret i dag?	wie wird das Wetter heute?
det bliver smukt	es bleibt schön
solen skinner	die Sonne scheint
det er skyet	es ist bedeckt
det bliver regnvejr	es wird regnen
det er koldt	es ist kalt
det er varmt	es ist warm
uvejr	Gewitter
storm	Sturm
det er tåget	es ist neblig
det er blæsende	es ist windig
lyn	Blitz
torden	Donner
hede	Hitze
regnbyge	Regenschauer
sne	Schnee
sol	Sonne
lavt lufttryk	Tief
højt lufttryk	Hoch
vejrmelding	Wetterbericht

Zeit

hvad er klokken?	wieviel Uhr ist es?
den er...	es ist...
i morgen	morgen
i går	gestern
i dag	heute
daglig	täglich

Wochentage

mandag	Montag
tirsdag	Dienstag
onsdag	Mittwoch
torsdag	Donnerstag
fredag	Freitag
lørdag	Samstag
søndag	Sonntag

Jahreszeiten

forår	Frühling
sommer	Sommer
efterår	Herbst
vinter	Winter

Monate

januar	Januar	juli	Juli
februar	Februar	august	August
marts	März	september	September
april	April	oktober	Oktober
maj	Mai	november	November
juni	Juni	december	Dezember

Im Hotel

har De ledige værelser?	haben Sie noch Zimmer frei?
hvordan er priserne?	wie sind die Preise?
et enkeltværelse	ein Einzelzimmer
et dobbeltværelse	ein Doppelzimmer
et roligt værelse	ein ruhiges Zimmer
med brusebad	mit Dusche
med bad	mit Bad
med balkon	mit Balkon
med udsigt over havet	mit Meerblick
mod gaden	zur Straße
mod gården	zum Hof
hvad koster værelse med morgenmad?	Was kostet das Zimmer mit Frühstück?
halvpension	Halbpension
fuldpension	Vollpension

hvor serveres morgenmad?	wo ist der Frühstücksraum?
et håndklæde	ein Handtuch
et stykke sæbe	ein Stück Seife
en pude	ein Kissen
jeg vil gerne have min nøgle!	bitte meinen Schlüssel!

 **Camping**

er der en campingplads in nærheden?	ist hier ein Campingplatz in der Nähe?
har De plads til en campingvogn?	Haben Sie noch Platz für einen Wohnwagen?
telt	Zelt
hvad koster bilen?	was kostet das Auto?
udlejer De sommerhuse?	Vermieten Sie Ferienhäuser?
vi bliver... dage	wir bleiben...Tage
hvor er toiletterne	wo sind die Toiletten?
vaskerummene	Waschräume
bruserne	Duschen
er der tilslutning til el?	gibt es Stromanschluß?
campingpas	Campingausweis
gasflaske	Gasflasche
varme	Heizung
køleskab	Kühlschrank
leje	Miete
sovepose	Schlafsack
stik	Stecker
drikkevand	Trinkwasser
overnatning	Übernachtung
bolig	Wohnung
polett	Duschmünze

 **Im Restaurant**

hvor er der en god restaurant	wo gibt es hier ein gutes Restaurant
er dette bord ledigt?	ist dieser Tisch noch frei?
jeg vil gerne se spisekortet	bitte die Speisekarte
hvad ønsker De..?	was möchten Sie?
jeg tager...	ich nehme
forret	Vorspeise

efterrett	Nachspeise
varer det længe?	dauert das lange?
hvad ønsker De at drikke?	was möchten Sie trinken?
velbekomme	guten Appetit
en kniv	ein Messer
en gaffel	eine Gabel
en ske	ein Löffel
en tallerken	ein Teller
et glas	ein Glas
maden er kold	das Essen ist kalt
jeg vil gerne betale	bitte bezahlen
brød	Brot
bagt	gebacken
stegt	gebraten
på panden	in der Pfanne
dæmpet	gedämpft
fyldt	gefüllt
kogt	gekocht
røget	geräuchert
ristet	geröstet
ben	Gräte
hvidløg	Knoblauch
tjener	Ober
persille	Petersilie
svampe	Pilze
rå	roh
sur	sauer
skarp	scharf
skive	Scheibe
sennep	Senf
dagens ret	Tagesgericht
blød	weich
tandstikker	Zahnstocher
løg	Zwiebel
leverpostej	Leberpastete
pålæg	Aufschnitt
hønsesalat	Geflügelsalat

Fisch

blåmuslinger	Miesmuscheln
fiskeboller	Fischklößchen
flynder	Flunder
gedde	Hecht
klipfisk	Stockfisch
rejer	Garnelen
rødspætte	Scholle

Fleisch

biksemad	Bauernfrühstück
engelsk bøf	Rumpsteak
flæskesteg	Schweinebraten
hakkebøf	Frikadelle
kødboller	Fleischklößchen
lever	Leber
medisterpølse	Bratwurst

sild	Hering	svinekotlet	Schweinekotelett
sildeanretning	Heringsplatte	tunge	Zunge
torsk	Dorsch	hare	Hase
ørred	Forelle	hjort	Hirsch
Ål	Aal	kylling	Hühnchen
		kalkun	Truthahn
		rådyr	Reh
		and	Ente
		due	Taube
		gås	Gans

Getränke

øl	Bier
fadøl	Bier vom Faß
vin	Wein
hvidvin	Weißwein
rødvin	Rotwein
kaffe	Kaffee
te	Tee
danskvand	Mineralwasser
frugtsaft	Fruchtsaft
mælk	Milch

Gemüse

agurke	Gurken
grøn salat	grüner Salat
blomkål	Blumenkohl
gulerødder	Möhren
rødbeter	rote Bete
rødkål	Rotkohl
ærter	Erbsen

Apotheke

apotek	Apotheke
hvor er nærmeste apotek?	wo ist die nächste Apotheke?
vær venlig at give mig noget mod	Geben Sie mir bitte etwas gegen..
der skal recept til dette middel	dieses Mittel ist rezeptpflichtig
læge	Arzt
tandlæge	Zahnarzt
jeg er forkølet	ich bin erkältet
jeg har ondt her	ich habe hier Schmerzen
jeg er kommet til skade	ich habe mich verletzt
jeg har ondt i maven	ich habe Magenschmerzen
ondt i hovedet	Kopfschmerzen
ondt i halsen	Halsschmerzen
hoste	Husten

Weg & Richtung

kan De sige mig, hvordan jeg kommer til...?	Können Sie mir sagen, wie ich nach...komme?

hvor er...?	wo ist...?
hvor langt er det til...?	wie weit ist es nach...?
lige ud	geradeaus
til venstre	nach links
til højre	nach rechts
første gade	erste Straße
anden gade	zweite Straße
dreje	Biegen Sie ab
vejkryds	Straßenkreuzung
lyskryds	Ampel
vend tilbage	Kehren Sie um
ligend	geradeaus
ved	bei
sidste	letzte
De kan tage bussen	Sie können den Bus nehmen

Bus-Zug

hvilken bus kører til..?	welcher Bus fährt nach...?
hvor er nærmeste s-togstation?	wo ist die nächste S-Bahn Station?
i hvilken retning skal jeg køre?	in welche Richtung soll ich fahren?
stoppested	Haltestelle
stige ud	aussteigen
skifte	umsteigen
billet	Fahrschein
en billet til.., tak	bitte einen Fahrschein nach...
banegård	Bahnhof
til hotel	zum Hotel
tur retur	hin und zurück
enkeltbillet	einfache Fahrt
pladsbillet	Platzkarte
afgang	Abfahrt
ankomst	Ankunft
ikke rygere	Nichtraucher
indgang	Einstieg
luk døren	Türe schließen
lukket	geschlossen
nødudgang	Notausgang
oplysning	Auskunft

optaget	besetzt
spisevogn	Speisewagen
sovevogn	Schlafwagen
spor	Gleis
tryk	drücken
træk	ziehen
ventesal	Wartesaal
åben	offen
hvor skal jeg skifte	wo muß ich umsteigen
jeg vil gerne indskrive denne kuffert	ich möchte diesen Koffer aufgeben
er toget forsinket?	hat der Zug Verspätung?
hvornår er der forbindelse til?	wann habe ich Anschluß nach?
på spor 5	auf Gleis 5
holder dette tog i...?	hält dieser Zug in...
hvor længe har vi ophold her?	wie lange haben wir hier Aufenthalt?
i tiden	pünktlich
eksprestog	D-Zug
hurtigtog	Eilzug
jernbane	Eisenbahn
køreplan	Fahrplan
liggevogn	Liegewagen

Flug

lufthavn	Flughafen
håndbagage	Handgepäck
forsinkelse	Verspätung
er maskinen landet?	ist die Maschine gelandet?
afrejse	Abflug
kupé	Abteil
flyrejse	Flug
flyselskab	Fluggesellschaft
flyrute	Flugstrecke

Schiff

skibsforbindelse	Schiffsverbindung
hvornår sejler...?	wann fährt...?
skib	Schiff
færge	Fähre
motorbåd	Motorboot
overfarten	Überfahrt
havn	Hafen

enkeltkahyt	Einzelkabine
søsyge	Seekrankheit
anløb	anlaufen
bestilling	Buchung

Auto

hvordan kommer jeg til...?	wie komme ich nach...?
hvor er nærmeste tankstation?	wo ist die nächste Tankstelle?
jeg vil gerne have...liter	ich möchte gerne...Liter haben
vær venlig at fylde op	bitte volltanken
oliestanden	Ölstand
kølervæsken	Kühlwasser
reservehjul	Reservereifen
skifteolie	Ölwechsel
ensrettet færdsel	Einbahnstraße
gennemkørsel forbudt	Durchfahrt verboten
hastighed	Geschwindigkeit
indkørsel	Einfahrt
kør forsigtigt	vorsichtig fahren
overhaling forbudt	Überholen verboten
omkørsel	Umleitung
parkering forbudt	Parken verboten
pas på!	Vorsicht!
udkørsel	Ausfahrt
parkeringshuset	Parkhaus
jeg har motoruheld	ich habe eine Panne
kan de slæbe mig?	Können Sie mich abschleppen?

tændingen	Zündung	kørekort	Führerschein
bremserne	Bremsen	gear	Gang
koblingen	Kupplung	gearkasse	Getriebe
tændrørene	Zündkerzen	kilerem	Keilriemen
nætlys	Abblendlicht	køler	Kühler
starter	Anlasser	fjernlys	Fernlicht
dynamo	Lichtmaschine	støddæmper	Stoßdämpfer
udstødningsrør	Auspuff	karburator	Vergaser
motorvej	Autobahn	karburator	Vergaser
bilfærge	Autofähre	fordeler	Verteiler
bildæk	Autoreifen	donkraft	Wagenheber
blinklys	Blinker	bilvask	Wagenwäsche
bremselys	Bremslicht	pakning	Dichtung
advarselstrekant	Warndreieck	rat	Lenkrad
redningstjeneste	Abschleppdienst		
bremsevæske	Bremsflüssigkeit		

Zoll

told	Zoll
toldpligtig	zollpflichtig
har De noget at fortolde?	Haben Sie etwas zu verzollen?
pas	Paß
grænseovergang	Grenzübergang
identitätskort	Personalausweis
fornavn	Vorname
bopæl	Wohnort

Post

hvor er nærmeste postkontor?	wo ist das nächste Postamt?
postkasse	Briefkasten
hva koster et brev til..?	was kostet ein Brief nach?
kan jeg få frimærker?	kann ich Briefmarken bekommen?
er der post til mig?	ist Post für mich da?
telefonbog	Telefonbuch
telefonboks	Telefonzelle
samtale	Gespräch
optaget	besetzt
afsender	Absender
opkald	Anruf
ringe	anrufen
udenlandsk samtale	Auslandsgespräch
konvolut	Briefumschlag
trygsak	Drucksache
tømning	Leerung

Zahlen

nul	0	atten	18
en	1	nitten	19
to	2	tyve	20
tre	3	enogtyve	21
fire	4	toogtyve	22
fem	5	treogtyve	23
seks	6	fireogtyve	24
syv	7	femogtyve	25
otte	8	tredive	30
ni	9	enogtredive	31

ti	10	fyrre	40
elleve	11	halvtreds	50
tolv	12	tres	60
tretten	13	halvfjerds	70
fjorten	14	firs	80
femten	15	halvfems	90
seksten	16	et hundrede	100
sytten	17	et tusinde	1000
et hundrede og en	101	to tusinde	2000
to hundrede	200	tre tusinde	3000
tre hundrede	300		
et hundre tusinde	100000		

første	1.	sjette	6.
anden	2.	syvende	7.
tredje	3.	ottende	8.
fjerde	4.	niende	9.
femte	5.	tiende	10.

INDEX

NOTIZEN

NOTIZEN

VERLAGS PROGRAMM

Reihe unkonventioneller Reiseführer im Verlag Martin Velbinger, München. Mit vielen Tips vollgepackt, – alles, was man zur Planung und für unterwegs braucht. Die Fülle hilfreicher Details und Infos zu – Hotels – Restaurants – Verbindungen – Sport – Stränden etc. besticht, der locker- lebendige Stil macht Freude zum Lesen und motiviert zum Selbst- entdecken und Ausprobieren. – "Eine Reihe von ungemein hohem Gebrauchswert" –

"ein oder zwei mips können schon den Kaufpreis des Buches wieder einsparen !"

VERLAG MARTIN VELBINGER

Bahnhofstr. 1o6   82166 Gräfelfing / München
TEL: (089) - 85 10 19   FAX: (089) - 85 43 253

✂

COUPON

Ich bestelle hiermit folgende VELBINGER REISEFÜHRER:

Anzahl Titel   Preis DM

....

....

....

....

....

(zuzügl. Versandspesen 7 DM)   Summe ....

☐ Summe liegt per Verrechnungsscheck bei

☐ Summe wurde auf Psch. Kto. München 2o 65 6o - 808 überwiesen

MEINE ADRESSE:

....

(Datum, Unterschrift)

Coupon ausfüllen und Verrechnungsscheck beilegen, bzw. Überweisung auf Postscheckkonto.

IR-7

VERLAG MARTIN VELBINGER

Bahnhofstr. 1o6 82166 Gräfelfing Tel: o89-85 1o 19 Fax: o89-85 43 253

TITELÜBERSICHT